DICTIONNAIRE ABRÉGÉ DES TERMES DE MÉDECINE

Chez le même éditeur :

GARNIER et DELAMARE. — Dictionnaire des termes de médecine. 22ᵉ édit. 1989.

DELAMARE et DELAMARE-RICHE. — Dictionnaire français-anglais et anglais-français des termes de médecine. 2ᵉ édit. 1986.

KAMINA. — Petit dictionnaire d'anatomie, d'embryologie et d'histologie (Nomina anatomica). 1990.

JACQUES DELAMARE

Ancien interne des Hôpitaux de Paris

DICTIONNAIRE ABRÉGÉ DES TERMES DE MÉDECINE

MALOINE

27, RUE DE L'ÉCOLE DE MÉDECINE 75006 PARIS

1990

© *Maloine, 1990.*
I.S.B.N. : 2-224-01940-8 - Code 51-01940

*Nous exprimons nos très vifs remerciements
à Elisabeth GÉLIS-MALVILLE pour ses précieux conseils
lors de la relecture du manuscrit.*

SYSTÈME INTERNATIONAL D'UNITÉS

Tableau I
Unités SI de base

Grandeur	Nom de l'unité	Symbole de l'unité
Longueur	mètre	m
Masse	kilogramme	kg
Temps	seconde	s
Intensité de courant électrique	ampère	A
Intensité lumineuse	candela	cd
Quantité de matière	mole	mol
Température thermodynamique	kelvin	K

Tableau II
Unités SI dérivées

Grandeur	Unité SI dérivée Nom	Symbole
Fréquence	hertz	Hz
Force	newton	N
Pression	pascal	Pa
Travail	joule	J
Puissance	watt	W
Quantité d'électricité	coulomb	C
Potentiel électrique	volt	V
Capacité électrique	farad	F
Résistance électrique	ohm	Ω
Conductance	siemens	S
Flux d'induction magnétique	weber	Wb
Induction magnétique	tesla	T
Inductance	henry	H
Flux lumineux	lumen	lm
Eclairement lumineux	lux	lx
Radioactivité	becquerel	Bq
Equivalent de dose	gray	Gy
Catalyse, activité enzymatique	katal	Kat

Tableau III
Multiples et sous-multiples de 10

Facteur	Préfixe	Symbole	Facteur	Préfixe	Symbole
10^{18}	exa	E	10^{-1}	déci	d
10^{15}	péta	P	10^{-2}	centi	c
10^{12}	téra	T	10^{-3}	milli	m
10^{9}	giga	G	10^{-6}	micro	μ
10^{6}	méga	M	10^{-9}	nano	n
10^{3}	kilo	k	10^{-12}	pico	p
10^{2}	hecto	h	10^{-15}	femto	f
10^{1}	déca	da	10^{-18}	atto	a

Tableau IV
Correspondance entre le système international d'unités (unités SI)
et les unités anciennes, concernant les principaux constituants du sang

Substances	Unités anciennes	Facteur de conversion des unités anciennes en unités SI	Unités SI	Facteur de conversion des unités SI en unités anciennes
Albumine	g/l	14,5	μmol/l	0,069
Ammoniac	mg/l	58,7	μmol/l	0,017
Bilirubine	mg/l	1,71	μmol/l	0,585
Calcium	mg/l	0,025	mmol/l	40
	mEq/l	0,5	mmol/l	2
Chlorure	mEq/l	1	mmol/l	1
Cholestérol total	g/l	2,58	mmol/l	0,387
Créatinine	mg/l	8,84	μmol/l	0,113
Cuivre	mg/l	15,74	μmol/l	0,063
Fer	μg/dl	0,179	μmol/l	5,585
Fibrinogène	g/l	2,94	μmol/l	0,34
Glucose	g/l	5,55	mmol/l	0,18
Hémoglobine	g/dl	0,62	mmol/l	1,611
Lipides	g/l	1	g/l	1
Magnésium	mg/l	0,041	mmol/l	24,31
	mEq/l	0,5	mmol/l	2
Oxygène	ml/dl	0,446	mmol/l	2,24
	mmHg	0,133	kPa	7,502
Phosphates	mg/l	0,032	mmol/l	31
Potassium	mEq/l	1	mmol/l	1
Protéines	g/l	1	g/l	1
Sodium	mEq/l	1	mmol/l	1
Triglycérides	g/l	1,143	mmol/l	0,875
Urique (acide)	mg/l	5,95	μmol/l	0,168
Urée	g/l	16,65	mmol/l	0,06

Ces coefficients multiplicatifs permettent d'effectuer les conversions entre les deux systèmes d'unités.
Ainsi : — un taux de créatinine de 10 mg/l (unités anciennes) correspond à
$10 \times 8,84 = 88,4$ μmol/l en unités de système international
— un taux d'acide urique de 300 μmol/l (unités de système international) correspond à
$300 \times 0,168 = 50,4$ mg/l en unités anciennes.

Avant-propos

Cette version abrégée de la 22ᵉ édition du Dictionnaire des Termes de Médecine de Garnier-Delamare (Maloine éditeur), est une nouveauté 1990.

Pourtant, si l'on s'en tient au seul critère du format, cet ouvrage semble très proche de la première édition de ce dictionnaire, parue en 1900.

Au cours de ces dernières années, ce livre, constamment remis à jour, a dû absorber en ses pages les nombreux termes relatifs à la foisonnante multiplication des découvertes, des diagnostics et des traitements. Il a donc pris volume et poids, ce qui nous a conduits à l'idée de la rédaction d'un abrégé de maniement plus aisé.

Naturellement, ceci ne s'est pas déroulé sans quelque modification de la substance. Ainsi, dans la 22ᵉ édition du Garnier-Delamare, figurent notamment, en sus du contenu du présent volume, certains termes anciens, des notions historiques, les maladies rares et très rares, les étymologies, la traduction anglaise, des commentaires encyclopédiques et de nombreux renvois analogiques.

En publiant le présent abrégé, notre intention a été d'offrir au plus grand nombre de personnes intéressées par le vocabulaire médical un ouvrage de référence simple, précis, de qualité et toujours à portée de la main.

Puisse ce livre de poche rendre de fidèles services et inciter les plus curieux de ses lecteurs à la consultation de son très complet frère aîné, devenu livre de table.

Abréviations

adj.	adjectif
DCI	dénomination commune internationale
f.	féminin
g.	gramme
m.	masculin
μm	micromètre
mEq	milliéquivalent
ml	millilitre
p. ex.	par exemple
pl.	pluriel
®	marque déposée
s.	substantif
Syn.	synonyme
V.	verbe
V., v.	Voir

A

A... Préfixe grec indiquant la privation, le manque de.

A. Symbole de *l'ampère.*

a. Symbole de : *atto.*

AA. V. *ana.*

A (agglutinogène ou **antigène).** V. *agglutinogène* et *groupes sanguins.*

ABAISSE-LANGUE, *s. m.* Instrument, en forme de palette, servant à déprimer la base de la langue pour l'examen de la gorge.

ABASIE, *s. f.* Perte plus ou moins complète de la faculté de marcher, sans trouble de la force musculaire ni de la sensibilité.

ABATTEMENT, *s. m.* Diminution rapide des forces physiques et des fonctions psychiques.

ABCÉDÉ, DÉE, *adj.* Transformé en abcès ou qui a donné lieu à un abcès.

ABCÈS, *s. m.* Amas de pus collecté dans une cavité formée aux dépens des tissus environnants détruits ou refoulés. On distingue des *a.* chauds et des *a.* froids.

ABDOMEN, *s. m.* Partie du tronc située entre le thorax et le bassin. L'*a.* comprend une paroi et une cavité qui abrite la plus grande partie des appareils digestif et urinaire.

ABDUCENS (nerf) Syn. *nerf moteur oculaire externe.* Sixième paire crânienne qui innerve le muscle droit latéral de l'œil.

ABDUCTION, *s. f.* Mouvement d'un membre ou d'un segment de membre qui a pour résultat de l'écarter du plan médian du corps.

ABERRANT, ANTE, *adj.* Qui s'écarte de la normale par son aspect, sa structure ou son siège.

ABERRATION, *s. f.* Dérangement, déviation hors de l'état normal.

ABERRATION CHROMOSOMIQUE. Modification du patrimoine chromosomique survenue pendant la division de la cellule, et source de mutation. Elle peut consister en addition ou soustraction de chromosomes entiers, ou en remaniement de la structure des chromosomes, dont le nombre reste normal.

ABH (substances ou **système).** Ensemble des agglutinogènes présents dans les hématies des sujets des groupes sanguins A, B et AB.

ABLATION, *s. f.* Action d'enlever chirurgicalement une partie du corps ou d'un organe.

ABLÉPHARIE, *s. f.* Absence congénitale totale des paupières.

ABO (groupe ou **système).** V. *groupes sanguins.*

ABORTIF, IVE, *adj.* 1° Qui est venu avant terme. — 2° Qui provoque l'avortement. — 3° S'applique aussi à des processus qui ne vont pas jusqu'au terme normal de leur évolution. — Employé comme *s. m.* pour désigner une substance abortive.

ABOULIE, *s. f.* Trouble mental caractérisé par l'absence ou la diminution de la volonté.

ABRACHIE, *s. f.* Absence congénitale des bras.

ABRASION, *s. f.* Séparation ou excision de petits fragments cutanés ou muqueux superficiels en frottant ou en râclant.

ABSENCE, *s. f.* Syn. *absence épileptique.* Perte passagère de la mémoire et même de la conscience. C'est une manifestation mineure de l'épilepsie généralisée (petit mal).

ABSORBANT, *adj.* et *s. m.* Nom donné aux médicaments destinés à absorber les liquides ou les gaz.

ABSORPTION, *s. f.* Pénétration sans lésion traumatique à l'intérieur d'un organisme. L'*a.* fait partie de la nutrition.

Ac. Abréviation d'*anticorps.*

ACANTHOCYTOSE, *s. f.* Déformation des hématies qui semblent hérissées d'épines.

ACANTHOME, *s. m.* Nom générique des tumeurs cutanées développées aux dépens de la couche de Malpighi (verrues).

ACANTHOSE, *s. f.* Lésion cutanée caractérisée par l'épaississement du corps muqueux de Malpighi.

ACARE, *s. m.* Nom donné à certains parasites de l'ordre des Acariens ; il désigne le plus souvent le *Sarcoptes* ou *Acarus scabiei,* parasite de la gale.

ACARIOSE, *s. f.* Maladie déterminée par les acares.

ACCÉLÉRINE, *s. f.* Syn. *facteur VI.* Pseudoglobuline thermolabile intervenant dans le mécanisme de la coagulation du sang. Elle agit sur la thromboplastine déjà activée par la proconvertine et accélère la transformation de la prothrombine en thrombine.

ACCÈS, *s. m.* Apparition brusque d'un phénomène morbide souvent violent et de courte durée, se répétant avec une certaine régularité. P. ex. : *a. de fièvre, de toux, etc.*

ACCESSOIRE (nerf). Syn. *nerf spinal.* Onzième paire crânienne, nerf moteur des muscles trapèze et sterno-cléido-mastoïdien.

ACCIDENT DE TRAJET. Evénement imprévu et soudain survenant lors du parcours direct effectué par un salarié entre son domicile et son lieu de travail et vice versa. Il est assimilé à un accident de travail.

ACCIDENT DU TRAVAIL. Evénement imprévu et soudain survenu du fait ou à l'occasion du travail.

ACCIDENT VASCULAIRE CÉRÉBRAL (AVC). Complication encéphalique aiguë d'une maladie vasculaire.

ACCOMMODATION, *s. f.* 1° (ophtalmologie). Propriété que possède l'œil de s'adapter à diverses distances. V. *cristallin.* — 2° (obstétrique). Modification de l'attitude du fœtus ayant pour effet de loger sa grosse extrémité dans la partie la plus large de l'utérus.

ACCOUCHEMENT, *s. m.* Acte par lequel une femme se délivre, ou est délivrée du produit de la conception (fœtus et annexes), à une époque où le fœtus est viable. V. *travail.*

ACCOUCHER, *v.* Mettre au monde un enfant.

ACCOUCHEUR, *s. m.* Médecin spécialisé dans l'art des accouchements. — *main d'a.* V. *main.*

ACCOUTUMANCE, *s. f.* Processus par lequel l'organisme devient insensible à l'action d'un médicament ou d'un poison, à la suite de l'administration de quantités progressivement croissantes de celui-ci.

ACÉTABULUM, *s. m.* Syn. *cotyle, cavité cotyloïde.* Cavité articulaire de l'os coxal, où se loge la tête du fémur.

ACÉTONÉMIE, *s. f.* Présence dans le sang d'acétone et par extension des autres corps cétoniques. V. *cétonémie et cétoniques (corps).*

ACÉTONIQUES (corps). V. *cétoniques (corps).*

ACÉTONURIE, *s. f.* Elimination pathologique d'acétone par l'urine.

ACÉTYLCHOLINE, *s. f.* Ester de la choline. Ce corps vagomimétique est le médiateur chimique des nerfs cholinergiques ; il provoque la vasodilatation des artères et des capillaires, renforce les contractions du tube digestif, déclenche la contraction et l'hypersécrétion des bronches.

ACÉTYLSALICYLIQUE (acide). V. *aspirine.*

ACHALASIE, *s. f.* Fonctionnement défectueux des sphincters, dont le relâchement ne s'effectue pas au moment des contractions des conduits susjacents.

ACHILLE (tendon d') (A., héros de la mythologie grecque). Syn. moderne *tendon calcanéen.* Tendon du muscle triceps sural, s'insérant sur la tubérosité du calcanéus.

ACHILLÉEN, ÉENNE, *adj.* En médecine, relatif au tendon d'Achille. — *réflexe a.* V. à *réflexe.*

ACHOLIE, *s. f.* Suppression de la sécrétion biliaire.

ACHONDROPLASE, *s. m.* ou *f.* Sujet atteint d'achondroplasie.

ACHONDROPLASIE, *s. f.* Affection congénitale, héréditaire, caractérisée par un arrêt de développement des os en longueur, leur volume étant, au contraire, augmenté ; c'est un nanisme portant uniquement sur les membres ; la tête est volumineuse, le tronc à peu près normal.

ACHROMIE, *s. f.* Diminution ou disparition de la pigmentation normale de la peau.

ACHYLIE, *s. f.* Syndrome caractérisé chimiquement par l'absence, dans le suc gastrique, de la pepsine et de l'acide chlorhydrique et cliniquement par des troubles gastriques, intestinaux et nerveux associés parfois à une anémie.

ACIDE, *s. m.* Nom générique des composés capables de céder des ions H^+, et de s'unir avec une base pour former un sel. — V. à l'adjectif.

ACIDÉMIE, *s. f.* Etat caractérisé par la chute du pH sanguin au-dessous de sa valeur normale.

ACIDOCÉTOSE, *s. f.* Syn. *cétose, cétoacidose.* Variété d'acidose observée essentiellement dans le diabète. Elle est due à l'accumulation des corps cétoniques qui s'éliminent par l'urine. Cliniquement, elle correspond au précoma et au coma diabétiques.

ACIDOGÉNÈSE, *s. f.* Formation d'acide.

ACIDOPHILE, *adj.* Se dit des éléments figurés qui se colorent de préférence par les réactifs dont l'élément acide est le colorant.

ACIDORÉSISTANT, ANTE, adj. Se dit des bacilles qui ont la propriété, après coloration par la solution de fuchsine phéniquée, de résister à la décoloration par l'acide nitrique au tiers. Le bacille de la tuberculose est le type des microbes de ce groupe.

ACIDOSE, s. f. Rupture de l'équilibre acido-basique du plasma dans le sens de l'acidité ; son pH devient inférieur à 7,40. Cette rupture se traduit par l'augmentation du rapport : acide carbonique/bicarbonates du plasma. Celle-ci peut être due à l'accroissement du CO_2 dissous du plasma (*a. gazeuse* ou *respiratoire*) ou à la diminution des bicarbonates (*a. fixe* ou *a. métabolique*). Lorsque, grâce aux mécanismes régulateurs de l'organisme *(tampons)*, l'autre terme du rapport évolue parallèlement à celui qui est perturbé, la valeur du rapport et le pH sanguin ne changent pas : l'*a.* est *compensée*. Si ces mécanismes régulateurs sont débordés, le pH s'abaisse (*a. décompensée*).

ACIDOSE LACTIQUE. Acidose métabolique sans cétose, due à l'accumulation excessive de lactates ; elle s'observe au cours du diabète sucré.

ACIDURIE, s. f. Présence d'acide en excès dans l'urine.

ACINÉSIE, s. f. Syn. *akinésie*. Absence de mouvement, immobilité.

ACINETOBACTER, s. m. Genre de diplobacilles Gram− largement répandus et rarement pathogènes.

ACINEUX, EUSE, adj. En forme de grappe.

ACINUS, s. m., pl. acini. Cavité arrondie, élément d'une structure en grappe (glande, poumon).

ACMÉ, s. f. Syn. *période d'état*. Durée pendant laquelle les symptômes ont leur maximum d'intensité.

ACNÉ, s. f. Dermatose, très fréquente à la puberté, due à l'inflammation des follicules pileux liée à une rétention sébacée chez des sujets séborrhéiques. C'est l'*a. vulgaire, juvénile* ou *polymorphe* qui siège au visage et au thorax ; elle est caractérisée par une éruption de papules ou de papulopustules, apparaissant autour des comédons. — *a. rosacée.* V. *couperose.*

ACOUMÉTRIE, s. f. Examen de l'audition au moyen de différentes épreuves ou divers instruments.

ACOUPHÈNE, s. m. Sensation auditive ne résultant pas d'une excitation extérieure de l'oreille (bourdonnement, sifflement, tintement, etc.).

ACRO... Préfixe grec signifiant extrémité.

ACROCÉPHALIE, s. f. Malformation crânienne due à la soudure précoce des sutures sagittale et coronale et donnant au crâne un aspect en tour ou en pain de sucre.

ACROCYANOSE, s. f. Coloration violacée permanente des mains, quelquefois des jambes et plus rarement des oreilles, du nez, des pommettes observée surtout chez les jeunes filles.

ACROMÉGALE, adj. et s. m. ou f. Sujet atteint d'acromégalie.

ACROMÉGALIE, s. f. Affection caractérisée par une « hypertrophie singulière non congénitale des extrémités supérieures, inférieures et céphalique, hypertrophie des os des extrémités et des extrémités des os » (Pierre Marie, 1885). Elle est presque toujours due à un adénome éosinophile du lobe antérieur de l'hypophyse.

ACROMION, s. m. Apophyse aplatie prolongeant en haut et en dehors l'épine scapulaire.

ACRONYME, *s. m.* Mot formé des initiales d'un nom composé. P. ex. *GABA, LASER, SIDA.*

ACROPATHIE, *s. f.* Nom générique donné aux affections des extrémités.

ACTE MANQUÉ. Réaction d'apparence illogique, liée à des motifs cachés dans le subconscient.

ACTH. Initiales de l'anglais *adrenocorticotrophic hormone.* V. *corticostimuline.*

ACTINITE, *s. f.* Syn. *lucite.* Dermatite ou dermatose due à l'action des rayons lumineux.

ACTINOMYCOSE, *s. f.* Maladie rare, causée par le développement d'*Actinomyces israelii.* Cette bactérie filamenteuse anaérobie provoque la formation d'abcès chroniques, s'ouvrant par de multiples fistules.

ACTINOTHÉRAPIE, *s. f.* Toute méthode thérapeutique utilisant les radiations de diverses natures.

ACTIVATEUR TISSULAIRE DU PLASMINOGÈNE (tPA). Glycoprotéine sécrétée par l'endothélium vasculaire, d'activités fibrinolytique et thrombolytique puissantes, et de demi-vie très brève. On la produit par génie génétique (rtPA).

ACTIVATION, *s. f.* Développement considérable des propriétés d'un corps sans ou avec transformation chimique, sous l'influence d'irradiations diverses ou de quantités très faibles d'une autre substance.

ACUPUNCTURE. *s. f.* Méthode diagnostique et thérapeutique d'origine chinoise consistant à introduire sous la peau, en certains points, des aiguilles métalliques pleines.

ACYCLOVIR, *s. m.* (DCI). Nucléoside acyclique dérivé de la guanine, actif par voie intraveineuse ou en application locale contre les virus de l'herpès, de la varicelle et du zona.

ACYLATION, *s. f.* Substitution d'un groupement R—CO— à un atome d'hydrogène.

AD INTEGRUM (restitutio) (latin). Récupération d'un état identique à celui qui existait auparavant ; se dit en particulier de fractures lorsque le résultat du traitement est parfait.

ADAMANTINOME, *s. m.* Syn. *améloblastome, amélome.* Tumeur des maxillaires, kystique ou solide, d'évolution maligne ou bénigne.

ADAMS-STOKES (maladie ou **syndrome d')** (Robert A. 1791-1875 ; William S. 1804-1878, médecins irlandais). Ensemble d'accidents nerveux allant du vertige à la syncope avec chute et à la mort subite. Provoqué par un arrêt plus ou moins long de la circulation cérébrale, il survient au cours du pouls lent permanent par bloc auriculo-ventriculaire, en règle à l'occasion d'un paroxysme de bradycardie.

ADAPTATION (syndrome d'). Ensemble des réactions non spécifiques de l'organisme à une agression quelconque (traumatisme, infection, intoxication). On distingue 3 phases successives : la réaction d'alarme, le stade de résistance et le stade d'épuisement.

ADDIS-HAMBURGER (technique d') (Thomas A. 1881-1949, médecin américain ; Jean H., médecin français contemporain). Syn. *HLM.* (hématies-leucocytes-minute). Numération des éléments cellulaires contenus dans le culot de centrifugation urinaire. Normalement, le débit-minute est de 100 à 1 000 leucocytes, hématies et petites cellules épithéliales, et de 1 à 3 cylindres.

ADDISON (maladie d') (Thomas A., 1793-1860, médecin britannique). Syn. *maladie bronzée*. Maladie caractérisée par une asthénie profonde, avec hypotension artérielle, à laquelle se joignent des douleurs lombaires, des troubles gastriques, une coloration bronzée de la peau et des taches pigmentaires des muqueuses. C'est une insuffisance surrénale chronique, due à la destruction des deux glandes surrénales.

ADDISONIEN, IENNE, *adj.* Qui a trait à la maladie d'Addison. — *s. m.* ou *f.* Sujet atteint de maladie d'Addison.

ADDUCTION, *s. f.* Mouvement d'un membre ou d'un segment de membre qui a pour résultat de le rapprocher du plan médian du corps.

ADEN..., Préfixe grec indiquant un rapport avec un *ganglion lymphatique* ou une *glande*.

ADÉNECTOMIE, *s. f.* Ablation d'une glande ou des végétations adénoïdes.

ADÉNINE, *s. f.* Base purique entrant dans la composition des acides nucléiques. V. *bases puriques*.

ADÉNITE, *s. f.* Syn. *lymphadénite*. Inflammation aiguë ou chronique des ganglions lymphatiques.

ADÉNOCANCER, *s. m.* Variété de tumeur ayant les caractères histologiques de l'adénome, mais présentant la gravité et le pouvoir de généralisation propres au cancer.

ADÉNOCARCINOME, *s. m.* Tumeur maligne développée aux dépens d'un épithélium cylindrique glandulaire.

ADÉNOFIBROME, *s. m.* Syn. *fibroadénome*. Tumeur développée aux dépens des éléments d'une glande (le sein), le tissu conjonctif évoluant suivant le type fibreux.

ADÉNOFIBROMYOME, *s. m.* Tumeur bénigne formée de tissu glandulaire, conjonctif et musculaire lisse.

ADÉNOGRAMME, *s. m.* Formule indiquant la proportion respective des divers éléments cellulaires des ganglions lymphatiques.

ADÉNOHYPOPHYSE, *s. f.* V. *hypophyse*.

ADÉNOÏDE, *adj.* Qui a rapport au tissu ganglionnaire. — *végétation a.* Hypertrophie du tissu adénoïde qui constitue l'amygdale pharyngée ; on l'observe surtout dans la seconde enfance.

ADÉNOÏDIEN, IENNE, *adj.* Qui se rapporte aux végétations adénoïdes.

ADÉNOÏDITE, *s. f.* Poussée inflammatoire au niveau des végétations adénoïdes.

ADÉNOLYMPHITE, *s. f.* Inflammation des ganglions et des vaisseaux lymphatiques qui en sont tributaires.

ADÉNOMATOSE, *s. f.* Adénomes multiples.

ADÉNOME. *s. m.* Tumeur développée aux dépens d'une glande.

ADÉNOMECTOMIE, *s. f.* Ablation d'un adénome.

ADÉNOMÉGALIE, *s. f.* Augmentation de volume des ganglions lymphatiques.

ADÉNOMYOME, *s. m.* Tumeur bénigne formée de tissus glandulaire et musculaire lisse.

ADÉNOPATHIE, *s. f.* Nom générique servant à désigner les inflammations chroniques des ganglions lymphatiques.

ADÉNOPHLEGMON, *s. m.* Adénite suppurée accompagnée d'un abcès périganglionnaire.

ADÉNOSARCOME, *s. m.* Tumeur développée aux dépens des éléments d'une glande dont le tissu conjonctif a subi une évolution maligne.

ADÉNOSINE, *s. f.* Nucléoside formé d'adénine et de d-ribose.

ADÉNOVIROSE, *s. f.* Maladie due à un Adénovirus. Ces virus provoquent des pharyngites aiguës, des conjonctivites, des kératoconjonctivites épidémiques, des trachéobronchites fébriles, des bronchopneumopathies, des adénites mésentériques.

ADÉNOVIRUS, *s. m.* Syn. *virus APC.* Groupe de virus à ADN. Ce sont les agents d'un certain nombre de maladies de l'homme et des animaux, les adénoviroses (v. ce terme).

ADH. Initiales de l'anglais *antidiuretic hormone.* V. *vasopressine.*

ADHÉRENCE, *s. f.* Union congénitale ou cicatricielle de deux surfaces contiguës normalement indépendantes.

ADHÉSION, *s. f.* Faculté que possèdent deux corps en contact de s'opposer à leur séparation.

ADIADOCOCINÉSIE, *s. f.* Impossibilité de faire se succéder rapidement certains mouvements, comme la pronation et la supination alternatives du poignet.

ADIASTOLIE, *s. f.* Gêne apportée au remplissage du cœur par la péricardite constrictive et par certaines affections myocardiques.

ADIPOCYTE, *s. m.* Cellule dont le cytoplasme contient une ou plusieurs gouttelettes de lipides.

ADIPOSE ou **ADIPOSITÉ**, *s. f.* Etat morbide caractérisé par la surcharge graisseuse du tissu cellulaire.

ADJUVANT, ANTE, *adj.* Auxiliaire. — *s. m.* Thérapeutique d'appoint.

ADN. V. *désoxyribonucléique (acide).*

ADOLESCENCE, *s. f.* Période de la vie intermédiaire entre l'enfance et l'âge adulte, contemporaine de la puberté et située entre 12 et 15 ans.

ADRÉNALINE, *s. f.* Hormone sécrétée par la substance médullaire de la glande surrénale. L'a., sympathicomimétique parfait, est le médiateur chimique des nerfs adrénergiques : elle stimule les récepteurs alpha et bêta. Elle accélère le cœur, augmente la force et l'amplitude de ses battements, contracte les vaisseaux, élève la tension artérielle et la glycémie, inhibe les musculatures bronchiques et intestinales, accroît les sécrétions et provoque la mydriase.

ADRÉNERGIQUE, *adj.* Qui se rapporte à la libération d'adrénaline, ou qui agit par l'intermédiaire de l'adrénaline.

ADRÉNOCORTICOTROPE (hormone) ou **ADRÉNOCORTICOTROPHINE (ACTH).** Corticostimuline (v. ce terme).

ADRÉNOLYTIQUE, *adj.* Qui s'oppose à l'action de l'adrénaline.

ADRÉNOPRIVE, *adj.* Lié à l'insuffisance surrénalienne.

ADSORPTION, *s. f.* Fixation d'une substance libre (molécule, atome, ion) à la surface d'une autre substance par une liaison chimique.

ADVENTICE, *s. f.* Tunique externe conjonctive d'un conduit.

ADYNAMIE, *s. f.* Epuisement neuromusculaire qui caractérise certaines maladies.

AEDES, *s. m.* Genre de moustique de la famille des Culicidés.

AER... Préfixe grec signifiant *air.*

AÉRIUM, *s. m.* Etablissement de cure au grand air, destiné aux enfants soumis à une contamination tuberculeuse, mais ne relevant pas du préventorium.

ÆROBACTER, *s. m.* V. *Entérobacteria-cées.*

AÉROBIE, *adj.* S'applique à tout microbe, phénomène ou métabolisme tributaire de l'oxygène.

AÉROCOLIE, *s. f.* Accumulation de gaz dans le côlon.

AÉROGASTRIE, *s. f.* Présence de gaz dans l'estomac, déterminant parfois la distension de cet organe.

AÉROÏLÉIE, *s. f.* Présence de gaz dans l'iléon.

ÆROMONAS, *s. m.* Genre de bactérie appartenant à la famille des Vibriona-cées, et dont certaines espèces sont responsables d'infections opportunistes.

AÉROPHAGIE, *s. f.* Déglutition d'une certaine quantité d'air qui pénètre dans l'œsophage et l'estomac.

AÉROSOL, *s. m.* Système composé de particules très fines solides ou liquides tenues en suspension dans l'air ou dans un gaz.

AFFECT, *s. m.* Réaction psychique immédiate, devant certaines situations intéressantes, agréables ou désagréa-bles. L'*a.* représente l'aspect élémen-taire de l'affectivité.

AFFECTION, *s. f.* Maladie.

AFFÉRENT, ENTE, *adj.* Qui s'approche de, centripète, qui amène un fluide ou un influx nerveux vers un organe. V. *efférent.*

AFFRONTEMENT, *s. m.* Action d'affronter les lèvres d'une plaie pour en faciliter la cicatrisation.

AFFRONTER, *v.* Mettre en contact les deux lèvres d'une plaie.

AFP ou **ALPHA- FP**. Abréviations d'*alphafœtoprotéine.*

A FRIGORE. Locution latine désignant un certain nombre d'affections où le refroidissement est considéré comme une cause déclenchante ou favorisante. P. ex. *paralysie faciale a. f.* ; *pleurésie a. f.*

Ag. Abréviation d'*antigène.*

AGAMMAGLOBULINÉMIE, *s. f.* Absence de gammaglobulines dans le sang. — Ce terme désigne un groupe de mala-dies dues à une carence de l'immunité humorale, dont certaines gammaglobu-lines, les immunoglobulines, sont le support.

AGAR ou **AGAR-AGAR**, *s. f.* Algue ren-fermant un produit colloïde utilisé pour faire des milieux de culture bacté-riologique solides, que l'on nomme *agar* ou *gélose.*

ÂGE, *s. m.* Temps écoulé depuis la naissance d'un individu. — *Premier â.* Les deux premières années de la vie. — *Deuxième â.* Période de l'existence allant du 2ᵉ au 5ᵉ anniversaire. — *Troisième â.* Terme imprécis désignant les personnes retraitées valides. — *Quatrième â.* Personnes d'âge très avancé, invalides, complètement dépendantes du milieu.

ÂGE MENTAL. Terme servant à fixer le niveau intellectuel d'un enfant.

AGÉNÉSIE, *s. f.* 1° Impuissance ; impossibilité d'engendrer. — 2° Arrêt partiel de développement frappant l'embryon et provoquant certaines atrophies d'ordre tératologique et des malformations.

AGENT DELTA. Particule d'acide ribo-nucléique présente chez certains sujets atteints d'hépatite B.

AGGLUTINATION, *s. f.* Groupement en petits amas distincts de corps figurés (microbes, hématies) porteurs d'un antigène et en suspension dans un liquide, survenant lorsqu'on ajoute à ce liquide l'anticorps correspondant.

AGGLUTININE, *s. f.* Nom donné à des substances spécifiques (anticorps) contenues dans certains sérums, substances qui provoquent l'agglutination, soit de certains microbes, soit des globules rouges *(hémagglutinine)*, qui renferment l'agglutinogène correspondant.

AGGLUTINOGÈNE, *s. m.* Nom donné à des substances (antigènes) possédées par certains microbes ou certains globules rouges *(hémagglutinogènes)*, qui rendent ces microbes ou ces globules agglutinables par des sérums contenant les agglutinines correspondantes.

Ag HBs. V. *antigène Australia.*

AGNOSIE, *s. f.* Impossibilité de reconnaître les objets, alors qu'il n'existe aucun déficit sensoriel.

AGONIE, *s. f.* Période de transition entre la vie et la mort, caractérisée par une irrigation cérébrale insuffisante et la diminution ou l'abolition de l'intelligence.

AGONISTE, *adj.* et *s. m.* Se dit d'un muscle dont l'action produit le mouvement désiré. Plus généralement, phénomène ou substance qui concourt à produire l'effet recherché.

AGORAPHOBIE, *s. f.* Peur des espaces accompagnée souvent d'angoisse.

AGRANULOCYTOSE, *s. f.* Disparition des leucocytes granuleux du sang.

AGRAPHIE, *s. f.* Impossibilité d'exprimer les idées et les sentiments en se servant de mots écrits ou de signes.

AGRÉGANT, ANTE, *adj.* Qui provoque ou favorise l'agrégation des globules rouges ou des plaquettes.

AGUEUSIE, *s. f.* Diminution ou abolition du sens du goût.

AIGU, UË, *adj.* 1° D'évolution courte (maladie). P. ex. *appendicite a., œdème pulmonaire a.* V. *subaigu, suraigu* et *chronique.* — 2° Intense et localisé (douleur).

AINE, *s. f.* Région unissant les faces antérieures de la paroi abdominale et de la cuisse. V. *inguinal.*

AINS. Initiales d'*anti-inflammatoire non stéroïdien.*

AIR COMPLÉMENTAIRE. V. *volume de réserve inspiratoire.*

AIR COURANT. V. *volume courant.*

AIR DE RÉSERVE. V. *volume de réserve expiratoire.*

AIR RÉSIDUEL. V. *volume résiduel.*

AIS. Initiales d'*anti-inflammatoire stéroïdien.*

AISSELLE, *s. f.* Espace creux situé sous l'épaule, entre la face latérale du thorax et la face interne du bras. V. *axillaire.*

AIT. Abréviation d'*accident ischémique (cérébral) transitoire.* V. *accident vasculaire cérébral.*

AKINÉSIE, *s. f.* V. *acinésie.*

ALAT. Alanine-aminotransférase. V. *transaminase.*

ALBINISME, *s. m.* Absence congénitale de pigment, partielle ou générale, parfois limitée au globe oculaire.

ALBINOS, *s. m.* Individu atteint d'albinisme.

ALBUGINÉE, *s. f.* Enveloppe conjonctive blanchâtre et dense de certains organes génitaux.

ALBUGINITE, *s. f.* Inflammation de l'albuginée.

ALBUGO, *s. m.* Trouble trophique des ongles, caractérisé par la formation de petites taches blanches, transversales, striées ou non.

ALBUMINE, *s. f.* Variété de protéide simple (holoprotéide) soluble dans l'eau. Les *a.* existent dans le sérum sanguin (*sérum a.*), l'œuf (*ovalbumine*), le lait, le protoplasma.

ALBUMINÉMIE, *s. f.* Présence et taux de la sérum-albumine dans le plasma sanguin.

ALBUMINORACHIE, *s. f.* Présence d'albumine dans le liquide céphalorachidien.

ALBUMINURIE, *s. f.* Présence d'albumine dans l'urine. V. *protéinurie*.

ALCALINOTHÉRAPIE, *s. f.* Emploi thérapeutique des sels alcalins.

ALCALOÏDE, *s. m.* Terme générique désignant une substance organique azotée d'origine végétale, à caractère alcalin, douée d'une action puissante, souvent toxique, sur l'organisme (p. ex. : atropine, caféine, colchicine, morphine, quinine...).

ALCALOSE, *s. f.* Rupture de l'équilibre acidobasique du plasma dans le sens d'une augmentation de l'alcalinité ; le pH devient supérieur à 7,40. Cette rupture se traduit par l'abaissement du rapport : acide carbonique/bicarbonates du plasma. Celui-ci peut être dû à la diminution du CO_2 dissous du plasma (*a. gazeuse* ou *respiratoire*) ou à l'augmentation des bicarbonates (*a. non gazeuse*, *fixe* ou *métabolique*). Lorsque, grâce aux mécanismes régulateurs de l'organisme (tampons), l'autre terme du rapport évolue parallèlement à celui qui est perturbé, la valeur du rapport et le pH sanguin ne changent pas : l'*a.* est *compensée*. Si les mécanismes régulateurs sont débordés, le pH s'élève (*a. décompensée*).

ALCAPTONURIE, *s. f.* Présence dans l'urine de l'alcaptone (ou acide homogentisique). Les urines alcaptonuriques noircissent. L'*a.*, anomalie enzymatique héréditaire transmise selon le mode récessif, ne correspond pas à un état pathologique déterminé et peut même s'observer chez les sujets bien portants.

ALCOOL, *s. m.* Tout corps chimique comportant un radical -OH non fixé directement sur un noyau aromatique. Employé seul, ce terme désigne l'*alcool éthylique* (C_2H_5OH).

ALCOOL ÉTHYLIQUE. Syn. *éthanol.* V. *alcool.*

ALCOOLAT, *s. m.* Médicament qui résulte de la distillation de l'alcool éthylique sur une ou plusieurs substances aromatiques.

ALCOOLATURE, *s. f.* Médicament obtenu en faisant macérer parties égales d'alcool éthylique et d'une plante fraîche.

ALCOOLÉ, *s. m.* Syn. *teinture alcoolique.* Médicament obtenu en faisant dissoudre dans l'alcool éthylique les principes actifs de substances médicinales.

ALCOOLÉMIE, *s. f.* Présence passagère d'alcool éthylique dans le sang à la suite d'ingestion de boisson alcoolique.

ALCOOLISATION DES NERFS. Injection d'alcool éthylique dans un tronc nerveux.

ALCOOLISME, *s. m.* Syn. *éthylisme.* Ensemble des accidents morbides produits par l'abus des boissons alcooliques.

ALCOOLOGIE, *s. f.* Étude de l'alcool éthylique et de ses effets sur l'organisme.

ALCOOLOMANIE, *s. f.* Période latente de l'intoxication alcoolique chronique, pendant laquelle l'alcool éthylique ne manifeste son action que par l'accoutumance et le besoin.

ALCOOTEST, *s. m.* 1° Appareil servant à apprécier le degré d'alcoolémie d'après la teneur en alcool du gaz expiré. — 2° Examen effectué avec cet appareil.

ALCOYLANT, *adj.* et *s. m.* Syn. *alkylant.* Se dit d'un corps chimique possédant une ou plusieurs chaînes de la série alcoyle.

ALCOYLE, *s. m.* (chimie). Radical constitué par un alcool ayant perdu un hydroxyle.

ALDOLASE, *s. f.* Enzyme normalement présente dans les tissus du fœtus. Elle intervient dans le catabolisme du fructose.

ALDOSTÉRONE, *s. f.* Hormone minéralocorticoïde sécrétée par la zone glomérulée de la corticosurrénale ; elle règle, dans l'organisme, le bilan du Na^+ et du K^+ dont elle contrôle les échanges au niveau de la partie distale du tube rénal.

ALEXIE, *s. f.* V. *cécité verbale.*

ALÈZE, *s. f.* Pièce de toile destinée à protéger le lit des malades.

ALGÉSIMÈTRE, *s. m.* Appareil permettant de mesurer l'intensité de l'excitation nécessaire pour faire naître une impression douloureuse.

ALGIDE, *adj.* Se dit d'une maladie ou d'un syndrome s'accompagnant d'algidité.

ALGIDITÉ, *s. f.* Etat morbide caractérisé par le refroidissement avec sensation de froid et tendance au collapsus.

ALGIE, *s. f.* Douleur d'un organe ou d'une région, ne correspondant pas à une lésion anatomique évidente.

ALGIQUE, *adj.* Qui est en rapport avec la douleur.

ALGODYSTROPHIE SYMPATHIQUE. Ensemble de syndromes douloureux vasomoteurs et trophiques d'origine sympathique.

ALGOLAGNIE, *s. f.* Perversion du sens génital qui a besoin, pour être excité, d'être associé à une douleur ressentie (*a.* passive ou *masochisme*) ou infligée à autrui (*a.* active ou *sadisme*).

ALGOPARALYSIE, *s. f.* Paralysie accompagnée de phénomènes douloureux.

ALGOPARESTHÉSIE, *s. f.* Paresthésie douloureuse.

ALGORITHME, *s. m.* Ensemble des règles pratiques permettant d'effectuer un calcul.

ALIÉNATION, *s. f.* ou **ALIÉNATION MENTALE.** Syn. *folie.* Terme du langage administratif et judiciaire désignant toute maladie mentale. V. *psychose.*

ALIÉNÉ, NÉE, *adj.* et *s.* Qui est atteint(e) d'aliénation.

ALIMENT, *s. m.* Substance qui, introduite dans l'organisme, sert à la nutrition.

ALKYLANT, *adj.* et *s. m.* V. *alcoylant.*

ALLAITEMENT, *s. m.* Alimentation lactée d'un nourrisson.

ALLANTOÏDE, *s. f.* Diverticule de l'intestin embryonnaire dont la paroi, contenant des vaisseaux sanguins, contribue à former le cordon ombilical et le placenta.

ALLÈLE, *s. m.* Nom donné à deux gènes d'une paire de chromosomes, formant paire eux-mêmes, ayant des emplacements identiques sur chacun de ces deux chromosomes et possédant tous deux la même fonction, mais chacun l'exerçant d'une manière différente.

ALLERGÈNE, *s. m.* Substance (antigène) déterminant l'allergie (le terme d'allergie étant pris dans le sens d'augmentation de la sensibilité).

ALLERGIE, *s. f.* Etat d'un organisme apte à présenter des manifestations pathologiques lors d'une rencontre avec un antigène auquel il est sensible (conflit antigène-anticorps).

ALLERGIQUE, *adj.* Qui se rapporte à l'allergie. — *maladie a.* Maladie provoquée par la sensibilisation de l'organisme à une substance étrangère. P. ex. : *asthme, urticaire, eczéma.*

ALLERGOLOGIE, *s. f.* Etude de l'allergie et de ses manifestations morbides.

ALLOCINÉSIE, *s. f.* Trouble de la motilité, consistant dans le fait de mouvoir un membre lorsqu'on veut faire agir le membre symétrique.

ALLOESTHÉSIE, *s. f.* Trouble de la sensibilité caractérisé par la localisation en un point symétrique des sensations perçues à un endroit quelconque du revêtement cutané.

ALLOGREFFE, *s. f.* V. *homogreffe.*

ALLO-IMMUNISATION, *s. f.* V. *isoimmunisation.*

ALLOPATHIE, *s. f.* Méthode de traitement opposée à l'homéopathie.

ALOPÉCIE, *s. f.* Chute générale ou partielle des cheveux ou des poils.

ALPHA. Première lettre de l'alphabet grec (α) : a.

ALPHABLOQUANT, ANTE, *adj.* Syn. *alpha-inhibiteur, alphalytique.* Qui paralyse les récepteurs adrénergiques alpha (v. ce terme).

ALPHACHYMOTRYPSINE, *s. f.* Ferment résultant de l'activation du chymotrypsinogène par la trypsine dans le duodénum, et dont le rôle est le même que celui de la trypsine.

ALPHAFŒTOPROTÉINE, *s. f.* **(AFP)**. Variété de glycoprotéine, de type alpha-1-globuline, synthétisée uniquement pendant la vie fœtale et qui disparaît définitivement du sérum quelques jours après la naissance. On la trouve en outre chez la plupart des sujets atteints de cancer primitif du foie.

ALPHA-INHIBITEUR, TRICE. *adj.* V. *alphabloquant.*

ALPHASTIMULANT, ANTE, *adj.* Qui excite les récepteurs adrénergiques alpha (v. ce terme). V. *sympathicomimétique.*

ALPHAVIRUS, *s. m.* Genre de virus de la famille des Togaviridées, autrefois classé parmi les Arbovirus du groupe A. Ils sont responsables notamment des encéphalites équines américaines.

ALVÉOLAIRE, *adj.* Qui a rapport aux alvéoles dentaires ou pulmonaires.

ALVÉOLE, *s. m.* ou *f.* Elément anatomique ayant la forme d'une petite cavité. — *a. dentaire.* Cavité osseuse où s'implante une dent. — *a. pulmonaire.* Dilatation terminale d'une bronchiole.

ALVÉOLITE, *s. f.* 1° V. *périostite alvéolo-dentaire.* — 2° Inflammation des alvéoles pulmonaires.

ALVÉOLYSE, *s. f.* Destruction des alvéoles dentaires. Terme pris souvent comme syn. de *pyorrhée alvéolo-dentaire.*

ALYMPHOCYTOSE, *s. f.* Absence de lymphocytes.

ALZHEIMER (maladie d') (Alois A., neurologue allemand, 1864-1915). Variété la plus fréquente de démence présénile, caractérisée par une démence massive avec gros troubles de la mémoire et désorientation temporospatiale. La mort survient dans la cachexie en quelques années.

AMARIL, ILE, adj. Qui a rapport à la fièvre jaune.

AMAUROSE, s. f. Perte complète de la vue, sans altération des milieux de l'œil.

AMBIDEXTRE, adj. Qui se sert aussi habilement de sa main gauche que de sa main droite. V. droitier et gaucher.

AMBLYOPIE, s. f. Diminution de l'acuité visuelle.

AMBULANCE, s. f. Véhicule aménagé destiné au transport des malades.

AMBULANT, ANTE, adj. Qui s'étend de proche en proche. — érysipèle a.

AMBULATOIRE, adj. Qui peut s'accompagner de déambulation ; qui permet de marcher ; qui n'exige pas l'hospitalisation.

AMÉLIE, s. f. Malformation caractérisée par l'absence des quatre membres.

AMÉLOBLASTOME, s. m. V. adamantinome.

AMÉLOME, s. m. V. adamantinome.

AMÉLOPATHIE, s. f. Maladie de l'émail dentaire.

AMÉNORRHÉE, s. f. Absence du flux menstruel, en dehors de l'état de grossesse, chez une femme en période d'activité génitale.

AMÉTROPIE, s. f. Nom donné à tous les troubles de la réfraction dus à une mauvaise mise au point de l'image sur la rétine.

AMIBE, s. f. Organisme rudimentaire, appartenant au règne animal (protozoaire), formé d'une seule cellule et se déplaçant au moyen de pseudopodes.

AMIBIASE, s. f. Maladie parasitaire due à un protozoaire, Entamœba dysenteriæ, qui se localise d'abord au niveau du gros intestin en donnant lieu à un syndrome dysentérique (dysenterie amibienne), mais qui peut atteindre ensuite d'autres viscères (foie), sièges possibles d'abcès amibiens.

AMIBOÏDE, adj. Qui ressemble aux amibes. — mouvements a. Mouvements analogues à ceux des amibes.

AMIDE, s. m. Composé organique dérivé d'un acide par substitution d'un radical —NH$_2$ à un radical —OH.

AMIMIE, s. f. Perte plus ou moins complète de l'utilisation des gestes.

AMINE, s. f. Base organique azotée dérivant de l'ammoniaque. Elle entre notamment dans la composition des acides aminés et des catécholamines.

AMINÉ (acide). Syn. amino-acide. Nom générique des acides organiques possédant une fonction amine (— NH2). Ils se combinent entre eux pour former les peptides, éléments constituants des protéines.

AMINO-ACIDE, s. m. V. aminé (acide).

AMINO-ACIDÉMIE, s. f. Présence dans le sang d'acides aminés.

AMINO-ACIDURIE, s. f. Présence d'acides aminés dans l'urine.

AMINOSIDES, s. m. pl. Famille d'antibiotiques toxiques pour le rein et l'appareil auditif (la streptomycine, la gentamycine, la kanamycine).

AMINOTRANSFÉRASE, s. f. V. transaminase.

AMM. Abréviation d'autorisation de mise sur le marché.

AMMONIÉMIE, s. f. Présence dans le sang de carbonate d'ammoniaque. Son taux normal très faible augmente (hyperammoniémie) dans les ictères graves et les comas hépatiques.

AMNÉSIE, s. f. Perte totale ou partielle de la mémoire. Elle est dite rétrograde quand elle comprend les faits qui ont précédé un événement pris comme point de repère ; antérograde quand elle comprend ceux qui l'ont suivi ;

cette dernière est appelée aussi *a. de fixation*. L'*a.* est enfin *générale* quand le sujet perd tous les souvenirs de sa vie passée.

AMNÉSIQUE, *adj.* Qui concerne l'amnésie. — *s. m.* ou *f.* Sujet qui a perdu la mémoire.

AMNIOCENTÈSE, *s. f.* Ponction de l'utérus gravide dans le but de prélever du liquide amniotique.

AMNIOS, *s. m.* Membrane limitant la cavité amniotique, elle tapisse la face interne du placenta et du chorion.

AMNIOSCOPIE, *s. f.* Examen du liquide amniotique par transillumination des membranes au pôle inférieur de l'œuf.

AMNIOTIQUE, *adj.* Qui a rapport à l'amnios.

AMOEBICIDE, *adj.* Qui tue les amibes.

AMPÈRE, *s. m.* Symbole A. Unité de base du système international pour l'intensité du courant électrique.

AMPHÉTAMINE, *s. f.* Médicament excitant le système nerveux central et accroissant les activités physique et psychique.

AMPHIARTHROSE, *s. f.* Articulation peu mobile où les surfaces osseuses sont unies par du fibrocartilage. P. ex. *les articulations intervertébrales.*

AMPICILLINE, *s. f.* (DCI). Pénicilline semi-synthétique.

AMPLIATION, *s. f.* Augmentation de dimensions de la cavité thoracique pendant l'inspiration.

AMPLIFICATEUR DE BRILLANCE ou **DE LUMINANCE.** Appareil permettant de transformer une image optique en image électronique.

AMPOULE, *s. f.* (pharmacie). Petit récipient cylindrique et hermétique en verre, dans lequel on conserve des médicaments liquides ou des solutés stérilisés, prêts à l'emploi sous forme injectable ou buvable.

AMPULLOME VATÉRIEN. Tumeur développée au niveau de l'ampoule de Vater.

AMPUTATION, *s. f.* Opération qui consiste dans l'ablation d'un membre, d'un segment de membre ou d'une partie saillante (langue, sein, verge).

AMYGDALE, *s. f.* Organe en forme d'amande. P. ex. *a. palatine* (v. *amygdalectomie*) ; *a. pharyngienne* (v. *adénoïdes, végétations*) ; *a. linguale ; a. cérébelleuse.*

AMYGDALECTOMIE, *s. f.* Ablation totale des deux amygdales palatines.

AMYGDALITE, *s. f.* Inflammation des amygdales.

AMYLACÉ, CÉE, *adj.* Qui renferme de l'amidon. — *corps a.* V. *amyloïde.*

AMYLASE, *s. f.* Ferment du suc pancréatique et de la salive qui transforme l'amidon et le glycogène en dextrine et en maltose au cours de la digestion intestinale.

AMYLASÉMIE, *s. f.* Présence d'amylase dans le sang. L'*a.* est anormalement élevée dans les pancréatites aiguës.

AMYLASURIE, *s. f.* Présence d'amylase dans l'urine.

AMYLOÏDE, *adj.* Qui ressemble à l'amidon. — *substance a.* Substance amorphe, colorée en brun acajou par l'iode, et donnant une biréfringence verte en lumière polarisée après coloration par le rouge Congo. Il en existe plusieurs types chimiques correspondant aux différentes variétés cliniques d'amyloïdose.

AMYLOÏDE (dégénérescence, infiltration ou maladie). Infiltration de différents organes et tissus par la substance amyloïde.

AMYOTONIE, *s. f.* V. *myatonie.*

AMYOTROPHIE, *s. f.* Syn. *myatrophie.* Diminution de volume des muscles ; fonte musculaire.

AN..., Préfixe grec indiquant la *privation*, le *manque* de.

ANA. Terme employé dans la rédaction des ordonnances et qui, placé après l'énumération de deux ou de plusieurs substances, signifie : *de chaque*.

ANABOLISANT, ANTE, *adj.* Qui favorise l'anabolisme.

ANABOLISME, *s. m.* Transformation des matériaux nutritifs en tissu vivant.

ANACHLORHYDRIE, *s. f.* Absence complète d'acide chlorhydrique libre dans le suc gastrique.

ANAÉROBIE, *adj.* et *s. m.* Se dit des microbes qui ne peuvent vivre au contact de l'air.

ANAL, ALE, *adj.* Qui a rapport à l'anus.

ANALEPTIQUE, *adj.* et *s. m.* Se dit des médicaments et des aliments qui stimulent le fonctionnement des différents appareils de l'organisme.

ANALGÉSIE, *s. f.* Abolition de la sensibilité à la douleur.

ANALGÉSIQUE, 1° *adj.* Qui diminue ou supprime la douleur. V. *antalgique.*— 2° *s. m.* Médicament possédant cette propriété.

ANAMNÈSE, *s. f.* ou **ANAMNESTIQUES,** *s. m. pl.* Renseignements que fournit le malade lui-même ou son entourage sur le début de sa maladie jusqu'au moment où il se trouve soumis à l'observation du médecin. V. *antécédents.*

ANAPHASE, *s. f.* Troisième stade de la division cellulaire, au cours duquel les chromosomes se dédoublent, se séparent et se dirigent vers les pôles de la cellule. V. *mitose.*

ANAPHYLACTIQUE, *adj.* Qui concerne l'anaphylaxie. — *choc a.* V. *choc anaphylactique.*

ANAPHYLAXIE, *s. f.* Augmentation de la sensibilité de l'organisme à une substance étrangère (antigène) après que celle-ci y a été introduite ; c'est le contraire de l'immunité (ce terme étant pris dans son sens restrictif de protection de l'organisme). Cet *état d'a.* n'apparaît qu'un certain temps (2 ou 3 semaines) après le premier contact avec l'antigène.

ANAPLASIE, *s. f.* Processus par lequel certaines cellules perdent une partie de leurs caractères propres, sans pourtant retourner à l'état de cellules primitives.

ANARTHRIE, *s. f.* Trouble du langage consistant uniquement dans l'impossibilité d'articuler les sons.

ANASARQUE, *s. f.* Œdèmes généralisés, sous-cutanés et viscéraux, accompagnés d'épanchements dans les séreuses.

ANASCITIQUE, *adj.* Qui n'est pas accompagné d'ascite.

ANASTOMOSE, *s. f.* Communication entre deux vaisseaux et, par extension, entre deux conduits de même nature, et entre deux nerfs.

ANATOMIE, *s. f.* Science consacrée à l'étude de la structure des êtres vivants. — *a. descriptive.* Etude morphologique séparée de chaque organe. — *a. microscopique.* V. *histologie.* — *a. pathologique.* Syn. *anatomopathologie.* Etude des modifications structurales des organes, résultant des actions et des réactions morbides. — *a. topographique.* Etude des rapports des différents organes entre eux.

ANATOMOPATHOLOGIE, *s. f.* V. *anatomie pathologique* à *anatomie.*

ANATOXINE, *s. f.* Toxine formolée ; elle perd ses propriétés toxiques et conserve ses propriétés immunisantes. V. *vaccin antidiphtérique et vaccin antitétanique.*

ANCONÉ, NÉE, *adj.* Relatif au coude. — *muscle a.* Muscle situé à la face postérieure du coude, tendu de l'humérus à l'ulna (cubitus), extenseur de l'avant-bras.

ANDR..., Préfixe grec indiquant un rapport avec le *sexe masculin.* V. *anthropo...*

ANDROGÈNE, *adj.* Qui provoque l'apparition des caractères sexuels masculins.

ANDROGÈNES (hormones). Syn. *hormones mâles.* Hormones stéroïdes (v. 17-cétostéroïdes) qui provoquent le développement des caractères sexuels masculins et stimulent l'anabolisme protéique. Elles sont sécrétées accessoirement par la corticosurrénale et surtout par le testicule, qui, sous l'influence de la gonadostimuline hypophysaire, produit essentiellement la testostérone (v. *testiculaires, hormones*), l'hormone masculinisante la plus puissante.

ANDROGYNE, *adj.* et *s. m.* 1° Hermaphrodite. — 2° V. *androgynoïde.*

ANDROGYNIE, *s. f.* Pseudo-hermaphrodisme partiel chez l'homme.

ANDROGYNOÏDE, *s. m.* Syn. *androgyne.* Individu du sexe masculin, chez lequel le segment inférieur de l'appareil génital a évolué suivant le type féminin.

ANDROÏDE, *adj.* Qui présente des caractères masculins.

ANDROLOGIE, *s. f.* Etude de l'homme, et plus particulièrement des maladies spéciales à l'homme.

ANDROPAUSE, *s. f.* Ensemble des manifestations organiques et psychiques survenant chez l'homme entre 50 et 70 ans.

ANDROSTÉRONE, *s. f.* Hormone extraite de l'urine d'homme, et favorisant le développement de la puberté chez l'homme.

ANÉMIE, *s. f.* Diminution du nombre des globules rouges, ou, plus exactement de la quantité d'hémoglobine contenue dans l'unité de volume de sang.

ANÉMIE À HÉMATIES FALCIFORMES. Variété d'anémie hémolytique avec érythroblastose, héréditaire, familiale, apparaissant dès l'enfance. Cette hémoglobinose, décrite aux USA chez les Noirs, doit son nom à la forme allongée, en croissant, que prennent de nombreux globules rouges (drépanocytes).

ANÉMIE APLASTIQUE. Syn. *anémie arégénérative.* Forme d'anémie caractérisée par l'absence de réaction de l'appareil hématopoïétique et l'évolution rapidement fatale.

ANÉMIE ARÉGÉNÉRATIVE. V. *anémie aplastique.*

ANÉMIE DE BIERMER. V. *Biermer (anémie de).*

ANÉMIE DRÉPANOCYTAIRE. V. *anémie à hématies falciformes.*

ANÉMIE ÉRYTHROBLASTIQUE. Anémie caractérisée par l'abondance particulière d'érythroblastes dans le sang. V. *érythroblastose* et *splénomégalie myéloïde.*

ANÉMIE FERRIPRIVE. Syn. *anémie sidéropénique.* Variété la plus importante d'anémie hypochrome ; elle este due à un manque de fer par défaut d'apport ou d'absorption, ou par perte ferrique (hémorragie).

ANÉMIE HÉMOLYTIQUE. Anémie due à la destruction des globules rouges anormalement fragiles ou lésés par un facteur d'agression apparu dans le plasma du malade.

ANÉMIE HYPERCHROME. Variété d'anémie dans laquelle le chiffre des hématies est beaucoup plus abaissé que le taux de l'hémoglobine ; la valeur globulaire est augmentée. V. *Biermer (anémie de).*

ANÉMIE HYPOCHROME. Anémie par manque d'hémoglobine. Elle est caractérisée par la diminution de la teneur et de la concentration en hémoglobine des globules rouges, que le nombre de ceux-ci soit ou non réduit. La valeur globulaire est abaissée.

ANÉMIE ISOCHROME. Syn. *a. normochrome*. Variété d'anémie dans laquelle le taux de l'hémoglobine est abaissé, le chiffre des hématies aussi et dans les mêmes proportions ; la valeur globulaire est normale.

ANÉMIE MACROCYTAIRE. V. *a. mégalocytaire*.

ANÉMIE MÉGALOCYTAIRE. Syn. *anémie macrocytaire*. Anémie avec présence, dans le sang, d'hématies de grande taille.

ANÉMIE MICROCYTAIRE. Anémie avec présence de microcytes (microcytose) dans le sang circulant.

ANÉMIE NORMOCHROME. V. *anémie isochrome*.

ANÉMIE PERNICIEUSE. V. *Biermer* (*anémie de*).

ANÉMIE SIDÉROPÉNIQUE. V. *anémie ferriprive*.

ANENCÉPHALIE, *s. f.* Monstruosité caractérisée par l'absence d'encéphale.

ANÉPHRIQUE, *adj.* Dépourvu de rein.

ANERGIE, *s. f.* Disparition de l'allergie.

ANERGISANT, ANTE, *adj.* Qui provoque l'anergie. — *maladie anergisante*.

ANESTHÉSIE, *s. f.* Perte de la sensibilité. Elle peut être due à un état morbide, ou provoquée par un médicament. — *a. épidurale*. A. loco-régionale obtenue par l'introduction dans l'espace épidural (compris entre la dure-mère et les parois du canal rachidien), d'une solution anesthésique qui baigne les racines sensitives et motrices. — *a. péridurale*. V. *a. épidurale*. — *a. rachidienne*. V. *rachinesthésie*.

ANESTHÉSIOLOGIE, *s. f.* Etude de l'anesthésie artificielle et de ses applications médico-chirurgicales.

ANESTHÉSIQUE, *adj.* et *s. m.* Se dit d'une substance médicamenteuse employée pour obtenir une insensibilité locale ou générale.

ANESTHÉSISTE, *s. m.* ou *f.* Personne chargée de provoquer et d'entretenir l'anesthésie locale ou générale au cours d'une opération.

ANEURINE, *s. f.* Syn. *thiamine*. Vitamine B_1. Elle joue un rôle important dans la respiration cellulaire, l'assimilation des hydrates de carbone et la nutrition du système nerveux. Sa carence provoque le béribéri.

ANÉVRISME ou **ANÉVRYSME,** *s. m.* Tumeur circonscrite développée dans le trajet d'une artère par dilatation des parois.

ANÉVRISME ARTÉRIOVEINEUX. Communication permanente d'une artère et d'une veine sans (*fistule artérioveineuse*) ou avec sac anévrismal (*a. proprement dit*).

ANÉVRISME DISSÉQUANT. Cavité développée dans l'épaisseur de la paroi artérielle, aux dépens de la tunique moyenne du vaisseau. — *a. d. de l'aorte*. V. *dissection aortique*.

ANÉVRISME FUSIFORME. Dilatation cylindrique d'un segment d'une artère, se continuant insensiblement en fuseau, en amont et en aval, avec le vaisseau normal.

ANÉVRISME MYCOTIQUE. Anévrisme artériel dû à une localisation bactérienne sur les parois du vaisseau au cours d'une endocardite infectieuse subaiguë.

ANÉVRISME SACCIFORME. Poche limitée, appendue à la paroi d'une artère, développée aux dépens de cette paroi, et communiquant avec l'artère par un canal étroit, le collet.

ANÉVRISME VENTRICULAIRE. Distension de la paroi du ventricule gauche au niveau de la cicatrice d'un infarctus.

ANÉVRISMORRAPHIE, *s. f.* Méthode chirurgicale de traitement des anévrismes par voie endovasculaire.

ANGÉIO... Syn. *angio.* Préfixe grec signifiant *vasculaire.*

ANGÉIOLOGIE, *s. f.* Syn. *angiologie.* Etude des vaisseaux et de leurs maladies.

ANGÉITE ou ANGIITE, *s. f.* Syn. *vascularite.* Nom générique désignant toutes les inflammations vasculaires (artérite, phlébite, lymphangite, etc.).

ANGIECTASIE, *s. f.* Nom générique désignant toutes les dilatations vasculaires.

ANGINE, *s. f.* Inflammation de l'isthme du gosier et du pharynx.

ANGINE À MONOCYTES ou MONOCYTAIRE. V. *mononucléose infectieuse.*

ANGINE DE POITRINE. Syn. *angor pectoris.* Crises de douleurs constrictives d'origine coronarienne, siégeant dans la région précordiale, irradiant dans le bras gauche et s'accompagnant d'une angoisse poignante avec sensation de mort imminente.

ANGIO... V. *angéio.*

ANGIOBLASTOME, *s. m.* Tumeur vasculaire rencontrée au niveau des centres nerveux.

ANGIOCARDIOGRAPHIE, *s. f.* Radiographies des cavités du cœur et des gros vaisseaux de la base après injection d'une substance opaque aux rayons X.

ANGIOCHOLÉCYSTITE, *s. f.* Inflammation de la vésicule et des voies biliaires.

ANGIOCHOLÉGRAPHIE, *s. f.* V. *cholangiographie.*

ANGIOCHOLITE, *s. f.* Inflammation des voies biliaires.

ANGIODYSPLASIE, *s. f.* Anomalie vasculaire par trouble de développement.

ANGIOFLUOROGRAPHIE, *s. m.* Photographie du fond d'œil après injection intraveineuse de fluorescéine, destinée à mettre en évidence les vaisseaux rétiniens et choroïdiens.

ANGIOGRAPHIE, *s. f.* Radiographie des vaisseaux après injection d'un liquide opaque aux rayons X.

ANGIOGRAPHIE DIGITALE. V. *angiographie numérique.*

ANGIOGRAPHIE NUMÉRIQUE ou NUMÉRISÉE. Procédé radiologique et informatisé d'examen des vaisseaux sanguins qui a l'avantage de fournir de bonnes images par introduction intraveineuse du produit de contraste, évitant ainsi la ponction et le cathétérisme artériels.

ANGIOLOGIE, *s. f.* V. *angéiologie.*

ANGIOMATOSE, *s. f.* Maladie générale caractérisée par la formation d'angiomes multiples.

ANGIOME, *s. m.* Production pathologique circonscrite constituée par une agglomération de vaisseaux sanguins (*hémangiome*) ou lymphatiques (*lymphangiome*) de nouvelle formation, hyperplasiés et ectasiés. — *a. plan.* Syn. *tache de vin, envie.* A. cutané se présentant sous l'aspect d'une tache rouge ou violacée, pâlissant à la pression. — *a. stellaire.* A. siégeant généralement au visage, formé d'un minuscule point rouge vif saillant d'où irradient de fines télangiectasies. Il est formé d'ectasies capillaires.

ANGIOMYOME, *s. m.* Tumeur formée de fibres musculaires lisses et de nombreux vaisseaux.

ANGIONÉCROSE, *s. f.* Nécrose des parois d'un vaisseau.

ANGIOPATHIE, *s. f.* Nom générique donné aux affections vasculaires.

ANGIOPLASTIE, *s. f.* Opération destinée à réparer ou à remodeler un vaisseau.

ANGIOPLASTIE TRANSLUMINALE PERCUTANÉE. Procédé de dilatation d'une artère rétrécie par une sonde à ballonnet.

ANGIOSARCOME, *s. m.* Sarcome où la prolifération cellulaire dérive des éléments conjonctifs des vaisseaux sanguins.

ANGIOSCINTIGRAPHIE, *s. f.* V. *gamma-angiocardiographie.*

ANGIOSCOPE, *s. m.* Variété de fibroscope adaptée à l'examen intravasculaire.

ANGIOSPASME, *s. m.* Spasme des vaisseaux s'accompagnant d'une ischémie du territoire considéré.

ANGIOSPASTIQUE, *adj.* Se dit d'une affection qui s'accompagne de spasme des vaisseaux.

ANGIOSTÉNOSE, *s. f.* Rétrécissement des vaisseaux.

ANGIOTENSINE, *s. f.* Polypeptide produit par l'action de la rénine sur l'angiotensinogène. — L'*a. I*, inactive, est transformée par une enzyme hépatique (enzyme de conversion, v. ce terme) en *a. II*, qui provoque une vasoconstriction intense des artérioles périphériques et une hypertension artérielle.

ANGLE STERNAL ou **DE LOUIS.** Angle saillant en avant formé, chez certains sujets, par la rencontre du manubrium et du corps du sternum.

ANGOISSE, *s. f.* Sensation de resserrement épigastrique avec striction respiratoire et cardiaque, malaise général, accélération de la respiration et du pouls. Ces réactions neurovégétatives accompagnent les formes sévères d'anxiété.

ANGOR, *s. m.* ou **ANGOR PECTORIS.** V. *angine de poitrine.*

ANGUILLULOSE, *s. f.* Ensemble des accidents dus à l'infestation de l'organisme par *Strongyloides stercoralis* (anguillule de l'intestin).

ANHIDROSE ou **ANIDROSE,** *s. f.* Abolition ou diminution de la sécrétion sudorale.

ANHIDROTIQUE, *adj.* et *s. m.* Médicament qui diminue la sécrétion sudorale.

ANHISTE, *adj.* Qui n'a pas de texture déterminée.

ANHYDRASE CARBONIQUE. Enzyme catalysant la décomposition réversible de l'acide carbonique en eau et gaz (ou anhydride) carbonique.

ANICTÉRIQUE, *adj.* Qui ne s'accompagne pas d'ictère.

ANIDROSE, *s. f.* V. *anhidrose.*

ANILISME, *s. m.* Intoxication par l'aniline.

ANION, *s. m.* Nom donné aux ions négatifs qui, au cours de l'électrolyse, semblent remonter le courant.

ANISO..., Préfixe grec indiquant une notion d'*inégalité*, d'*asymétrie.*

ANISOCHROMIE, *s. f.* Inégalité de coloration des globules rouges du sang.

ANISOCORIE, *s. f.* Inégalité pupillaire.

ANISOCYTOSE, *s. f.* Inégalité de dimension des globules rouges.

ANITE, *s. f.* Inflammation de l'anus.

ANKYLOSE, *s. f.* Diminution ou suppression des mouvements d'une articulation naturelle mobile.

ANKYLOSTOMIASE, *s. f.* ou **ANKYLOSTOMOSE**, *s. f.* Maladie provoquée par de petits nématodes (ankylostomes) qui se fixent en grand nombre à la muqueuse de l'intestin grêle et entraînent une anémie.

ANNEXITE, *s. f.* V. *salpingo-ovarite.*

ANNULOPLASTIE, *s. f.* Réparation d'un orifice annulaire anormal.

ANODE, *s. f.* Electrode positive.

ANODIN, INE, *adj.* Indolore, bénin, sans danger.

ANOPHELES, *s. m.* Genre de moustique de la famille des Culicidés.

ANOPSIE, *s. f.* Privation de la vue.

ANORCHIDIE, *s. f.* Absence congénitale de l'un ou des deux testicules.

ANOREXIE, *s. f.* Perte ou diminution de l'appétit.

ANOREXIE MENTALE. Diminution ou abolition de l'alimentation par refus de la nourriture observée chez des malades présentant des troubles psychopathiques. Elle est surtout fréquente chez les jeunes filles.

ANOREXIGÈNE, *adj.* Qui diminue l'appétit. — *s. m.* Médicament capable de réduire la sensation de faim.

ANORGANIQUE, *adj.* Syn. *inorganique.* 1° Se dit d'un phénomène qui est indépendant de toute lésion d'un organe. — 2° (chimie). Syn. *minéral.* Se dit d'un élément chimique non inclus dans une molécule contenant du carbone. P. ex. phosphore *a.* ou minéral.

ANOSMIE, *s. f.* Diminution ou perte complète de l'odorat.

ANOVULATION, *s. f.* Absence de ponte ovarienne.

ANOVULATOIRE, *adj.* Qui empêche l'ovulation. — Sans ovulation.

ANOXÉMIE, *s. f.* Diminution de la quantité d'oxygène contenu dans le sang.

ANOXIE, *s. f.* Diminution de la quantité d'oxygène distribuée aux tissus par le sang dans l'unité de temps.

ANTABUSE ®. Nom de marque, dans les pays anglo-saxons, du disulfirame (DCI) commercialisé en France sous le nom d'Espéral ®. — *effet A.* Vasodilatation génante provoquée lors de l'association de ce produit avec les boissons alcoolisées.

ANTAGONISTE, *adj.* et *s. m.* Dont l'action s'oppose à celle d'un autre.

ANTALGIQUE, *adj.* et *s. m.* Qui calme la douleur. — *attitude a.* — *médicament a.* V. *analgésique.*

ANTE MORTEM. Locution latine signifiant : avant la mort.

ANTÉCÉDENTS, *s. m. pl.* Renseignements concernant l'histoire du patient, antérieure à la maladie considérée (*a. personnels*) et les maladies de sa famille (*a. familiaux*). V. *anamnèse.*

ANTÉDÉVIATION DE L'UTÉRUS. Terme général désignant tous les déplacements en avant de l'utérus en totalité ou en partie.

ANTÉFLEXION DE L'UTÉRUS. Déviation de l'utérus dans laquelle le fond de l'organe se trouve incliné en avant, tandis que le col garde sa situation normale.

ANTÉHYPOPHYSAIRE (insuffisance). V. *hypopituitarisme antérieur.*

ANTÉPOSITION DE L'UTÉRUS. Déplacement en totalité de l'utérus qui se trouve porté en avant.

ANTÉPULSION, *s. f.* V. *propulsion.*

ANTÉROGRADE, *adj.* Qui va dans le sens normal, vers l'avant, vers le futur. V. *amnésie.*

ANTÉVERSION DE L'UTÉRUS. Déviation de l'utérus dans laquelle le fond de l'organe se trouve incliné en avant, tandis que le col remonte en arrière et s'appuie sur le rectum.

ANTHÉLIX, *s. m.* Saillie semi-circulaire de la face latérale de l'auricule, située en arrière de la conque et en avant et en dessous de l'hélix.

ANTHELMINTHIQUE, *adj.* Syn. *vermifuge.* Qui s'oppose aux vers. — *s. m.* Médicament destiné à provoquer l'évacuation ou la destruction des vers parasitant l'organisme humain.

ANTHRACOÏDE, *adj.* 1º Qui a la couleur du charbon. P. ex. : *tumeur a.* ou *mélanique.* — 2º Qui ressemble à l'anthrax. — *furoncle a.* Petit anthrax.

ANTHRACOSE, *s. f.* Infiltration des poumons par la poussière de charbon inhalée.

ANTHRACOSILICOSE, *s. f.* Infiltration des poumons par des poussières de charbon et de silice.

ANTHRACYCLINES, *s. f. pl.* Groupe d'antibiotiques antimitotiques dont la toxicité s'exerce notamment à l'égard du cœur.

ANTHRAX, *s. m.* Inflammation due au staphylocoque, touchant l'appareil glandulaire pilosébacé, et différant du furoncle par la multiplicité des foyers et la tendance à la diffusion.

ANTHROPO..., Préfixe grec indiquant un rapport avec le *genre humain.* V. *andr...*

ANTHROPOLOGIE, *s. f.* Ensemble des sciences de l'homme.

ANTHROPOMÉTRIE, *s. f.* Partie de l'anthropologie qui a pour but la mensuration des diverses parties du corps.

ANTI..., Préfixe grec qui indique une action *contraire,* une propriété *inhibitrice* ou *contrariante.*

ANTIACIDE, *adj.* Qui s'oppose aux acides. — *s. m.* Médicament doué de cette propriété, exercée essentiellement vis-à-vis de l'acidité gastrique. V. *antiulcéreux.*

ANTIAGRÉGANT, ANTE, *adj.* Qui s'oppose à la formation d'amas de globules rouges ou de plaquettes sanguines dans les vaisseaux. — *s. m.* Substance douée de cette propriété.

ANTIAMARIL, ILE, *adj.* Qui s'oppose à la fièvre jaune. V. *vaccin a.*

ANTIANDROGÈNE, *adj.* Qui s'oppose à l'action des androgènes. V. *androgènes* (*hormones*).

ANTIANGINEUX, EUSE, *adj.* Qui s'oppose à l'angine de poitrine — *s. m.* Médicament de l'insuffisance coronarienne.

ANTIARYTHMIQUE, *adj.* Qui combat l'arythmie. — *s. m.* Médicament qui s'oppose aux irrégularités du rythme cardiaque.

ANTIBIOGRAMME, *s. m.* Résultat de l'étude de la sensibilité d'un microbe aux divers antibiotiques.

ANTIBIOTHÉRAPIE, *s. f.* Emploi thérapeutique des substances antibiotiques.

ANTIBIOTIQUE, *adj.* et *s. m.* Qui s'oppose à la vie. Se dit de substances telles que la pénicilline et les sulfamides qui empêchent le développement de certains micro-organismes en perturbant leur métabolisme ou en les détruisant.

ANTICANCÉREUX, EUSE, *adj.* Syn. *anti-néoplasique.* Qui s'oppose au cancer. — *s. m.* Médicament doué de cette propriété. V. *antimitotique.*

ANTICHOLÉRIQUE, *adj.* Qui s'oppose au choléra. V. *vaccin a.*

ANTICOAGULANT, ANTE, *adj.* Qui s'oppose à la coagulation. — *s. m.* Médicament s'opposant à la coagulation du sang.

ANTICONCEPTIONNEL, ELLE, *adj.* V. *contraceptif.*

ANTICONVULSIVANT, *adj.* et *s. m.* V. *anti-épileptique.*

ANTICORPS, *s. m.* Immunoglobulines synthétisées par les plasmocytes et les lymphocytes B, apparaissant généralement après l'introduction d'antigènes dans l'organisme.

ANTICORPS MONOCLONAUX. Anticorps issus d'une seule et même souche de lymphocytes (plasmocytes) et ayant tous des caractères rigoureusement identiques, en particulier la même étroite spécificité pour le même antigène.

ANTIDÉPRESSEUR, SIVE, *adj.* Qui s'oppose aux états dépressifs. — *s. m.* Substance douée de cette propriété.

ANTIDIABÉTIQUE, *adj.* et *s. m.* Qui s'oppose au diabète.

ANTIDIURÉTIQUE (hormone). V. *vaso-pressine.*

ANTIDOTE, *s. m.* Contre-poison.

ANTI-ÉMÉTIQUE, *adj.* Qui s'oppose aux vomissements. — *s. m.* Substance douée de cette propriété.

ANTI-ÉPILEPTIQUE, *adj.* Syn. *anticonvulsivant.* Qui s'oppose à l'épilepsie. — *s. m.* Médicament doué de cette propriété.

ANTIFIBRINOLYTIQUE, *adj.* Qui s'oppose à la fibrinolyse. — *s. m.* Substance douée de cette propriété.

ANTIFONGIQUE ou **ANTIFUNGIQUE,** *adj.* et *s. m.* Syn. *antimycotique.* Qui s'oppose au développement des champignons.

ANTIGÈNE, *s. m.* Toute substance qui, apparaissant dans un organisme qui ne la possédait pas, provoque chez celui-ci la formation d'un anticorps spécifique avec lequel elle peut se combiner de façon élective.

ANTIGÈNE AUSTRALIA ou **AUSTRALIE** (ou **AU**) Syn. *Ag HBs.* Antigène de surface situé sur l'enveloppe du virus de l'hépatite B.

ANTIGÈNE HLA. Antigènes leuco-plaquettaires ou tissulaires groupés dans le système HLA. V. ce terme.

ANTIGÈNES CARCINO-EMBRYONNAIRES. V. *antigènes fœtaux.*

ANTIGÈNES FŒTAUX. Syn. *antigènes carcino-embryonnaires.* Variétés de glycoprotéines qui, normalement, existent seulement chez l'embryon. Chez l'adulte, on les trouve avant tout dans le sérum des cancéreux, d'où l'intérêt diagnostique et pathogénique de leur recherche.

ANTIGÉNIQUE, *adj.* Qui se rapporte à un antigène.

ANTIHELMINTHIQUE, *adj.* et *s. m.* V. *anthelminthique.*

ANTIHISTAMINIQUE, *adj.* Qui s'oppose aux effets de l'histamine.

ANTIHYPERTENSEUR, SIVE, *adj.* Qui s'oppose à l'hypertension. — *s. m.* Médicament de l'hypertension artérielle.

ANTI-INFLAMMATOIRE, *adj.* Qui s'oppose à l'inflammation. — *s. m.*

Médicament doué de cette propriété. — *a. non stéroïdien (AINS)* ; *a. stéroïdien (AIS)*.

ANTIMÉTABOLITE, *s. m.* Substance entravant le métabolisme et particulièrement celui des cellules cancéreuses.

ANTIMITOTIQUE, *adj.* Qui empêche la mitose. — *s. m.* Médicament qui empêche la division et donc la prolifération cellulaire et que l'on utilise pour traiter les cancers et les leucémies.

ANTIMORBILLEUX, EUSE. *adj.* V. *antirougeoleux*.

ANTIMYCOTIQUE, *adj.* V. *antifongique*.

ANTINAUPATHIQUE, *adj.* Qui s'oppose au mal des transports. — *s. m.* Médicament doué de cette propriété.

ANTINÉOPLASIQUE, *adj.* V. *anticancéreux*.

ANTIOURLIEN, ENNE, *adj.* Qui s'oppose aux oreillons. V. *vaccin a*.

ANTIPALUDÉEN, ENNE, ou **ANTIPALUDIQUE.** Syn. *antimalarique*. Qui s'oppose au paludisme (ou malaria). — *s. m.* Médicament doté de cette propriété.

ANTIPARKINSONIEN, ENNE, *adj.* Qui diminue la rigidité ou le tremblement de la maladie de Parkinson. — *s. m.* Médicament possédant ces propriétés.

ANTIPELLAGREUSE (vitamine). Vitamine PP, identique à l'amide nicotinique ou nicotinamide ou niacine.

ANTIPÉRISTALTIQUE, *adj.* Se dit des contractions qui se font de bas en haut dans l'intestin et l'estomac.

ANTIPLASMINE, *s. f.* Syn. *antifibrinolysine*. Ferment sanguin qui, au cours de la coagulation normale, s'oppose à la dissolution du caillot.

ANTIPSYCHOTIQUE, *adj.* Qui s'oppose aux troubles mentaux. — *s. m.* Médicament qui possède ces propriétés. V. *neuroleptique*.

ANTIPYRÉTIQUE, *adj.* Qui combat la fièvre.

ANTIRABIQUE, *adj.* Qui s'oppose à la rage. V. *sérum a, vaccin a*.

ANTISEPSIE, *s. f.* Méthode qui consiste à combattre ou prévenir les maladies septiques ou infectieuses, en détruisant systématiquement les bactéries ou virus qui en sont la cause.

ANTISEPTIQUE, *adj.* Qui détruit les microbes et empêche leur développement. — *s. m.* Substance jouissant de cette propriété et que l'on utilise au niveau des tissus vivants.

ANTISÉRUM, *s. m.* Sérum d'un animal préparé par l'injection d'antigène étranger, et ayant élaboré des anticorps actifs contre cet antigène.

ANTISPASMODIQUE, *adj.* et *s. m.* Syn. *antispastique*. Médicament destiné à combattre les contractures, crampes et convulsions.

ANTISPASTIQUE, *adj.* V. *antispasmodique*.

ANTISTREPTOLYSINE O (ASL O), *s. f.* Anticorps neutralisant la streptolysine O. Il apparaît dans le sérum au cours des infections à streptocoques hémolytiques A, C ou G et au cours du rhumatisme articulaire aigu.

ANTISUDORAL, ALE, *adj.* Syn. *anhidrotique*. Qui lutte contre la production de la sueur.

ANTISYPHILITIQUE, *adj.* Qui s'oppose à la syphilis. — *s. m.* Médicament doué de cette propriété.

ANTITÉTANIQUE, *adj.* Qui s'oppose à la tétanie ou au tétanos. V. *sérum a.* et *vaccin a*.

ANTITHROMBINE, *s. f.* Substance qui existe dans le sang circulant, antagoniste des coagulants. Elle intervient, une fois le caillot constitué, pour neutraliser lentement la thrombine restant en excès.

ANTITHYROÏDIEN, ENNE, *adj.* Qui s'oppose à l'action du corps thyroïde. — *s. m.* Substance qui empêche la formation des hormones thyroïdiennes.

ANTITOXINE, *s. f.* Anticorps produit par l'organisme pour combattre les effets d'une toxine.

ANTITOXIQUE, *adj.* Qui agit contre une toxine.

ANTITRAGUS, *s. m.* Saillie de la face latérale de l'auricule, continuant vers le bas l'anthélix, et située en face et en arrière du tragus dont elle est séparée par l'incisure intertragique.

ANTITUBERCULEUX, EUSE, *adj.* Qui s'oppose au développement de la tuberculose. — Vaccination *a.* V. *BCG.*

ANTITUSSIF, IVE, *adj.* Qui s'oppose à la toux. — *s. m.* Médicament sédatif de la toux.

ANTIULCÉREUX, EUSE, *adj.* Qui s'oppose à l'ulcère (en général, sous-entendu gastro-duodénal). — *s. m.* Médicament doué de cette propriété.

ANTIVENIMEUX (sérum). Sérum provenant de chevaux hyperimmunisés contre le venin de serpents.

ANTIVIRAL, ALE, *adj.* Qui s'oppose aux virus. — *s. m.* Substance douée de cette propriété.

ANTIVITAMINE, *s. f.* Substance capable d'inhiber des doses proportionnelles de vitamine.

ANTIVITAMINE K (AVK). Substance anticoagulante active par voie buccale, antagoniste de la vitamine K.

ANTIXÉNIQUE, *adj.* Qui s'oppose à des substances étrangères.

ANTIXÉROPHTALMIQUE, *adj.* Qui s'oppose à la xérophtalmie. P. ex. *vitamine a.*

ANTONYME, *s. m.* Mot de signification opposée, contraire à celle d'un autre.

ANTRECTOMIE, *s. f.* Résection de l'antre du pylore.

ANTRITE, *s. f.* Inflammation de l'antre mastoïdien ou de l'antre du pylore.

ANTROMASTOÏDITE, *s. f.* Inflammation de l'antre et de la mastoïde.

ANTROTOMIE, *s. f.* Trépanation de l'apophyse mastoïde donnant accès à l'*antre mastoïdien.*

ANURIE, *s. f.* Absence d'urine dans la vessie. Elle est due à l'arrêt de la sécrétion rénale (*anurie vraie* ou *sécrétoire*) ou bien à un obstacle au cours de l'urine entre le rein et la vessie (*fausse anurie* ou *a. excrétoire*).

ANUS, *s. m.* Orifice terminal du tube digestif.

ANUS ARTIFICIEL. Orifice anormal pratiqué sur le gros intestin (v. *colostomie*), au niveau des téguments de l'abdomen, permettant une dérivation totale des matières.

ANUS CONTRE NATURE. Ouverture anormale de l'intestin, siégeant en un point différent de l'anus ordinaire, et livrant continuellement passage à la plus grande partie ou à la totalité des matières.

ANUSCOPE, *s. m.* Petit spéculum tubulaire destiné à l'examen du canal anal.

ANXIÉTÉ, *s. f.* Sentiment d'un danger imminent et indéterminé s'accompagnant d'un état de malaise, d'agitation, et d'anéantissement devant ce danger.

ANXIEUX, EUSE, *adj.* Qui s'accompagne d'anxiété.

ANXIOGÈNE, *adj.* Qui provoque l'anxiété ou l'angoisse.

ANXIOLYTIQUE, *adj.* Qui apaise l'anxiété ou l'angoisse. — *s. m.* Médicament possédant cette propriété.

AORTE, *s. f.* Artère principale du corps, issue du ventricule gauche, irrigant la totalité de l'organisme à l'exclusion de la circulation fonctionnelle des poumons.

AORTOGRAPHIE, *s. f.* Radiographie de l'aorte après injection dans le vaisseau d'un liquide opaque aux rayons X.

AORTOPLASTIE, *s. f.* Angioplastie aortique.

AOUTAT, *s. m.* V. *rouget.*

A P. Abréviation d'*Assistance Publique.*

APAREUNIE, *s. f.* Impossibilité totale de copulation par malformation des organes génitaux féminins.

APATHIE, *s. f.* Absence ou baisse de l'affectivité avec indifférence, avec inertie physique.

APC (virus). V. *Adénovirus.*

APÉRISTALTISME, *s. m.* Absence du péristaltisme d'une partie ou de la totalité de l'intestin.

APEX, *s. m.* Extrémité pointue d'un organe conique ou pyramidal (poumon, cœur, etc.).

APEXIEN, ENNE, *adj.* Syn. *apical.* Qui a rapport à l'extrémité d'un organe de forme conique.

APEXO-AXILLAIRE, *adj.* Se dit d'un souffle, d'un roulement entendu à la pointe du cœur et irradiant vers l'aisselle.

APGAR (indice d') (Virginia A., anesthésiste américaine, 1909-1974). Chiffre permettant d'apprécier l'état de santé d'un nouveau-né, calculé dans les minutes qui suivent la naissance, en faisant intervenir divers éléments cliniques.

APHAKIE, *s. f.* Absence de cristallin.

APHAQUE, *adj.* Se dit de l'œil privé de cristallin. — *s. m.* Sujet dont l'œil est privé de cristallin.

APHASIE, *s. f.* Impossibilité de traduire la pensée par des mots, malgré l'intégrité fonctionnelle de la langue et du larynx. C'est un défaut d'adaptation du mot à l'idée, qu'il s'agisse d'une idée à transmettre (*aphasie motrice*), ou d'une idée à recevoir (*aphasie sensorielle*).

APHONIE, *s. f.* Perte plus ou moins complète de la voix, causée par une lésion ou une paralysie de l'organe de la phonation.

APHRODISIAQUE, *adj.* Qui excite l'appétit génésique. — *s. m.* Substance possédant cette propriété.

APHTE, *s. m.* Petite ulcération muqueuse superficielle succédant à une vésicule. Les *a.* sont douloureux, ils évoluent par poussées.

APHTEUX, EUSE, *adj.* Qui se rapporte aux aphtes.

APHTOSE, *s. f.* Affection caractérisée par la présence d'aphtes sur les muqueuses buccale et génitale, évoluant par poussées récidivantes.

APICAL, ALE, *adj.* V. *apexien.*

APLASIE, *s. f.* Arrêt du développement d'un tissu ou d'un organe survenant avant ou après la naissance.

APLASIE MÉDULLAIRE. Appauvrissement plus ou moins considérable de la moelle osseuse en cellules formatrices des 3 lignées myéloïdes normales. C'est une insuffisance médullaire quantitative.

APNÉE, *s. f.* Arrêt plus ou moins prolongé de la respiration.

APO..., Préfixe grec indiquant la *séparation*, la *dérivation*.

APOCRINE, *adj.* Se dit d'une glande dont le produit de sécrétion est expulsé avec une partie de la cellule dans laquelle il a été accumulé.

APODIE, *s. f.* Absence congénitale de pieds.

APO-ENZYME, *s. f.* Fraction protéique des enzymes hétéroprotéiniques. C'est elle qui donne à l'enzyme sa spécificité.

APONÉVRECTOMIE, *s. f.* Résection d'une aponévrose.

APONÉVROSE, *s. f.* Membrane fibreuse conjonctive blanchâtre et résistante, liée au muscle squelettique. Les *a. d'insertion* sont les tendons des muscles plats, les *a. de revêtement* enveloppent les muscles ou les groupes musculaires (v. *fascia*). — *a. épicrânienne*. V. *galéa aponévrotique*.

APONÉVROSITE, *s. f.* Inflammation d'une aponévrose.

APOPHYSE, *s. f.* Syn. *processus*. Partie nettement saillante d'un os, protubérance osseuse.

APOPHYSITE, *s. f.* Dystrophie de croissance limitée à une apophyse osseuse. C'est une variété d'ostéochondrose.

APOPLECTIQUE, *adj.* 1º Qui se rapporte à l'apoplexie ou qui est provoqué par elle. — *attaque* ou *ictus a.* V. *apoplexie*. — 2º Qui est prédisposé à l'apoplexie.

APOPLEXIE, *s. f.* Syn. *attaque* ou *ictus apoplectique*. Suspension brusque et plus ou moins complète de toutes les fonctions du cerveau ; ce mot n'est plus guère utilisé que dans le langage populaire.

APPENDICE *s. m.*, **VERMIFORME**. Syn. *a. vermiculaire*. Prolongement tubulaire, mince et flexueux du caecum.

APPENDICECTOMIE, *s. f.* Ablation chirurgicale de l'appendice vermiforme.

APPENDICITE, *s. f.* Inflammation de l'appendice vermiforme du cæcum.

APPENDICULAIRE, *adj.* Qui a rapport à l'appendice vermiforme.

APRAGMATISME, *s. m.* Absence d'activité efficace.

APRAXIE, *s. f.* 1º (phénomène psycho-sensoriel). Perte de la compréhension de l'usage des objets usuels. — 2º (phénomène psychomoteur). Impossibilité de conformer les mouvements au but proposé, le sujet n'étant atteint ni de parésie ni d'ataxie.

APTYALISME, *s. m.* Syn. *asialie*. Diminution notable, ou suppression, de la salivation.

APUD. V. *cellule APUD*.

APUDOME, *s. m.* Tumeur développée aux dépens des cellules APUD (v. ce terme).

APYRÉTIQUE, *adj.* Qui ne s'accompagne pas de fièvre.

APYRÉTOGÈNE, *adj.* Qui ne provoque pas de fièvre.

APYREXIE, *s. f.* Absence de fièvre.

APYROGÈNE, *adj.* Terme employé à tort comme syn. d'*apyrétogène*.

AQUEDUC CÉRÉBRAL. Syn. *a. du mésencéphale* ; ancien : *a. de Sylvius*. Canal traversant le mésencéphale et reliant en haut le IIIº et en bas le IVº ventricule.

ARACHNODACTYLIE, *s. f.* Longueur exagérée des doigts et des orteils avec gracilité des os, sans trouble nerveux, ni rétraction tendineuse, et rappelant l'aspect des pattes d'araignée.

ARACHNOÏDE, *s. f.* Membrane molle, avasculaire, intermédiaire entre la dure-mère et la pie-mère. L'espace sous-arachnoïdien, situé entre cette dernière et l'*a.* contient le liquide céphalorachidien. V. *méninges*.

ARACHNOÏDITE, *s. f.* Inflammation subaiguë ou chronique de l'arachnoïde avec formation d'adhérences.

ARBOVIROSE, *s. f.* Nom donné à un groupe de maladies dues aux Arbovirus. Selon le virus en cause, elles présentent des aspects très divers : affections fébriles avec rashs, arthralgies et adénopathies (p. ex. *dengue, fièvre à pappataci, fièvre de la vallée du Rift*), fièvres hémorragiques (p. ex. *fièvre jaune, fièvre de Corée, fièvre de la forêt de Kyasanur*) ou encéphalites (p. ex. *encéphalite de St-Louis, encéphalite japonaise, encéphalite vernoestivale russe, louping-ill*).

ARBOVIRUS, *s. m.* Terme désignant un groupe de virus très nombreux transmis par les piqûres d'arthropodes hématophages dans l'organisme desquels ils se multiplient. Ces virus sont responsables de nombreuses maladies, les arboviroses (v. terme).

ARC HÉMAL. Nom donné en embryologie et en anatomie comparée à un arc formé par la partie antérieure du corps de la vertèbre et par les côtes.

ARC NEURAL. Nom donné en embryologie et en anatomie comparée à l'arc formé par la partie postérieure du corps de la vertèbre et par les lames vertébrales.

ARC SÉNILE. Syn. *gérontoxon*, Cercle cornéen grisâtre apparaissant chez le sujet âgé.

ARÉNAVIRUS, *s. m.* Terme réunissant un certain nombre de virus à ARN qui ont été séparés du groupe des Arbovirus. Le groupe des Arénavirus comprend le virus Tacaribe, les virus Junin et Machupo (ces derniers responsables des fièvres hémorragiques d'Argentine et de Bolivie), le virus de Lassa et celui de la chorioméningite lymphocytaire.

ARÉOLE, *s. f.* Zone rougeâtre de forme circulaire qui entoure un point enflammé.

ARGENTAFFINE, *adj.* Se dit de substances qui se colorent par les sels d'argent.

ARGYLL ROBERTSON (signe d') (Douglas A.R., 1837-1909, médecin écossais). Abolition du réflexe pupillaire à la lumière et conservation du réflexe à l'accommodation et à la convergence, avec myosis permanent ; signe de syphilis nerveuse.

ARGYRIE, *s. f.* ou **ARGYROSE**, *s. f.* Lésion cutanée indélébile, consistant en une coloration anormale des téguments qui deviennent ardoisés et consécutive à l'administration prolongée de sels d'argent.

ARGYRISME, *s. m.* Ensemble des phénomènes toxiques provoqués par l'emploi prolongé des sels d'argent.

ARIBOFLAVINOSE, *s. f.* Maladie déterminée par la carence en vitamine B_2 (riboflavine ou lactoflavine, v. ce terme).

ARN. V. *ribonucléique (acide)*.

AROMATHÉRAPIE, *s. f.* Thérapeutique par les huiles essentielles végétales.

ARRÊT CARDIAQUE. Syn. *arrêt circulatoire*. Cessation des contractions du cœur (essentiellement des contractions ventriculaires) entraînant un arrêt de la circulation et une disparition de la pression artérielle.

ARRÊT CIRCULATOIRE. V. *arrêt cardiaque*.

ARRIÉRATION AFFECTIVE (syndrome d'). Retard psychomoteur provoqué, chez les petits enfants, par la privation des soins maternels.

ARRIÉRATION INTELLECTUELLE ou **MENTALE.** État des sujets dits *arriérés.* Il est caractérisé dès l'enfance par l'arrêt ou l'insuffisance du développement des facultés intellectuelles, l'instabilité psychique et l'inaptitude à réagir normalement aux excitations fournies par le milieu éducatif ordinaire.

ARRIÉRÉ, *s. m.* Sujet atteint d'arriération mentale.

ARRIÈRE-FAIX, *s. m.* Ce qui reste dans l'utérus après l'expulsion du fœtus (placenta et membranes).

ARSENICISME, *s. m.* Empoisonnement par les composés de l'arsenic.

ARTÉFACT, *s. m.* Perturbation apportée, dans les résultats d'un examen de laboratoire, par les procédés techniques utilisés.

ARTÈRE, *s. f.* Vaisseau conduisant le sang loin du cœur. Les *a.* principales sont l'*a.* pulmonaire et l'aorte, provenant respectivement des ventricules droit et gauche.

ARTÉRIECTOMIE, *s. f.* Résection d'un segment artériel et du plexus sympathique qui l'entoure.

ARTÉRIOGRAPHIE, *s. f.* Radiographie d'un territoire artériel après injection dans le tronc principal, directement ou au moyen d'un cathéter, d'un liquide opaque aux rayons X.

ARTÉRIOPATHIE, *s. f.* Maladie des artères.

ARTÉRIOSCLÉREUX, EUSE, *adj.* Atteint d'artériosclérose.

ARTÉRIOSCLÉROSE, *s. f.* Variété de sclérose artérielle qui prédomine sur les fibres musculaires de la tunique moyenne.

ARTÉRIOSPASME, *s. m.* Contraction des parois d'une artère.

ARTÉRIOTOMIE, *s. f.* Incision d'une artère.

ARTÉRITE, *s. f.* Nom générique donné aux lésions artérielles d'origine inflammatoire ou dégénérative, aboutissant à l'épaississement de ses parois, parfois à la dilatation où à l'oblitération du vaisseau.

ARTÉRITE TEMPORALE. Syn. *maladie de Horton.* Affection survenant vers la soixantaine et caractérisée par des céphalées temporales avec altération de l'état général, thrombose des artères temporales et complications oculaires.

ARTHRALGIE, *s. f.* Douleur articulaire.

ARTHRITE, *s. f.* Nom générique de toutes les affections inflammatoires des articulations. V. *synovite.*

ARTHROCENTÈSE, *s. f.* Ponction d'une articulation.

ARTHRODÈSE, *s. f.* Opération qui a pour but de provoquer l'ankylose d'une articulation.

ARTHROGRAPHIE, *s. f.* Radiographie d'une articulation dans laquelle on a fait pénétrer un gaz ou une substance opaque aux rayons X.

ARTHROLOGIE, *s. f.* Partie de l'anatomie qui traite des articulations.

ARTHROPATHIE, *s. f.* Nom générique donné à toutes les maladies des articulations.

ARTHROPHYTE, *s. m.* Syn. *souris articulaire.* Corps étranger articulaire très mobile et fuyant sous les doigts qui cherchent à le palper ; il prend naissance dans l'articulation à la suite d'une lésion de celle-ci.

ARTHROPLASTIE, *s. f.* Réfection opératoire d'une articulation destinée à rendre à celle-ci une mobilité satisfaisante.

ARTHRO-PNEUMOGRAPHIE, *s. f.* Radiographie d'une articulation dans la cavité de laquelle on a, au préalable, injecté un gaz.

ARTHROSCOPIE, *s. f.* Exploration visuelle de la cavité d'une articulation (genou) au moyen d'un arthroscope. Elle permet de pratiquer, au besoin, une biopsie de la synoviale ou du cartilage articulaire, et même certaines manœuvres thérapeutiques.

ARTHROSE, *s. f.* Nom sous lequel on désigne des affections chroniques dégénératives non inflammatoires des articulations. Elles surviennent après la cinquantaine et frappent surtout le genou, la hanche, les articulations vertébrales et les articulations des doigts.

ARTHROTOMIE, *s. f.* Ouverture chirurgicale d'une articulation.

ARTICULATION, *s. f.* Lieu de réunion de plusieurs os. Ces os peuvent être soudés (*synarthrose*), peu mobiles (*amphiarthrose*) ou très mobiles (*diarthrose*).

ARTICULÉ *(s. m.)* **DENTAIRE.** Rapports entre les dents antagonistes pendant l'occlusion.

ARYTÉNOÏDE, *adj.* En forme d'aiguière. — *cartilage a.* C. pair du larynx, de forme pyramidale, situé dans le c. thyroïde et au-dessus du c. cricoïde avec lequel il s'articule.

ARYTHMIE, *s. f.* Anomalie du rythme essentiellement cardiaque.

ARYTHMIE COMPLÈTE. Irrégularité du rythme cardiaque telle que les contractions ventriculaires sont séparées les unes des autres par des intervalles toujours inégaux. Elle est provoquée en général par la fibrillation auriculaire.

ARYTHMOGÈNE, *adj.* Générateur de troubles du rythme.

ASAT. Abréviation d'*aspartate aminotransférase.* V. *transaminase.*

ASBESTOSE, *s. f.* Variété de pneumoconiose due à l'inhalation de poussière d'asbeste (amiante).

ASCARIDIASE ou **ASCARIDIOSE,** *s. f.* Ensemble des troubles dus aux Ascaris.

ASCARIS, *s. m.* Genre de vers, de l'ordre des Nématodes, parmi lesquels se trouve l'*Ascaris lumbricoides* : ver cylindrique, grisâtre ou rougeâtre, long de 20 à 40 cm, parasite de l'intestin.

ASCITE, *s. f.* Accumulation de liquide dans la cavité péritonéale.

ASCORBIQUE (acide). Syn. *vitamine C.* Important facteur d'oxydo-réduction cellulaire présent dans tous les tissus de l'organisme. Sa carence provoque le scorbut.

...ASE. Désinence employée après le radical d'un corps pour désigner les *enzymes* qui effectuent la dégradation du corps envisagé.

ASEPSIE, *s. f.* Méthode qui consiste à prévenir les maladies septiques ou infectieuses en empêchant, par des moyens appropriés, l'introduction de microbes dans l'organisme.

ASEPTIQUE, *adj.* Qui a rapport à l'asepsie.

ASEXUÉ, ÉE, *adj.* Dépourvu de sexe.

ASIALIE, *s. f.* Absence de salive. V. *aptyalisme.*

ASILE, *s. m.* Etablissement destiné à héberger des sujets qui ne peuvent être surveillés ou soignés chez eux.

ASL O. V. *antistreptolysine O.*

ASOMATOGNOSIE, *s. f.* Perte de la conscience d'une partie ou de la totalité du corps observée dans les lésions du lobe pariétal.

ASPARTAME, *s. m.* (DCI). Edulcorant de synthèse.

ASPARTATE AMINOTRANSFÉRASE, *s. f.* V. *transaminase.*

ASPERGILLOME, *s. m.* Variété d'aspergillose dans laquelle le champignon forme une masse pseudo-tumorale (mycétome), se développant dans une cavité résiduelle, après guérison bactériologique de la tuberculose.

ASPERGILLOSE, *s. f.* Maladie causée par le développement d'un champignon, *Aspergillus fumigatus.* Elle se présente généralement sous la forme d'une affection pulmonaire ou cutanée.

ASPERMATISME, *s. m.* Impossibilité ou difficulté de l'éjaculation du sperme.

ASPHYXIE, *s. f.* Difficulté ou arrêt de la respiration par obstacle mécanique qui aboutit à la fois à l'anoxie et à l'hypercapnie.

ASPIRINE, *s. f.* Syn. *acide acétyl-salicylique.* Médicament largement utilisé comme anti-inflammatoire, antipyrétique, analgésique, antiagrégant plaquettaire et antithrombotique.

ASPLÉNIE, *s. f.* Absence de rate.

ASSIMILATION, *s. f.* Phénomène vital par lequel les êtres organisés transforment en leur propre substance les matières qu'ils absorbent.

ASSISTANCE CIRCULATOIRE ou **CARDIO-CIRCULATOIRE.** Technique destinée à pallier temporairement une défaillance cardiaque aiguë.

ASSISTANCE PUBLIQUE (AP). Administration municipale chargée de gérer à Paris et à Marseille l'aide sociale et les établissements hospitaliers publics.

ASSUÉTUDE, *s. f.* Dépendance du toxicomane envers son toxique.

ASTASIE, *s. f.* Perte plus ou moins complète de la faculté de garder la station verticale.

ASTÉRÉOGNOSIE, *s. f.* V. *stéréo-agnosie.*

ASTÉRIXIS, *s. m.* V. *tremor* (*flapping*).

ASTHÉNIE, *s. f.* Affaiblissement de l'état général.

ASTHMATIQUE, *adj.* Qui se rapporte à l'asthme. — *s. m.* ou *f.* Malade atteint d'asthme.

ASTHME, *s. m.* Affection caractérisée par des accès de dyspnée lente, expiratoire, liés au spasme, à la congestion et à l'hypersécrétion des bronches. Entre ces accès, l'appareil respiratoire est pratiquement normal. C'est l'allergie qui joue le rôle principal dans son déclenchement.

ASTIGMATISME, *s. m.* Défaut de courbure des milieux réfringents de l'œil, rendant impossible la convergence en un seul point des rayons partis d'un point.

ASTRAGALE, *s. m.* V. *talus.*

ASTRAGALECTOMIE, *s. f.* Extirpation de l'astragale.

ASTRINGENT, ENTE, *adj.* et *s.* Qui exerce sur les tissus vivants un resserrement fibrillaire plus ou moins visible.

ASTROCYTOME, *s. m.* Variété de gliome bénin du névraxe, constituée aux dépens des astrocytes, siégeant surtout dans le cerveau et le cervelet.

ASYMPTOMATIQUE, *adj.* Qui manque de symptôme clinique. — *maladie a.*

ASYNERGIE, *s. f.* Impossibilité d'associer des mouvements élémentaires dans les actes complexes. Elle s'observe dans certaines affections du cervelet.

ASYSTOLE, *s. f.* Arrêt des contractions cardiaques ventriculaires, le cœur restant immobile en diastole.

ATARAXIE, *s. f.* Tranquillité morale ; paix intérieure.

ATARAXIQUE, *adj.* Qui tranquillise.

ATAVISME, *s. m.* Réapparition chez un descendant d'un caractère des ascendants, demeuré latent pendant une ou plusieurs générations intermédiaires.

ATAXIE, *s. f.* Incoordination des mouvements volontaires avec conservation de la force musculaire. — *a. locomotrice.* Incoordination des mouvements pendant la marche, rendant celle-ci incertaine.

ATAXIQUE, *adj.* Qui a rapport à l'ataxie. — *s. m.* ou *f.* Malade atteint d'ataxie.

ATÉLECTASIE, *s. f.* Affaissement des alvéoles pulmonaires dépourvues de leur ventilation tandis que fonctionne leur circulation sanguine.

ATHÉRECTOMIE, *s. f.* Destruction ou ablation des plaques d'athérome.

ATHÉROME ARTÉRIEL. Lésion chronique des artères caractérisée par la formation, dans la tunique interne, de plaques jaunâtres constituées de dépôts lipidiques (cholestérol).

ATHÉROSCLÉROSE, *s. f.* Variété de sclérose artérielle caractérisée par l'accumulation de lipides amorphes dans la tunique interne du vaisseau (athérome). Elle atteint surtout les grosses et les moyennes artères (aorte, artères coronaires et cérébrales, artères des membres) dont elle peut provoquer l'oblitération.

ATHÉTOÏDE, *adj.* Qui ressemble à l'athétose.

ATHÉTOSE, *s. f.* Mouvements involontaires, incoordonnés, de grande amplitude, affectant surtout les extrémités des membres et la face.

ATHÉTOSIQUE, *adj.* Qui a rapport à l'athétose.

ATHREPSIE, *s. f.* Etat de déchéance profonde de l'organisme constituant la phase ultime de la dénutrition chez des enfants privés du sein et âgés de moins de quatre mois.

ATHYMIE, *s. f.* 1° Trouble de l'humeur caractérisé par une indifférence, une inactivité totales. — 2° Absence de thymus.

ATHYROÏDIE, *s. f.* Absence complète de la sécrétion thyroïdienne, déterminant le myxœdème.

ATLAS, *s. m.* Première vertèbre cervicale, qui supporte la tête et s'articule avec l'axis.

ATOME, *s. m.* Unité constitutive des molécules. L'*a.* comporte un noyau central très petit, dense, composé de *neutrons* et de *protons* chargés positivement et de petites particules très légères, les *électrons*, porteuses d'une charge élémentaire négative.

ATONIE, *s. f.* Diminution de la tonicité normale d'un organe contractile.

ATOPIE, *s. f.* Tendance constitutionnelle ou héréditaire à la sensibilisation à un, et souvent à plusieurs allergènes.

ATRÉSIE, *s. f.* Occlusion complète ou incomplète, congénitale ou acquise d'un orifice ou d'un conduit naturel.

ATRIAL, ALE, *adj.* Syn. *auriculaire.* Qui se rapporte à l'oreillette ou atrium du cœur.

ATRICHIE, *s. f.* Absence complète des poils, le plus souvent congénitale.

ATRIOVENTRICULAIRE, *adj.* V. *auriculo-ventriculaire.*

ATRIUM DU CŒUR. Syn. *oreillette.* Cavité cardiaque à paroi musculaire mince, interposée entre les veines (caves à droite — pulmonaires à gauche) et le ventricule avec lequel elle communique par l'orifice auriculo- ou atrio-ventriculaire (gauche ou mitral, droit ou tricuspide). V. *circulation.*

ATROPHIE, *s. f.* Défaut de nutrition des organes et des tissus, caractérisé par une diminution notable de leur volume et de leur poids.

ATROPINE, *s. f.* Alcaloïde de la belladone, vagolytique (ou parasympathicolytique) de référence. L'*a.* accélère le cœur, dilate la pupille, inhibe les sécrétions et calme les spasmes.

ATROPISME, *s. m.* Intoxication par la belladone ou l'atropine.

ATTAQUE, *s. f.* Nom donné à chaque retour d'un état morbide qui apparaît brusquement.

ATTELLE, *s. f.* Lame mince et résistante destinée à maintenir en place les fragments d'un os fracturé.

ATTICITE, *s. f.* Variété d'otite moyenne dans laquelle l'inflammation prédomine dans la partie de la caisse nommée *attique.*

ATTICO-ANTROTOMIE, *s. f.* Large trépanation ouvrant à la fois l'attique et l'antre mastoïdien.

ATTICOTOMIE, *s. f.* Trépanation du temporal donnant accès à la partie de l'oreille moyenne nommée *attique* (étage supérieur de la caisse du tympan).

ATTO... (Symbole : a.). Préfixe signifiant 10^{-18}.

ATTRITION, *s. f.* Ecorchure résultant d'un frottement. Très violente contusion.

ATYPIQUE, *adj.* Qui diffère du type normal.

AUDIBILITÉ, *s. f.* Intensité physiologique d'un son. Limites entre lesquelles un son commence à être perçu et devient une sensation douloureuse.

AUDIMUTITÉ, *s. f.* Mutité congénitale ne s'accompagnant pas de surdité, n'étant pas liée à un état mental ni à une anomalie des organes de la phonation et disparaissant avec les années.

AUDIOGRAMME, *s. m.* V. *audiographie.*

AUDIOGRAPHIE, *s. f.* Enregistrement graphique des résultats de l'audiométrie. La courbe obtenue est un audiogramme.

AUDIOLOGIE, *s. f.* Science de l'audition.

AUDIOMÈTRE, *s. m.* Appareil utilisé pour la mesure de l'acuité auditive.

AUDIOMÉTRIE, *s. f.* Mesure du seuil d'audibilité pour des hauteurs de son différentes, son provenant d'une même source (audiomètre) et dont on fait varier la hauteur et l'intensité.

AUDIT, *s. m.* Evaluation critique d'un système, ou d'une unité de soins, destinée à en déceler et corriger les insuffisances.

AUDITIF (nerf). V. *vestibulochléaire (nerf).*

AUDITION, *s. f.* Action d'entendre (*a. passive*), d'écouter (*a. active*).

AURA, *s. f.* Sensation subjective passagère qui précède l'attaque d'épilepsie. Cette sensation est très variable suivant les sujets.

AURICULAIRE, *adj.* Qui se rapporte à l'oreille ou à une oreillette du cœur. — *s. m.* Cinquième doigt de la main.

AURICULE, *s. f.* 1° Syn. *pavillon de l'oreille.* Partie visible de l'oreille. — 2° Diverticule de chaque oreillette du cœur.

AURICULECTOMIE, *s. f.* Résection d'une auricule.

AURICULOTOMIE, *s. f.* 1° Syn. *atriotomie.* Ouverture chirurgicale d'une oreillette du cœur. — 2° Ouverture chirurgicale d'une auricule cardiaque.

AURICULO-VENTRICULAIRE, *adj.* Syn. *atrio-ventriculaire.* Qui se rapporte aux oreillettes et aux ventricules ou bien au nœud auriculo-ventriculaire de Tawara ; syn. alors de *nodal* (v. ce mot). — *bloc a.-v.* V. ce terme.

AUSCULTATION, *s. f.* Mode d'exploration clinique qui consiste à écouter les bruits provenant de l'intérieur de l'organisme, soit en appliquant directement l'oreille sur la partie à explorer (*a. immédiate*), soit en interposant un stéthoscope entre l'oreille et le malade (*a. médiate*).

AUSTRALIA ou **AUSTRALIE (antigène).** V. *antigène Australia.*

AUTISME, *s. m.* Degré le plus avancé de la schizophrénie ; développement exagéré de la vie intérieure et perte de tout contact avec la réalité.

AUTISTE, *adj.* Se dit de la notion exagérée que certains individus ont d'eux-mêmes et qui les retranche en quelque sorte de la réalité. — *s. m.* ou *f.* Sujet atteint d'autisme.

AUTO... Préfixe grec signifiant *soi-même.*

AUTO-ACCUSATION, *s. f.* Variété de délire qui consiste non pas à se croire coupable, mais à se dire coupable et à s'accuser ; on l'observe surtout chez les mélancoliques.

AUTO-AGGLUTINATION, *s. f.* Agglutination des globules rouges d'un sujet par son propre sérum.

AUTO-AGGLUTININE, *s. f.* Anticorps sérique capable d'agglutiner les hématies du même sujet (auto-agglutination).

AUTO-ANALYSEUR, *s. m.* Appareil dosant automatiquement les constituants des divers liquides de l'organisme.

AUTO-ANTICORPS, *s. m.* Anticorps sérique réagissant de façon spécifique avec une partie (tissu ou organe) du sujet qui l'a sécrété, laquelle partie se comporte comme un antigène (auto-antigène).

AUTO-ANTIGÈNE, *s. m.* Antigène capable de susciter, dans l'organisme auquel il appartient, la formation d'anticorps réagissant contre lui (auto-anticorps).

AUTOCHTONE, *adj.* Se dit d'une infection contractée sur place, dans la région même où habite le malade.

AUTOCLAVE, *s. m.* Appareil servant à la stérilisation par la chaleur des conserves, des milieux de culture, etc., au moyen de la vapeur d'eau sous pression.

AUTOCRITIQUE, *s. f.* Faculté d'émettre une analyse ou un jugement sur son propre état et ses propres actions.

AUTODIALYSE, *s. f.* Dialyse (hémodialyse ou dialyse péritonéale) réalisée par le patient lui-même dans des locaux spécialisés, distincts des centres d'hémodialyse.

AUTOGREFFE, *s. f.* Greffe dans laquelle le greffon est emprunté au sujet lui-même.

AUTO-IMMUNITÉ, *s. f.* Etat d'un organisme dans lequel sont apparus des anticorps (auto-anticorps) réagissant avec des antigènes de cet organisme considérés comme étrangers (auto-antigènes). L'*a.-i.* est à l'origine de certaines *maladies dites auto-immunes,* parmi lesquelles figure le lupus érythémateux aigu disséminé.

AUTO-INFECTION, *s. f.* Maladie infectieuse déterminée par des germes existant dans l'organisme, depuis un temps plus ou moins long, sans y provoquer de troubles.

AUTO-INTOXICATION, *s. f.* Ensemble des accidents provoqués par des toxines qui prennent naissance dans l'organisme.

AUTOLOGUE, *adj.* Se dit de tissus, de cellules, de sérum, etc. appartenant au sujet lui-même.

AUTOLYSE, *s. f.* 1° Suicide. — 2° Autodigestion d'un organe, d'un tissu ou d'une cellule, sous l'influence de ferments protéolytiques propres à cet organe, à ce tissu ou à cette cellule.

AUTOMATISME, *s. m.* Accomplissement de divers actes sans que la volonté y participe.

AUTOMÉDICATION, *s. f.* Traitement pharmaceutique institué par le patient de sa propre initiative, sans prescription médicale.

AUTOMUTILATION, *s. f.* Blessure et mutilation, surtout des organes génitaux, que se font à eux-mêmes certains aliénés ou déséquilibrés.

AUTOPLASTIE, *s. f.* V. *autogreffe.*

AUTOPSIE, *s. f.* Syn. *nécropsie.* Inspection et description de toutes les parties d'un cadavre.

AUTOPUNITION, *s. f.* Conduite de certains sujets atteints de névroses ou de psychoses, qui éprouvent un sentiment non motivé de faute (sentiment de culpabilité) pour lequel ils s'infligent un traitement pénible allant parfois jusqu'au suicide.

AUTORADIOGRAPHIE, *s. f.* Image obtenue par l'application, sur un film photographique, d'une coupe de tissu contenant un corps radioactif.

AUTORISATION DE MISE SUR LE MARCHÉ (AMM). Etape administrative permettant de commercialiser un produit pharmaceutique nouveau.

AUTOSOME, *s. m.* Syn. *chromosome somatique.* Nom donné à tous les chromosomes qui n'ont pas d'action sur la détermination du sexe ; il en existe 22 paires chez l'homme. V. *gonosome.*

AUTOSOMIQUE, *adj.* Qui se rapporte aux chromosomes somatiques ou autosomes.

AUTOSUGGESTION, *s. f.* Suggestion née spontanément en l'absence de toute influence étrangère.

AUTOTRANSFUSION, *s. f.* V. *transfusion.*

A VACUO. En latin : provoqué par le vide.

AVANT-BRAS, *s. m.* Segment du membre supérieur compris entre le bras et la main. V. *ulna* et *radius.*

AVANT-MUR. V. *claustrum.*

AVASCULAIRE, *adj.* Dépourvu de vaisseau.

AVC. Initiales d'*accident vasculaire cérébral.*

aVF, aVL, aVR, (électrocardiographie). Symboles des 3 dérivations unipolaires des membres augmentées.

AVITAMINOSE, *s. f.* Nom donné aux manifestations qui suivent la suppression, dans la ration alimentaire, d'une ou de plusieurs vitamines. On les désigne par la lettre caractéristique de la vitamine qui fait défaut.

AVK. Abréviation d'*antivitamine K.*

aVL. V. *aVF.*

AVORTEMENT, *s. m.* Syn. *fausse couche.* Expulsion du fœtus avant qu'il soit viable, c'est-à-dire avant la fin du sixième mois de la grossesse.

aVR. V. *aVF.*

AVULSION, *s. f.* Arrachement, extraction.

AXÉNIQUE, *adj.* Se dit d'animaux de laboratoire élevés en dehors de tout contact microbien et dépourvus de tout germe.

AXÉROPHTOL, *s. m.* Vitamine A ; sa carence entraîne notamment des troubles de la vision.

AXILLAIRE, *adj.* Relatif à l'aisselle.

AXIS, *s. m.* Seconde vertèbre cervicale, supportant l'atlas avec lequel il s'articule au moyen de l'apophyse odontoïde, ou dent de l'axis.

AXONE, *s. m.* V. *neurone.*

AXONGE, *s. f.* Graisse de porc préparée.

AZIDOTHYMIDINE (AZT), *s. f.* Substance antivirale.

AZOOSPERMIE, *s. f.* Absence de spermatozoïdes dans le sperme.

AZOTÉMIE, *s. f.* Présence dans le sang de produits d'excrétion azotée (urée, urates, etc.).

AZT. Abréviation d'*azidothymidine.*

AZYGOS, *adj.* Impair, qui n'existe que d'un seul côté.

AZYGOS (veine). Veine n'existant qu'à droite, née de la veine lombaire ascendante et gagnant par un trajet ascendant le long du flanc antéro-droit du rachis la veine cave supérieure, après avoir reçu les veines intercostales et la veine hémiazygos, située à gauche. Elle constitue une anastomose entre les systèmes caves supérieur et inférieur.

B

b. Symbole de *bar*, unité de pression.

B₁. Premier bruit du cœur, survenant au moment de la fermeture des valves auriculo-ventriculaires.

B₂. Deuxième bruit du cœur, dû à la fermeture des valvules sigmoïdes aortiques et pulmonaires.

BABINSKI (signe de) (Joseph B. 1857-1932, neurologue français). Extension du gros orteil et accessoirement des quatre autres, sous l'influence de l'excitation de la plante du pied, qui normalement provoque leur flexion. Ce signe est en rapport avec une lésion du faisceau pyramidal.

BACILLAIRE, *adj.* Qui se rapporte à un bacille et, en particulier, au bacille de Koch. — *s. m.* ou *f.* Terme qui désigne parfois un malade atteint de tuberculose pulmonaire.

BACILLE, *s. m.* Nom donné à tous les microbes qui revêtent la forme d'un bâtonnet.

BACTÉRICIDE, *adj.* Qui tue les bactéries.

BACTÉRIE, *s. f.* Nom donné à des êtres unicellulaires autonomes, se reproduisant par scission. Le genre *bactérie* renferme plusieurs espèces, dont les deux principales sont les microcoques et les bacilles.

BACTÉRIE OPPORTUNISTE. On qualifie d'opportuniste une bactérie saprophyte qui devient pathogène.

BACTÉRIÉMIE, *s. f.* Présence de bactéries dans le sang circulant.

BACTÉRIOLOGIE, *s. f.* Etude des bactéries.

BACTÉRIOLYSE, *s. f.* Dissolution des microbes.

BACTÉRIOLYSINE, *s. f.* Anticorps capable de dissoudre et de détruire les bactéries.

BACTÉRIOPHAGE, *s. m.* Syn. *phage*. Virus des bactéries. Les *b.* ont la propriété de lyser certains microbes dans lesquels ils pénètrent et se multiplient.

BACTÉRIOSTATIQUE, *adj.* Se dit de l'action de certaines substances qui suspendent la division des bactéries.

BACTÉRIOTOXINE, *s. f.* Toxine d'origine bactérienne.

BACTÉRIOTROPE, *adj.* Se dit des substances chimiques qui se fixent d'une façon élective sur les bactéries.

BACTÉRIURIE, *s. f.* Présence de bactéries en très grande quantité dans l'urine fraîchement émise.

BAGASSOSE, *s. f.* Pneumopathie immunologique observée surtout dans les régions des Antilles chez les ouvrières qui manipulent les résidus fibreux moisis de canne à sucre.

BAL. Initiales du *British-Anti-Lewisite* (2-3 dimercapto-propanol). Le BAL est employé pour traiter les intoxications par l'arsenic et les métaux lourds.

BALANITE, *s. f.* Inflammation de la muqueuse du gland.

BALANOPOSTHITE, *s. f.* Inflammation du gland et du prépuce.

BALBUTIEMENT, *s. m.* Vice de prononciation qui consiste en une articulation imparfaite et hésitante des mots.

BALLONNEMENT (ou **ballonnisation**) **DE LA VALVE MITRALE.** Syn. *syndrome de Barlow.* Anomalie de fonctionnement de l'appareil valvulaire par bombement mitral dans l'oreillette gauche au moment de la systole ventriculaire. Elle peut s'accompagner d'insuffisance mitrale.

BALLOTTEMENT, *s. m.* Mouvement que communique le doigt ou la main à un corps solide flottant dans un liquide.

BALNÉATION, *s. f.* Immersion et séjour plus ou moins prolongé du corps ou d'une partie du corps dans un milieu quelconque autre que l'atmosphère.

BALNÉOTHÉRAPIE, *s. f.* Emploi thérapeutique des bains généraux ou locaux.

BALSAMIQUE, *adj.* Qui contient un baume ; aromatique.

BANDAGE, *s. m.* Pièce ou bande de tissu — et par extension tout appareil — appliqué sur le corps pour maintenir un pansement, exercer une compression, immobiliser une fracture ou une luxation.

BAR, *s. m.* (symbole : b). Unité de pression, proche de la pression atmosphérique.

BARBITURISME, *s. m.* Intoxication par les dérivés de l'acide barbiturique.

BARLOW (syndrome de) (Thomas B., médecin britannique contemporain). V. *ballonnement (ou ballonnisation) de la valve mitrale.*

BARORÉCEPTEUR, *s. m.* Organe ou région du corps sensible à des variations de pression.

BAROTRAUMATISME, *s. m.* Lésion provoquée par des variations de pression.

BARR (corpuscule de). Masse chromatinienne fortement colorable, accolée à la membrane, dans le noyau de la cellule. Les sujets mâles normaux n'en ont pas. La recherche de ce corpuscule permet de déterminer le sexe nucléaire.

BARRAGE, *s. m.* Arrêt brusque, chez le schizophrène, d'un acte volontaire ou provoqué.

BARTHOLIN (glande de) (Caspar B. 1655-1738, anatomiste danois). Glande paire située dans la paroi du vestibule du vagin, qu'elle contribue à lubrifier.

BARTHOLINITE, *s. f.* Inflammation de la glande de Bartholin.

BASE, *s. f.* 1° (chimie) Substance capable de libérer des ions OH⁻ et de réagir avec les acides pour former des sels. — 2° (génétique) Espacement des plans des paires de bases azotées puriques et pyrimidiques reliant les deux chaînes spiralées de l'ADN. — 3° (anatomie) Partie élargie ou inférieure d'un élément anatomique (cœur, crâne...).

BASE PURIQUE. Substance azotée qui entre dans la composition des nucléotides ; ce sont l'adénine, la guanine, l'hypoxanthine et la xanthine, ces trois dernières étant finalement transformées en acide urique. V. *base pyrimidique.*

BASE PYRIMIDIQUE. Substance azotée entrant dans la composition des nucléotides. Ce sont principalement la cytosine, la thymine, l'uracile. V. *base purique.*

BASEDOW (maladie de) (Karl von B., 1799-1854, médecin allemand). Syn. *goitre exophtalmique.* Affection observée surtout chez la femme, caractérisée par l'hyperplasie diffuse de l'épithélium thyroïdien entraînant une sécrétion excessive d'hormone thyroïdienne ; elle comporte une augmentation de volume de la glande thyroïde, une tachycardie, une exophtalmie bilatérale, un tremblement, un amaigrissement avec anxiété. Le diagnostic est affirmé par le dosage des hormones thyroïdiennes dans le sang et par l'étude de la fixation de l'iode radioactif par le corps thyroïde.

BASEDOWIEN, ENNE, *adj.* Qui se rapporte à la maladie de Basedow. — *s. m.* ou *f.* Sujet atteint de maladie de Basedow.

BASOCELLULAIRE, *adj.* Relatif à la couche profonde ou *basale* de l'épiderme.

BASOPHILE, *adj.* Se dit des éléments figurés qui se colorent de préférence par les réactifs dont la base est l'agent colorant. — *polynucléaire b.*

BASOPHILIE, *s. f.* Affinité tinctoriale pour les colorants basiques.

BASSIN (petit). V. *excavation pelvienne.*

BASSIN, *s. m.* (hygiène). Récipient aplati, que l'on glisse sous le siège d'un patient alité, afin d'y recueillir ses excréments.

BASSINI (opération ou procédé de) (Edouard B., 1844-1924, chirurgien italien). Méthode de cure radicale de la hernie inguinale.

BATHMOTROPE, *adj.* Se dit en physiologie de tout ce qui concerne l'excitabilité de la fibre musculaire.

BAUHIN (valvule de) (Gaspard B., 1560-1624, anatomiste suisse). Syn. *valve iliocaecale.* Valve située à la partie terminale de l'iléon.

BAUHINITE, *s. f.* Inflammation de la valvule de Bauhin.

BAUME, *s. m.* 1. Plante ou résine végétale odoriférante. — 2. Préparation pharmaceutique aromatique destinée aux onctions adoucissantes. P. ex. *b. du Pérou.*

BAV. Abréviation de *bloc atrio-* (ou *auriculo-) ventriculaire.*

BBD. Bloc de branche droit (v. *bloc de branche*).

BBG. Bloc de branche gauche (v. *bloc de branche*).

BBS. Abréviation de *Besnier-Bœck-Schaumann (maladie de).*

BCG (Initiales du bacille *bilié Calmette-Guérin*). Bacille tuberculeux d'origine bovine rendu inoffensif par des passages très nombreux sur milieu bilié, servant pour la vaccination antituberculeuse.

BEC-DE-LIÈVRE, *s. m.* Malformation du visage provenant d'un défaut de soudure des bourgeons faciaux. Elle se présente le plus souvent sous la forme d'une simple fissure de la lèvre supérieure.

BEC-DE-PERROQUET. Nom donné aux ostéophytes en forme de crochet qui apparaissent sur les corps vertébraux dans certains cas de rhumatisme chronique.

BECQUEREL, *s. m.* (symbole Bq) (Henri B., 1852-1908, physicien français). Unité de radioactivité qui, dans le système international, a remplacé le curie.

BÉGAIEMENT, *s. m.* Répétition saccadée involontaire d'une syllabe ou impossibilité d'émettre certains mots pendant un temps variable.

BEL, *s. m.* (Graham Bell, 1847-1922, physicien américain). Unité de sensation auditive (appelée aussi intensité sonore).

BELLADONE, *s. f.* V. *atropine.*

BELL-MAGENDIE (loi de) (Charles B., 1774-1842, médecin écossais ; François M., 1783-1855, physiologiste français). La racine antérieure d'un nerf est motrice, la racine postérieure sensitive.

BENCE JONES (protéine de) (Henry B. J., 1813-1873, médecin anglais). Protéine présente dans le sang et l'urine au cours de la maladie de Kahler.

BÉNIGNITÉ, *s. f.* 1. Caractère d'une affection aisément curable. — 2. (anatomie pathologique). Éléments distinctifs d'une tumeur non cancéreuse.

BÉNIN, IGNE, *adj.* 1. Sans gravité, d'évolution favorable. — 2. Non cancéreux. V. *bénignité* et *malin.*

BÉNIQUÉ (bougie de) (Pierre B., 1806-1851, chirurgien français). Cathéter métallique, présentant une double courbure destinée à s'adapter au trajet de l'urètre, et employé dans le traitement des rétrécissements de ce conduit.

BENZÉNISME ou **BENZOLISME,** *s. m.* Intoxication par le benzène et les benzols. Elle entraîne une aplasie médullaire.

BENZODIAZÉPINE, *s. f.* **(BZP).** Nom générique de diverses substances douées de propriétés anxiolytiques, anti-épileptiques et hypnotiques.

BERGER (maladie de) (Jean B., médecin français contemporain). Glomérulonéphrite chronique caractérisée par des dépôts sur la tunique moyenne des vaisseaux.

BÉRIBÉRI, *s. m.* Avitaminose B_1 fréquemment observée en Extrême-Orient et due à l'alimentation par le riz décortiqué. Elle se présente sous deux formes : 1° *b. sec, paralytique* ou *atrophique,* caractérisé par une paralysie prédominant aux membres inférieurs. — 2° *b. humide,* insuffisance cardiaque congestive à débit élevé, avec œdème et épanchements des séreuses.

BÉRYLLIOSE, *s. f.* Maladie professionnelle provoquée par le béryllium : surtout pulmonaire, accessoirement conjonctivale ou cutanée.

BESNIER - BŒCK - SCHAUMANN (maladie de) (BBS) (Ernest Besnier, 1831-1909, dermatologue français ; César Bœck, 1845-1917, dermatologue norvégien ; Jorgen S., 1879-1953, dermatologue suédois). Syn. *sarcoïdose.* Maladie caractérisée par l'association de lésions cutanées, ganglionnaires et pulmonaires et considérée comme une réticulo-endothéliose de nature inconnue, pouvant intéresser aussi les os, la rate, le foie, l'œil (iridocyclite) et d'autres viscères.

BESTIALITÉ, *s. f.* Syn. *zoophilie érotique.* Acte vénérien pratiqué par un homme ou par une femme avec un animal.

BÊTA. Deuxième lettre de l'alphabet grec (β) : b.

BÊTABLOQUANT, ANTE, *adj.* Syn. *bêtabloqueur.* Qui paralyse les récepteurs adrénergiques bêta. — *s. m.* Médicament doué de cette propriété. Les *b.* sont largement utilisés en thérapeutique, notamment dans l'insuffisance coronarienne et dans l'hypertension artérielle.

BÊTALACTAMINES, *s. f. pl.* Famille d'antibiotiques comprenant les pénicillines et les céphalosporines, naturelles ou semi-synthétiques.

BÊTALIPOPROTÉINE, *s. f.* V. *lipoprotéine.*

BÊTAMIMÉTIQUE, *adj.* Qui imite l'action des récepteurs adrénergiques bêta (v. ce terme) et, par extension, qui les stimule.

BÊTASTIMULANT, ANTE, *adj.* Qui excite les récepteurs adrénergiques bêta (v. ce terme).

BÊTATHÉRAPIE, *s. f.* Emploi thérapeutique des rayons bêta émis par le radium ou des isotopes radioactifs.

BÊTATRON, *s. m.* Source d'électrons de haute énergie pouvant être utilisés directement en thérapie ou servir de source de rayons X ou gamma.

BI... Préfixe latin signifiant *double,* indiquant une notion de *paire.*

BIBLOC, *s. m.* Perturbation de la conduction dans les deux branches du faisceau de His.

BICARBONATE, *s. m.* Sel de l'acide carbonique. L'anion *b.* (CO_3H-) est un des anions essentiels de l'organisme, et constitue principalement la réserve alcaline.

BICATÉNAIRE, *adj.* Qui possède deux chaînes.

BICEPS, *adj.* Qui a deux chefs. P. ex. *muscle b. brachial.*

BICUSPIDE, *adj.* Se dit d'un orifice muni de deux valvules.

BIERMER (anémie ou maladie de) (Anton B., 1827-1892, médecin allemand). Anémie caractérisée par une diminution considérable du nombre des globules rouges, leur augmentation de volume et leur teneur plus grande en hémoglobine. Elle s'accompagne de troubles digestifs (glossite de Hunter, achylie, atrophie des muqueuses digestives) et nerveux (syndrome neuro-anémique). Son évolution, autrefois mortelle (*a.* pernicieuse), a été transformée par le traitement, car elle est due, en effet, à une carence en vitamine B_{12}, provoquée par un manque de sécrétion du facteur intrinsèque lié à une gastrite atrophique.

BIERMÉRIEN, ENNE, *adj.* Qui se rapporte à la maladie de Biermer.

BIFIDE, *adj.* Divisé en deux.

BIFIDITÉ, *s. f.* Etat de ce qui se divise en deux.

BIFOCAL, ALE, *adj.* Qui possède deux foyers.

BIGÉMINÉ, NÉE, *adj.* Redoublé. Pouls *b.*

BIGÉMINISME, *s. m.* (cardiologie) Groupement répété de 2 systoles.

BIGUANIDE, *s. m.,* Substance utilisée dans le traitement oral du diabète sucré.

BILATÉRAL, ALE, *adj.* Qui concerne les deux côtés.

BILE, *s. f.* Liquide jaune ou verdâtre, visqueux, amer, alcalin, sécrété par le foie, emmagasiné dans la vésicule biliaire et excrété dans le duodénum par le canal cholédoque. Il comprend notamment de l'eau et du cholestérol, des *pigments biliaires,* produits par l'hémolyse, et des *sels biliaires,* qui contribuent à l'émulsification et à la digestion des graisses.

BILHARZIOSE, *s. f.* V. *schistosomiase.*

BILIAIRE, *adj.* Qui a rapport à la bile.

BILIEUX, EUSE, *adj.* Qui est dû à une hypersécrétion biliaire.

BILIGRAPHIE, *s. f.* V. *cholangiographie.*

BILIRUBINE, *s. f.* Pigment biliaire jaune-rougeâtre produit par la réduction de la biliverdine. Il est transporté dans le sang sous forme insoluble dans l'eau, lié à l'albumine (*b. libre, vraie,* donnant la réaction *indirecte* d'Hijmans Van den Bergh) jusqu'au foie qui la conjugue à l'acide glycuronique. La *b. glycuro-conjuguée* (donnant la réaction *directe* d'H. Van den Bergh), hydrosoluble, peut alors être excrétée par la bile.

BILIRUBINÉMIE, *s. f.* Présence de bilirubine dans le sang. Normalement, la *b. de type indirect* (ou *b. libre*) est de 3 à 4 mg par litre par la méthode d'Hijmans Van den Bergh. La *b. de type direct* (ou *b. glycuroconjuguée*) est normalement de 3 à 10 mg ou 5,13 à 17,1 μmol par litre de plasma.

BILIRUBINURIE, *s. f.* Présence et taux de la bilirubine dans l'urine. Normalement absente de l'urine, la *b.* y apparaît dans les divers ictères par hépatite et par obturation des voies biliaires.

BILIVERDINE, *s. f.* Pigment biliaire vert, produit par le tissu réticulo-endothélial à partir de l'hémoglobine. Sa réduction aboutit à la bilirubine.

BILOCULAIRE, *adj.* Se´dit d'une cavité naturelle subdivisée en deux loges.

BINOCULAIRE, *adj.* Qui résulte de l'emploi simultané des deux yeux. P. ex. : *vision b.*

BIO..., Préfixe grec signifiant une liaison avec les phénomènes *vitaux.*

BIOCHIMIE, *s, f.* Application de la chimie à l'étude des phénomènes vitaux.

BIODISPONIBILITÉ, *s. f.* V. *disponibilité biologique des médicaments.*

BIOGENÈSE, *s. f.* Création d'un organisme vivant.

BIOLOGIE, *s. f.* Science de la vie ; étude des êtres vivants.

BIOPROTHÈSE, *s. f.* Syn. *hétérogreffe valvulaire.* Petit appareil destiné à être fixé dans le cœur pour remplacer les valvules détériorées d'un orifice.

BIOPSIE, *s. f.* Opération qui consiste à enlever sur le vivant un fragment d'organe ou de tumeur, dans le but de le soumettre à l'examen microscopique.

BIOSYNTHÈSE, *s. f.* Elaboration d'une substance dans un organisme vivant.

BIOTAXIE, *s. f.* Syn. *taxinomie, taxonomie.* Science de la classification des êtres vivants.

BIOTECHNOLOGIE, *s. f.* Discipline qui étudie les applications industrielles des connaissances acquises dans le domaine de la biologie.

BIOTINE, *s. f.* Substance organosoufrée appartenant au groupe des vitamines B ; on l'utilise dans le traitement des dermatoses séborrhéiques.

BIOTYPE, *s. m.* Ensemble de caractères propres à certains êtres vivants et permettant leur classification.

BI-OVULAIRE, *adj.* V. *dizygote.*

BIPOLAIRE, *adj.* Qui comporte deux pôles. P. ex. *cellule b., dérivation b.*

BISEXUALITÉ, *s. f.* Etat d'un individu ayant une apparence et des aspirations communes aux deux sexes.

BISTOURI, *s. m.* Instrument de chirurgie en forme de couteau. — *b. électrique* ou *à haute fréquence.* Instrument utilisant la chaleur dégagée par les courants de haute fréquence pour sectionner les tissus.

BIVITELLIN, INE, *adj.* V. *dizygote.*

B J. Initiales de *Bravais Jackson.* — *crise, épilepsie B J.* Crise, épilepsie bravais-jacksonnienne.

B K. Abréviation de *bacille de Koch.* V. *Mycobacterium tuberculosis.*

BLANC, ANCHE, *adj.* Qui n'a pas donné de résultat. P. ex. : *ponction b.*

BLANCHIR, *v.* Effacer momentanément, par un traitement de courte durée, les symptômes d'une maladie telle que la syphilis.

...BLASTE. Suffixe grec indiquant une *cellule jeune*, non arrivée au stade de maturité : *myéloblaste, lymphoblaste, normoblaste.*

BLASTOCÈLE, *s. f.* V. *blastula.*

BLASTODERME, *s. m.* Membrane primitive de l'embryon.

BLASTOME, *s. m.* Suffixe indiquant l'origine embryonnaire d'une tumeur.

BLASTOMÈRE, *s. m.* Ensemble des cellules nées des premières divisions de l'œuf fécondé.

BLASTOMYCÈTES, *s. m. pl.* Famille de champignons se reproduisant par bourgeonnement, et se présentant soit sous la forme de levure, soit sous celle de filaments mycéliens. Elle comprend, notamment, la levure de bière et le muguet.

BLASTOMYCOSE, *s. f.* Nom sous lequel on groupe toutes les infections par les Blastomycètes.

BLASTULA, *s. f.* Stade du développement embryonnaire succédant à la morula et précédant la gastrula. Le blastoderme ne présente encore qu'un seul feuillet, limitant une cavité centrale ou blastocèle.

BLENNORRAGIE, *s. f.* Syn. *gonorrhée* et populaire : *chaudepisse, échauffement.* Maladie infectieuse vénérienne dont l'agent pathogène est le gonocoque. Elle se manifeste surtout sous forme d'urétrite chez l'homme ; de vulvite, de vaginite, ou de métrite chez la femme.

BLENNORRHÉE, *s. f.* Nom donné parfois aux *urétrites* chroniques.

BLÉPHARITE, *s. f.* Inflammation du bord libre des paupières.

BLÉPHAROCHALASIS, *s. f.* Atrophie du derme des paupières supérieures, accompagnée de relâchement du tissu cellulaire sous-cutané. Il en résulte la formation d'un large repli cutané qui tombe jusqu'au rebord ciliaire et gêne la vision directe en haut.

BLÉPHAROCONJONCTIVITE, *s. f.* Inflammation des paupières et de la conjonctive.

BLÉPHAROPHIMOSIS, *s. m.* Insuffisance de la longueur de la fente palpébrale.

BLÉPHAROPLASTIE, *s. f.* Opération qui a pour but de réparer une paupière détruite ou déformée.

BLÉPHAROSPASME, *s. m.* Contraction spasmodique de l'orbiculaire des paupières.

BLÉPHAROTIC, *s. m.* Tic convulsif des paupières.

BLESSURE, *s. f.* Lésion locale, produite par une violence extérieure.

BLEUE (maladie). Maladie due à des malformations cardiovasculaires qui entraînent le passage du sang veineux dans le sang artériel.

BLIND-TEST, *s. m.* (anglais). V. *placebo.*

BLISTER, *s. m.* (anglais). Mode de conditionnement en logettes déformant une feuille de matière plastique et fermées par une pellicule d'aluminium.

BLOC ALVÉOLO-CAPILLAIRE. Etat pathologique empêchant la diffusion de l'oxygène de l'air des alvéoles pulmonaires vers le sang.

BLOC ATRIO- ou **AURICULO-VENTRICULAIRE (BAV).** Trouble du rythme cardiaque caractérisé par le ralentissement ou l'arrêt de la conduction de l'onde d'excitation entre les oreillettes et les ventricules. Le *b. du 1er degré* est le simple allongement de l'espace PR. Dans le *b. du 3e degré, complet* ou *total,* la contraction ventriculaire est indépendante de celle des oreillettes et le rythme ventriculaire plus lent que le rythme auriculaire. Les *b. du 2e degré* réunissent les états intermédiaires.

BLOC DE BRANCHE (image dite de).
Aspect crocheté et élargi de l'onde
QRS de l'électrocardiogramme dû
habituellement à la lésion d'une des
deux branches droite ou gauche du
faisceau de His.

BLOC OPÉRATOIRE. Partie d'un établissement hospitalier où sont groupées les
salles destinées aux interventions chirurgicales.

BLOC VERTÉBRAL. Fusion de deux ou
quelquefois trois vertèbres entraînant
une attitude vicieuse.

BLOCAGE ARTICULAIRE. Immobilisation brutale, douloureuse, temporaire
mais récidivante d'une articulation,
due à la présence d'un corps étranger
intra-articulaire ou à la lésion d'un
ménisque (genou).

BLOCAGE GANGLIONNAIRE. Interruption de la conduction nerveuse au
niveau des synapses des ganglions sympathiques.

BLOCAGE MÉNINGÉ. Constitution d'un
barrage en un ou plusieurs points de
l'espace sous-arachnoïdien, isolant certaines parties de cet espace (cloisonne-
ment).

BLOCPNÉE D'EFFORT, *s. f.* Crise de
suffocation avec impression de « respiration bouchée », équivalent mineur et
non douloureux de l'angine de poitrine.

BOL ALIMENTAIRE. Nom donné à la
portion d'aliments déglutie en une
seule fois.

BORBORYGME, *s. m.* Gargouillement
produit dans l'abdomen par les gaz
intestinaux.

BORISME, *s. m.* Nom donné à l'ensemble des troubles toxiques provoqués
par l'ingestion d'acide borique ou de
borax.

BORRELIA, *s. f.* Genre bactérien de la
famille des *Spirochaetacées* comprenant
les parasites spiralés des diverses fièvres récurrentes.

BORRÉLIOSE, *s. f.* Nom générique des
affections provoquées par les diverses
variétés de *Borrelia.*

BOT, BOTE, *adj.* Difforme. V. *main
bote, pied bot.*

BOTHRIOCÉPHALE, *s. m.* Parasite intestinal de l'ordre des Cestodes.

BOTRYOMYCOME, *s. m.* Petite tumeur
bénigne pédiculée, comparée à une
framboise, saignant facilement ; le *b.*
siège souvent aux extrémités.

BOTULISME, *s. m.* Intoxication due à
l'ingestion de toxine de *Clostridium
botulinum* contenue le plus souvent
dans la charcuterie avariée ou des
conserves mal préparées.

BOUCHE, *s. f.* Cavité de la face située
sous les fosses nasales, entre les joues,
constituant la partie initiale du tube
digestif, logeant la langue, les glandes
salivaires et garnie de dents. Elle
s'ouvre en avant par les lèvres et
communique en arrière avec le pharynx.

BOUCHE-À-BOUCHE (méthode du). Procédé de respiration artificielle dans
lequel le sauveteur insuffle l'air de ses
propres poumons dans la bouche du
malade.

BOUGIE, *s. f.* Instrument formé par
une tige que l'on introduit dans l'urètre
ou dans un autre canal naturel, pour
l'explorer ou le dilater. V. *Béniqué*
(*bougie de*).

BOUGIRAGE, *s. m.* Cathétérisme pratiqué à l'aide d'une bougie.

BOUILLAUD (maladie de) (Jean-Bap-
tiste B., 1796-1881, médecin français).
Syn. *rhumatisme articulaire aigu.* Maladie de l'enfance et de l'adolescence,
survenant à la suite d'une angine à
streptocoque hémolytique A. Dans sa
forme typique, elle se manifeste par

une polyarthrite douloureuse et mobile, une fièvre, et surtout une atteinte cardiaque ainsi qu'une tendance aux rechutes.

BOUILLON DE CULTURE. Bouillon préparé avec de la viande, stérilisé et destiné à la culture des microbes.

BOULIMIE, *s. f.* Sensation de faim excessive et besoin d'absorber une grande quantité d'aliments.

BOURBILLON, *s. m.* Masse filamenteuse blanchâtre s'éliminant après l'ouverture d'un furoncle.

BOURDONNET, *s. m.* Petit rouleau de compresses stériles placé sur une suture chirurgicale lorsque l'on veut obtenir une hémostase du tissu cellulaire par compression.

BOURSE, *s. f.* Elément anatomique sacculaire. — *b. séreuse,* b. synoviale destinée à faciliter le glissement de tendons ou de muscles. V. *bursite.* — *b. testiculaire,* syn. de *scrotum.*

BOUTON, *s. m.* Terme populaire désignant un élément dermatologique en relief.

BOUVERET (maladie de) (Léon B., 1850-1929, médecin fançais). V. *tachycardie paroxystique.*

Bq. Symbole de *becquerel.*

BRACHIALGIE *s. f.* Névralgie du plexus brachial.

BRACHY... Préfixe grec indiquant une notion de *brièveté.*

BRACHYCÉPHALIE, *s. f.* 1º Forme du crâne quand il est tronqué en arrière. — 2º Variété de craniosténose due à la soudure précoce des deux sutures coronales.

BRACHYDACTYLIE, *s. f.* Malformation des doigts qui n'ont pas leur longueur normale.

BRACHYMÉLIE, *s. f.* V. *micromélie.*

BRACHYMORPHE, *adj.* Dont la forme est peu élevée, large et épaisse, trapue, ramassée.

BRACHY-ŒSOPHAGE, *s. m.* Malformation de l'œsophage caractérisée par sa brièveté anormale et la présence dans le thorax d'une partie de l'estomac.

BRADY... Préfixe grec indiquant une notion de *lenteur.*

BRADYARYTHMIE, *s. f.* Arythmie cardiaque lente.

BRADYCARDIE, *s. f.* Ralentissement des battements du cœur.

BRADYCINÉSIE ou **BRADYKINÉSIE,** *s. f.* Lenteur des mouvements volontaires.

BRADYPEPSIE, *s. f.* Digestion lente.

BRADYPHASIE, *s. f.* Lenteur de la prononciation des mots.

BRADYPHÉMIE, *s. f.* Lenteur de la parole.

BRADYPNÉE, *s. f.* Respiration lente.

BRADYPSYCHIE, *s. f.* Syn. *viscosité psychique.* Ralentissement psychique des réactions.

BRADYSPHYGMIE, *s. f.* Ralentissement du pouls.

BRAILLE, *s. m.,* ou **ÉCRITURE BRAILLE** (Louis B., 1809-1857, éducateur français d'aveugles). Système d'écriture destiné aux aveugles, basé sur la disposition variable de points gravés en relief et perçus par le toucher.

BRANCARD, *s. m.* Syn. *civière.* Appareil destiné au transport d'un malade ou d'un blessé allongé.

BRAS, *s. m.* Segment du membre supérieur compris entre l'épaule et l'avant-bras.

BREDOUILLEMENT, *s. m.* Vice de prononciation qui consiste à précipiter les mots les uns à la suite des autres sans les espacer.

BREGMA, *s. m.* Région du crâne située au point de rencontre des sutures sagittale et coronale, occupée chez le fœtus et le nouveau-né par la fontanelle antérieure.

BRÉVILIGNE, *adj.* Se dit d'un type d'individu caractérisé par la brièveté des membres et la longueur du tronc.

BRIDGE, *s. m.* Prothèse destinée à remplacer une, ou plusieurs dents voisines, et fixée sur celles qui encadrent la région considérée.

BRILLANCE, *s. f.* V. *luminance.*

BRIN, *s. m.* (génétique). Chaîne constitutionnelle des acides nucléiques.

BRITISH-ANTI-LEWISITE. (anglais). V. *BAL.*

BROCHE, *s. m.* Tige métallique destinée aux traitements orthopédiques.

BROMHIDROSE ou **BROMIDROSE,** *s. f.* Sécrétion en plus ou moins grande abondance d'une sueur d'odeur désagréable.

BROMISME, *s. m.* Accidents toxiques provoqués par le brome et ses composés.

BROMOCRIPTINE, *s. f.* (DCI). Substance dérivée de l'ergot de seigle et dont les effets sont analogues à ceux de la dopamine. Elle s'oppose à la prolactine.

BRONCHE, *s. f.* Conduit aérien situé entre la trachée et les alvéoles pulmonaires.

BRONCHECTASIE, *s. f.* ou **BRONCHIECTASIE,** *s. f.* Dilatation des bronches.

BRONCHIOLITE, *s. f.* Inflammation des dernières ramifications bronchiques.

BRONCHITE, *s. f.* Inflammation de la muqueuse des bronches.

BRONCHO-ASPIRATION, *s. f.* Aspiration des sécrétions bronchiques par bronchoscopie.

BRONCHOCÈLE, *s. f.* 1° Dilatation bronchique localisée, située en amont d'une sténose. — 2° Tumeur gazeuse du cou en connexion avec une bronche.

BRONCHOCONSTRICTION, *s. f.* Contraction des bronches.

BRONCHODILATATION, *s. f.* Dilatation des bronches.

BRONCHO-EMPHYSÈME, *s. m.* Affection fréquente de l'appareil respiratoire où l'obstruction des bronchioles entraîne un emphysème pulmonaire qui aboutit à l'insuffisance respiratoire grave.

BRONCHOGÈNE, *adj.* ou **BRONCHOGÉNIQUE,** *adj.* D'origine bronchique.

BRONCHOGRAPHIE, *s. f.* Examen radiographique d'une partie de l'arbre bronchique injectée préalablement avec un liquide opaque aux rayons X.

BRONCHOPATHIE, *s. f.* Nom générique de toutes les affections des bronches.

BRONCHOPLÉGIE, *s. f.* Paralysie des bronches.

BRONCHOPNEUMONIE, *s. f.* Affection caractérisée anatomiquement par l'inflammation du parenchyme pulmonaire et des bronches.

BRONCHOPNEUMOPATHIE, *s. f.* Nom générique de toutes les affections atteignant à la fois les bronches et les poumons.

BRONCHOPULMONAIRE, *adj.* Relatif aux bronches et aux poumons.

BRONCHORRHÉE, *s. f.* Hypersécrétion pathologique du mucus bronchique.

BRONCHOSCOPIE, *s. f.* Examen de la cavité des bronches à l'aide d'un fibroscope.

BRONCHOSPASME, *s. m.* Contraction spasmodique des bronches.

BRONCHOSPIROGRAPHIE, *s. f.* Enregistrement graphique des résultats de la bronchospirométrie.

BRONCHOSPIROMÉTRIE, *s. f.* Examen fonctionnel simultané de chacun des deux poumons.

BRONCHOSTÉNOSE, *s. f.* Diminution de diamètre siégeant en un point quelconque de l'arbre bronchique.

BRONCHOTOMIE, *s. f.* Ouverture chirurgicale d'une bronche.

BRONZÉE (maladie). V. *Addison (maladie d').*

BROWN-SÉQUARD (syndrome de) (Edouard B.-S., 1818-1894, physiologiste français). Syndrome dû à une lésion de la moelle et caractérisé par une hémiparaplégie avec hémianesthésie profonde du côté de la lésion, et une hémianesthésie tactile, douloureuse et thermique du côté opposé.

BRUCELLA, *s. f.* (David Bruce, 1855-1931, bactériologiste britannique). Genre bactérien comprenant 3 espèces principales : *B. melitensis, B. abortus bovis* et *suis.* Ce sont des coccobacilles immobiles Gram–. *B. melitensis* est responsable de la mélitococcie ; les autres, d'avortements épizootiques des bovidés et des porcins.

BRUCELLOSE, *s. f.* V. *mélitococcie.*

BRUIT DE ... V. au second mot.

BRÛLURE, *s. f.* Lésion provoquée par la chaleur. On distingue la *b. du premier degré* : simple érythème douloureux ; la *b. du deuxième degré* : phlyctène, la *b. du troisième degré* : carbonisation.

BRUXISME, *s. m.* V. *brycomanie.*

BRYCOMANIE, *s. f.* Syn. *bruxisme.* Habitude de grincer des dents.

BUBON, *s. m.* Tuméfaction ganglionnaire inguinale d'origine infectieuse.

BUCCAL, ALE, *adj.* Syn. *oral.* Relatif à la bouche.

BUCCINATEUR (muscle). Muscle peaucier situé à la face profonde de la joue, innervé par le facial.

BUCKYTHÉRAPIE, *s. f.* Emploi thérapeutique des rayons X mous en particulier en dermatologie.

BULBE, *s. m.* Toute structure anatomique arrondie et renflée. — *b. de l'œil,* globe oculaire. — *gaine du b.* Syn. *capsule de Tenon.* Membrane fibreuse recouvrant la sclère.

BULBO-URÉTRALE (glande). V. *Cowper (glande de).*

BULLE, *s. f.* Lésion élémentaire de la peau, qui n'est autre qu'une grande vésicule. V. *phlyctène.*

BULLOSE, *s. f.* Dermatose bulleuse.

BUPHTALMIE, *s. f.* Augmentation considérable du volume de l'œil.

BURSITE, *s. f.* Inflammation d'une bourse séreuse.

BURSODÉPENDANT, ANTE, *adj.* Qui dépend de la bourse (de Fabricius), organe présent chez les oiseaux, responsable de la compétence immunitaire des lymphocytes B. V. *cellule b.*

BUTÉE OSSEUSE. Greffe osseuse saillante destinée à limiter un mouvement articulaire ou à empêcher la luxation récidivante d'une épiphyse.

BYSSINOSE, *s. f.* Pneumopathie immunologique provoquée par l'inhalation des poussières de coton.

BZD. Abréviation de *benzodiazépine.*

C

C. 1° Symbole chimique du *carbone*. — 2° Symbole de *coulomb*. — 3° Symbole de la *concentration d'un gaz dans le sang*.

c. Symbole de *centi*.

°C. Symbole de *degré Celsius*.

ÇÀ, *s. m.* Terme de psychanalyse désignant la source des pulsions.

Ca. Symbole chimique du *calcium*.

CACHEXIE, *s. f.* Amaigrissement extrême et altération très grave de l'état général.

CACOSMIE, *s. f.* Perception habituelle d'une odeur mauvaise.

CACOSTOMIE, *s. f.* Mauvaise odeur de la bouche.

CADUQUE, *adj. f.* Qui se détache. — *s. f.* Partie de la muqueuse gravide de l'utérus qui est évacuée avec le placenta. — *c. basale.* Partie maternelle du placenta.

CÆCOPEXIE, *s. f.* V. *typhlopexie*.

CÆCOSTOMIE, *s. f.* V. *typhlostomie*.

CÆCOTOMIE, *s. f.* Ouverture chirurgicale du cæcum.

CÆCUM, *s. m.* Cul-de-sac constituant la partie initiale du gros intestin, situé au-dessous de la valvule iléo-cæcale. L'appendice vermiforme le prolonge vers le bas.

CÆRULOPLASMINE, *s. f.* Alphaglobuline contenant 90 % du cuivre plasmatique.

CAFÉINE, *s. f.* Syn. *théine*. Alcaloïde extrait principalement du café et du thé, doué de propriétés stimulantes et antimigraineuses.

CAFÉISME, *s. m.* Intoxication par le café.

CAILLOT, *s. m.* Masse spongieuse formée par la fibrine du sang qui contient des globules rouges.

CAISSONS (maladie des). Accidents survenant chez les ouvriers travaillant dans l'air comprimé. Ils sont dus à la libération de l'azote dissous dans le sang provoquant des embolies gazeuses lors de la décompression.

CAL, *s. m.* Néoformation osseuse qui soude les deux parties d'un os fracturé. — *c. vicieux.* C. fixant les fragments osseux en mauvaise position.

cal. Symbole de *calorie*.

CALCANÉITE, *s. f.* Inflammation du calcanéum.

CALCANÉUS, *s. m.* Dénomination internationale du calcanéum, os du talon.

CALCÉMIE, *s. f.* Quantité de calcium contenue dans le sang. Elle est normalement de 5 mEq (2,5 mmol) ou 100 mg par litre de plasma.

CALCIFÉROL, *s. m.* Vitamine D$_2$ antirachitique, qui joue un rôle important dans la fixation du calcium.

CALCIFICATION, *s. f.* Dépôt de carbonate et de phosphate de calcium dans les tissus et les organes.

CALCINOSE, *s. f.* Production, dans l'organisme, de dépôts de sels de calcium.

CALCIPEXIE, *s. f.* Fixation de calcium.

CALCIPRIVE, *adj.* Qui est provoqué par le manque de calcium.

CALCITHÉRAPIE, *s. f.* Emploi thérapeutique de sels de calcium.

CALCITONINE, *s. f.* Syn. *thyrocalcitonine.* Hormone sécrétée par la thyroïde. Elle agit sur l'os, dont elle bloque la résorption, sur le rein (augmentation discrète de la calciurie et de la phosphaturie) et sur l'intestin (l'absorption de calcium est accrue et son excrétion diminuée).

CALCIUM-BLOQUANT ou **-BLOQUEUR.** V. *inhibiteur calcique.*

CALCIURIE, *s. f.* Présence de calcium dans l'urine. La *c.* normale est égale ou inférieure à 150 mg (ou 3,8 mmol) par 24 heures.

CALCUL, *s. m.* Concrétion pierreuse prenant naissance dans les réservoirs glandulaires ou dans les canaux excréteurs.

CALLOSITÉ, *s. f.* Induration du revêtement cutané, siégeant le plus souvent aux mains et aux pieds.

CALORIE, *s. f.* Unité de mesure de la chaleur. Quantité de chaleur nécessaire pour élever de 1 °C la température de 1 g d'eau pure.

CALVITIE, *s. f.* Absence plus ou moins complète et définitive des cheveux.

CAMÉRULAIRE, *adj.* Qui concerne la chambre antérieure de l'œil.

CAMPIMÈTRE, *s. m.* Instrument destiné à mesurer l'étendue du champ visuel.

CAMPTODACTYLIE, *s. f.* Malformation des doigts caractérisée par la flexion permanente d'un (auriculaire) ou de plusieurs doigts de la main.

CANAL ARTÉRIEL (persistance du). Conservation, après la naissance, de la perméabilité du court vaisseau qui relie, pendant la vie intra-utérine, l'aorte au niveau de l'isthme et l'origine de la branche gauche de l'artère pulmonaire.

CANAL ATRIO- (ou **auriculo-**) **VENTRICULAIRE COMMUN (persistance du) (CAV).** Malformation du cœur comprenant une *forme complète* dans laquelle on trouve : un orifice auriculo-ventriculaire commun, une communication interauriculaire basse et une communication interventriculaire haute et des *formes incomplètes.*

CANAL CALCIQUE. Orifice situé dans la membrane cellulaire et permettant les mouvements de l'ion calcium de part et d'autre de celle-ci.

CANAL CARPIEN (syndrome du). Syndrome dû à la compression du nerf médian dans le canal carpien ; il est caractérisé par des fourmillements, une hypoesthésie des trois premiers doigts et par une atrophie des muscles de l'éminence thénar.

CANAL (ou **conduit**) **ÉJACULATEUR.** Portion terminale des voies spermatiques reliant le confluent du conduit déférent et du conduit excréteur de la vésicule séminale à la partie prostatique de l'urètre.

CANAL LOMBAIRE ÉTROIT ou **RÉTRÉCI.** Syndrome provoqué par le rétrécissement acquis du canal lombaire secondaire à des protrusions discales ou ostéophytiques. Il se traduit le plus souvent par une claudication intermittente polyradiculaire, avec lombosciatique.

CANALICULITE, *s. f.* Inflammation des conduits glandulaires.

CANCER, *s. m.* Nom donné à toutes les tumeurs malignes qui s'étendent rapidement et ont tendance à se généraliser.

CANCÉRIGÈNE, *adj.* V. *cancérogène.*

CANCÉROGÈNE, *adj.* Syn. *cancérigène, carcinogène.* Se dit de tout ce qui peut provoquer le développement d'un cancer, ou d'une lésion qui peut être le point de départ d'un cancer.

CANCÉROLOGIE, *s. f.* V. *carcinologie.*

CANCÉROPHOBIE, *s. f.* Crainte angoissante et injustifiée qu'éprouvent certains sujets d'être atteints de cancer.

CANDELA, *s. f.* (cd). Unité d'intensité lumineuse : 1 cm^2 de surface d'un corps noir, porté à la température de fusion du platine, émet, perpendiculairement à cette surface, une intensité de 60 candelas.

CANDIDA, *s. f.* Levure dont quelques espèces sont pathogènes pour l'homme ; la plus importante est *Candida albicans.*

CANDIDOSE, *s. f.* Syn. *moniliase.* Nom générique donné aux maladies provoquées par les champignons du genre *Candida.*

CANINE, *s. f.* Syn. *dent canine.* Dent souvent pointue, munie d'une seule racine et située entre les incisives et les prémolaires.

CANITIE, *s. f.* Décoloration généralisée ou partielle, congénitale ou acquise, du système pileux.

CANNABISME, *s. m.* Syn. *hachischisme.* Intoxication par le chanvre indien.

CAPACITÉ INSPIRATOIRE (CI). Volume d'air maximum qui peut être inspiré à partir de la position de repos expiratoire ; il comprend le volume courant additionné du volume de réserve inspiratoire.

CAPACITÉ PULMONAIRE TOTALE (CPT). Volume de gaz maximum contenu dans les poumons et les voies aériennes à la suite d'une inspiration forcée. Il correspond à la somme de la capacité vitale et du volume résiduel.

CAPACITÉ PULMONAIRE VITALE. Volume de gaz recueilli lors d'une expiration forcée faite après une inspiration forcée ; il comprend la somme : volume courant + volume de réserve inspiratoire + volume de réserve expiratoire.

CAPACITÉ RÉSIDUELLE FONCTION-NELLE (CRF). Volume de gaz contenu dans les voies aériennes après une expiration spontanée, au repos. C'est la somme de volume de réserve expiratoire et volume résiduel.

CAPACITÉ TUBULAIRE MAXIMUM D'EXCRÉTION ou **DE RÉABSORPTION** (symbole **Tm**). Quantité maximale d'une substance que les tubes rénaux peuvent excréter ou réabsorber.

CAPILLAIRE. 1° *adj.* Fin comme un cheveu. — 2° *s. m.* Très fin vaisseau dépourvu de fibres musculaires, assurant en périphérie un réseau de transition entre les circulations artérielle et veineuse. Il existe également des *c.* lymphatiques.

CAPILLARITE, *s. f.* Lésions aiguës ou chroniques des petits vaisseaux cutanés.

CAPILLAROSCOPIE, *s. f.* Examen au microscope des capillaires du derme ou de la muqueuse conjonctivale sur le sujet vivant.

CAPITATUM, *s. m.* Désignation internationale du grand os du carpe.

CAPITONNAGE, *s. m.* Procédé opératoire destiné à effacer une cavité en rapprochant par suture leurs parois opposées.

CAPSULÉ, LÉE, *adj.* Syn. *encapsulé.* Se dit d'une tumeur circonscrite, entourée d'une enveloppe fibreuse.

CAPSULE, *s. f.* 1º (anatomie). Elément d'enveloppe (V. *c. articulaire*) ; (neuroanatomie) : *c.* externe, *c.* extrême, *c.* interne : lames de substance blanche séparant divers noyaux gris du cerveau (v. ces termes). — 2º (pharmacie). Préparation médicamenteuse en forme de coque, destinée à se dissoudre dans le tube digestif, y libérant ainsi le principe actif qu'elle contient. — 3º *c. bactérienne.* Enveloppe enrobant certaines bactéries, douées de propriétés protectrices et antigéniques.

CAPSULE ARTICULAIRE. Enveloppe fibreuse des diarthroses, contribuant à maintenir au contact les surfaces articulaires des os.

CAPSULE EXTERNE. Lame de substance blanche séparant le noyau lenticulaire en dedans et le claustrum en dehors.

CAPSULE EXTRÊME. Lame de substance blanche séparant en dedans le claustrum, en dehors le cortex de l'insula.

CAPSULE INTERNE. Lame épaisse de substance blanche séparant le thalamus et le noyau caudé en dedans, du noyau lenticulaire en dehors. V. *pyramidal (faisceau).*

CAPSULITE. *s. f.* Inflammation d'une capsule : 1º articulaire. — 2º Syn. *tenonite.* Inflammation de la *c.* de Tenon.

CAPSULOTOMIE, *s. f.* Incision d'une capsule articulaire.

CAPTATIF, IVE, *adj.* Se dit de sentiments qui portent le sujet à se faire aimer plutôt qu'à aimer activement.

CAPTOPRIL, *s. m.* (DCI). Produit de synthèse inhibant l'enzyme de conversion de l'angiotensine I en angiotensine II.

CARACTÈRE, *s. m.* (psychologie). Manière habituelle de sentir, de penser et de réagir qui fait l'originalité du comportement de l'individu.

CARACTÈRE SEXUEL. Particularité liée au sexe. On distingue les *c.s. primaires* qui sont les gonades et les *c.s. secondaires* qui sont d'ordre morphologique, physiologique ou psychologique.

CARACTÉRIEL, ELLE, *adj.* Qui se rapporte au caractère. — *s. m.* Malade atteint de trouble du caractère.

CARBOXYHÉMOGLOBINE, *s. f.* Combinaison de l'hémoglobine et de l'oxyde de carbone, plus stable que l'oxyhémoglobine.

CARBOXYLASE, *s. f.* Ferment indispensable au catabolisme des glucides.

CARCINOGENÈSE, *s. f.* Production de cancer.

CARCINOÏDE INTESTINAL ou **C. DU GRÊLE.** Petite tumeur jaune, développée dans la muqueuse de l'intestin grêle, d'évolution lente, malgré la précocité et la multiplicité des métastases. Elle se manifeste notamment par des bouffées de vasodilatation cutanée attribuées à une sécrétion abondante de sérotonine.

CARCINOLOGIE, *s. f.* Syn. *cancérologie.* Etude du cancer.

CARCINOMATOSE, *s. f.* V. *carcinose.*

CARCINOME, *s. m.* Tumeur épithéliale maligne.

CARCINOSARCOME, *s. m.* Tumeur maligne comportant des éléments épithéliaux et mésenchymateux.

CARCINOSE, *s. f.* Syn. *carcinomatose.* Epithélioma généralisé.

CARD... Racine grecque signifiant *cœur.*

CARDIALGIE, *s. f.* 1° Douleur au niveau du cardia. — 2° Douleur dans la région précordiale.

CARDIAQUE, 1° *adj.* Qui a rapport au cœur. — 2° *s. m.* et *f.* Malade atteint d'une affection du cœur.

CARDIO-INHIBITEUR, TRICE, *adj.* Qui ralentit le rythme des contractions cardiaques, ou qui les arrête.

CARDIOLOGIE, *s. f.* Etude du cœur et de ses maladies.

CARDIOLYSE, *s. f.* Destruction chirurgicale des adhérences du péricarde à la paroi.

CARDIOMÉGALIE, *s. f.* Cœur volumineux.

CARDIOMYOPATHIE, *s. f.* V. *myocardiopathie.*

CARDIONECTEUR (appareil ou **système).** Système nerveux spécifique du cœur ; il produit et conduit dans tout le muscle cardiaque l'excitation qui déclenche la contraction du cœur. Il est formé du nœud sinusal ou de Keith et Flack, situé dans l'oreillette droite près de l'embouchure de la veine cave supérieure, et du nœud de Tawara, placé sur le plancher de l'oreillette droite près du septum, prolongé du faisceau de His dont le tronc se divise rapidement en deux branches, droite et gauche, destinées à chacun des ventricules.

CARDIOPATHIE, *s. f.* Nom générique de toutes les affections du cœur.

CARDIOPLÉGIE, *s. f.* Paralysie du cœur.

CARDIOSPASME, *s. m.* Contraction spasmodique du cardia s'opposant au passage des aliments de l'œsophage dans l'estomac.

CARDIOSTIMULATEUR, *s. m.* V. *stimulateur cardiaque.*

CARDIOTHYRÉOSE, *s. f.* Complications cardiaques de l'hyperthyroïdie.

CARDIOTOCOGRAPHIE, *s. f.* Enregistrement du rythme cardiaque du fœtus et des contractions utérines au cours de l'accouchement.

CARDIOTONIQUE, *adj.* Qui augmente la tonicité du muscle cardiaque. — *s. m.* Médicament jouissant de cette propriété. Les *c.* employés en thérapeutique sont essentiellement des dérivés de la digitale et certains sympathicomimétiques.

CARDIOTOXIQUE, *adj.* Nocif pour le cœur.

CARDIOVASCULAIRE, *adj.* Se dit de tout ce qui concerne à la fois le cœur et les vaisseaux.

CARDIOVERSION, *s. f.* Rétablissement d'un rythme cardiaque normal au moyen d'un choc électrique externe.

CARENCE, *s. f.* Absence ou insuffisance, dans l'organisme, d'un ou de plusieurs éléments indispensables à son équilibre ou à son développement.

CARENCE AFFECTIVE. V. *arriération affective (syndrome d')* et *hospitalisme.*

CARENCE ou **DÉFICIT IMMUNITAIRE.** Insuffisance des moyens de défense naturels de l'organisme. Elle peut être secondaire à certaines affections du tissu lymphoïde, au SIDA ou à un traitement immunodépresseur.

CARENTIEL, ELLE, *adj.* Qui se rapporte à une carence.

CARIE, *s. f.* Ostéite tuberculeuse chronique, caractérisée par la formation de séquestres et la destruction progressive du tissu osseux.

CARIE DENTAIRE, Affection qui consiste dans la formation de cavités dans une ou plusieurs dents, et la destruction progressive de ces organes.

CARMINATIF, IVE, *adj.* et *s. m.* Qui provoque l'expulsion des gaz intestinaux.

CARONCULE, *s. f.* Petite excroissance de chair. P. ex. *c. de l'hymen* ou *c. myrtiformes :* vestiges de l'hymen déchiré.

CAROTÈNE, *s. m.* Pigment orangé particulièrement abondant dans certains aliments (carottes, jaune d'œuf, beurre).

CAROTIDE (artère). Artère de la tête et du cou. L'*a. c. commune* ou *primitive* naît à droite du tronc brachiocéphalique, et à gauche directement de la crosse aortique ; elle se divise en *a. c. interne* destinée à l'encéphale et en *a. c. externe* à destination faciale.

CAROTIDOGRAMME, *s. m.* Courbe obtenue par l'enregistrement, à travers les téguments, des pulsations (sphygmogramme) ou des variations de pression (piézogramme) de l'artère carotide.

CARPE, *s. m.* Ensemble des os du poignet ; ils sont disposés sur deux rangées : *proximale* (de dehors en dedans), os scaphoïde, lunatum (semilunaire), triquetum (pyramidal), os piriforme ; et *distale :* trapèze, trapézoïde, capitatum (grand os) et hamatum (os crochu).

CARPHOLOGIE, *s. f.* Mouvements continuels et automatiques des mains qui semblent chercher à saisir des flocons voltigeant dans l'air.

CARPOCYPHOSE, *s. f.* Malformation héréditaire, généralement bilatérale, du poignet, consistant en une flexion en avant du carpe qui semble luxé.

CARTILAGE, *s. m.* Variété de tissu conjonctif dont les éléments cellulaires et fibreux sont contenus dans une substance fondamentale compacte et avasculaire. — *c. articulaire.* Tissu nacré et lisse recouvrant les surfaces osseuses des articulations mobiles. — *c. de conjugaison.* C. séparant chez l'enfant la diaphyse et l'épiphyse des os longs, dont il permet la croissance longitudinale.

CARTOGRAPHIE, *s. f.* Etablissement d'une carte (image radio-isotopique).

CARUS, *s. m.* Coma profond.

CARYOCINÈSE, *s. f.* Division du noyau de la cellule. V. *mitose.*

CARYOCLASIQUE, *adj.* Se dit d'un poison qui frappe la cellule en division en s'opposant à la caryocinèse.

CARYOLYSE, *s. f.* Stade de mort du noyau de la cellule.

CARYOLYTIQUE, *adj.* Qui provoque la caryolyse.

CARYORRHEXIE, *s. f.* Eclatement du noyau de la cellule en débris basophiles ; stade de mort du noyau succédant à la pycnose.

CARYOTYPE, *s. m.* Equipement chromosomique caractéristique d'une espèce donnée. Chez l'homme, le *c.* comporte 46 chromosomes : 44 autosomes + 2 chromosomes sexuels ou gonosomes qui sont X et Y chez l'homme, 2 X chez la femme.

CASÉEUX, EUSE, ou **CASÉIFORME,** *adj.* Qui a l'apparence du fromage. V. *caséum.*

CASÉUM, *s. m.* Substance blanchâtre et pâteuse formant le centre nécrosé des lésions tuberculeuses.

CASTRAT, *s. m.* Qui a subi la castration.

CASTRATION, *s. f.* Opération ayant pour but de priver un individu de la faculté de se reproduire. Ablation des gonades.

CATA..., Préfixe grec indiquant une notion de *chute*, de *dégradation*, de *décomposition*.

CATABOLISME, *s. m.* Tranformation en énergie des matériaux assimilés par les tissus.

CATABOLITE, *s. m.* Substance provenant de la transformation d'un précurseur, au cours du catabolisme.

CATAIRE, *adj.* Qui ressemble au ronronnement du chat. — *frémissement c.*

CATALASE, *s. f.* Enzyme oxydante capable de décomposer l'eau oxygénée.

CATALEPSIE, *s. f.* Perte momentanée de la contractilité volontaire des muscles avec hypertonie s'opposant à tout essai de mobilisation et aptitude des membres et du tronc à conserver les attitudes qu'on leur donne.

CATALEPTIQUE, *adj.* Qui a rapport à la catalepsie. — *s. m.* et *f.* Sujet atteint de catalepsie.

CATALYSE, *s. f.* Action physico-chimique par laquelle certains corps dits *catalyseurs* déterminent des modifications dans le milieu où ils se trouvent, sans être eux-mêmes chimiquement modifiés.

CATAMÉNIAL, ALE, *adj.* Qui a rapport aux règles.

CATAMNÈSE, *s. f.* Renseignements obtenus sur un malade, après sa sortie de l'établissement hospitalier.

CATAPLASME, *s. m.* Médicament de la consistance d'une bouillie épaisse, destiné à être appliqué sur la peau.

CATAPLEXIE, *s. f.* Affection caractérisée par la perte soudaine plus ou moins complète du tonus musculaire.

CATARACTE, *s. f.* Affection oculaire aboutissant à l'opacité du cristallin.

CATARRHE, *s. m.* Nom donné autrefois aux inflammations aiguës ou chroniques des muqueuses avec hypersécrétion des glandes de la région enflammée.

CATATONIE, *s. f.* Attitude psychomotrice constituée essentiellement par une inertie et un négativisme vis-à-vis du milieu extérieur.

CATATONIQUE, *adj.* Qui a rapport à la catatonie.

CATÉCHOLAMINE, *s. f.* Nom sous lequel on désigne les amines vasopressives sympathicomimétiques (adrénaline, noradrénaline), ainsi que leurs précurseurs et les produits qui en dérivent.

CATÉCHOLERGIQUE, *adj.* Qui se rapporte à la production de catécholamines ; qui est déclenché par les catécholamines ; qui agit par leur intermédiaire.

CATÉNAIRE, *adj.* Qui se rapporte à une *chaîne*, de ganglions sympathiques par exemple, ou moléculaire.

CATGUT, *s. m.* Lien résorbable employé en chirurgie pour la réunion des plaies.

CATHÉTER, *s. m.* Tube long et mince destiné à être introduit dans un canal, un vaisseau ou un organe creux pour l'explorer, injecter un liquide ou vider une cavité.

CATHÉTÉRISME, *s. m.* Introduction d'une bougie ou d'une sonde dans un canal, un vaisseau ou un organe creux.

CATHODE, *s. f.* Electrode négative.

CATION, *s. m.* Nom donné aux ions positifs qui, au cours de l'électrolyse, semblent descendre le courant.

CAUDAL, ALE, *adj.* Qui se rapporte à la queue, ou bien à la partie inférieure du corps.

CAUSALGIE, *s. f.* ou **CAUSALGIQUE (syndrome).** Syndrome caractérisé par une sensation de brûlure cuisante avec hyperesthésie cutanée et par une altération spécialde la peau qui devient rouge et luisante.

CAUSTIQUE, *adj.* et *s. m.* Se dit de toute substance chimique qui détruit les tissus.

CAUTÈRE, *s. m.* Instrument destiné à brûler les tissus : *thermocautère.*

CAUTÉRISATION, *s. f.* Destruction d'un tissu vivant à l'aide d'un caustique ou d'un cautère.

CAV. V. *canal atrio-ventriculaire commun (persistance du).*

CAVE INFÉRIEURE (veine). Grosse veine drainant la majorité du sang de la partie sous-diaphragmatique du corps. Formée par le confluent des veines iliaques au niveau de la 5e vertèbre lombaire, elle monte à droite de l'aorte pour se jeter dans l'oreillette droite après avoir reçu les veines sus-hépatiques.

CAVE SUPÉRIEURE (veine). Grosse veine drainant le sang de la tête, du cou et des membres supérieurs, ainsi que celui de la veine azygos. Formée par la réunion des troncs brachiocéphaliques, elle se jette dans l'oreillette droite après un court trajet descendant.

CAVERNE, *s. f.* Excavation située dans l'épaisseur d'un parenchyme et en particulier dans le poumon, succédant à l'évacuation d'un abcès ou d'un tubercule ramolli.

CAVERNEUX, EUSE, *adj.* 1° Qui présente une structure analogue à celle des organes érectiles. — 2° Qui se rapporte aux cavernes d'origine pathologique, en particulier aux cavernes pulmonaires.

CAVITAIRE, *adj.* Qui se rapporte à une cavité.

CAVOGRAPHIE, *s. f.* Radiographie d'une veine cave après injection d'un liquide opaque aux rayons X.

CCMH. V. *hémoglobine (concentration corpusculaire — ou globulaire — moyenne en).*

cd. Abréviation de *candela.*

CD. V. *différenciation (classes d'antigènes de).*

CEC. V. *circulation extracorporelle.*

CÉCITÉ, *s. f.* Privation de la vue.

CÉCITÉ CORTICALE, Cécité due à une lésion des lobes occipitaux sans altération de l'œil.

CÉCITÉ VERBALE. Syn. *alexie.* Impossibilité de comprendre les idées exprimées par l'écriture.

CECOS. Initiales de : *centre d'étude et de conservation du sperme.*

CEINTURE, *s. f.* (anatomie). Partie fixe d'un membre attachée au tronc et comprenant des os, des muscles et des articulations. — *c. du membre supérieur, c. du membre inférieur.*

... CÈLE. Suffixe grec qui désigne presque toujours les tumeurs formées par la *hernie* d'un organe. P. ex. : *entérocèle, épiplocèle.*

CELLULE, *s. f.* Petite masse de protoplasma individualisée par un noyau et entourée d'une membrane. Les tissus sont formés de *c.* identiques juxtaposées.

CELLULE APUD (initiales de l'anglais *amine precursor uptake decarboxylation*). Nom donné à des cellules réparties dans de nombreux organes : encéphale, glandes endocrines, cellules endocriniennes du tube digestif, et que certains caractères communs permettent de réunir en un véritable système, le *système APUD.* Ces cellules sécrètent, pour la plupart, des hormones, amines ou polypeptides.

CELLULE BURSODÉPENDANTE (par référence à la *bourse de Fabricius*) (immunologie). Syn. *lymphocyte B*. Petit lymphocyte, agent de l'immunité humorale, sécréteur des immunoglobulines.

CELLULE-CIBLE, *s. f.* Syn. angl. *target cell*. Globule rouge dans lequel l'hémoglobine, inégalement répartie, forme des anneaux concentriques. On l'observe dans certaines formes d'anémie (thalassémie et hémoglobinose C).

CELLULE DE HARGRAVES. V. *Hargraves (cellule de)*.

CELLULE IMMUNOCOMPÉTENTE. Cellule du tissu lymphoréticulaire qui joue un rôle essentiel dans les réactions d'immunité. Ce sont : 1° les *cellules* ou *lymphocytes bursodépendants* ou *lymphocytes B*, les *plasmocytes,* et leurs précurseurs qui sécrètent les immunoglobulines ; 2° les *cellules* ou *lymphocytes thymodépendants* ou *lymphocytes T* et leurs précurseurs : ce sont les agents de l'immunité à médiation cellulaire.

CELLULE LE. V. *Hargraves (cellule de)*.

CELLULE SUPPRESSIVE (immunologie). Syn. *lymphocyte T8* ou *T-CD8+.* Variété de lymphocyte T inhibant la réponse immunitaire de l'organisme vis-à-vis d'une substance étrangère.

CELLULE T AUXILIAIRE. Syn. *cellule T-CD4+, lymphocyte T4+*. Variété de lymphocytes T qui collaborent avec les lymphocytes B à la production d'anticorps et d'autres lymphocytes T à l'immunité à médiation cellulaire.

CELLULE THYMODÉPENDANTE (immunologie). Syn. *T, lymphocyte T*. Petit lymphocyte qui, grâce à l'action cellulaire et humorale du thymus a acquis une immunocompétence particulière. Ces éléments sont en effet les agents de l'immunité cellulaire. V. *cellule suppressive* et *cellule T auxiliaire*.

CELLULITE, *s. f.* Inflammation du tissu cellulaire observée surtout sous la peau.

CÉMENT, *s. m.* Tissu mésodermique calcifié qui revêt la dentine de la racine des dents.

CÉMENTOBLASTE, *s. m.* Cellule-mère du cémentocyte, située en bordure du cément.

CÉMENTOBLASTOME, *s.m.* Tumeur odontogène localisée au voisinage d'une racine dentaire, et formée de cémentoblastes et de tissu cémentaire plus ou moins calcifié.

CÉMENTOME, *s. m.* Tumeur du cément considérée par certains comme une forme adulte du cémentoblastome.

CÉNESTHÉSIE, *s. f.* Sentiment vague que nous avons de notre être indépendamment du concours des sens.

CÉNESTOPATHIE, *s. f.* Trouble de la sensibilité interne ou commune consistant en une sensation corporelle anormale.

...CENTÈSE. Suffixe grec signifiant *piqûre, ponction*. P. ex. *paracentèse*.

CENTI... (Symbole c). Préfixe latin signifiant 10^{-2}.

CENTIMORGAN, *s. m.* Syn. *unité de recombinaison*. V. *morgan*.

CENTRE HOSPITALIER. Etablissement public de soins comportant non seulement les services (ou départements), consultations et laboratoires habituels des hôpitaux, mais aussi certains services (ou départements) *spécialisés*. — *centre hospitalier régional* (CHR). Centre hospitalier situé dans une ville importante, et comportant certains services (ou départements) hautement spécialisés. — *centre hospitalier universitaire* (CHU). Structure associant un CHR et des unités d'enseignement et de recherche.

CENTRIFUGEUR, *s. m.* ou **CENTRIFU-GEUSE,** *s. f.* Instrument de laboratoire appliquant la force centrifuge à la séparation des particules solides tenues en suspension dans un liquide.

CENTROMÈRE, *s. m.* Portion du chromosome qui, au moment de la division cellulaire, unit les deux chromatides, c.-à-d. les deux éléments issus de la division longitudinale de ce chromosome et qui formeront les deux chromosomes-fils.

CENTROSOME, *s. m.* Nodule existant parfois dans le cytoplasme de la cellule, à côté du noyau ; il joue un rôle important dans la division de la cellule.

CÉPHALALGIE, *s. f.* Nom par lequel on désigne toutes les douleurs de tête, quelle que soit leur nature.

CÉPHALÉE, *s. f.* Souvent pris comme synonyme de céphalalgie, ce mot désigne une douleur violente et tenace.

CÉPHALHÉMATOME, *s. m.* Tumeur formée, chez le nouveau-né, par un épanchement traumatique sanguin entre les os du crâne et leur périoste.

CÉPHALINE (temps de). Temps de recalcification (v. *Howell, temps de*) d'un plasma totalement dépourvu de plaquettes, en présence de céphaline (variété de phospholipide). C'est un test global de la coagulation.

CÉPHALIQUE, *adj.* Qui a rapport à la tête.

CÉPHALORACHIDIEN, ENNE, *adj.* Qui se rapporte à la tête et au rachis. P. ex. *liquide c.* V. *cérébrospinal.*

CÉPHALOSPORINE, *s. f.* Groupe d'antibiotiques de la famille des bêtalactamines.

CERCAIRE, *s. f.* Stade larvaire final des trématodes.

CERCLAGE, *s. m.* Contention d'un os fracturé à l'aide de fils ou de lames métalliques qui encerclent les fragments. — Procédé de rétrécissement d'un orifice trop large au moyen d'un fil qui l'entoure et le resserre.

CÉRÉBELLEUX, EUSE, *adj.* Qui a rapport au cervelet. — *syndrome c.* Ensemble des troubles nerveux déterminés par les lésions du cervelet et traduisant le défaut de coordination des mouvements.

CÉRÉBELLITE, *s. f.* Variété d'encéphalite localisée au cervelet, se manifestant par le syndrome cérébelleux.

CÉRÉBRAL, ALE, *adj.* Qui a rapport au cerveau, à l'encéphale. — *accident vasculaire c., ramollissement c.*

CÉRÉBROSPINAL, ALE, *adj.* Qui se rapporte au cerveau et à la mœlle épinière. V. *céphalorachidien.*

CÉRULOPLASMINE, *s. f.* V. *cœruloplasmine.*

CÉRUMEN, *s. m.* Sécrétion grasse, jaunâtre, des glandes sébacées du conduit auditif externe.

CERVEAU, *s. m.* Partie la plus volumineuse de l'encéphale, située au-dessus de la tente du cervelet, comprenant deux hémisphères, droit et gauche, réunis par le corps calleux.

CERVELET, *s. m.* Partie de l'encéphale située sous la tente du cervelet et en arrière du tronc cérébral. Il comporte une région médiane, le vermis, et 2 hémisphères situés latéralement. Le *c.* contrôle l'équilibre et la coordination des mouvements.

CERVICAL, ALE, *adj.* Qui a rapport à la région du cou, ou bien au col utérin et à sa cavité, ou bien encore au col vésical, fémoral, etc.

CERVICALGIE, *s. f.* Douleur ayant son siège au niveau du rachis cervical.

CERVICARTHROSE, *s. f.* Rhumatisme chronique dégénératif (arthrose) localisé à la colonne cervicale.

CERVICITE, *s. f.* Inflammation du col utérin.

CERVICOBRACHIAL, ALE, *adj.* Relatif au cou et au bras. P. ex. *névralgie c.*

CERVICOPEXIE, *s. f.* Fixation d'un col (utérin, vésical...).

CERVICOTOMIE, *s. f.* Incision chirurgicale pratiquée au niveau du cou ou d'un col (vésical...)

CERVICOVAGINITE, *s. f.* Inflammation du col utérin et de la région voisine de la muqueuse vaginale.

CÉSARIENNE (opération). Opération qui consiste à pratiquer l'ouverture de la paroi abdominale et de l'utérus gravide dans le but d'en extraire le fœtus vivant.

CESTODE, *s. m.* Ordre de vers de la classe des Plathelminthes qui comprend le Tænia et le Bothriocéphale.

CÉTO-ACIDOSE, *s. f.* V. *acidocétose.*

CÉTOGÈNE, *adj.* Qui se rapporte à la formation des corps cétoniques.

CÉTOGENÈSE, *s. f.* Formation des corps cétoniques.

CÉTOLYSE, *s. f.* Destruction des corps cétoniques.

CÉTONÉMIE, *s. f.* Présence normale des corps cétoniques dans le sang.

CÉTONIQUES (corps). V. *corps cétoniques.*

CÉTONURIE, *s. f.* Présence pathologique de corps cétoniques dans l'urine.

CÉTOSE, *s. f.* V. *acidocétose.*

17-CÉTOSTÉROÏDES. Syn. *17-CS.* Groupe d'hormones dérivées des stérols et caractérisées par la présence en 17 d'un radical cétone. Elles ont toutes une action androgène, sont sécrétées par la corticosurrénale et le testicule et sont éliminées par l'urine.

CGMH. V. *hémoglobine (concentration corpusculaire ou globulaire moyenne en).*

CHAGAS (maladie de) (Carlos C. 1879-1934, médecin brésilien). Syn. *trypanosomiase américaine.* Maladie infectieuse, répandue en Amérique du Sud et centrale, due à l'inoculation au niveau de la muqueuse conjonctivale du *Trypanosoma cruzi* contenu dans les déjections d'un insecte du genre *Triatoma.* Elle atteint surtout les enfants, et se manifeste par un œdème de la face avec fièvre et myocardite. Son évolution est souvent mortelle. A côté de cette forme aiguë existent de nombreuses formes chroniques.

CHALAZION, *s. m.* Petite tumeur palpébrale provenant de l'inflammation chronique d'une glande de Meibomius (glande sébacée des paupières).

CHAMP OPÉRATOIRE. Zone cutanée au niveau de laquelle on pratique une opération et, par extension, les linges stériles (champs) qui servent à limiter et à protéger cette zone.

CHAMP VISUEL. Etendue de l'espace qu'embrasse le regard, l'œil étant immobile.

CHANCRE, *s. m.* 1° Nom générique des ulcérations vénériennes. — 2° Ulcérations servant de porte d'entrée à certaines maladies infectieuses.

CHARBON, *s. m.* ou **CHARBONNEUSE (fièvre)** Maladie infectieuse commune à l'homme et aux animaux, provoquée par le Bacillus anthracis. Elle se manifeste par la pustule maligne.

CHARCOT (maladie de) (Jean Martin C., 1825-1893, neurologue français). V. *sclérose latérale amyotrophique*.

CHARLATAN, s. m. Personne exerçant la médecine illégalement, ou l'exerçant légalement, mais au moyen de remèdes secrets, ou d'annonces mensongères.

CHASSE (syndrome de). Syn. anglais *dumping syndrome*. Complication de la gastrectomie avec anastomose gastrojéjunale, liée à l'évacuation trop rapide du moignon gastrique. C'est un malaise avec lipothymie, qui disparaît en décubitus dorsal.

CHAUD, CHAUDE, adj. Qui fixe avec une forte intensité les substances marquées par un isotope radio-actif administrées dans un but de diagnostic. P. ex. *nodule thyroïdien c.*

CHAUDEPISSE, s. f. V. *blennorragie*.

CHECK-UP s. m. (anglais). Inventaire, examen de santé.

CHEF DU MUSCLE, Extrémité proximale d'un muscle, l'extrémité distale étant constituée par un tendon vers lequel convergent les différentes fibres musculaires.

CHEILITE, s. f. Inflammation des lèvres.

CHEILO... Préfixe grec signifant *lèvre*. V. aussi *chilo...*

CHEILOPLASTIE, s. f. Opération qui consiste à restaurer plus ou moins complètement l'une ou l'autre lèvre.

CHEILORRAPHIE, s. f. Suture d'une lèvre.

CHEIRO... Préfixe grec signifiant *main*. V. aussi *chiro...*

CHEIROPLASTIE, s. f. Chirurgie réparatrice de la main.

CHEIROPODAL, ALE, adj. Qui se rapporte à la fois à la main et au pied.

CHÉLATION, s. f. Processus physicochimique de captation d'ions positifs multivalents (calcium, cuivre, plomb, mercure, fer, chrome) par certains corps, les agents chélateurs lesquels forment avec le métal dont on veut débarrasser l'organisme, un complexe (le chélate) éliminé par le rein.

CHÉLOÏDE, s. f. Tumeur cutanée en forme de bourrelet allongé, muni de prolongements radiculaires. Elle est souvent secondaire à une cicatrice opératoire.

CHÉMO... Préfixe grec signifiant *chimie*. V. aussi *chimio...*

CHÉMORÉCEPTEUR, s. m. Organe ou région du corps sensible aux excitants chimiques.

CHÉMOSENSIBILITÉ, s. f. Sensibilité aux excitants chimiques.

CHÉMOSIS, s. m. Infiltration œdémateuse de la conjonctive qui forme un bourrelet.

CHEVILLE, s. f. Partie du membre inférieur située entre la jambe et le pied. Elle comporte deux saillies, la malléole tibiale et la malléole péronière. — *articulation de la c.* Articulation tibiotarsienne appelée aussi a. talo-crurale.

CHEYNE-STOKES (respiration de) (John C., 1777-1836, médecin écossais ; William S., 1804-1878, médecin irlandais). Variété de rythme respiratoire, caractérisée par une apnée plus ou moins longue, à laquelle succède une série de respirations d'amplitude croissante, puis décroissante, aboutissant à une nouvelle pause.

CHIASMA s. m. **OPTIQUE.** Lame quadrilatère transversale de substance blanche formée par le croisement des fibres provenant des nerfs optiques et se rendant par les tractus optiques au cortex occipital.

CHILO... V. *cheilo...*

CHIMIO... V. aussi *chémo...*

CHIMIOPRÉVENTION, *s. f.* V. *chimioprophylaxie.*

CHIMIOPROPHYLAXIE, *s. f.* Syn. *chimioprévention.* Emploi préventif de certaines substances chimiques dans le but d'empêcher l'apparition d'une maladie.

CHIMIORÉSISTANCE, *s. f.* Inefficacité de la chimiothérapie.

CHIMIOTAXIE, *s. f.* Propriété que possède le protoplasma d'être attiré (*ch. positif*), ou repoussé (*ch. négatif*), par certaines substances chimiques.

CHIMIOTHÉRAPIE, *s. f.* Thérapeutique par les substances chimiques.

CHIQUE, *s. f.* Variété de puce commune dans l'Amérique du Sud et en Afrique. La femelle pénètre dans la peau des pieds où elle détermine des abcès et des plaies profondes.

CHIRO... V. aussi *cheiro...*

CHIROMÉGALIE, *s. f.* Hypertrophie des doigts et des mains analogue à celle que l'on observe dans l'acromégalie.

CHIROPRAXIE, *s. f.* Méthode empirique de traitement par des manipulations diverses.

CHIRURGIE, *s. f.* Partie de la thérapeutique qui consiste à pratiquer certaines opérations avec la main ou à l'aide d'instruments.

CHLAMYDIA, *s. f.* Petite bactérie Gram− agent de diverses infections génito-urinaires et pulmonaires, d'une part, de l'ornithose et de la psittacose d'autre part.

CHLOASMA, *s. m.* Taches pigmentaires de forme irrégulière siégeant habituellement à la face et s'observant surtout chez les femmes enceintes (masque de grossesse).

CHLORAMPHÉNICOL, *s. m.* (DCI). Antibiotique de la famille des phénicoles élaboré par le *Streptomyces venezuelæ,* et doué d'une grande activité dans les salmonelloses, et d'autres affections à bacilles Gram −.

CHLORATION, *s. f.* Procédé de purification des eaux destinées à la consommation, au moyen de chlore liquide.

CHLORÉMIE, *s. f.* Teneur en chlore du sang. La *c. plasmatique,* est de 100 à 106 mEq/l ou mmol/l à l'état normal.

CHLORURE DE SODIUM (Cl Na). Sel, sel marin, sel gemme, sel de cuisine.

CHLORURIE, *s. f.* Présence normale de chlorures dans l'urine.

CHOANES, *s. f.* Orifice postérieur des fosses nasales (ou cavité nasale) qu'il fait communiquer avec le nasopharynx.

CHOC, *s. m.* Insuffisance circulatoire aiguë, le *c.* peut relever de deux mécanismes : cardiogénique ou hypovolémique (v. ces termes).

CHOC ANAPHYLACTIQUE. Choc qui suit l'injection intraveineuse déchaînante d'un antigène chez un sujet sensibilisé.

CHOC BACTÉRIÉMIQUE. Syn. *choc infectieux, choc septique.* Insuffisance circulatoire aiguë, déclenchée par une infection bactérienne, surtout à germes Gram−.

CHOC CARDIOGÉNIQUE. Choc dans lequel le collapsus est dû à une brusque défaillance du cœur.

CHOC ÉLECTRIQUE. Application, sur le cœur, d'un courant électrique pendant une fraction de seconde. V. *défibrillateur, défibrillation, cardioversion.* — (neuropsychiatrie). V. *électrochoc.*

CHOC HYPOVOLÉMIQUE. Choc dans lequel le collapsus est dû à une brusque et importante diminution de la masse sanguine : *c.* hémorragique ; *c.* par déshydratation extracellulaire.

CHOC INFECTIEUX. V. *choc bactériémique.*

CHOC OPÉRATOIRE. Choc survenant au cours d'une intervention chirurgicale ou aussitôt après.

CHOC ROTULIEN. V. *rotulien.*

CHOC SEPTIQUE. V. *choc bactériémique.*

CHOL... Préfixe grec signifiant *bile.*

CHOLAGOGUE, *adj.* et *s. m.* Se dit des substances qui facilitent l'évacuation de la bile.

CHOLALÉMIE, *s. f.* Présence des sels biliaires dans le sang.

CHOLALURIE, *s. f.* Présence des sels biliaires dans l'urine.

CHOLANGIECTASIE, *s. f.* Dilatation des voies biliaires.

CHOLANGIOGRAPHIE, *s. f.* Radiographie de la vésicule et des voies biliaires préalablement opacifiées par un produit iodé.

CHOLANGIOLITE, *s. f.* Inflammation des cholangioles ou canaux biliaires interlobulaires.

CHOLANGIOME, *s. m.* Tumeur du foie bénigne ou maligne développée aux dépens des cellules des canalicules biliaires intra-hépatiques.

CHOLANGIOTOMIE, *s. f.* Ouverture chirurgicale d'un conduit biliaire.

CHOLANGITE, *s. f.* Inflammation des voies biliaires.

CHOLÉCYSTALGIE, *s. f.* Douleur au niveau de la vésicule biliaire.

CHOLÉCYSTECTASIE, *s. f.* Distension de la vésicule biliaire.

CHOLÉCYSTECTOMIE, *s. f.* Ablation chirurgicale de la vésicule biliaire.

CHOLÉCYSTITE, *s. m.* Inflammation de la vésicule biliaire.

CHOLÉCYSTOGRAPHIE, *s. f.* Examen radiologique de la vésicule biliaire après ingestion ou injection intraveineuse d'un produit de contraste iodé.

CHOLÉCYSTOTOMIE, *s. f.* Incision de la vésicule biliaire.

CHOLÉDOCHO-DUODÉNOSTOMIE, *s. f.* Opération qui consiste à anastomoser le canal cholédoque avec le duodénum.

CHOLÉDOCHOLITHIASE, *s. f.* Présence de calculs dans le canal cholédoque.

CHOLÉDOCHOPLASTIE, *s. f.* Réfection chirurgicale du canal cholédoque.

CHOLÉDOCHOTOMIE, *s. f.* Incision du canal cholédoque.

CHOLÉDOCITE, *s. f.* Inflammation du canal cholédoque.

CHOLÉDOCO... V. *cholédocho...*

CHOLÉDOQUE (conduit ou canal). Segment terminal de la voie d'excrétion de la bile, né du confluent des conduits hépatique commun et cystique ; il s'abouche dans la deuxième partie du duodénum directement, ou par l'intermédiaire de l'ampoule de Vater.

CHOLÉLITHIASE, *s. f.* Présence de calcul dans la vésicule ou dans les voies biliaires ; lithiase biliaire.

CHOLÉLITHOTRIPSIE, *s. f.* ou **CHOLELITHOTRITIE** *s. f.* Action de broyer un calcul dans les voies biliaires. V. *lithotritie.*

CHOLÉMÈSE, *s. f.* Vomissement de bile.

CHOLÉMIE, *s. f.* Existence des éléments de la bile dans le sang.

CHOLÉMIE FAMILIALE. Syn. *maladie de Gilbert.* Anomalie héréditaire bénigne du métabolisme des pigments biliaires, se traduisant par une hyperbilirubinémie de type indirect (ou libre). C'est un subictère chronique évoluant par poussées.

CHOLÉPÉRITOINE, *s. m.* Epanchement de bile dans le péritoine.

CHOLÉRA, *s. m.* Infection intestinale aiguë, très contagieuse, due à *Vibrio cholerae,* transmis par l'eau ou par contact interhumain. La diarrhée profuse et les vomissements entraînent rapidement des pertes hydro-électrolytiques importantes, et un collapsus ; l'évolution spontanée est rapidement mortelle.

CHOLÉRÈSE, *s. f.* Sécrétion de la bile.

CHOLÉRÉTIQUE, *adj.* et *s. m.* Se dit des substances qui augmentent la sécrétion de la bile.

CHOLÉRIFORME, *adj.* Se dit des diarrhées ressemblant à celles du choléra.

CHOLÉRIQUE, *adj.* Qui a rapport au choléra. — *s. m.* et *f.* Malade atteint du choléra.

CHOLESTASE, *s. f.* Syn. *cholostase.* Diminution ou arrêt de l'écoulement de la bile.

CHOLESTÉATOME, *s. m.* Masse non néoplasique formée de cellules épithéliales pavimenteuses, infiltrées de cholestérol, se développant le plus souvent dans l'oreille moyenne.

CHOLESTÉROL, *s. m.* Variété de stérol (alcool possédant un noyau polycyclique) présent dans l'organisme. Il intervient dans la formation des hormones sexuelles, des corticostéroïdes, des acides biliaires. — *HDL cholestérol.* Cholestérol contenu dans les lipoprotéines lourdes (High Density Lipoproteins), surtout dans les alpha-lipoprotéines. Son taux plasmatique est abaissé chez le sujet menacé ou atteint d'athérosclérose. Le plasma de ce dernier est au contraire riche en *LDL cholestérol* (Low Density Lipoprotein), cholestérol des protéines de basse densité ou bêta-lipoprotéines. Le rapport normal cholestérol total/HDL cholestérol est de

4,5. Un chiffre supérieur indiquerait un risque athérogène important.

CHOLESTÉROLÉMIE, *s. f.* Présence de cholestérol dans le sang.

CHOLESTÉROPEXIE, *s. f.* Précipitation et fixation du cholestérol.

CHOLÉTHORAX, *s. f.* Epanchement de bile dans la plèvre.

CHOLINE, *s. f.* Alcool azoté classé parmi les vitamines du groupe B.

CHOLINERGIQUE, *adj.* Qui se rapporte à la libération d'acétylcholine, ou qui agit par son intermédiaire. — *nerfs c.*

CHOLINESTÉRASE, *s. f.* Ferment inactivant par hydrolyse l'acétylcholine.

CHOLOSTASE, *s. f.* V. *cholestase.*

CHOLOSTATIQUE, *adj.* Qui se rapporte à la stase biliaire ou qui est déterminé par elle.

CHOLURIE, *s. f.* Présence dans l'urine des éléments de la bile.

CHONDR... Préfixe grec signifiant *cartilage.*

CHONDRECTOMIE, *s. f.* Résection de cartilage.

CHONDRIOME, *s. m.* Ensemble des formations qui parsèment le protoplasma des cellules.

CHONDRITE, *s. f.* Inflammation d'un cartilage.

CHONDROBLASTOME BÉNIN. Tumeur siégeant électivement dans les épiphyses des os longs, chez les adolescents.

CHONDROCALCINOSE ARTICULAIRE. Imprégnation calcaire des cartilages articulaires, des ménisques et des ligaments articulaires.

CHONDRODYSPLASIE, *s. f.* V. *chondrodystrophie*.

CHONDRODYSTROPHIE, *s. f.* Syn. *chondrodysplasie*. Terme désignant tous les troubles de l'ossification enchondrale et les perturbations de la chondrogenèse.

CHONDROFIBROME, *s. f.* V. *fibrochondrome*.

CHONDROGENÈSE, *s. f.* Formation de tissu cartilagineux.

CHONDROÏDE, *adj.* Qui a l'aspect du cartilage.

CHONDROLYSE, *s. f.* Destruction du cartilage.

CHONDROMALACIE, *s. f.* Ramollissement des cartilages.

CHONDROMATOSE, *s. f.* Chondrodystrophie génotypique caractérisée par l'existence de chondromes bilatéraux et plus ou moins symétriques, prédominant aux extrémités, tout particulièrement à la main.

CHONDROME, *s. m.* Tumeur bénigne formée de tissu cartilagineux.

CHONDROSARCOME, *s. m.* Tumeur maligne mixte présentant, avec du tissu cartilagineux, des éléments embryonnaires.

CHONDROTOMIE, *s. f.* Section d'un cartilage costal.

CHORDE, *s. f.* Cordon cellulaire mésodermique déterminant l'axe primitif de l'embryon et dont les vestiges chez l'adulte sont représentés par le nucleus pulposus du disque intervertébral.

CHORDOPEXIE, ou **CORDOPEXIE**, *s. f.* Fixation chirurgicale d'une corde vocale en abduction destinée à remédier à l'obstruction laryngée provoquée par une paralysie bilatérale des adducteurs.

CHORDOTOMIE, *s. f.* ou **CORDOTOMIE**, *s. f.* Section d'un cordon médullaire dans un but thérapeutique.

CHORÉE, *s. f.* Troubles nerveux caractérisés essentiellement par des contractions cloniques des muscles, tantôt lentes, tantôt brusques. Employé seul, ce mot désigne une maladie spéciale, dite encore *chorée rhumatismale*, ou *chorée de Sydenham*, caractérisée en outre par des douleurs articulaires vagues et fugaces, et parfois par un syndrome inflammatoire très discret. C'est une maladie de la deuxième enfance, très proche du rhumatisme articulaire aigu par ses récidives, ses manifestations cardiaques et le rôle du streptocoque dans sa pathogénie.

CHORÉIFORME, *adj.* Qui ressemble à la chorée.

CHORÉO-ATHÉTOSIQUE, *adj.* Qui participe à la fois de la chorée et de l'athétose.

CHORION, *s. m.* Membrane externe de l'œuf.

CHORIORÉTINITE, *s. f.* Inflammation de la choroïde et de la rétine.

CHOROÏDE, *s. f.* Portion postérieure de la tunique vasculaire du globe oculaire, comportant des cellules pigmentaires, se prolongeant en avant par le corps ciliaire. Elle est située entre en dedans la rétine et en dehors la sclérotique.

CHOROÏDITE, *s. f.* Inflammation de la choroïde oculaire.

CHR. Abréviation de *centre hospitalier régional*. V. *centre hospitalier*.

CHROM... Racine grecque signifiant couleur.

CHROMAFFINE, *adj.* Se dit des cellules qui se colorent en brun par les sels de chrome.

CHROMATIDE, *s. f.* V. *centromère.*

CHROMATINE, *s. f.* Substance basophile disposée en réseau dans le noyau cellulaire et composée essentiellement d'acide désoxyribonucléique.

CHROMATOGRAPHIE, *s. f.* Procédé de séparation des différentes substances en solution ou en suspension dans un liquide.

CHROMATOLYSE, *s. f.* Modification, dégénérescence et disparition de la chromatine dans le noyau de la cellule.

CHROMATOPSIE, *s. f.* 1° Vision des couleurs. — 2° Perturbation acquise de la vision des couleurs.

CHROMOGÈNE, *adj.* Qui produit de la couleur.

CHROMOPROTÉIDE, *s. m.* ou **CHROMOPROTÉINE,** *s. f.* Variété de protéide complexe (hétéroprotéide) résultant de la combinaison d'un protéide et d'un composé coloré métallifère (fer ou cuivre). L'hémoglobine est un *c.*

CHROMOSOME, *s. m.* Nom donné aux bâtonnets apparaissant dans le noyau de la cellule en voie de division, et résultant de la segmentation du réseau sur lequel s'était concentré la chromatine. Le nombre des *c.* est fixe dans chaque espèce animale. Les *c.*, constitués par une double chaîne d'acide désoxyribonucléique, sont les supports des gènes. Il existe deux sortes de *c.* : les *c. somatiques* (v. *autosome*) et les *c. sexuels* (v. *gonosome*).

CHROMOSOMIQUE, *adj.* Qui concerne le chromosome.

...CHRONE ; ...CHRONISME ; CHRONO... Racines grecques indiquant une liaison avec le *temps* qui passe.

CHRONIQUE, *adj.* Qui dure, qui évolue longtemps. P. ex. *maladie c.*

CHRONOBIOLOGIE, *s. f.* Branche de la biologie qui étudie les variations des phénomènes vitaux en fonction du temps.

CHRONOTROPE, *adj.* Se dit, en physiologie, de tout ce qui concerne la régularité et la fréquence d'un rythme.

CHRYSOTHÉRAPIE, *s. f.* Emploi thérapeutique des sels d'or.

CHU. Abréviation de *centre hospitalier universitaire.* V. *centre hospitalier.*

CHUINTEMENT, *s. m.* Vice de prononciation consistant dans la substitution du son *ch.* à l's.

CHVOSTEK (signe de) (Frantz C. 1835-1884, chirurgien autrichien). V. *signe du facial.*

CHYLE, *s. m.* Liquide laiteux constitué de lymphe et de graisses, présent dans les canaux lymphatiques de l'intestin grêle pendant la digestion.

CHYLEUX, EUSE, *adj.* Qui appartient au chyle. Qui contient du chyle.

CHYLIFORME, *adj.* Se dit d'un liquide d'apparence laiteuse et sans odeur qui ressemble à du chyle et constitue certains épanchements. P. ex. : *ascite c.*

CHYLOMICRON, *s. m.* Une des variétés de lipoprotéines sanguines : celle dont les molécules sont les plus légères et les plus volumineuses. Elles sont constituées presque uniquement de triglycérides exogènes et apparaissent dans le sang après un repas riche en graisses.

CHYLOPÉRITOINE, *s. m.* Syn. *ascite chyleuse.* Epanchement de chyle dans le péritoine.

CHYLOTHORAX, *s. m.* Syn. *pleurésie chyleuse.* Epanchement de chyle dans la plèvre à la suite de la rupture du canal thoracique.

CHYLURIE, *s. f.* Présence de chyle dans l'urine, qui prend un aspect laiteux.

CHYME, *s. m.* Produit de la digestion gastrique lorsqu'il pénètre dans le duodénum.

CHYMOTRYPSINOGÈNE, *s. m.* Proferment inactif sécrété par le pancréas, et que la trypsine transforme en alphachymotrypsine active.

CI. Capacité inspiratoire.

Ci. Symbole de *curie.*

CIA. Communication interauriculaire.

CICATRICE, *s. f.* Tissu fibreux de nouvelle formation qui réunit les parties divisées et remplace, s'il y a lieu, les pertes de substance.

CICATRISATION, *s. f.* Guérison d'une plaie. — 1° *c. par première intention* ou *immédiate. C.* obtenue rapidement quand les lèvres de la plaie sont accolées. — 2° *c. par deuxième intention* ou *secondaire.* Guérison plus lente, obtenue quand les lèvres de la plaie sont écartées.

CICLOSPORINE, *s. f.* V. *cyclosporine.*

CIL, *s. m.* 1° Poil implanté sur le bord libre des paupières. — 2° Fin filament vibratile prolongeant certaines cellules épithéliales des muqueuses bronchiques et intestinales, ou bien certains organismes unicellulaires.

CILIAIRE, *adj.* Relatif au cil ou lui ressemblant. — *corps c.* Partie épaissie de la membrane vasculaire de l'œil, intermédiaire à la choroïde et à l'iris, en forme d'anneau triangulaire à la coupe, à sommet postérieur. Il comprend les *procès c.* dont les franges sécrètent l'humeur aqueuse, et le *muscle c.* qui intervient dans l'accommodation.

CINÉ... V. aussi *kiné...* Préfixe grec indiquant le *mouvement.*

CINÉ-ANGIOCARDIOGRAPHIE, *s. f.* Enregistrement cinématographique des images radiologiques des cavités cardiaques et des gros vaisseaux de la base du cœur opacifiés par une substance de contraste.

CINÉ-ANGIOGRAPHIE, *s. f.* Enregistrement cinématographique des images radiologiques des vaisseaux opacifiés par une substance de contraste.

CINÈSE, *s. f.* V. *mitose.*

CINGULUM, *s. m.* Faisceau incurvé de substance blanche unissant les lobes frontal et temporal du cerveau.

CIRCADIEN, ENNE, *adj.* Qui se rapporte à une durée d'environ 24 heures. V. *nycthéméral.*

CIRCINÉ, NÉE, *adj.* Se dit des lésions élémentaires de la peau, quand elles dessinent des fragments de cercle dont le centre est relativement indemne.

CIRCONCISION, *s. f.* Excision du prépuce.

CIRCONFLEXE, *adj.* Arciforme, incurvé.

CIRCONVOLUTION *s. f.* **CÉRÉBRALE.** Syn. *gyrus.* Repli arrondi et saillant situé à la surface du cerveau.

CIRCULAIRES DU CORDON. Enroulement du cordon ombilical autour du cou du fœtus pendant l'accouchement.

CIRCULATION, *s. f.* Littéralement, mouvement décrivant une boucle, un cercle. — *c. sanguine.* Transport du sang, du cœur gauche au cœur droit suivant la *grande c.* ou *c. systémique,* puis du cœur droit au cœur gauche suivant la *petite c.* ou *c. pulmonaire.* — *c. lymphatique.* Parcours suivi par la lymphe, de la périphérie vers le canal ou conduit thoracique, qui se jette dans la veine sous-clavière gauche.

CIRCULATION EXTRACORPORELLE (CEC). Dérivation, en dehors du corps humain, d'une partie ou de la totalité de la circulation sanguine (chirurgie cardiaque, rein artificiel).

CIRCUMDUCTION, s. f. Mouvement faisant décrire à un membre ou à un segment de membre un cône dont l'articulation supérieure forme le sommet.

CIREUX, EUSE, adj. Qui a la consistance ou l'aspect de la cire.

CIRRHOGÈNE, adj. Qui détermine un processus de cirrhose hépatique.

CIRRHOSE, s. f. Groupe d'affections hépatiques ayant pour caractères anatomiques communs une sclérose annulaire et mutilante, des nodules parenchymateux de régénération et une nécrose cellulaire. — c. atrophique. V. Laënnec (cirrhose de).

CIRRHOTIQUE, adj. Qui se rapporte à la cirrhose. — s. m. et f. Malade atteint de cirrhose du foie.

CIRSOÏDE, adj. Qui ressemble aux varices.

CISTERNAL, ALE, adj. Qui se rapporte à une citerne, région élargie des espaces sous-arachnoïdiens.

CISTERNOGRAPHIE, s. f. Radiographie des citernes de la base du crâne.

CISTERNOTOMIE, s. f. Ouverture chirurgicale des citernes de la base du crâne.

CISTRON, s. m. (génétique). Groupement de plusieurs codons qui tient sous sa dépendance la synthèse d'une protéine : c'est l'unité fonctionnelle la plus petite du chromosome, également appelée gène.

CITERNE, s. f. 1. c. cérébrale. Région élargie des espaces sous-arachnoïdiens contenant du liquide céphalorachidien. — 2. c. du chyle ou c. de Pecquet. Dilatation sacculaire située à l'origine du conduit thoracique.

CITRATÉMIE, s. f. Présence des citrates dans le sang.

CITRÉMIE, s. f. Présence d'acide citrique dans le sang.

CIV. Communication interventriculaire.

CIVD. Coagulation intravasculaire disséminée.

Cl. Symbole chimique du chlore.

CLAIRANCE, s. f. Syn. clearance. Coefficient d'épuration plasmatique. Il a été étudié d'abord à propos du fonctionnement du rein : c'est le rapport entre le débit urinaire, par minute, d'un corps et sa concentration dans le plasma. La c. rénale d'un corps est représentée par le nombre de ml de plasma que le rein peut débarrasser totalement en une minute de ce corps. La notion de c. est aussi appliquée à l'exploration fonctionnelle d'autres organes (foie...).

CLAMP, s. m. Variété de pince à mors très longs et munie d'un cran d'arrêt.

CLAMPAGE, s. m. Pose d'un clamp sur un vaisseau ou sur un segment du tube digestif, pour en oblitérer temporairement la lumière.

CLANGOR, s. m. Se dit du deuxième bruit du cœur quand il prend une résonance métallique.

CLAQUADE, s. f. Technique de kinésithérapie respiratoire visant à mobiliser les sécrétions bronchiques par des percussions du tronc avec la paume de la main.

CLAQUEMENT, s. m. Type particulièrement sec, intense et éclatant de bruit, cardiaque ou artériel par exemple.

CLAR (miroir de). Miroir frontal concave, percé de deux trous, et portant à son foyer une petite ampoule électrique. Cet instrument est surtout utilisé en oto-rhino-laryngologie.

CLASSIFICATION DES ÊTRES VIVANTS. V. *biotaxie.*

CLAUDICATION INTERMITTENTE. Claudication survenant après quelques instants de marche et due à des causes ischémiques ou médullaires.

CLAUSTROPHOBIE, *s. f.* Angoisse particulière que certains névropathes éprouvent dans les lieux clos.

CLAUSTRUM, *s. m.* Syn. *avant-mur.* V. *noyaux basaux* et *capsule extrême.*

CLAVICULE, *s. f.* Os en forme d'S italique, articulé avec l'omoplate en dehors et le sternum en dedans, et situé transversalement à la partie antérieure de la ceinture scapulaire.

CLEARANCE, *s. f.* (anglais). V. *clairance.*

CLÉIDECTOMIE, *s. f.* Ablation chirurgicale de la clavicule.

CLEPTOMANIE, *s. f.* V. *kleptomanie.*

CLIMATÈRE, *s. m.* Age critique, correspondant à la ménopause.

CLIN... Racine grecque signifiant lit.

CLINICIEN, ENNE, *s. m.* ou *f.* Médecin exerçant son art au chevet de ses patients.

CLINIQUE, *adj.* 1° Qui concerne l'enseignement de l'art médical donné auprès du lit du malade. — 2° Qui peut être effectué, ou constaté par le médecin, au lit du malade, sans le secours d'appareils ou de méthodes de laboratoire (*examen c. ; signe c.*). — *s. f.* 1° Enseignement de l'art médical donné auprès du lit du malade et ensemble des connaissances acquises de cette manière. — 2° Service hospitalier où se donne cet enseignement et local spécialement affecté à cet usage. — 3° Établissement privé destiné aux soins des malades, hospitalisés ou non.

CLINOÏDE, *adj.* En forme de lit. P. ex. *apophyse* (ou *processus*) *c.*

CLINOMANIE, *s. f.* Tendance exagérée à garder le lit que l'on observe chez certains neurasthéniques.

CLINOSTATIQUE, *adj.* Se dit des phénomènes provoqués par la position couchée.

CLINOSTATISME, *s. m.* Position couchée et phénomènes qui en résultent.

CLIP, *s. m.* Variété d'agrafe utilisée en chirurgie pour oblitérer totalement ou partiellement un vaisseau.

CLITORIS, *s. m.* Organe érectile féminin, situé sur la ligne médiane à la partie antérieure de la vulve.

CLIVUS, *s. m.* Surface osseuse inclinée en haut et en avant, formée de la lame quadrilatère du sphénoïde et de la partie basilaire de l'occipital. Elle supporte le tronc cérébral et le pont.

CLONAGE, *s. m.* (génétique). Manipulation génétique permettant le transfert de gènes d'une cellule à une autre.

CLONAL, ALE, *adj.* Qui se rapporte à un clone.

CLONE, *s. m.* Groupe d'individus, ou de cellules, de même constitution génétique, issus, par reproduction asexuée, d'un seul individu, ou d'une seule cellule.

CLONIDINE, *s. f.* (DCI). Substance alphastimulante utilisée dans le traitement de l'hypertension artérielle.

CLONIE, *s. f.,* ou **CLONIQUE (convulsion).** Convulsion caractérisée par une série de rapides contractions musculaires, plus ou moins régulières, produisant de grands mouvements. V. *myoclonie.*

CLONUS, *s. m.* Série de contractions rapides et réflexes obtenues par étirement brusque de certains muscles et qui témoignent d'une lésion du faisceau pyramidal.

CLOSTRIDIUM, *s. m.* Genre bactérien comprenant des germes Gram+, sporogènes, anaérobies stricts, et généralement mobiles. V. *botulisme* et *tétanos*.

CO... Préfixe latin indiquant la *simultanéité* ou l'*association*.

COAGULABILITÉ, *s. f.* Propriété que possèdent certaines substances de coaguler.

COAGULANT, *s. m.* Substance capable de provoquer la coagulation.

COAGULATION, *s. f.* Transformation d'une substance organique liquide en une masse solide ou demi-solide, de consistance plus ou moins molle et gélatineuse. — La *c. du sang* s'effectue en trois stades grâce à l'action simultanée ou successive de nombreux ferments : thromboplastinoformation, thrombinoformation, fibrinoformation. — *temps de c.* Durée nécessaire à la coagulation du sang *in vitro*. Suivant le procédé employé, le *t. de c.* est de 5 à 10 minutes.

COAGULATION INTRAVASCULAIRE DISSÉMINÉE (syndrome de) (CIVD). Syndrome hémorragique particulier caractérisé par la disparition du fibrinogène du sang circulant.

COAGULUM, *s. m.* Mot synonyme de *caillot*.

COALESCENCE, *s. f.* Adhérence de deux surfaces en contact.

COAPTATION, *s. f.* Réduction d'une fracture ou d'une luxation.

COARCTATION, *s. f.* Rétrécissement d'un conduit naturel. — *c. aortique*.

COBALTHÉRAPIE, *s. f.* ou **COBALTOTHÉRAPIE,** *s. f.* Emploi, dans le traitement du cancer, des rayonnements émis par le Cobalt 60, isotope radioactif du cobalt.

COCAÏNE, *s. f.* Alcaloïde doué de propriétés anesthésiques locales. Ce stupé-

fiant n'est plus guère utilisé en médecine.

COCAÏNOMANIE, *s. f.* Habitude morbide de la cocaïne.

COCCI, *s. m. pl.* Pluriel de *coccus*.

COCCOBACILLE, *s. m.* Petit bacille très court et de forme ovalaire.

COCCUS, *s. m.*, pl. *cocci*. Bactérie de forme arrondie.

COCCYDYNIE ou **COCCYGODYNIE,** *s. f.* Douleur localisée au coccyx.

COCCYX, *s. m.* Petit os terminal de la colonne vertébrale, triangulaire, situé sous le sacrum et constitué de 4 ou 5 os soudés.

COCHLÉAIRE, *adj.* Qui se rapporte à la cochlée et, par extension, à l'audition.

COCHLÉE, *s. f.* Partie antérieure du labyrinthe osseux.

COCHLÉO-VESTIBULAIRE, *adj.* Qui se rapporte à la fois à la cochlée et au vestibule, à leurs deux nerfs (cochléaire et vestibulaire) ou à l'audition et à l'équilibration.

CODE GÉNÉTIQUE. Ensemble des informations héréditaires inscrites dans les chaînes d'ADN chromosomique nécessaires pour réaliser la synthèse des protéines cellulaires.

CODÉINE, *s. f.* Alcaloïde extrait du pavot, doué d'une action sédative et utilisé surtout pour ses propriétés antitussives.

CODEX, *s. m.* Formulaire officiel contenant toutes les préparations qui doivent être délivrées par le pharmacien.

CODON, *s. m.* Unité du code génétique de l'ADN ou de l'ARN chromosomique tenant sous sa dépendance la synthèse d'un seul acide aminé. V. *cistron*.

CŒLIALGIE, *s. f.* Nom générique donné aux différentes variétés d'algies abdominales profondes sympathiques.

CŒLIAQUE, *adj.* Qui a rapport au ventre et aux intestins. — *maladie c.*

CŒLIAQUE (maladie). Affection du nourrisson et du jeune enfant, due à une intolérance au gluten, caractérisée par une diarrhée avec amaigrissement et rachitisme. L'évolution est chronique, par poussées ; la guérison est possible, laissant un infantilisme.

CŒLIOSCOPIE, *s. f.* Examen visuel direct de la cavité abdominale, au moyen d'un endoscope.

CŒLOME, *s. m.* Cavité comprise entre les deux feuillets du mésoderme chez l'embryon.

CŒLONYCHIE, *s. f.* V. *koïlonychie.*

COENZYME, *s. f.* Partie dépourvue de spécificité d'une enzyme hétéroprotéinique. V. *apoenzyme.*

CŒUR, *s. m.* Organe musculaire creux dont les contractions permettent la circulation du sang. Situé dans le médiastin il est formé de 3 tuniques, l'endocarde, le myocarde et le péricarde. Il comporte 2 oreillettes (v. *atrium*) et 2 ventricules, droit et gauche, séparés par une cloison ou septum ; chaque ventricule communique avec l'oreillette correspondante et l'artère dans laquelle il s'évacue par un orifice valvulé. Voir tous ces termes, *diastole, systole et cardionecteur (système).*

CŒUR ARTIFICIEL. Appareil implantable destiné à remplacer le cœur défaillant. De tels dispositifs n'en sont actuellement qu'au stade expérimental.

CŒUR-POUMON ARTIFICIEL. V. *circulation extracorporelle.*

CŒUR PULMONAIRE. Accidents cardiaques, chroniques ou aigus provoqués par une affection pulmonaire.

CŒUR PULMONAIRE AIGU (CPA). Insuffisance cardiaque droite brutale, consécutive à la soudaine élévation de la pression artérielle pulmonaire, telle qu'on peut l'observer dans les embolies pulmonaires massives.

CŒUR PULMONAIRE CHRONIQUE (CPC). Hypertrophie ventriculaire droite associée ou non à une insuffisance ventriculaire droite, consécutive à une hypertension artérielle pulmonaire provoquée par une affection respiratoire lentement progressive.

COFACTEUR, *s. m.* Substance dont l'action renforce celle d'un autre principe actif.

COHORTE, *s. f.* Groupe de sujets ayant en commun une particularité statistique se prêtant à une étude épidémiologique longitudinale.

COIFFE, *s. f.* Fragment plus ou moins circulaire des membranes de l'œuf qui recouvre la tête du fœtus au moment de l'expulsion (*enfant né coiffé*).

COÏT, *s. m.* Rapport sexuel.

COL, *s. m.* (anatomie). Partie étroite d'un organe. P. ex. *c.* utérin, *c.* fémoral. V. *cou* et *cervical.*

COLD-CREAM, *s. m.* Excipient au blanc de baleine et à la cire blanche, utilisé en parfumerie et en dermatologie.

COLECTASIE, *s. f.* Dilatation du côlon.

COLECTOMIE, *s. f.* Résection de la totalité ou d'une partie du côlon. — *c. idéale.* C. totale en un temps.

COLIBACILLE, *s. m.* V. *Escherichia coli.*

COLIBACILLOSE, *s. f.* Ensemble des accidents morbides causés par le colibacille.

COLIQUE, *s. f.* Ce mot, qui désignait une affection douloureuse du côlon, s'applique actuellement aux douleurs qui siègent dans la plupart des viscères abdominaux.

COLIQUE HÉPATIQUE. Douleur de l'hypocondre droit, irradiant vers l'épaule, due à la contraction de la vésicule biliaire sur un calcul dont elle provoque la migration à travers les voies biliaires.

COLIQUE NÉPHRÉTIQUE. Violente douleur de la région lombaire irradiant vers la vessie et la cuisse due à la migration d'un calcul ou d'un corps étranger, du rein vers la vessie, à travers les uretères.

COLITE, *s. f.* Inflammation du côlon.

COLLABER, *v.* Provoquer l'affaissement d'un organe.

COLLAGÈNE, *s. m.* Une des scléroprotéines du tissu conjonctif.

COLLAGÈNE (maladie du). Syn. *collagénose, connectivite.* Terme sous lequel on groupe un certain nombre de maladies d'apparence dissemblable unies par l'atteinte diffuse du collagène, le lupus érythémateux aigu disséminé, la dermatomyosite, la sclérodermie et la périartérite noueuse.

COLLAGÉNOSE, *s. f.* V. *collagène (maladie du).*

COLLAPSUS, *s. m.* 1° V. *collapsus cardiaque.* V. ce terme. — 2° Affaissement d'un organe (*c. pulmonaire*).

COLLAPSUS CARDIAQUE ou **CARDIO-VASCULAIRE.** Syndrome brutal, caractérisé par un refroidissement des extrémités avec prostration, sueurs profuses, cyanose, pouls rapide et imperceptible, chute de la tension artérielle systolique à 8 cm de mercure ou au-dessous, oligurie ou anurie. V. *choc.*

COLLIER DE VÉNUS. Syphilide pigmentaire siégeant au niveau du cou chez la femme.

COLLOÏDAL, ALE, *adj.* Qui se rapporte à une substance colloïde.

COLLOÏDE, *adj.* Qui ressemble à de la gelée.

COLLUTOIRE, *s. m.* Médicament destiné à agir sur les gencives et les parois de la cavité buccale.

COLLYRE, *s. m.* Médicament liquide destiné à être appliqué sur la conjonctive.

COLOBOMA ou **COLOBOME**, *s. m.* 1° Malformation consistant en une fissure siégeant au niveau des paupières, de l'iris, de la choroïde ou de la rétine. Elle peut intéresser la face. — 2° Malformation du cristallin consistant en encoche périphérique, unique ou multiple.

COLO-COLOSTOMIE, *s. f.* Opération qui consiste à aboucher deux segments du gros intestin.

COLOFIBROSCOPE, *s. m.* Syn. *coloscope.* Fibroscope à vision axiale destiné à l'examen du côlon.

CÔLON, *s. m.* Gros intestin. Il débute à la valvule iléo-cæcale, comporte 4 parties, le *c.* droit ou ascendant, le *c.* transverse, le *c.* gauche ou descendant et le *c.* sigmoïde.

COLOPATHIE, *s. f.* Toute affection du côlon.

COLOPEXIE, *s. f.* Fixation du côlon.

COLOPTOSE, *s. f.* Ptose du côlon transverse.

COLORRAPHIE, *s. f.* Suture du côlon.

COLOSCOPE, *s. m.* V. *colofibroscope.*

COLOSTOMIE, *s. f.* Création d'un anus artificiel en abouchant à l'extérieur le côlon descendant ou iliaque.

COLOSTRUM, *s. m.* Sécrétion mammaire observée en fin de grossesse et peu après l'accouchement.

COLPO... Préfixe grec signifiant *vagin*.

COLPOCÈLE, *s. f.* Saillie faite dans le vagin soit par le rectum soit par la vessie.

COLPOCYTOLOGIE, *s. f.* Etude des cellules épithéliales du vagin recueillies par frottis.

COLPO-HYSTÉRECTOMIE, *s. f.* Extirpation de l'utérus et d'une partie plus ou moins étendue du vagin.

COLPO-PÉRINÉOPLASTIE, *s. f.* Opération destinée à augmenter l'épaisseur du périnée en diminuant l'orifice vulvaire.

COLPO-PÉRINÉORRAPHIE, *s. f.* Opération destinée à refaire le périnée pour remédier au prolapsus des organes génitaux.

COLPOPEXIE, *s. f.* Fixation du vagin.

COLPOPLASTIE, *s. f.* Réfection du vagin.

COLPOPTOSE, *s. f.* Prolapsus du vagin.

COLPOSCOPIE, *s. f.* Inspection du vagin et du col de l'utérus au moyen du colposcope.

COLPOSTÉNOSE, *s. f.* Rétrécissement du vagin.

COLPOTOMIE, *s. f.* Incision du vagin.

COMA, *s. m.* Etat morbide caractérisé par une perte totale ou partielle de la conscience et de la vigilance, de la sensibilité et de la motilité, avec, sauf dans les formes les plus graves, conservation des fonctions respiratoire et circulatoire.

COMA ACIDO-CÉTOSIQUE. V. *coma diabétique.*

COMA AZOTÉMIQUE. Phase terminale de l'insuffisance rénale.

COMA CARUS. V. *carus.*

COMA DÉPASSÉ. Syn. *mort cérébrale.* Coma dans lequel s'associe à l'abolition complète des fonctions de la vie de relation celle des fonctions de la vie végétative.

COMA DIABÉTIQUE. Complication du diabète insulinoprive lié à l'accumulation dans le sang de corps cétoniques entraînant une acidose métabolique. Il se manifeste par une perte de conscience avec déshydratation et respiration de Kussmaul.

COMA HÉPATIQUE. Ensemble de manifestations neuropsychiques observées au cours des ictères graves et des cirrhoses et attribuées aux effets toxiques de l'ammoniaque sur l'encéphale.

COMA VIGIL. Variété de coma léger accompagnée de délire.

COMÉDON, *s. m.* Lésion des glandes sébacées, caractérisée par une petite saillie blanchâtre centrée par un point noir.

COMITIAL, ALE, *adj.* Qui a rapport à l'épilepsie.

COMITIALITÉ, *s. f.* V. *épilepsie généralisée.*

COMMINUTIF, IVE, *adj.* Qui réduit en petits fragments. — *fracture c.*

COMMISSURE, *s. f.* 1. Point de jonction de deux éléments anatomiques analogues (lèvres, paupières, valvules cardiaques). — 2. Entrecroisement de fibres nerveuses situé sur la ligne médiane.

COMMISSUROPLASTIE, *s. f.* Réparation chirurgicale de la commissure d'un orifice cardiaque.

COMMISSUROTOMIE, *s. f.* Section chirurgicale des commissures. Il s'agit en général d'un orifice cardiaque (mitral, aortique ou pulmonaire) rétréci.

COMMOTION, *s. f.* Ebranlement traumatique d'un organe.

COMMUNICATION INTERAURICULAIRE (CIA). Malformation du cœur caractérisée par l'existence d'un orifice anormal entre les deux oreillettes.

COMMUNICATION INTERVENTRICULAIRE (CIV). Malformation du cœur caractérisée par l'existence d'un orifice dans la cloison interventriculaire.

COMPARTIMENTS LIQUIDIENS. Zones de répartition des liquides de l'organisme. On distingue physiologiquement le *c. intracellulaire* et le *c. extracellulaire.*

COMPATIBILITÉ SANGUINE. Rapports entre les sangs de deux sujets tels qu'une transfusion soit possible de l'un à l'autre sans accident.

COMPENSATION, *s. f.* Suppression des effets nuisibles d'une anomalie par des modifications secondaires de l'organisme qui tendent à rétablir l'équilibre physiologique.

COMPENSÉ, SÉE, *adj.* Se dit d'une lésion dont les effets nuisibles ont été supprimés.

COMPLÉMENT, *s. m.* Système complexe de globulines présent dans tout sérum sanguin frais. C'est un facteur non spécifique qui joue un rôle essentiel dans les réactions immunologiques de défense de l'organisme.

COMPLÉMENT (déviation et **fixation du).** V. *fixation du complément.*

COMPLÉMENTAIRE, *adj.* 1º Qui s'unit à un autre élément pour former un tout achevé. — 2º (immunologie) Qui se rapporte au complément.

COMPLEXE, *s. m.* 1º Terme employé en physiologie et en pathologie pour désigner les associations pathologiques concourant au même effet total. — 2º (psychanalyse). Mélange d'attitudes affectives contradictoires dont certaines jalonnent le développement affectif normal de l'enfant.

COMPLIANCE, *s. f.* Rapport entre le volume d'un réservoir élastique et la pression du fluide qu'il contient. Ses variations permettent d'apprécier la souplesse de ce réservoir.

COMPLICATION, *s. f.* Phénomène survenant au cours d'une maladie, distinct des manifestations habituelles de celle-ci, et conséquence des lésions provoquées par elle. Les *c.* aggravent généralement le pronostic.

COMPRESSE, *s. f.* Pièce de gaze utilisée en chirurgie, notamment comme pansement.

COMPRIMÉ, *s. m.* Préparation pharmaceutique obtenue par compression d'une poudre composée de la substance active et de l'excipient.

CONCENTRATION IONIQUE DU PLASMA. Taux, dans le plasma sanguin, des différents ions ; il règle la pression osmotique et l'équilibre acidobasique du plasma ; on le représente par un ionogramme.

CONCEPTION, *s. f.* Ensemble des phénomènes aboutissant à la formation de l'œuf (copulation, fécondation).

CONCOMITANCE, *s. f.* Absence de modification d'un strabisme lors du changement de direction du regard.

CONCRÉTION, *s. f.* Corps étranger solide se formant parfois dans les tissus ou les organes.

CONDITIONNÉ, NÉE, *adj.* (physiologie). Se dit d'un sujet chez lequel a été développé un réflexe conditionné ou d'un objet modifié à des fins déterminées (p. ex. *air conditionné*).

CONDITIONNEMENT, *s. m.* Développement d'un réflexe conditionné. — D'une façon plus générale, préparation particulière d'un objet ou d'un sujet à des fins déterminées.

CONDOM, *s. m.* Syn. *préservatif masculin.* Fin manchon de latex par lequel on recouvre la verge, et qui est destiné à éviter la conception ainsi que la transmission des maladies vénériennes.

CONDUCTANCE, *s. f.* (physique). Perméabilité d'un corps au courant électrique. C'est le contraire de la résistance. Elle se mesure en *siemens* dans le système international d'unités.

CONDUCTEUR, TRICE, *adj.* (génétique). Sujet, sain en apparence, mais porteur, sur l'un des chromosomes d'une paire, d'un gène anormal récessif, et capable de transmettre à ses enfants la tare correspondante.

CONDUCTIBILITÉ, *s. f.* Propriété de certains tissus de propager une excitation reçue.

CONDUIT, *s. m.* Syn. *canal.* Organe tubulaire destiné à l'écoulement des fluides. — *c. artériel.* V. *canal artériel (persistance du).* — *c. cholédoque, c. déférent, c. éjaculateur.* V. à l'adjectif.

CONDYLE, *s. m.* Surface articulaire arrondie et saillante, s'adaptant en général à une cavité glénoïde. P. ex. *c. fémoral, c. huméral.*

CONDYLOME, *s. m.* Petite tumeur cutanée siégeant au niveau de l'anus ou des organes génitaux.

CÔNE ARTÉRIEL. Syn. ancien *infundibulum de l'artère pulmonaire.* Partie de la chambre de chasse du ventricule droit, située immédiatement sous les valves de l'orifice pulmonaire.

CONFABULATION, *s. f.* Fabulation délirante.

CONFUSION MENTALE. Syndrome psychique caractérisé par un état stuporeux avec idéation difficile et obnubilation intellectuelle.

CONGÉNITAL, ALE, *adj.* Qui dépend de l'organisation de l'individu telle qu'elle est au moment de sa naissance.

CONGESTION, *s. f.* Excès de sang dans les vaisseaux d'un organe ou d'une partie d'organe.

CONIOSE, *s. f.* Maladie produite par les poussières. P. ex. : *pneumoconiose.*

CONISATION, *s. f.* Ablation d'une partie du col utérin, taillée en forme de cône.

CONJONCTIF (tissu). Tissu de connexion dérivé du mésenchyme.

CONJONCTIVE, *s. f.* Muqueuse mince, transparente, recouvrant la face postérieure des paupières et la face antérieure du bulbe ou globe oculaire.

CONJONCTIVITE, *s. f.* Inflammation de la conjonctive.

CONQUE (*s. f.*), **DE L'AURICULE.** Dépression de la partie centrale du pavillon de l'oreille (ou auricule) dont le fond se continue en dedans par le méat acoustique externe.

CONSANGUIN, INE, *adj.* Né(e) du même père.

CONSANGUINITÉ, *s. f.* Parenté du côté du père. — Par extension, lien de parenté qui existe entre deux sujets ayant un procréateur commun, père ou mère.

CONSCIENCE, *s. f.* Perception immédiate des événements et de sa propre activité psychique.

CONSCIENT, *s. m.* (psychanalyse). Ensemble des informations immédiatement accessibles à la connaissance.

CONSONANT, ANTE, *adj.* Se dit d'un râle pulmonaire qui prend un timbre particulier parce qu'il se produit dans un bloc de condensation ou dans une excavation.

CONSTITUTION, *s. f.* Structure du corps.

CONSULTANT, *s. m.* 1° Patient venant demander conseil à son médecin. — 2° Praticien ayant acquis une certaine notoriété et dont l'avis est requis à la demande de ses confrères.

CONSULTATION, *s. f.* 1°. Examen d'un patient ambulatoire au cabinet médical. — 2°. Délibération entre plusieurs médecins au sujet d'un cas difficile. — 3°. Structure hospitalière destinée à recevoir les patients venant de l'extérieur.

CONTACT LOMBAIRE. Perception large et immédiate d'un rein ptosé ou hypertrophié pesant sur la main glissée sous la région lombaire.

CONTAGE, *s. m.* Cause matérielle de la contagion, servant de vecteur aux microbes.

CONTAGIEUX, EUSE, *adj.* Transmissible par un contage. P. ex. : *maladie c.* — *s. m.* ou *f.* Sujet atteint d'une maladie contagieuse.

CONTAGION, *s. f.* Transmission d'une affection d'un malade à une personne bien portante.

CONTAGIOSITÉ, *s. f.* Qualité de ce qui est contagieux.

CONTAMINATION, *s. f.* Infection par des germes pathogènes, des virus, ou des contages quelconques.

CONTENTION, *s. f.* Immobilisation forcée.

CONTINENCE, *s. f.* 1°. Abstention de relations sexuelles. — 2°. Occlusion parfaite d'un orifice.

CONTONDANT, ANTE, *adj.* Qui fait des contusions.

CONTRACEPTIF, IVE, *adj.* Qui empêche la fécondation ou, d'une façon plus générale, la grossesse.

CONTRACEPTION, *s. f.* Prévention de la fécondation ou, de manière plus générale, de la grossesse.

CONTRACTILITÉ, *s. f.* Propriété vitale que possèdent certaines cellules, et surtout la fibre musculaire, de réduire une ou plusieurs de leurs dimensions en effectuant un travail actif.

CONTRACTION, *s. f.* Modification de la forme de certains tissus sous l'influence d'excitations diverses.

CONTRACTURE, *s. f.* Contraction prolongée et involontaire d'un ou de plusieurs muscles sans lésion de la fibre musculaire.

CONTRE-EXTENSION, *s. f.* Immobilisation de la partie supérieure d'un membre pendant la réduction d'une fracture ou d'une luxation.

CONTRE-INCISION, *s. f.* Seconde incision effectuée à distance de l'ouverture principale.

CONTRE-INDICATION, *s. f.* Circonstance empêchant d'appliquer le traitement qui semblerait d'abord approprié à la maladie.

CONTROLATÉRAL, ALE, *adj.* Du côté opposé.

CONTUSION, *s. f.* Lésion produite par le choc d'un corps mousse avec ou sans déchirure des téguments.

CONVALESCENCE, *s. f.* Période succédant à la fin de la maladie et pendant laquelle se rétablit progressivement le fonctionnement normal des divers organes et appareils.

CONVERTINE, *s. f.* Pseudoglobuline intervenant dans le mécanisme de la coagulation du sang.

CONVULSION, *s. f.* Contractions involontaires et instantanées, d'un ou plusieurs groupes musculaires ou généralisées à tout le corps. Elles peuvent être *toniques* ou *cloniques*.

CONVULSIVANT, ANTE, *adj.* Qui provoque des convulsions.

COORDINATION DES MOUVEMENTS, *s. f.* Combinaison des contractions des muscles dans un ordre rigoureux nécessaire pour atteindre le but recherché.

COPHOCHIRURGIE, *s. f.* Chirurgie de la surdité par otospongiose.

COPROCULTURE, *s. f.* Ensemencement d'un milieu de culture avec une petite quantité de matière fécale.

COPROLITHE, *s. m.* Concrétions formées de matières fécales durcies.

COPROLOGIE, *s. f.* Etude des matières fécales.

COPROPHILIE, *s. f.* Tendance de certains malades mentaux à se complaire au contact des excréments.

COPROSTASE, *s. f.* Accumulation de matières fécales dans le gros intestin.

COPULATION, *s. f.* Accouplement.

COQUELUCHE, *s. f.* Maladie infectieuse épidémique et contagieuse due à *Bordetella pertussis* et caractérisée, à la période d'état, par des accès de toux spasmodique, ces *quintes* étant séparées par une inspiration longue et sifflante appelée *reprise* (*chant du coq*). V. *vaccin anticoquelucheux*.

COR, *s. m.* Petite tumeur dure, très douloureuse, siégeant au-dessus des articulations des phalanges et parfois à la plante du pied.

CORACOÏDE, *adj.* Qui ressemble à un bec de corbeau. — *processus* ou *apophyse c.* Excroissance implantée sur la face supérieure du col de l'omoplate.

CORDE DU TYMPAN. Branche collatérale sensitivo-sensorielle du nerf facial, rejoignant le nerf lingual (lequel provient du nerf trijumeau) en passant notamment dans la membrane tympanique. Il comporte des filets parasympathiques destinés aux glandes sublinguale et submandibulaire, et innerve également les 2/3 antérieurs de la langue.

CORDON, *s. m.* (anatomie). Formation cylindrique et pleine. — *cordons de la moelle spinale.* Bandes longitudinales de substance blanche. — *c. spermatique.* Pédicule épididymo-testiculaire comprenant le conduit déférent et des éléments vasculonerveux. — *c. ombilical.* Conduit reliant le placenta au fœtus.

CORDONAL, ALE, *adj.* Qui se rapporte aux cordons de la moelle épinière.

CORECTOPIE, *s. f.* Anomalie de la pupille qui se trouve placée en dehors du centre de l'iris.

CORNAGE, *s. m.* Sifflement laryngotrachéal traduisant une gêne, d'abord inspiratoire, au passage de l'air dans les voies respiratoires hautes.

CORNÉE, *s. f.* Partie antérieure, transparente, de la membrane fibreuse externe du bulbe de l'œil.

CORONAIRE, *adj.* Qui se rapporte aux vaisseaux coronaires ou à la couronne dentaire.

CORONAL, ALE, *adj.* Relatif à la couronne. — *suture c.* Articulation de l'os frontal et des pariétaux. V. *suture crânienne.* — *coupe c.* Coupe frontale située dans le plan de la suture *c.*

CORONARIEN, ENNE, *adj.* Qui se rapporte aux vaisseaux coronaires. — *insuffisance c.* Irrigation imparfaite du myocarde due à une altération des artères coronaires ; elle se traduit par l'angine de poitrine.

CORONARITE, *s. f.* Artérite des coronaires, entraînant la sténose de ces vaisseaux et pouvant déterminer des accès d'angine de poitrine.

CORONAROGRAPHIE, *s. f.* Radiographie des artères coronaires injectées d'un liquide opaque aux rayons X.

CORPS CALLEUX. Importante commissure transversale unissant les 2 hémisphères cérébraux.

CORPS CAVERNEUX. Formation érectile du pénis et du clitoris. Organes pairs et symétriques, ils se rejoignent et s'adossent sur la ligne médiane.

CORPS CÉTONIQUES. Syn. *corps acétoniques.* Nom donné à certaines substances (acétone, acide diacétique et acide bêta-oxybutyrique) provenant de la dégradation des albumines et des graisses. Détruits chez le sujet sain, ces corps, presque tous acides, apparaissent dans l'organisme du diabétique, provoquent les accidents d'acidocétose et sont éliminés par l'urine.

CORPS ÉTRANGER. Corps inanimé se trouvant dans un point de l'organisme, qu'il ait été apporté du dehors ou se soit formé sur place.

CORPS FLOTTANTS. Corps étrangers mobiles du corps vitré.

CORPS JAUNE. Vestige de la vésicule de Graaf après sa rupture et la chute de l'ovule.

CORPS SPONGIEUX. Formation érectile et médiane du pénis engainant l'urètre, logée dans la gouttière inférieure des corps caverneux et dont les extrémités renflées forment en avant le gland, et en arrière le bulbe du pénis.

CORPS STRIÉ. V. *noyaux basaux.*

CORPS VITRÉ. Syn. *humeur vitrée.* Masse gélatineuse blanchâtre remplissant le bulbe de l'œil, en arrière du cristallin et en avant de la rétine.

CORT... Préfixe latin signifiant *écorce.*

CORTECTOMIE, *s. f.* Résection d'une partie de l'écorce cérébrale.

CORTEX, *s. m.* Partie superficielle de certains organes (cerveau, glande surrénale, rein).

CORTICAL, ALE, *adj.* Relatif au cortex. — *corticale, s. f.* Région corticale, cortex.

CORTICODÉPENDANT, ANTE, *adj.* Qui ne peut se passer d'hormones corticosurrénales.

CORTICOÏDES, *s. m. pl.* Hormones corticosurrénales et produits de synthèse ayant les mêmes propriétés que ces hormones.

CORTICOMIMÉTIQUE, *adj.* Dont l'action est semblable à celle de la cortisone.

CORTICOPRIVE, *adj.* Qui se rapporte à l'insuffisance de la corticosurrénale.

CORTICORÉSISTANCE, *s. f.* Etat de certains malades chez lesquels les hormones corticosurrénales sont inefficaces.

CORTICOSTÉROÏDES, *s. m. pl.* V. *corticoïdes.*

11-CORTICOSTÉROÏDES, V. *11-oxycorticostéroïdes.*

CORTICOSTÉRONE, *s. f.* Un des 11-oxycorticostéroïdes sécrétés par la corticosurrénale.

CORTICOSTIMULINE, *s. f.* Syn. *ACTH.* Hormone d'origine anté-hypophysaire, excitant la sécrétion de la corticosurrénale.

CORTICOSURRÉNAL, ALE, *adj.* Qui a rapport au tissu cortical de la glande surrénale.

CORTICOSURRÉNALES (hormones). Hormones sécrétées par le cortex surrénal : hormones minéralotropes, glucocorticoïdes et androgènes.

CORTICOTHÉRAPIE, *s. f.* Emploi thérapeutique des corticoïdes et de l'ACTH.

CORTICOTROPE, *adj.* Qui a des affinités pour la corticosurrénale.

CORTICOTROPHINE, *s. f.* V. *corticostimuline.*

CORTISOL, *s. m.* Syn. *hydrocortisone.* Un des 11-oxycorticostéroïdes très proche de la cortisone et beaucoup plus actif qu'elle.

CORTISONE, *s. f.* Un des 11-oxycorticostéroïdes sécrétés par la corticosurrénale. Il inhibe les réactions inflammatoires et allergiques.

CORYMBIFORME, *adj.* Se dit d'une éruption quand les éléments en sont réunis par groupes séparés par des intervalles de peau saine.

CORYNÉBACTÉRIOSE, *s. f.* Terme proposé pour désigner toutes les affections dues aux germes du genre *Corynebacterium* : diphtérie, septicémies et suppurations localisées.

CORYZA, *s. m.* Syn. *rhume de cerveau.* Rhinite à virus. Affection caractérisée par une obstruction nasale avec écoulement, éternuements et léger mal de gorge.

CORYZA SPASMODIQUE. Syn. *rhume des foins.* Catarrhe aigu des muqueuses oculaires et nasale survenant périodiquement à la période de floraison des graminées.

COSMÉTOLOGIE, *s. f.* Etude des soins du corps et des techniques destinées à l'embellir.

COSTECTOMIE, *s. f.* Résection costale.

CÔTE, *s. f.* Os plat, allongé et arqué, formant latéralement le squelette thoracique. Les douze paires de côtes s'articulent en arrière avec les vertèbres thoraciques.

CÔTE CERVICALE. V. *dorsalisation.*

COTYLE, *s. m.* V. *acétabulum.*

COU, *s. m.* Portion étroite du corps supportant la tête et surplombant le thorax.

COUCHE OPTIQUE. V. *thalamus.*

COUDE, *s. m.* Partie du membre supérieur reliant le bras et l'avant-bras. Elle comprend deux régions, antérieure, le pli du *c.* et postérieure convexe, olécrânienne. — *articulation du c.* Ensemble des articulations huméro-radiale, huméro-ulnaire et radio-ulnaire.

COULOMB, *s. m.* (symbole C.) (Charles de C., 1736-1806, physicien français). Unité du système international. C'est la quantité d'électricité transportée en une seconde par un courant d'une intensité de un ampère.

COUP DE CHALEUR. Association de céphalée intense, somnolence, vomissements et parfois perte de connaissance ; cet ensemble est consécutif à l'irradiation solaire (*insolation*) ou à l'exposition à une chaleur excessive.

COUPEROSE, *s. f.* Syn. *acné rosacée, rosée.* Lésion cutanée du visage, caractérisée par une congestion avec dilatation vasculaire, se compliquant presque toujours d'une altération des glandes sébacées.

COURONNE DENTAIRE. V. *dent.*

COUVEUSE, *s. f.* Appareil destiné à maintenir à une température constante les enfants nés avant terme.

COWPER (glande de) (William C., 1666-1709, chirurgien anglais). Dénomination ancienne de la glande bulbo-urétrale. Petite glande paire située chez l'homme près de la partie membraneuse de l'urètre, canal dans la partie spongieuse duquel elle déverse sa sécrétion qui contribue à former le sperme.

COWPÉRITE, *s. f.* Inflammation des glandes de Cowper.

COWPOX, *s. m.* (anglais). Maladie des pis et des mamelles de la vache due à un Poxvirus. Transmise à l'homme, elle est analogue à la *vaccine*.

COXA ADDUCTA, *s. f.* ou **COXA FLEXA**, *s. f.* V. *coxa vara*.

COXA PLANA, *s. f.* Déformation de la hanche consécutive à une ostéochondrite juvénile. La tête fémorale est aplatie, le col est raccourci et il existe une légère subluxation.

COXA VALGA, *s. f.* Déviation du membre inférieur en abduction et rotation externe, due au redressement du col fémoral.

COXA VARA, *s. f.* Syn. *coxa adducta, coxa flexa.* Déviation du membre inférieur en adduction et rotation interne, par suite de la flexion du col fémoral.

COXAL (os). Nouvelle dénomination de l'os iliaque. Os pair formant avec le sacrum le squelette du bassin, composé de 3 parties : l'iliium, l'ischium et le pubis.

COXALGIE, *s. f.* Tuberculose de l'articulation coxofémorale.

COXARTHRIE ou **COXARTHROSE**, *s. f.* Rhumatisme chronique non inflammatoire de la hanche, survenant après la cinquantaine.

COXITE, *s. f.* Arthrite coxofémorale.

COXOPATHIE, *s. f.* Nom générique des maladies de la hanche.

CPA. Cœur pulmonaire aigu.

CPC. Cœur pulmonaire chronique.

Cr. Symbole chimique du *chrome*.

CRAMPE, *s. f.* Contraction involontaire, douloureuse et transitoire d'un muscle ou d'un groupe musculaire.

CRÂNE, *s. m.* Partie postéro-supérieure de la tête, surplombant la face. Sa cavité contient l'encéphale et ses enveloppes. Ses parois osseuses comprennent une voûte, supérieure et convexe, recouverte de la galéa et du cuir chevelu, et une base. Les *os du crâne* sont le frontal en avant, les 2 pariétaux et temporaux latéralement, en arrière l'occipital, et en bas l'ethmoïde et le sphénoïde.

CRANIOPHARYNGIOME, *s. m.* Tumeur cérébrale souvent calcifiée, se développant chez l'enfant ou l'adolescent, au-dessus de la selle turcique.

CRANIOPLASTIE, *s. f.* Transport et greffe d'un lambeau ostéo-périostique au niveau d'une brèche faite au crâne, dans le but de faciliter la formation de tissu osseux nouveau.

CRANIOTABÈS, *s. m.* Ramollissement des os du crâne, chez les enfants du premier âge, d'origine rachitique.

CRANIOTOMIE, *s. f.* Opération consistant à sectionner les os du crâne.

CRÉATINE, *s. f.* Substance azotée présente en particulier dans les muscles, où sa combinaison avec le phosphore constitue une importante réserve d'énergie.

CRÉATINE-KINASE, *s. f.* **(CK).** Ferment existant uniquement dans les cellules des muscles. Une variété de cette enzyme (isozyme), la *créatine-kinase MB* (CK-MB) n'apparaît dans le sérum qu'en cas de lésion du myocarde.

CRÉATINÉMIE, *s. f.* Présence de créatine dans le sang.

CRÉATININE, *s. f.* Base forte, dérivé cyclisé de la créatine. La clairance de la *c.* endogène sert à mesurer le taux de filtration glomérulaire.

CRÉATININÉMIE, *s. f.* Présence de créatinine dans le sang.

CRÉATININURIE, *s. f.* Présence de créatinine dans l'urine.

CRÉATINURIE, *s. f.* Présence de créatine dans l'urine.

CRÉMATION, *s. f.* Combustion et réduction en cendres des cadavres.

CRÈME, *s. f.* (pharmacie). Préparation onctueuse destinée à l'usage externe, comportant une proportion d'eau plus importante que celle de la pommade.

CRÉNOTHÉRAPIE, *s. f.* Application thérapeutique des eaux minérales.

CRÉPITANTS (râles). Bruits fins, rapides, régulièrement espacés, éclatant en bouffées à la fin de l'inspiration.

CRÉPITATION, *s. f.* Bruit spécial, produit par le frottement des deux fragments d'un os fracturé (*c. osseuse*) ou par la pression sur un emphysème sous-cutané (*c. neigeuse*).

CRÉTIN, *s. m.* Individu atteint de crétinisme.

CRÉTINISME, *s. m.* Etat de l'organisme caractérisé par l'absence à peu près complète des facultés intellectuelles (idiotie), l'arrêt de développement du corps (nanisme) et en particulier des organes génitaux, et le ralentissement des diverses fonctions.

CRÉTINOÏDE, *adj.* Qui ressemble au crétin. — *état c.* Etat se rapprochant du crétinisme, mais dans lequel la déchéance physique et intellectuelle est moins marquée.

CREVASSE, *s. f.* V. *gerçure*.

CRICOÏDE, En forme d'anneau, annulaire. — *cartilage c.* Cartilage impair et annulaire du larynx, situé sous le cartilage thyroïde.

CRISE, *s. f.* 1º Changement rapide qui se produit dans l'état d'un malade et qui annonce presque toujours la guérison. — 2º Accident subit survenant en bonne santé apparente.

CRISTALLIN, *s. m.* Lentille biconvexe transparente située dans le bulbe oculaire entre, en arrière le corps vitré et en avant l'iris. Ses variations de courbure permettent l'accommodation.

CRITIQUE, *adj.* Qui a rapport à la crise d'une maladie. — *âge c.* Epoque de la ménopause.

CROISEMENT (signe du). Disparition apparente des veines de la rétine au point où elles sont croisées par des artères, indice d'artériosclérose rétinienne.

CROSSECTOMIE, *s. f.* Résection de la crosse de la saphène interne.

CROSSING-OVER, *s. m.* (anglais). V. *enjambement*.

CROUP, *s. m.* Diphtérie laryngée.

CROUPAL, ALE, *adj.* 1º Qui dépend du croup. — 2º Qui rappelle le croup par l'existence de fausses membranes.

CRUENTÉ, TÉE, *adj.* Saignant.

CRURAL, ALE, *adj.* Relatif à la cuisse.

CRURALGIE, *s. f.* Douleur siégeant à la cuisse ; névralgie crurale.

CRYANESTHÉSIE, *s. f.* Anesthésie au froid.

CRYO... Préfixe grec signifiant en rapport avec, par le *froid*.

CRYOBIOLOGIE, *s. f.* Etude du comportement des tissus vivants aux très basses températures.

CRYOCAUTÈRE, *s. m.* Appareil en forme de cautère, utilisant, dans un but thérapeutique, le froid obtenu par l'évaporation de CO_2 solide.

CRYOCHIRURGIE, *s. f.* Utilisation du froid au cours d'une intervention chirurgicale, en particulier en urologie et en ophtalmologie.

CRYODESSICCATION, *s. f.* V. *lyophilisation.*

CRYOGLOBULINÉMIE, *s. f.* Présence dans le plasma sanguin d'une ou de plusieurs gammaglobulines (cryoglobulines), appartenant presque toujours au groupe des IgG ou des IgM, qui précipitent par refroidissement et se dissolvent par réchauffement.

CRYOPATHIE, *s. f.* Terme désignant l'ensemble des affections provoquées par le froid.

CRYOTHÉRAPIE, *s. f.* Applications thérapeutiques du froid.

CRYPTE, *s. f.* Petit diverticule tubulaire.

CRYPTITE, *s. f.* Inflammation d'une crypte.

CRYPTOCOCCOSE, *s. f.* Affection grave provoquée par le développement d'une levure, *Cryptococcus neoformans*, dans la peau, les poumons, les os et l'axe cérébrospinal.

CRYPTORCHIDIE, *s. f.* Absence des deux testicules dans les bourses, par suite de l'arrêt de leur migration dans l'abdomen.

CUBITUS VALGUS, *s. m.* Exagération de la légère abduction que présente normalement l'avant-bras.

CUBITUS VARUS, *s. m.* Déformation de la région du coude portant l'avant-bras en adduction.

CUBOÏDE, *adj.* En forme de cube. P. ex. les 3 os *c.* du tarse.

CUILLER ou **CUILLÈRE**, *s. f.* Par analogie avec l'ustensile de table, instrument ou partie d'instrument en ayant la forme. — *c. du forceps.*

CULDOSCOPIE, *s. f.* V. *pélycoscopie.*

CULEX, *s. m.* Genre de moustique de la famille des Culicidés.

CULOT URINAIRE. V. *urocytogramme.*

CUNÉIFORME, *adj.* En forme de coin. P. ex. *cartilage c. du larynx* ; les os *c. du tarse.*

CUPRÉMIE, *s. f.* Présence de cuivre dans le sang.

CUPRORRACHIE, *s. f.* Présence de cuivre dans le liquide céphalorachidien.

CUPULE DIGITALIQUE (électrocardiographie). Déformation curviligne à concavité supérieure de l'espace ST, signe fréquent d'imprégnation digitalique.

CURAGE, *s. m.* V. *curetage.*

CURARE, *s. m.* Mélange d'alcaloïdes utilisés par les chasseurs primitifs sud-américains qui en enduisent leurs pointes de flèches pour paralyser leurs proies. Le principe actif, la *d-tubocurarine*, est un myorésolutif. V. *curarisation.*

CURARISANT, ANTE, *adj.* Se dit des substances qui, agissant comme le curare, suppriment l'action des nerfs moteurs sur les muscles.

CURARISATION, *s. f.* Emploi thérapeutique des médicaments curarisants pour obtenir le relâchement des muscles striés. V. *myorésolutif.*

CURE, *s. f.* Traitement et, plus particulièrement, traitement heureux. — *c. radicale.* Opération destinée à remédier d'une façon complète et définitive à une déformation ou à une lésion. — *c. thermale.* Emploi thérapeutique des eaux chaudes. Par extension, des eaux minérales. V. *thermalisme.*

CURETAGE ou **CURETTAGE,** *s. m.* Syn. *curage.* Opération qui consiste à dépouiller avec le doigt (*curage*) ou avec un instrument (*curetage*), une cavité des produits qu'elle peut contenir.

CURIE, *s. m.* (symbole Ci). Unité de radioactivité dans le système international remplacée par le becquerel.

CURIETHÉRAPIE, *s. f.* Syn. *radiumthérapie.* Emploi thérapeutique du radium.

CUSHING (maladie et **syndrome de)** (Harvey C., 1869-1939, chirurgien américain). Syndrome survenant surtout chez la femme jeune, caractérisé par une obésité, une hypertension artérielle, une ostéoporose, une insuffisance génitale, des vergetures pourpres, et une hyperglycémie. Il est dû à l'hypersécrétion des hormones glycocorticoïdes du cortex surrénal. Celle-ci provient soit d'un excès d'ACTH, lié à une *affection neuro-hypophysaire*, c'est la *maladie de Cushing* ; soit d'une *tumeur corticosurrénale* : c'est le *syndrome de Cushing* qui peut être aussi la conséquence d'un long traitement par les corticoïdes.

CUSHINGOÏDE, *adj.* Qui ressemble à la maladie de Cushing.

CUSPIDE, *s. f.* Pointe aiguë et allongée. P. ex. *c. dentaire, c. des valves cardiaques.*

CUTIRÉACTION, *s. f.* Réaction cutanée inflammatoire survenant au point où l'on a déposé, après une légère scarification, une très petite quantité d'un antigène, quand le sujet lui est sensibilisé. — *c.* pratiquée à la tuberculine.

CV. 1° (pneumologie). Capacité vitale. — 2° (ophtalmologie). Champ visuel.

CYANOGÈNE, *adj.* Qui produit la cyanose.

CYANOSE, *s. f.* Coloration bleue des téguments due à l'augmentation, dans le sang capillaire, de l'hémoglobine réduite dont le taux dépasse 5 g par 100 ml.

CYANOSÉ, ÉE *adj.* Se dit de la couleur bleu violacé présentée par la face, les lèvres, etc., en cas de gêne importante de l'hématose. — *s. m.* Malade atteint de cyanose.

CYCLIQUE, *adj.* Se dit d'une maladie dont l'évolution passe par des étapes successives.

CYCLITE, *s. f.* Inflammation du corps ciliaire de l'œil.

CYCLODUCTION, *s. f.* Mouvement rotatoire de l'œil autour de l'axe antéro-postérieur.

CYCLOSPORINE, *s. f.* ou **CICLOSPORINE,** *s. f.* Polypeptide immunosuppresseur d'origine fongique.

CYCLOTHYMIE, *s. f.* Anomalie psychique caractérisée par des alternances de périodes d'excitation et de dépression mélancolique.

CYLINDRAXE, *s. m.* V. *neurone.*

CYLINDRES URINAIRES. Petits cylindres microscopiques de substance protéique, qui se produisent dans les tubes urinifères et en prennent la forme. On les trouve dans les urines. On décrit des *cylindres amorphes* et des *cylindres* constitués par des *éléments figurés.*

CYLINDRURIE, *s. f.* Présence dans les urines de cylindres d'origine rénale.

CYPHOSCOLIOSE, *s. f.* Double déviation de la colonne vertébrale à convexité postérieure et latérale.

CYPHOSE, *s. f.* Déviation de la colonne vertébrale à convexité postérieure.

CYST... Racine grecque signifiant *vessie*.

CYSTADÉNOME, *s. m.* Tumeur bénigne développée aux dépens d'un parenchyme glandulaire et creusée de cavités kystiques.

CYSTALGIE, *s. f.* Névralgie de la vessie.

CYSTECTASIE, *s. f.* Dilatation de la vessie.

CYSTECTOMIE, *s. f.* Résection totale ou partielle de la vessie.

CYSTICERCOSE, *s. f.* Maladie causée par le développement de cysticerques dans l'organisme, et en particulier de la larve de *Tænia solium*.

CYSTICERQUE, *s. m.* Nom donné aux tænias vésiculaires pendant le stade de leur évolution qui succède à l'état larvaire.

CYSTICITE, *s. f.* Inflammation du canal cystique.

CYSTINE, *s. f.* Acide aminé soufré.

CYSTIQUE, *adj.* Qui appartient à la vessie ou à la vésicule biliaire. — *conduit c.* Segment de la voie biliaire accessoire reliant la vésicule à la voie biliaire principale.

CYSTITE, *s. f.* Inflammation de la vessie.

CYSTOCÈLE, *s. f.* Hernie de la vessie.

CYSTOGRAPHIE, *s. f.* Radiographie de la vessie remplie d'une substance opaque aux rayons X.

CYSTOMANOMÉTRIE, *s. f.* V. *cystométrie*.

CYSTOMÉTRIE, *s. f.* Syn. *cystomanométrie*. Mesure de la capacité et de diverses pressions vésicales lorsqu'on la remplit progressivement avec de l'eau.

CYSTOPEXIE, *s. f.* Fixation de la paroi antérieure de la vessie à la paroi abdominale au-dessus de la symphyse pubienne.

CYSTOPLASTIE, *s. f.* Opération ayant pour but de réparer la vessie.

CYSTOPLÉGIE, *s. f.* Paralysie de la vessie.

CYSTOSCOPE, *s.* Instrument qui permet, après cathétérisme de l'urètre, de regarder dans la vessie en éclairant sa cavité.

CYSTOSCOPIE, *s. f.* Examen de la vessie à l'aide du cystoscope.

...CYTE. Désinence grecque indiquant, à quelques exceptions près une *cellule mûre* : érythrocyte, lymphocyte.

CYTOCHIMIE, *s. f.* Réactions chimiques intracellulaires.

CYTOCHROME, *s. m.* Pigment protéique contenant du fer et jouant un rôle essentiel dans la respiration cellulaire.

CYTOCINÈSE ou **CYTOKINÈSE**, *s. f.* Modifications cytoplasmiques survenant pendant la mitose ou la méiose.

CYTODIAGNOSTIC, *s. m.* Recherche des diverses formes cellulaires normales ou pathologiques trouvées dans les liquides organiques ou recueillies par raclage d'une lésion.

CYTOLOGIE, *s. f.* Etude de la cellule considérée au point de vue de sa constitution intime, de sa forme et de son évolution.

CYTOLYSE, *s. f.* Dissolution ou destruction des cellules.

CYTOPATHOGÈNE, *adj.* Qui provoque un état pathologique de la cellule.

CYTOPATHOLOGIE, *s. f.* Etude des maladies de la cellule.

CYTOPÉNIE, *s. f.* Diminution du nombre des cellules.

CYTOPONCTION, *s. f.* Prélèvement cellulaire effectué à la seringue et avec une aiguille fine, au niveau d'un tissu ou d'un organe.

CYTOSQUELETTE, *s. m.* Ensemble de filaments d'actine qui forment l'armature de la cellule et lui donnent sa forme, sa plasticité et sa mobilité.

CYTOSTATIQUE, *adj.* Qui arrête la multiplication des cellules.

CYTOTOXICITÉ, *s. f.* Pouvoir destructeur envers les cellules.

CYTOTROPE, *adj.* Qui a de l'affinité pour les cellules.

D

d. 1° Symbole de *dalton*. — 2° Symbole de *déci*.

da. Symbole de *déca*.

DACRY... Préfixe grec signifiant *larme*.

DACRYADÉNITE ou **DACRYOADÉNITE,** *s. f.* Inflammation de la glande lacrymale.

DACRYOCYSTITE, *s. f.* Inflammation du sac lacrymal.

DACRYOGÈNE, *adj.* Préférable à *lacrymogène ;* v. ce terme.

DACRYOLITHE, *s. m.* Calcul formé dans les conduits lacrymaux.

DACTYL... Préfixe grec signifiant *doigt*.

DACTYLOPHASIE, *s. f.* Procédé employé par les sourds-muets pour communiquer entre eux et dans lequel les sons se trouvent remplacés par les mouvements des doigts.

DACTYLOSCOPIE, *s. f.* Etude des empreintes digitales destinée à l'identification des individus.

DAKIN (liqueur ou **soluté de)** (Henry D., 1880-1952, pharmacien américain). Liquide antiseptique de couleur rosée à base d'eau de Javel.

DALIBOUR (eau de) (Jacques D., XVIIIᵉ siècle, chirurgien français). Solution aqueuse antiseptique à base de sulfate de zinc et de sulfate de cuivre.

DALTON, *s. m.* (symbole : d.) (John D., 1766-1844, chimiste britannique). Unité de masse moléculaire égale à celle d'un atome d'hydrogène.

DALTONIEN, IENNE, *adj.* (John Dalton, 1766-1844, chimiste britannique). Se dit d'un sujet atteint de *daltonisme*.

DALTONISME, *s. m.* (John Dalton, 1766-1844, chimiste britannique). Trouble de la vue héréditaire qui consiste dans l'abolition de la perception de certaines couleurs, généralement le rouge et le vert.

DARWINISME, *s. m.* (Charles D., 1809-1882, naturaliste britannique). Théorie qui explique le *transformisme* par la sélection naturelle due à la lutte pour l'existence.

DAVIER, *s. m.* Pince très solide ayant de longs bras de levier et des mors très courts, utilisée en chirurgie osseuse et dans la pratique de l'art dentaire.

DCI. Abréviation de *Dénomination Commune Internationale*.

DDT. V. *dichloro-diphényl-trichloré-thane.*

DÉBILE, *adj.* Qui est atteint d'une des formes de débilité.

DÉBILITÉ, *s. f.* Manque de force. — *d. intellectuelle.* Degré le moins accentué d'arriération mentale. Il comporte un retard intellectuel moins profond que l'idiotie et l'imbécillité. — *d. mentale.* Nom donné à un certain genre de fausseté de jugement s'exerçant quel que soit le degré des acquisitions intellectuelles. La *d. m.* correspond à ce qu'on appelle dans le langage courant la *sottise.*

DÉBIT CARDIAQUE (symbole $\dot{Q}$ ou $\dot{Q}c$). Quantité de sang propulsée par chaque ventricule du cœur en une minute (5,5 l en moyenne).

DÉBIT-MINUTE, *s. m.* V. *Addis-Hamburger* (*technique d'*).

DÉBRIDEMENT, *s. m.*. Opération supprimant l'étranglement d'un organe en sectionnant la bride qui le comprime.

DÉCA... (symbole : da). Préfixe signifiant *10 fois.*

DÉCALCIFICATION, *s. f.* Diminution de la quantité de calcium contenue dans le squelette.

DÉCALVANT, ANTE, *adj.*. Qui provoque la chute des cheveux.

DÉCANULATION, *s. f.* Enlèvement d'une canule.

DÉCARBOXYLATION, *s. f.* Élimination d'une molécule de CO_2 au cours de la dégradation, dans l'organisme, des substances alimentaires.

DÉCÈS, *s. m.* Mort.

DÉCHOQUAGE, *s. m.* Traitement du choc.

DÉCI... (symbole : d). Préfixe signifiant 10^{-1}.

DÉCIBEL, *s. m.* ou **dB.** Sous-multiple du *bel,* employé plus couramment que le *bel.* Unité logarithmique d'intensité sonore.

DÉCIDUAL, ALE, *adj.* Qui concerne la caduque, c'est-à-dire la portion de la muqueuse utérine qui, après l'accouchement, sera expulsée avec le placenta.

DÉCLAMPAGE, *s. m.* Ablation d'un clamp.

DÉCLARATION OBLIGATOIRE (maladies à). Ce sont en France, selon le décret du 10-6-1986: **1)** des affections justiciables de mesures exceptionnelles au niveau national ou international : choléra, peste, variole, fièvre jaune, rage, typhus exanthématique, fièvres hémorragiques africaines ; **2)** d'autres affections relevant de mesures à l'échelon local : fièvres typhoïde et paratyphoïde, tuberculose, tétanos, poliomyélite antérieure aiguë, diphtérie, méningite cérébrospinale à méningocoques et méningococcémies, toxi-infections alimentaires collectives, botulisme, paludisme autochtone et d'importation dans les départements d'outre-mer, légionelloses, SIDA et brucellose. V. *quarantenaires (maladies).*

DÉCLIVE, *adj.* Se dit du point le plus bas d'une plaie, d'un épanchement ou d'une partie quelconque du corps.

DÉCOCTION, *s. f.* 1° Ebullition dans un liquide, de substances médicamenteuses dont on veut extraire les principes actifs. — 2° Syn. *décocté.* Liquide résultant de cette opération.

DÉCOLLEMENT DE LA RÉTINE (ou *d. rétinien*). Affection due au clivage des deux feuillets de la rétine, l'externe et l'interne avec interposition de liquide.

DÉCOMPENSATION, *s. f.* Rupture de l'équilibre réalisé par la compensation.

DÉCOMPENSÉ, SÉE, *adj.* Se dit d'une lésion dont les effets nuisibles se manifestent à la suite de la rupture de l'équilibre réalisé jusque-là par la compensation.

DÉCONDITIONNEMENT, *s. m.* Abolition d'un réflexe conditionné.

DÉCONTRACTION, *s. f.* Relâchement du muscle succédant à la contraction.

DÉCORTICATION, *s. f.* 1° Séparation chirurgicale d'un organe et de son enveloppe fibreuse. — 2° Ablation des couches superficielles d'un organe.

DÉCOURS, *s. m.* Période de déclin d'une maladie.

DÉCRÉMENT, *s. m.* Diminution, raccourcissement. V. *incrément.*

DÉCRÉMENTIEL, ELLE, *adj.* Décroissant.

DÉCUBITUS, *s. m.* Attitude du corps reposant sur un plan horizontal.

DÉCUSSATION, *s. f.* 1° Croisement en X. — 2° (neurologie). Franchissement de la ligne médiane par certains faisceaux nerveux.

DÉFÉCATION, *s. f.* 1° Expulsion des fèces par l'extrémité inférieure du rectum. — 2° Séparation des sédiments qui se forment dans un liquide et décoloration de ce dernier.

DÉFÉRENT (conduit). Syn. *canal déférent.* Portion des voies spermatiques comprise entre l'épididyme et la vésicule séminale.

DÉFÉRENTITE, *s. f.* Inflammation des conduits déférents.

DÉFÉRENTOGRAPHIE, *s. f.* Radiographie avec injection d'un produit opaque dans le conduit déférent.

DÉFERVESCENCE, *s. f.* Diminution ou disparition complète de la fièvre.

DÉFIBRILLATEUR, TRICE, *adj.* Qui supprime la fibrillation. — *s. m.* Appareil employé pour arrêter la fibrillation cardiaque au moyen d'un *choc électrique.*

DÉFIBRILLATION, *s. f.* Suppression d'une fibrillation musculaire.

DÉFIBRINATION, *s. f.* Disparition de la fibrine du sang, qui devient incoagulable.

DÉFICIENCE, *s. f.* Insuffisance, épuisement.

DÉFLEXION, *s. f.* 1° Extension de la tête du fœtus pendant l'accouchement. — 2° (électrocardiographie). Déviation du tracé au-dessus ou au-dessous de la ligne isoélectrique, pendant le passage du courant cardiaque.

DÉFLORATION, *s. f.* Action d'enlever à une fille sa virginité.

DÉFORMATION, *s. f.* Anomalie acquise d'une partie du corps. V. *malformation.*

DÉFOULEMENT, *s. m.* Retour dans le conscient de souvenir, d'idée ou d'émotion jusque-là refoulés dans le subconscient (v. *refoulement*).

DÉFRÉNATION, *s. f.* Section des nerfs dépresseurs de la tension artérielle, ou énervation des zones vasosensibles aortiques et sinucarotidiennes.

DÉGAGEMENT, *s. m.* (obstétrique). Ensemble des évolutions qui permettent à la présentation fœtale de franchir le détroit inférieur et l'orifice vulvaire.

DÉGÉNÉRATION, *s. f.* V. *dégénérescence.*

DÉGÉNÉRESCENCE, *s. f.* Syn. *dégénération.* Dégradation totale ou partielle d'un organisme. En anatomie pathologique, modification d'un tissu ou d'un organe dont les cellules se transforment en ou sont infiltrés par une substance inerte.

DÉGÉNÉRESCENCE HÉPATO-LENTICULAIRE. Affection héréditaire, apparaissant chez les adolescents et caractérisée par la dégénérescence des noyaux gris centraux du cerveau ; par une atteinte hépatique, évoluant parfois vers la cirrhose ; par des troubles pigmentaires dont le principal est le cercle cornéen de Kayser-Fleischer et par des troubles importants du métabolisme du cuivre.

DÉGLOBULISATION, *s. f.* Diminution du nombre des globules rouges du sang.

DÉGLUTITION, *s. m.* Action d'avaler.

DÉGRANULATION, *s. f.* Disparition des granulations contenues dans le protoplasme cellulaire.

DEGRÉ CELSIUS (symbole °C) (Anders C., 1701-1744, savant suédois). Syn. ancien : *degré centigrade.* Unité de mesure de température égale au centième de la différence entre la température de l'eau bouillante (100 °C) et celle de la glace fondante (0 °C).

DEGRÉ CENTIGRADE. V. *degré Celsius.*

DEGRÉ FAHRENHEIT (symbole °F) (Gabriel F. 1686-1736, physicien allemand). Unité britannique de mesure de la température. Pour convertir une température exprimée en degrés F en degrés C, il convient de soustraire 32 et de multiplier par 5/9.

DÉHYDRASE, *s. f.* V. *déshydrase.*

DÉHYDRO... Préfixe grec indiquant la perte d'un atome d'hydrogène.

DÉLÉTÈRE, *adj.* Dangereux, nuisible, toxique.

DÉLÉTION, *s. f.* Amputation, perte, disparition : — 1° (biologie moléculaire) d'un fragment moléculaire. — 2° (génétique) d'un segment de chromosome.

DÉLIRE, *s. m.* Désordre des facultés intellectuelles caractérisé par une suite d'idées erronées, choquant l'évidence, inaccessibles à la critique.

DELIRIUM TREMENS. Délire alcoolique aigu accompagné d'agitation et de tremblement. Il évolue de façon paroxystique, en quelques jours, et s'accompagne de fièvre, de sueurs et de déshydratation.

DÉLIVRANCE, *s. f.* Expulsion naturelle ou extraction des annexes du fœtus (cordon, placenta, membranes).

DELTA. Quatrième lettre de l'alphabet grec (δ) : d.

DELTACORTISONE, *s. f.* Syn. *prednisone.* Composé stéroïde de synthèse, obtenu par déshydrogénation de la cortisone.

DELTA-HYDROCORTISONE, *s. f.* Syn. *prednisolone.* Composé stéroïde de synthèse, obtenu par déshydrogénation de l'hydrocortisone.

DELTOÏDE, *adj.* En forme de delta, triangulaire. — *muscle d.* Muscle formant l'arrondi de l'épaule, puissant abducteur du bras.

DÉMARCHE, *s. f.* Manière de marcher.

DÉMENCE, *s. f.* Diminution importante et irréversible des facultés intellectuelles.

DÉMINÉRALISATION, *s. f.* Elimination d'une quantité exagérée de substances minérales, essentiellement phosphore et calcium.

DEMI-VIE. Temps nécessaire pour que la moitié de la quantité d'une substance introduite dans l'organisme en soit éliminée.

DÉMOGRAPHIE, *s. f.* Application des statistiques à l'étude collective de l'homme. Elle étudie l'état et les mouvements de la population.

DÉMYÉLINISATION, *s. f.* Disparition de la gaine de myéline qui entoure le cyclindraxe d'une fibre nerveuse.

DENDRITE, *s. m.* V. *neurone.*

DENGUE, *s. f.* Maladie endémo-épidémique provoquée par un Arbovirus inoculé par un moustique, caractérisée par un début brutal, des douleurs musculaires et articulaires, une température oscillant autour de 38° avec rémission vers le 4e jour. Après une recrudescence fébrile, la guérison est de règle.

DÉNOMINATION COMMUNE INTERNATIONALE (DCI). Terme désignant une préparation pharmaceutique précise et homologuée par l'Organisation Mondiale de la Santé.

DENSITOMÉTRIE, *s. f.* Mesure de la densité, optique en particulier.

DENT, *s. f.* Petit organe dur et blanchâtre destiné à broyer les aliments, implanté sur le rebord alvéolaire du maxillaire et de la mandibule. La *d.* comporte une racine implantée dans l'os et une couronne qui en émerge. — *d. de lait.* 20 dents temporaires de l'enfant qui tomberont et seront remplacées à partir de 7 ans par des *d. permanentes* : il en existe 32 (2 incisives, 1 canine, 2 prémolaires et 3 molaires par demi-mâchoire). — *d. de sagesse.* 3ème molaire d'apparition tardive. — *d. de l'axis.* V. *axis.*

DENTINE, *s. f.* Syn. *ivoire.* Tissu blanchâtre constituant la dent.

DENTITION, *s. f.* Formation des dents. V. *denture.*

DENTOME, *s. m.* Syn. *odontome, paradentome.* Tumeur bénigne de la dent adulte, dont elle reproduit la structure histologique.

DENTURE, *s. f.* Ensemble des dents naturelles, considéré à un moment déterminé. — *d. lactéale.* Les dents de lait. V. *dentition.*

DÉNUDATION, *s. f.* Action de mettre à nu, d'exposer.

DÉNUTRITION, *s. f..* Trouble de la nutrition caractérisé par l'excès de la désassimilation sur l'assimilation.

DENVER (classification de) (ville du Colorado, USA). Classification des 23 paires de chromosomes humains d'après leur taille et la position de leur centromère.

DÉONTOLOGIE, *s. f.* Partie de la médecine qui traite des devoirs des médecins.

DÉPENDANCE, *s. f.* V. *pharmacodépendance.*

DÉPERSONNALISATION, *s. f.* Impression de ne plus être soi-même.

DÉPIGMENTATION, *s. f.* Perte de coloration.

DÉPILATION, *s. f.* Chute des poils.

DÉPISTAGE, *s. m.* Recherche de certaines affections inapparentes, par des examens effectués systématiquement dans des collectivités.

DÉPLÉTIF, IVE, *adj.* Qui diminue la masse de liquide contenue dans l'organisme.

DÉPLÉTION, *s. f.* Diminution de la quantité de liquide, et en particulier de sang, contenu dans l'organisme.

DÉPOLARISATION, *s. f.* Pertes de charges électriques positives. La *d.* de la surface de la fibre musculaire est la conséquence de son activation ; sur l'électrocardiogramme elle correspond à l'onde QRS.

DÉPRESSION, *s. f.* Diminution du tonus neuropsychique.

DÉPURATIF, IVE, *adj.* Qui purifie l'organisme ; qui élimine les toxines ou les poisons. — *s. m.* Médicament passant pour avoir la propriété de débarrasser les humeurs de leurs principes nuisibles.

DÉRIVATION, *s. f.* 1° (chirurgie). Intervention destinée à rétablir la circulation d'aval dans un conduit dont un segment est oblitéré, en abouchant ensemble les portions sus et sous-jacentes à l'obstacle. V. *pontage* et *shunt.* — 2° (cardiologie). Mode de connexion des deux électrodes de l'électrocardiographe avec le sujet.

DERM... Préfixe grec signifiant *peau.*

DERMATITE, *s. f.* Syn. *dermite.* Inflammation de la peau.

DERMATOFIBROME, *s. m.* Tumeur fibreuse de la peau.

DERMATOGLYPHE, *s. m.* Dessins formés sur les paumes des mains, les plantes des pieds et la pulpe des doigts, par les plis cutanés, les crêtes et les sillons dermiques.

DERMATOLOGIE, *s. f.* Partie de la médecine qui s'occupe des maladies de la peau, des muqueuses voisines et des phanères.

DERMATOMYCOSE, *s. f.* Syn. *dermatophytie, dermatophytose.* Nom générique donné aux maladies de la peau causées par des champignons parasites (dermatophytes).

DERMATOMYOME, *s. m.* Myome de la peau, développé aux dépens des fibres musculaires lisses.

DERMATOMYOSITE, *s. f.* Affection de cause inconnue, caractérisée par un érythème accompagné d'œdème, débutant à la face, puis gagnant le cou et les mains et une inflammation de muscle. On la considère comme une maladie du collagène.

DERMATOPHYTIE, *s. f.* ou **DERMATOPHYTOSE,** *s. f.* V. *dermatomycose.*

DERMATOSE, *s. f.* Nom générique de toutes les affections de la peau.

DERME, *s. m.* Partie profonde, conjonctive, nourricière de la peau, située entre l'épiderme et l'hypoderme.

...DERMIE. Suffixe grec signifiant *peau.*

DERMITE, *s. f.* V. *dermatite.*

DERMOGRAPHIE, *s. f.* ou **DERMOGRAPHISME,** *s. m.* Tuméfaction cutanée dessinée par la pointe d'un instrument mousse.

DERMOÏDE, *adj.* Dont la structure rappelle celle de la peau.

DÉROTATION, *s. f.* Opération destinée à remédier à l'attitude d'un membre en rotation interne irréductible.

DÉROULEMENT AORTIQUE. Aspect radiologique anormal de la crosse de l'aorte vue en position oblique antérieure gauche : elle élargit son cercle et barre transversalement l'ombre rachidienne.

DÉSAMINATION, *s. f.* Dégradation d'un acide aminé, caractérisée par la perte du radical amine (NH_2).

DÉSARTICULATION, *s. f.* Amputation au niveau d'une articulation.

DÉSASSIMILATION, *s. f.* Processus par lequel les organismes vivants dégradent des éléments de leur propre substance puis les éliminent.

DÉSENSIBILISATION, *s. f.* Procédé par lequel on arrive à faire disparaître la sensibilité anormale ou l'intolérance de certains sujets à divers antigènes.

DÉSÉQUILIBRATION, *s. f.* Perte de la possibilité, pour l'organisme, de maintenir l'équilibre du corps.

DÉSHYDRASE, DÉHYDRASE ou **DÉSHYDROGÉNASE,** *s. f.* Enzyme capable de libérer par déshydrogénation l'hydrogène des molécules organiques lors de leur combustion in vivo.

DÉSHYDRATATION, *s. f.* Perte d'eau.

DÉSHYDROGÉNASE, *s. f.* V. *déshydrase.*

DÉSINFECTANT, ANTE, *adj.* Se dit de substances à l'aide desquelles on pratique la désinfection.

DÉSINFECTION, *s. f.* Opération qui a pour but de débarrasser les téguments, les locaux et le mobilier des germes qui s'y trouvent.

DÉSINHIBITION, *s. f.* (neurologie). Libération des centres psychiques et moteurs inférieurs, sous-corticaux et automatiques, du contrôle des centres psychiques supérieurs corticaux.

DÉSINSERTION, *s. f.* Arrachement, de son point d'attache, d'un muscle, d'un tendon ou d'une membrane.

DÉSINTOXICATION, *s. f.* Action par laquelle l'organisme se débarrasse ou est débarrassé des toxines qui l'imprègnent.

DÉSINVAGINATION, *s. f.* Réduction d'une invagination.

DESMODONTE, *s. m.* Ligament alvéolo-dentaire.

DESMODONTITE, *s. f.* Inflammation du desmodonte.

DESMODONTOSE, *s. f.* Dégénérescence du desmodonte.

DESMOÏDE (tumeur). Tumeur formée de tissus dérivés du mésenchyme, siégeant au niveau de la peau ou des muscles de la paroi abdominale.

DÉSOBLITÉRATION ou **DÉSOBSTRUCTION ARTÉRIELLE.** Ablation d'un corps étranger bouchant une artère.

DÉSODÉ, DÉE, *adj.* Dépourvu de sodium. — *régime d.*

DÉSORIENTATION, *s. f.* Perte de la notion de l'espace et du temps, et parfois aussi de celle du schéma corporel.

DÉSOXYCORTICOSTÉRONE, *s. f.* Syn. *DOCA.* Substance synthétique dont l'action, identique aux hormones minéralotropes corticosurrénales, favorise la fixation du sodium et de l'eau et l'excrétion du potassium.

DÉSOXYRIBONUCLÉIQUE (acide) (ADN ou **DNA).** Molécule géante formant les chromosomes et comportant deux chaînes spiralées faites de groupements sucre (désoxyribose) et phosphate alternés, réunies par des bases azotées, puriques ou pyrimidiques.

DÉSOXYRIBONUCLÉOPROTÉINE, *s. f.* **(DNP).** Molécule constituée d'acide désoxyribonucléique et de protéine, et présente dans le noyau cellulaire.

DÉSOXYRIBOSE, *s. m.* Pentose dérivé par réduction du ribose.

DESQUAMATION, *s. f.* Exfoliation de l'épiderme sous forme de squames ou de plaques.

DÉTECTION, *s. f.* Recherche.

DÉTERGER, *v.* Nettoyer une plaie.

DÉTERSIF, IVE, *adj.* Se dit de substances qui avivent les plaies torpides et en favorisent la cicatrisation.

DÉTOXICATION, *s. f.* ou **DÉTOXIFICATION,** *s. f.* Neutralisation du pouvoir toxique de certains corps par leur combinaison avec d'autres substances.

DÉTROIT, *s. m.* (obstétrique). Nom donné aux deux rétrécissements du bassin osseux. — 1° *d. inférieur.* Orifice inférieur du petit bassin. C'est le lieu de dégagement de la présentation. — 2° *d. supérieur.* Rétrécissement qui sépare le grand bassin du pelvis ou petit bassin. C'est le lieu de l'engagement de la présentation.

DÉTRUSOR, *s. m.* Muscle vésical.

DÉTUBAGE, *s. m.* Enlèvement d'un tube.

DÉTUMESCENCE, *s. f.* Dégonflement du corps ou d'une de ses parties.

DEUTÉRANOPE, *adj.* Se dit de l'œil incapable de voir le vert.

DÉVIRILISATION, *s. f.* Syn. *démasculinisation.* Disparition, chez l'homme, des caractères sexuels qui lui sont particuliers.

DÉVITALISATION, *s. f.* Destruction de la pulpe dentaire.

DEXTRAN, *s. m.* (DCI). Polymère du glucose (ou *dextrose*) utilisé en solution aqueuse comme substitut du plasma.

DEXTROCARDIE, *s. f.* Déplacement du cœur dans l'hémithorax droit.

DEXTROGYRE, *adj.* Qui fait tourner à droite.

DEXTROPOSITION DE L'AORTE. Syn. *aorte à cheval, aorte biventriculaire.* Déviation vers la droite de l'origine de l'aorte, qui naît à cheval sur le septum, au niveau d'une communication interventriculaire, et reçoit le sang des deux ventricules (tétralogie de Fallot).

DEXTROSE, *s. m.* V. *glucose.*

DIA... Préfixe grec indiquant une notion de pénétration.

DIABÈTE, *s. m.* Employé seul, ce mot désigne le diabète sucré.

DIABÈTE BRONZÉ. Forme complète de l'hémochromatose primitive.

DIABÈTE INSIPIDE. Affection caractérisée par une polydipsie et une polyurie intenses, sans modification de l'urine autre que sa faible densité ; elle est due à un déficit en hormone antidiurétique ou vasopressine.

DIABÈTE INSULINO-DÉPENDANT ou **INSULINOPRIVE.** V. *diabète sucré.*

DIABÈTE NON INSULINO-DÉPENDANT ou **NON INSULINOPRIVE.** V. *diabète sucré.*

DIABÈTE RÉNAL. Affection héréditaire caractérisée par une glycosurie permanente coexistant avec une glycémie normale. Elle est due à une anomalie de la portion proximale du tube rénal qui ne réabsorbe pas le glucose.

DIABÈTE SUCRÉ. Trouble du métabolisme hydrocarboné lié soit à un déficit d'insuline, soit à une résistance anormale à cette hormone. On distingue le diabète *type 1* insulinoprive ou insulinodépendant et le diabète *type 2* non insulinoprive ou non insulinodépendant. Le premier requiert impérativement pour son traitement l'administration d'insuline ; on l'observe le plus souvent chez des sujets jeunes. Il est dû à l'absence d'insuline, les cellules du pancréas ayant été détruites, très probablement par des auto-anticorps. Le deuxième type, le plus fréquent, est habituellement celui de la maturité ; dans ce type, l'insuline, normalement sécrétée, est mal utilisée par les récepteurs cellulaires de cette hormone.

DIABÈTE TYPE 1, TYPE 2. V. *diabète sucré.*

DIABÉTIQUE, *adj.* Qui concerne le diabète. — *s. m.* ou *f.* Sujet atteint de diabète.

DIABÉTOGÈNE, *adj.* Qui détermine le diabète.

DIADOCOCINÉSIE, *s. f.* Faculté de faire se succéder rapidement certains mouvements, comme la pronation et la supination alternatives du poignet. Cette fonction est troublée chez les cérébelleux et dans la sclérose en plaques.

DIAGNOSTIC, *s. m.* Acte par lequel le médecin, groupant les symptômes qu'offre son patient, les rattache à une maladie.

DIAGNOSTIC DIFFÉRENTIEL. Elimination par le raisonnement, des affections voisines de celle que cherche à identifier le médecin.

DIAGNOSTIC ÉTIOLOGIQUE. Recherche de la cause des affections.

DIALYSE, *s. f.* Procédé permettant de changer la répartition des molécules dissoutes dans 2 liquides différents séparés par une membrane semi-perméable. Cette méthode de séparation des substances dissoutes est utilisée dans les divers procédés d'épuration extrarénale.

DIAPÉDÈSE, *s. f.* Migration des leucocytes hors des capillaires.

DIAPHANOSCOPIE, *s. f.* V. *transillumination.*

DIAPHRAGME, *s. m.* Cloison musculotendineuse séparant les cavités thoracique et abdominale. En forme de voûte à concavité inférieure comportant 2 coupoles droite et gauche, il présente divers orifices laissant passer notamment l'aorte, la veine cave inférieure et l'œsophage. Le d. est le principal muscle respiratoire.

DIAPHYSE, *s. f.* Corps d'un os long.

DIARRHÉE, *s. f.* Fréquence et liquidité des selles.

DIARTHROSE, *s. f.* Articulation mobile dont la cavité est limitée par une synoviale, les extrémités osseuses étant recouvertes de cartilage et réunies par une capsule articulaire et des ligaments. P. ex. *genou.*

DIASTASE, *s. f.* Enzyme.

DIASTASIS, *s. m.* Ecartement permanent de deux surfaces articulaires appartenant à deux os parallèles, comme le tibia et le péroné, etc.

DIASTÈME, *s. m.* Ecartement anormal de deux dents, en général les incisives médianes supérieures.

DIASTOLE, *s. f.* Relâchement du cœur. La d. des oreillettes précède celle des ventricules. Celle-ci correspond au grand silence.

DIASTOLIQUE, *adj.* Qui se rapporte à la diastole.

DIATHERMIE, *s. f.* Utilisation des courants de haute fréquence à forte intensité pour obtenir le développement d'effets thermiques dans les tissus.

DICHLORO-DIPHÉNYL-TRICHLORÉTHANE, *s. m.* **(DDT).** Insecticide organochloré.

DICHROMATE, *adj.* Se dit de l'œil qui ne voit que 2 des 3 couleurs fondamentales.

DID. Abréviation de *diabète insulino-dépendant.* V. *diabète sucré.*

DIDELPHE (utérus). Malformation caractérisée par la présence de deux utérus et de deux vagins indépendants.

DIDUCTION, *s. f.* Mouvements latéraux de la mandibule.

DIENCÉPHALE, *s. m.* Partie postérieure du prosencéphale unissant le mésencéphale et les hémisphères cérébraux. Disposé autour du 3e ventricule, il comprend le thalamus, l'hypothalamus et l'épithalamus.

DIENCÉPHALITE, *s. f.* Inflammation du diencéphale.

DIENCÉPHALO-HYPOPHYSAIRE, *adj.* Qui se rapporte au diencéphale et à l'hypophyse.

DIÈTE, *s. f.* 1° Régime. — 2° Emploi raisonné de nourriture.

DIÉTÉTIQUE, *adj.* Qui a rapport au régime. — *s. f.* Etude de l'hygiène et de la thérapeutique alimentaire.

DIÉTHYLSTILBŒSTROL, *s. m.* Œstrogène de synthèse.

DIFFÉRENCIATION, *s. f.* (hématologie). Evolution aboutissant à la cellule mature, à partir de la cellule-souche.

DIFFÉRENCIATION (classes d'antigènes de) (CD). Nomenclature internationale des antigènes de différenciation, ou marqueurs de surface. Ceux-ci permettent l'identification de diverses variétés d'éléments figurés du sang, à la superficie desquels ils sont fixés, grâce à des anticorps monoclonaux.

DIFFLUENT, ENTE, *adj.* Se dit des tissus ramollis ayant une consistance presque liquide.

DIGASTRIQUE, *adj.* Qui possède deux ventres. — *muscle d.* muscle possédant un tendon intermédiaire, p. ex. au cou, le *m. d.* et le *m. omohyoïdien*.

DIGESTION, *s. f.* Transformation que subissent les aliments ingérés, pour les rendre assimilables par l'organisme.

DIGITAL, ALE, *adj.* Qui concerne le doigt.

DIGITALE, *s. f.* Nom commun d'un genre de plantes répandues en Europe, dont on extrait divers cardiotoniques, les glucosides digitaliques.

DIGITALISATION, *s. f.* 1° Traitement par la digitale ou ses dérivés. — 2°. Syn. *numérisation*. Traitement numérique d'un signal, aboutissant à une variété d'imagerie dite numérisée. V. *imagerie médicale*.

DIGITIFORMES (impressions). Zones multiples d'amincissement de la table interne de la voûte du crâne en forme d'empreintes digitales.

DIHYDROERGOTAMINE (DHE) (DCI). Substance alphasympathicolytique dérivée de l'ergot de seigle, employée notamment dans le traitement de la migraine.

DILACÉRATION, *s. f.* Déchirement fait avec violence.

DILATATION DES BRONCHES (DDB). Syn. *bronchectasie*. Augmentation de calibre avec destruction de la charpente musculaire et élastique de la bronche et provoquant une bronchorrhée chronique.

DIMIDIÉ, IÉE, *adj.* Qui concerne seulement une moitié du corps.

DIMORPHISME, *s. m.* Propriété de se présenter sous deux aspects.

DIOPTRIE, *s. f.* Unité employée dans la mesure de la réfraction des lentilles et de l'œil considéré comme système optique.

DIP, *s. m.* Brève dépression protodiastolique inscrite sur les courbes de pression obtenues par cathétérisme cardiaque dans la péricardite chronique constrictive.

DIPHASIQUE, *adj.* Se dit de tout ce qui présente dans son existence ou dans son évolution deux périodes alternantes.

DIPHTÉRIE, *s. f.* Maladie contagieuse, caractérisée par des pseudo-membranes fibrineuses localisées au pharynx et au larynx et très riches en bacille de Löffler ou *Corynebacterium diphteriæ*, et par des phénomènes d'intoxication générale (paralysies, myocardite) dus aux toxines sécrétées par ce microbe.

DIPLACOUSIE, *s. f.* Perception simultanée par une oreille, ou par les deux oreilles, de deux sons de hauteur différente ou séparés par un court laps de temps.

DIPLÉGIE, *s. f.* Paralysie bilatérale, atteignant symétriquement des régions du corps plus ou moins étendues.

DIPLOBACILLE, *s. m.* Microorganisme ayant la forme de deux bâtonnets accolés.

DIPLOCOQUE, *s. m.* Micrococque formé de deux éléments associés. P. ex. : *pneumocoque, gonocoque.*

DIPLOÉ, *s. m.* V. *diploique.*

DIPLOÏDE ou **DIPLO,** *adj.* (génétique). Se dit de la constitution des cellules de *soma,* qui possèdent le nombre normal de chromosomes : 2 *n* (23 paires chez l'homme).

DIPLOÏDIE, *s. f.* Etat d'une cellule ou d'un individu diploïde (v. ce terme).

DIPLOÏQUE, *adj.* Qui se rapporte au *diploé* (tissu spongieux des os du crâne séparant les deux tables compactes, externe et interne).

DIPLOPIE, *s. f.* Perception de deux images pour un seul objet.

DIPSOMANIE, *s. f.* Impulsion qui force certains malades mentaux à boire avec excès des liquides généralement alcooliques.

DISCAL, ALE, *adj.* Qui se rapporte à un disque intervertébral. — *hernie d.*

DISCARTHROSE, *s. f.* Variété de rhumatisme chronique dégénératif vertébral caractérisé, sur les radiographies par un pincement de l'interligne discal avec production d'ostéophytes.

DISCITE, *s. f.* Inflammation d'un disque intervertébral.

DISCOPATHIE, *s. f.* Maladie du disque intervertébral.

DISCORADICULOGRAPHIE, *s. f.* Radiculographie appliquée à la recherche des hernies du disque intervertébral.

DISCRET, ÈTE, *adj.* Se dit d'une éruption dont les éléments sont espacés.

DISJONCTION, *s. f.* Séparation de deux os ou de deux organes, normalement accolés.

DISPENSAIRE, *s. m.* Etablissement ne comportant pas de lits d'hospitalisation, où l'on distribue des soins ou des conseils de médecine préventive.

DISPONIBILITÉ BIOLOGIQUE DES MÉDICAMENTS. Syn. *biodisponibilité.* Possibilité pour un médicament d'être résorbé en quantité suffisante et assez rapidement pour être efficace.

DISPOSITIF INTRA-UTÉRIN (DIU). V. *stérilet.*

DISQUE INTERVERTÉBRAL (hernie du). Syn. *hernie discale.* Saillie anormale du disque intervertébral (souvent L4-L5) dans le canal rachidien, due à l'expulsion, en arrière du *nucleus pulposus :* elle provoque une névralgie tenace du sciatique.

DISSECTION, *s. f.* Opération qui consiste à séparer méthodiquement les différents organes, à en étudier les rapports et l'aspect macroscopique.

DISSECTION AORTIQUE. Syn. *anévrisme disséquant de l'aorte.* Clivage de la tunique moyenne de l'aorte se manifestant par un tableau voisin de celui de l'infarctus du myocarde.

DISTAL, ALE, *adj.* Eloigné, terminal. V. *proximal.*

DISTOMATOSE, *s. f.* Nom générique des maladies déterminées par les distomes.

DISTOME, *s. m.* Syn. *douve.* Ver plat, parasitant de nombreux mammifères et l'homme, agent des distomatoses.

DIU. Abréviation de *dispositif intra-utérin.* V. *stérilet.*

DIURÈSE, *s. f.* Elimination des urines.

DIURÉTIQUE, *adj.* Qui augmente la sécrétion urinaire. — *s. m.* Substance pharmaceutique destinée à accroître l'élimination rénale de l'eau et des électrolytes, essentiellement du sodium (salidiurétiques).

DIVERTICULE, *s. m.* Cavité pathologique ou tératologique terminée en cul-de-sac et communiquant avec un conduit naturel (p. ex. *tube digestif*). — *d. de Meckel : d.* situé sur l'intestin grêle à 80 cm environ de la valvule iléocæcale ; c'est un vestige du canal vitellin.

DIVERTICULITE, *s. f.* Inflammation d'un diverticule.

DIVERTICULOSE, *s. f.* Existence de diverticules en un point quelconque du tube digestif : œsophage ou côlon.

DIZYGOTE, *adj.* Syn. *bi-ovulaire, bivitellin.* Se dit des jumeaux à placentas séparés, provenant de deux œufs différents.

DNA. Abréviation du terme anglais signifiant *acide désoxyribonucléique.*

DNID. Abréviation de *diabète non insulino-dépendant.* V. *diabète sucré.*

DNP. Abréviation de *désoxyribonucléoprotéine.*

DOCA. Initiales de *désoxycorticostérone acétate.*

DOCIMASIE, *s. f.* (médecine légale). Terme qui désigne les diverses épreuves auxquelles on soumet les organes d'un cadavre pour déterminer les circonstances de la mort.

DOCIMOLOGIE, *s. f.* Etude des examens.

DOIGTS EN COUP DE VENT. Déformation de la main dont les doigts, en demi-flexion sur les métacarpiens, sont déviés en masse sur le bord cubital. Elle s'observe au cours de la polyarthrite rhumatoïde.

DOLICHO... Préfixe grec indiquant une notion d'allongement.

DOLICHO ET MÉGA-ARTÈRE, *s. f.* Allongement et dilatation d'une artère sur un point de son trajet sans qu'il y ait anévrisme.

DOLICHOCÉPHALIE, *s. f.* Forme du crâne quand il est allongé d'avant en arrière. Elle caractérise certaines races humaines.

DOLICHOCÔLON, *s. m.* Allongement d'un segment de côlon pouvant être accompagné d'une augmentation de son calibre (mégacôlon).

DOLICHOSIGMOÏDE, *s. m.* Allongement anormal de l'anse sigmoïde du côlon.

DOMINANT, ANTE, *adj.* (génétique). Se dit d'un gène qui manifeste son effet même s'il n'existe que sur un seul des chromosomes de la paire. Le *caractère dominant* est le caractère transmis par ce gène.

DONNEUR UNIVERSEL. Nom donné aux individus appartenant au groupe sanguin O. Leurs hématies, privées d'agglutinogène, ne sont agglutinables par aucun sérum.

DOPA, *s. f.* Dihydroxyphénylalanine. Précurseur de la dopamine dérivant de la tyrosine.

DOPAGE, *s. m.* Emploi de médicaments destiné à améliorer artificiellement le rendement physique ou mental, en particulier des athlètes.

DOPAMINE, *s. f.* Acide aminé précurseur de la noradrénaline. La *d.* est un médiateur chimique du système nerveux central et périphérique.

DOPAMINERGIE, *s. f.* Libération de dopamine.

DOPPLER (effet) (Johann D. 1803-1853, physicien autrichien). Modification de la fréquence perçue en raison du déplacement relatif de la source de vibrations et du récepteur.

DOPPLER (examen). Étude renseignant sur le sens, la vitesse et la durée du passage du flux sanguin au moyen d'une sonde émettrice d'ultrasons, jointe à une sonde réceptrice utilisant l'effet Doppler.

DORSAL, ALE, *adj.* Relatif au dos, face postérieure du tronc. — *vertèbres d.* Dénomination ancienne des vertèbres thoraciques.

DORSALGIE, *s. f.* Douleur ayant son siège au niveau du rachis dorsal.

DORSALISATION, *s. f.* Anomalie de développement de la 7e vertèbre cervicale dont l'apophyse costiforme s'est transformée en une côte plus ou moins évoluée (*côte cervicale*). V. *scalène antérieur* (*syndrome du*).

DORSARTHROSE, *s. f.* Rhumatisme chronique dégénératif localisé au rachis dorsal.

DOUBLE ANONYMAT ou **DOUBLE AVEUGLE** (**épreuve en**). Syn. *épreuve en double insu.* Méthode d'essai clinique d'un médicament destinée à éliminer tout élément subjectif dans l'appréciation des résultats. Elle consiste à donner le médicament en le faisant alterner avec un placebo à l'insu du sujet et aussi du médecin.

DOUBLE INSU (épreuve en). V. *double anonymat ou double aveugle* (*épreuve en*).

DOUGLAS (cri ou **signe du)** (James D., 1675-1742, anatomiste écossais). Douleur extrêmement vive, arrachant un cri à la malade, déterminée par la palpation profonde du cul-de-sac de Douglas, chez la femme atteinte de rupture de grossesse extra-utérine.

DOULEUR, *s. f.* Impression anormale et pénible reçue par une partie vivante et perçue par le cerveau. — *d. exquise. :* d. vive et nettement localisée en un point très limité.

DOUVE, *s. f.* V. *distome.*

DOWN (maladie ou **syndrome de)** (J. Langdon D., 1828-1896, médecin britannique). V. *trisomie 21.*

DRACUNCULOSE, *s. f.* Infestation de l'organisme par la filaire de Médine femelle : *Dracunculus medinensis.* Elle se manifeste par une ou plusieurs tumeurs sous-cutanées qui vont s'abcéder ; on peut en extraire les parasites.

DRAGÉE, *s. f.* (pharmacie). Comprimé enrobé de sucre.

DRAIN, *s. m.* Tube percé de trous le long de sa paroi et destiné à assurer le drainage.

DRAINAGE, *s. m.* Traitement des collections liquidiennes, qui consiste à favoriser leur écoulement continu en maintenant la béance de leur orifice par un tube (drain) permettant l'aspiration, par une lame ou par une mèche.

DRÉPANOCYTE, *s. m.* Syn. anglais *sickle cell.* Hématie déformée, en faucille ou en fuseau. V. *drépanocytose.*

DRÉPANOCYTOSE, *s. f.* Présence, dans le sang de certains anémiés de race noire, d'hématies en forme de croissant. V. *anémie à hématies falciformes.*

DROGUE, *s. f.* Médicament dont l'abus peut entraîner une pharmacodépendance.

DROITIER, IÈRE, *adj.* ou *s.* Celui ou celle qui a une tendance innée et irréversible à se servir de sa main et de son pied droits pour tous les mouvements spontanés.

DROP-ATTACK. *s. f.* (anglais). Brusque suspension du tonus postural entraînant la chute par dérobement des jambes, sans perte de connaissance, attribuée à une ischémie paroxystique du tronc cérébral.

Dt. Symbole de la *capacité de diffusion d'un tissu pour un gaz.*

DT. Abréviation de 1° *delirium tremens.* — 2° *(vaccin) antidiphtérique et antitétanique.*

DTC. Abréviation de *(vaccin) antidiphtérique, antitétanique et anticoquelucheux.*

DT-TAB. Abréviation de *(vaccination) antidiphtérique, antitétanique, antityphique et paratyphique A et B.*

DUCTION, *s. f.* Mouvement d'un seul œil (adduction, circumduction).

DUMPING SYNDROME (anglais). V. *chasse (syndrome de).*

DUODÉNECTOMIE, *s. f.* Résection du duodénum.

DUODÉNITE, *s. f.* Inflammation du duodénum.

DUODÉNO-PANCRÉATECTOMIE, *s. f.* Ablation chirurgicale du pancréas et du duodénum.

DUODÉNOSCOPE, *s. m.* Fibroscope destiné à l'exploration visuelle du duodénum.

DUODÉNOTOMIE, *s. f.* Incision du duodénum.

DUODÉNUM, *s. m.* Portion initiale, fixe, de l'intestin grêle, faisant suite au pylore et se continuant par le jéjunum. Il comporte 4 parties, dessinant un anneau, incomplet, ouvert en haut et à gauche. Il reçoit les canaux cholédoque et du pancréas, glande avec lequel il a des rapports étroits.

DUPLICATION, *s. f.* (génétique). Aberration chromosomique consistant en la présence d'un fragment chromosomique surnuméraire fixé sur un autre chromosome.

DUPLICITÉ, *s. f.* Etat de ce qui est double. V. *bifidité.*

DUPUYTREN (maladie de) (Guillaume D., 1777-1835, chirurgien français). Epaississement et raccourcissement de l'aponévrose palmaire entraînant la formation de nodules fibreux et la flexion progressive des 4e et 5e doigts.

DURAL, ALE, ou **DURE-MÉRIEN, ENNE,** *adj.* Qui se rapporte à la dure-mère.

DURE-MÈRE, *s. f.* Membrane fibreuse et résistante constituant la méninge externe. Elle adhère fortement à la boîte crânienne et contient des vaisseaux.

DURILLON, *s. m.* Epaississement localisé de l'épiderme de la paume de la main et de la plante du pied.

DYNAMOGÈNE, *adj.* Qui crée ou augmente la force, l'énergie.

DYNAMOMÈTRE, *s. m.* Instrument destiné à mesurer la force musculaire.

DYNE, *s. f.* (symbole dyn.). Unité de force dans le système CGS remplacée dans le système international d'unités par le newton. 10^5 dynes = 1 newton.

DYS... Préfixe grec indiquant une idée de gêne, de difficulté.

DYSARTHRIE, *s. f.* Difficulté de la parole par spasme ou paralysie des organes de la phonation : langue, lèvres, voile du palais, etc.

DYSARTHROSE, *s. f.* Articulation défectueuse.

DYSAUTONOMIE, *s. f.* Fonctionnement anormal du système nerveux autonome.

DYSBASIE, *s. f.* Difficulté de la marche.

DYSCHROMATOPSIE, *s. f.* Nom générique servant à désigner les troubles de la perception des couleurs.

DYSCHROMIE, s. f. Nom générique de tous les troubles de la pigmentation de la peau.

DYSCINÉSIE, s. f. V. *dyskinésie.*

DYSECTASIE, s. f. **DU COL DE LA VESSIE.** Difficulté d'ouverture du col de la vessie.

DYSEMBRYOME, s. m. Tumeur développée aux dépens de débris embryonnaires restés inclus dans l'organisme.

DYSEMBRYOPLASIE, s. f. Syn. *hamartome.* Malformation d'un organe, d'origine embryonnaire.

DYSENDOCRINIE, s. f. Nom donné aux troubles du fonctionnement des glandes endocrines.

DYSENTERIE, s. f. Maladie infectieuse endémo-épidémique et contagieuse, caractérisée par une inflammation ulcéreuse du gros intestin donnant lieu à des évacuations fréquentes de glaires sanguinolentes accompagnées de coliques violentes. — On en distingue deux variétés : 1º La *d. amibienne* due à un parasite (*Amœba dysenteriæ histolytica*), observée dans les pays chauds, sujette aux récidives et pouvant se compliquer d'abcès du foie. — 2º La *d. bacillaire* due à une bactérie (*Shigella dysenteriæ*), observée sous toutes les latitudes et ne récidivant pas.

DYSENTÉRIFORME, adj. Se dit des entérites dans lesquelles les évacuations ressemblent à celles de la dysenterie.

DYSESTHÉSIE, s. f. Diminution ou exagération de la sensibilité.

DYSFIBRINOGÉNÉMIE, s. f. Anomalie qualitative congénitale ou acquise du fibrinogène du plasma sanguin.

DYSFONCTIONNEMENT, s. m. Fonctionnement défectueux.

DYSGAMMAGLOBULINÉMIE, s. f. Anomalie des gammaglobulines sanguines. V. *dysglobulinémie.*

DYSGÉNÉSIE, s. f. Développement imparfait d'une partie du corps pendant la vie intra-utérine, entraînant des malformations.

DYSGLOBULINÉMIE, s. f. Anomalie quantitative ou qualitative des globulines du plasma sanguin.

DYSGRAVIDIE, s. f. Grossesse anormale. Désigne souvent la *toxémie gravidique.*

DYSGRAVIDIQUE, adj. Qui se rapporte à une grossesse anormale.

DYSHIDROSE ou **DYSIDROSE,** s. f. Variété d'eczéma récidivant dans laquelle les vésicules siègent sur les faces latérales des doigts et dans les espaces interdigitaux.

DYSKALIÉMIE, s. f. Perturbation du taux du potassium sanguin.

DYSKÉRATOSE, s. f. Nom donné à différents troubles de la kératinisation des téguments cutanés ou muqueux.

DYSKINÉSIE, s. f. Syn. *dyscinésie.* Difficulté des mouvements. — *d. biliaire.* Syn. *dystonie biliaire.* Ensemble des troubles fonctionnels, affectant un appareil biliaire exempt de toute altération organique. Son diagnostic repose essentiellement sur l'étude de la radio-manométrie des voies biliaires. — *d. cardiaque.* Mouvements du ventricule gauche, caractérisant l'anévrisme pariétal et consistant en une dilatation systolique paradoxale du segment lésé.

DYSLALIE, s. f. Difficulté de la prononciation des mots due à une malformation ou à une lésion de l'appareil extérieur de la parole (langue, lèvres, dents, larynx).

DYSLEXIE, *s. f.* Difficulté particulière à reconnaître, comprendre et reproduire les symboles écrits.

DYSLIPÉMIE, *s. f.* Modification du taux des triglycérides contenus dans le sang.

DYSLIPIDÉMIE, *s. f.* Modification du taux des lipides sanguins totaux. Souvent pris dans le sens plus général de trouble du métabolisme des lipides.

DYSMÉNORRHÉE, *s. f.* Menstruation difficile et douloureuse.

DYSMÉTRIE, *s. f.* Exécution des mouvements avec trop de brusquerie, de rapidité ou d'amplitude.

DYSMNÉSIE, *s. f.* Affaiblissement de la mémoire.

DYSMORPHIE, *s. f.* Difformité.

DYSOCCLUSION, *s. f.* V. *malocclusion*.

DYSORIQUE, *adj.* 1° Qui est lié à une anomalie du sérum. — 2° En rapport avec une anomalie de la perméabilité vasculaire. — *nodule d.* Tache blanchâtre découverte à l'examen du fond d'œil, témoignant de l'occlusion d'une artériole rétinienne.

DYSOSMIE, *s. f.* Nom générique sous lequel on réunit les divers troubles de l'olfaction.

DYSOSTOSE, *s. f.* Trouble du développement osseux.

DYSPAREUNIE, *s. f.* Douleur pendant le coït chez la femme sans contracture vaginale.

DYSPEPSIE, *s. f.* Digestion difficile, quelle qu'en soit la cause.

DYSPHAGIA LUSORIA. Dysphagie provoquée par une malformation de la crosse aortique ou d'une de ses branches (sous-clavière), encerclant et comprimant l'œsophage.

DYSPHAGIE, *s. f.* Difficulté d'accomplir l'action de manger. Ce terme est souvent pris dans le sens restreint de *difficulté d'avaler*.

DYSPHASIE, *s. f.* Difficulté de la fonction du langage provoquée par des lésions des centres cérébraux.

DYSPHONIE, *s. f.* Difficulté de la phonation, quelle que soit son origine : centrale (*dysarthrie*) ou périphérique (*dyslalie*).

DYSPHORIE, *s. f.* Instabilité de l'humeur.

DYSPLASIE, *s. f.* Trouble dans le développement de tissus, d'organes ou de parties anatomiques survenant avant ou après la naissance.

DYSPNÉE, *s. f.* Difficulté de la respiration.

DYSPRAXIE, *s. f.* Terme servant à désigner l'ensemble des diverses formes d'*apraxie*.

DYSPROTÉINÉMIE, *s. f.* V. *dysprotidémie*.

DYSPROTIDÉMIE, *s. f.* Syn. *dysprotéinémie*. Anomalie quantitative ou qualitative des protides du plasma sanguin.

DYSRAPHIE, *s. f.* Trouble dans le coalescence des raphés médians ou latéraux entraînant des malformations telles que : bec-de-lièvre, hernie ombilicale, spina bifida, syringomyélie.

DYSRÉFLEXIE, *s. f.* Trouble du fonctionnement des réflexes.

DYSRYTHMIE, *s. f.* Trouble du rythme.

DYSSOMNIE, *s. f.* Trouble du sommeil.

DYSTHYROÏDIE, *s. f.* Anomalie de la sécrétion thyroïdienne.

DYSTOCIE, *s. f.* Accouchement difficile.

DYSTONIE, *s. f.* Trouble de la tension, de la tonicité ou du tonus. — *d. neurovégétative* ou *vagosympathique.* Trouble de l'excitabilité des nerfs vague et sympathique (*sympathicotonie, vagotonie*).

DYSTROPHIE, *s. f.* Trouble de la nutrition d'un organe ou d'une partie anatomique ; lésions qui en sont la conséquence.

DYSURIE, *s. f.* Difficulté à la miction.

E

E. Symbole du préfixe *exa*, signifiant 10^{18}.

EAU DE JAVEL. V. *Javel (eau de)*.

EAUX MINÉRALES. Nom donné aux eaux de source utilisées en médecine.

EBERTH (bacille d') (Karl E., 1835-1926, anatomopathologiste allemand). V. *Salmonella* et *fièvre typhoïde*.

ÉBURNATION, *s. f.* Augmentation considérable de la densité d'un os, qui devient comme de l'ivoire.

ECBU. Abréviation d'*examen cyto-bactériologique des urines*.

ECCHONDROME, *s. m.* ou **ECCHON-DROSE,** *s. f.* Nom donné à des saillies formées au niveau des articulations, des côtes, etc., par la prolifération du tissu cartilagineux.

ECCHYMOSE, *s. f.* Tache violacée qui résulte de l'infiltration du tissu cellulaire par une quantité variable de sang.

ÉCHARPE, *s. f.* Pièce de toile triangulaire utilisée pour l'immobilisation temporaire, en flexion, du membre supérieur.

ÉCHAUFFEMENT, *s. m.* V. *blennorragie*.

ÉCHINOCOCCOSE, *s. f.* Maladie due au développement dans l'organisme de la larve de *Taenia echinococcus*. Elle se traduit, soit par un *kyste hydatique*, soit par de nombreuses petites alvéoles parsemant le tissu hépatique.

ÉCHO (virus) ou **ÉCHOVIRUS.** Espèce virale à laquelle, lors de sa découverte, on ne pouvait attribuer aucune maladie humaine. En fait, certains virus ECHO donnent des affections analogues à celles provoquées par les virus Cox-sackie.

ÉCHOCARDIOGRAPHIE, *s. f.* Exploration du cœur par les ultrasons (v. *échographie*).

ÉCHO-ENCÉPHALOGRAPHIE, *s. f.* Exploration de l'encéphale par les ultrasons.

ÉCHOGÈNE, *adj.* Qui produit des échos.

ÉCHOGRAMME, *s. m.* Tracé recueilli par l'échographie.

ÉCHOGRAPHIE, *s. f.* Syn. *ultrasonographie*. Exploration d'un organe, ou d'une région du corps, au moyen des ultrasons.

ÉCHOLALIE, *s. m.* Impulsion qui pousse certains malades mentaux à répéter comme un écho les paroles prononcées devant eux.

ÉCHOMIMIE, s. f. Impulsion qui pousse certains malades mentaux à répéter les jeux de physionomie de leur entourage.

ÉCHOTOMOGRAPHIE, s. f. Echographie bidimensionnelle.

ECHOVIRUS, s. m. V. *ECHO* (*virus*).

ÉCLAMPSIE, s. f. Accès de convulsions offrant la plus grande analogie avec l'épilepsie pouvant survenir dans les trois derniers mois de la grossesse ou au moment de l'accouchement. V. *toxémie gravidique.*

ÉCLAMPTIQUE, *adj.* Qui a rapport à l'éclampsie. — *s. f.* Malade atteinte d'éclampsie.

ÉCLISSE, s. f. V. *attelle.*

ÉCOLOGIE, s. f. 1° Etude de l'habitat d'une espèce animale ou végétale. — 2° Etude des êtres vivants dans leur milieu habituel.

ÉCOUVILLONNAGE, s. m. Nettoyage et brossage d'une cavité.

ECTASIE, s. f. Dilatation d'un organe creux ou d'un vaisseau.

ECTHYMA, s. m. Affection cutanée microbienne caractérisée par des pustules ayant tendance à s'étendre par leurs bords ; c'est un impétigo ulcéreux.

ECTODERME, s. m. Feuillet externe du blastoderme qui formera le revêtement cutané et les organes des sens d'une part, le système nerveux central et les nerfs périphériques, d'autre part.

...ECTOMIE. Suffixe grec qui, placé après le nom d'un organe, forme avec ce nom, un mot composé signifiant : *ablation* de cet organe.

ECTOPIE, s. f. Anomalie de situation d'un organe.

ECTRO... Préfixe grec indiquant l'absence congénitale d'un élément anatomique.

ECTROMÈLE, s. m. Monstre caractérisé par l'arrêt de développement d'un ou de plusieurs membres.

ECTROPION, s. m. Renversement en dehors des paupières.

ECTROPODIE, s. f. Absence congénitale d'un pied en totalité ou en partie.

ECZÉMA, s. m. Lésion cutanée caractérisée par un placard rouge vif, prurigineux, sur lequel apparaissent rapidement des groupes de petites vésicules transparentes qui se rompent, laissant suinter une sérosité. L'*e.* est souvent de nature allergique.

ECZÉMATIFORME, *adj.* Qui ressemble à l'eczéma.

EDTA. Abréviation d'*éthylène-diamine-tétra-acétique,* acide utilisé comme chélateur.

ÉDULCORATION, s. f. Adjonction d'une substance sucrée à un médicament dont on veut masquer la saveur.

EEG. Electroencéphalogramme.

EFFÉRENT, ENTE, *adj.* Qui s'éloigne de ; qui est issu d'un organe, centrifuge. V. *afférent.*

EFFORT (épreuve d'). Epreuve destinée à apprécier la valeur fonctionnelle du cœur surtout en cas d'insuffisance coronarienne.

EFFRACTIF, IVE, *adj.* Se dit d'un acte médical qui comporte un passage à travers le revêtement cutané ou muqueux.

ÉJACULATEUR, TRICE, *adj.* Qui concerne l'éjaculation.

ÉJACULATION, s. f. Expulsion du sperme sous l'effet de la contraction des vésicules séminales.

ÉJACULATORITE, s. f. Inflammation des canaux éjaculateurs.

ÉLASTANCE PULMONAIRE (EL). Variation de pression nécessaire pour produire une variation du volume pulmonaire d'une unité. C'est l'inverse de la compliance pulmonaire.

ÉLASTORRHEXIE, *s. f.* Rupture des fibres élastiques des tissus survenant à la suite de leur dégénérescence.

ÉLECTIVITÉ, *s. f.* Propriété de certaines substances de se fixer sur des humeurs ou à des éléments anatomiques déterminés.

ÉLECTRISATION, *s. f.* Effet du passage d'un courant électrique à travers l'organisme. V. *électrocution.*

ÉLECTROCARDIOGRAMME, *s. m.* **(ECG)** Courbe obtenue avec l'électrocardiographe. Dans toutes les dérivations, elle comprend : 1° *une onde P,* auriculaire ; 2° une série d'ondes correspondant à la contraction des ventricules : le ventriculogramme, formé d'une *onde rapide QRS* de forte amplitude, suivie d'une *onde T* lente et moins élevée, et parfois d'une *onde U.* Entre ces ondes, le tracé revient à la ligne iso-électrique.

ÉLECTROCARDIOGRAPHE, *s. m.* Appareil enregistreur des courants électriques qui accompagnent les contractions cardiaques.

ÉLECTROCARDIOGRAPHIE, *s. f.* Enregistrement des courants électriques accompagnant les contractions cardiaques.

ÉLECTROCHOC, *s. m.* Crise convulsive provoquée par le passage d'un courant alternatif entre deux électrodes placées de part et d'autre du crâne et agissant sur les centres épileptogènes. L'é. est employé dans le traitement de certaines affections mentales telles que la schizophrénie, les états dépressifs, mélancoliques et confusionnels. V. *sismothérapie.*

ÉLECTROCOAGULATION, *s. f.* Méthode utilisant la chaleur excessive développée dans un tissu, au voisinage d'un électrode punctiforme, lorsqu'on y fait passer un courant de haute fréquence, l'autre électrode étant très large.

ÉLECTROCOCHLÉOGRAMME, *s. m.* Courbe enregistrée lors de l'étude des phénomènes électriques apparaissant dans la cochlée au moment d'une stimulation sonore (électrocochléographie).

ÉLECTROCORTICOGRAPHIE, *s. f.* Electroencéphalographie pratiquée en plaçant les électrodes au contact même de l'écorce cérébrale.

ÉLECTROCUTION, *s. m.* Effet mortel du passage d'un courant électrique à travers l'organisme. V. *électrisation.*

ÉLECTRODIAGNOSTIC, *s. m.* Application de l'électricité à l'examen des malades. Terme généralement réservé à l'étude des réponses musculaires à l'excitation électrique *(é. de stimulation).* — *é. de détection.* Méthode d'exploration qui utilise l'enregistrement des potentiels d'action nerveux ou musculaire (électromyographie).

ÉLECTROENCÉPHALOGRAMME, *s. m.* **(EEG).** Courbe obtenue par l'électroencéphalographie.

ÉLECTROENCÉPHALOGRAPHIE, *s. f.* Enregistrement graphique des variations de potentiel électrique qui se produisent de façon continue au niveau de l'écorce cérébrale.

ÉLECTROGRAMME, *s. m.* Tracé représentant l'activité électrique d'un tissu ou d'un organe.

ÉLECTROLOGIE MÉDICALE. Partie de la physique concernant les applications médicales de l'électricité.

ÉLECTROLYSE, *s. f.* Décomposition électrochimique d'un corps.

ÉLECTROLYTE, *s. m.* Corps dont les molécules, lorsqu'elles sont en solution, sont capables de se dissocier en ions.

ÉLECTROMYOGRAMME, *s. m.* **(EMG)** Courbe obtenue par l'enregistrement graphique des courants électriques liés aux contractions musculaires.

ÉLECTRON, *s. m.* Syn. *négaton.* Particule fondamentale constitutive de la matière, de masse extrêmement faible et porteuse d'une charge électrique négative. — *é. positif.* V. *positon.*

ÉLECTRO-NYSTAGMOGRAPHIE, *s. f.* Enregistrement graphique du nystagmus.

ÉLECTRO-OCULOGRAPHIE, *s. f.* Enregistrement graphique des courants électriques produits par les membranes oculaires, au moyen d'électrodes placées sur le rebord orbitaire.

ÉLECTROPHORÈSE, *s. f.* Transport vers les électrodes, sous l'influence d'un champ électrique, des particules formées de grosses molécules chargées électriquement, en solution ou en suspension dans un liquide. — L'é. est employée pour séparer en plusieurs fractions les protéines du sérum sanguin.

ÉLECTRORADIOLOGIE, *s. f.* Partie de la physique concernant les applications de l'électricité et de la radiologie.

ÉLECTRORÉTINOGRAPHIE, *s. f.* Enregistrement graphique des divers courants électriques produits par la rétine sous l'influence de la stimulation lumineuse.

ÉLECTROSTIMULUS, *s. m..* Pic traduisant, sur l'électrocardiogramme des sujets reliés à un stimulateur cardiaque, l'activité électrique propre de ce dernier.

ÉLECTROSYSTOLIE, *s. f.* Déclenchement artificiel des contractions cardiaques au moyen d'impulsions électriques rythmées.

ÉLECTROTHÉRAPIE, *s. f.* Emploi de l'électricité comme moyen thérapeutique.

ÉLÉPHANTIASIS, *s. m.* Augmentation considérable du volume d'un membre ou d'une partie du corps, causée par un œdème dur et chronique des téguments.

ELISA. V. *immuno-enzymatique ou enzymologique* (*méthode*).

ÉLIXIR, *s. m.* Préparation pharmaceutique consistant dans le mélange de certains sirops avec des alcoolats.

ÉLIXIR PARÉGORIQUE. Elixir à base d'opium et d'anis ; ses propriétés antidiarrhéiques sont puissantes.

ELLIPTOCYTE, *s. m.* Hématie de forme elliptique présentant deux extrémités arrondies et des parois latérales peu bombées.

ÉLYTRO... Préfixe grec signifiant *vagin.*

ÉLYTROCÈLE, *s. f.* Hernie de l'intestin descendu dans le cul-de-sac de Douglas et refoulant la paroi vaginale postérieure à travers la vulve.

ÉMACIATION, *s. f.* Amaigrissement pathologique.

ÉMAIL DENTAIRE. Tissu brillant et très dur recouvrant la dentine au niveau de la couronne dentaire.

ÉMANATION, *s. f.* En radiologie, nom donné à un gaz radioactif très instable produit par la décomposition spontanée du radium et des substances radioactives.

ÉMASCULATION, *s. f.* Castration chez l'homme.

EMBARRAS GASTRIQUE. Ensemble de troubles gastro-intestinaux accompagnés ou non de fièvre, et pouvant s'observer sous l'influence d'infections ou d'intoxications diverses.

EMBARRURE, *s. f.* Nom donné à la fracture complète de la voûte du crâne par enfoncement, comportant un fragment complètement détaché et déplacé parallèlement à la surface du crâne.

EMBOLE, *s. f.* ou **EMBOLUS,** *s. m.* Corps étranger qui détermine l'embolie.

EMBOLECTOMIE, *s. f.* Ablation chirurgicale du caillot qui a provoqué l'embolie.

EMBOLIE, *s. f.* Oblitération brusque d'un vaisseau sanguin ou lymphatique par un corps étranger entraîné par la circulation.

EMBOLISATION, *s. f.* Oblitération thérapeutique du pédicule artériel d'une lésion chirurgicalement inaccessible.

EMBROCATION, *s. f.* 1° Action de verser lentement un liquide sur une partie malade. — 2° Ce liquide lui-même.

EMBROCHAGE, *s. m.* Perforation d'un os au moyen d'une broche, destinée à l'ostéosynthèse ou l'extension continue.

EMBRYOGENÈSE, *s. f.* Développement de l'embryon.

EMBRYOLOGIE, *s. f.* Etude de l'embryon et de ses organes.

EMBRYON, *s. m.* Nom donné, dans l'espèce humaine, au produit de la conception pendant les trois premiers mois ; à partir du quatrième mois, l'*embryon* devient *fœtus.*

EMBRYOPATHIE, *s. f.* Malformations dues à certaines actions exercées sur le produit de la conception pendant les 3 premiers mois de la vie intra-utérine.

ÉMÉTIQUE, *adj.* Se dit de toute substance qui provoque le vomissement.

ÉMÉTISANT, ANTE, *adj.* Qui détermine le vomissement.

EMG. Electromyogramme.

...ÉMIE. Suffixe grec signifiant un rapport avec le *sang.*

ÉMISSION, *s. f.* Se dit de l'écoulement sous pression de certains liquides.

EMMÉNAGOGUE, *adj.* et *s. m.* Qui provoque ou régularise le flux menstruel.

EMMÉTROPIE, *s. f.* Nom donné à la vision normale, c'est-à-dire à l'état de l'œil dans lequel les rayons partis de l'infini viennent former une image exactement sur la rétine.

ÉMOLLIENT, ENTE, *adj.* et *s. m.* Qui relâche et ramollit les tissus enflammés.

ÉMONCTOIRE, *s. m.* Organe destiné à éliminer les déchets de la nutrition.

ÉMOTIF, IVE, *adj.* et *s.* Sujet réagissant vivement aux émotions.

ÉMOTIVITÉ, *s. f.* Aptitude de chaque individu à réagir plus ou moins vivement aux impressions perçues. C'est l'aspect le plus élémentaire de l'affectivité.

EMPÂTÉ, TÉE, *adj.* De consistance pâteuse, molle et non élastique.

EMPATHIE, *s. f.* Identification aux pensées ou à l'action d'une autre personne, allant jusqu'à ressentir les sentiments de cette dernière.

EMPHYSÈME, *s. m.* Infiltration gazeuse diffuse du tissu cellulaire.

EMPHYSÈME PULMONAIRE. Etat pathologique du poumon caractérisé par la dilatation et la destruction des bronchioles respiratoires et des éléments conjonctivo-élastiques de la paroi des alvéoles. — *e. bulleux.*

EMPIRISME, *s. m.* Médecine fondée sur l'expérience.

EMPLÂTRE, *s. m.* Médicament externe se ramollissant légèrement à une chaleur douce et devenant alors adhérent.

EMPYÈME, *s. m.* Collection purulente située dans une cavité naturelle.

ÉMULSION, *s. f.* Liquide d'apparence laiteuse tenant en suspension un corps gras finement divisé.

ÉNANTHÈME, *s. m..* Taches rouges plus ou moins étendues, que l'on observe sur les muqueuses, dans un grand nombre de maladies, et qui correspondent à l'exanthème cutané.

ENCAPSULÉ, LÉE, *adj.* V. *capsulé.*

ENCÉPHALE, *s. m.* Partie du système nerveux central contenue dans la boîte crânienne, comprenant le cerveau, le cervelet et le tronc cérébral. V. *rhombencéphale, diencéphale, mésencéphale, prosencéphale, télencéphale, myencéphale.*

ENCÉPHALITE, *s. f.* Inflammation, sans suppuration, d'une partie plus ou moins étendue de l'encéphale.

ENCÉPHALOCÈLE, *s. f.* Ectopie congénitale à la face externe du crâne, d'une partie du cerveau ou de ses enveloppes.

ENCÉPHALOGRAPHIE, *s. f.* Nom donné aux différents procédés d'exploration radiographique de l'encéphale. — *e. gazeuse.*

ENCÉPHALOÏDE, *s. f.* Se dit des tumeurs ayant l'aspect et la consistance du cerveau.

ENCÉPHALOMALACIE, *s. f.* V. *ramollissement cérébral.*

ENCÉPHALOMYÉLITE, *s. f.* Inflammation du névraxe.

ENCÉPHALOPATHIE, *s. f.* Ensemble de troubles cérébraux qui compliquent parfois certaines infections, altérations de l'état général, (métaboliques) ou intoxications.

ENCHEVILLEMENT, *s. m.* Immobilisation des deux fragments d'un os fracturé au moyen d'une forte cheville d'acier ou d'un greffon osseux introduit dans la cavité médullaire de l'os brisé.

ENCHONDRAL, ALE, *adj.* Qui se trouve ou se produit à l'intérieur du cartilage.

ENCHONDROMATOSE, *s. f.* Chondrodystrophie génotypique caractérisée par la présence d'îlots de tissu cartilagineux dans les métaphyses des os.

ENCHONDROME, *s. m.* Nom donné aux chondromes développés aux dépens de la substance médullaire des os.

ENCLOUAGE, *s. m.* Emploi de clous pour maintenir les fragments osseux fracturés en bonne position.

ENCLUME, *s. f.* V. *osselet.*

ENCOPRÉSIE, *s. f.* Incontinence des matières fécales, d'origine fonctionnelle.

ENDAPEXIEN, IENNE, *adj.* Qui siège en dedans de la pointe du cœur.

ENDARTÈRE, *s. f.* Tunique interne (ou intima) d'une artère.

ENDARTÉRIECTOMIE, *s. f.* Résection d'un caillot et des parties adhérentes des tuniques artérielles lésées avoisinantes.

ENDÉMICITÉ, *s. f.* Qualité des maladies endémiques.

ENDÉMIE, *s. f.* Persistance, dans une région, d'une maladie particulière.

ENDÉMIQUE, *adj.*, Qui a le caractère de l'endémie.

ENDÉMO-ENDÉMIQUE, *adj.* Qui est à la fois endémique et épidémique.

ENDO... Préfixe grec signifiant *en dedans.*

ENDOCARDE, *s. m.* Tunique interne du cœur ; elle en tapisse les cavités et en constitue les valvules ; elle se continue avec l'endothélium des gros vaisseaux.

ENDOCARDITE, *s. f.* Inflammation de l'endocarde souvent localisée au niveau des différentes valvules du cœur. — *e. infectieuse, e. bactérienne, e. infectante, e. ulcéreuse, e. végétante.* Maladie infectieuse provoquée par le passage dans le sang de différentes sortes de microbes qui se localisent spécialement au niveau de l'endocarde où ils provoquent des lésions ulcéreuses ou végétantes. V. *Osler (maladies d').*

ENDOCAVITAIRE, *adj.* Situé à l'intérieur d'une cavité.

ENDOCERVICAL, ALE, *adj.* Qui est situé sur ou dans le canal cervical utérin.

ENDOCERVICITE, *s. f.* Inflammation de la muqueuse du canal cervical utérin.

ENDOCRINE, *adj.* Se dit d'une glande dont la sécrétion est directement déversée dans le sang (glande à sécrétion interne).

ENDOCRINIEN, ENNE, *adj.* Qui se rapporte à une glande endocrine.

ENDOCRINOLOGIE, *s. f.* Etude des glandes à sécrétion interne ou endocrines.

ENDOCRINOPATHIE, *s. f.* Maladie des glandes endocrines.

ENDODERME, *s. m.* ou **ENTODERME,** *s. m.* Feuillet interne du blastoderme, qui formera la muqueuse intestinale et les glandes annexes.

ENDOGAMIE, *s. f.* Union entre sujets consanguins.

ENDOGASTRIQUE, *adj.* Situé dans l'estomac.

ENDOGÈNE, *adj.* Qui est produit dans l'organisme.

ENDOLUMINAL, ALE, *adj.* Qui concerne l'intérieur d'un vaisseau ou d'un canal.

ENDOLYMPHE, *s. f.* Liquide situé dans le labyrinthe membraneux. V. *périlymphe.*

ENDOMÈTRE, *s. m.* Muqueuse utérine.

ENDOMÉTRIOME, *s. m.* Tumeur bénigne se développant presque toujours au niveau du tractus génital chez la femme non ménopausée et formée d'éléments normaux aberrants de la muqueuse utérine (v. *endométriose*).

ENDOMÉTRIOSE, *s. f.* Développement, hors de son emplacement habituel, de tissu endométrial normal.

ENDOMÉTRITE, *s. f.* Inflammation de la muqueuse utérine.

ENDOPARASITE, *s. m.* Parasite vivant dans l'intérieur de l'organisme.

ENDOPROTHÈSE, *s. f.* Inclusion, à l'intérieur de l'organisme, d'une pièce étrangère, destinée à remplacer de façon permanente un organe ou une de ses parties.

ENDORPHINE, *s. f.* Une des morphines endogènes ; leur action antalgique est due à leur fixation sur les récepteurs morphiniques des centres de la douleur (thalamus).

ENDOSCOPE, *s. m.* Instrument destiné à permettre l'examen visuel direct des cavités profondes du corps et à les éclairer. — *e. à fibres.* V. *fibroscope.*

ENDOTHÉLIITE, *s. f.* Inflammation de l'endothélium.

ENDOTHÉLIOME, *s. m.* Tumeur développée aux dépens des cellules endothéliales.

ENDOTHÉLIUM, *s. m.* Epithélium pavimenteux formant le revêtement interne du cœur et des vaisseaux. V. *mésothélium.*

ENDOTOXINE, *s. f.* Toxine contenue dans l'intérieur du corps des bactéries et ne diffusant pas dans les milieux de culture.

ENDOVEINE, *s. f.* Tunique interne (ou intima) d'une veine.

ÉNERVATION, *s. f.* Ablation ou section d'un nerf ou d'un groupe de nerfs innervant une région du corps.

ENFANCE, *s. f.* Période prépubertaire de l'existence. La *première e.* fait suite à l'état de nourrisson, et va de 2 à 6 ans ; la *seconde e.* va de 6 à 12 ans ; elle précède l'adolescence. V. *âge.*

ENFLAMMÉ, MÉE, *adj.* Atteint d'inflammation.

ENFOUISSEMENT, *s. m.* Temps opératoire consistant à recouvrir par une suture séro-séreuse la tranche de section dépéritonisée d'un organe abdominal.

ENGAGEMENT, *s. m.* Franchissement du détroit supérieur du bassin par la partie du fœtus qui s'y présente (la « présentation ») pour descendre dans l'excavation pelvienne.

ENGAGEMENT CÉRÉBRAL. Refoulement de certaines parties du cerveau à travers les orifices intracrâniens de la dure-mère.

ENGELURE, *s. f.* Lésion due au froid, siégeant surtout au niveau des doigts et des orteils, caractérisée par une enflure rouge et douloureuse, compliquée parfois de phlyctènes et de crevasses.

ENGORGEMENT, *s. m.* Augmentation de volume et de consistance d'un organe, provoquée par une accumulation de liquide biologique.

ENGOUEMENT, *s. m.* Obstruction d'un conduit ou d'une cavité. — *e. herniaire.* Arrêt des matières dans une anse intestinale herniée ; c'est le premier degré de l'étranglement herniaire.

ENJAMBEMENT, *s. m.* Syn. angl. *crossing-over.* Echange de segments entre chromosomes homologues au moment de la méiose et parfois aussi au cours d'une mitose.

ENKÉPHALINE, *s. f.* Protéine de faible poids moléculaire qui forme, avec les endorphines, le groupe des morphines endogènes.

ENKYSTEMENT, *s. m.* Formation d'une couche de tissu conjonctif dense autour d'un corps étranger ou d'une production pathologique qui se trouve ainsi isolée du tissu environnant.

ÉNOPHTALMIE, *s. f.* Position anormale du globe oculaire qui se trouve situé dans l'orbite plus profondément qu'il ne l'est à l'état normal.

ÉNOSTOSE, *s. f.* Production osseuse, généralement formée de tissu compact qui comble en partie le canal médullaire d'un os.

ENTAMOEBA, *s. f.* Genre d'amibes parasitant l'intestin. Seule *E. histolytica* (syn. *E. dysenteriae*) peut être à l'origine de dysenterie ou d'abcès. V. *amibiase.*

ENTÉR... Racine grecque signifiant *intestin.*

ENTÉRALGIE, *s. f.* Douleur intestinale.

ENTÉRITE, *s. f.* Inflammation de la muqueuse intestinale.

ENTEROBACTERIACÉES, *s. f. pl.* Famille de bacilles Gram −, anaérobies facultatifs, hôtes habituels de l'intestin de l'homme et des animaux.

ENTÉROCÈLE, *s. f.* Hernie ne comprenant que des anses intestinales.

ENTÉROCOLITE, *s. f.* Inflammation simultanée des muqueuses de l'intestin grêle et du côlon.

ENTÉROCOQUE, *s. m.* Syn. *Streptococcus fœcalis.* Bactérie ovoïde non hémolytique, trouvée dans l'intestin de l'homme sain, responsable d'infections urinaires et d'endocardites subaiguës.

ENTÉROCYSTOCÈLE, *s. f.* Hernie dont le sac contient de l'intestin et une partie de la vessie.

ENTÉROCYSTOPLASTIE, *s. f.* Opération consistant dans la reconstruction, partielle ou totale, d'une vessie à l'aide d'une anse intestinale grêle ou d'une partie du côlon.

ENTÉROKINASE, *s. f.* Ferment soluble contenu dans le suc duodénal et dont l'action est nécessaire pour activer la trypsine du pancréas.

ENTÉROPATHIE, *s. f.* Terme générique désignant les affections de l'intestin.

ENTÉROPATHIE EXSUDATIVE. Maladie caractérisée par une dilatation des vaisseaux lymphatiques de l'intestin, des œdèmes, et une importante déperdition protidique par voie digestive.

ENTÉROPATHOGÈNE, *adj.* Responsable d'une maladie intestinale.

ENTÉROPEXIE, *s. f.* Fixation de l'intestin à la paroi abdominale.

ENTÉROPLASTIE, *s. f.* Opération qui a pour but le rétablissement du diamètre normal de l'intestin dans le cas de sténose de cet organe.

ENTÉRORRAGIE, *s. f.* Hémorragie intestinale.

ENTÉRORRAPHIE, *s. f.* Suture d'une plaie intestinale.

ENTÉROSPASME, *s. m.* Contraction spasmodique, douloureuse, d'une portion plus ou moins étendue de l'intestin.

ENTÉROTROPE, *adj.* Qui présente de l'affinité pour l'intestin : *toxine e.*

ENTÉROVIRUS, *s. m.* Nom donné à de nombreux virus à ARN découverts dans le tube digestif humain.

ENTORSE, *s. f.* Lésion traumatique d'une articulation résultant de sa distorsion brusque, avec élongation ou arrachement des ligaments, sans déplacement permanent des surfaces articulaires.

ENTRECROISEMENT, *s. m.* V. *enjambement* et *chiasma.*

ENTROPION, *s. m.* Renversement des paupières en dedans.

ÉNUCLÉATION, *s. f.* Mode particulier d'extirpation d'une tumeur encapsulée à travers les deux lèvres d'une incision.

ÉNURÉSIE, *s. f.* Incontinence d'urine, presque toujours nocturne et d'origine fonctionnelle.

ENVENIMATION, *s. f.* Intoxication consécutive à la morsure d'un serpent, à la piqûre d'un insecte, etc.

ENZYME, *s. f.* Substance de nature protéinique capable, par ses propriétés catalytiques, d'activer une réaction chimique définie. L'*e.* contient une partie protéique : l'*apo-enzyme* et un groupement prosthétique, la *co-enzyme.*

ENZYME DE CONVERSION. Enzyme d'origine hépatique qui transforme l'angiotensine I en angiotensine II. Les *inhibiteurs* de cette enzyme sont utilisés dans le traitement de l'hypertension et de l'insuffisance cardiaque.

ENZYMOLOGIE, *s. f.* Syn. *zymologie.* Etude des enzymes ou ferments.

ÉONISME, *s. m.* Désir et besoin que ressentent certains hommes de se vêtir de costumes féminins. V. *travestisme.*

ÉOSINOPÉNIE, *s. f.* Diminution du nombre des polynucléaires éosinophiles.

ÉOSINOPHILE, *adj.* Qui présente une grande affinité pour l'éosine. — *polynucléaires e.*

ÉOSINOPHILIE, *s. f.* 1° Affinité pour les réactifs dont l'acide est l'agent colorant, et en particulier pour l'éosine. V. *acidophile.* — 2° Présence de leucocytes *éosinophiles.*

ÉPANCHEMENT, *s. m.* Présence de liquide (sérosité, sang), ou de gaz dans une partie du corps qui n'en renferme pas normalement.

ÉPAULE, *s. f.* Jonction du tronc et du bras, ceinture scapulaire. — *articulation de l'é.* a. scapulo-humérale.

ÉPENDYME, *s. m.* Membrane composée d'un épithélium cylindrique, tapissant la surface du canal central de la moelle osseuse et des ventricules cérébraux. — *canal de l'é.* Canal central de la moelle spinale ou épinière, communiquant avec le quatrième ventricule.

ÉPENDYMITE, *s. f.* Inflammation du canal de l'épendyme.

ÉPENDYMOME, *s. m.* Gliome observé surtout chez l'enfant, siégeant dans les ventricules cérébraux ou à l'intérieur de la moelle et développé aux dépens des cellules de l'épendyme.

ÉPERON, *s. m.* Cloison qui sépare les deux orifices intestinaux dans l'anus contre nature.

ÉPHÉDRINE, *s. f.* Alcaloïde sympathicomimétique et stimulant du système nerveux central ; on l'utilise surtout actuellement comme décongestionnant nasal.

ÉPHÉLIDE, *s. f.* Petites taches brunes observées sur les parties découvertes de la peau et dues à l'action du soleil.

ÉPI... Préfixe grec signifiant *au-dessus de.*

ÉPICANTHUS, *s. m.* Repli semilunaire que forme parfois la peau au-devant de l'angle interne de l'œil.

ÉPICARDE, *s. m.* Feuillet viscéral du péricarde séreux.

ÉPICONDYLALGIE, *s. f.* Forme légère d'épicondylite.

ÉPICONDYLE, *s. m.* Saillie osseuse située au-dessus et au voisinage d'un condyle. P. ex. *é. médial* de l'humérus (épitrochlée) ; *é. m. du fémur :* tubercule condylien interne ; *é. latéral* du fémur ou de l'humérus.

ÉPICONDYLITE, *s. f.* Inflammation de l'épicondyle.

ÉPICRÂNE, *s. m.* V. *galéa aponévrotique.*

ÉPICRITIQUE, *adj.* 1° Qui survient après une crise. — 2° *sensibilité é..* Sensibilité tactile et thermique fine et discriminative.

ÉPICUTANÉ, NÉE, *adj.* Qui est sur la peau. — *test é.* Epreuve destinée à rechercher la sensibilité de la peau à une substance, et consistant à déposer une petite quantité de celle-ci sur l'épiderme.

ÉPIDÉMICITÉ, *s. f.* Qualité des maladies épidémiques.

ÉPIDÉMIE, *s. f.* 1° Développement d'une maladie ou d'un phénomène pathologique qui atteint simultanément de nombreux individus. — 2° Apparition intermittente et diffusion rapide d'une maladie infectieuse contagieuse. P. ex. : *é. de grippe.*

ÉPIDÉMIOLOGIE, *s. f.* 1° Primitivement, étude des épidémies. — 2° Plus généralement branche de la médecine qui étudie les différents facteurs intervenant dans l'apparition et l'évolution des maladies. P. ex. : *é. de la variole, de l'athérosclérose, du cancer.*

ÉPIDÉMIQUE, *adj.* Qui a le caractère de l'épidémie.

ÉPIDERME, s. m. Partie superficielle de la peau, faite d'un épithélium malpighien stratifié kératinisé comprenant notamment une couche basale et le corps muqueux de Malpighi.

ÉPIDERMOÏDE, adj. Dont la nature rappelle celle de l'épiderme. — *kyste é.*

ÉPIDIDYME, s. m. Organe allongé sur le bord postérieur du testicule dont il constitue le début de la voie excrétrice ; il comporte une tête antérieure renflée, un corps puis une queue, laquelle se continue par le conduit (ou canal) déférent.

ÉPIDIDYMITE, s. f. Inflammation de l'épididyme.

ÉPIDURALE (méthode). Introduction d'une substance médicamenteuse dans l'espace épidural, en dehors des méninges.

ÉPIDURITE, s. f. Inflammation localisée à l'espace épidural, c.-à-d. à l'espace compris entre la dure-mère en avant et le canal rachidien en arrière.

ÉPIGASTRE, s. m. Région supérieure et médiane de l'abdomen présentant une légère dépression encadrée latéralement par les hypocondres et correspondant à l'estomac et au lobe gauche du foie.

ÉPIGLOTTE, s. f. Pièce cartilagineuse médiane, aplatie, mobile, surplombant la glotte, et située derrière la racine de la langue. Elle protège le larynx en basculant en arrière lors de la déglutition.

ÉPILEPSIE, s. f. Affection chronique caractérisée par la répétition de paroxysmes dus à des « décharges épileptiques », c.-à-d. à l'activation subite, simultanée et anormalement intense d'un grand nombre de neurones cérébraux. Ces paroxysmes se traduisent cliniquement par des *crises épileptiques* : celles-ci, toujours soudaines, ont des aspects cliniques variables allant des crises généralisées aux crises partielles et aux absences. Elles s'accompagnent de manifestations électroencéphalographiques particulières.

ÉPILEPSIE BRAVAIS-JACKSONIENNE. Epilepsie partielle motrice, à début conscient, caractérisée par des secousses localisées à un groupe musculaire et qui peuvent s'étendre à toute la moitié du corps. Cette *é.* est due à l'irritation d'une zone corticale située dans la circonvolution frontale ascendante du côté opposé à l'épilepsie.

ÉPILEPSIE GÉNÉRALISÉE. Variété d'épilepsie caractérisée par des crises dont les manifestations frappent d'emblée tout le corps, avec perte de connaissance, chute et troubles moteurs.

ÉPILEPTIQUE, adj. Qui a rapport à l'épilepsie. — s. m. et f. Malade atteint d'épilepsie.

ÉPILEPTOÏDE, adj. Qui rappelle l'épilepsie.

ÉPINÈVRE, s. m. Enveloppe conjonctive du nerf.

ÉPIPHÉNOMÈNE, s. m. Symptôme accessoire.

ÉPIPHYSE, s. f. 1° Extrémité parfois renflée des os longs. — 2° *é. cérébrale.* Syn. de *glande pinéale,* maintenant *corps pinéal* (v. ce terme).

ÉPIPHYSIODÈSE, s. f. 1° Arrêt de la croissance d'un os. — 2° Opération destinée à freiner la croissance osseuse, et consistant dans le verrouillage, par greffon, des cartilages de conjugaison.

ÉPIPHYSIOLYSE, s. f. Destruction de l'extrémité d'un os.

ÉPIPHYSITE. s. f. Ostéochondrose épiphysaire.

ÉPIPLOCÈLE, s. f. Hernie de l'épiploon.

ÉPIPLOON, s. m. V. *omentum.*

ÉPISIOTOMIE, s. f. Incision du pourtour de la vulve, de manière à en agrandir l'orifice, ayant pour but d'empêcher la rupture traumatique du périnée au cours de l'accouchement.

ÉPISPADIAS, *s. m.* Malformation de l'urètre de l'homme, caractérisée par la situation anormale de son orifice sur la face dorsale de la verge.

ÉPISTAXIS, *s. f.* Saignement de nez.

ÉPITHALAMUS, *s. m.* Région dorsale du diencéphale comprenant notamment le corps pinéal et l'habenula.

ÉPITHÉLIITE, *s. f.* Inflammation de l'épithélium.

ÉPITHÉLIOÏDE, *adj.* Qui ressemble à l'épithélium.

ÉPITHÉLIOMA, *s. m.* ou **ÉPITHÉLIOME**, *s. m.* Tumeur maligne formée par la prolifération désordonnée d'un épithélium. Elle présente de nombreuses variétés, suivant le type d'épithélium reproduit (*é. spinocellulaire, basocellulaire, cylindrique* ou *glandulaire*), et la disposition des cellules (*é. lobulé, é. tubulé, é. perlé*).

ÉPITHÉLIUM, *s. m.* Tissu de recouvrement de la surface et des cavités internes de l'organisme. L'é. peut être *simple* ou *stratifié* d'une part, *pavimenteux, cuboïde* ou *cylindrique* d'autre part.

ÉPITROCHLÉE, *s. f.* V. *épicondyle médial*.

ÉPONYME, *s. m.* Terme comportant un nom de personne. P. ex. *maladie d'Addison, signe de Babinski, eau de Dalibour, test de Thorn*.

ÉPREINTES, *s. f. pl.* Coliques violentes précédant les évacuations dans les inflammations du gros intestin.

ÉPREUVE, *s. f.* Recherche des caractères spécifiques d'une chose, d'une maladie (*— é. d'effort*. V. *effort (épreuve d')*. — *traitement d'é.* Traitement spécifique pour une maladie déterminée appliqué dans les cas douteux et dont l'efficacité est censée prouver la nature de la maladie.

ÉPREUVES FONCTIONNELLES HÉPATIQUES. Ensemble de dosages biologiques destinés à renseigner sur l'état du foie. Ce sont principalement : la bilirubinémie, le taux des phosphatases alcalines, des aminotransférases ALAT et ASAT, de la gamma-glutamyl-transférase, l'électrophorèse des protides sériques, le taux de prothrombine.

ÉPREUVES FONCTIONNELLES RESPIRATOIRES. Ensemble des examens étudiant la ventilation pulmonaire (spirographie) et les échanges gazeux au niveau du poumon.

ÉPULIDE ou **ÉPULIS**, *s. f.* Petite tumeur bénigne, rouge violacé, développée au niveau du rebord alvéolaire des gencives, aux dépens de l'os ou des parties molles.

ÉPURATION EXTRARÉNALE. Suppléance thérapeutique de la fonction des reins défaillants. On emploie, dans ce but, la dialyse péritonéale et surtout le rein artificiel. V. *hémodialyse*.

ÉQUIN, INE, *adj.* Se dit du pied atteint d'équinisme.

ÉQUINISME, *s. m.* Hyperextension de tout le pied sur la jambe.

ÉQUIVALENT, *s. m.* 1° Manifestation pathologique survenant dans l'intervalle des accès de certaines affections paroxystiques et considérée comme une expression différente de la même maladie. P. ex. *le rhume des foins, é. de l'asthme*. — 2° (Eq) Syn. *équivalent gramme* (chimie). Quantité d'un anion ou d'un cation correspondant à une fonction monoacide ou à une fonction monobasique. L'équivalent est le poids atomique en grammes divisé par la valence. V. *milliéquivalent*.

ÉRADICATION, *s. f.* Suppression totale. P. ex. : *é. d'un foyer endémique*.

ÉRECTILE, *adj.* Qui peut se gonfler et durcir par afflux de sang dans ses vaisseaux. P. ex. : *tissu é*.

ÉRECTION, *s. f.* Durcissement et gonflement d'un organe par afflux de sang dans ses vaisseaux.

ÉRÉSIPÈLE, *s. m.* V. *érysipèle.*

ÉRÉTHISME, *s. m.* Etat d'excitation d'un organe. P. ex. : *é. cardiaque.*

ERG, *s. m.* Unité de travail ou d'énergie dans le système CGS. L'*e.* est remplacé dans le système international d'unités, par le *joule.* 1 erg = 10^{-7} joule.

...ERGIQUE. Suffixe grec signifiant *dépendant de l'action de.* P. ex. *adrénergique.*

ERGOMÈTRE, *s. m.* Instrument destiné à mesurer le travail exécuté par un muscle ou par un groupe musculaire.

ERGOSTÉROL, *s. m.* Stérol contenu dans l'ergot de seigle. C'est une provitamine qui, sous l'action des rayons ultraviolets, se transforme en vitamine D_2 (calciférol).

ERGOT DE SEIGLE. Champignon parasite du seigle, responsable de l'ergotisme ; l'étude de ses dérivés est à l'origine de divers médicaments.

ERGOTHÉRAPIE, *s. f.* Méthode de rééducation active des infirmes qui consiste à leur faire exécuter un travail manuel.

ERGOTISME, *s. m.* Ensemble des accidents convulsifs ou gangréneux provoqués par l'ergot de seigle.

ÉROTISATION, *s. f.* Apparition au moment de la maturité sexuelle, de réflexes innés, restés latents jusqu'alors, tendant au rapprochement et à la fécondation.

ERRATIQUE, *adj.* 1° Irrégulier. — 2° Eloigné.

ÉRUCTATION, *s. f.* Emission bruyante par la bouche, de gaz venant de l'estomac.

ÉRUPTION, *s. f.* 1° Apparition sur la peau de taches (rougeurs, purpura), ou d'éléments figurés (vésicules, phlyctènes, etc.). — 2° *é. des dents.* Apparition des dents.

ÉRYSIPÈLE ou **ÉRÉSIPÈLE,** *s. m.* Inflammation aiguë des téguments caractérisée par un placard rouge, surélevé, limité par un bourrelet, accompagnée de signes généraux sévères et due au streptocoque hémolytique.

ÉRYTH... Préfixe grec signifiant *rouge.*

ÉRYTHÉMATEUX, EUSE, *adj.* Qui présente les caractères de l'érythème. P. ex. : *lupus érythémateux.*

ÉRYTHÈME, *s. m.* Nom générique d'une série d'affections cutanées ayant en commun une rougeur plus ou moins intense des téguments disparaissant par la pression.

ÉRYTHÈME NOUEUX. Maladie caractérisée par une éruption de nodosités érythémateuses dermo-épidermiques localisées aux jambes et aux pieds, que l'on considère comme un syndrome d'origine allergique.

ÉRYTHÈME POLYMORPHE. Syndrome de cause inconnue, caractérisé par une éruption de papules rouges qui s'étendent et peuvent confluer, et dont le centre s'affaisse, se plisse et parfois se couvre d'une bulle.

ÉRYTHRASMA, *s. m.* Maladie de la peau se présentant sous forme d'une plaque jaune brunâtre sèche, desquamant peu, non prurigineuse et située dans la région inguino-scrotale.

ÉRYTHRÉMIE, *s. f.* Syn. *maladie de Vaquez, polycythémie vraie.* Maladie de cause inconnue, caractérisée notamment par une coloration rouge des téguments et une splénomégalie. Il existe une importante polyglobulie avec élévation parallèle du taux de l'hémoglobine. Elle s'accompagne d'un accroissement du nombre des globules blancs et des plaquettes et se complique de thromboses vasculaires ou de transformation maligne.

ÉRYTHROBLASTE, *s. m.* Cellule nucléée de la lignée des globules rouges présente dans la moelle osseuse, précurseur du réticulocyte.

ÉRYTHROBLASTOSE, *s. f.* Augmentation du nombre des globules rouges nucléés (érythroblastes) dans les organes hématopoïétiques et, éventuellement, dans le sang circulant.

ÉRYTHROCYANOSE DES JAMBES. Affection observée surtout chez les jeunes filles et caractérisée par une cyanose froide et symétrique du tiers inférieur de la peau des jambes.

ÉRYTHROCYTE, *s. m.* V. *hématie*.

ÉRYTHROCYTOSE, *s. f.* Augmentation du nombre des globules rouges.

ÉRYTHRODERMIE, *s. f.* Rougeur inflammatoire de la peau, généralisée ou très étendue, accompagnée de desquamation contemporaine de l'érythème.

ÉRYTHROGÈNE, *adj.* 1° Qui fait rougir la peau, qui provoque un érythème (toxine *é.*). — 2° Qui produit des globules rouges.

ÉRYTHROLEUCÉMIE, *s. f.* Association de polyglobulie et de leucémie.

ÉRYTHROMÉLALGIE, *s. f.* Affection caractérisée par des accès de douleurs accompagnées de gonflement et de rougeur des téguments, siégeant aux extrémités.

ÉRYTHROPOÏÈSE, *s. f.* Formation des globules rouges.

ÉRYTHROPSINE, *s. f.* Syn. *pourpre rétinien*. Pigment rouge des cellules à bâtonnets de la rétine, permettant la vision crépusculaire.

ÉRYTHROSE, *s. f.* 1° Coloration rouge des téguments observée dans la polyglobulie. — 2° Grande facilité à rougir.

ESCARRE, *s. f.* Croûte noirâtre plus ou moins épaisse formée par du tissu mortifié.

ESCARRIFICATION, *s. f.* Formation d'une escarre.

ESCHERICHIA COLI (Theodor Escherich, 1857-1911, médecin allemand). Syn. *colibacille*. Genre bactérien, présent dans l'intestin. Non pathogène à l'état normal, il peut acquérir, dans certains cas, une virulence très grande ; il engendre alors des affections variées : diarrhée, infections urinaires.

ESQUILLE, *s. f.* Fragment d'os brisé dans les fractures comminutives.

ESSENCE, *s. m.* Nom générique de substances huileuses, volatiles et aromatiques obtenues par distillation de divers végétaux et solubles dans l'alcool. V. *aromathérapie*.

ESSENTIEL, ELLE, *adj.* Se dit des affections, des syndromes, ou des symptômes qui ne se rattachent à aucun état morbide défini, par opposition à *symptomatique*. V. *idiopathie*.

ESTÉRASE, *s. f.* Ferment hydrolysant les fonctions ester. P. ex. : *lipase, cholinestérase*.

ESTHÉSIE, *s. f.* Sensibilité.

ESTOMAC, *s. m.* Partie dilatée du tube digestif faisant suite à l'œsophage (par l'intermédiaire du cardia) et se continuant par le duodénum (à travers l'orifice pylorique). Cet organe réservoir est doté d'une puissante musculature et de glandes sécrétant de l'acide chlorhydrique et la pepsine.

ESTRA..., ESTRO... (orthographe américaine). V. *œstra..., œstro...* P. ex. : estral, v. *œstral* ; estrogène, v. *œstrogène*.

ÉTAT DE MAL. Série de paroxysmes, survenant immédiatement les uns après les autres, entre lesquels le malade ne revient pas à son état normal. P. ex. : *état de mal épileptique, anginaux, asthmatique, etc.*

ETHMOÏDE, *adj.* Criblé ; en forme de tamis. — *os e.* L'un des os de la base du crâne ; il forme le toit des fosses nasales.

ETHMOÏDITE, *s. f.* Inflammation de la muqueuse qui recouvre l'os ethmoïde et de cet os lui-même.

ETINCELAGE, *s. m.* V. *fulguration. 2°.*

ÉTIOLOGIE, *s. f.* Etude des causes des maladies.

ÉTRANGLEMENT D'UN ORGANE. Constriction d'un organe avec arrêt de la circulation.

ÉTRIER, *s. m.* (anatomie). V. *osselet.*

ÉTUVE, *s. f.* 1° Endroit clos dont on élève la température pour provoquer la sudation. — *é. sèche.* — *é. humide* ou *bain de vapeur.* — 2° Appareil destiné à obtenir une température déterminée, pour la désinfection ou la stérilisation ou bien faciliter les cultures microbiennes en laboratoire.

EU... Préfixe grec signifiant *bon, harmonieux, normal, favorable.*

EUGÉNIE, EUGÉNIQUE, *s. f.* ou **EUGÉNISME,** *s. m.* Science qui se propose de fixer les règles d'une bonne reproduction et vise essentiellement à éviter la naissance d'enfants atteints de maladies héréditaires.

EUNUCHISME, *s. m.* Etat des individus des deux sexes, privés depuis l'enfance de la sécrétion interne de leurs glandes génitales (eunuques).

EUNUCHOÏDE, *adj.* Qui ressemble à l'eunuque.

EUNUQUE, *s. m.* Individu à qui l'on a enlevé les organes génitaux.

EUPEPSIE, *s. f.* Digestion normale.

EUPEPTIQUE, *adj.* Qui facilite la digestion.

EUPHORIE, *s. f.* Etat de confiance, de satisfaction, de bien-être.

EUSTACHE (trompe d') (Bartolomeo Eustachio, 1524-1574, anatomiste italien). V. *trompe.*

EUTHANASIE, *s. f.* Mort calme et exempte de souffrances, naturellement ou grâce à l'emploi de substances sédatives ou stupéfiantes.

EUTHYSCOPE, *s. m.* Ophtalmoscope spécial utilisé dans le traitement des amblyopies fonctionnelles.

EUTOCIE, *s. f.* Accouchement normal.

EUTOCIQUE, *adj.* Qui facilite l'accouchement. — *ceinture e.* Ceinture destinée à maintenir le fœtus en bonne position à la fin de la grossesse.

ÉVEINAGE, *s. m.* Procédé de cure chirurgicale des varices du membre inférieur, appliqué surtout au segment crural de la saphène.

ÉVENTRATION, *s. f.* Hernie se formant dans les régions antérieures et latérales de l'abdomen.

ÉVERSION, *s. f.* Bourrelet formé au niveau d'un orifice naturel par la muqueuse plus ou moins herniée.

ÉVISCÉRATION, *s. f.* Issue au dehors des organes abdominaux, provoquée par la désunion d'une plaie opératoire.

ÉVOLUTIF, IVE, *adj.* Se dit d'une affection ou d'une lésion qui se modifie incessamment, ce qui entraîne le plus souvent son aggravation.

ÉVOLUTION, *s. f.* Développement d'un organe, d'un être ou d'un groupement d'être organisés.

EX... Préfixe signifiant *à l'extérieur de.*

EXACERBATION, *s. f.* Exagération transitoire des symptômes d'une maladie.

EXANTHÈME, *s. m.* Rougeur cutanée, ne s'accompagnant ni de papule, ni de vésicule, que l'on rencontre dans un grand nombre de maladies.

EXCAVATION PELVIENNE (obstétrique). Syn. *petit bassin, pelvis.* Canal osseux limité en avant par le pubis, en arrière par le sacrum et le coccyx et latéralement par la surface quadrilatère de l'os coxal, l'épine sciatique et le corps de l'ischion qui encadrent le foramen obturé (ex-trou obturateur) et les échancrures sciatiques. Le détroit supérieur le sépare, en haut, du grand bassin ; en bas, son orifice est le détroit inférieur.

EXCIPIENT, *s. m.* Substance à laquelle on incorpore les principes actifs d'un médicament pour les rendre plus facilement absorbables.

EXCISION, *s. f.* Amputation d'une partie peu volumineuse. P. ex. : *e. du prépuce.* — *e. d'une plaie.* Syn. *épluchage, parage.*

EXCITABILITÉ, *s. f.* Propriété des muscles et des nerfs d'entrer en action sous l'influence d'une excitation.

EXCITATION, *s. f.* 1° Déclenchement d'une réaction au niveau d'une cellule, d'un tissu, d'un viscère ou de l'organisme entier. — 2° Etat d'activité d'un élément nerveux ou musculaire. — 3° Terme parfois employé comme synonyme de stimulation. — 4° Agitation psychique ou physique.

EXCORIATION, *s. f.* Ecorchure légère.

EXCRETA, *s. m. pl.* Ensemble des déchets de la nutrition rejetés hors de l'organisme (fèces, urine, sueur).

EXCRÉTION, *s. f.* Acte physiologique en vertu duquel le produit des sécrétions d'une glande est versé hors de cette glande par des conduits spéciaux, dits *conduits excréteurs.*

EXÉRÈSE, *s. f.* Ablation chirurgicale d'une partie inutile ou nuisible à l'organisme, ou d'un corps étranger.

EXFOLIATION, *s. f.* 1° Elimination, sous forme de lamelles, de certaines parties nécrosées. — 2° Destruction des couches superficielles de l'épiderme. — 3° Application, sur la peau, de produits destinés à faire peler l'épiderme.

EXHIBITIONNISME, *s. m.* Obsession morbide qui pousse certains malades mentaux à exhiber leurs organes génitaux.

EXOCERVICAL, ALE, *adj.* Qui est situé à la surface du col de l'utérus.

EXOCERVICITE, *s. f.* Nom sous lequel on groupe les lésions observées à la surface du col utérin inflammatoire.

EXOCRINE, *adj.* Qui a rapport à la sécrétion de produits éliminés directement, soit au niveau des téguments externes, soit au niveau d'une muqueuse.

EXOGAMIE, *s. f.* Union entre sujets non consanguins.

EXOGÈNE, *adj.* Qui est produit hors de l'organisme.

EXONÉRATION, *s. f.* Défécation, vidange intestinale.

EXOPHTALMIE, *s. f.* Saillie ou protrusion du globe oculaire hors de l'orbite.

EXOSTOSE, *s. f.* Tumeur formée de tissus osseux, se développant à la surface d'un os.

EXOTOXINE, *s. f.* Toxine formée soit dans le microbe lui-même, soit en dehors de lui par l'action d'un ferment qu'il a sécrété, et diffusant dans le milieu ambiant.

EXPECTATION, *s. f.,* **EXPECTANTE (méthode).** Méthode qui consiste à observer la marche de la maladie en n'employant que des moyens hygiéniques pour la combattre.

EXPECTORANT, ANTE, *adj.* et *s.* Se dit des médicaments qui facilitent l'expectoration.

EXPECTORATION, *s. f.* 1° Phénomène par lequel les produits formés dans les voies respiratoires sont rejetés hors de la poitrine. — 2° Crachat.

EXPÉRIENCE, *s. f.* 1° Epreuve destinée à étudier certains phénomènes. — 2° Ensemble des connaissances acquises par une plus ou moins longue fréquentation des gens et des choses.

EXPÉRIMENTAL, ALE, *adj.* Qui est fondé sur l'expérience.

EXPIRATION, *s. f.* Expulsion de l'air hors des poumons.

EXPLORATEUR, *s. m.* Instrument formé d'une tige mince et cylindrique, que l'on introduit dans un canal pour vérifier sa perméabilité.

EXQUIS, ISE, *adj.* — *douleur e.* V. *douleur.*

EXSANGUINO-TRANSFUSION, *s. f.* Remplacement total du sang d'un malade, obtenu par une transfusion massive faite en même temps que la soustraction d'une quantité de sang équivalente.

EXSUDAT, *s. m.* Liquide organique tantôt séreux, tantôt fibrineux ou muqueux, qui suinte au niveau d'une surface enflammée. V. *transsudat.*

EXSUDATION, *s. f.* Suintement d'un liquide à travers les parois de son réservoir naturel.

EXSUFFLATION, *s. f.* Soustraction d'une certaine quantité de gaz d'une cavité. P. ex. : *e. thérapeutique* dans le cas de pneumothorax suffocant.

EXTASE, *s. f.* Etat mental caractérisé par une contemplation profonde avec abolition de la sensibilité et de la motricité.

EXTEMPORANÉ, NÉE, *adj.* Qui se fait sur-le-champ.

EXTENSION, *s. f.* Action d'ouvrir l'angle que font deux segments de membres articulés en les écartant pour les aligner. V. *flexion.*

EXTENSION CONTINUE. Méthode générale d'immobilisation des fractures. Elle assure le maintien de leur réduction et leur contention au moyen d'une force qui, s'opposant à la contracture musculaire, tire constamment le fragment osseux inférieur vers l'extrémité distale du membre.

EXTÉRIORISATION, *s. f.* 1° Action de placer hors de soi la cause des sensations. — 2° Opération consistant à sortir un viscère hors de la cavité qui le contient.

EXTERNE, *adj.* (anatomie). V. *latéral.*

EXTÉROCEPTEUR, *s. m.* Terminaison nerveuse sensitive (récepteur sensitif) recueillant les excitations venues du milieu extérieur.

EXTIRPATION, *s. f.* Action d'arracher, de retirer en totalité.

EXTRA... Préfixe latin signifiant *à l'extérieur de.*

EXTRACARDIAQUE, *adj.* Qui a son origine en dehors du cœur. P. ex. : *souffle e.*

EXTRACORPOREL, ELLE, *adj.* En dehors du corps. — *circulation e.*

EXTRAIT, *s. m.* Préparation pharmaceutique obtenue en traitant une substance animale ou végétale par un liquide (eau, alcool, éther), et en évaporant ce véhicule jusqu'à consistance voulue.

EXTRAPYRAMIDAL (syndrome). Ensemble de troubles provoqués par l'altération du système extrapyramidal : ce sont essentiellement des modifications de la tonicité musculaire et de la régulation des mouvements involontaires et automatiques ; elles se groupent en différents types : syndrome parkinsonien (le plus fréquent), chorées, athétose.

EXTRAPYRAMIDAL (système). Ensemble des noyaux gris moteurs et des fibres afférentes et efférentes situées dans les régions sous-corticales et sousthalamiques, à l'exclusion de la voie pyramidale et du cervelet.

EXTRASYSTOLE, *s. f.* Contraction prématurée du cœur qui altère la succession régulière des battements normaux.

EXTRA-UTÉRIN, INE, *adj.* Situé hors de la cavité utérine. — *grossesse e.-u.* Fixation et développement de l'œuf fécondé en dehors de la cavité utérine (trompe, péritoine).

EXTRAVERSION, *s. f.* Tendance à se tourner vers le monde extérieur.

EXTRAVERTI, TIE, *adj.* Tourné vers le dehors, l'extérieur. V. *introversion.*

EXULCÉRATION, *s. f.* Ulcération légère et superficielle.

F

ºF. Symbole de *degré Fahrenheit*.

F. Symbole de *farad*.

f. Symbole de *femto*.

FABULATION, *s. f.* Habitude prise par certains sujets de faire des récits fantaisistes tirés de leur imagination.

FACE, *s. f.* 1º Partie antérieure et inférieure de la tête, située au-dessous de la ligne des sourcils. — 2º Surface d'un organe.

FACIAL, ALE, *adj.* Relatif à la face. — *nerf f.* Septième paire crânienne, nerf moteur des muscles peauciers de la face et du cou.

FACIES ou **FACIÈS,** *s. m.* Expression de la face dans les maladies.

FACTEUR, *s. m.* Substance, élément jouant un rôle dans le déclenchement ou l'évolution d'une réaction, d'une maladie ou d'un phénomène quelconque. P. ex. : *f. de coagulation, f. de gravité d'une maladie*.

FACTEUR DE COAGULATION. Eléments intervenant dans la coagulation sanguine. Ce sont, pour la plupart, des protéines plasmatiques. Ils ont été désignés par un comité international de nomenclature, par des chiffres romains allant de I à XIII (v. ci-dessous).

FACTEUR I. V. *fibrinogène*.

FACTEUR II. V. *prothrombine*.

FACTEUR III. Thromboplastine tissulaire, v. *thromboplastine*.

FACTEUR IV. Calcium, en tant qu'élément nécessaire à la coagulation du sang.

FACTEUR V. Pro-accélérine. V. *accélérine*.

FACTEUR VI. V. *accélérine*.

FACTEUR VII. Proconvertine. V. *convertine*.

FACTEUR VIII. V. *thromboplastinogène*.

FACTEUR IX. V. *facteur antihémophilique B*.

FACTEUR X. V. *facteur Stuart*.

FACTEUR XI. Syn. *facteur Rosenthal*. Un des ferments plasmatiques de coagulation dits facteurs de contact dont le déficit produit une affection hémorragique, la maladie de Rosenthal ou hémophilie C.

FACTEUR XII. V. *facteur Hageman*.

FACTEUR XIII. Syn. *facteur de stabilisation de la fibrine*. Elément qui, au cours de la coagulation sanguine, et en présence de calcium, stabilise la fibrine ; il est activé par la thrombine.

FACTEUR D'ACTIVATION DES PLAQUETTES. Syn. *PAF-acéther.* Un des médiateurs de l'hypersensibilité immédiate. Facteur très énergique d'agrégation plaquettaire, il contracte les bronches, abaisse la pression artérielle et favorise l'apparition d'œdèmes.

FACTEUR ANTIHÉMOPHILIQUE A. V. *thromboplastinogène.*

FACTEUR ANTIHÉMOPHILIQUE B. Syn. *facteur IX.* Globuline présente, sous une forme inactive, dans le plasma et le sérum sanguins. Elle est activée par le contact avec des surfaces étrangères au système vasculosanguin normal, concourt à la formation de la thromboplastine et fait défaut chez l'hémophile de type B.

FACTEUR HAGEMAN (nom du malade). Syn. *facteur XII.* Un des ferments plasmatiques de coagulation dits facteurs de contact.

FACTEUR RHÉSUS. V. *Rhésus (facteur).*

FACTEUR DE RISQUE D'UNE MALADIE (épidémiologie). Elément associé à une incidence accrue de la maladie considérée. Il peut s'agir d'une habitude de vie, d'un état physiologique ou pathologique.

FACTEUR ROSENTHAL (Robert R., médecin américain contemporain). V. *facteur XI.*

FACTEUR STUART (nom du malade). Syn. *facteur X.* Elément qui, dans la coagulation sanguine, accélère la transformation de la prothrombine en thrombine ; il semble très proche de la proconvertine.

FAHRENHEIT. V. *degré Fahrenheit.*

FALCIFORME, *adj.* En forme de faux. V. *anémie à hématies falciformes.*

FALLOPE (trompe de) (Gabriel F., 1523-1562, anatomiste italien). V. *trompe.*

FALLOT (tétralogie ou **tétrade de)** (Etienne F., 1850-1911, médecin français). Malformation cardiaque caractérisée par l'association d'une sténose pulmonaire, d'une dextroposition de l'orifice aortique, d'une communication interventriculaire haute et d'une hypertrophie ventriculaire droite. C'est la plus fréquente des maladies bleues.

FALLOT (trilogie ou **triade de).** Malformation cardiaque cyanogène caractérisée par un rétrécissement en diaphragme de l'orifice de l'artère pulmonaire, l'intégrité de la cloison interventriculaire et une communication interauriculaire.

FANGOTHÉRAPIE, *s. f.* Utilisation de boues volcaniques dans le but de soulager la douleur.

FANTASME, *s. m.* V. *phantasme.*

FARAD, *s. m.* (symbole : F) (Michael Faraday, 1791-1867, physicien britannique). Unité du système international pour la *capacité électrique.* C'est celle d'un condensateur qui se charge d'une quantité de 1 coulomb pour une différence de potentiel de 1 volt.

FASCIA, *s. m.* (pl. *fascias*). Membrane fibreuse résistante située à la face profonde de la peau ou limitant les loges musculaires ou des régions anatomiques. V. *aponévrose.*

FASCIA LATA, *s. m.* Renforcement de l'aponévrose fémorale, situé à la face externe de la cuisse.

FASCICULÉ, ÉE, *adj.* Qui est disposé en faisceaux.

FASCIITE, *s. f.* Inflammation d'un fascia.

FATIGUE, *s. f.* Etat résultant de l'activité prolongée d'un organe, se traduisant par une diminution du fonctionnement et une sensation particulière propre à chaque organe.

FAUSSE COUCHE. V. *avortement.*

FAUSSE ROUTE. 1° Accident du cathétérisme ; la sonde, ayant perforé la paroi du canal, s'enfonce dans les tissus environnants. — 2° Inhalation d'aliments ou de vomissements.

FAUSSE-MEMBRANE. V. *pseudomembrane.*

FAUX, *s. f.* (anatomie). Partie de la dure-mère formant une cloison médiane entre deux hémisphères : *f. du cerveau, f. du cervelet.*

FAVUS, *s. m.* Dermatose parasitaire contagieuse, siégeant surtout au cuir chevelu, caractérisée par la formation de croûtes jaunâtres. Elle est due à un champignon.

FÉBRICULE, *s. f.* Petite fièvre.

FÉBRIFUGE, *adj.* Qui combat la fièvre. — *s. m.* Médicament ayant cette propriété.

FÉBRILE, *adj.* Qui se rapporte à la fièvre.

FÉCAL, ALE, *adj.* Qui concerne les excréments.

FÉCALOÏDE, *adj.* Qui a l'odeur et l'aspect des matières fécales. — *vomissements f.*

FÉCALOME, *s. m.* Considérable accumulation de matières, qui simule une tumeur intestinale.

FÈCES, *s. f. pl.* Excréments.

FÉCONDATION, *s. f.* Union d'un gamète mâle (spermatozoïde) et d'un gamète femelle (ovule) avec formation d'un zygote (œuf). V. *conception.*

FÉCONDATION IN VITRO (FIV), FÉCONDATION IN VITRO ET TRANSFERT D'EMBRYON (FIVETE). Méthode de traitement de certaines stérilités féminines (essentiellement tubaires) mais aussi masculines, consistant à prélever les gamètes, puis à les mettre en présence au laboratoire, enfin à transplanter l'embryon dans l'utérus de la patiente.

FÉMINISANT, ANTE, *adj.* Qui provoque l'apparition de caractères sexuels secondaires féminins. — *hormone f. ; tumeur f.*

FÉMINISATION, *s. f.* Apparition, chez l'homme, des caractères sexuels secondaires appartenant au sexe féminin.

FEMTO... (symbole : f). Préfixe signifiant 10^{-15}.

FÉMUR, *s. m.* Os de la cuisse, le plus long des os ; son extrémité supérieure comporte le col et la tête, articulée avec le condyle de l'os coxal et 2 tubérosités, le grand et petit trochanters ; l'extrémité inférieure est renflée par les 2 condyles latéral et médial articulés avec les plateaux tibiaux.

FENESTRATION, *s. f.* Intervention chirurgicale destinée à rendre l'audition aux sujets atteints d'otospongiose. V. *cophochirurgie.*

FERMENT, *s. m.* Substance capable de déterminer certains processus chimiques sans être, elle-même, apparemment modifiée. — *f. soluble :* v. *enzyme.*

FERMENTATION, *s. f.* Transformation chimique d'une substance, se produisant sous l'influence d'un corps (ferment) qui semble ne subir, lui-même, aucune modification du fait de l'action qu'il détermine.

FERRIPRIVE, *adj.* Syn. *sidéropénique.* Qui est provoqué par le manque de fer.

FERRITINE, *s. f.* Complexe hydrosoluble formé d'une coque protéique entourant un noyau d'hydroxyde de fer. Il assure le stockage de ce métal dans le foie, la rate et la moelle osseuse.

FESSE, *s. f.* Région postérieure saillante et arrondie de la hanche, essentiellement composée des muscles fessiers.

FÉTICHISME, *s. m.* Perversion sexuelle obsédante et impulsive conférant à un objet ou à une partie du corps le pouvoir exclusif de produire l'orgasme.

FIBRES ALIMENTAIRES. Portion fibreuse de certains aliments végétaux.

FIBRILLATION, *s. f.* 1°. Contraction isolée d'une fibre musculaire. — 2° Faibles contractions dues à l'activation désordonnée des différentes fibres composant le muscle considéré.

FIBRILLATION AURICULAIRE. V. *fibrillation cardiaque.*

FIBRILLATION CARDIAQUE. Trémulation désordonnée des fibres musculaires cardiaques. Elle entraîne la paralysie des cavités cardiaques intéressées ; limitée ordinairement aux oreillettes (*f. auriculaire*), elle provoque l'arythmie des ventricules (*arythmie complète*). Si la *f.* touche les ventricules (*f. ventriculaire*), elle entraîne très rapidement la mort par arrêt cardiaque (v. ce terme).

FIBRILLATION VENTRICULAIRE. V. *fibrillation cardiaque.*

FIBRINE, *s. f.* Globuline filamenteuse insoluble, blanchâtre et élastique, qui se dépose par coagulation spontanée du sang, de la lymphe et de certains exsudats. Elle est formée aux dépens du fibrinogène grâce à l'action de la thrombine.

FIBRINOGÈNE, *s. m.* Globuline soluble à grosses molécules allongées, contenue dans le plasma sanguin et dans certaines exsudations séreuses. Sous l'action de la thrombine, elle se transforme en fibrine.

FIBRINOLYSE, *s. f.* Dissolution de la fibrine et, par extension, dissolution d'un caillot sanguin (*thrombolyse*). Elle est parfois primitive, mais le plus souvent secondaire, réactionnelle, au cours d'un syndrome de coagulation intravasculaire disséminée. Elle peut être enfin thérapeutique.

FIBRINOLYTIQUE, *adj.* Qui dissout la fibrine et les caillots sanguins. — *s. m.* Médicament doué de cette propriété.

FIBROADÉNOME, *s. m.* V. *adénofibrome.*

FIBROBLASTE, *s. m.* Cellules fusiformes provenant des cellules conjonctives en voie de prolifération.

FIBROCHONDROME, *s. m.* Syn. *chondrofibrome.* Variété de chondrome dans laquelle les lobules cartilagineux de la tumeur sont séparés par un abondant tissu fibreux.

FIBROKYSTIQUE (tumeur). Tumeur fibreuse contenant des kystes.

FIBROMATOSE, *s. f.* Développement de tumeurs fibreuses, généralement situées dans le tissu cellulaire souscutané.

FIBROME, *s. m.* Tumeur bénigne formée uniquement par du tissu fibreux, c.-à-d. par des faisceaux du tissu conjonctif au milieu desquels on observe des cellules de même nature.

FIBROMYOME, *s. m.* Nom donné à des tumeurs utérines formées de tissu conjonctif et de tissu musculaire lisse.

FIBROSARCOME, *s. m.* Tumeur maligne développée aux dépens des fibroblastes.

FIBROSCOPE, *s. m.* Variété d'endoscope conduisant les rayons lumineux par un faisceau de fibres de verre souples. Le *f.* permet d'explorer la muqueuse des bronches et des zones étendues du tube digestif.

FIBROSE, *s. f.* Transformation fibreuse de certaines formations pathologiques.

FIBROXANTHOME, *s. m.* V. *xanthofibrome.*

FIBULA, *s. f.* Dénomination internationale du péroné, le plus externe et le plus grêle des deux os de la jambe.

FIÈVRE, *s. f.* Syndrome caractérisé par l'élévation de la température du corps accompagnée d'accélération du pouls.

FIÈVRE JAUNE. Maladie infectieuse, endémo-épidémique, due au virus amaril, observée dans la zone tropicale en Amérique du Sud et en Afrique. Elle est caractérisée par un début brutal, avec fièvre élevée, violentes douleurs, vomissements. En 3 ou 4 jours la fièvre tombe et, après une légère reprise, la guérison survient dans les formes légères. Les formes graves sont caractérisées par des vomissements sanglants (*vomito negro*), un ictère et une albuminurie.

FIÈVRE DE MALTE. V. *mélitococcie.*

FIÈVRE PARATYPHOÏDE. Maladie ayant les allures cliniques et les lésions de la fièvre typhoïde, mais due à un microbe voisin du bacille d'Eberth, *Salmonella paratyphi.*

FIÈVRE RÉCURRENTE. Nom sous lequel on désigne un groupe de maladies caractérisées par des accès de fièvre à répétition et provoquées par des Spirochètes (*Borrelia*) transmis par des arthropodes : poux ou tiques.

FIÈVRE TYPHOÏDE. Toxi-infection généralisée, contagieuse, due à *Salmonella typhi* (bacille d'Eberth). L'évolution clinique, classiquement, est cyclique, divisée en 3 périodes de 7 jours chacune : la 1ère de fièvre croissante ; la 2e de fièvre en plateau, avec tuphos, diarrhée et discrètes taches rosées lenticulaires ; la 3e de fièvre décroissante. Cette évolution, qui pouvait comporter de redoutables complications (hémorragies et perforations intestinales, myocardite, encéphalite) a été heureusement transformée par les antibiotiques.

FIÈVRES HÉMORRAGIQUES AFRICAINES. Terme générique désignant la maladie à virus Ebola, la maladie à virus Marburg et la fièvre de Lassa.

FILAIRE, *s. f.* Parasite de l'ordre des Nématodes que sa longueur a fait comparer à un fil. — *Filaria loa.* Syn. *Loa loa.* Parasite produisant en se déplaçant sous les téguments des œdèmes fugaces dits : *œdèmes de Calabar* ; — *Dracunculus medinensis.* Syn. *filaire de Médine.* F. longue de plusieurs décimètres, dont la présence sous la peau provoque des collections suppurées. — *Filaria bancrofti.* Syn. *Wuchereria bancrofti,* parasite des vaisseaux sanguins et lymphatiques provoquant la filariose.

FILARIOSE, *s. f.* Nom réservé à la maladie déterminée par la filaire du sang (*Wuchereria bancrofti*). Elle se manifeste par des accès fébriles avec névralgie, hématurie, chylurie, adéno-lymphocèle et éléphantiasis.

FILIÈRE, *s. f.* Instrument destiné à déterminer le diamètre des sondes et bougies dont on se sert pour pratiquer le cathétérisme.

FILTRAT GLOMÉRULAIRE. Liquide provenant de l'ultrafiltration du plasma sanguin dans la capsule de Bowmann à travers les parois des capillaires des glomérules rénaux. On le mesure par la clairance à la créatinine.

FILTRE INTRAVEINEUX CAVE. Dispositif introduit dans une veine cave inférieure par cathétérisme, destiné à bloquer la migration de caillots afin d'éviter la constitution ou la récidive d'embolies pulmonaires.

FISSIPARITÉ, *s. f.* Syn. *scissiparité.* Mode de reproduction, par segmentation, de certains organismes monocellulaires (protozoaires, bactéries).

FISSURE, *s. f.,* **F. ANALE.** Ulcération allongée et superficielle, généralement très douloureuse, siégeant dans les plis radiés de l'anus.

FISTULE, *s. f.* Trajet, congénital ou accidentel, livrant passage à un liquide physiologique ou pathologique, et entretenu par l'écoulement même de ce liquide. — *f. anale.* Trajet irrégulier allant de la muqueuse rectale à la marge de l'anus et faisant communiquer l'une de ces surfaces, ou toutes les deux, avec la cavité d'un abcès périanal. — *f. artério-veineuse.* V. *anévrisme artério-veineux.*

FISTULOGRAPHIE, *s. f.* Radiographie d'un trajet fistuleux avec injection d'un produit de contraste.

FIVETE. Abréviation de *fécondation in vitro* et *transfert d'embryon.*

FIXATION, *s. f.* (psychanalyse). 1° Immobilisation à un stade infantile des pulsions ; arrêt, voire régression de la personnalité, s'observant au cours de certaines névroses, psychoses et perversions. — 2° Attachement excessif et anormal à un objet ou bien à une personne.

FIXATION DU COMPLÉMENT. Syn. *déviation du complément* (immunologie). Réaction d'hémolyse destinée à reconnaître la présence de certains antigènes.

FLACCIDITÉ, *s. f.* Absence de toute tonicité, mollesse.

FLAGELLATION, *s. f.* Variété de tapotement qui consiste à frapper successivement avec les doigts la partie que l'on veut masser.

FLAGELLÉS, *s. m. pl.* Protozoaires pourvus d'un ou de plusieurs flagelles, qui leur servent d'organes locomoteurs. Un certain nombre de *f.* sont parasites de l'homme : Leishmania, Trypanosoma, Trichomonas, etc.

FLAPPING TREMOR. V. *tremor* (*flapping*).

FLASQUE, *adj.* Mou ; qui s'accompagne d'hypotonie musculaire. — *paralysie f.*

FLATULENCE, *s. f.* Production de gaz gastro-intestinaux donnant lieu à un ballonnement abdominal.

FLEXION, *s. f.* Action de fermer l'angle que font 2 segments de membre, en les rapprochant. V. *extension.*

FLOCULATION, *s. f.* (biophysique). Coagulation d'une solution colloïdale diluée, sous forme de flocons qui se déposent au fond du vase. — *réaction de floculation de la syphilis* : v. *VDRL* (*réaction*).

FLORE, *s. f.* 1° Ensemble des espèces végétales d'une région. — 2° Etude et description de ces dernières. — 3° Ensemble des bactéries peuplant une zone localisée de l'organisme à l'état normal ou pathologique. P. ex. *f. intestinale, vaginale.*

FLUCTUATION, *s. f.* Mouvement ondulatoire que l'on communique à un liquide contenu dans une cavité de l'organisme, en déprimant ou en percutant la paroi de celle-ci avec une main tandis que l'autre est placée de façon à percevoir ce mouvement.

FLUORIDE, *s. f.* Accident cutané provoqué par le fluor ou ses composés.

FLUOROCHROME, *s. m.* Substance ayant la propriété de rendre fluorescents les objets qu'elle imprègne.

FLUSH, *s. m.* Accès de rougeur cutanée siégeant surtout au visage, observé dans certaines maladies (carcinoïde du grêle) et après absorption de diverses substances (v. *Antabuse*).

FLUTTER, *s. m.* Trouble du rythme cardiaque caractérisé par une suite de contractions se succédant régulièrement et rapidement sans pause aucune. Le *f.* est ordinairement auriculaire ; le *f.* ventriculaire est un état pré-agonique.

FLUTTERING, *s. m.* (anglais). Vibration.

FLUX, *s. m.* Ecoulement d'un liquide. Règles.

FLUXION, *s. f.* Congestion. — Pris souvent dans le sens de *fluxion dentaire* : tuméfaction inflammatoire du tissu cellulaire des joues et des gencives, provoquée par une infection dentaire.

FLUXMÈTRE, *s. m.* Appareil permettant de mesurer l'écoulement d'un liquide dans un conduit, ou simplement la vitesse d'écoulement ou vélocité (*vélocimètre*).

FO. Fond d'œil.

FOCALE (crise). Crise d'épilepsie localisée, au moins au début.

FŒTAL, ALE, *adj.* Qui se rapporte au fœtus. Par extension, qui ressemble aux organes du fœtus ou aux phénomènes observés chez lui.

FŒTOPATHIE, *s. f.* Terme groupant les malformations dues à certaines actions exercées sur le produit de la conception à partir du 4e mois de la vie intra-utérine.

FŒTUS, *s. m.* Nom donné au produit de la conception après le troisième mois de la vie utérine, c'est-à-dire vers l'époque où il commence à présenter les caractères distinctifs de l'espèce humaine. V. *embryon*.

FŒTUS MACÉRÉ. Aspect, lors de son expulsion, d'un fœtus mort in utero au 5e mois de la grossesse.

FOGARTY (méthode de) (Thomas F., médecin américain contemporain). Syn. *embolectomie rétrograde*. Désobstruction artérielle au moyen d'une sonde spéciale munie d'un ballonnet à son extrémité.

FOIE, *s. m.* La plus volumineuse des glandes de l'organisme, située dans l'hypocondre droit, annexée au tube digestif. A la fois exocrine et endocrine, elle secrète la bile et intervient dans de nombreux métabolismes.

FOINS (RHUME DES). V. *coryza spasmodique périodique*.

FOLATE, *s. m.* Sel dérivé de l'acide folique.

FOLIE, *s. f.* V. *psychose*.

FOLIQUE (acide). Substance complexe appartenant au groupe des vitamines B (vit. B_9) et douée d'un important pouvoir anti-anémique.

FOLLICULE, *s. m.* Petit élément anatomique en forme de sac.

FOLLICULINE, *s. f.* V. *œstrone*.

FOLLICULITE, *s. f.* Terme générique désignant toutes les inflammations des follicules et en particulier des follicules pileux.

FONCTIONNEL, ELLE, *adj.* Qui se rapporte à une fonction. — *souffle f.* V. *organique*. — *trouble f.* Manifestation morbide, généralement bénigne et réversible, qui semble due à une simple perturbation de l'activité d'un organe sans qu'il y ait de lésion actuellement décelable de celui-ci.

FONGICIDE, *adj.* Qui tue les champignons.

FONGIQUE, *adj.* Qui a rapport aux champignons. — *intoxication f.* Empoisonnement par les champignons.

FONGISTATIQUE, *adj.* Qui suspend la croissance et le développement des champignons.

FONGOÏDE, *adj.* Qui ressemble aux champignons. — *mycosis f.* V. *mycosis.*

FONGOSITÉ, *s. f.* Nom donné aux végétations qui se produisent à la surface d'une plaie, d'une muqueuse, ou dans une cavité naturelle, et qui se présentent sous l'aspect d'une masse molle, friable et très vasculaire.

FONTANELLE, *s. f.* Espace membraneux compris entre les os du crâne chez les nouveau-nés. V. *suture crânienne.*

FORAMEN, *s. m.* Orifice ; p. ex. *f. ovale.*

FORCEPS, *s. m.* Nom donné à des instruments obstétricaux disposés en forme de pinces à branches séparables (*cuillers*). Ils sont destinés à saisir la tête du fœtus et à l'extraire rapidement, quand la lenteur de l'accouchement met en péril la mère ou l'enfant.

FORCIPRESSURE, *s. f.* Méthode d'hémostase provisoire consistant à saisir un vaisseau sectionné dans les mors d'une pince hémostatique.

FORMULAIRE, *s. m.* Nomenclature des médicaments simples, et recueil de formules comprenant les préparations officinales et un nombre plus ou moins considérable de préparations magistrales.

FORNIX, *s. m.* Terme désignant une structure arciforme ou voûtée, c'est-à-dire souvent en cul-de-sac. — *f. du cerveau* : commissure unissant l'hippocampe et les corps mamillaires — *f. de l'estomac* : fundus gastrique. — *f. du vagin* : cul-de-sac du vagin.

FOSSETTE CENTRALE, V. *fovea centralis.*

FOVEA, *s. f.* Dépression en cupule. — *f. centralis.* Syn. *fossette centrale.* Dépression située au centre de la macula, au pôle postérieur de la rétine.

FOYER, *s. m.* 1° Siège principal d'une maladie ; endroit exact d'une lésion ; localisation d'un symptôme (souffle). — 2° Lieu d'où rayonne une maladie contagieuse.

FRACAS, *s. m.* Fracture comminutive, ouverte, avec dilacération des parties molles voisines.

FRACTURE, *s. f.* Lésion osseuse consistant en une solution de continuité complète ou incomplète avec ou sans déplacement des fragments. — *f. en bois vert.* Terme de radiologie désignant chez l'enfant une fracture sans déplacement, où la corticale n'est pas rompue sur toute sa circonférence. — *f. comminutive.* Fracture comportant de nombreux fragments. — *f. engrenée.* F. avec interpénétration et immobilisation des deux fragments. — *f. fermée.* F. dans laquelle le foyer ne communique pas avec l'extérieur. — *f. ouverte.* F. dans laquelle le foyer communique avec l'extérieur.

FRATRIE, *s. f.* Groupe d'individus d'une même génération appartenant à la même famille, comprenant frères, sœurs et cousins.

FREIN, *s. m.* (anatomie). Repli en général muqueux limitant la mobilité d'un organe. P. ex. *f. de la langue, f. du prépuce.*

FRÉMISSEMENT, *s. m.* Tremblement léger localisé ou généralisé. — *f. cataire.* V. *cataire.*

FREUDIEN, IENNE, *adj.* (Sigmund Freud, 1856-1939, psychanalyste autrichien). Qui se rapporte à Freud ou à ses concepts. V. *psychanalyse.*

FRICTION, *s. f.* Mode de massage consistant dans des mouvements de va-et-vient de la main assez appuyés pour entraîner les téguments et les déplacer sur les plans profonds.

FRIGIDITÉ, *s. f.* Inertie des fonctions génitales ; en particulier chez la femme, absence de désir et de plaisir au cours de l'acte sexuel, surtout impossibilité d'obtenir l'orgasme par coït vaginal.

FRISSON, *s. m.* Tremblement inégal et irrégulier accompagné d'une sensation de froid ; il marque le début de la fièvre.

FRONTAL, ALE, *adj.* Relatif au front. *os f.* Os impair et médian situé à la partie antérieure du crâne. — *coupe f.* Syn. (pro parte) *coupe coronale.* Coupe selon le plan *f.* c'est-à-dire en plan vertical perpendiculaire au plan sagittal.

FROTTEMENT, *s. m.* Bruit qui donne à l'oreille l'impression de deux surfaces qui glissent rudement l'une sur l'autre. On le perçoit en cas d'inflammation des séreuses pleurales ou péricardique.

FROTTIS, *s. m.* Etalement sur une lame de verre d'un liquide biologique (sécrétion vaginale, sang) afin de l'examiner au microscope.

FRUCTOSE, *s. m.* Sucre simple à six atomes de carbone se trouvant à l'état naturel dans divers fruits et dans le miel.

FUGUE, *s. f.* Abandon subit du domicile suivi presque toujours de déambulation plus ou moins prolongée, sous l'influence d'une impulsion morbide.

FULGURANT, ANTE, *adj.* Rapide comme l'éclair. — *douleur f.*

FULGURATION, *s. f.* 1º Nom donné à l'action de la foudre sur le corps de l'homme ou des animaux, et, par extension, à l'ensemble des accidents causés par l'électricité. — 2º Syn. *étincelage.* Emploi thérapeutique des étincelles de haute fréquence et de haute tension.

FUNICULAIRE, *adj.* 1º Qui se rapporte au cordon spermatique. — 2º Qui se rapporte au cordon ombilical. — 3º Qui se rapporte au *funiculus,* c.-à-d. à la portion de la racine nerveuse qui chemine dans le trou de conjugaison, entre le ganglion rachidien et le plexus.

FUNICULITE, *s. f.* Inflammation du cordon spermatique.

FURFURACÉ, CÉE, *adj.* Qui ressemble à du son. P. ex. : *desquamation f. de la rougeole.*

FURONCLE, *s. m.* Inflammation circonscrite de la peau dont le siège est l'appareil pilosébacé ; elle est caractérisée par une tuméfaction acuminée (clou) et la formation d'une petite escarre (bourbillon). L'agent habituel des *f.* est le *staphylocoque pyogène doré.*

FURONCULOSE, *s. f.* Nom donné à l'éruption d'une série de furoncles.

FUSÉE, *s. f.* Trajet long et sinueux parcouru par le pus entre le foyer de l'abcès et le point d'émergence.

FUSION, *s. f.* Phénomène cérébral d'unification de deux images rétiniennes.

G

G. Symbole de *giga*.

g. Symbole de *gramme*.

GABA. Abréviation de *gamma-aminobutyrique (acide)*.

GALACTOCÈLE, *s. f.* Kyste contenant du lait plus ou moins modifié, se formant au cours de la lactation.

GALACTOGÈNE, *adj.* Qui détermine la sécrétion lactée.

GALACTOPHORITE, *s. f.* Inflammation des conduits galactophores, qui sont les canaux excréteurs de la glande mammaire.

GALACTORRHÉE, *s. f.* 1° Ecoulement surabondant de lait chez une nourrice. — 2° Ecoulement de lait en dehors des conditions ordinaires de la lactation.

GALACTOSE, *s. m.* Sucre simple à six atomes de carbone entrant dans la composition du lactose (sucre du lait).

GALACTOSÉMIE, *s. f.* Présence de galactose dans le sang. — *g. congénitale.* Affection héréditaire, très rare, apparaissant chez le nouveau-né, caractérisée par une cirrhose ascitique grave avec troubles psychomoteurs et due à une perturbation du métabolisme du galactose.

GALE, *s. f.* Maladie cutanée produite par un parasite animal (*Sarcopte* ou *Acarus scabiei*), et caractérisée par des démangeaisons et une lésion spécifique (sillon).

GALÉA APONÉVROTIQUE. Syn. *aponévrose épicrânienne, épicrâne.* Lame fibreuse en casque moulant la voûte crânienne. Elle est recouverte par le cuir chevelu et réunit les parties antérieure et postérieure du muscle fronto-occipital.

GALÉNIQUE, *adj.* Qui a rapport à la doctrine de Galien. — *remèdes g.* Remèdes d'origine organique, essentiellement végétale par opposition avec les substances chimiques pures. — *forme g.* Aspect sous lequel se présentent les médicaments.

GALOP (bruit et rythme de). Addition aux deux bruits normaux du cœur d'un troisième situé dans la diastole. C'est un signe d'insuffisance ventriculaire. On en décrit plusieurs variétés : *présystolique* (ou *auriculaire*) ; *protodiastolique* (ou *ventriculaire*).

GALVANISATION, *s. f.* Application des courants continus.

GALVANOCAUTÈRE, *s. m.* Cautère dont l'incandescence est obtenue par le passage d'un courant électrique.

GAMÈTE, *s. m.* Nom donné aux cellules spéciales sexuées, différenciées en *g.* mâle et en *g.* femelle, dont l'union formera l'œuf.

GAMMA. Troisième lettre de l'alphabet grec (γ) : g.

GAMMA AMINO-BUTYRIQUE (acide) (GABA). Substance dérivée de l'acide glutamique, médiateur chimique des neurones de la substance grise du cerveau.

GAMMA GT, *s. f.* V. *gammaglutamyltranspeptidase.*

GAMMA-ANGIOCARDIOGRAPHIE, *s. f.* Étude de la forme et du fonctionnement du cœur et des gros vaisseaux (veines caves, aorte, artère pulmonaire) au moyen d'un radio-isotope émetteur de rayons gamma injecté par voie veineuse. V. *scintigraphie.*

GAMMA-ENCÉPHALOGRAPHIE, *s. f.* Exploration de l'encéphale par les radio-isotopes.

GAMMAGLOBULINE, *s. f.* Fraction des protéines sériques qui, au cours de l'électrophorèse, se déplace le plus lentement. Elle comprend les immunoglobulines, supports des anticorps sériques.

GAMMAGLUTAMYL-TRANSPEPTIDASE, ou **GAMMAGLUTAMYL-TRANSFÉRASE,** *s. f.* **(GAMMA GT** ou γ **GT).** Enzyme intervenant dans le métabolisme du glutathion. Son taux sanguin augmente notamment au cours de l'alcoolisme chronique.

GAMMAGRAPHIE, *s. f.* V. *scintigraphie.*

GAMMAPATHIE, *s. f.* Maladie caractérisée par une anomalie des gammaglobulines sériques.

GANGLIECTOMIE, *s. f.* Ablation d'un ganglion. — Ce terme désigne plus spécialement l'ablation d'un ganglion de la chaîne sympathique lombaire ou cervico-dorsale.

GANGLION, *s. m.* Amas cellulaire formant renflement situé sur le trajet soit d'un vaisseau *lymphatique (g. lymphatique)* soit d'un *nerf (g. nerveux)*, qu'il s'agisse d'un g. *cérébrospinal* ou d'un g. *sympathique.*

GANGLIONEUROME, *s. m.* Tumeur relativement bénigne, formée de cellules nerveuses adultes et différenciées, développée le plus souvent au niveau de la chaîne sympathique ou de la médullosurrénale.

GANGLIOPLÉGIQUE, *adj.* Qui paralyse les ganglions nerveux.

GANGRÈNE, *s. f.* Mortification des tissus. — *g. humide. G.* dans laquelle les phénomènes de putréfaction dominent. — *g. sèche.* Syn. *sphacèle. G.* avec faible putréfaction, dans laquelle les tissus sont noirs et desséchés.

GARGARISME, *s. m.* 1° Médicament liquide destiné à être agité dans l'arrière-bouche et la gorge. — 2° Action de se gargariser.

GARGOYLISME, *s. m.* V. *Hurler (maladie, polydystrophie ou syndrome de).*

GARROT, *s. m.* Lien servant à comprimer l'artère principale d'un membre de manière à interrompre le cours du sang.

GASTR... Racine grecque signifiant *estomac.*

GASTRALGIE, *s. f.* Douleur de l'estomac, localisée par le malade à l'épigastre.

GASTRECTOMIE, *s. f.* Résection totale ou partielle de l'estomac.

GASTRINE, *s. f.* Hormone sécrétée par les cellules de l'antre pylorique lorsqu'elles sont stimulées par la présence, dans l'estomac, de certains aliments. Elle provoque la sécrétion gastrique de pepsine et surtout d'HCl, celle des enzymes pancréatiques et les contractions de l'estomac, de l'intestin et de la vésicule biliaire.

GASTRIQUE, *adj.* Syn. *stomacal.* Qui a rapport à l'estomac.

GASTRITE, *s. f.* Inflammation aiguë ou chronique de la muqueuse de l'estomac.

GASTROCOLITE, *s. f.* Inflammation de l'estomac et du côlon.

GASTRODUODÉNITE, *s. f.* Inflammation de l'estomac et du duodénum.

GASTRO-ENTÉRITE, *s. f.* Inflammation des muqueuses gastrique et intestinale.

GASTRO-ENTÉROLOGIE, *s. f.* Etude de la physiologie et de la pathologie de l'estomac et de l'intestin.

GASTRO-ENTÉROSTOMIE, *s. f.* Opération qui consiste à mettre en communication l'estomac et une anse intestinale (le jéjunum).

GASTROPATHIE, *s. f.* Nom générique donné à toutes les affections de l'estomac.

GASTROSCOPIE, *s. f.* Examen direct de la cavité gastrique à l'aide d'un instrument spécial (*gastroscope*) introduit par l'œsophage.

GASTRULA, *s. f.* Stade embryonnaire faisant suite à la morula. Il est caractérisé par la présence de 2 feuillets primitifs (endoderme et ectoderme).

GÂTEUX, EUSE, *adj.* et *s.* Nom donné aux malades qui émettent involontairement les urines et les selles.

GAUCHER, ÈRE, *adj.* ou *s.* Celui ou celle qui a une tendance innée à se servir de sa main et de son pied gauches, pour tous les mouvements spontanés.

GAVAGE, *s. m.* Introduction d'aliments dans l'estomac à l'aide d'un tube.

GAZOMÉTRIE, *s. f.* Dosage des différents constituants d'un mélange gazeux.

GÉLOSE, *s. f.* Substance de nature cellulosique contenue dans une algue nommée agar, liquide à chaud et ayant la propriété de se prendre en gelée en se refroidissant. Elle sert à préparer des milieux de culture bactériologique solides.

GÉLULE, *s. f.* Capsule gélatineuse servant à contenir les médicaments.

GELURE, *s. f.* Lésion due au froid, siégeant aux extrémités. Au début elle est blanche, insensible : c'est la période de vasoconstriction à laquelle fait suite une phase de réchauffement, douloureuse.

GÉMELLAIRE, *adj.* Qui est relatif aux jumeaux. P. ex. : *grossesse g.*

GÉMELLIPARE, *adj.* Mère de jumeaux.

GÉMINÉ, NÉE, *adj.* Se dit de la disposition d'une série d'objets placés deux par deux.

...GÈNE. Suffixe grec qui signifie le plus souvent *engendrant.*

GÈNE, *s. m.* Particule située en un point défini d'un chromosome (locus) et dont dépend la transmission et le développement des caractères héréditaires de l'individu. Les g. sont formés de segments d'acide désoxyribonucléique (ADN).

GÉNÉRALISTE, *s. m.* ou *f.* Syn. *omnipraticien.* Praticien consacrant son activité à la médecine générale.

GÉNÉRATION, *s. f.* Production d'un nouvel être à partir d'êtres antérieurs plus ou moins semblables.

...GENÈSE. Suffixe grec signifiant *formation de*. P. ex. *amélogenèse :* formation de l'émail dentaire.

GÉNÉTIQUE, *adj.* Qui se rapporte aux fonctions de génération ou aux gènes.

GÉNÉTIQUE, *s. f.* Science de l'hérédité. — *g. moléculaire.* Branche de la génétique qui étudie, au niveau des molécules, le matériel de transmission des caractères héréditaires, sa structure et son fonctionnement.

GÉNÉTIQUE (génie). Partie de la génétique moléculaire consacrée à la manipulation des gènes. Le *g.g.* permet d'obtenir la synthèse et la fabrication industrielle de substances d'origine bactérienne (hormones, vaccins, etc.).

GÉNICULÉ, LÉE, *adj.* Syn. *genouillé.* Incurvé comme un genou. P. ex. *ganglion g.*, ganglion nerveux situé sur le trajet du nerf intermédiaire (VII bis).

GÉNIE MÉDICAL ET BIOLOGIQUE, GÉNIE BIOMÉDICAL. V. *ingénierie médicale.*

GÉNIEN, IENNE, *adj.* Mentonnier.

GÉNIQUE, *adj.* Qui se rapporte à un gène.

GÉNITOSURRÉNAL (syndrome). Syndrome provoqué par un hyperfonctionnement de la glande corticosurrénale, d'origine tumorale, et caractérisé par un virilisme.

GÉNOME, *s. m.* Ensemble des gènes des chromosomes.

GÉNOTYPE, *s. m.* Patrimoine héréditaire de l'individu, dépendant de l'ensemble des gènes des cellules reproductrices dont il est issu. V. *phénotype.*

GENOU, *s. m.* Partie du membre inférieur située entre la cuisse et la jambe. — *articulation du g.* Articulation unissant le fémur, le tibia et la rotule (ou patella).

GENOUILLÉE, LÉE, *adj.* V. *géniculé.*

GENU RECURVATUM. Déformation du genou caractérisée par la possibilité de fléchir la jambe sur la cuisse de façon à former un angle ouvert en avant.

GENU VALGUM. Déformation du membre inférieur caractérisée par l'obliquité de la jambe, qui forme avec la cuisse un angle ouvert en dehors.

GENU VARUM. Déformation du membre inférieur caractérisée par ce fait que la cuisse et la jambe forment un arc à concavité interne.

GÉODE, *s. f.* Cavité pathologique creusée dans divers tissus (os, poumon).

GÉOPHAGIE, *s. f.* ou **GÉOPHAGISME,** *s. m.* Action de manger de la terre, aboutissant à un syndrome comportant une anémie microcytaire avec hyposidérémie.

GERÇURE, *s. f.* Syn. *crevasse.* Petite fissure intéressant l'épiderme et une partie du derme, qui s'observe surtout au niveau des mains, des lèvres, des mamelons.

GÉRIATRIE, *s. f.* Branche de la médecine qui s'occupe des maladies des personnes âgées.

GERMAIN, AINE, *s. m.* et *f.* et *adj.* Frère et sœur nés du même père et de la même mère (par opposition à *consanguin* et *utérin*). — *cousins g.* Enfants issus de deux frères, de deux sœurs ou du frère et de la sœur.

GERME, *s. m.* 1° Ébauche embryonnaire d'un organe ; p. ex. : *g. dentaire.* — 2° V. *microbe.*

GERMEN, *s. m.* Terme employé pour désigner le tissu génital par opposition au reste de l'organisme ou *soma.*

GÉRONTOLOGIE, *s. f.* Étude des personnes âgées, de leurs conditions de vie normales et pathologiques.

GÉRONTOXON, *s. m.* V. *arc sénile.*

GESTATION, *s. f.* Temps pendant lequel les femelles portent leurs petits. V. *grossesse.*

...GESTE. Suffixe signifiant le numéro de la grossesse considérée. P. ex. : *primigeste :* femme enceinte pour la première fois.

GEU. Abréviation de *grossesse extra-utérine.* V. *grossesse.*

GIBBOSITÉ, *s. f.* Courbure anormale du rachis, se manifestant par une saillie de la cage thoracique.

GIGA... (symbole G). Préfixe signifiant 10^9.

GIGANTISME, *s. m.* Affection apparaissant à la puberté et caractérisée par un accroissement exagéré de la taille.

GILBERT (maladie de) (Nicolas G., 1858-1927, médecin français). V. *cholémie familiale.*

GINGIVITE, *s. f.* Inflammation des gencives.

GINGIVORRAGIE, *s. f.* Hémorragie survenant au niveau des gencives.

GLABELLE, *s. f.* Saillie située sur le squelette entre les deux crêtes sourcilières.

GLAIRE, *s. f.* Liquide incolore, filant comme du blanc d'œuf, plus consistant que le mucus, sécrété par les muqueuses.

GLAND, *s. m.* (anatomie). Extrémité libre, arrondie et renflée du clitoris ou du pénis.

GLANDE, *s. m.* Organe constitué de cellules épithéliales dont la fonction est de produire des sécrétions. On distingue les *g.* à sécrétion externe ou *exocrines* dont le produit est rejeté à l'extérieur ou dans le tube digestif (*g. sudoripares, g. salivaires*), et les *g.* à sécrétion interne ou *endocrines*, dont les sécrétions sont déversées dans le sang (*g. thyroïde, g. surrénales*). Certaines *g.* sont mixtes (*foie, gonades, pancréas*).

GLAUCOME, *s. m.* Affection de l'œil caractérisée par une élévation de la pression oculaire. Elle est due à une gêne à l'écoulement normal de l'humeur aqueuse à travers le réseau trabéculaire situé dans l'angle iridocornéen. Suivant l'état de celui-ci on distingue : 1° le *g. à angle ouvert,* affection fréquente, d'évolution lente ; — 2° le *g. à angle fermé g.* aigu à traiter d'urgence.

GLÈNE, *s. f.* Dépression osseuse peu profonde.

GLÉNOÏDE, ou **GLÉNOÏDAL, ALE,** *adj.* En forme de glène, cupuliforme. — *cavité g.* cavité articulaire s'adaptant à un condyle.

GLIE, *s. f.* V. *névroglie.*

GLIOBLASTOME, *s. m.* Gliome malin formé de tissu nerveux à l'état embryonnaire.

GLIOME, *s. m.* Terme générique désignant les tumeurs primitives bénignes ou malignes du système nerveux central développées aux dépens des divers éléments cellulaires de la névroglie (tissu interstitiel).

GLOBE VÉSICAL. Masse arrondie perçue à la palpation de la région hypogastrique et correspondant à la vessie en état de distension.

GLOBINE, *s. f.* Protéine incolore, formée de 4 chaînes d'acides aminés liées à l'hème, qui est l'autre constituant de l'hémoglobine. Elle peut présenter des variations de structure qui sont à l'origine des différentes espèces d'hémoglobine.

GLOBULINE, *s. f.* Groupe des holoprotéides dont le poids moléculaire est le plus élevé. Il comprend les *euglobulines,* insolubles dans l'eau pure, et les *pseudoglobulines,* solubles dans l'eau pure. D'autre part, l'électrophorèse permet de séparer, selon leur vitesse de déplacement décroissante, les *g.* en plusieurs fractions : $alpha_1$ et $alpha_2$, bêta et gamma.

GLOBUS PALLIDUS. Syn. ancien *pallidum*. Partie interne du noyau lenticulaire situé en dedans du putamen.

GLOMÉRULE, *s. m.* Peloton vasculaire ou nerveux. — *g. du rein.* Syn. ancien *corpuscule* ou *g. de Malpighi.* Peloton de capillaires artériels entouré d'une capsule, la *c. de Bowmann* ; élément initial du néphron, siège de la filtration glomérulaire, il se continue par le tubule rénal.

GLOMÉRULONÉPHRITE, *s. f.* V. *glomérulopathie.*

GLOMÉRULOPATHIE, *s. f.* Terme général désignant toute maladie des reins atteignant électivement les glomérules. La *g.* peut être aiguë ou chronique, diffuse ou segmentaire, secondaire ou primitive.

GLOMUS, *s. m.* Corpuscule arrondi composé de vaisseaux et richement innervé.

GLOMUS CAROTIDIEN. Petit corpuscule richement vascularisé situé dans la bifurcation carotidienne. Il contient des chémorécepteurs.

GLOSSETTE, *s. f.* Comprimé destiné à fondre sous la langue. V. *tablette.*

GLOSSITE, *s. f.* Nom générique donné à toutes les lésions inflammatoires de la langue.

GLOSSOPHARYNGIEN (nerf). Neuvième paire crânienne ; nerf mixte à destination linguale et pharyngée.

GLOTTE, *s. f.* Segment moyen rétréci de la cavité laryngée, siège de la phonation, situé sous le vestibule au-dessus du cavum infra glottique. Il comprend notamment les cartilages aryténoïdes et les cordes vocales.

GLUCAGON, *s. m.* Hormone polypeptidique sécrétée par les cellules alpha$_2$ des îlots de Langerhans du pancréas ; elle est hyperglycémiante et antagoniste de l'insuline.

GLUCIDE, *s. m.* Terme sous lequel on désigne les hydrates de carbone (sucres simples, polysaccharides et glucosides). On les divise en 2 classes, les oses et les osides.

GLUCO... Préfixe grec signifiant *sucre* ou *glucose.* V. aussi *glyco...*

GLUCOSE, *s. m.* Sucre simple à six atomes de carbone (hexose). Le d-glucose ou *dextrose* est présent à l'état naturel dans les fruits et dans le sang. C'est la source principale d'énergie de l'organisme.

GLUCOSÉ, ÉE, *adj.* Contenant du glucose. P. ex. *soluté g.*

GLUCOSIDE, *s. m.* V. *hétéroside.*

GLUTÉAL, ALE, *adj.* Fessier.

GLUTEN (intolérance au). V. *cœliaque (maladie).*

GLYCÉMIE, *s. f.* Présence (normale) de glucose dans le sang. A jeun, la *g.,* chez les sujets sains, peut varier de 0,70 à 1,10 g/l (3,9 à 5,6 mmol/l).

GLYCÉRIDE, *s. m.* Syn. *graisse neutre.* Variété de lipide résultant de l'estérification du glycérol par des acides gras. Selon le nombre des fonctions alcool du glycérol qui sont estérifiées on distingue les *triglycérides,* les *diglycérides* et les *monoglycérides.*

GLYCO... V. aussi *gluco...*

GLYCOGÈNE, *s. m.* Substance présente dans le foie, où elle forme une réserve destinée à se transformer en glucose suivant les besoins de l'organisme.

GLYCOGENÈSE, *s. f.* Formation du glucose dans l'organisme ; elle se fait surtout dans le foie, aux dépens du glycogène contenu dans cet organe.

GLYCOLIPIDE, *s. m.* Lipide contenant du glucose dans sa molécule.

GLYCOLYSE, *s. f.* Diminution ou disparition du glucose contenu dans les tissus ou liquides de l'organisme.

GLYCONÉOGENÈSE, *s. f.* V. *néoglycogenèse.*

GLYCOPEXIE, *s. f.* Fixation du glucose dans les tissus.

GLYCOPROTÉINE, *s. f.* Protéine complexe formée d'un protéide et d'un oside.

GLYCORACHIE, *s. f.* Présence (normale) de glucose dans le liquide céphalorachidien.

GLYCOSURIE, *s. f.* Présence d'un sucre, le glucose, dans l'urine.

GNOSIE, *s. f.* Faculté permettant de reconnaître par l'un des sens (toucher, vue, etc.), la forme d'un objet, de se le représenter et d'en saisir la signification.

GODET, *s. m.* Empreinte que laisse la pression du doigt sur un tégument cutané ou muqueux infiltré par de l'œdème.

GOITRE, *s. m.* Hypertrophie thyroïdienne diffuse et bénigne. — On donne quelquefois ce nom à toutes les tuméfactions de la glande thyroïde, quelle que soit leur nature.

GOITRE EXOPHTALMIQUE. V. *Basedow* (*maladie de*).

GOITREUX, EUSE, *adj.* et *s.* Qui est atteint de goitre. Ce terme s'applique surtout aux sujets atteints du goitre endémique.

GOMME, *s. f.* Production pathologique, apparaissant sous la forme d'une tuméfaction limitée, et passant par les phases de crudité, d'ulcération avec évacuation, puis de réparation. — *g. syphilitique.*

GON... Préfixe grec signifiant *genou.*

GONAD... Préfixe grec signifiant *génération.*

GONADE, *s. f.* Glande génitale (testicule et ovaire).

GONADOSTIMULINE ou **GONADOTROPHINE**, *s. f.* Nom donné à plusieurs hormones d'origine hypophysaire ou chorionique qui agissent sur les glandes sexuelles, mâles et femelles, et stimulent leur activité fonctionnelle. Parmi ces dernières figure la bêta-hCG dont le dosage permet de diagnostic biologique précoce de la grossesse.

GONADOTROPE, *adj.* Qui agit sur les glandes sexuelles. P. ex. : *hormone g.*

GONADOTROPHINE, *s. f.* V. *gonadostimuline.*

GONALGIE, *s. f.* Douleur du genou.

GONARTHROSE, *s. f.* Rhumatisme chronique non inflammatoire du genou.

GONOCOCCÉMIE, *s. f.* 1º Présence de gonocoques dans le sang. — 2º Septicémie à gonocoques.

GONOCOCCIE, *s. f.* Maladie due à l'infection de l'organisme par le gonocoque.

GONOCOQUE, *s. m.* Syn. *Neisseria gonorrhoeæ.* Espèce bactérienne, microbe spécifique de la blennorragie.

GONORRHÉE, *s. f.* Écoulement urétral observé dans la blennorragie.

GONOSOME, *s. m.* Nom donné aux deux chromosomes d'une même paire dont l'une des fonctions est la détermination du sexe. Chez la femme, cette paire est composée de deux éléments égaux, les chromosomes X. Chez l'homme, l'un est un chromosome X, et l'autre, de dimensions beaucoup plus faibles, est désigné sous le nom de chromosome Y.

GOT. Glutamique-oxalacétique transaminase. V. *transaminase.*

GOURME, *s. f.* Nom vulgaire donné à l'impétigo de la face.

GOUTTE, *s. f.* Perturbation du métabolisme des purines qui provoque une surcharge de l'organisme en acide urique. La goutte se manifeste par des crises fluxionnaires articulaires d'allure inflammatoire, extrêmement douloureuses, localisées d'abord au gros orteil ; elles tendent à se répéter et à gagner d'autres articulations. Au stade chronique, s'observent des atteintes viscérales (lithiase rénale urique).

GOUTTE ÉPAISSE. Technique de laboratoire destinée à mettre en évidence le parasite du paludisme.

GPT. Glutamique-pyruvique transaminase. V. *transaminase.*

GRABATAIRE, *adj.* Confiné au lit par sa maladie.

GRAM (méthode de) (Hans G., 1853-1938, médecin danois). Méthode de coloration des microbes dont certains ne prennent pas le Gram et sont dits : *Gram négatifs* ou Gram −, tandis que d'autres prennent le Gram : *Gram positifs* ou Gram +.

GRAMME, *s. m.* (symbole g). Unité de masse valant la millième partie du kilogramme et représentant la masse d'un centimètre cube d'eau pure à 4 °C.

GRANULÉ, *s. m.* Préparation pharmaceutique solide, de forme vermiculaire, contenant une forte proportion de sucre.

GRANULIE, *s. f.* Forme aiguë et généralisée de la tuberculose caractérisée par la présence, dans le poumon et presque tous les organes, de granulations grises ayant la taille d'un grain de mil.

GRANULOCYTE, *s. m.* V. *polynucléaire.*

GRANULOMATOSE, *s. f.* Affection caractérisée par de multiples granulomes.

GRANULOME, *s. m.* Nom donné à des tumeurs formées de tissu conjonctif très vasculaire et infiltrées de cellules polymorphes : histiocytes, leucocytes, plasmocytes.

...GRAPHE. Suffixe grec indiquant l'appareil enregistreur de l'activité de tel organe. P. ex : *électrocardiographe.*

GRAVATIF, TIVE, *adj.* Qui consiste en une sensation de pesanteur. — *douleur g.* V. *douleur.*

GRAVIDE (utérus). Utérus contenant un embryon ou un fœtus.

GRAVIDIQUE, *adj.* Qui dépend de la grossesse. P. ex. : *accidents g.*

GRAVIDOCARDIAQUE, *adj.* Se dit des troubles cardiaques survenant pendant la grossesse.

GRAY, *s. m.* (symbole Gy). Unité du système international, de dose de radiations ionisantes absorbée ; un gray est égal à 1 joule par kilo, ou à 100 rads.

GREFFE, *s. f.* 1° Implantation sur un individu d'une portion de tissu ou d'organe, empruntée soit à lui-même, soit à un autre individu. Actuellement le mot greffe est employé comme syn. de *transplantation.* — 2° Parfois employé dans le sens de *greffon.*

GREFFON, *s. m.* Partie de tissu ou d'un organe transplanté dans l'opération de la greffe.

GRIPPE, *s. f.* Syn. *influenza.* Maladie infectieuse, épidémique, contagieuse, due à un virus, *Myxovirus influenzæ.* Son début est brusque avec fièvre à 40°, courbatures, maux de tête violents, abattement général. Elle évolue le plus souvent vers la guérison en quelques jours.

GROSSESSE, *s. f.* Syn. *gestation.* Etat de la femme enceinte commençant avec la fécondation et se terminant avec l'accouchement. — *g. ectopique* ou *extra-utérine* (GEU). Développement de l'ovule hors de la cavité utérine. — *g. gemellaire*. Développement simultané de deux fœtus dans la même cavité utérine. — *g. molaire*. G. évoluant vers la dégénérescence kystique des villosités choriales (môle hydatiforme). — *g. nerveuse* ou *fausse g*. Etat morbide présentant quelques-uns des signes de la grossesse, sans qu'il y ait développement d'un produit de la conception.

GROSSESSE (diagnostic biologique de la). Diagnostic de la grossesse fondé sur la recherche de l'hormone chorionique gonadotrophique (hCG) par des méthodes immunologiques.

GROUPAGE SANGUIN. Détermination du groupe sanguin.

GROUPES SANGUINS. Catégories où l'on range les individus selon la variété d'*agglutinogènes* (antigènes érythrocytaires) et d'*agglutinines* (anticorps sériques : hémo-agglutinines) possédée par leurs hématies et leurs sérums. Leur connaissance est indispensable pour la pratique de la transfusion sanguine et celle des greffes d'organe (v. *histocompatibilité*). — Dans le *système ABO*, il existe 4 groupes sanguins principaux : le groupe AB, dans lequel les hématies possèdent les agglutinogènes A et B et dont le sérum ne renferme pas d'agglutinine (receveurs universels) ; le groupe A, dont les hématies ont l'agglutinogène A et le sérum l'agglutinine bêta ; le groupe B, caractérisé par l'existence, dans les globules rouges, de l'agglutinogène B et, dans le sérum, de l'agglutinine alpha ; enfin le groupe O (donneurs universels) dont les hématies sont dépourvues d'agglutinogène, mais dont le sérum

contient des agglutinines alpha et bêta. V. *Rhésus*.

γ**GT.** Abréviation de *gamma-glutamyltranspeptidase* (v. ce terme).

GUANINE, *s. f.* V. *base purique*.

GUÉRISON, *s. f.* Terminaison heureuse d'un processus pathologique ; retour à l'état antérieur à la maladie (avec ou sans séquelles).

GUSTATION, *s. f.* Exercice du goût.

GUTHRIE (test de) (Robert G. pédiatre américain contemporain). Méthode de diagnostic précoce de l'oligophrénie phénylpyruvique.

Gy. Symbole de *gray*.

GYN, GYNÉCO... Préfixes grecs signifiant *femme*.

GYNANDRIE, *s. f.*, Pseudo-hermaphrodisme partiel chez la femme qui présente certains caractères sexuels secondaires masculins.

GYNÉCOLOGIE, *s. f.* Etude de l'organisme de la femme et de son appareil génital considéré du point de vue morphologique, physiologique et pathologique.

GYNÉCOMASTIE, *s. f.* Hypertrophie des mamelles chez l'homme.

GYNOÏDE, *adj.* Qui présente des caractères féminins.

GYPSOTOMIE, *s. f.* Section d'un appareil plâtré.

GYRUS. Circonvolution cérébrale.

H

h. 1º Symbole de *hecto*. — 2º Symbole de *heure*.

H. 1º Symbole de *henry*. — 2º Symbole chimique de l'*hydrogène*.

HABENULA, *s. f.* Syn. ancien *pédoncule antérieur de l'épiphyse cérébrale.* Petite saillie paire, faisant partie de l'épithalamus, située à la partie dorsale et médiane du thalamus, rejoignant l'épiphyse.

HABITUS, *s. m.* Apparence générale du corps, considérée comme expression extérieure de l'état de santé ou de maladie du sujet.

HACHISCHISME, *s. m.* V. *cannabisme*.

HACHURE, *s. f.* Mode de massage qui consiste à percuter une partie du corps avec le bord cubital de la main.

HAD. Hormone antidiurétique. V. *vasopressine*.

HAEMOPHILUS, *s. m.* Genre bactérien, dont la culture nécessite des milieux enrichis au sang. Ce sont des bacilles immobiles Gram −. Il en existe de nombreuses espèces dont *H. influenzæ* et *ducreyi*, agent du chancre mou.

HALLUCINATION, *s. f.* Conviction intime d'une sensation réellement perçue, alors que nul objet extérieur propre à créer cette sensation n'est à portée des sens.

HALLUCINOGÈNE, *adj.* Qui provoque des hallucinations. — *s. m.* Médicament qui possède cette propriété. V. *psychodysleptique*.

HALLUS ou **HALLUX RIGIDUS.** Arthrose ankylosante de l'articulation métatarso-phalangienne du gros orteil.

HALLUS ou **HALLUX VALGUS.** Déviation en dehors du gros orteil, souvent avec subluxation de l'articulation métatarso-phalangienne.

HALLUS ou **HALLUX VARUS.** Déviation en dedans du gros orteil.

HALOGÉNIDE, *s. f.* Accident cutané provoqué par un des halogènes (brome, chlore, fluor, iode) ou par un de leurs composés.

HAMARTOME, *s. m.* Nom donné en Allemagne à la *dysembryoplasie* des auteurs français.

HAMATUM, *s. m.* Désignation internationale de l'*os crochu* du carpe.

HANCHE, *s. f.* Segment proximal du membre inférieur centré sur l'articulation coxo-fémorale et dont la fesse constitue la région postérieure.

HANDICAPÉ, ÉE, *adj.* et *s. m.* ou *f.* V. *infirme.*

HANSEN (bacille de) (Gérard H., 1841-1912, médecin norvégien). V. *Mycobacterium leprae.*

HAPLOÏDE ou **HAPLO,** *adj.* Se dit de la constitution des gamètes, qui, après la méiose, ne possèdent que *n* chromosomes (23 chromosomes simples chez l'homme). L'ovule fécondé possède 2n chromosomes.

HARGRAVES (cellule de) (Malcom H., médecin américain contemporain). Syn. *cellule LE.* Polynucléaire neutrophile contenant une grosse inclusion basophile arrondie, trouvé dans la moelle osseuse et le sang des sujets atteints de lupus érythémateux (LE) aigu disséminé. V. *Haserick* (*test d'*).

HASCHICHISME, *s. m.* V. *cannabisme.*

HASERICK (test ou **plasma-test de)** (John H., médecin américain contemporain). Syn. *phénomène LE.* Le plasma ou le sérum d'un sujet atteint de lupus érythémateux aigu disséminé, mis en présence de moelle osseuse ou de leucocytes d'un sujet normal, y fait apparaître des cellules de Hargraves.

HAUSTRATION, *s. f.* Aspect radiologique du côlon qui apparaît segmenté par la présence, sur ses deux bords, d'incisures profondes, fixes et symétriques.

HAV. V. *hépatite A.*

Hb. V. *hémoglobine.*

HBV. V. *hépatite B.*

hCG. Initiales du terme anglais : *human chorionic gonadotropin* ; V. *gonadostimuline.*

HCV V. *hépatite C.*

HDL. Initiales du terme anglais *hight density lipoprotein* : lipoprotéine de haute densité, ou lipoprotéines lourdes, ou alpha-lipoprotéines. — *HDL-cholestérol.* V. *cholestérol.*

HÉBÉTUDE, *s. f.* Etat morbide particulier caractérisé par la suppression des facultés intellectuelles avec conservation de l'usage des sens.

HECTIQUE, *adj.* Qui persiste : *fièvre h.*

HECTO... (symbole h). Préfixe signifiant 10^2.

HÉDONISME, *s. m.* Recherche du plaisir.

HEGAR (bougies de) (Alfred H., 1830-1914, médecin allemand). Série de bougies cylindriques rigides servant à obtenir une dilatation extemporanée du col de l'utérus.

HEINE-MEDIN (maladie de) (Jacob von H., 1800-1879, médecin allemand ; Karl M., 1847-1927, médecin suédois). Dénomination historique donnée à la *poliomyélite antérieure aiguë.* Caractérisée anatomiquement par l'atteinte des cornes antérieures de la moelle sur une étendue limitée, et, cliniquement, par l'apparition brusque, après quelques jours de fièvre et de céphalée, de paralysies flasques localisées à un ou plusieurs groupes musculaires qui s'atrophient ; le squelette subit également un arrêt de développement, d'où des déformations définitives.

HÉLIODERMITE, *s. f.* Nom générique désignant toutes les affections cutanées dues aux rayons solaires.

HÉLIOTHÉRAPIE, *s. f.* Application thérapeutique des rayons solaires.

HÉLIX, *s. m.* Saillie du bord du pavillon de l'oreille dessinant un arc de cercle à concavité antéro-inférieure, partant de la conque et se terminant au-dessus du lobule.

HELMINTHE, *s. m.* Nom générique donné aux vers parasites de l'homme et des animaux ; ils comprennent les *Plathelminthes* ou vers plats et les *Némathelminthes* ou vers ronds.

HELMINTHIASE, *s. f.* Nom générique donné aux maladies causées par les vers intestinaux.

HÉM... Préfixe grec signifiant *sang*.

HÉMAGGLUTINATION, *s. f.* Agglutination des hématies.

HÉMANGIOME, *s. m.* Angiome développé aux dépens des vaisseaux sanguins.

HÉMAPHÉRÈSE, *s. f.* Syn. *aphérèse*. Séparation et prélèvement d'une partie (élément figuré ou plasma : plasmaphérèse) du sang soustrait, dont le reste est ensuite réinjecté au patient.

HÉMARTHROSE, *s. f.* Epanchement de sang dans une cavité articulaire.

HÉMATÉMÈSE, *s. f.* Vomissement de sang.

HÉMATIE, *s. f.* Globule rouge, ayant la forme d'une lentille biconcave de 7,2 à 8,3 μm de diamètre. L'*h.* adulte (*érythrocyte*) est acidophile, d'aspect homogène et dépourvue de noyau. — *h. falciforme.* V. *drépanocyte*. — *h. granuleuse.* Syn. *réticulocyte*. *H.* comportant un réseau irrégulier de fines granulations : c'est une *h.* jeune.

HÉMATIMÈTRE, *s. m.* Appareil permettant de compter les globules du sang.

HÉMATINE, *s. f.* Hème dont le fer ferreux, bivalent, a été transformé en fer ferrique, trivalent et qui est impropre au transport d'oxygène.

HÉMATIQUE, *adj.* Qui est d'origine sanguine.

HÉMATO... V. aussi *hémo...*

HÉMATOCÈLE, *s. f.* Hémorragie enkystée des organes génitaux.

HÉMATOCRITE, *s. m.* (Symbole Ht). 1° Appareil destiné à mesurer le volume des globules par rapport à celui du sang. — 2° Par extension, résultat de l'examen fait avec cet appareil, c.-à-d. pourcentage du volume globulaire par rapport au volume sanguin total.

HÉMATODERMIE, *s. f.* Terme désignant les diverses manifestations cutanées et muqueuses survenant au cours des maladies du sang.

HÉMATOGÈNE, *adj.* Qui dépend du sang. Qui est dû à la circulation sanguine.

HÉMATOLOGIE, *s. f.* Etude du sang au point de vue anatomique, physiologique et pathologique.

HÉMATOME, *s. m.* Collection sanguine enkystée.

HÉMATOPOÏÈSE, *s. f.* Formation des globules sanguins.

HÉMATOPOÏÉTIQUE, *adj.* Qui concerne l'hématopoïèse. — *organes h.* Organes où se forment les globules sanguins : moelle osseuse, tissu lymphoïde.

HÉMATOSALPINX, *s. f.* Hématome de la trompe utérine, dû le plus souvent à une grossesse extra-utérine.

HÉMATOSARCOME, *s. m.* V. *lymphome malin.*

HÉMATOSE, *s. f.* Transformation du sang veineux en sang artériel au niveau des poumons (fixation d'oxygène et élimination du CO_2).

HÉMATOSPECTROSCOPIE, *s. f.* Application du spectroscope à l'étude du sang.

HÉMATOSPERMIE, *s. f.* Présence d'une quantité plus ou moins grande de sang dans le liquide émis au moment de l'éjaculation.

HÉMATOZOAIRE, *s. m.* Parasites animaux vivant dans le sang. — *h. de Laveran.* Parasite du paludisme.

HÉMATURIE, *s. f.* Emission par l'urètre de sang mélangé intimement à une plus ou moins grande proportion d'urine.

HÈME, *s. m..* Dérivé ferreux (bivalent) de la protoporphyrine (v. *porphyrine*). Élément constitutif de l'hémoglobine se combinant, de manière réversible, à l'oxygène.

HÉMÉRALOPIE, *s. f.* Affaiblissement considérable de la vision dès que la lumière diminue.

HÉMI... Préfixe grec signifiant *moitié, demi.*

HÉMIANESTHÉSIE, *s. f.* Anesthésie d'une moitié du corps.

HÉMIANOPSIE, *s. f.* Affaiblissement ou perte de la vue dans une moitié (à limite verticale : *h. latérale*) du champ visuel de l'un, ou plus souvent, des deux yeux. L'*h.* est due à une lésion des voies optiques. L'*h. latérale* est *homonyme* si elle frappe les 2 côtés du même nom (droit ou gauche) de chaque rétine.

HÉMIASOMATOGNOSIE, *s. f.* Perte de la conscience d'une moitié du corps (généralement gauche).

HÉMIASYNERGIE, *s. f.* Asynergie observée d'un seul côté du corps.

HÉMIATAXIE, *s. f.* Défaut de coordination des mouvements volontaires du côté paralysé dans les hémiplégies incomplètes.

HÉMIATHÉTOSE, *s. f.* Athétose ne portant que sur un côté du corps.

HÉMIATROPHIE, *s. f.* Atrophie unilatérale.

HÉMIBALLISME, *s. m.* Syndrome constitué par des mouvements involontaires violents, désordonnés, de la moitié du corps, débutant brusquement et d'évolution rapidement mortelle, liés à la lésion d'un noyau gris central controlatéral, le corps de Luys.

HÉMIBLOC, *s. m.* (cardiologie). Variété de trouble de conduction intraventriculaire dû à l'interruption d'un des 2 faisceaux de division de la branche gauche du faisceau de His.

HÉMICOLECTOMIE, *s. f.* Résection de la moitié du côlon.

HÉMICRANIE, *s. f.* V. *migraine.*

HÉMIPARÉSIE, *s. f.* Paralysie légère d'une moitié du corps.

HÉMIPARESTHÉSIE, *s. f.* Paresthésie limitée à une moitié du corps.

HÉMIPLÉGIE, *s. f.* Paralysie frappant une moitié du corps.

HÉMISPASME, *s. m.* Spasme unilatéral.

HÉMISYNTHÈSE, *s. f.* Transformation d'une molécule d'origine naturelle pour en faire un composé chimique nouveau.

HEMMAGE, *s. m.* Raclement de la gorge destiné à débarrasser le pharynx ou le larynx des mucosités qui l'encombrent.

HÉMO... Préfixe grec signifiant *sang.* V. aussi *hémato...*

HÉMOCHROMATOSE, *s. f.* Imprégnation de tous les tissus de l'organisme (et surtout du foie) par des pigments ferrugineux, accompagnée d'une sclérose plus ou moins importante des parenchymes. Il existe une *h. primitive familiale* ou *idiopathique*, dont le diabète bronzé constitue la forme complète ; et des *h. secondaires.*

HÉMOCONCENTRATION, *s. f.* Concentration du sang caractérisée par l'augmentation de sa viscosité, du taux des protides et du nombre des globules rouges. Elle est due à la seule diminution du volume plasmatique.

HÉMOCULTURE, *s. f.* Ensemencement d'un milieu de culture avec du sang veineux.

HÉMODÉTOURNEMENT, *s. m.* Dérivation du courant sanguin.

HÉMODIALYSE, *s. f.* Procédé d'épuration extrarénale par diffusion à travers une membrane semi-perméable (rein artificiel).

HÉMODILUTION, *s. f.* Dilution du sang circulant, caractérisée par la diminution de sa viscosité, du taux des protéines et du nombre des globules rouges.

HÉMODYNAMIQUE, *adj.* Qui se rapporte aux conditions mécaniques de la circulation du sang : pression, débit, vitesse, vasomotricité, résistance vasculaire, etc. — *s. f.* Etude des lois qui règlent l'écoulement et le débit du sang dans les vaisseaux.

HÉMOGLOBINE, *s. f.* **(Hb).** Pigment respiratoire du globule rouge auquel ce dernier doit sa coloration. L'*h.*, est formée de l'union d'une protéine incolore, la *globine*, et d'un composé coloré contenant du fer bivalent (*hème*) ; elle est très avide d'oxygène.

HÉMOGLOBINE GLYCOSYLÉE. Hémoglobine qui, au cours de la vie de l'hématie, a fixé lentement et progressivement du glucose. C'est un processus normal, continu et irréversible. Chez le diabétique, cette fixation est plus rapide et plus importante.

HÉMOGLOBINÉMIE, *s. f.* Présence d'hémoglobine dans le plasma sanguin par suite de la dissolution des globules rouges.

HÉMOGLOBINOPATHIE, *s. f.* Maladie du sang due à une anomalie de l'hémoglobine. 1° Il peut s'agir d'une répartition différente, dans la molécule d'hémoglobine, des chaînes polypeptidiques normales qui la constituent. L'*h.* est alors *quantitative*. V. *thalassémie.* — 2° L'*h.* peut résulter, d'autre part, d'une anomalie de la structure d'une des chaînes polypeptidiques de l'hémoglobine. L'*h.* est *qualitative* ; c'est une hémoglobinose.

HÉMOGLOBINOSE, *s. f.* Maladie héréditaire du sang due à l'altération qualitative de l'hémoglobine des globules rouges : dans une des chaînes polypeptidiques de la globine, un acide aminé est remplacé par un autre. Les *h.* sont très nombreuses, mais quelques-unes seulement ont une importance pratique ; on les distingue par le type de leur hémoglobine anormale (S, C, E, etc.). V. *anémie à hématies falciformes.*

HÉMOGLOBINURIE, *s. f.* Présence d'hémoglobine dans l'urine.

HÉMOGRAMME, *s. m.* Résultat de l'étude quantitative et qualitative des éléments figurés du sang (nombre des hématies et des leucocytes par mm³, taux de l'hémoglobine et formule leucocytaire).

HÉMOLYSE, *s. f.* Destruction du globule rouge. Elle peut être *physiologique, pathologique* ou *artificielle.*

HÉMOLYSINE, *s. f.* Nom donné aux substances qui jouissent de la propriété de détruire les globules rouges du sang.

HÉMOLYTIQUE, *adj.* Qui se rapporte à l'hémolyse ou qui la provoque.

HÉMOMÉDIASTIN, *s. m.* Epanchement sanguin siégeant dans le tissu cellulaire du médiastin.

HÉMOPATHIE, *s. f.* Nom générique de toutes les maladies du sang.

HÉMOPÉRICARDE, *s. m.* Epanchement de sang dans la cavité péricardique.

HÉMOPÉRITOINE, *s. m.* Epanchement de sang dans le péritoine.

HÉMOPHILIE, *s. f.* Affection héréditaire récessive liée au sexe, transmise par les femmes et n'atteignant que les hommes, se manifestant dès le très jeune âge, par des hémorragies graves, internes (hémarthroses) ou externes. L'*h.* est caractérisée par l'absence isolée d'un facteur antihémophilique A ou B.

HÉMOPTOÏQUE, *adj.* Qui a rapport à l'hémoptysie. P. ex. : *crachat h.*

HÉMOPTYSIE, *s. f.* Evacuation par la bouche de sang provenant des voies respiratoires.

HÉMORRAGIE, *s. f.* Effusion de sang hors d'un vaisseau.

HÉMORRAGIPARE, *adj.* Qui détermine des hémorragies.

HÉMORRAGIQUE, *adj.* Qui a rapport à l'hémorragie.

HÉMORROÏDE, *s. f.* Tumeur variqueuse formée par la dilatation anormale d'une veine de l'anus et du rectum. Elle est dite *externe* ou *interne* selon qu'elle se développe au-dessous ou au-dessus du sphincter anal.

HÉMOSIALÉMÈSE, *s. f.* Vomissement sanguin peu abondant, généralement d'origine œsophagienne, formé d'une certaine quantité de salive colorée ayant l'aspect de sirop de groseille.

HÉMOSIDÉRINE, *s. f.* Pigment insoluble contenant un sel ferrique ; elle se trouve normalement dans les cellules du système réticulo-endothélial.

HÉMOSIDÉRINURIE, *s. f.* Syn. *sidérinurie.* Présence d'hémosidérine dans l'urine.

HÉMOSIDÉROSE, *s. f.* Surcharge pathologique des organes et en particulier du foie par l'hémosidérine.

HÉMOSPERMIE, *s. f.* V. *hématospermie.*

HÉMOSTASE *s. f.* 1° Arrêt spontané ou thérapeutique d'une hémorragie. — 2° Ensemble des phénomènes biologiques qui font cesser spontanément l'hémorragie.

HÉMOSTATIQUE, *adj.* et *s. m.* Qui se rapporte à l'hémostase.

HÉMOTHORAX, *s. m.* Epanchement de sang pur dans la cavité pleurale.

HÉPA... Préfixe grec signifiant *foie.*

HÉPARINE, *s. f.* Anticoagulant naturel et complet utilisé en thérapeutique par voie intraveineuse ou sous-cutanée dans le traitement des thromboses. — Les *h. de faible poids moléculaire* ont une action antithrombique puissante, et une moindre action anticoagulante.

HÉPATALGIE, *s. f.* Douleur au niveau du foie.

HÉPATECTOMIE, *s. f.* Ablation du foie en totalité ou en partie.

HÉPATIQUE, *adj.* Qui a rapport au foie et aux voies biliaires. — *colique h.*

HÉPATISATION, *s. f.* Modification d'un tissu qui présente l'aspect compact et brun rouge du foie.

HÉPATITE, *s. f.* Nom générique donné aux affections inflammatoires du foie.

HÉPATITE A (HA). Syn. *hépatite épidémique.* Affection due au virus de l'hépatite A (ou HAV), variété d'Entérovirus qui pénètre généralement dans l'organisme par voie digestive. Après une période d'incubation de 18 à 40 jours, elle se manifeste par un ictère légèrement fébrile qui guérit en 15 jours environ.

HÉPATITE B (HB). Syn. *hépatite d'inoculation.* Affection due au virus de l'hépatite B (ou HBV), transmis accidentellement lors d'injection de sérum ou de sang humain infecté ou par l'usage de seringues ou d'aiguilles contaminées ou surtout, apporté par les sécrétions salivaires ou génitales. Elle se traduit par les mêmes symptômes que l'hépatite A mais sa période d'incubation est plus longue (60 à 150 j.), les formes anictériques et les formes inapparentes sont très fréquentes.

HÉPATITE C. Hépatite d'inoculation due au virus de l'hépatite C (ou HCV) identifié en 1989. Elle constitue la grande majorité de ce que l'on appelait les hépatites « non A-non B ».

HÉPATITE E. Hépatite épidémique due au virus E constituant une partie des hépatites classées jusqu'alors parmi les variétés « non A-non B ».

HÉPATITE ÉPIDÉMIQUE. V. *hépatite A.*

HÉPATITE D'INOCULATION. V. *hépatite B.*

HÉPATITE « NON A-NON B ». V. *hépatite virale, hépatite C, hépatite E.*

HÉPATITE VIRALE ou **À VIRUS.** Inflammation du foie provoquée par un virus. Elle se traduit par un ictère infectieux. On en connaît quatre variétés : l'*hépatite A* (hépatite épidémique), de beaucoup la plus fréquente, l'*hépatite B* (hépatite d'inoculation) ; d'autres hépatites virales, qui ne relèvent pas de ces 2 virus, ont été rangées dans le cadre d'attente des « hépatites non A-non B », récemment démembrées en *hépatites C et E* (v. ces termes).

HÉPATOBLASTOME, *s. m.* Tumeur maligne du foie observée chez le nourrisson et formée de cellules hépatiques embryonnaires à développement anarchique.

HÉPATOCARCINOME, *s. m.* V. *hépatome.*

HÉPATOCYTE, *s. m.* Cellule du parenchyme hépatique qui assure les fonctions exocrine et endocrine du foie.

HÉPATOGRAMME, *s. m.* Formule indiquant la proportion respective des différents éléments cellulaires recueillis par ponction du foie.

HÉPATOLOGIE, *s. f.* Etude du foie aux points de vue anatomique, physiologique et pathologique.

HÉPATOME, *s. m.* Syn. *hépatocarcinome.* Tumeur du foie développée aux dépens des cellules du parenchyme hépatique (hépatocytes). L'*h.* peut être *bénin* (adénome solitaire bénin) ou *malin* (épithélioma ou carcinome hépatocellulaire, hépatocarcinome, adénocarcinome ou adénocancer du foie), souvent secondaire, dans ce dernier cas, à une cirrhose succédant à une hépatite B.

HÉPATOMÉGALIE, *s. f.* Gros foie.

HÉPATONÉPHRITE, *s. f.* Association de lésions rénales et hépatiques, infectieuses ou toxiques se traduisant par un ictère, une protéinurie et une hyperazotémie, avec oligurie ou anurie.

HÉPATOPATHIE, *s. f.* Nom générique donné à toutes les affections du foie.

HÉPATORÉNAL (syndrome). Insuffisance rénale fonctionnelle survenant à la phase ultime d'une maladie de foie.

HÉPATOTOXICITÉ, *s. f.* Pouvoir destructeur envers les cellules du foie.

HEPTA... Préfixe grec signifiant *sept.*

HÉRÉDITAIRE, *adj.* Qui est transmis des parents aux descendants.

HÉRÉDITÉ, *s. f.* Transmission, par les parents à leurs descendants, de caractères inscrits dans les gènes.

HÉRÉDITÉ LIÉE AU SEXE. Transmission d'un caractère lié à un gène situé sur le segment non homologue d'un chromosome sexuel (portions ces chromosomes qui sont différentes sur les chromosomes X et Y). Il s'agit généralement d'une tare récessive liée au chromosome X et qui n'apparaît que chez le garçon.

HERMAPHRODISME, *s. m.* Présence, chez un même individu, de testicule et d'ovaire, isolés ou réunis (ovotestis). Dans l'espèce humaine, l'*h. vrai* est tout à fait exceptionnel et résulte d'une aberration chromosomique.

HERMAPHRODITE, *adj.* et *s. m.* Sujet atteint d'hermaphrodisme.

HERNIAIRE, *adj.* Qui a rapport aux hernies. — *étranglement h.* Ensemble des accidents dus à la constriction d'une hernie (occlusion de l'intestin hernié ou de ses vaisseaux).

HERNIE, *s. f.* Masse circonscrite formée par un organe ou une partie d'organe (le plus souvent l'intestin) sorti de la cavité qui le contient normalement par un orifice naturel ou accidentel. — *h. crurale.* H. de faiblesse par l'orifice cural. — *h. discale* ou *du disque intervertébral.* V. *disque intervertébral.* — *h. inguinale.* H. qui traverse la paroi musculaire de l'abdomen en suivant le trajet du canal inguinal.

HÉROÏNOMANIE, *s. f.* Habitude morbide de l'héroïne (diacétylmorphine).

HERPÈS, *s. m.* Lésions cutanées consistant en vésicules transparentes du volume d'une grosse tête d'épingle, réunies en nombre variable dans un même groupe et entourées d'une aréole rouge. L'h. est dû à l'*Herpès simplex virus* (HSV) dont le type 1 provoque, lors de la primo-infection, une gingivostomatite avec fièvre. Le virus du *type 2* est responsable de l'herpès *génital,* souvent récidivant, qui se propage par contact vénérien.

HERPES ZOSTER. V. *zona.*

HERPÉTIFORME, *adj.* Qui ressemble à l'herpès.

HERPÉTIQUE, *adj.* Qui a rapport à l'herpès. — *angine h.* V. *angine.*

HERTZ, *s. m.* (symbole Hz) (Heinrich H., 1857-1894, physicien allemand). Unité de fréquence du système international correspondant à une période par seconde.

HÉTÉRO... Préfixe grec indiquant la *différence,* la *diversité* (par opposition à *iso,* ou *homo*).

HÉTÉRO-ANTICORPS, *s. m.* Anticorps sérique actif contre un antigène provenant d'individus d'espèces différentes.

HÉTÉRO-ANTIGÈNE, *s. m.* Antigène provoquant le développement d'anticorps dans le sérum d'individus d'espèces différentes.

HÉTÉROCHROMIE, *s. f.* Coloration différente des deux iris.

HÉTÉROCHROMOSOME, *s. m.* V. *gonosome.*

HÉTÉROGÈNE, *adj.* 1° Qui n'est pas de la même nature, étranger. — 2° Composé d'éléments différents.

HÉTÉROGREFFE, *s. f.* Greffe dans laquelle le greffon est emprunté à un sujet d'espèce différente. — *h. valvulaire.* V. *bioprothèse.*

HÉTÉROLOGUE, *adj.* 1° Qui semble sans analogie avec d'autres parties, d'autres tissus, d'autres caractères. — 2° (immunologie). Qui appartient à un individu d'une autre espèce que celle du sujet considéré.

HÉTÉROPROTÉIDE, *s. m.* ou **HÉTÉROPROTÉINE**, *s. f.* Groupe de protéides complexes, dont l'hydrolyse produit des acides aminés et des substances non protidiques (groupement prosthétique). P. ex. *glucoprotéides, lipoprotéides.*

HÉTÉROSEXUEL, ELLE, *adj.* Qui se rapporte au sexe opposé. — *s. m.* et *f.* Sujet qui recherche la satisfaction de l'instinct sexuel avec les individus du sexe opposé.

HÉTÉROSIDE, *s. m.* Syn. *glucoside.* Une des variétés d'osides (glucides) : l'hydrolyse des *h.* donne des oses et des substances non glucidiques (aglycone).

HÉTÉROTOPIQUE, *adj.* Qui est situé à une place anormale.

HÉTÉROZYGOTE, *adj.* Se dit d'un sujet chez lequel les deux chromosomes d'une paire portent, au même emplacement, deux gènes dissemblables (p. ex. un *gène normal* et un *gène pathologique*).

HEXA... Préfixe grec signifiant *six*.

HEXACANTHE (embryon). Embryon du tænia échinocoque ; quittant le tube digestif, il gagne un capillaire et la circulation le transporte vers divers organes (surtout dans le foie), où il forme un kyste hydatique.

Hg. Symbole chimique du *mercure*.

HIATAL, ALE, *adj.* Qui concerne un hiatus. — *hernie h.* Issue d'une partie de l'estomac hors de la cavité abdominale à travers l'hiatus œsophagien du diaphragme.

HIATUS, *s. m.* Ouverture ou fente étroite. P. ex. *h. aortique du diaphragme.*

HIBERNATION ARTIFICIELLE. Mise de l'organisme en état de vie ralenti par l'emploi conjugué de médicaments paralysant le système nerveux végétatif et de la réfrigération totale.

HIDRADÉNOME, *s. m.* Ensemble d'adénomes de petite taille, souvent kystiques, développés aux dépens des glandes sudoripares.

HIDRORRHÉE, *s. f.* Sueurs abondantes.

HIDROSADÉNITE, *s. f.* Petit abcès siégeant presque toujours dans le creux de l'aisselle ; son point de départ est une glande sudoripare.

HIDROSE, *s. f.* Trouble fonctionnel de la sécrétion sudorale.

HILAIRE, *adj.* Qui a rapport à un hile et surtout au hile pulmonaire.

HILE, *s. m.* Zone déprimée d'un organe, par où pénètre son paquet vasculo-nerveux.

HIPPOCAMPE, *s. m.* Saillie de la 5e circonvolution temporale ou *c. de l'h.* dans la corne temporale du ventricule cérébral latéral.

HIPPOCRATE (serment d') (Médecin grec, ve siècle avant J.-C.). Serment prêté par les médecins qui viennent d'être reçus docteurs, et par lequel ils s'engagent à respecter les règles d'éthique de leur profession.

HIPPOCRATIQUE, *adj.* Qui concerne Hippocrate et sa doctrine. — *doigts h.* Syn. *hippocratisme digital.* Déformation des doigts, observée surtout dans les maladies pulmonaires chroniques et les affections cardiovasculaires cyanogènes, consistant en un élargissement de la pulpe de la dernière phalange et une incurvation des ongles vers la face palmaire, ce qui donne aux doigts la forme d'une baguette de tambour.

HIRST (réaction de) (George H., médecin américain contemporain). Réaction sérologique spécifique de la grippe.

HIRSUTISME, *s. m.* Virilisme pilaire.

HIS (faisceau de) (Wilhelm H., médecin suisse, 1863-1934). Partie du système cardionecteur faisant suite au nœud de Tawara. Son tronc se divise en 2 branches, droite et gauche, destinées à chacun des ventricules et qui vont se ramifier en formant le réseau de Purkinje.

HISSIEN, ENNE, *adj.* Qui se rapporte au faisceau de His.

HISTAMINE, *s. f.* Médiateur chimique de l'hypersensibilité immédiate, l'*h.* provoque la sécrétion du suc gastrique, contracte les fibres lisses et les artérioles, dilate les capillaires et augmente la perméabilité vasculaire.

HISTIOCYTE, *s. m.* Grande cellule du tissu conjonctif, capable de développer une intense activité phagocytaire. On l'identifie alors au macrophage.

HISTIOCYTOME, *s. m.* Tumeur développée aux dépens des cellules du système réticulo-endothélial (histiocytes).

HISTIOCYTOSE, *s. f.* V. *réticulo-endothéliose.*

HISTOCHIMIE, *s. f.* Etude des réactions chimiques des tissus et de leurs éléments à l'aide du microscope.

HISTOCOMPATIBILITÉ, *s. f.* Rapports entre les tissus d'un donneur et ceux du receveur tels qu'une greffe d'organe du premier sujet au second puisse réussir. V. *système HLA.*

HISTOGENÈSE, *s. f.* Développement et formation des tissus normaux et pathologiques.

HISTOIRE NATURELLE (d'une maladie). Evolution spontanée.

HISTOLOGIE, *s. f.* Partie de l'anatomie qui étudie au microscope la structure tissulaire des êtres vivants.

HISTOLYSE, *s. f.* Destruction des tissus.

HISTOPLASMOSE, *s. f.* Mycose due à l'inhalation ou, plus rarement, à l'ingestion de spores d'un champignon, *Histoplasma.* L' *h. américaine* se manifeste surtout par des atteintes pulmonaires. — L' *h. africaine* se localise surtout à la peau, au tissu sous-cutané, aux ganglions et aux articulations.

HISTRIONISME, *s. m.* Comportement théâtral et excessif souvent observé dans l'hystérie.

HIV. Abréviation du terme anglais : *human immunodeficiency virus* ; nom proposé par un Comité International de Nomenclature en 1986 pour désigner le virus du SIDA, c'est-à-dire le Rétrovirus jusque-là appelé LAV /HTLV 3 ou III. En français, VIH.

HLA (système). V. *système HLA.*

HLM. Abréviation du terme *hématies-leucocytes-minute,* employé parfois

pour désigner la technique d'Addis-Hamburger.

HODGKIN (maladie de) (Thomas H., 1798-1866, médecin britannique). Maladie caractérisée par la tuméfaction des ganglions superficiels et profonds, une splénomégalie, une fièvre rémittente ou à rechutes et des lésions cutanées prurigènes ; elle est spontanément mortelle. La structure ganglionnaire est bouleversée par une double prolifération lymphoïde et réticulo-endothéliale (cellules de Sternberg), associée à de la sclérose.

HOLOPROTÉIDE, *s. m.* ou **HOLOPROTÉINE,** *s. f.* Protéide dont l'hydrolyse produit presque uniquement des acides aminés. P. ex. la *sérum-albumine* et la *sérum-globuline.*

HOLOSIDE, *s. m.* Une des deux variétés d'osides (glucides). Les *h.* sont exclusivement constitués d'oses ; d'après le nombre de molécules d'oses qu'ils contiennent, on distingue les diholosides, les tri-, les tétra-, les polyholosides.

HOLOSYSTOLIQUE, *adj.* Se dit d'un phénomène (souffle) qui occupe toute la durée de la systole.

HOLTER (système ou méthode de) (John H., ingénieur américain, contemporain). Enregistrement continu et ambulatoire de l'électrocardiogramme pendant une longue durée ; il est utilisé pour dépister les troubles du rythme et les anomalies d'origine coronarienne.

HOMÉOPATHIE, *s. f.* Méthode thérapeutique qui consiste à utiliser à dose infinitésimale des substances qu'on suppose douées de la propriété de produire sur l'homme sain des symptômes semblables à ceux qu'on veut combattre.

HOMÉOTHERME, *adj.* Se dit des animaux à température constante, couramment appelés à sang chaud ; leur température est indépendante de celle du milieu ambiant.

HOMO... Préfixe grec indiquant l'*identité* (par opposition à *hétéro*).

HOMŒO... V. *homéo...*

HOMOGREFFE, *s. f.* Syn. *allogreffe*. Greffe dans laquelle le greffon est emprunté à un sujet de même espèce, mais de formule génétique différente.

HOMOLATÉRAL, ALE, *adj.* Du même côté.

HOMOLOGIE, *s. f.* Etat de deux parties homologues dans des espèces différentes.

HOMOLOGUE, *adj.* 1° (anatomie comparée). Se dit des parties du corps qui se correspondent d'une espèce à une autre. — 2° (immunologie). Syn. *allogénique*. Qui appartient à un individu de même espèce, mais de lignée différente de celle du sujet considéré. Il est donc doté d'un patrimoine génétique distinct.

HOMONYME, *adj.* Se dit d'une lésion ou d'un trouble qui frappe deux organes placés du même côté, c.-à-d. tous deux à droite ou à gauche du plan médian.

HOMOSEXUEL, ELLE, *adj.* Qui se rapporte au même sexe. — *s. m.* ou *f.* Personne qui, bien que ses organes génitaux soient normalement conformés, présente une inversion de l'instinct sexuel dont il recherche la satisfaction avec un sujet du même sexe.

HOMOTRANSPLANTATION, *s. f.* V. *transplantation*.

HOMOZYGOTE, *adj.* Sujet chez lequel les deux chromosomes d'une paire portent, au même emplacement, deux gènes semblables.

HONORAIRES, *s. m. pl.* Rémunération des services rendus par une personne exerçant une profession libérale.

HOQUET, *s. m.* Contraction spasmodique du diaphragme qui détermine une brusque secousse de l'abdomen et du thorax, et s'accompagne d'un bruit rauque particulier.

HORLOGE BIOLOGIQUE. V. *synchroniseur*.

HORMONE, *s. f.* Substance produite dans un organe (glande endocrine) et transportée par la circulation sanguine dans un autre organe ou un tissu dont elle excite ou inhibe le développement et le fonctionnement. On divise chimiquement les *h.* en 3 groupes : *phénolique, stéroïde et protéique.*

HORMONOTHÉRAPIE, *s. f.* Emploi thérapeutique des hormones.

HORRIPILATION, *s. f.* Nom donné à l'érection des poils (chair de poule) que l'on observe dans le frisson.

HORSE-POX, *s. m.* (anglais). Vaccine du cheval. V. *vaccine.*

HORTON (maladie de) (Bayard H. 1895-1980, médecin américain). V. *artérite temporale.*

HOSPITALIER (centre). V. *centre hospitalier.*

HOSPITALISATION DE JOUR. Organisation selon laquelle le patient vient à l'hôpital dans la journée pour un ensemble coordonné d'investigations ou de traitements et rentre chez lui le soir.

HOSPITALISME, *s. m.* 1° Comportement d'enfants privés, dès leur jeune âge, de soins maternels (séjour dans les hôpitaux). — 2° Plus récemment, nom donné aux infections contractées en milieu hospitalier.

HÔTE, *s. m.* 1° Organisme sur lequel est greffé ou transplanté un tissu ou un viscère. — 2° (parasitologie). Animal ou végétal hébergeant un parasite.

HOWELL (temps de) (William H. 1860-1945, physiologiste américain). Temps de coagulation mesuré sur du plasma sanguin rendu incoagulable par addition d'oxalate, puis recalcifié. Il est normalement compris entre 2 et 3 minutes.

Ht. Abréviation d'*hématocrite* (v. ce terme).

HTA. Abréviation d'*hypertension artérielle*.

HTAP. Abréviation d'*hypertension artérielle pulmonaire*.

HTLV. Initiales de l'anglais *human T-cell lymphoma virus*, virus du lymphome humain à cellules T. Variété de Rétrovirus dont 3 types ont été isolés : les types 1 et 2 sont les agents de certaines leucémies humaines et le type 3 est responsable du syndrome immunodéficitaire acquis ou SIDA. V. *HIV*.

HUILOME, *s. m.* V. *oléome*.

HUMAGE, *s. m.* Aspiration thérapeutique de gaz ou de vapeurs (eaux minérales, solutions, etc.).

HUMÉRUS, *s. m.* Os du bras, articulé avec l'omoplate en haut, le radius et l'ulna (ou cubitus) en bas. V. *épicondyle* et *condyle, épitrochlée* et *trochlée*.

HUMEUR, *s. f.* 1º. Terme vieilli désignant les liquides de l'organisme. — 2º. Tendance affective, régissant les états d'âme.

HUNTER (maladie de) (Charier H. médecin canadien contemporain). V. *Hurler (maladie de)*.

HURLER (maladie, ou syndrome de) (Gertrude H., médecin autrichien, 1919). Affection congénitale et souvent familiale, se manifestant vers l'âge de 2 ou 3 ans, caractérisée notamment par un nanisme, avec crâne volumineux, face difforme rappelant les gargouilles moyenâgeuses et une importante arriération mentale ; la mort survient généralement entre 6 et 9 ans. C'est une mucopolysaccharidose.

HURLÉRIEN, ENNE, *adj.* Qui se rapporte à la maladie de Hurler.

HYALIN, INE, *adj.* Qui est transparent comme le verre.

HYALITE, *s. f.* Inflammation du corps vitré.

HYALOÏDE, *s. f.* Membrane entourant le corps vitré.

HYALURONIDASE, *s. f.* Ferment capable d'hydrolyser l'acide hyaluronique (polysaccharide abondant dans le tissu conjonctif et dans de nombreuses humeurs qui lui doivent leur viscosité) et de rendre plus fluides les liquides organiques.

HYBRIDATION, *s. f.* Fécondation entre des sujets d'espèces différentes, mais voisines, ou de même espèce, mais de variété différente.

HYBRIDOME, *s. m.* Ensemble vivant, créé au laboratoire par la fusion de cellules génétiquement différentes, dont les chromosomes se mélangent pour former des noyaux hybrides possédant les caractères génétiques des deux espèces de cellules.

HYDARTHROSE, *s. f.* Epanchement d'un liquide séreux dans une cavité articulaire.

HYDATIDE, *s. f.* Nom donné à l'état larvaire ou vésiculaire du tænia échinocoque, tel qu'on le trouve chez l'homme. Les *hydatides* ont la forme de sphères plus ou moins volumineuses, remplies de liquide incolore.

HYDATIFORME, *adj.* Qui ressemble aux hydatides. — *môle h.*

HYDATIQUE, *adj.* Qui concerne les hydatides. — *kyste h.*

HYDR... Préfixe grec signifiant *eau*.

HYDRAMNIOS, *s. m.* Abondance anormale du liquide amniotique.

HYDRARGYRISME, *s. m.* Intoxication par les préparations mercurielles.

HYDRATATION, *s. f.* Introduction d'eau dans l'organisme.

HYDRENCÉPHALIE, *s. f.* V. *hydrocéphalie.*

HYDRO-AÉRIQUE (image). Image radiologique caractéristique de la coexistence, dans une cavité, d'un double épanchement liquide et gazeux ; elle est formée d'une opacité liquidienne à limite supérieure horizontale, surmontée d'une zone de clarté.

HYDROCÈLE, *s. f.* Epanchement de sérosité dans une tunique vaginale testiculaire.

HYDROCÉPHALIE, *s. f.* Syn. *hydrencéphalie.* Epanchement de liquide séreux dans la cavité des ventricules cérébraux, secondaire aux obstacles à la libre circulation et à la résorption du liquide céphalorachidien.

HYDROCHOLÉCYSTE, *s. m.* Dilatation considérable de la vésicule biliaire non enflammée due à un obstacle au cours de la bile.

HYDROCORTISONE, *s. f.* V. *cortisol.*

HYDROCUTION, *s. f.* Syncope survenant brutalement au cours d'un bain froid et entraînant la noyade.

HYDRO-ÉLECTROLYTIQUE, *adj.* Qui concerne l'eau et les électrolytes, et leur équilibre dans l'organisme.

HYDROLASE, *s. f.* Ferment agissant par hydrolyse. P. ex. : *lipase, amylase, pepsine.*

HYDROLOGIE MÉDICALE. Etude des différentes espèces d'eaux naturelles ou artificielles et de leurs propriétés thérapeutiques.

HYDROLYSE, *s. f.* 1° Fixation d'une molécule d'eau sur une substance qui est ainsi transformée en une autre. P. ex. : *h.* du glycogène en glucose. — 2° *h. d'un sel.* Phénomène par lequel la mise en solution dans l'eau de certains sels provoque une variation de pH dans la solution.

HYDROMINÉRAL, ALE, *adj.* Qui dépend d'une eau minérale. — *cure h.*

HYDRONÉPHROSE, *s. f.* Distension du bassinet, des calices et souvent aussi du rein par l'urine, dont l'écoulement est entravé.

HYDROPÉRICARDE, *s. m.* Epanchement de sérosité à l'intérieur du péricarde, sans réaction inflammatoire.

HYDROPEXIE, *s. f.* Fixation d'eau dans les tissus de l'organisme.

HYDROPHILIE, *s. f.* En physico-chimie, propriété qu'ont les colloïdes d'attirer et de garder l'eau.

HYDROPHOBIE, *s. f.* 1° Peur morbide de l'eau. — 2° Synonyme de *rage,* dont l'*h.* est un des principaux symptômes.

HYDROPISIE, *s. f.* (terme vieilli). Epanchement de sérosité dans une cavité naturelle du corps ou entre les éléments du tissu conjonctif.

HYDROPNEUMOTHORAX, *s. m.* Epanchement gazeux de la cavité pleurale, accompagné d'un épanchement liquidien.

HYDRORRHÉE, *s. f.* Perte séreuse abondante provenant d'une muqueuse enflammée.

HYDROSALPINX, *s. m.* Collection séreuse enkystée dans la cavité d'une trompe utérine.

HYDROSODIQUE, *adj.* Qui concerne à la fois l'eau et le sodium. — *rétention h.*

HYDROSOL, *s. m.* V. *sol.*

HYDROTHÉRAPIE, *s. f.* Emploi thérapeutique de l'eau sous toutes ses formes.

HYDROTHORAX, *s. m.* Epanchement séreux de la cavité pleurale, sans réaction inflammatoire.

HYDROXYAPATITE, *s. f.* Composé cristallin riche en phosphore et en calcium, constituant l'armature minérale des os et des dents.

17-HYDROXYCORTICOSTÉROÏDES, *s. m. pl.* Syn. *17-OH corticoïdes.* Terme désignant quelques-uns des 11-oxycorticostéroïdes dont l'hydrocortisone et la cortisone.

17-HYDROXYCORTICOSTÉRONE, *s. f.* V. *cortisol.*

HYDROXYLASE, *s. f.* Enzyme favorisant la fixation d'un groupement hydroxyle (OH) sur un des atomes de carbone d'un noyau aromatique cyclique.

HYDROXYPROLINURIE, *s. f.* Présence, dans l'urine, d'hydroxyproline, le plus abondant des acides aminés du collagène.

HYGIÈNE, *s. f.* Science qui apprend à conserver et à améliorer la santé.

HYGROMA, *s. m.* Nom par lequel on désigne toutes les variétés d'inflammation des bourses séreuses.

HYMEN, *s. m.* Membrane muqueuse séparant incomplètement, chez la femme vierge, le vestibule de la cavité du vagin. Il est déchiré lors du premier rapport sexuel.

HYOÏDE, *adj.* En forme d'U. — *os h.* Os situé à la partie antéro-supérieure du cou.

HYPER... Préfixe grec qui indique : *excès, surabondance,* une situation *plus élevée.*

HYPERACANTHOSE, *s. f.* Hypertrophie de la couche de Malpighi de l'épiderme, que l'on observe dans les végétations vénériennes et les papillomes.

HYPERACOUSIE, *s. f.* Exaltation de l'ouïe avec audition douloureuse de certains sons.

HYPERALDOSTÉRONISME, *s. m.* Exagération de production d'aldostérone par le cortex surrénal entraînant une élimination excessive de potassium, une rétention de sodium et une alcalose métabolique, et l'ensemble des troubles qui en résultent. L'*h.* peut être primitif (ou primaire) ou secondaire.

HYPERBARE, *adj.* Qui concerne une pression élevée. — *oxygénothérapie h.*

HYPERCALCÉMIE, *s. f.* Taux anormalement élevé du calcium dans le sang.

HYPERCALCIURIE, *s. f.* Élimination exagérée de calcium par l'urine.

HYPERCAPNIE, *s. f.* Augmentation du CO_2 dissous dans le plasma sanguin.

HYPERCHLORÉMIE, *s. f.* Augmentation de la quantité de chlore contenue dans le sérum sanguin.

HYPERCHLORHYDRIE, *s. f.* Excès d'acide chlorhydrique dans le suc gastrique.

HYPERCHOLESTÉROLÉMIE, *s. f.* Augmentation de la quantité de cholestérol contenue dans le sang.

HYPERCHROMIE, *s. f.* 1º Nom générique donné à toutes les exagérations de la pigmentation normale de la peau. — 2º Parfois employé dans le sens d'anémie hyperchrome.

HYPERCOAGULABILITÉ, *s. f.* Augmentation de l'aptitude à coaguler.

HYPERCORTICISME, *s. m.* Ensemble de troubles provoqués par une sécrétion trop abondante de la corticosurrénale. On distingue trois types d'*h.* selon les hormones corticales sécrétées en excès : 1º l'*h.* glycocorticoïde (v. *Cushing, maladie et syndrome de*) ; 2º l'*h.* androgénique (v. *génitosurrénal, syndrome*) ; 3º l'*h.* minéralotrope (v. *hyperaldostéronisme*).

HYPERCRINIE, *s. f.* Augmentation d'une sécrétion.

HYPERÉMIE ou **HYPERHÉMIE**. *s. f.* V. *congestion*.

HYPERESTHÉSIE, *s. f.* Exagération des divers modes de la sensibilité.

HYPERGENÈSE, *s. f.* Multiplication exagérée des éléments cellulaires d'un organe, d'un tissu ou d'un néoplasme. V. *hyperplasie*.

HYPERGÉNITALISME, *s. m.* Syn. *hypergonadisme*. Etat d'un sujet dont les glandes génitales ont une sécrétion interne exagérée ; il se traduit, en clinique, par l'hyperorchidie ou l'hyperovarie.

HYPERGLOBULIE, *s. f.* Augmentation du nombre des globules rouges contenus dans le sang.

HYPERGLOBULINÉMIE, *s. f.* Augmentation de la quantité des globulines contenues dans le sérum sanguin.

HYPERGLYCÉMIANT, ANTE, *adj.* Qui élève le taux du glucose sanguin.

HYPERGLYCÉMIE, *s. f.* Exagération de la quantité de glucose contenue dans le sang.

HYPERGLYCÉMIE ALIMENTAIRE ou **PROVOQUÉE (épreuve de l')**. Dosages échelonnés du glucose dans le sang après l'ingestion de ce sucre. Chez le diabétique, l'élévation de la glycémie est plus forte et plus durable que chez le sujet normal.

HYPERGONADISME, *s. m.* V. *hypergénitalisme*.

HYPERHIDROSE ou **HYPERIDROSE**, *s. f.* Exagération de la sécrétion sudorale.

HYPERINSULINISME, *s. m.* Surabondance d'insuline dans l'organisme entraînant l'hypoglycémie.

HYPERKALICYTIE, *s. f.* Augmentation du taux du potassium intracellulaire.

HYPERKALIÉMIE, *s. f.* Augmentation du taux du potassium dans le sang au-dessus de 5,5 mmol/l.

HYPERKÉRATOSE, *s. f.* Nom donné au groupe des dermatoses caractérisées par une hyperplasie de la couche cornée de l'épiderme (ichtyose, verrue).

HYPERKINÉSIE, *s. f.* Augmentation de l'amplitude et de la rapidité des mouvements.

HYPERLIPÉMIE, *s. f.* 1° Syn. *hypertriglycéridémie*. Variété d'hyperlipidémie. — 2° Pour certains, syn. d'*hyperlipidémie*.

HYPERLIPIDÉMIE, *s. f.* Augmentation de la quantité globale des lipides contenus dans le sang, quelle que soit la fraction lipidique prédominante : lipoprotéines (cholestérol, triglycérides, phospholipides) ou acides gras libres. Le taux des lipides dépasse 8 g par litre. Diverses classifications en ont été proposées.

HYPERMÉTRIE, *s. f.* Trouble de la motilité caractérisé par ce fait que le mouvement est démesuré et dépasse le but.

HYPERMÉTROPIE, *s. f.* Anomalie de la réfraction statique dans laquelle les rayons lumineux parallèles vont converger au-delà de la rétine lorsque l'accommodation n'intervient pas.

HYPERMNÉSIE, *s. f.* Exaltation de la mémoire.

HYPERNATRÉMIE, *s. f.* Augmentation du taux du sodium dans le sang.

HYPERNATRIURÈSE, *s. f.*, **HYPERNATRIURIE**, *s. f.*, **HYPERNATRURIE**, *s. f.* Augmentation du taux du sodium dans l'urine.

HYPERNÉPHROME, *s. m.* V. *surrénalome*.

HYPERŒSTROGÉNIE, *s. f.* Excès, dans l'organisme, d'œstrogènes de cause naturelle ou artificielle.

HYPERORCHIDIE, *s. f.* Exagération de la sécrétion interne du testicule ; elle provoque chez l'enfant la macrogénito-somie précoce et chez l'adulte une exagération du tempérament génital.

HYPEROSTOSE, *s. f.* Déformation constituée par l'épaississement d'un os ou d'une portion de celui-ci.

HYPEROVARIE, *s. f.* Exagération du fonctionnement ovarien.

HYPERPARATHYROÏDIE, *s. f.* ou **HYPERPARATHYROÏDISME,** *s. m.* Syndrome provoqué par l'hyperfonction-nement des glandes parathyroïdes ; son aspect typique est celui de l'ostéite fibrokystique ou ostéose parathyroïdienne ; biologiquement, il existe une hypercalcémie et une hypophosphorémie.

HYPERPLAQUETTOSE, *s. f.* Syn. *thrombocytose*. Augmentation du taux des plaquettes sanguines.

HYPERPLASIE, *s. f.* Développement exagéré d'un tissu ou d'un organe.

HYPERPNÉE, *s. f.* Exagération de l'amplitude des mouvements respiratoires.

HYPERPROTIDÉMIE, *s. f.* Augmentation du taux des protides contenus dans le sérum sanguin.

HYPERSÉCRÉTION, *s. f.* Exagération de la sécrétion d'un organe glandulaire.

HYPERSENSIBILITÉ, *s. f.* Augmentation de la sensibilité. — (immunologie). Etat d'un organisme apte à présenter des manifestations pathologiques lors d'une rencontre antigène-anticorps ; les termes d'anaphylaxie, d'allergie et d'immunité sont parfois employés dans ce sens.

HYPERSEXUALITÉ, *s. f.* Exagération du désir sexuel.

HYPERSIDÉRÉMIE, *s. f.* Augmentation du taux du fer dans le sérum sanguin.

HYPERSOMNIE, *s. f.* Exagération de l'aptitude au sommeil.

HYPERSPASMODIQUE ou **HYPERSPASTIQUE,** *adj.* Qui s'accompagne de contractures intenses.

HYPERSPLÉNISME, *s. m.* Syndrome caractérisé par une forte diminution, dissociée ou globale, des hématies, des leucocytes et des plaquettes du sang circulant ; par une activité normale ou accrue de la moelle osseuse ; et par son amélioration ou sa guérison par la splénectomie.

HYPERSYMPATHICOTONIE, *s. f.* Exagération de la sympathicotonie se manifestant surtout par une élévation de la pression sanguine.

HYPERTÉLORISME, *s. m.* Malformation craniofaciale caractérisée par un élargissement de la petite aile du sphénoïde, donc de l'espace interorbitaire et de la racine du nez et par un écartement excessif des yeux.

HYPERTENSIF, IVE, *adj.* Qui s'accompagne d'hypertension, ou qui la provoque.

HYPERTENSINE, *s. m.* V. *angiotensine.*

HYPERTENSION, *s. f.* Augmentation de la tension. — Pris habituellement dans le sens d' *hypertension artérielle*, c.-à-d. d'augmentation de la pression dans le réseau artériel. Le terme d'*h.* artérielle désigne en pratique l'élévation tensionnelle dans les artères de la grande circulation (*hypertension systémique*) : la pression maxima dépasse le chiffre de 17 cm de Hg., la pression minima s'élevant au-dessus de 10.

HYPERTENSION ARTÉRIELLE PULMO-NAIRE (HTAP). Augmentation de la pression dans le réseau artériel pulmonaire.

HYPERTENSION INTRACRÂNIENNE (syndrome de l'). Syndrome caractérisé par une céphalée, des vomissements, des manifestations oculaires ; il est dû à un œdème du cerveau provoqué essentiellement par le développement de lésions expansives intracrâniennes.

HYPERTHERMIE, *s. f.* Elévation de la température du corps au-dessus de la normale.

HYPERTHYROÏDIE, *s. f.* ou **HYPERTHY-ROÏDISME,** *s. m.* Exagération des sécrétions thyroïdiennes.

HYPERTONIE, *s. f.* 1° Etat d'un liquide ou d'une solution ayant une tension osmotique plus élevée que celle d'un autre liquide en présence duquel on le met. — 2° Augmentation de l'excitabilité nerveuse ou de la tonicité musculaire.

HYPERTRICHOSE, *s. f.* Développement anormal du système pileux.

HYPERTRIGLYCÉRIDÉMIE, *s. f.* Augmentation du taux des triglycérides sanguins.

HYPERTROPHIE, *s. f.* Augmentation de volume d'un organe.

HYPERVITAMINOSE, *s. f.* Troubles dus à l'administration inconsidérée de médicaments très riches en vitamines.

HYPERVOLÉMIE ou **HYPERVOLHÉMIE,** *s. f.* Augmentation du volume sanguin total circulant.

HYPNAGOGIQUE, *adj.* Qui conduit au sommeil.

HYPNOSE, *s. f.* Variété spéciale et incomplète de sommeil, provoquée par la parole, le regard ou les gestes de l'opérateur, et dans laquelle le sujet est particulièrement apte à recevoir les suggestions de celui qui l'hypnotise.

HYPNOTIQUE, *adj.* et *s. m.* 1° Syn. *somnifère.* Qui provoque le sommeil.

Les médicaments *h.* font partie des psycholeptiques. — 2° Qui concerne l'hypnotisme.

HYPNOTISME, *s. m.* Ensemble des procédés capables de provoquer l'hypnose.

HYPO... Préfixe grec qui indique une *diminution,* une situation *inférieure.*

HYPOACOUSIE, *s. f.* Diminution de l'acuité auditive.

HYPOBARE, *adj.* Caractérisé par une pression basse, inférieure à la normale, inférieure à la pression atmosphérique. — *caisson h.* : caisson à dépression.

HYPOCALCÉMIE, *s. f.* Taux anormalement bas du calcium dans le sang.

HYPOCALCIURIE, *s. f.* Diminution de la quantité de calcium contenue dans l'urine.

HYPOCAPNIE, *s. f.* Diminution du CO_2 dissous dans le plasma sanguin, où il existe surtout sous forme d'acide carbonique. Elle est due à une élimination excessive de CO_2 par augmentation de la ventilation pulmonaire.

HYPOCHLORÉMIE, *s. f.* Diminution de la quantité de chlore contenue dans le plasma sanguin.

HYPOCHLORHYDRIE, *s. f.* Diminution de la quantité d'acide chlorhydrique contenu dans le suc gastrique.

HYPOCHROMIE, *s. f.* 1° Nom générique donné à toutes les diminutions de la pigmentation cutanée. — 2° Parfois employé dans le sens d'anémie hypochrome.

HYPOCOAGULABILITÉ, *s. f.* Diminution de l'aptitude à coaguler.

HYPOCONDRE, *s. m.* Syn. moderne *région hypocondriaque.* Région abdominale antéro-latérale située en dehors de l'épigastre, sous les cartilages costaux. L'*h. droit* correspond au lobe droit du foie et à la vésicule biliaire ; l'*h. gauche* à la rate, au lobe gauche du foie, au corps de l'estomac et à l'angle colique gauche.

HYPOCONDRIE, *s. f.* Etat dans lequel le sujet est en permanence inquiet pour sa santé.

HYPOCORTICISME, *s. m.* V. *insuffisance surrénale.*

HYPODERME, *s. m.* Tissu cellulaire sous-cutané ; il contient des lobules graisseux. V. *pannicule.*

HYPODERMIQUE, *adj.* Syn. *sous-cutané.* Qui concerne le tissu cellulaire situé sous la peau. — *injection h.* Injection dans le tissu cellulaire sous-cutané d'une substance médicamenteuse.

HYPODERMITE, *s. f.* Inflammation du tissu cellulaire sous-cutané.

HYPOESTHÉSIE, *s. f.* Diminution des divers modes de la sensibilité.

HYPOGASTRE, *s. m.* Syn. *région hypogastrique, r. pubienne.* Région médiane et inférieure de l'abdomen située au-dessus du pubis, sous l'ombilic, entre les fosses iliaques.

HYPOGÉNITALISME, *s. m.* Syn. *hypogonadisme.* Etat d'un sujet dont les glandes génitales ont une sécrétion interne insuffisante.

HYPOGLOSSE (nerf). Syn. ancien, *nerf grand hypoglosse.* Douzième paire crânienne, innervant les muscles de la langue.

HYPOGLYCÉMIE, *s. f.* Diminution de la quantité de glucose contenue dans le sang.

HYPOGLYCÉMIE PROVOQUÉE (épreuve de l'). Dosage du glucose dans le sang après injection intraveineuse d'insuline.

HYPOGLYCÉMIQUE (coma). Etat résultant de l'aggravation du syndrome hypoglycémique. C'est un coma avec contractures généralisées, secousses musculaires et signe de Babinski bilatéral.

HYPOGLYCÉMIQUE (état ou **syndrome).** Ensemble des troubles provoqués par l'abaissement, au-dessous du taux normal, du glucose contenu dans le sang. Ils varient de l'état de faiblesse avec sueurs et fringales jusqu'à la syncope avec ou sans convulsions et au coma.

HYPOGONADISME, *s. m.* V. *hypogénitalisme.*

HYPOKALICYTIE, *s. f.* Diminution du taux du potassium intracellulaire.

HYPOKALIÉMIE, *s. f.* Diminution du taux du potassium dans le sang.

HYPOKINÉSIE, *s. f.* Diminution de l'amplitude des mouvements.

HYPOLIPIDÉMIANT, ANTE, *adj.* ou *s. m.* Qui diminue le taux des lipides sanguins.

HYPOMANIE, *s. f.* Forme atténuée de la manie, caractérisée par une activité exagérée.

HYPONATRÉMIE, *s. f.* Diminution du taux de sodium dans le sang.

HYPONATRIURÈSE, *s. f.*, **HYPONATRIURIE,** *s. f.*, **HYPONATRURIE,** *s. f.* Diminution du taux du sodium dans l'urine.

HYPOPARATHYROÏDIE, *s. f.* ou **-DISME,** *s. m.* V. *parathyréoprive (syndrome).*

HYPOPHOSPHATÉMIE, *s. f.* Syn. *hypophosphorémie.* Diminution de la quantité des phosphates contenus dans le plasma sanguin ou phosphatémie.

HYPOPHOSPHATURIE, *s. f.* Diminution de la quantité de phosphates éliminée par les reins.

HYPOPHOSPHORÉMIE, *s. f.* V. *hypophosphatémie.*

HYPOPHYSAIRE, *adj.* Qui se rapporte à l'hypophyse.

HYPOPHYSE, *s. f.* Petite glande endocrine située à la base du cerveau, dans la selle turcique, comprenant une partie postérieure ou *neurohypophyse* appendue à l'hypothalamus par la tige pituitaire et une partie antérieure ou *adénohypophyse*. L'*h.* exerce, par l'intermédiaire des stimulines, une action régulatrice sur de nombreuses glandes endocrines.

HYPOPHYSECTOMIE, *s. f.* Ablation de l'hypophyse.

HYPOPITUITARISME, *s. m.* Insuffisance du fonctionnement de l'hypophyse. — *h. antérieur.* Ensemble des troubles témoignant d'une insuffisance des glandes génitales, thyroïde et corticosurrénales consécutifs à une lésion du lobe antérieur de l'hypophyse.

HYPOPLASIE, *s. f.* Développement insuffisant d'un tissu ou d'un organe ; aplasie légère.

HYPOPROTIDÉMIE, *s. f.* Diminution du taux des protides contenus dans le sérum sanguin.

HYPOPYON ou **HYPOPION**, *s. m.* Collection purulente de la chambre antérieure de l'œil.

HYPOSIALIE, *s. f.* Insuffisance de la sécrétion salivaire.

HYPOSIDÉRÉMIE, *s. f.* Diminution du taux du fer dans le sérum sanguin.

HYPOSODÉ ou **HYPOSODIQUE**, *adj.* Qui contient peu de sodium. — *régime h.*

HYPOSPADIAS, *s. m.* Malformation de l'urètre de l'homme, caractérisée par un orifice anormal situé à une distance variable de l'extrémité du gland.

HYPOTÉLORISME, *s. m.* Malformation craniofaciale associant un rapprochement excessif des yeux avec épicanthus, une microcéphalie et une insuffisance de développement de la cavité buccale.

HYPOTENSION, *s. f.* Diminution de la tension.

HYPOTENSION ORTHOSTATIQUE. Diminution notable de la pression artérielle dans la position verticale pouvant s'accompagner de vertige et de lipothymie.

HYPOTHALAMUS, *s. m.* Région du diencéphale formant la partie antérieure et ventrale du 3e ventricule. C'est le cerveau végétatif et endocrinien ; il contrôle notamment l'activité hypophysaire.

HYPOTHÉNAR (éminence). Saillie musculaire allongée le long du bord interne de la paume de la main et constituée des muscles destinés à l'auriculaire. V. *thénar (éminence).*

HYPOTHERMIE, *s. f.* Abaissement de la température du corps, ou d'une partie du corps, au-dessous de la normale.

HYPOTHYMIE, *s. f.* 1o Insuffisance thymique. — 2o (psychiatrie). Trouble de l'humeur caractérisé par une diminution de l'activité accompagnée habituellement de tristesse.

HYPOTHYROÏDIE, *s. f.* Insuffisance de la sécrétion thyroïdienne se traduisant par les formes frustes du myxœdème.

HYPOTONIE, *s. f.* 1o Etat d'un liquide ou d'une solution ayant la tension osmotique plus faible que celle du milieu de référence. — *h. plasmatique.* — 2o V. *hypotension.* — 3o Diminution de l'excitabilité nerveuse ou de la tonicité musculaire.

HYPOTROPHIE, *s. f.* Défaut de nutrition d'un organe entraînant généralement sa déchéance.

HYPOVENTILATION PULMONAIRE. Diminution de la quantité d'air inspiré qui entre par minute dans les alvéoles pulmonaires et qui ne suffit plus à la consommation d'oxygène du sujet.

HYPOVITAMINOSE, *s. f.* Forme fruste d'avitaminose.

HYPOVOLÉMIE, *s. f.* Diminution du volume sanguin total circulant.

HYPOXIE, *s. f.* Forme légère d'anoxie.

HYSTÉRECTOMIE, *s. f.* Ablation de l'utérus en totalité ou en partie.

HYSTÉRÉSIS, *s. f.* Retard de l'effet sur la cause, observé lors de l'excitation d'un matériau.

HYSTÉRIE, *s. f.* Névrose caractérisée par l'existence de signes permanents ou transitoires et spectaculaires. Leur caractère commun est de ne répondre à aucune systématisation nerveuse anatomique ou physiologique et d'être influencés par la suggestion.

HYSTÉROGRAPHIE, *s. f.* Radiographie de l'utérus injecté au préalable d'une substance opaque aux rayons X.

HYSTÉROMÉTRIE, *s. f.* Cathétérisme de l'utérus à l'aide d'une tige graduée (hystéromètre), qui permet d'apprécier la forme, les dimensions et la sensibilité de la cavité de l'organe.

HYSTÉROPEXIE, *s. f.* 1° *h. abdominale.* Fixation de l'utérus à la paroi abdominale antérieure pour obvier à la rétroflexion ou au prolapsus. — 2° *h. vaginale.* Syn. *colpohystéropexie.* Opération consistant à fixer le col utérin à la paroi postérieure du vagin, pour remédier aux rétroversions et aux rétroflexions.

HYSTÉROSALPINGOGRAPHIE, *s. f.* Radiographie de l'utérus et des trompes après injection, dans la cavité utérine, d'une substance opaque aux rayons X.

HYSTÉROSCOPIE, *s. f.* Examen visuel de la cavité de l'utérus dans laquelle on introduit un fibroscope (*hystéroscope*).

HYSTÉROTOMIE, *s. f.* Incision de l'utérus. — *h. abdominale.* V. *césarienne* (*opération*).

Hz. Symbole de *hertz.*

I

I. Symbole chimique de l'*iode*.

IA. V. *insuffisance aortique*.

IATROGÈNE, *adj.* ou **IATROGÉNIQUE,** *adj.* Qui est provoqué par le médecin.

ICHTYOSE, *s. f.* Etat particulier de la peau, qui est sèche et couverte de squames semblables aux écailles des poissons.

ICTÈRE, *s. m.* Syn. *jaunisse*. Symptôme consistant en une coloration jaune de la peau et des muqueuses, due à l'imprégnation des tissus par la bilirubine.

ICTÈRE CHOLESTATIQUE ou **CHOLOSTATIQUE.** Ictère dû à l'accumulation, dans le sang, de bilirubine conjuguée à la suite de l'oblitération des voies biliaires.

ICTÈRE HÉMOLYTIQUE. Ictère léger dû à une destruction massive des globules rouges (hémolyse), avec splénomégalie et anémie, sans sels biliaires dans l'urine. Il peut être congénital ou acquis.

ICTÈRE INFECTIEUX. Nom donné à une série d'affections caractérisées principalement par un ictère et des symptômes généraux.

ICTÈRE INFECTIEUX À RECRUDESCENCE FÉBRILE. V. *leptospirose ictérohémorragique*.

ICTÈRE INFECTIEUX DES NOUVEAU-NÉS. V. *tubulhématie*.

ICTÈRE D'INOCULATION. V. *hépatite B*.

ICTÈRE MALIN. V. *ictère grave*.

ICTÈRE NÉONATAL. V. *ictère physiologique*.

ICTÈRE NU. Ictère isolé constituant la seule manifestation apparente de la maladie.

ICTÈRE NUCLÉAIRE DU NOUVEAU-NÉ. Ictère observé chez le nouveau-né, associé à des altérations des *noyaux* gris du cerveau ; il est de très mauvais pronostic.

ICTÈRE PHYSIOLOGIQUE. Syn. *ictère néonatal*. Ictère transitoire observé à la naissance chez les prématurés et beaucoup de nouveau-nés. Il est dû à l'absence passagère d'une enzyme indispensable à la transformation de la bilirubine indirecte en bilirubine directe.

ICTÉRIQUE, *adj.* Qui a rapport à l'ictère ou qui en dépend. — *s. m.* Malade atteint d'ictère.

ICTUS, *s. m.* Nom donné à toute manifestation neurologique se produisant subitement.

ICTUS AMNÉSIQUE. Accès durant quelques heures, à début et fin subits, caractérisé uniquement par un oubli des faits à mesure qu'ils se produisent et pendant lequel le comportement du sujet est, par ailleurs, normal.

...IDE. Suffixe qui désigne habituellement l'ensemble des manifestations cutanées d'une maladie générale, ou d'une intoxication. P. ex. : *syphilide, iodide.*

IDIOPATHIE, *s. f.,* Syn. *idiopathique (maladie).* 1° Maladie qui existe par elle-même, qui est indépendante de tout autre état morbide (par opposition à *affection symptomatique*). — 2° Essentiel, sans cause connue.

IDIOTIE, *s. f.* Diminution considérable ou absence complète de l'intelligence. C'est la forme la plus grave de l'arriération mentale.

IDIOTYPE, *s. m.* Immunoglobuline (Ig) dont le caractère spécifique a été modifié par le contact avec un antigène (changement dans l'ordre des acides aminés qui la constituent).

IDIOVENTRICULAIRE, *adj.* Qui est particulier au ventricule. — *rythme i.* Rythme lent et régulier propre aux centres ventriculaires d'automatisme cardiaque.

IDR. Abréviation d'*intra-dermo-réaction.*

IEC. Abréviation d'*inhibiteur de l'enzyme de conversion.* V. à *enzyme de conversion.*

Ig. Abréviation d'*immunoglobuline.*

ILÉITE, *s. f.* Inflammation de la dernière partie de l'intestin grêle (iléum).

ILÉON, *s. m.* V. *iléum.*

ILÉOPATHIE, *s. f.* Terme générique désignant les affections de l'iléum.

ILÉOSTOMIE, *s. f.* Création d'un anus artificiel au niveau de la dernière partie de l'intestin grêle.

ILÉUM, *s. m.* Syn. ancien *iléon.* Segment distal de l'intestin grêle, faisant suite au jéjunum et se continuant par le caecum.

ILÉUS, *s. m.* Occlusion intestinale aiguë ou chronique. — *i. biliaire I.* dû à l'arrêt, dans l'intestin, d'un calcul issu des voies biliaires. — *i. paralytique I.* dû à l'arrêt du péristaltisme.

ILIAQUE, *adj.* Qui est proche de la partie supérieure de l'os du bassin, l'ilium (p. ex. : *artère i.*) ou qui concerne cette partie (p. ex. : *os i.*).

ILIITE, *s. f.* Inflammation de l'articulation sacro-iliaque.

ILION, *s. m.* V. *ilium.*

ILIUM, *s. m.* Syn. ancien *ilion.* Partie supérieure de l'os coxal comportant un corps surmonté d'une aile, et dont le bord supérieur épais est la crête iliaque.

ILLUSION, *s. f.* Interprétation fausse d'une sensation réellement perçue.

ÎLOT DE LANGERHANS. V. *Langerhans (ilôts de).*

IM. Abréviation de 1° *insuffisance mitrale ;* 2° *intramusculaire.*

IMAGERIE MÉDICALE. Ensemble des procédés physiques permettant d'obtenir d'un objet matériel une image utilisable du point de vue médical. L'*i.m.* met en œuvre les ultrasons, les rayons X ou gamma et la résonance magnétique.

IMAGERIE PAR RÉSONANCE MAGNÉTIQUE (IRM). V. *résonance magnétique nucléaire.*

IMAO. Abréviation de : *inhibiteur de la mono-amine-oxydase.*

IMBÉCILLITÉ, *s. f.* Deuxième degré de l'arriération mentale. L'imbécile ne peut communiquer avec ses semblables par le langage écrit, mais il peut accomplir quelques actions simples.

IMC. V. *infirmité motrice cérébrale.*

IMMATURE, *adj.* Qui n'a pas encore atteint son développement complet.

IMMÉDIAT, ATE, *adj.* Qui a lieu sans intermédiaire. — *auscultation i.* V. *auscultation.*

IMMOBILISINE, *s. f.* Anticorps spécifique immobilisant le *Treponema pallidum.* Sa présence, dans le sang des syphilitiques, permet le diagnostic sérologique de la maladie (test de Nelson).

IMMORTALISATION, *s. f.* Acquisition, par une cellule, de la faculté de se multiplier indéfiniment en culture, sous l'effet de substances oncogènes.

IMMUN, UNE, *adj.* Se dit du sujet qui possède l'immunité.

IMMUNISATION, *s. f.* Acte par lequel on confère l'immunité.

IMMUNITAIRE, *adj.* Qui se rapporte à l'immunité.

IMMUNITÉ, *s. f.* 1° Propriété que possèdent certains individus d'êtres exempts de manifestations morbides apparentes, quand ils sont soumis à l'action d'un antigène. — 2° Par extension, toute modification apportée à un organisme par la présence d'anticorps, que cette modification lui soit bénéfique ou nuisible.

IMMUNOCHIMIE, *s. f.* 1° Etude de la constitution chimique des antigènes et des anticorps. — 2° Partie de la chimie qui étudie les réactions d'immunité, les réactions antigène-anticorps.

IMMUNOCYTE, *s. m.* V. *lymphocyte* ; certains auteurs réservent cette appellation aux lymphocytes T.

IMMUNODÉFICIENCE, *s. f.* Diminution ou disparition des réactions immunitaires.

IMMUNODÉFICITAIRE ACQUIS (syndrome) (SIDA). Ensemble de manifestations liées à l'infection de l'organisme par un rétrovirus, le VIH ou virus de l'immunodéficience humaine (en anglais HIV). Ce virus, introduit par contact muqueux ou parentéral et donc transmis par les relations sexuelles, le sang, les piqûres, ou lors de la période périnatale, infecte et détruit les lymphocytes T auxiliaires (T4 ou CD4), entraînant une lymphopénie et un déficit de l'immunité à médiation cellulaire, laquelle va favoriser le développement d'infections opportunistes et de cancers. Le SIDA peut actuellement toucher tout être humain, et l'épidémie s'en développe de façon spectaculaire et préoccupante.

IMMUNODÉPRESSEUR, *adj.* et *s. m.* Qui supprime ou réduit les réactions immunologiques spécifiques de l'organisme.

IMMUNO-ÉLECTROPHORÈSE, *s. f.* Procédé de séparation et d'étude qualitative des protéines humorales, sanguines en particulier. C'est l'association d'une électrophorèse sur plaque de gélatine et d'une immunoprécipitation avec un sérum préparé.

IMMUNO-ENZYMATIQUE ou **IMMUNO-ENZYMOLOGIQUE (méthode).** Syn. *ELISA* (abréviation du terme anglais : *enzyme-linked immunosorbent assay*). Procédé de dosage des antigènes et des anticorps dans lequel le marqueur est une enzyme.

IMMUNOFLUORESCENCE (méthode d'). Fixation de fluorescéine sur un anticorps spécifique permettant de repérer ce dernier dans un mélange anticorps-antigène, par examen au microscope en lumière ultraviolette.

IMMUNOGÉNÉTIQUE, *s. f.* Etude de l'influence de l'hérédité sur les réactions immunitaires aux antigènes.

IMMUNOGLOBULINE, *s. f.* Symbole **Ig**. Gammaglobuline, existant dans le sérum sanguin et dans diverses humeurs, douée d'une activité anticorps. Les *i.* jouent un rôle essentiel dans la défense de l'organisme contre les agressions.

IMMUNOLOGIE, *s. f.* Partie de la médecine qui étudie les réactions (bénéfiques ou nocives) de l'organisme dans lequel apparaît un élément entrant dans la catégorie des antigènes (réaction antigène-anticorps).

IMMUNOPRÉCIPITATION, *s. f.* Formation d'un précipité lorsqu'un anticorps dit précipitant rencontre l'antigène correspondant.

IMMUNOSUPPRESSEUR, *adj.* et *s. m.* V. *immunodépresseur.*

IMMUNOTHÉRAPIE, *s. f.* Méthode de traitement destinée à modifier les moyens de défense naturels de l'organisme, soit par injection de sérum ou d'immunoglobuline qui apporte les anticorps spécifiques (*i. passive*), ou bien par la vaccinothérapie qui suscite la production de ces anticorps (*i. active*).

IMPATIENCES, *s. f. pl.* V. *jambes sans repos (syndrome des).*

IMPERFORATION, *s. f.* Malformation consistant en l'occlusion complète d'un canal ou d'un orifice naturel. P. ex. : *i. de l'anus, de l'œsophage,* etc.

IMPÉTIGO, *s. m.* Dermatose infectieuse et contagieuse très fréquente chez l'enfant, siégeant surtout au visage et aux mains. Elle est caractérisée par la formation de vésiculo-pustules qui laissent échapper un liquide se concrétant en croûtes jaunâtres caractéristiques.

IMPLANT, *s. m.* Comprimé ou fragment de tissu utilisé en implantation.

IMPLANTATION, *s. f.* Mise en place, dans le tissu cellulaire sous-cutané, de comprimés hormonaux à résorption lente et régulière.

IMPUBÈRE, *adj.* Qui n'a pas atteint l'âge de la puberté.

IMPUISSANCE, *s. f.* Impossibilité de pratiquer l'acte sexuel normal et complet chez l'homme.

IMPULSIF, IVE, *adj.* et *s. m.* Individu chez lequel la volonté est profondément lésée et qui est incapable de résister à ses impulsions.

IMPULSION, *s. f.* Trouble de la volonté que l'on observe chez certains malades mentaux qui sont entraînés d'une façon irrésistible à accomplir certaines actions qui s'imposent à leur volonté.

IN SITU (en latin : *dans le lieu*). Se dit de phénomènes observés là où ils se produisent. — *cancer in situ.* Syn. *cancer intraépithélial.* Variété d'épithélioma dont les anomalies histologiques sont seulement localisées à l'épithélium, sans aucune extension locale ou à distance.

IN TOTO. Locution latine signifiant *en totalité, complètement.*

IN UTERO. Locution latine désignant les phénomènes survenant *dans l'utérus gravide.*

IN VITRO. Locution latine désignant des phénomènes observés au laboratoire, à partir de prélèvements humoraux ; s'oppose à *in vivo.*

IN VIVO. Locution latine désignant des phénomènes observés dans l'organisme vivant dans son entier ; s'oppose à *in vitro.*

INACTIVATION, *s. f.* Suppression de l'activité biologique d'une substance.

P. ex. *i. d'une toxine par le formol* (v. *anatoxine*).

INAPPÉTENCE, *s. f.* V. *anorexie.*

INCAPACITÉ DE TRAVAIL. Impossibilité d'exercer une activité professionnelle à la suite d'une maladie ou d'un accident.

INCIDENCE, *s. f.* (épidémiologie). Nombre de cas nouveaux de maladie pendant une période et dans une population données.

INCIPIENS, *adj.* Se dit d'une maladie à son début.

INCISION, *s. f.* 1° Section des parties molles avec un instrument tranchant. — 2° Résultat de cette opération.

INCISIVE, *s. f.* Syn. *dent incisive.* Dent tranchante munie d'une seule racine, située à la partie antérieure et médiane des arcades dentaires.

INCLUSION DE LA DENT DE SAGESSE. Impossibilité pour la dent de sagesse, entourée par le tissu osseux du maxillaire, de faire éruption au dehors.

INCOMPATIBILITÉ SANGUINE. Rapport entre les sangs de 2 sujets tels qu'une transfusion de l'un à l'autre soit impossible sans provoquer des accidents ; le plus souvent parce que les *hématies* du donneur seront agglutinées puis hémolysées par l'anticorps correspondant contenu dans le plasma sanguin du receveur. V. *groupes sanguins.*

INCONSCIENCE, *s. f.* 1° Privation de la conscience. — 2° Absence de jugement, de sérieux, ou ignorance.

INCONSCIENT, *s. m.* (psychanalyse). Ensemble des éléments exclus de la conscience par un processus de refoulement.

INCONTINENCE, *s. f.* Emission involontaire de matières fécales ou d'urine.

INCOORDINATION, *s. f.* Difficulté ou impossibilité de coordonner les mouvements des différents groupes musculaires.

INCRÉMENT, *s. m.* Augmentation, accroissement, allongement. S'oppose à *décrément.*

INCUBATEUR, *s. m.* Appareil destiné à assurer, dans une enceinte close, l'élevage des enfants nés prématurément.

INCUBATION, *s. f.* Développement, dans l'organisme, d'un germe qui y a pénétré, et ne manifeste pas encore, cliniquement, sa présence. — La *période d'i.* est le temps qui s'écoule entre la contagion et l'apparition des premiers symptômes de la maladie (invasion).

INCURABLE, *adj.* ou *s. m.* ou *f.* Impossible à guérir.

INDOLENT, ENTE, *adj.* Indolore.

INDUCTEUR, TRICE, *adj.* Qui oriente et facilite un processus biologique, une réaction chimique.

INDUCTION, *s. f.* 1° Déclenchement retardé d'un phénomène. — 2° Premier temps de l'anesthésie générale ; il consiste à endormir le malade par inhalation ou par injection intraveineuse.

INFANTICIDE, *s. m.* Meurtre d'un enfant nouveau-né ayant vécu.

INFANTILISME, *s. m.* Etat d'un individu qui présente à l'âge adulte un aspect et un psychisme rappelant plus ou moins ceux d'un enfant.

INFARCISSEMENT, *s. m.* Formation d'un infarctus dans un organe.

INFARCTECTOMIE, *s. f.* Résection d'un infarctus.

INFARCTUS, *s. m.* Nom donné à un territoire vasculaire où cesse la circulation, quand la région ainsi frappée de mort n'est pas le siège de phénomènes septiques. — *i. du myocarde.*

INFÉCONDITÉ, *s. f.* V. *infertilité.*

INFECTANT, ANTE, *adj.* Qui peut causer l'infection.

INFECTIEUX, EUSE, *adj.* Qui communique ou détermine une infection. — *maladie i.*

INFECTIOLOGIE, *s. f.* Étude des maladies infectieuses.

INFECTION, *s. f.* Envahissement d'un organisme par un microbe.

INFECTION OPPORTUNISTE. Infection due à un germe habituellement peu agressif et qui devient virulent parce qu'il se développe chez un sujet en état de déficience immunitaire.

INFECTIOSITÉ, *s. f.* Qualité de ce qui est infectieux. Pouvoir infectant. P. ex. : *i. des poussières.*

INFÉRIORITÉ (complexe, ou mieux sentiment d') (psychanalyse). Impression d'insuffisance, d'être en dessous de sa tâche ou incapable d'atteindre l'idéal désiré.

INFERTILITÉ, *s. f.* Syn. *infécondité.* Impossibilité de se reproduire. L'*i.* n'a pas le caractère définitif de la stérilité.

INFESTATION, *s. f.* 1° Pénétration dans l'organisme, ou fixation sur lui, d'un parasite non microbien. — 2° État de l'organisme envahi par ce parasite.

INFILTRAT, *s. m.* Terme utilisé en radiologie pulmonaire pour désigner une opacité dont le diamètre ne dépasse pas quelques centimètres.

INFILTRATION, *s. f.* 1° Envahissement des tissus (œdème) par un liquide, par des gaz (emphysème sous-cutané) ou par le développement d'un tissu néoplasique. — 2° Injection d'un liquide anesthésique au contact d'un ganglion ou d'un nerf dont on veut interrompre passagèrement les fonctions.

INFIRME, *adj.* et *s. m.* ou *f.* Syn. *invalide, handicapé.* Diminué dans ses fonctions physiques ou mentales.

INFIRMIER, INFIRMIÈRE, *s. m.* ou *f.* Personne diplômée, exerçant la profession d'auxiliaire médical, soignant les malades, et pouvant participer à différentes activités en matière de prévention, éducation de la santé, formation ou encadrement.

INFIRMITÉ MOTRICE CÉRÉBRALE (IMC). État congénital ou acquis très précocément, associant paralysies, mouvements anormaux, et souvent aussi déficiences sensorielles et psychiques.

INFLAMMATION, *s. f.* Processus de défense de l'organisme, réactionnelle à une agression. Il comporte des phénomènes vasomoteurs, puis cellulaires et enfin tissulaires.

INFLAMMATOIRE, *adj.* Qui concerne l'inflammation. — *maladie i.* V. *maladie systémique.*

INFLUENZA, *s. f.* V. *grippe.*

INFRA... Préfixe latin indiquant une position *en dessous.*

INFRACLINIQUE, *adj.* Qui ne provoque pas de manifestation clinique et ne peut être mis en évidence que par des examens de laboratoire.

INFRAROUGE, *adj.* V. *rayonnement i.*

INFUNDIBULECTOMIE, *s. f.* Résection partielle de l'infundibulum de l'artère pulmonaire.

INFUNDIBULUM, *s. m.* Structure anatomique en forme d'entonnoir. — *i. de l'artère pulmonaire,* désormais appelé *cône artériel,* v. ce terme.

INFUSION, *s. f.* 1° Préparation obtenue en versant de l'eau bouillante sur une substance (végétale par exemple) pour en extraire les principes actifs. — 2° Terme anglais signifiant perfusion.

INFUSOIRES, *s. m. pl.* Protozoaires ayant, à la surface de leurs corps, un nombre plus ou moins grand de cils vibratiles.

INGÉNIÉRIE MÉDICALE. Syn. *génie médical et biologique, génie biomédical.* Science qui a pour but la réalisation d'appareils complexes employés en médecine à des fins diagnostiques ou thérapeutiques. P. ex. : *scanographes, reins et cœur-poumon artificiels,* etc.

INGESTA, *s. m. pl.* Nom générique donné à tous les aliments.

INGUINAL, ALE, *adj.* Relatif à l'aine. — *hernie i.*

INH. V. *isoniazide.*

INHALATION, *s. f.* 1° Absorption dans un but thérapeutique, par les voies respiratoires de gaz, de vapeurs ou de liquides réduits en brouillards. — 2° Pénétration dans les voies aériennes de substances solides ou liquides. V. *fausse route.*

INHIBITEUR. 1° *adj.* Qui provoque l'inhibition. — 2° *s. m.* Élément capable de diminuer ou de suspendre l'activité d'une substance organique, de ralentir ou d'arrêter une réaction chimique.

INHIBITEUR CALCIQUE. Syn. *antagoniste calcique.* Substance capable de freiner l'entrée des ions calcium dans les fibres musculaires striées et lisses. Ils sont prescrits dans l'angine de poitrine, l'hypertension artérielle et les troubles du rythme cardiaque.

INHIBITEUR DE L'ENZYME DE CONVERSION. V. *enzyme de conversion.*

INHIBITEUR DE LA MONOAMINE OXYDASE (IMAO). Nom générique des substances s'opposant à l'action de cette enzyme de dégradation des monoamines (v. ce terme). Ce sont des antidépresseurs efficaces, mais d'utilisation malaisée.

INHIBITION, *s. f.* (chimie). Ralentissement ou arrêt d'une réaction (p. ex. *enzymatique*) sous l'effet d'un inhibiteur.

INJECTION, *s. f.* Introduction sous pression d'un liquide ou d'un gaz dans une cavité, un vaisseau ou dans l'épaisseur d'un tissu.

INNÉ, ÉE, *adj.* Congénital.

INNOCUITÉ, *s. f.* Qualité de ce qui est sans danger.

INOCULATION, *s. f.* Introduction dans l'organisme, par une brèche faite aux téguments, d'une substance contenant les germes d'une maladie.

INONDATION VENTRICULAIRE. Irruption de sang dans les ventricules du cerveau au cours d'une hémorragie cérébrale.

INORGANIQUE, *adj.* V. *anorganique.*

INOTROPE, *adj.* Se dit en physiologie de tout ce qui concerne la contractilité de la fibre musculaire.

INR. Abréviation du terme anglais : *international normalised ratio,* ou rapport normalisé international. Mode d'expression standardisé du temps de Quick.

INSÉMINATION, *s. f.* Introduction de sperme dans les voies génitales féminines.

INSENSIBILISATION, *s. f.* Abolition de la sensibilité locale ou générale.

INSOLATION, *s. f.* V. *coup de chaleur.*

INSOMNIE, *s. f.* Absence de sommeil.

INSPIRATION, *s. f.* Admission de l'air dans les poumons.

INSTILLATION, *s. f.* Action de verser un liquide goutte à goutte.

INSUFFISANCE, *s. f.* Etat d'infériorité physiologique dans lequel se trouve un organe devenu incapable de remplir ses fonctions dans leur intégralité.

INSUFFISANCE AORTIQUE. Incontinence de l'appareil valvulaire aortique, aboutissant à une régurgitation diastolique de sang, de l'aorte vers le ventricule gauche.

INSUFFISANCE CARDIAQUE. Inaptitude du cœur à répondre aux besoins hémodynamiques de l'organisme.

INSUFFISANCE MITRALE. Incontinence de l'appareil mitral entraînant une régurgitation systolique de sang du ventricule gauche dans l'oreillette gauche.

INSUFFISANCE RÉNALE AIGUË. Défaillance aiguë des fonctions des reins qui se manifeste par un arrêt total (anurie) ou presque de l'émission spontanée d'urine.

INSUFFISANCE RESPIRATOIRE. Impossibilité, pour l'appareil respiratoire, de maintenir, dans le sang artériel, les pressions partielles d'O_2 et de CO_2 et la saturation en oxygène à leurs niveaux normaux.

INSUFFISANCE SURRÉNALE. Diminution ou arrêt de la sécrétion des hormones corticosurrénales.

INSUFFISANCE TRICUSPIDIENNE. Incontinence de l'appareil valvulaire tricuspidien, entraînant une régurgitation systolique de sang du ventricule droit vers l'oreillette droite.

INSUFFISANCE VALVULAIRE. Défaut d'application des valves d'un orifice cardiaque, ayant pour résultat le reflux d'une partie du sang dans la cavité qu'il vient de quitter.

INSUFFISANCE VERTÉBRO-BASILAIRE. Déficit circulatoire dans le territoire des artères vertébrales et du tronc basilaire, dû presque toujours à des lésions athéromateuses sténosantes et thrombosantes.

INSUFFLATION, *s. f.* Injection, dans une cavité, de gaz ou de corps solides ou liquides pulvérisés.

INSULA (lobe de l'). Partie du cortex cérébral située au fond du sillon latéral. V. *capsule extrême.*

INSULAIRE, *adj.* Qui se rapporte : 1° à l'*insula*, lobe du cortex cérébral situé au fond du sillon latéral (ou scissure de Sylvius) ; 2° aux îlots de Langerhans du pancréas.

INSULINE, *s. f.* Hormone antidiabétique provenant du pancréas (cellules bêta des îlots de Langerhans) ; elle abaisse le taux de la glycémie et favorise l'utilisation du glucose par les tissus.

INSULINODÉPENDANT, ANTE, *adj.* Qui ne peut se passer d'insuline.

INSULINOME, *s. m.* Tumeur bénigne (adénome) ou maligne (épithéliome) des îlots de Langerhans du pancréas.

INSULINOPRIVE, *adj.* Qui se rapporte à un manque d'insuline.

INSULINORÉSISTANCE, *s. f.* Résistance de l'organisme à l'action hypoglycémiante de l'insuline.

INSULINOTHÉRAPIE, *s. f.* Traitement par l'insuline.

INTENTION, *s. f.* Action de tendre les lèvres d'une plaie pour les rapprocher.

INTER... Préfixe latin signifiant *entre.*

INTERCOSTAL, ALE, *adj.* Situé entre les côtes. P. ex. *muscle i.*

INTERCURRENT, ENTE, *adj.* Se dit d'une complication ou d'une affection survenant au cours d'une autre maladie.

INTERFÉRENCE, *s. f.* (cardiologie). Variété d'arythmie caractérisée par la coexistence, dans le cœur, de deux rythmes indépendants, de cadences à peu près égales.

INTERFÉRON, *s. m.* Glycoprotéine très petite, produite très rapidement et pendant une durée très brève, dans une cellule infectée par un virus ; elle inhibe la multiplication de ce dernier.

INTERLEUKINE, *s. f.* Substance plasmatique soluble sécrétée par les macrophages et certains lymphocytes et qui stimule d'autres cellules responsables de l'immunité.

INTERMÉDIAIRE (nerf). Syn. ancien *nerf i. de Wrisberg, nerf VII bis.* Nerf crânien accompagnant le nerf facial, à destination sensitivo-sensorielle pour les 2/3 antérieurs de la langue et les glandes submandibulaire et sublinguale, nasale, platine et lacrymale.

INTERMENSTRUEL, ELLE, *adj.* Qui survient entre les règles.

INTERMITTENT, ENTE, *adj.* Qui se reproduit à intervalles réguliers. — *fièvre i.*

INTERNE, *adj.* (anatomie). V. *médial.*

INTERNISTE, *s. m.* ou *f.* Praticien consacrant son activité à la médecine interne. V. *généraliste.*

INTÉROCEPTEUR, *s. m.* Terminaison nerveuse sensitive recueillant les excitations venues de l'intérieur du corps.

INTERPHASE, *s. f.* Temps séparant deux divisions cellulaires. V. *mitose.*

INTERSTITIEL, ELLE, *adj.* Qui concerne le tissu de soutien (tissu conjonctif et vaisseaux) entourant l'élément noble d'un organe. P. ex. : *néphrite i.*

INTERTRIGO, *s. m.* Inflammation de la peau au niveau des plis, d'origine microbienne.

INTESTIN, *s. m.* Partie du tube digestif faisant suite à l'estomac. Il se divise en *i. grêle* (lequel comprend 3 parties : le duodénum, le jéjunum et l'iléum), et

en *gros i.* ou *côlon,* lequel se continue par le rectum qui se termine par le canal anal.

INTIMA, *s. f.* Tunique interne d'un vaisseau sanguin. V. *endartère et endoveine.*

INTOLÉRANCE, *s. f.* (biologie). Réactions opposées par certains sujets à un agent extérieur toléré par la plupart des autres individus. Ces réactions peuvent être générales ou localisées à un organe.

INTOXICATION, *s. f.* Maladie provoquée par l'action de poisons sur l'organisme.

INTRA... Préfixe latin signifiant *au dedans.*

INTRADERMIQUE, *adj.* Qui est dans l'épaisseur du derme. P. ex. : *injection i.*

INTRADERMO-RÉACTION, *s. f.* Réaction cutanée inflammatoire survenant au point d'injection intradermique d'une très minime quantité d'antigène. — *i. à la tuberculine.*

INTRAIT, *s. m.* Préparation pharmaceutique pulvérulente obtenue par stabilisation à la vapeur d'alcool, puis évaporation complète sous vide, d'une plante fraîche.

INTRAMURAL, ALE, *adj.* Qui est situé dans l'épaisseur d'une paroi (artère, bronche, cœur), séparé de la surface par une couche de tissu sain.

INTRAMUSCULAIRE, *adj.* Qui est dans l'épaisseur du tissu musculaire.

INTRARACHIDIEN, IENNE ou **INTRA-VERTÉBRAL, ALE,** *adj.* Qui est ou se fait dans l'intérieur du canal vertébral.

INTRAVASCULAIRE, *adj.* Qui est à l'intérieur d'un vaisseau sanguin.

INTRAVEINEUX, EUSE, *adj.* Dans la veine.

INTRAVENTRICULAIRE, *adj.* Qui est ou se fait dans l'intérieur d'un ventricule cérébral ou cardiaque.

INTROVERSION, *s. f.* Tendance à se replier sur soi-même, à s'intéresser uniquement à sa vie intérieure. V. *extraverti.*

INTUBATION, *s. f.* Introduction d'un tube dans un conduit naturel. — En anesthésie générale, mise en place d'une sonde endotrachéale destinée à assurer la liberté des voies aériennes.

INTUMESCENCE, *s. f.* Gonflement.

INVAGINATION, *s. f.* Introduction d'une portion d'intestin dans celle qui lui fait suite, à la manière d'un doigt de gant.

INVALIDE, *adj.* et *s. m.* ou *f.* V. *infirme.*

INVASION, *s. f.* Envahissement de l'organisme par un germe pathogène qui se manifeste par l'apparition des premiers symptômes de la maladie. — La *période d'i.* s'étend depuis la période d'incubation jusqu'à la période d'état.

INVASIVE, *adj.* Terme anglais signifiant « envahissant ». V. *effractif.*

INVERSION, *s. f.* Syn. *hétérotaxie, situs inversus, transposition viscérale.* Anomalie de situation des organes qui se trouvent du côté du corps opposé à celui qu'ils occupent normalement.

INVERTI, *s. m.* Sujet atteint d'inversion du sens génital.

INVOLUTION, *s. f.* Toute modification régressive d'un organe ou d'un processus morbide.

IODÉMIE, *s. f.* Présence d'iode dans le sang.

IODIDE, *s. f.* Manifestation cutanée observée chez certains sujets après absorption de l'iode ou d'un de ses composés.

ION, *s. m.* Atome ou groupement d'atomes ayant perdu ou gagné un ou plusieurs électrons et qui, de ce fait, a acquis une charge électrique. Il y a deux sortes d'ions : les ions positifs ou *cations* et les ions négatifs ou *anions.*

IONISATION, *s. f.* 1° Introduction dans l'organisme des éléments d'une substance chimique décomposée par électrolyse. — 2° Formation d'ions à partir de molécules.

IONOGRAMME, *s. m.* Formule ou graphique indiquant la concentration des différents ions dans un liquide. L'*i.* est généralement exprimé en milli-équivalents par litre.

IRIDECTOMIE, *s. f.* Résection partielle de l'iris.

IRIDOCYCLITE, *s. f.* Variété d'iritis ou d'irido-choroïdite associée à l'inflammation du corps ciliaire.

IRIS, *s. m.* Diaphragme vertical et circulaire de l'œil, dont il sépare les chambres antérieure et postérieure. Pigmenté, donnant sa coloration à l'œil, il règle l'entrée de la lumière en modifiant les dimensions de son orifice central, la pupille.

IRITIS, *s. f.* Inflammation de l'iris.

IRM. Abréviation d'*imagerie par résonance magnétique.* V. *résonance magnétique nucléaire* et *imagerie médicale.*

IRRADIATION, *s. f.* Syn. *radiation.* 1° Emission de divers rayonnements. — 2° Application de ceux-ci sur des organismes ou des substances d'origine animale ou végétale.

IRRITABILITÉ, *s. f.* Propriété possédée par les tissus et les organes vivants qui les fait réagir sous l'influence d'une excitation externe ou interne.

ISCHÉMIE, *s. f.* 1º Anémie locale. — 2º Degré de souffrance myocardique le plus précoce et le plus faible, à la suite de l'oblitération d'une artère coronaire. L'*i.* se traduit, sur l'électrocardiogramme, par une modification des ondes T. V. *lésion* et *nécrose*.

ISCHÉMIE MYOCARDIQUE SILENCIEUSE. Négativation transitoire de l'onde T de l'électrocardiogramme survenant en dehors de tout angor, observée chez des insuffisants coronariens.

ISCHIATIQUE (nerf). V. *sciatique (nerf)*.

ISCHION, *s. m.* V. *ischium*.

ISCHIUM, *s. m.* Syn. ancien *ischion*. Partie postérieure et inférieure de l'os coxal, comportant un corps, une branche et une volumineuse tubérosité.

ISO... Préfixe grec indiquant l'*égalité* (par opposition à *hétéro...*).

ISO-AGGLUTINATION, *s. f.* Agglutination survenant entre les sangs d'individus de même espèce.

ISOCHROME, *adj.* De même couleur. — *anémie i.*

ISOCHRONE, *adj.* Qui se fait en des temps égaux.

ISOCORIE, *s. f.* Egalité de diamètre des deux pupilles.

ISO-ÉLECTRIQUE (ligne) (électrocardiographie). Ligne horizontale correspondant à la position de repos du galvanomètre, lorsque aucun courant ne traverse l'électrocardiographe.

ISO-ENZYME, *s. f.* V. *isozyme*.

ISOGROUPE, *adj.* Du même groupe sanguin.

ISO-IMMUNISATION, *s. f.* Syn. *alloimmunisation.* Apparition d'anticorps (iso-anticorps) dans un organisme qui a reçu un antigène provenant d'un sujet de la même espèce (iso-antigène). L'*i.-i.* de beaucoup la plus fréquente est celle de sujets Rh − élaborant un anticorps (dont ils sont normalement dépourvus) agglutinant les hématies Rh +. Elle est provoquée par l'injection de sang Rh + ou par le développement d'une grossesse lorsque le fœtus est Rh +.

ISOMÈRES, *s. m. pl.* Molécules chimiques de même formule brute mais ayant des propriétés physiques ou chimiques différentes en raison de la diversité de disposition de certains de leurs atomes.

ISONIAZIDE, *s. m.* Syn. *acide isonicotinique hydrazide, INH.* Corps chimique contre la tuberculose.

ISOPRÉNALINE, *s. f.* Amine sympathicomimétique de synthèse stimulant les récepteurs adrénergiques bêta.

ISOTONIE, *s. f.* ou **ISOTONISME,** *s. m.* Etat des liquides ou des solutions qui ont une même tension osmotique.

ISOTONIQUE, *adj.* 1º Qui a la même pression osmotique qu'un autre liquide pris comme terme de comparaison (généralement le sang). — 2º Se dit d'un phénomène pendant lequel la tension reste constante.

ISOTOPE, *s. m.* Les isotopes sont des éléments ayant le même numéro atomique, donc les mêmes propriétés chimiques, mais ayant des masses différentes. Un *i.* est *radio-actif* s'il se désintègre spontanément en émettant des radiations corpusculaires ou électromagnétiques.

ISOVOLUMÉTRIQUE, *adj.* ou **ISOVOLUMIQUE,** *adj.* Qui ne s'accompagne pas de changement de volume (*d'un organe,* p. ex.) ; à volume égal. — (cardiologie). *contraction i. des ventricules.*

ISOZYME, *s. f.* Syn. *iso-enzyme.* Enzyme formée d'un mélange de plusieurs acides aminés et dont il existe plusieurs variantes différant les unes des autres par certains détails de structure et certaines propriétés des molécules protéiniques.

...ITE. Suffixe latin qui désigne les maladies de nature *inflammatoire.*

IV. Abréviation d'*intraveineux.*

IVOIRE, *s. m.* V. *dentine.*

J

J. Symbole de *joule*.

JACCOUD-OSLER (maladie de) (François J., 1830-1913, médecin français).
V. *Osler (maladies d').*

JAMBE, *s. f.* Segment du membre inférieur compris entre la cuisse et le pied.
V. *sural.*

JAMBES ARQUÉES. V. *genu varum.*

JAMBES SANS REPOS (syndrome des).
Syn. *impatiences.* Sensations désagréables profondes d'agacement, siégeant dans les jambes. Elles sont accompagnées d'agitation motrice, de secousses brusques et surviennent le soir ou la nuit, en position assise ou couchée.

JARRET, *s. m.* V. *poplité.*

JAUNISSE, *s. f.* V. *ictère.*

JAVEL (eau de). Solution aqueuse d'hypochlorite de sodium, communément employée notamment en antisepsie pour la purification de l'eau potable et le blanchiment du linge.

JAVELLISATION, *s. f.* Procédé de purification des eaux destinées à la consommation, consistant à ajouter à ces eaux une quantité déterminée d'eau de Javel.

JÉJUNUM, *s. m.* Partie de l'intestin grêle faisant suite au duodénum et se continuant par l'iléum.

JENNÉRIENNE (vaccination). Vaccination antivariolique de bras à bras.

JET (lésion de). Altération de la paroi cardiaque ou artérielle au point d'impact d'un courant sanguin violent et étroit projeté à travers un orifice rétréci ou insuffisant.

JETAGE, *s. m.* Ecoulement nasal abondant.

JONCTIONNEL, ELLE, *adj.* (cardiologie). Qui se rapporte à la zone de jonction auriculo-ventriculaire (région du nœud de Tawara). V. *nodal.*

JOULE, *s. m.* (symbole J) (James J., 1818-1889, physicien anglais). Unité d'énergie et de travail ou de quantité de chaleur dans le système international d'unités. 1 joule est le travail produit par une force de 1 newton qui déplace son point d'application de 1 mètre dans sa propre direction.

JUGULAIRES (veines). Veines du cou.
V. *j. antérieure, externe.* — *v.j. interne.*
La plus volumineuse veine cervicale, drainant le sang de l'encéphale et de la face, satellite des artères carotides interne puis commune.

JUGULOGRAMME, *s. m.* Courbe obtenue par l'enregistrement du pouls jugulaire.

JULEP, *s. m.* Potion adoucissante et calmante où n'entrent que de l'eau distillée et des sirops.

JUMEAU, ELLE, *adj.* Né(e) d'un même accouchement. Les enfants *j.* peuvent être issus de deux œufs différents (*j. biovulaires, bivitellins* ou *dizygotes*) ou de la division anormale d'un œuf unique (*j. uniovulaires, univitellins* ou *monozygotes*) ; ils sont, dans ce dernier cas, toujours du même sexe et leur ressemblance est frappante.

K

K. Symbole de kilo.

K. 1° Symbole de *Kelvin*. — 2° Symbole chimique du *potassium*.

KAHLER (maladie de) (Otto K., 1849-1893, médecin autrichien). Syn. *myélomes multiples*. Affection caractérisée par le développement simultané, dans la moelle osseuse, de très nombreuses tumeurs malignes (myélomes plasmocytaires). Le sang contient une immunoglobuline monoclonale, et l'urine des chaînes légères de cette Ig (protéine de Bence Jones).

KALA-AZAR, *s. m.* Maladie endémique aux Indes et en Extrême-Orient, due à un protozoaire, *Leishmania donovani*, caractérisée notamment par une fièvre irrégulière, l'augmentation de volume de la rate et du foie, une anémie avec inversion de la formule leucocytaire. Elle évolue spontanément vers la mort.

KALIÉMIE, *s. f.* Taux du potassium contenu dans le sang.

KALIURÈSE, *s. f.* Élimination de potassium dans l'urine.

KALIURIE, *s. f.* Présence (et taux) du potassium dans l'urine.

KAPOSI (maladies de) (Moricz K., 1837-1902, dermatologue autrichien). 1° V. *sarcomatose multiple hémorragi-que de Kaposi.* — 2° V. *lupus érythémateux aigu disséminé.*

KAPPA. Dixième lettre de l'alphabet grec (κ) : K.

KARMAN (méthode de) (Harvey K., médecin américain contemporain). Procédé d'avortement par aspiration du contenu utérin, utilisable pendant les premières semaines de la grossesse.

KAT. Symbole de *katal*.

KATAL, *s. m.* (symbole Kat). Unité de catalyse dans le système international d'unités. 1 Kat catalyse une mole de substrat par seconde dans des conditions standardisées.

KAWASAKI (syndrome de) (Tomsaku K., médecin japonais contemporain). Syndrome d'origine inconnue survenant chez le jeune enfant, caractérisé par une fièvre élevée et irrégulière, une éruption scarlatiniforme, des adénopathies cervicales, et une évolution parfois grave. L'atteinte cardiaque y est fréquente.

KELVIN, *s. m.* (symbole : K) (W. Thomson, Lord K., 1827-1907, physicien britannique). Unité de base du système international pour la température thermodynamique. Un kelvin égale un degré Celsius mais le point de départ de l'échelle Kelvin est le zéro absolu : 0 Kelvin.

KÉRA..., Préfixe grec indiquant un rapport, soit avec la *cornée*, soit avec la *couche cornée de l'épiderme*.

KÉRATINE, *s. f.* Scléroprotéine présente dans les phanères.

KÉRATINISATION, *s. f.* Transformation des couches superficielles de la peau ou d'une muqueuse qui s'infiltrent de kératine.

KÉRATITE, *s. f.* Nom générique de toutes les inflammations de la cornée.

KÉRATOCONJONCTIVITE, *s. f.* Inflammation de la cornée et de la conjonctive.

KÉRATODERMIE, *s. f.* V. *kératose.*

KÉRATOLYTIQUE, *adj.* et *s. m.* Agent thérapeutique ayant la propriété de dissoudre la kératine.

KÉRATOME, *s. m.* Tumeur cutanée constituée par de la corne.

KÉRATOPATHIE, *s. f.* 1° Toute maladie de la cornée. — 2° Affection non inflammatoire de la cornée.

KÉRATOPLASTIE, *s. f.* Syn. *greffe cornéenne.* Opération qui consiste à remplacer un fragment de cornée pathologique par un fragment de cornée saine et transparente.

KÉRATOSE, *s. f.* Syn. *kératodermie.* Lésion de la peau caractérisée par une hypertrophie considérable des couches cornées de l'épiderme, accompagnée ou non d'hypertrophie des papilles du derme.

kg. Symbole de *kilogramme.*

KILO... (symbole k.) Préfixe grec signifiant 10^3.

KILOBASE (kb), *s. m.* (génétique). Unité de longueur, pour l'acide désoxyribonucléique, égale à la séquence de 1 000 paires de bases.

KILOGRAMME, *s. m.* (symbole kg). Unité de masse du système international valant mille grammes.

KINASE, *s. f.* Enzyme catalysant la formation d'une autre enzyme, à partir de son précurseur.

KINÉ... V. aussi *ciné...*

KINÉSITHÉRAPEUTE, *s. m.* ou *f.* Auxiliaire médical pratiquant la kinésithérapie.

KINÉSITHÉRAPIE, *s. f.* Nom sous lequel on désigne tous les traitements qui agissent sur l'organisme en lui imprimant des mouvements actifs ou passifs : massages, gymnastique, rééducation fonctionnelle. V. *mécanothérapie.*

KLEBSIELLA (Edwin Klebs, 1834-1913, bactériologiste allemand). Genre bactérien composé de bacilles Gram −, immobiles, appartenant à la famille des *Enterobacteriacées.*

KLEPTOMANIE, *s. f.* ou **CLEPTOMANIE,** *s. f.* Tendance morbide à voler.

KOCH (bacille de) (Robert K., 1843-1910, bactériologiste allemand). V. *Mycobacterium tuberculosis.*

KOÏLONYCHIE, *s. f.* Syn. *cœlonychie.* Altération des ongles caractérisée par le relèvement de leurs bords latéraux si bien que la partie médiane est déprimée et devient concave.

KOPLIK (signe de) (Henry K., 1858-1927, médecin américain). Signe de la période prodromique de la rougeole. Il consiste en taches rouges dont le centre est occupé par un point blanc apparaissant sur la face interne des joues deux ou trois jours avant l'éruption et disparaissant au bout de trois jours.

kPa. Symbole de *kilopascal.* V. *pascal.*

KUPFFER (cellules de) (Karl K., 1829-1902, anatomiste allemand). Grandes cellules étoilées que l'on trouve dans le foie et qui appartiennent au revêtement endothélial des vaisseaux sanguins.

KUSSMAUL (respiration de) (Adolf K., 1822-1902, médecin allemand). Type respiratoire qu'on observe dans le coma diabétique ; il consiste en une inspiration profonde suivie d'une courte pause en inspiration forcée, et en une expiration brève et gémissante à laquelle succède une nouvelle pause.

KWASHIORKOR, *s. m.* Affection apparaissant en Afrique tropicale, chez le nourrisson, au moment du sevrage ; elle est caractérisée par des troubles digestifs avec amaigrissement, une hépatomégalie et des lésions cutanées. Elle semble due à une carence en protéines animales.

KYSTE, *s. m.* Production pathologique formée par une cavité ne communiquant pas avec l'extérieur, contenant une substance liquide, molle ou rarement solide, ou bien un gaz, et dont la paroi n'a pas de rapport vasculaire avec le contenu.

KYSTE SÉBACÉ. Syn. *loupe.* Tumeur formée par une poche développée aux dépens d'une glande sébacée et remplie de cellules épidermiques et de graisse.

KYSTECTOMIE, *s. f.* Extirpation d'un kyste.

KYSTIQUE, *adj.* Relatif à un kyste.

KYSTOGRAPHIE, *s. f.* Radiographie d'un kyste après injection, dans sa cavité, d'air ou de liquide opaque aux rayons X.

L

l. Symbole de *litre*.

LABILE, *adj.* Qui tombe, se détache, s'élimine facilement.

LABIOLECTURE, *s. f.,* ou **LABIOMANCIE,** *s. f.* Art de deviner le langage en observant le mouvement des lèvres.

LABYRINTHE, *s. m.* (anatomie). Ensemble complexe de cavités et de conduits communiquant entre eux. — *l. de l'oreille interne.* Il comprend le *l. osseux* creusé dans la partie pétreuse de l'os temporal, et divisé en 3 : le vestibule, les canaux semi-circulaires et la cochlée ; dans le *l. o.* est situé le *l. membraneux,* réseau de poches contenant l'endolymphe, avec d'arrière en avant, les conduits semi-circulaires (organe de l'équilibration), le vestibule et le conduit cochléaire (organe de l'audition).

LABYRINTHITE, *s. f.* Otite interne frappant spécialement le labyrinthe.

LACET (signe du). Signe de fragilité des capillaires. Un lien, placé sur le bras de façon à interrompre la circulation veineuse en respectant la circulation artérielle, provoque sur l'avant-bras l'apparition de taches de purpura.

LACRYMAL, ALE, *adj.* Qui concerne les larmes.

LACRYMOGÈNE, *adj.* Syn. *dacryogène.* Qui détermine la sécrétion des larmes.

LACTATION, *s. f.* 1° Allaitement. — 2° Sécrétion et excrétion du lait.

LACTÉAL, ALE, *adj.* Relatif au lait. *Dentition l. :* les dents de lait.

LACTOFLAVINE, *s. f.* Syn. *riboflavine.* Vitamine B_2, pigment jaune jouant un rôle essentiel dans les phénomènes d'oxydo-réduction cellulaire.

LACTOSE, *s. m.* Diholoside présent dans le lait, formé de glucose et de galactose. V. *holoside.*

LACTOSURIE, *s. f.* Présence de lactose dans l'urine.

LACUNAIRE, *adj.* Qui se rapporte à une lacune. — *s. m.* ou *f.* Malade atteint de paralysie pseudobulbaire.

LACUNE, *s. f.* (radiologie). Image radiologique apparaissant 1° sur un *cliché sans préparation* sous la forme d'une tache claire (os) — 2° comme une amputation du contour d'un *conduit opacifié* (calcul, tumeur du tube digestif) ; ou sur une angiographie (caillot ou plaque d'athérome) — 3° sur les *scintigraphies* enfin, c'est une zone de moindre fixation de l'isotope.

LACUNES, *s. f. pl.* (neurologie). Lésion des centres nerveux caractérisée par de petites cavités irrégulières résultant d'infarctus sous-corticaux et se traduisant chez les sujets âgés par la paralysie pseudobulbaire.

LAËNNEC (cirrhose de) (René L., 1781-1826, médecin français). Cirrhose atrophique du foie, d'origine alcoolique.

LAMBDA, 1° Onzième lettre de l'alphabet grec (λ), l. — 2° *s. m.* Point de rencontre des sutures sagittale et lambdoïde. V. *sutures crâniennes.*

LAMBLIASE, *s. f.* Maladie causée par *Lamblia intestinalis.* Elle se manifeste par une diarrhée, une asthénie, un amaigrissement et parfois une cholécystite.

LAMINAIRE, *s. f.* Tige d'une algue desséchée et préparée qui, sous l'influence de l'humidité, augmente de volume ; on l'emploie pour dilater les conduits étroits et surtout le col utérin.

LAMINECTOMIE, *s. f.* Résection d'une ou de plusieurs lames vertébrales ; opération pratiquée pour diminuer la compression de la moelle ou des racines médullaires, ou redresser le rachis.

LANGERHANS (îlots de) (Paul L., 1847-1888, anatomopathologiste allemand). Partie endocrine du pancréas composée d'amas disséminés de cellules de trois types : bêta sécrétant l'insuline, alpha ou alpha2 sécrétant le glucagon, alpha1 ou delta la gastrine.

LANGERHANSIEN, ENNE, *adj.* Qui se rapporte aux îlots de Langerhans du pancréas.

LANGUE, *s. f.* Organe ovalaire situé à la partie inférieure de la cavité buccale, comportant une racine postérieure fixe reliée à l'épiglotte, à l'os hyoïde et à la mandibule, et une partie mobile, le corps. Sa face supérieure ou dos présente les papilles gustatives disposées en V ouvert en avant, sa face inférieure le frein ; les bords latéraux, en rapport avec les arcades dentaires, se rejoignent pour former la pointe. 17 muscles, innervés par les IXe, X[e] et XIIe paires crâniennes donnent à la *l.*

sa mobilité. Organe du goût, elle participe à la déglutition et à la phonation.

LANUGO, *s. m.* Fin duvet qui recouvre les parties pileuses du corps chez le fœtus.

LAPAROSCOPIE, *s. f.* V. *cœlioscopie.*

LAPAROTOMIE, *s. f.* Incision chirurgicale de la paroi abdominale et du péritoine.

LARDACÉ, ÉE, *adj.* Se dit des tissus dont l'aspect macroscopique et la consistance ressemblent à ceux du lard.

LARVA MIGRANS. Eruption cutanée papulo-vésiculeuse provoquée par le cheminement dans ou sous la peau de divers parasites (larves de diptères, d'ankylostomes ; d'anguillules ou de certaines filaires).

LARVÉ, ÉE, *adj.* Se dit d'une maladie qui se manifeste sous les apparences d'une autre maladie. — On emploie souvent (et de manière incorrecte) le terme larvé dans le sens d'*atténué.*

LARYNGECTOMIE, *s. f.* Extirpation totale ou partielle (unilatérale) du larynx.

LARYNGITE, *s. f.* Nom générique de toutes les inflammations aiguës ou chroniques du larynx.

LARYNGOCÈLE, *s. f.* Tumeur gazeuse du cou, formée par une hernie de la muqueuse laryngée.

LARYNGOLOGIE, *s. f.* Etude du larynx et des maladies qui lui sont spéciales.

LARYNGOPLÉGIE, *s. f.* Paralysie complète ou incomplète des muscles du larynx.

LARYNGOSCOPE, *s. m.* Instrument destiné à examiner le larynx. Il peut s'agir de laryngoscopie directe ou indirecte.

LARYNGOSPASME, *s. m.* Contracture des cordes vocales aboutissant à un accès de suffocation.

LARYNX, *s. m.* Conduit aérien et principal organe de la phonation, situé à la partie antérieure et moyenne du cou, sous le pharynx, en dedans de la glande thyroïde, au-dessus de la trachée par laquelle il se continue. Il possède 2 cordes vocales, une musculature propre et un squelette fait de 4 paires de cartilages latéraux constants et de 3 cartilages médians.

LASÈGUE (signe de) (Ernest L., 1816-1883, médecin français). Symptôme fréquent de la névralgie sciatique. Si on fléchit la cuisse sur le bassin, la jambe étant en extension sur la cuisse, le mouvement est bientôt arrêté par suite de la douleur très vive au niveau de la fesse.

LASER, *s. m.* (mot formé des initiales de l'expression anglaise : *light amplification by stimulated emission of radiation*). Emetteur de vibrations lumineuses simultanées ayant même fréquence et qui peuvent être concentrées en un faisceau très étroit sur un point très précis : l'énergie qu'il transporte dégage alors sur ce point une forte chaleur, permettant, selon les besoins, coagulation, section ou vaporisation.

LATENT, ENTE, *adj.* Se dit d'une maladie dont les symptômes ne sont pas apparents, ou manquent de précision ; ou d'un germe pathogène qui ne manifeste pas sa présence dans l'organisme.

LATÉRAL, ALE, *adj.* Syn. *externe.* Eloigné de l'axe de symétrie du corps. P. ex. *ménisque latéral.* V. *médial.*

LATÉROFLEXION DE L'UTÉRUS. Déviation de l'utérus dans laquelle le fond de cet organe se trouve incliné à droite ou à gauche, tandis que le col garde sa situation normale.

LATÉROPOSITION DE L'UTÉRUS. Déplacement en totalité de l'utérus à droite ou à gauche.

LATÉROPULSION, *s. f.* Difficulté que les parkinsoniens éprouvent à reprendre leur équilibre lorsqu'on les a tirés de côté.

LATÉROVERSION DE L'UTÉRUS. Déviation de l'utérus, dans laquelle le fond de l'organe se trouve incliné à droite ou à gauche, tandis que le col, par un mouvement de bascule, remonte du côté opposé.

LATEX (réaction au). Réaction analogue à celle de Waaler-Rose, dans laquelle les hématies de mouton sont remplacées par une suspension de latex.

LAV. Initiales de l'anglais *lymphadenopathy associated virus,* virus associé à la lymphadénopathie. V. *VIH* et *SIDA.*

LAVAGE BRONCHO-ALVÉOLAIRE. Introduction dans les bronches et les alvéoles pulmonaires, sous contrôle fibroscopique, de soluté chloruré sodique suivie de l'aspiration du liquide, qui est recueilli pour examen cyto-bactériologique et chimique.

LAVERAN (hématozoaire de) (Charles L., 1845-1922, médecin militaire français). Parasite du paludisme. V. *Plasmodium.*

LAXATIF, IVE, *adj.* et *s. m.* Purgatif léger.

LAXITÉ, *s. f.* Défaut de tension et de résistance dans les fibres musculaires, conjonctives ou élastiques.

LCR. Abréviation de *liquide céphalorachidien.*

LDH. Abréviation de *lacticodéshydrogénase.* V. à *déshydrase*, déshydrogénase lactique.

LDL. Abréviation du terme anglais *low density lipoproteins*, lipoprotéines (v. ce terme) de basse densité, ou bêta-lipoprotéines. — *LDL cholestérol.* V. *cholestérol.*

LE (phénomène ou **test).** V. *Haserick* (*test de*).

LÉCITHINE, *s. f.* Substance lipidique présente notamment dans le cerveau et le jaune d'œuf.

LED. V. *lupus érythémateux aigu disséminé.*

LÉGIONNAIRES (maladie des) ou **LÉGIONELLOSE,** *s. f.* Maladie infectieuse due à un petit bacille Gram −, *Legionella pneumophila.* Après une période d'incubation de 2 à 10 jours, elle débute brutalement, et simule en général la grippe à forme pulmonaire.

LÉIOMYOBLASTOME, *s. m.* Tumeur du muscle lisse formée de cellules d'aspect embryonnaire.

LÉIOMYOME, *s. m.* V. *liomyome.*

LÉIOMYOSARCOME, *s. m.* V. *myosarcome.*

LEISHMANIOSE, *s. f.* (William Leishman 1865-1926, médecin britannique). Nom générique donné aux maladies produites par les protozoaires du genre *Leishmania.* Les *l.* comprennent des formes cutanées : *bouton d'Orient, l. américaine* et des formes viscérales : *kala-azar.*

LEMNISQUE, *s. m.* Faisceau rubanné de fibres nerveuses. P. ex. *l. médial.* Désignation internationale du ruban de Reil médian, situé dans le tronc cérébral.

LENÈGRE (maladie de) (Jean L., cardiologue français contemporain). Affection dégénérative, de nature inconnue, frappant les deux branches de division du faisceau de His. Elle constitue le substratum anatomique du bloc auriculo-ventriculaire chronique et des accidents du syndrome d'Adams-Stokes.

LÉNITIF, IVE, *adj.* Adoucissant.

LENTE, *s. f.* Œuf de pou.

LENTICULAIRE, *adj.* En forme de lentille. — *noyau l.* V. *noyaux basaux.*

LENTIGO, *s. m.* Syn. *grain de beauté.* Petites taches pigmentées de la peau, parfois saillant légèrement, se montrant aux mains, au cou et surtout au visage, persistantes et apparaissant dès la seconde enfance.

LÈPRE, *s. f.* Maladie infectieuse surtout fréquente dans les pays tropicaux, due au développement dans l'organisme du bacille de Hansen (*Mycobacterium lepræ*). Elle débute par des lésions de la peau (macules et papules) dépigmentées ou hyperpigmentées. Dans la *l. tuberculoïde,* l'atteinte nerveuse est importante ; dans la *l. lépromateuse,* les lésions cutanées sont extensives.

LÉPRIDE, *s. f.* Manifestation cutanée de la lèpre.

LÉPROME, *s. m.* Nom donné aux tumeurs nodulaires qui se développent dans le derme ou le chorion muqueux des sujets atteints de lèpre à forme lépromateuse.

LEPTOMÉNINGITE, *s. f.* Inflammation de la leptoméninge (pie-mère et arachnoïde). V. *arachnoïdite.*

LEPTOSPIRA, *s. f.* Syn. *leptospire.* Genre bactérien de la famille des *Spirochætacées* comprenant des micro-organismes hélicoïdaux mobiles à spires très serrées, aux extrémités recourbées.

LEPTOSPIRE, *s. m.* V. *Leptospira.*

LEPTOSPIROSE, *s. f.* Nom sous lequel on désigne les différentes maladies provoquées par les leptospires (v. *Leptospira*).

LEPTOSPIROSE ICTÉRIGÈNE. V. *leptospirose ictéro-hémorragique.*

SQUELETTE, FACE

1 Frontal
2 Temporal
3 Os propre du nez
4 Os malaire
5 Maxillaire supérieur
6 Maxillaire inférieur
7 Clavicule
8 Omoplate
9 Humérus
10 Radius
11 Cubitus
12 Carpe
13 Métacarpe
14 Phalanges
15 Phalangines
16 Phalangettes
17 Première côte

18 Sternum
19 Côtes
20 Fausses côtes
21 Côtes flottantes
22 Rachis (colonne vertébrale)
23 Os iliaque
24 Sacrum
25 Coccyx
26 Fémur
27 Rotule
28 Tibia
29 Péroné
30 Tarse
31 Métatarse
32 Phalanges
33 Phalangines
34 Phalangettes

SQUELETTE, DOS

1 Pariétal
2 Occipital
3 Temporal
4 Atlas
5 Axis
6 Maxillaire inférieur
7 Clavicule
8 Omoplate
9 Humérus

10 Radius
11 Cubitus
12 Carpe
13 Métacarpe
14 Phalanges
15 Phalangines
16 Phalangettes
17 Première côte
18 Côtes
19 Fausses côtes
20 Côtes flottantes
21 Rachis (colonne
   vertébrale)
22 Os iliaque
23 Sacrum
24 Coccyx
25 Fémur
26 Tibia
27 Péroné
28 Astragale
29 Calcanéum

1 Pariétal
2 Temporal
3 Occipital
4 Mastoïde
5 Rachis (colonne vertébrale)
6 Frontal
7 Os propre du nez
8 Os malaire
9 Maxillaire supérieur
10 Maxillaire inférieur
11 Clavicule
12 Omoplate
13 Humérus
14 Radius
15 Cubitus
16 Carpe
17 Métacarpe
18 Phalanges
19 Phalangines
20 Phalangettes
21 Première côte
22 Sternum
23 Côtes
24 Fausses côtes
25 Côtes flottantes
26 Os iliaque
27 Sacrum
28 Coccyx
29 Ischion
30 Fémur
31 Rotule
32 Tibia
33 Péroné
34 Astragale
35 Calcanéum
36 Cuboïde
37 Scaphoïde
38 Cunéiformes
39 Métatarsiens
40 Phalanges
41 Phalangines
42 Phalangettes

MUSCLES
(face antérieure)

1 Frontal
2 Orbiculaire des paupières
3 Petit zygomatique
4 Grand zygomatique
5 Masseter
6 Triangulaire des lèvres
7 Pyramidal
8 Transverse du nez
9 Canin
10 Buccinateur
11 Orbiculaire des lèvres
12 Carré du menton
13 Houppe du menton
14 Peaucier du cou
15 Sterno-hyoïdien
16 Sterno-cléido-mastoïdien
17 Trapèze
18 Deltoïde
19 Grand pectoral
20 Grand dentelé
21 Grand oblique
22 Grand droit de l'abdomen
23 Biceps
24 Brachial antérieur
25 Long supinateur
26 2e radial
27 Long abducteur du pouce
28 Aponévrose palmaire

29 Rond pronateur
30 Grand palmaire
31 Petit palmaire
32 Cubital antérieur
33 Tenseur du fascia lata
34 Psoas-iliaque
35 Pectiné
36 Moyen adducteur
37 Couturier
38 Droit antérieur
39 Vaste externe
40 Vaste interne
41 Bandelette de Maissiat
42 Rotule
43 Long péronier latéral
44 Extenseur commun
  des orteils
45 Jambier antérieur
46 Jumeaux
47 Soléaire
48 Tibia
49 Ligament annulaire
  antérieur du tarse
50 Pédieux
51 Interosseux

MUSCLES
(face postérieure)

1 Aponévrose épicranienne
2 Occipital
3 Grand complexus
4 Splénius de la tête
5 Trapèze
6 Sous-épineux
7 Deltoïde
8 Petit rond
9 Grand rond
10 Rhomboïde
11
12 } Triceps brachial
13
14 Tendon du triceps brachial
15 Long supinateur
16 Premier radial
17 Anconé
18 Cubital antérieur
19 Deuxième radial
20 Long abducteur du pouce
21 Court extenseur du pouce
22 Ligament annulaire du carpe
23 Tendon du long extenseur du pouce
24 Cubital postérieur
25 Extenseur propre du petit doigt
26 Extenseur commun des doigts
27 Grand dorsal
28 Aponévrose du grand dorsal
29 Bourrelet graisseux du flanc
30 Grand oblique
31 Aponévrose du moyen fessier
32 Grand fessier
33 Localisations graisseuses
34 Fascia lata
35 Grand adducteur
36 Vaste externe
37 Droit interne
38 Demi-membraneux
39 Demi-tendineux
40 Biceps crural
41 Plantaire grêle
42 Triceps sural (jumeau externe)
43 Triceps sural (jumeau interne)
44 Triceps sural (soléaire)
45 Tendon d'Achille
46 Court péronier latéral
47 Malléole interne (tibiale)
48 Malléole externe (péronière)
49 Fléchisseur commun des orteils
50 Pédieux
51 Abducteur du petit orteil
52 Calcanéum

1 Aponévrose épicranienne
2 M. temporal
3 Arcade zygomatique
4 M. occipital
5 A. et v. temporales
   superficielles
6 Articulation
   temporo-maxillaire
7 M. masséter
8 Canal de Sténon
9 Glande parotide
10 V. jugulaire externe
11 A. carotide externe
12 V. jugulaire interne
13 A. carotide interne
14 Tronc veineux de Farabeuf
15 A. carotide primitive
16 M. trapèze
17 M. scalène
18 Ventre postérieur du
   m. homo-hyoïdien
19 M. sterno-cléido-mastoïdien

20 Glande thyroïde
21 V. préparate
22 M. frontal
23 M. orbiculaire de l'œil
24 M. releveur commun
   profond de la lèvre
   et de la narine
25 M. triangulaire du nez
26 M. dilatateur
   de la narine
27 M. grand et petit
   zygomatiques
28 M. releveur commun
   superficiel de la lèvre
   et de la narine
29 M. orbiculaire des lèvres
30 M. buccinateur

31 M. carré du menton
32 M. triangul. des lèvres
33 M. de la houppe
   du menton
34 A. et v. faciales
35 Ventre antérieur
   du m. digastrique
36 Glande sous-maxillaire
37 M. mylo-hyoïdien
38 Os hyoïde
39 M. constricteur
   du pharynx
40 Cartilage thyroïde
41 Ventre antérieur du m.
   omo-hyoïdien
42 M. sterno-cléido-hyoïdien
43 Trachée
44 M. sterno-thyroïdien

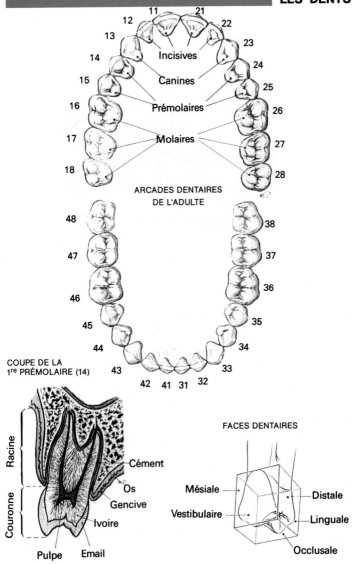

11 21
12 22
13 23
14 24
15 25
16 26
17 27
18 28

Incisives
Canines
Prémolaires
Molaires

ARCADES DENTAIRES
DE L'ADULTE

48 38
47 37
46 36
45 35
44 34
43 33
42 41 31 32

COUPE DE LA
1re PRÉMOLAIRE (14)

Racine
Couronne

Cément
Os
Gencive
Ivoire

Pulpe   Email

FACES DENTAIRES

Mésiale
Vestibulaire

Distale
Linguale

Occlusale

NEZ - OREILLES

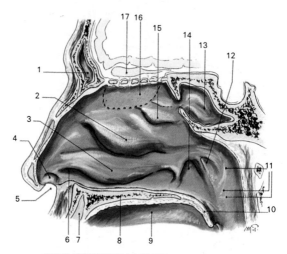

PAROI EXTERNE DE LA FOSSE NASALE DROITE

1 Sinus frontal
2 Cornet moyen
3 Cornet inférieur
4 Vestibule narinaire
5 Seuil narinaire
6 Méat inférieur et orifice
  inférieur du canal
  lacrymo-nasal

7 Incisive latérale
8 Apophyse maxillaire
  (plancher nasal)
9 Voûte palatine
10 Voile du palais
11 Rhino-pharynx
12 Fossette de Rosenmuller

13 Sinus sphénoïdal
14 Orifice de la trompe
   d'Eustache
15 Cornet supérieur
16 Plaque jaune
   (aire de l'olfaction)
17 Bulbe olfactif

COUPE DE L'OREILLE

A. Oreille externe
B. Oreille moyenne
C. Oreille interne
 1 Cartilage du pavillon
 2 Cartilage du conduit auditif
 3 Conduit auditif externe
 4 Membrane tympanique
 5 et orifice des cellules
   mastoïdiennes
 6 Chaîne des osselets
 7 Vestibule et canaux
   semi-circulaires
 8 Conduit auditif interne
   et accès des nerfs acoustique
   et vestibulaire
 9 Cochlée
10 Caisse du tympan
11 Trompe d'Eustache

COUPE DE L'OREILLE

ŒIL DROIT
(appareil lacrymal en coupe)

1 Sillon palpébral supérieur
2 Paupière supérieure
3 Pupille
4 Iris
5 Sillon palpébral inférieur
6 Repli semi-lunaire
7 Sillon palpébro-génien
8 Canal lacrymo-nasal
9 Sac lacrymal
10 Conduits lacrymaux
11 Caroncule lacrymale
12 Grand oblique
13 Releveur de la paupière
14 Droit supérieur
15 Anneau de Zinn
16 Droit inférieur
17 Petit oblique
18 Droit externe
19 Droit interne
20 Orbiculaire des paupières
21 Sourcil
22 Frontal
23 Zone ciliaire
24 Cul-de-sac oculo-palpébral
25 Expansion conjonctivale
26 Expansion du droit supérieur

COUPE SAGITTALE DE L'ORBITE

27 Choroïde
28 Capsule de Tenon
29 Espace de Tenon
30 Sclérotique
31 Corps vitré
32 Rétine
33 Nerf optique
34 Espace sus-arachnoïdien
35 Espace sous-arachnoïdien
36 Lame criblée
37 Membrane hyaloïde
38 Canal de Stilling ou de Cloquet (canal hyaloïdien)
39 Zonule de Zinn
40 Expansion du petit oblique
41 Exp. palpébrale du droit inf.
42 Orbite
43 Conjonctive
44 Muscle palpébral inférieur
45 Tarse inférieur
46 Repli conjonctival
47 Cils
48 Cornée
49 Chambre antérieure (humeur aqueuse)
50 Chambre postérieure (humeur aqueuse)
51 Tarse supérieur
52 Glande de Meibomius
53 Muscle palpébral supérieur
54 Canal de Schlemm
55 Septum orbitale
56 Expansion du releveur

COUPE DE LA PEAU

ÉPIDERME
Stratum corneum
Str. disjunctum
Str. compactum
Str. lucidum
Str. granulosum
Str. spinosum
Str. germinativum

DERME

HYPODERME

1 Pores
2 Papille dermique
3 Réseau vasculaire sous-papillaire
4 Glande sudoripare eccrine
5 Tissu conjonctif
6 Glande sudoripare apocrine

7 Lobules graisseux
8 Sac fibreux du poil
9 Corpuscule de Pacini
10 Corpuscule de Meissner
11 Tige du poil
12 Surface de la peau
13 Glande sébacée

14 Faisceaux de fibres collagènes et élastiques
15 Muscle érecteur du poil
16 Faisceaux collagènes
17 Cellules matricielles
18 Réseau vasculaire

APPAREIL CIRCULATOIRE

1 A. temporale superfielle
2 A. faciale
3 A. vertébrale
4 Carotide primitive
5 A. et v. sous-clavières
6 A. et v. axillaires
7 Pédicule pulmonaire
8 Vaisseaux circonflexes
9 V. sus-hépatiques
10 A. humérale
11 Tronc cœliaque
12 A. humérale profonde
13 A. mésentérique supérieure
14 Aorte abdominale
15 A. mésentérique inférieure
16 Veine cave inférieure
17 A. et v. radiales
18 A. et v. cubitales
19 A. circonflexe antérieure
20 Vaisseaux quadricipitaux
21 A. et v. fémorales

22 A. fémorale profonde
23 Grande anastomotique
24 A. poplitée
25 A. tibiale antérieure
26 A. tibiale postérieure
27 A. péronière
28 A. pédieuse
29 V. temporale superficielle
30 V. faciale
31 V. jugulaire externe
32 V. jugulaire interne
33 Veine cave supérieure
34 Crosse de l'aorte
35 A. pulmonaire
36 V. pulmonaires
37 V. céphalique
38 V. basilique
39 A. et v. rénales gauches
40 V. médianes céphalique
   et basilique
41 V. radiale superficielle
42 A. et v. iliaques primitives
43 V. médiane
44 V. cubitale superficielle
45 V. saphène interne
46 Arcade dorsale superficielle

CŒUR ET CIRCULATION

VUE ANTÉRIEURE EN COUPE

VUE ANTÉRIEURE

VUE POSTÉRIEURE

1 Crosse de l'aorte
2 Veine cave supérieure (VCS)
3 Oreillette droite (OD)
4 Veine cave inférieure (VCI)
5 Valvule tricuspide
6 Ventricule droit (VD)
7 Artère pulmonaire (AP)
8 Oreillette gauche (OG)
9 Valvule mitrale
10 Ventricule gauche (VG)
11 Piliers
12 Cloison interventriculaire
13 Auricule droite
14 Artère coronaire droite
15 Veines pulmonaires (VP)
16 Artère coronaire gauche
17 Pointe du cœur
18 Sillon interventriculaire antérieur
19 Sinus coronaire
20 Sillon interventriculaire postérieur
21 Tête
22 Membre supérieur droit
23 Poumon droit
24 Veines sus-hépatiques
25 Veine porte
26 Membre inférieur droit
27 Vaisseaux iliaques
28 Membre supérieur gauche
29 Poumon gauche
30 Foie
31 Tronc cœliaque
32 Rate
33 Estomac
34 Intestin
35 Aorte descendante
36 Reins
37 Membre inférieur gauche

SYSTÈME NERVEUX PÉRIPHÉRIQUE

En vert : trajet profond.
En blanc : trajet superficiel.

1 N. facial
2 Plexus brachial
3 N. radial
4 N. médian
5 N. cubital
6 N. musculo-cutané
7 N. brachial cutané interne
8 N. accessoire du brachial
  cutané interne
9 N. grand abdomino-génital
10 N. petit abdomino-génital
11 N. fémoro-cutané
12 N. génito-crural
13 N. fémoral
14 N. musculo-cutané externe
15 N. du quadriceps
16 N. collatéraux des doigts
17 N. perforant supérieur
18 N. perforant moyen
19 N. perforant inférieur
20 N. sciatique poplité externe
21 N. musculo-cutané
22 N. tibial antérieur
23 N. collatéraux des orteils
24 N. intercostaux
25 N. Plexus lombaire
26 N. obturateur
27 N. crural

28 Tronc lombo-sacré
29 N. grand sciatique
30 N. musculo-cutané interne
31 N. saphène interne
32 N. jambier
33 Plexus sacré
34 N. petit sciatique
35 N. périnéal
36 Grand nerf s/occipital d'Arnold
37 Branche mastoïdienne
   (4e paire)
38 N. circonflexe
39 N. radial
40 N. cutané interne
41 N. cutané externe
42 Rameaux du plexus lombaire
43 Rameaux perforants
   du 12e intercostal
44 Rameaux fémoraux
   du fémoro cutané
45 N. fessier supérieur
46 Branche cutanée dorsale
   du cubital
47 N. sciatique poplité interne
48 N. accessoire du saphène
   externe
49 N. cutané péronier
50 N. saphène externe
51 N. tibial postérieur

SYSTÈME NERVEUX CENTRAL

AXE CÉRÉBRO-SPINAL EN COUPE SAGITTALE
(partie gauche de la coupe)

ENCÉPHALE
(côté droit)
vue inférieure

**HÉMISPHÈRE CÉRÉBRAL
ET CERVELET**
(profil gauche)

1 Sinus longitudinal supérieur
2 Corps calleux
3 Septum lucidum
4 Commissure blanche postérieure
5 Commissure blanche antérieure
6 Pressoir d'Hérophile
7 Cervelet
8 Epiphyse
9 Chiasma optique
10 Hypophyse
11 Protubérance annulaire
12 Bulbe
13 Moelle épinière
14 Dure-mère
15 Cul-de-sac dural
16 Filum terminal
17 Scissure de Rolando
18 Scissure de Sylvius
19 Rami communicantes
20 Trou de conjugaison
21 Racine antérieure
22 N. rachidien (branche ant.)
23 N. rachidien (branche post.)
24 Racine postérieure
25 I (nerf olfactif)
26 II (nerf optique)
27 III (nerf moteur
   oculaire commun)
28 IV (nerf pathétique)
29 V (nerf trijumeau)
30 VI (nerf moteur oculaire
   externe)
31 VII (nerf facial)
32 VII bis (intermédiaire
   de Wrisberg)
33 VIII (nerf auditif)
34 IX (nerf glosso-pharyngien)
35 X (nerf pneumogastrique)
36 XI (nerf spinal)
37 XII (nerf grand hypoglosse)

AXE MÉDULLAIRE
coupé entre deux
vertèbres lombaires

SYSTÈME NERVEUX SYMPATHIQUE

En vert : système orthosympathique
En noir : système parasympathique

1 Boîte cranienne
2 Nerf facial
3 Conduit auditif externe
4 Nerf glosso-pharyngien
5 Nerf pneumogastrique (vague)
6 Plexus brachial
7 Œsophage
8 Bronche gauche
9 Nerfs intercostaux
10 Aorte descendante
11 Pancréas
12 Rein
13 Plexus sacré
14 Nerfs pelviens
15 Rectum
16 Nerf trijumeau
17 Nerf moteur oculaire commun
18 Ganglion ciliaire
19 Ganglion sphéno-palatin
20 Ganglion otique
21 Ganglion sous-maxillaire
22 Carotide primitive
23 Glande thyroïde
24 Crosse de l'aorte
25 Plexus cardiaque
26 Cœur
27 Diaphragme
28 Foie
29 Estomac
30 Ganglion cœliaque
31 Côlon transverse
32 Plexus mésentérique
33 Intestin grêle
34 Côlon sigmoïde
35 Vessie
36 Prostate
37 Ischion

APPAREIL DIGESTIF

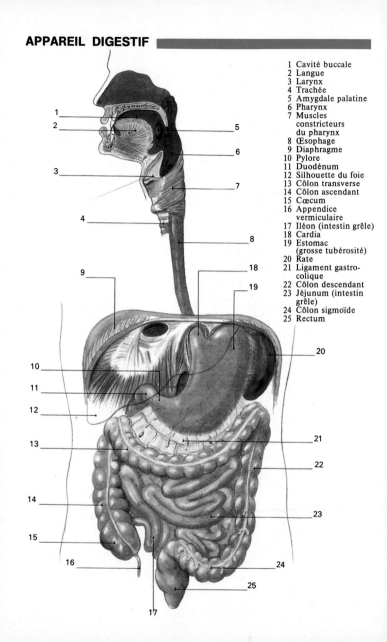

1 Cavité buccale
2 Langue
3 Larynx
4 Trachée
5 Amygdale palatine
6 Pharynx
7 Muscles constricteurs du pharynx
8 Œsophage
9 Diaphragme
10 Pylore
11 Duodénum
12 Silhouette du foie
13 Côlon transverse
14 Côlon ascendant
15 Cœcum
16 Appendice vermiculaire
17 Iléon (intestin grêle)
18 Cardia
19 Estomac (grosse tubérosité)
20 Rate
21 Ligament gastro-colique
22 Côlon descendant
23 Jéjunum (intestin grêle)
24 Côlon sigmoïde
25 Rectum

1 Canaux de Walther
2 Canal de Rivinius
   ou de Bartholin (1 et 2 :
   canaux excréteurs de la
   glande sublinguale)
3 Glande sublinguale
4 Canal de Sténon (canal
   excréteur de la glande
   parotide)
5 Glande parotide
6 Maxillaire inférieur
   sectionné
7 Glande sous-maxillaire
8 Canal de Warthon (canal
   excréteur de la glande
   sous-maxillaire)
9 Ligament suspenseur
   ou falciforme
10 Lobe droit du foie
11 Vésicule biliaire
12 Canal cystique
13 Lobe gauche du foie
14 Canal hépatique
15 Canal de Santorini
16 Petite caroncule
17 Canal cholédoque

18 Grande caroncule
19 Canal de Wirsung
20 Duodénum
21 Queue ⎤
22 Corps ⎬ Pancréas
23 Tête ⎦
24 Angle duodéno-
   jéjunal
25 Crochet du
   pancréas (petit
   pancréas)

APPAREIL RESPIRATOIRE

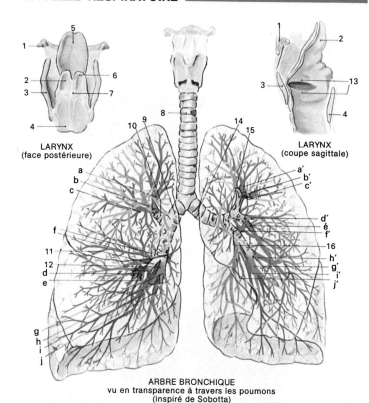

LARYNX
(face postérieure)

LARYNX
(coupe sagittale)

ARBRE BRONCHIQUE
vu en transparence à travers les poumons
(inspiré de Sobotta)

1   Os hyoïde
2   Cartilage aryténoïde
3   Cartilage thyroïdien
4   Cartilage cricoïde
5   Cartilage épiglottique
6   Cartilage corniculé
7   Cartilage inter-aryténoïdien
8   Trachée
9   Bronche principale droite
10 Bronche lobaire supérieure droite
11 Bronche lobaire intermédiaire droite
12 Bronche lobaire inférieure droite
13 Cordes vocales
14 Bronche principale gauche
15 Bronche lobaire supérieure gauche
16 Bronche lobaire inférieure gauche

Bronches segmentaires :
a-a' - apicale
b-b' - dorsale
c-c' - ventrale
d   - latérale
e   - médiale
f-f' - apicale
       (bronche de Nelson)
g-g' - baso-médiale
h-h' - baso-ventrale
i-i' - baso-latérale
j-j' - baso-dorsale

Bronches lingulaires :
d'   - bronche lingulaire crâniale
e'   - bronche lingulaire caudale

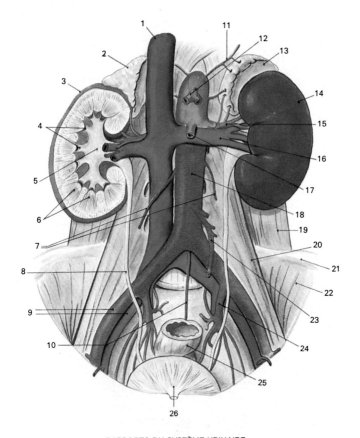

RAPPORTS DU SYSTÈME URINAIRE
(vue antérieure)

1 Veine cave inférieure
2 Capsule surrénale droite
3 Rein droit (coupe frontale)
4 Calices
5 Bassinet
6 Pyramides de Malpighi
7 Artères spermatiques
8 Uretère droit
9 Artère et veine iliaques

10 Artère sacrée moyenne
11 A. diaphragmatique inf.
12 Tronc cœliaque
13 Capsule surrénale gauche
14 Rein gauche (vue externe)
15 Artère rénale gauche
16 Veine rénale gauche
17 Artère mésentérique sup.
18 Aorte

19 Muscle carré
   des lombes
20 Muscle psoas
21 Crête iliaque
22 Muscle iliaque
23 A. mésentérique inf.
24 A. hypogastrique
25 Rectum
26 Vessie

APPAREIL GÉNITAL DE LA FEMME

ORGANES GÉNITAUX
(vue antérieure, vagin en coupe)

1 Trompe
2 Pavillon de la trompe
3 Franges du pavillon
4 Corps de l'utérus
5 Ovaire
6 Ligament large
7 Ligament rond
8 Col
9 Vagin
10 Petites lèvres
11 Grandes lèvres
12 Vulve
13 Promontoire
14 Sacrum
15 Cul-de-sac de Douglas
16 Coccyx
17 Rectum
18 Culs-de-sac vaginaux
19 Sphincter anal
20 Anus
21 Clitoris
22 Méat urinaire
23 Urètre
24 Pubis
25 Vessie

BASSIN (coupe sagittale)

APPAREIL GÉNITAL DE L'HOMME

ORGANES GÉNITAUX (coupe sagittale)

1 Vésicule séminale
2 Ampoule du canal déférent
3 Canal déférent
4 Urètre
5 Corps caverneux
6 Corps spongieux
7 Gland
8 Méat urinaire
9 Fosse naviculaire
10 Testicule
11 Canal épididymaire
12 Epididyme
13 Bulbe
14 Glande de Cooper
15 Prostate
16 Cul-de-sac de Douglas
17 Rectum
18 Sphincter externe
19 Anus
20 Sphincter externe de l'urètre
21 Scrotum
22 Prépuce
23 Cordon spermatique
24 Bulbo-caverneux
25 Veine dorsale de la verge
26 Pubis
27 Muscle grand droit
28 Vessie

BASSIN (coupe sagittale)

MAINS - PIEDS

FACE PALMAIRE

FACE DORSALE

VUE EXTERNE

FACE PLANTAIRE   FACE DORSALE

1 Lig. annulaire du carpe
2 Aponévrose palmaire
   sectionnée
3 Court abducteur du pouce
4 Court fléchisseur du pouce
5 Long fléchisseur du pouce
6 Adducteur du pouce
7 Cubital antérieur
8 Adducteur du V
9 Court fléchisseur du V
10 Lombricaux
11 Fléchisseur superficiel
12 Fléchisseur profond
13 Cubital postérieur
14 Extenseur propre du V
15 Extenseur commun des doigts
16 Extenseur propre de l'index
17 Premier radial
18 Deuxième radial
19 Court extenseur du pouce
20 Long extenseur du pouce
21 Premier interosseux dorsal
22 Court péronier latéral
23 Long péronier latéral
24 Pédieux
25 Court fléchisseur plantaire
26 Adducteur du gros orteil
27 Fléchisseur propre du gros
   orteil
28 Court fléchisseur du gros orteil
29 Abducteur oblique
30 Abducteur du petit orteil
31 Court fléchisseur du petit orteil
32 Long fléchisseur commun
33 Extenseur commun des orteils
34 Jambier antérieur
35 Ligament annulaire antérieur
36 Extenseur propre du gros orteil

LEPTOSPIROSE, ICTÉRO-HÉMORRAGIQUE. Syn. *l. ictérigène, ictère infectieux à recrudescence fébrile.* Maladie due à *Leptospira ictero-hemorragiæ,* transmise par le rat et caractérisée par une première phase fébrile à la fin de laquelle apparaît l'ictère, puis, après une période d'apyrexie, une deuxième poussée fébrile sans reprise des phénomènes hépatiques. La forme complète comporte aussi des signes méningés, rénaux et rarement dans nos pays, hémorragiques.

LESBIANISME, *s. m.* V. *tribadisme.*

LÉSION, *s. f.* 1° Changement, survenu dans les caractères anatomiques et histologiques d'un organe, sous l'influence d'une cause morbide. La *l.* est donc l'effet de la maladie ; elle tient sous sa dépendance un certain nombre de symptômes. — 2° Degré de souffrance myocardique plus accentué que l'ischémie, à la suite de l'oblitération d'une artère coronaire. Elle se traduit sur l'électrocardiogramme par un décalage du segment ST, concave vers la ligne iso-électrique (onde en dôme). V. *ischémie* et *nécrose.*

LÉSIONNEL, ELLE, *adj.* Qui se rapporte à une lésion. — *signe* ou *trouble l.* Manifestation morbide provoquée par la lésion d'un organe.

LÉTAL ou **LÉTHAL, ALE,** *adj.* Qui provoque la mort.

LÉTHARGIE, *s. f.* Sommeil profond et continuel.

LEUC... Préfixe grec signifiant *blanc.*

LEUCÉMIE, *s. f.* Affection maligne caractérisée par la prolifération des centres formateurs de leucocytes, qu'elle s'accompagne ou non de l'invasion du sang par les globules blancs (*l. myéloïde, lymphoïde,* etc.).

LEUCÉMIE AIGUË. Forme de leucémie observée surtout chez le jeune enfant, à évolution rapide. L'examen du sang montre une hyperleucocytose dont l'élément prédominant est la cellule indifférenciée (*l.a. lymphoblastiques, l.a. myéloblastiques,* etc.).

LEUCÉMIE ALEUCÉMIQUE. Variété de *l.* au cours de laquelle le nombre des globules blancs est normal dans le sang, tandis que la formule leucocytaire reste caractéristique de la leucémie.

LEUCÉMIE LYMPHOÏDE CHRONIQUE. Envahissement de l'organisme par des lymphocytes matures, d'aspect normal, appartenant presque toujours au type B. Survenant vers la soixantaine, elle est caractérisée cliniquement par des adénopathies généralisées, et une hyperleucocytose sanguine considérable.

LEUCÉMIE MYÉLOÏDE CHRONIQUE. Variété la plus fréquente des leucémies caractérisée par une très importante augmentation du volume de la rate et, à l'examen du sang, par une hyperleucocytose considérable, bigarrée, portant sur toutes les variétés de globules blancs. L'étude du caryotype révèle presque toujours la présence du chromosome Philadelphie.

LEUCÉMIQUE, *adj.* Qui est caractérisé par l'augmentation du nombre des globules blancs. — *s. m.* Malade atteint de leucémie.

LEUCOBLASTE, *s. m.* Cellule souche qui est à l'origine de la lignée des globules blancs ; elle donne naissance aux lymphoblastes et aux myéloblastes.

LEUCOBLASTÉMIE, *s. f.* Présence abondante dans le sang de leucoblastes ou cellules indifférenciées, caractéristiques de la leucémie aiguë.

LEUCOBLASTOSE, *s. f.* Présence de leucoblastes dans la moelle osseuse ou dans le sang.

LEUCOCYTE, *s. m.* Globule blanc. Le sang de l'adulte en contient deux sortes : les *mononucléaires* et les *polynucléaires.*

LEUCOCYTOLYSE, *s. f.* Disparition ou destruction des globules blancs dans le sang.

LEUCOCYTOSE, *s. f.* Augmentation passagère du nombre des globules blancs dans le sang ou dans une sérosité.

LEUCOCYTURIE, *s. f.* Présence de leucocytes dans l'urine.

LEUCODERMIE, *s. f.* Variété d'achromie, caractérisée uniquement par de la décoloration de la peau.

LEUCO-ENCÉPHALITE, *s. f.* Groupe d'affections des centres nerveux caractérisées par l'existence de vastes plages de démyélinisation situées dans la substance blanche des hémisphères cérébraux.

LEUCOGRAMME, *s. m.* Formule leucocytaire du sang.

LEUCOME, *s. m.* Syn. *taie.* Tache blanche succédant à une plaie ou à une ulcération de la cornée.

LEUCOPÉNIE, *s. f.* Diminution du nombre des globules blancs (leucocytes) contenus dans le sang.

LEUCOPLASIE, *s. f.* Affection chronique des muqueuses à épithélium pavimenteux stratifié et caractérisée par la transformation cornée de la partie superficielle de l'épithélium provoquant des plaques blanchâtres ou simplement opalines.

LEUCOPOÏÈSE, *s. f.* Formation des globules blancs.

LEUCORRAGIE, *s. f.* Leucorrhée abondante.

LEUCORRHÉE, *s. f.* Écoulement muqueux ou mucopurulent se faisant par la vulve, dû généralement à une infection microbienne, parasitaire ou mycosique.

LEUCOSARCOMATOSE, *s. f.* Affection maligne caractérisée par des tumeurs ganglionnaires (surtout médiastinales), puis de signes sanguins de leucémie aiguë à lymphoblastes et des métastases multiples.

LEUCOSE, *s. f.* Synonyme désuet de *leucémie.*

LEUCOTOMIE, *s. f. ;* **L. PRÉFRONTALE.** V. *lobotomie.*

LÉVOCARDIE, *s. f.* Déplacement anormal du cœur dans l'hémithorax gauche.

LÉVOGYRE, *adj.* Syn. *sinistrogyre.* Qui fait tourner à gauche.

LÉVULOSE, *s. m.* Sucre lévogyre. V. *fructose.*

LEVURE, *s. f.* Organisme monocellulaire, de la famille des Blastomycètes, se reproduisant par bourgeonnement.

LEYDIGIEN, ENNE, *adj.* (Franz von Leydig, 1821-1908, anatomiste allemand), Qui se rapporte aux cellules de Leydig (cellules interstitielles du testicule sécrétant les hormones mâles).

LH. V. *gonadostimuline.*

Li. Symbole chimique du *lithium.*

LIAISON GÉNÉTIQUE. Syn. anglais *linkage.* Réunion de deux ou plusieurs gènes situés sur le même chromosome en un groupement : les caractères qui en dépendent seront transmis héréditairement de façon solidaire.

-LIBÉRINE. Syn. *-réline.* Suffixe signifiant *hormone* (ou facteur) *de libération* (ou de déclenchement, ou de sécrétion) par opposition aux hormones inhibitrices.

LIBIDO, *s. f.* Énergie qui anime l'instinct de la recherche du plaisir.

LICHEN, *s. m.* Groupe de dermatoses caractérisées par la présence de papules agglomérées ou discrètes, plus ou moins prurigineuses. Elles se compliquent d'épaississement de la peau avec exagération de ses plis naturels.

LICHEN PLAN. Dermatose chronique, caractérisée par des papules polygonales d'un rouge tirant sur le jaune, aplaties et brillantes, isolées ou groupées en plaques d'étendue variable, finement squameuses et quadrillées par un réseau de stries opalines.

LICHÉNIFICATION, *s. f.* ou **LICHÉNISATION,** *s. f.* Processus morbide, consécutif au grattage, caractérisé par l'épaississement de la peau avec exagération de ses plis naturels et apparition d'une sorte de quadrillage.

LICHÉNOÏDE, *adj.* Qui ressemble au lichen.

LIFTING FACIAL. Intervention de chirurgie esthétique cervico-faciale, destinée à corriger le relâchement de la peau.

LIGAMENT, *s. m.* Bande de tissu conjonctif fibreux, blanchâtre et très résistant, reliant deux pièces osseuses d'une articulation, ou servant à suspendre ou fixer des organes.

LIGAMENT LARGE DE L'UTÉRUS. Repli péritonéal allant des bords latéraux de l'utérus aux parois latérales du pelvis. Il comprend en haut la zone des plis et au-dessous la base.

LIGAND, *s. m.* Toute molécule capable de s'attacher à un récepteur cellulaire.

LIGASE, *s. f.* Enzyme catalysant une réaction de synthèse et permettant donc de réunir des fragments moléculaires, p. ex. d'ADN.

LIGATURE, *s. f.* 1° Application d'un lien noué sur un vaisseau, un conduit, une portion de tissu, un organe ou une tumeur. — 2° Fil servant à lier ou suturer.

LIGNEUX, EUSE, *adj.* Qui a la consistance du bois. — *phlegmon l.*

...LIKE (suffixe anglais : semblable). Semblable à, - mimétique. P. ex. *cortisone-like* : v. *corticomimétique.*

LIMBE, *s. m.* (anatomie). Bordure souvent annulaire de certains éléments. P. ex. *l. de la cornée,* zone unissant la cornée et la sclère.

LIMBIQUE, *adj.* Relatif au limbe. — *circonvolution, système* ou *lobe l.* Terme qui désignait les structures circonscrivant le hile des hémisphères cérébraux. V. *limbique (système).*

LIMBIQUE (système). Région du cerveau constituée par la circonvolution du corps calleux et celle de l'hippocampe.

LIMITANTE ÉLASTIQUE EXTERNE. Lame élastique qui sépare la tunique moyenne de la tunique externe des artères.

LIMITANTE ÉLASTIQUE INTERNE. Lame élastique qui sépare la tunique moyenne de la tunique interne des artères.

LINGUAL, ALE, *adj.* Relatif à la langue.

LINGULECTOMIE, *s. f.* Ablation chirurgicale de la lingula, portion du lobe supérieur du poumon gauche.

LINIMENT, *s. m.* Topique onctueux dont on se sert pour enduire et frictionner la peau.

LINITE PLASTIQUE. Forme particulière de cancer de l'estomac à stroma fibreux surabondant.

LINKAGE, *s. m.* V. *liaison génétique.*

LIOMYOME, *s. m.* Syn. *léiomyome.* Tumeur bénigne formée de tissu musculaire lisse. Elle se développe surtout au niveau de l'utérus.

LIP... Préfixe grec signifiant *gras.*

LIPASE, *s. f.* Ferment soluble ayant la propriété d'hydrolyser les graisses en acides gras et alcool. On le rencontre dans le suc pancréatique et dans le sang.

LIPECTOMIE, *s. f.* Ablation de tissu graisseux.

LIPÉMIE, *s. f.* Présence et taux, dans le sang, d'une variété de lipides, les triglycérides.

LIPIDE, *s. m.* Nom donné aux matières grasses et aux éthers-sels analogues.

LIPIDÉMIE, *s. f.* Présence et taux dans le sang des lipides totaux ; ils comprennent le cholestérol et ses esters, les triglycérides, les phospholipides et les acides gras libres.

LIPIDOSE, *s. f.* V. *lipoïdose.*

LIPIDURIE, *s. f.* Syn. *lipurie.* Présence, pathologique, de lipides dans l'urine.

LIPO-ASPIRATION. V. *liposuccion.*

LIPO-ATROPHIE, *s. f.* Diminution de volume et de poids, fonte du tissu graisseux.

LIPODYSTROPHIE, *s. f.* Dystrophie localisée du tissu sous-cutané, par altération des cellules graisseuses, entraînant soit l'atrophie, soit la tuméfaction de ce tissu.

LIPOGENÈSE, *s. f.* Ensemble des phénomènes métaboliques aboutissant à la constitution des lipides.

LIPOÏDIQUE, *adj.* Qui ressemble au tissu graisseux ou qui le concerne.

LIPOÏDOSE, *s. f.* Syn. *lipidose.* Infiltration des cellules d'un organe ou d'un tissu par certains lipides : phosphatides, cérébrosides et, par extension, cholestérol. V. *xanthomatose.*

LIPOLYSE, *s. f.* Hydrolyse des graisses alimentaires en acides gras libres et alcool au cours de la digestion intestinale, sous l'influence de la bile et du suc pancréatique.

LIPOMATOSE, *s. f.* Etat morbide caractérisé par l'existence d'un plus ou moins grand nombre de lipomes.

LIPOME, *s. m.* Tumeur bénigne formée par une prolifération du tissu adipeux normal. Sa localisation habituelle est sous-cutanée.

LIPOPROTÉINE, *s. f.* Molécule mixte lipido-protéinique : c'est la forme sous laquelle les lipides sont présents dans le sang, associés aux protéines plasmatiques. L'ultracentrifugation distingue, par ordre de densité croissante : les *chylomicrons,* les *l. de très basse densité* (VLDL), les *l. de basse densité* (LDL), les *l. de densité intermédiaire* (IDL) et les *l. de haute densité* (HDL).

LIPOSOLUBLE, *adj.* Se dit des substances solubles dans les corps gras.

LIPOSUCCION, *s. f.* Syn. *lipoaspiration.* Aspiration de la graisse sous-cutanée à l'aide de canules, réalisée au cours d'une intervention chirurgicale à visée plastique ou esthétique.

LIPOTHYMIE, *s. f.* Malaise passager caractérisé par une impression angoissante d'évanouissement imminent avec pâleur et sueurs ; il aboutit rarement à l'évanouissement total. Il est d'origine vasomotrice.

LIPOTROPE, *adj.* Se dit des substances chimiques qui se fixent d'une façon élective sur le tissu adipeux.

LIPURIE, *s. f.* V. *lipidurie.*

LISTEL, *s. m.* Partie antéro-latérale du rebord vertébral, dépourvue de cartilage. Il peut être considéré comme une épiphyse articulaire.

LITH... Racine grecque signifiant *pierre.*

LITHECTOMIE, *s. f.* Ablation d'un calcul.

LITHÉMIE, *s. f.* Présence et taux, dans le sang, du lithium, au cours du traitement des syndromes dépressifs par ce métal alcalin.

LITHIASE, *s. f.* Formation de calculs dans un appareil glandulaire ou dans un réservoir. P. ex. : *l. rénale, l. salivaire, l. biliaire,* etc.

LITHIUM, *s. m.* (symbole *Li*). Métal alcalin utilisé sous forme de carbonate ou gluconate pour traiter par voie orale les psychoses maniacodépressives.

LITHOLYTIQUE ou **LITHOTRIPTIQUE,** *adj.* et *s. m.* Se dit des substances auxquelles on attribue la propriété de dissoudre les calculs.

LITHOTRIPSIE, *s. f.* V. *lithotritie.*

LITHOTRITEUR, *s. m.* ou **LITHOTRIPTEUR.** 1° Instrument de chirurgie destiné à broyer les calculs à l'intérieur de la vessie. — 2° Appareillage destiné à pulvériser les calculs urinaires ou biliaires par voie externe, au moyen d'ondes de choc ou piézoélectriques.

LITHOTRITIE, *s. f.* ou **LITHOTRIPSIE,** *s. f.* 1° Opération qui consiste à broyer un calcul dans la vessie et à en faire sortir les fragments par l'urètre. — 2° *l. extracorporelle.* Pulvérisation de calculs rénaux ou biliaires au moyen d'un appareillage (lithotriteur) délivrant par voie externe des ondes de choc ou piézoélectriques.

LITTRITE, *s. f.* (Alexis Littre, 1653-1725, chirurgien français). Inflammation d'une glande de Littre et formation d'un petit abcès glandulaire qui peut s'ouvrir à la fois dans le canal et à la peau.

LIVEDO, *s. m.* Coloration livide du tégument commandée par un facteur local. Les lividités diffuses sont le plus souvent désignées par le terme de cyanose (acrocyanose).

LIVIDITÉ, *s. f.* Coloration violacée de la peau.

LIXIVIATION, *s. f.* Procédé d'extraction où le solvant passe par gravité à travers le substrat pulvérisé contenant la substance active.

lm. Abréviation de *lumen* (v. ce terme).

LOA LOA, *s. f.* V. *filaire.*

LOASE ou **LOASIS,** *s. f.* Infestation par la *Filaria loa* (v. *filaire* et *filariose*).

LOBE, *s. m.* Partie d'un viscère individualisée par une limitation nette (sillon, scissure).

LOBECTOMIE, *s. f.* Excision d'un lobe, p. ex. *pulmonaire, hépatique* ou *thyroïdienne.*

LOBOTOMIE, *s. f.* Section d'un lobe. En psychochirurgie, section des fibres d'un lobe du cerveau.

LOBULE, *s. m.* Petit lobe. — *l. de l'auricule.* Partie inférieure du lobe de l'oreille, molle et dépourvue de cartilage.

LOCHIES, *s. f. pl.* Ecoulement sanguinolent qui succède à l'accouchement et dure de quinze jours à un mois.

LOCO DOLENTI. Locution latine signifiant : à l'endroit douloureux.

LOCUS, *s. m.* (pl. *locus*). V. *gène.*

LOGE, *s. f.* (anatomie). Compartiment cloisonné contenant un ou plusieurs organes. P. ex. *l. thymique, l. musculaire.*

LOGÉTRON, *s. m.* Appareil permettant le tirage électronique des photographies, utilisé en médecine pour améliorer le contraste des radiographies.

...LOGIE. Suffixe grec indiquant une *science.*

LOGORRHÉE, *s. f.* Flux de paroles ; besoin irrésistible de parler qu'éprouvent parfois certains maniaques.

LOMBAIRE, *adj.* V. *lombal.*

LOMBAL, ALE, *adj.* Syn. *lombaire.* Situé dans la zone des lombes, région dorsale intermédiaire aux côtes et à la crête iliaque.

LOMBALGIE, *s. f.* Douleur siégeant dans la région lombaire.

LOMBALISATION, *s. f.* ou **LOMBARISATION**, *s. f.* Anomalie de la première vertèbre sacrée qui s'individualise et devient plus ou moins semblable à la cinquième vertèbre lombaire.

LOMBARTHROSE, *s. f.* Rhumatisme chronique dégénératif localisé à la colonne lombaire et déterminant une incurvation du tronc et des douleurs plus ou moins vives, lombaires ou sciatiques.

LOMBOSCIATALGIE, *s. f.* ou **LOMBOSCIATIQUE**, *s. f.* Névralgie sciatique associée à une douleur névralgique de la région lombaire.

LOMBOTOMIE, *s. f.* Ouverture chirurgicale de la région lombaire.

LONGILIGNE, *adj.* (morphologie). Se dit d'un type d'individu caractérisé par la longueur des membres et la brièveté du tronc. V. *bréviligne.*

LORDOSE, *s. f.* Déviation de la colonne vertébrale à convexité antérieure.

LOTION, *s. f.* 1° Lavage d'une partie ou de toute la surface du corps avec de l'eau chaude ou froide, simple ou contenant des substances médicamenteuses. — 2° Le liquide employé pour ce lavage.

LOUPE, *s. f.* V. *kyste sébacé.*

LRF. Abréviation du terme anglais : *luteo-releasing factor*, substance polypeptidique extraite de l'hypothalamus et qui contrôle la sécrétion de lutéotrophine.

LSD. Abréviation de l'allemand *Lyserg Säure Diäthylamide :* acide lysergique diéthylamide. V. *lysergide.*

LT ou **LTH.** Lutéotrophine ou hormone lutéotrophique. V. ce terme et *prolactine.*

LUCITE, *s. f.* V. *actinite.*

LUMBAGO, *s. m.* 1° Expression prise quelquefois dans le sens vague de douleur des lombes. — 2° Affection douloureuse de la région lombaire survenant brusquement à la suite d'un effort. Elle est considérée comme une entorse des articulations intervertébrales ou comme la conséquence du déplacement du nucleus pulposus du disque intervertébral.

LUMEN, *s. m.* (lm). Quantité de lumière interceptée par une surface de 1 m² dont chaque point est situé à une distance moyenne de 1 m d'une source lumineuse uniforme, de surface négligeable, ayant une intensité d'une candela.

LUMINANCE, *s. f.* Syn. *brillance.* Eclat d'une source lumineuse. En optique, la *l.* d'une surface considérée comme source lumineuse est le rapport de l'intensité lumineuse qu'elle émet dans une direction donnée à son aire projetée sur un plan perpendiculaire à cette direction. Elle s'exprime en *nit* (candela/m²) ou en *stilb* (*sb*) (candela/cm²). 1 stilb = 10^4 nits. — *amplificateur de brillance* ou *de luminance.* V. ce terme.

LUNATUM, *s. m.* Désignation internationale de l'*os lunaire* (ou *semilunaire*) du carpe.

LUNULE, *s. f.* Surface en forme de croissant. — *l. de l'ongle.* Zone claire située à la racine de l'ongle.

LUPIQUE, *adj.* Qui se rapporte au lupus. — *maladie l.* Lupus érythémateux aigu disséminé.

LUPOÏDE, *adj.* Qui ressemble au lupus.

LUPOME, *s. m.* Syn. *tubercule lupique.* Petit tubercule cutané arrondi, jaune bistre, translucide, observé dans le *lupus tuberculeux.*

LUPUS, *s. m.* Affection de la peau ayant une tendance envahissante et destructive. Ce terme désigne actuellement, lorsqu'il est employé seul, le *l.* tuberculeux.

LUPUS ÉRYTHÉMATEUX AIGU DISSÉMINÉ, L. É. DISSÉMINÉ (LED) ou L. É. EXANTHÉMATIQUE. Syn. *maladie de Kaposi.* Affection caractérisée par une éruption de placards érythémateux, finement squameux, siégeant au visage et aux mains, par des arthralgies, de la fièvre, une asthénie, un amaigrissement et des localisations viscérales multiples. Le sérum contient des anticorps antinucléaires ; on classe cette affection parmi les maladies auto-immunes, les maladies des complexes immuns et les collagénoses.

LUPUS TUBERCULEUX. Variété la plus commune et la plus polymorphe de tuberculose cutanée, caractérisée par la présence de *lupomes.*

LUTÉAL, ALE, *adj.* Qui se rapporte au corps jaune de l'ovaire.

LUTÉINIQUE, *adj.* Qui se rapporte au corps jaune de l'ovaire. — *kyste l.* Variété de kyste de l'ovaire développée à partie du corps jaune.

LUTÉINISANTE (hormone). V. *gonadostimuline.*

LUX, *s. m.* (lx). Unité d'éclairement. Eclairement moyen d'une surface de 1 m^2 recevant un flux lumineux de 1 lumen. V. *phot.*

LUXATION, *s. f.* Déplacement permanent de deux surfaces articulaires qui ont perdu plus ou moins complètement les rapports qu'elles affectent normalement l'une avec l'autre.

lx. Abréviation de *lux.*

LYMPHADÉNITE, *s. f.* V. *adénite.*

LYMPHADÉNOME, *s. m.* V. *lymphome.*

LYMPHADÉNOPATHIE, *s. f.* Maladie des ganglions lymphatiques.

LYMPHANGIOME, *s. m.* Angiome développé au niveau des vaisseaux lymphatiques. — *l. kystique.* Kyste séreux congénital multiloculaire, siégeant le plus souvent dans le creux sus-claviculaire, développé aux dépens d'ébauches primitives de vaisseaux lymphatiques.

LYMPHANGITE, *s. f.* Inflammation des vaisseaux lymphatiques.

LYMPHATIQUE, *adj.* Qui se rapporte à la lymphe.

LYMPHE, *s. f.* Liquide incolore qui remplit les vaisseaux lymphatiques. La *l.* est originaire du sang et renferme des leucocytes et les mêmes substances que le sérum sanguin, mais en moindres proportions.

LYMPHOBLASTE, *s. f.* 1° Cellule souche des lymphocytes, qui donne naissance au grand lymphocyte. — 2° V. *cellule blastique.*

LYMPHOBLASTOMATOSE, *s. f.* V. *lymphoblastose.*

LYMPHOBLASTOME, *s. m.* Tumeur maligne formée dans les ganglions ou dans la rate par la prolifération des lymphoblastes.

LYMPHOBLASTOSARCOME, *s. m.* Variété de lymphosarcome dans laquelle les cellules tumorales ont l'aspect de lymphoblastes.

LYMPHOBLASTOSE, *s. m.* Variété de leucémie aiguë caractérisée par une prolifération des lymphoblastes.

LYMPHOCÈLE, *s. f.* 1° V. *lymphangiome kystique.* — 2° Epanchement lymphatique acquis et localisé.

LYMPHOCYTAIRE (série). Série de cellules qui, à partir de la cellule souche, aboutit au lymphocyte. Elle comprend le lymphoblaste, le grand et le petit lymphocyte.

LYMPHOCYTE, *s. m.* Leucocyte mononucléaire de taille variable : on distingue les grands et les petits *l.* Parmi ceux-ci, certains sont spécialisés dans les réponses immunitaires spécifiques (*immunocytes*) et l'on distingue, les *lymphocytes B* à vie généralement courte, agents de l'immunité humorale et les *lymphocytes T,* supports de l'immunité cellulaire, dont la vie est, dans l'ensemble, plus longue.

LYMPHOCYTÉMIE, *s. f.* Présence de lymphocytes dans le sang en grande abondance.

LYMPHOCYTOSARCOME, *s. m.* Variété de lymphosarcome dans laquelle les cellules tumorales ont toutes l'aspect du petit lymphocyte.

LYMPHOCYTOSE, *s. f.* Présence de lymphocytes dans un liquide de l'organisme.

LYMPHOCYTOTOXIQUE, *adj.* Qui détruit les lymphocytes.

LYMPHOGENÈSE, *s. f.* Formation de la lymphe.

LYMPHOGRANULOMATOSE BÉNIGNE V. *Besnier-Boeck-Schaumann* (*maladie de*).

LYMPHOGRANULOMATOSE INGUINALE SUBAIGUË. V. *Nicolas et Favre* (*maladie de*).

LYMPHOGRANULOMATOSE MALIGNE. V. *Hodgkin* (*maladie de*).

LYMPHOGRAPHIE, *s. f.* Étude radiographique des voies et des ganglions lymphatiques, après injection d'une substance opaque aux rayons X.

LYMPHOÏDE (système ou tissu). Ensemble de cellules et d'organes dont dépendent les réactions d'immunité spécifique. Il est constitué par : 1° les *lymphocytes* et notamment les lymphocytes B et T et les plasmocytes. — 2° les *organes lymphoïdes* où naissent, mûrissent et se transformant les lymphocytes : thymus, moelle osseuse, ganglions lymphatiques, etc.

LYMPHOKINE, *s. f.* Glycoprotéine soluble sécrétée par les lymphocytes thymodépendants et qui déclenche la réaction d'immunité cellulaire.

LYMPHOME, *s. m.* Tumeur composée de tissu lymphoïde typique. Pour certains, *l.* est synonyme de *l.* malin (v. ce terme et *lymphosarcome*).

LYMPHOME MALIN. Syn. *hématosarcome.* Terme sous lequel on groupe toutes les proliférations malignes des lignées cellulaires lymphocytaire et histiocytaire ; en particulier la maladie de Hodgkin, les lymphosarcomes, les réticulosarcomes.

LYMPHOPATHIE, *s. f.* Maladie du système lymphatique.

LYMPHOPÉNIE, *s. f.* Diminution du nombre des lymphocytes.

LYMPHOPOÏÈSE, *s. f.* Formation de globules blancs ou de lymphocytes (*lymphocytopoïèse*).

LYMPHOPROLIFÉRATIF, IVE, *adj.* Qui s'accompagne de la multiplication anormale, dans les organes lymphoïdes, de lymphocytes, de plasmocytes et de lymphoblastes.

LYMPHOSARCOMATOSE, *s. f.* ou mieux **LYMPHOSARCOME,** *s. m.* Nom donné à des tumeurs malignes se développant dans les ganglions, essaimant des métastases et provoquant rapidement la mort.

LYOC, *s. m.* Syn. *lyophilisat oral.* Comprimé obtenu par lyophilisation et se dissolvant rapidement dans l'eau ou la salive.

LYOPHILISATION, *s. f.* Syn. *cryodessiccation.* Procédé de conservation des produits biologiques fragiles congelés à basse température, puis desséchés sous vide poussé.

LYOPHILISAT ORAL. V. *lyoc.*

LYSAT, *s. m.* Nom donné aux produits de la digestion ou de la dissolution des cellules ou des bactéries par les lysines.

LYSE, *s. f.* Dissolution des tissus ou des bactéries par les lysines.

...LYSE. Suffixe grec indiquant la *dissolution,* la *destruction* ou la *libération.*

LYSERGIDE, *s. m.* **(LSD).** Psychodysleptique hallucinogène de synthèse abandonné en thérapeutique. Il est utilisé par certains toxicomanes.

LYSINE, *s. f.* Nom donné à des anticorps qui ont la propriété de dissoudre les globules sanguins, les cellules des tissus ou les bactéries.

LYSIS, *s. f.* Nom qui s'applique aux défervescences lentes et progressives s'opérant en plusieurs jours.

LYSOSOME, *s. m.* Particule présente dans le protoplasma des cellules, entourée d'une membrane lipoprotéique et contenant des enzymes variées. Ce sont les agents de la défense cellulaire et de la phagocytose.

LYTIQUE, *adj.* Qui se rapporte à la lyse ou qui la provoque.

M

M. Symbole *de méga.*

m. 1° Symbole *de milli.* — 2° Symbole *de mètre.*

μ. Lettre grecque mu (m), symbole *de micro.*

MACÉRATION, *s. f.* 1° Préparation obtenue en laissant en contact, de l'eau froide et des substances végétales ou animales, afin d'en extraire les principes actifs. V. *décoction, infusion, tisane.* — 2° V. *fœtus macéré.*

MÂCHONNEMENT, *s. m.* Mouvement automatique et continuel des mâchoires.

MACRO..., Préfixe grec signifiant la *grandeur* ou la *grosseur.*

MACROCÉPHALIE, *s. f.* Augmentation pathologique du volume de la tête.

MACROCYTE, *s. m.* Nom donné aux globules rouges dont le diamètre est de 9 à 12 μm, au lieu de 7 μm, diamètre normal.

MACROGLOBULINE, *s. f.* Globuline monoclonale de poids moléculaire très élevé dont la structure ne diffère guère de celles des immunoglobulines M.

MACROGLOBULINÉMIE, *s. f.* Présence dans le plasma sanguin, de macroglobuline. — *m. essentielle de Waldenström.* C'est une maladie du système réticulolymphoïde, mortelle, d'évolution lente, caractérisée par une anémie, des hémorragies, une augmentation de volume du foie, de la rate et des ganglions lymphatiques avec proliférations lymphoplasmocytaire polymorphe. Le sang contient une macroglobuline.

MACROGLOSSIE, *s. f.* Augmentation considérable du volume de la langue.

MACROLIDES, *s. m. pl.* Famille d'antibiotiques comprenant les *m. vrais* (p. ex. : l'érythromycine) et les *m. apparentés* (p. ex. : la rifampicine).

MACROMÉLIE, *s. f.* Malformation qui consiste en une longueur excessive d'un membre.

MACROPHAGE, *s. m.* Syn. *histiocyte.* Phagocyte de grande dimension.

MACROSKÉLIE, *s. f.* Malformation caractérisée par le développement exagéré des jambes.

MACULA. Syn. *macula lutea.* Pôle postérieur de la rétine ayant l'aspect d'une tache jaunâtre présentant en son centre une dépression, la *fovea centralis* ; c'est à cet endroit que l'acuité visuelle est la meilleure.

MACULE, *s. f.* Lésion élémentaire de la peau consistant en une tache rouge sans relief et disparaissant momentanément par la pression.

MAGISTRAL, ALE, *adj.* Se dit des médicaments dont la composition est indiquée par le médecin sur son ordonnance.

MAGNÉSÉMIE, *s. f.* ou **MAGNÉSIÉMIE,** *s. f.* Présence et taux du magnésium dans le sang.

MAIGREUR, *s. f.* Disparition des réserves graisseuses de l'organisme, parfois accompagnée d'atrophie des masses musculaires et des viscères.

MAIN, *s. f.* Partie distale du membre supérieur, organe du tact et de la préhension. Elle comprend une face antérieure, la paume, bordée des éminences thénar et hypothénar et une face postérieure, le dos de la main. Son squelette est constitué du carpe, du métacarpe et des phalanges.

MAIN D'ACCOUCHEUR. Attitude particulière de la main que l'on observe dans la tétanie. Les doigts contracturés, à demi-fléchis sur la carpe, sont serrés les uns contre les autres de façon à former un cône.

MAIN BOTE. Déformation congénitale ou acquise de la main, dans laquelle celle-ci est repliée sur l'avant-bras, qui se termine ainsi par une extrémité arrondie. V. *pied bot.*

MAL PERFORANT. Ulcération indolore ayant tendance à gagner toujours en profondeur, déterminée généralement par une lésion nerveuse.

MALABSORPTION (syndrome de). Ensemble de signes traduisant une dénutrition grave d'origine digestive : diarrhée abondante au long cours avec stéatorrhée, amaigrissement, anémie, œdèmes, carences multiples.

MALACIE, *s. f.* Ramollissement.

MALADIE, *s. f.* Altération de l'état de santé, se manifestant en règle par des symptômes et des signes (v. ces termes). En général, ce mot désigne un état morbide dont la cause est reconnue, ce qui l'oppose au syndrome,

mais cette distinction n'a rien d'absolu. — *maladie de...* V. au nom propre.

MALADIE À TRANSMISSION SEXUELLE. V. *maladie sexuellement transmissible.*

MALADIE BLEUE. V. *bleue (maladie).*

MALADIE BRONZÉE. V. *Addison (maladie d').*

MALADIE CONGÉNITALE. Maladie avec laquelle l'enfant est né ; elle est soit héréditaire, soit acquise pendant les 3 premiers mois de la vie intra-utérine et non transmissible. V. *embryopathie.*

MALADIE FAMILIALE. Affection qui frappe, sans changer de forme, plusieurs membres d'une même famille, et dont le caractère génétique n'est pas certain.

MALADIE HÉRÉDITAIRE. Maladie transmise par le spermatozoïde ou l'ovule en raison de la présence, sur les chromosomes, de gènes pathologiques d'une anomalie des chromosomes. Selon leur mode de transmission, on distingue les *m. h.* autosomiques dominantes ou récessives et les *m. h.* liées au sexe.

MALADIE IMMUNITAIRE. Maladie en rapport avec une perturbation quantitative ou qualitative des moyens de défense naturels de l'organisme. Le système immunitaire peut être déficient ou bien réagir de façon excessive ou déréglée.

MALADIE RYTHMIQUE AURICULAIRE. Syn. *maladie de l'oreillette, syndrome bradycardie - tachycardie.* Affection caractérisée par l'alternance de crises de tachycardie et de bradycardie supraventriculaires.

MALADIE SEXUELLEMENT TRANSMISSIBLE (MST). Maladie contagieuse contractée par les rapports ou contacts sexuels ; p. ex. : *syphilis, blennorragie, Chlamydiases, Trichomonases, herpès, hépatite B, SIDA.*

**MALADIE DE SYSTÈME OU SYSTÉMI-
QUE.** Terme recouvrant un ensemble
de maladies inflammatoires d'origine
inconnue : *polyarthrite rhumatoïde,
lupus érythémateux disséminé, sclérodermie, dermatomyosite,* etc...

MALADIE VÉNÉRIENNE. V. *maladie
sexuellement transmissible.*

MALARIA, *s. f.* V. *paludisme.*

MALARIEN, ENNE, *adj.* Syn. *paludéen,
paludique, palustre.* Qui a rapport au
paludisme (malaria).

MALFORMATION, *s. f.* Anomalie d'une
partie du corps existant à la naissance.
Les *m.* sont donc toujours congénitales.

MALIGNITÉ, *s. f.* Caractère soit d'une
maladie, au cours de laquelle apparaissent des symptômes anormaux ou une
évolution inattendue qui entraînent
rapidement la mort ; soit d'une tumeur,
fatale par sa tendance à l'extension et à
la généralisation. V. *bénignité.*

MALIN, MALIGNE, *adj.* Se dit d'une
maladie qui présente un caractère
grave et insidieux ou d'une tumeur
susceptible de se généraliser et de
provoquer la mort du malade. V.
bénin.

MALLÉOLE, *s. f.* Apophyse ou tubérosité de la cheville.

MALNUTRITION, *s. f.* Toute anomalie
de la nutrition par excès, défaut, ou
déséquilibre.

MALOCCLUSION, *s. f.* Occlusion défectueuse.

MALPOSITION, *s. f.* Anomalie de situation.

MALTASE, *s. f.* Ferment des sucs pancréatique et intestinal qui transforme
le maltose en glucose.

MALTE (fièvre de). V. *mélitococcie.*

MALTOSE, *s. m.* Diholoside réducteur
constitué par deux molécules de glucose. C'est le sucre du malt.

MAMELLE, *s. f.* Syn. *sein.* Organe pair
et globuleux situé à la partie antéro-
supérieure du thorax, se développant
chez la femme à la puberté et contenant
la glande mammaire et du tissu adipeux. V. mots commençant par *mast...*

MAMMAIRE, *adj.* Qui a rapport au sein.
— *glande m.* Glande exocrine située
dans la mamelle et secrétant le lait. V.
prolactine.

MAMMECTOMIE, *s. f.* V. *mastectomie.*

MAMMITE, *s. f.* V. *mastite.*

MAMMOGRAPHIE, *s. f.* V. *mastographie.*

MANDIBULAIRE, *adj.* Relatif à la mandibule. — *nerf m.* Branche terminale
du n. trijumeau. Nerf mixte, sensitif et
moteur pour la mastication.

MANDIBULE, *s. f.* Syn. ancien *maxillaire inférieur.* Os de la mâchoire inférieure, impair, symétrique, comportant
un corps arqué à concavité postérieure
sur le bord supérieur duquel s'implan-
tent les dents et 2 branches montantes
s'articulant avec les temporaux.

MANDRIN, *s. m.* Tige métallique amovi-
ble oblitérant la lumière d'une aiguille.

MANGANIQUE, *adj.* Qui se rapporte au
manganèse.

MANGANISME, *s. m.* Intoxication professionnelle par le manganèse. Elle se
manifeste essentiellement par des accidents nerveux ou des pneumopathies
aiguës sévères.

MANIACO-DÉPRESSIVE (psychose).
Maladie mentale caractérisée par la
succession, à intervalles variables,
d'accès de manie ou de mélancolie.

MANIAQUE, *adj.* et *s. m.* ou *f.* Se dit d'un malade atteint de manie. — Qui a rapport à la manie.

MANIE, *s. f.* Syndrome caractérisé par une surexcitation générale et permanente des facultés intellectuelles et qui peut se manifester soit au cours d'une affection mentale, soit à l'état isolé et constituer une psychose autonome.

MANIPULATION, *s. f.* Action d'effectuer certaines manœuvres manuelles : 1° pour réaliser des expériences de physique ou des préparations chimiques ; 2° pour remédier à certains déplacements osseux (vertébraux, p. ex.). — Nom parfois donné à ces manœuvres elles-mêmes.

MANIPULATION GÉNÉTIQUE. Transport d'un segment de chromosome (ADN) avec ses gènes, du noyau d'une cellule dans le noyau cellulaire d'un autre individu. Cette intervention permet de transférer au receveur des caractères ou des fonctions qu'il ne possédait pas.

MANNITOL, *s. m.* Alcool dérivé du mannose, que l'on peut utiliser par voie intraveineuse pour étudier la clairance glomérulaire rénale.

MANNOSE, *s. m.* Hexose présent à l'état naturel dans divers végétaux. V. *mannitol.*

MANNOSIDOSE, *s. f.* Affection congénitale rare de l'enfant caractérisée par des troubles du développement du squelette rappelant ceux de la maladie de Hurler. C'est une maladie métabolique héréditaire qui entre dans le cadre des mucolipidoses.

MANŒUVRE, *s. f.* Procédé médical, chirurgical ou obstétrical destiné à obtenir le changement de position d'un patient, d'un organe ou d'un fœtus, afin de faciliter un diagnostic ou un traitement.

MANOMÉTRIE, *s. f.* Mesure de la pression à l'intérieur d'un vaisseau ou d'une cavité.

MANUBRIUM, *s. m.* Pièce osseuse en forme de poignée. — *m. sternal.* Partie supérieure du sternum, formant avec le corps de cet os l'angle de Louis.

MAO. Abréviation de *mono-amine-oxydase.*

MARASME, *s. m.* Maigreur extrême de tout le corps provoquée par une longue maladie.

MARGINAL, ALE, *adj.* Qui se rapporte aux bords d'une cavité.

MARISQUE, *s. f.* Petite tumeur s'insérant à la marge de l'anus, pourvue d'une enveloppe cutanée et provenant d'une hémorroïde ayant subi une transformation fibreuse.

MARMORISATION, *s. f.* Augmentation considérable de la densité d'un os, dont une partie plus ou moins étendue devient compacte comme du marbre.

MARQUÉ, ÉE, *adj.* Se dit d'une substance porteuse d'un élément qui permettra de la repérer, de suivre son cheminement et sa fixation dans l'organisme. Cet élément (indicateur ou marqueur) peut être un isotope radio-actif, un antigène de membrane, etc.

MARQUEUR, *s. m.* Élément permettant de dépister une substance sur laquelle il est fixé. — *m. biologique.* Substance dont le dosage permet d'explorer une pathologie spécifique.

MARTEAU, *s. m.* (anatomie). V. *osselet.*

MARTIAL, ALE, *adj.* Ferrugineux. P. ex. : *carence m., médication m.*

MASCULINISANT, ANTE, *adj.* V. *virilisant.*

MASOCHISME, *s. m.* Syn. *algolagnie passive.* Perversion du sens génital chez l'homme, l'acte sexuel ne pouvant s'accomplir que sous l'action d'insultes, de flagellation ou de tout autre sévice.

MASSAGE, s. m. Action de presser, de pétrir, de manipuler avec les mains une partie des masses musculaires ou un organe tel que le cœur.

MASSAGE CARDIAQUE. Procédé de réanimation destiné, en cas d'arrêt cardiaque, à rétablir d'urgence une circulation efficace, par voie externe ou interne.

MASSE MOLÉCULAIRE. V. *mole.*

MASSÉTER, *adj.* Masticateur. — *muscle m.* Puissant muscle masticateur, tendu de l'arcade zygomatique à la face externe de la mandibule, dont il provoque l'élévation.

MAST... Préfixe grec signifiant *sein.*

MASTECTOMIE, s. f. Syn. *mammectomie.* Ablation de la glande mammaire.

MASTITE, s. f. Syn. *mammite.* Nom générique de toutes les affections inflammatoires de la mamelle. — *m. carcinomateuse.* Cancer du sein observé chez la femme jeune pendant la grossesse ou la lactation, ayant l'aspect d'une inflammation aiguë de toute la glande et évoluant spontanément vers la mort.

MASTOCYTE, s. m. Variété d'histiocyte existant normalement dans le tissu conjonctif, dans les ganglions lymphatiques, la rate et la moelle osseuse et qui sécrète et stocke l'héparine et l'histamine.

MASTOCYTOSE, s. f. Présence de mastocytes dans un tissu ou un organe caractérisant des affections primitives, généralement bénignes, du système réticulo-endothélial.

MASTODYNIE, s. f. Douleur névralgique de la mamelle pouvant irradier dans les régions voisines.

MASTOGRAPHIE, s. f. Syn. *mammographie.* Radiographie de la glande mammaire.

MASTOÏDE, *adj.* En forme de sein. — *apophyse* ou *processus m.* Saillie conique située à la partie inférieure de l'os temporal et au sommet de laquelle s'insère le muscle sternocléidomastoïdien.

MASTOÏDECTOMIE, s. f. Trépanation et évidement de l'apophyse mastoïde, de l'aditus et de l'antre pratiquée en cas de mastoïdite aiguë.

MASTOÏDITE, s. f. Inflammation de l'apophyse mastoïde.

MASTOLOGIE, s. f. Syn. (incorrect) *sénologie.* Etude du sein normal et pathologique.

MASTOPATHIE, s. f. Nom générique servant à désigner toutes les modifications de la glande mammaire.

MASTOPEXIE, s. f. Opération consistant à relever le sein et à le fixer au muscle pectoral.

MASTOPLASTIE, s. f. Syn. *mammoplastie.* Chirurgie réparatrice du sein.

MASTOPTOSE, s. f. Abaissement des glandes mammaires.

MASTOSE, s. f. Nom générique donné à diverses affections bénignes non inflammatoires du sein.

MASTURBATION, s. f. Excitation manuelle des organes génitaux destinée à provoquer l'orgasme.

MATERNITÉ, s. f. Service hospitalier ou établissement privé réservé aux femmes sur le point d'accoucher.

MATIÈRE MÉDICALE. Ensemble des corps qui fournissent les médicaments.

MATITÉ, s. f. Son obtenu par la percussion d'une partie pleine du corps, caractérisé par l'élévation du ton, l'abaissement de l'intensité et l'absence de timbre appréciable.

MATRICE, s. f. V. utérus.

MAXILLAIRE, adj. Relatif à la mâchoire. — os. m. Syn. ancien maxillaire supérieur. Os pair de la face où sont implantées les dents supérieures. — nerf m. Branche terminale du n. trijumeau, nerf sensitif de la face.

MAXILLITE, s. f. Ostéite du maxillaire.

MAY-GRÜNWALD-GIEMSA (coloration de) (Richard M. 1863-1937, médecin allemand ; Ludwig Grünwald, médecin allemand ; Gustav Giemsa, 1867-1948, pharmacien allemand). Méthode courante de coloration des cellules sanguines par l'éosine et le bleu de méthylène.

MCH. Abréviation du terme anglais : mean corpuscular haemoglobin : teneur corpusculaire ou globulaire moyenne en hémoglobine (v. ce terme), TCMH, TGMH.

MCHC. Abréviation du terme anglais : mean corpuscular haemoglobin concentration : concentration corpusculaire ou globulaire moyenne en hémoglobine (v. ce terme), CCMH, CGMH.

MCV. Abréviation du terme anglais : mean corpuscular volume : volume moyen des hématies ou volume globulaire moyen (v. ce terme), VGM.

MÉAT, s. m. 1º Orifice d'un conduit (p. ex. m. urétéral). — 2º Espace compris entre un cornet et la paroi externe des fosses nasales (ou de la cavité nasale).

MÉATOTOMIE, s. f. Incision du méat urinaire.

MÉCANOGRAMME, s. m. Courbe obtenue par l'enregistrement des mouvements ou des phénomènes vibratoires nés de l'activité mécanique d'une partie du corps.

MÉCANOTHÉRAPIE, s. f. Méthode de traitement qui consiste à faire exécuter aux articulations des mouvements actifs ou passifs au moyen d'appareils spéciaux.

MÉCHAGE, s. m. Pose d'une mèche.

MÈCHE, s. f. Petite bande de gaze ou de toile que l'on introduit dans une plaie ou dans un trajet fistuleux pour faciliter l'écoulement de la sérosité ou du pus, ou pour assurer l'hémostase.

MECKEL (diverticule de) (Johann M., 1781-1833, anatomiste allemand). Diverticule observé parfois sur l'intestin grêle, à 80 cm de la valvule iléocæcale ; c'est un vestige du canal vitellin.

MÉCONIUM, s. m. Nom donné aux matières intestinales visqueuses brunâtres ou verdâtres que le fœtus expulse peu après sa naissance.

MÉDECIN, s. m. Personne qui, munie des diplômes nécessaires, exerce la médecine.

MÉDECINE, s. f. Science des maladies et art de les traiter.

MÉDECINE INTERNE. Partie de la médecine concernant les maladies non chirurgicales.

MÉDECINE LÉGALE. Branche des connaissances médicales traitant des relations de la médecine avec le droit.

MÉDECINE MENTALE. V. psychiatrie.

MÉDECINE NUCLÉAIRE. Branche de la médecine qui utilise les radio-isotopes à des fins diagnostiques ou thérapeutiques.

MÉDECINE PRÉVENTIVE. Etude des moyens qui s'opposent au développement des maladies (hygiène, prophylaxie).V. prévention.

MÉDECINE SOCIALE. Application des connaissances médicales à la pratique des lois sociales (maladies professionnelles, hygiène des usines, sécurité sociale, etc.).

MÉDECINE DU TRAVAIL. Spécialité médicale dont l'objet est essentiellement la prévention des affections créées par les conditions de l'exercice professionnel.

MÉDECINES DOUCES. Terme du langage courant désignant les thérapeutiques en principe dépourvues d'agressivité, telles qu'acupuncture, mésothérapie, homéopathie, aromathérapie.

MÉDIAL, ALE, *adj.* (anatomie). Syn. *interne.* Plus près de l'axe de symétrie du corps. P. ex. *ménisque médial* : ménisque interne. V. *latéral.*

MÉDIANÉCROSE, *s. f.* Nécrose de la tunique moyenne des artères. — *m. disséquante de l'aorte.* V. *dissection aortique.*

MÉDIASTIN, *s. m.* Région médiane de la cavité thoracique comprise entre les deux poumons. Elle contient notamment le cœur et les gros vaisseaux, la trachée et l'œsophage.

MÉDIASTINITE, *s. f.* Nom générique donné à toutes les inflammations du tissu cellulaire du médiastin.

MÉDIASTINOTOMIE, *s. f.* Nom donné aux opérations qui ont pour but d'atteindre les organes situés dans le médiastin (bronches, trachée, œsophage, etc.).

MÉDIAT, ATE, *adj.* Qui se fait à l'aide d'un intermédiaire. — *auscultation m.* V. *auscultation.*

MÉDIATEUR CHIMIQUE. Substance libérée, sous l'influence de l'excitation des nerfs par leurs terminaisons. Les mieux connues sont l'acétylcholine et la noradrénaline.

MÉDICAL, ALE, *adj.* Qui concerne la médecine.

MÉDICALES (professions). V. *santé (professions de).*

MÉDICAMENT, *s. m.* Substance thérapeutique, quel que soit son mode d'administration.

MÉDICATION, *s. f.* Emploi systématique d'un ou de plusieurs agents médicaux dans le but de faire disparaître un symptôme, ou de modifier la constitution altérée d'une partie de l'organisme.

MÉDICINAL, ALE, *adj.* Qui a des propriétés curatives : *plantes médicinales.*

MÉDULLAIRE, *adj.* Qui a rapport à la moelle épinière, à la moelle osseuse ou à la médullosurrénale. V. *corticale.*

MÉDULLOGRAMME, *s. m.* V. *myélogramme.*

MÉDULLOSURRÉNAL, ALE, *adj.* Qui a rapport au tissu médullaire de la glande surrénale. — *hormones m.* Ce sont les catécholamines (adrénaline et noradrénaline).

MÉDULLOSURRÉNALOME, *s. f.* V. *phéochromocytome.*

MÉGA... 1° (symbole M). Préfixe signifiant 10^6. — 2° Préfixe grec indiquant une notion de *grande taille.*

MÉGACARYOBLASTE, *s. m.* Grande cellule de la moelle osseuse précurseur du mégacaryocyte.

MÉGACARYOCYTE, *s. m.* Nom donné à de grandes cellules de la moelle des os qui se fragmentent en très nombreuses plaquettes (thrombocytes).

MÉGACÔLON, *s. m.* Dilatation d'une partie plus ou moins étendue du gros intestin avec épaississement de la musculeuse, accompagnée de constipation opiniâtre, de distension de l'abdomen et de stase fécale.

MÉGADOLICHOCÔLON, *s. m.* Dilatation et allongement du côlon.

MÉGALOBLASTE, *s. m.* Cellule nucléée de la lignée des globules rouges, présente chez l'embryon ou le sujet atteint d'anémie de Biermer.

MÉGALOCYTE, *s. m.* Nom donné aux globules rouges géants dont le diamètre dépasse 12 μm ; ils proviennent des mégaloblastes.

MÉGALOMANIE, *s. f.* Délire des grandeurs.

MÉGA-ŒSOPHAGE, *s. m.* Grande dilatation de l'œsophage, congénitale ou due à un spasme du cardia.

MÉGA-URETÈRE, *s. m.* Dilatation congénitale de l'uretère, due à une aplasie de sa musculature lisse. Elle est généralement associée à celle du bassinet.

MÉIOSE, *s. f.* Division cellulaire particulière aux gamètes (ovule et spermatozoïde), caractérisée par la séparation de chacun des deux éléments qui constituent les paires de chromosomes, chacun de ces éléments passant dans une cellule fille.

MÉLA... Préfixe grec signifiant *noir*.

MELÆNA ou **MÉLÉNA,** *s. m.* Symptôme qui consiste dans l'évacuation par l'anus du sang noir mélangé ou non aux selles et présentant souvent l'aspect du goudron.

MÉLALGIE, *s. f.* Douleurs des membres observées surtout aux membres inférieurs.

MÉLANCOLIE, *s. f.* Psychose survenant par accès, caractérisée par une émotion pénible, dépressive et qui domine le sujet.

MÉLANINE, *s. f.* Nom donné aux différentes variétés de pigments de couleur foncée se trouvant à l'état normal en différents points de l'organisme et à l'état pathologique dans différentes tumeurs dites mélaniques.

MÉLANIQUE, *adj.* Se dit des tissus infiltrés de pigments noirs.

MÉLANISME, *s. m.* Etat de la peau qui présente une pigmentation d'intensité variable, mais toujours diffuse et quelquefois généralisée.

MÉLANOBLASTE, *s. m.* Cellule jeune, précurseur du mélanocyte.

MÉLANOCYTE, *s. m.* Cellule étoilée, issue de la crête neurale, productrice de pigment mélanique.

MÉLANODERMIE, *s. f.* Coloration foncée de la peau due le plus souvent à une abondance pathologique du pigment cutané normal, la mélanine.

MÉLANOGENÈSE, *s. f.* Formation du pigment mélanique dans les tissus à partir de la tyrosine.

MÉLANOME, *s. m.* Nom générique des tumeurs mélaniques ou à pigments.

MÉLANOSARCOME, *s. m.* Tumeur mélanique d'une grande malignité présentant tous les caractères du sarcome.

MÉLANOSE, *s. f.* Accumulation de matière noire dans les différents tissus.

MÉLÉNA, *s. m.* V. *melæna*.

MÉLITINE, *s. f.* Filtrat d'une culture en bouillon de *Brucella melitensis,* utilisé en injections intradermiques pour le diagnostic de la mélitococcie.

MÉLITOCOCCIE, *s. f.* Syn. *brucellose, fièvre de Malte.* Maladie infectieuse due à *Brucella melitensis* ou à *Brucella abortus.* Elle est caractérisée par une fièvre intermittente, irrégulière ondulante avec sueurs profuses et algies diverses, et par des rechutes fréquentes qui prolongent la maladie pendant plusieurs mois ; la *m.* tend alors à devenir une maladie viscérale. Son diagnostic repose sur le sérodiagnostic de Wright.

MEMBRE, *s. m.* Longs appendices mobiles reliés au tronc par les ceintures et permettant la préhension et la locomotion. Chaque *m.* comporte 4 segments ; le *supérieur,* l'épaule, le bras, l'avant-bras, la main ; l' *inférieur,* la hanche, la cuisse, la jambe et le pied.

MÉNIÈRE (maladie ou **syndrome de)** (Prosper M. 1799-1862, médecin français). Accès brusques de vertiges rotatoires accompagnés de bourdonnements d'oreille et de surdité ; l'audition est normale entre les crises ; ils sont dus à des troubles vasculaires avec hypertension du liquide labyrinthique.

MÉNINGÉ (syndrome). Ensemble de symptômes traduisant l'irritation des méninges : céphalée violente, contracture de la nuque, puis du rachis, vomissements, constipation ; la ponction lombaire précise l'aspect pathologique du liquide céphalorachidien.

MÉNINGES, *s. f. pl.* Ensemble des 3 membranes enveloppant le système nerveux central. De l'extérieur vers l'intérieur ce sont la dure-mère, l'arachnoïde et la pie-mère.

MÉNINGIOME, *s. m.* Tumeur habituellement bénigne développée dans les méninges aux dépens du tissu arachnoïdien.

MÉNINGITE, *s. f.* Nom générique donné à toutes les inflammations aiguës ou chroniques des méninges cérébrales ou médullaires.

MÉNINGITE CÉRÉBROSPINALE ÉPIDÉMIQUE. Maladie infectieuse épidémique due au méningocoque qui envahit les méninges cérébrales et médullaires.

MÉNINGOCÈLE, *s. f.* Ectopie, à la face externe du crâne, des méninges ne renfermant que du liquide en plus ou moins grande abondance. C'est une variété d'*encéphalocèle.*

MÉNINGOCOCCÉMIE ou **MÉNINGOCOCCIE,** *s. f.* Infection générale due au méningocoque et ne s'accompagnant pas nécessairement de méningite cérébrospinale.

MÉNINGOCOQUE, *s. m.* Syn. *Neisseria meningitidis.* Diplocoque observé dans la méningite cérébrospinale épidémique et qui est l'agent pathogène de cette maladie.

MÉNINGO-ENCÉPHALITE, *s. f.* Inflammation du cerveau et de ses enveloppes.

MÉNINGO-ENCÉPHALOCÈLE, *s. f.* Ectopie cérébrale qui contient une cavité provenant d'un diverticule des espaces sous-arachnoïdiens.

MÉNINGO-RADICULITE, *s. f.* Inflammation des racines nerveuses, d'origine méningée.

MÉNISCAL, ALE, *adj.* Qui se rapporte à un ménisque articulaire.

MÉNISCECTOMIE, *s. f.* Extirpation opératoire totale ou partielle d'un ménisque articulaire.

MÉNISCOGRAPHIE, *s. f.* Radiographie des ménisques du genou après injection, dans l'articulation, d'air ou de liquide opaque aux rayons X.

MÉNISQUE, *s. m.* Formation fibro-cartilagineuse intra-articulaire en forme de croissant, triangulaire à la coupe, dont la face externe adhère à la capsule articulaire et destinée à faciliter le contact de 2 surfaces articulaires discordantes. P. ex. *m. médial (interne), m. latéral (externe)* du genou.

MÉNOMÉTRORRAGIE, *s. f.* Association de ménorragies et de métrorragies.

MÉNOPAUSE, *s. f.* Fin de la fonction menstruelle. Elle correspond à la cessation de l'activité ovarienne et s'accompagne d'une régression des caractères sexuels.

MÉNORRAGIE, *s. f.* Exagération de l'écoulement menstruel soit en quantité, soit en durée.

MÉNORRHÉE, *s. f.* Ecoulement des règles.

MENSTRUATION, *s. f.* Syn. *flux menstruel, règles.* Phénomène physiologique de la femme en période d'activité génitale, lié à la fonction de reproduction, consistant en un écoulement sanguin d'origine utérine, se reproduisant tous les mois sauf pendant la grossesse.

MENSTRUEL (cycle). Succession périodique, chez la femme, des phénomènes utéro-vaginaux déclenchés par les sécrétions ovariennes et destinés à préparer l'appareil génital à la nidation d'un œuf. Ce cycle comprend : une phase *proliférative*, une phase de *prénidation* et si l'ovule n'est pas fécondé, une phase *menstruelle* hémorragique.

MENSTRUEL, ELLE, *adj.* Qui a rapport aux règles. — *flux m.*

MENSTRUES, *s. f. pl.* Syn. *règles.* Nom donné à l'écoulement sanguin dont la répétition régulière constitue la menstruation.

MENTAL, ALE, *adj.* Qui a rapport à l'intelligence. — *arriération m.*

mEq. Abréviation de *milliéquivalent.* — *mEq/l.* Milli-équivalent par litre.

MER (mal de). Syn. *naupathie.* V. *transports* (*mal des*).

MÉRALGIE PARESTHÉSIQUE. Affection caractérisée par des douleurs et des troubles divers de la sensibilité subjective et objective, survenant dans le domaine du nerf fémoro-cutané (face externe de la cuisse).

MÉRODIASTOLIQUE, *adj.* Se dit d'un phénomène (bruit, souffle, etc.) qui n'occupe qu'une partie de la diastole.

MÉROSYSTOLIQUE, *adj.* Se dit d'un phénomène (bruit, souffle, etc.) qui n'occupe qu'une partie de la systole.

MÉSANGIAL, ALE, *adj.* Qui concerne la tunique moyenne des vaisseaux.

MÉSENCÉPHALE, *s. m.* Syn. ancien *cerveau moyen.* Portion étroite de l'encéphale située au-dessus du pont. Il comprend les pédoncules cérébraux, les pédoncules cérébelleux supérieurs et les tubercules quadrijumeaux. Il est traversé par l'aqueduc cérébral (a. de Sylvius).

MÉSENCHYME, *s. m.* Tissu conjonctif embryonnaire.

MÉSENCHYMOME, *s. m.* Tumeur, généralement bénigne, développée aux dépens des tissus dérivés du mésenchyme.

MÉSENTÈRE, *s. m.* Repli péritonéal (*méso*) unissant à la paroi abdominale le jéjuno-iléum.

MÉSENTÉRITE, *s. f.* Inflammation du mésentère.

MÉSO... Préfixe grec indiquant une situation *médiane.*

MÉSO, *s. m.* Repli péritonéal unissant un organe à la paroi et contenant son innervation et sa vascularisation. P. ex. *mésocolon, mésosalpinx, mésovarium.* V. *mésentère.*

MÉSOCOLON, *s. m.* V. *méso.*

MÉSODERME, *s. m.* Feuillet moyen du blastoderme qui formera le tissu de soutien, les muscles, les organes génito-urinaires, le système cardiovasculaire, le sang, l'épithélium de la cavité cœlomique.

MÉSODIASTOLE, *s. f.* Milieu de la diastole du cœur.

MÉSOMÉLIQUE, *adj.* Qui se rapporte au segment moyen d'un membre.

MÉSOMÈTRE ou **MÉSOMÉTRIUM.** V. *méso* et *ligament large de l'utérus.*

MÉSONÉPHROS, *s.m.* Syn. *corps de Wolff.* Rein embryonnaire faisant suite au pronéphros et précédant le métanéphros. Appareil excréteur se composant d'un canal collecteur se terminant à la vessie et recevant une série de tubes aboutissant à autant de glomérules. Il donne naissance à l'épididyme, au canal déférent et aux vésicules séminales. V. *wolffien.*

MÉSOSALPINX, *s. m.* V. *méso, trompe* et *ligament large de l'utérus.*

MÉSOSYSTOLE, *s. f.* Milieu de la systole du cœur.

MÉSOTHÉLIOME, *s. f.* Tumeur bénigne ou maligne dérivée des cellules tapissant les séreuses (plèvre, péritoine, péricarde).

MÉSOTHÉLIUM, *s. m.* Endothélium des tuniques séreuses.

MÉSOTHÉRAPIE, *s. f.* Procédé thérapeutique consistant en une série de micro-injections simultanées, dans le derme et l'hypoderme, de faibles quantités de divers médicaments. Cette méthode est préconisée par certains dans le traitement local de nombreuses affections.

MÉSOVARIUM, *s. m.* V. *méso,* et aussi *ovaire, ligament large* de *l'utérus.*

MÉTA... Préfixe grec indiquant le *changement,* la *transformation.*

MÉTABOLIQUE, *adj.* Qui implique l'idée de transformation ou de métabolisme.

MÉTABOLISME, *s. m.* Nom donné à l'ensemble des modifications chimiques qui ont lieu dans l'organisme, destinées à subvenir à ses besoins en énergie, à la formation et à l'entretien des tissus ainsi qu'à l'élaboration de certaines substances (hormones, etc.). V. *anabolisme* et *catabolisme.*

MÉTABOLISME BASAL ou **DE BASE.** Quantité de chaleur, exprimée en grandes calories, produite en une heure pour un mètre carré de surface corporelle, lorsque le sujet est au repos complet et dans diverses conditions d'équilibre. En clinique, sa mesure est tombée en désuétude.

MÉTABOLITE, *s. m.* Substance formée au cours du métabolisme d'une autre substance.

MÉTACARPE, *s. m.* Squelette de la paume de la main, fait des cinq métacarpiens, situé entre le carpe et les premières phalanges.

MÉTAMÈRE, *s. m.* Segment résultant de la division primitive de l'embryon.

MÉTAMYÉLOCYTE, *s. m.* Myélocyte dont le noyau commence à se segmenter et qui est en train de se transformer en polynucléaire adulte.

MÉTANÉPHROS, *s. m.* Troisième et dernier stade de l'évolution embryonnaire de l'appareil urinaire. V. *mésonéphros* et *pronéphros.*

MÉTAPHASE, *s. f.* Second stade de la division cellulaire au cours duquel les chromosomes vont se placer dans le plan équatorial. V. *mitose.*

MÉTAPHYSE, *s. f.* Partie des os longs située entre l'épiphyse et la diaphyse et comprenant le cartilage de conjugaison.

MÉTAPLASIE, *s. f.* Processus en vertu duquel certains éléments appartenant à un tissu produisent d'autres éléments qui se différencient des premiers et qui constituent des tissus ayant des caractères physiques et chimiques distincts.

MÉTASTASE, *s. f.* Foyers secondaires d'une affection disséminés par voie lymphatique ou sanguine à partir d'un foyer primitif.

MÉTATARSE, *s. m.* Squelette antérieur de la voûte plantaire fait de cinq métatarsiens et situé, entre le tarse en arrière et les premières phalanges en avant.

MÉTENCÉPHALE, *s. m.* Partie du rhombencéphale donnant le pont et le cervelet.

MÉTÉORISME, *s. m.* Syn. *ballonnement*. Gonflement de l'abdomen par des gaz contenus dans l'intestin.

MÉTÉOROPATHOLOGIE, *s. f.* Science qui traite du rapport de la pathologie avec les phénomènes météorologiques.

MÉTHADONE, *s. f.* (DCI). Analgésique de synthèse employé aux U.S.A. notamment comme produit de remplacement dans le sevrage des toxicomanes utilisant l'héroïne.

MÉTHÉMOGLOBINE, *s. f.* Pigment brun dérivé de l'hémoglobine dans lequel le fer est à l'état trivalent. Il est incapable de fixer l'oxygène.

MÉTHÉMOGLOBINÉMIE, *s. f.* Présence, dans les hématies, d'une quantité excessive de méthémoglobine pouvant entraîner des symptômes asphyxiques par anoxémie (intoxication professionnelle).

MÉTIS, ISSE, *adj.* Produit d'individus de races différentes.

MÉTRALGIE, *s. f.* Douleur utérine.

MÈTRE, *s. m.* (symbole : m). Unité de longueur du système international.

MÉTRITE, *s. f.* Nom générique donné à toutes les affections inflammatoires de l'utérus.

MÉTRORRAGIE, *s. f.* Hémorragie utérine survenant en dehors des règles.

MÉTRORRHÉE, *s.f.* Écoulement de liquide aqueux ou muqueux par l'utérus.

mg. Symbole de *milligramme*.

Mg. Symbole chimique du *magnésium*.

μg. Symbole de *microgramme* (10^{-6} gramme).

MICELLE, *s. f.* Très petite particule de substance solide en suspension dans un milieu liquide. La présence de *m.* dispersées dans un tel milieu réalise une solution colloïdale (v. *colloïdal*).

MICRO... 1° (Symbole μ). Préfixe grec signifiant 10^{-6}. — 2° Préfixe indiquant la *petitesse*.

MICRO-ANGIOPATHIE, *s. f.* Altération des petits vaisseaux, artérioles, capillaires et veinules, dont la basale est épaissie.

MICROBE, *s. m.* Nom générique donné aux êtres unicellulaires assez petits pour n'être vus, à tout moment de leur existence, qu'au microscope. Il désigne donc, outre les bactéries, d'autres espèces, comme les levures, les moisissures, les protozoaires, les spirochètes, les virus.

MICROBIEN, IENNE, *adj.* Qui a rapport aux microbes ; qui est causé par les microbes.

MICROBIOLOGIE, *s. f.* Science qui s'occupe des microbes.

MICROCÉPHALIE, *s. f.* Petitesse du crâne due soit à une craniosténose soit à un arrêt de développement du cerveau.

MICROCHIRURGIE, *s. f.* Méthode chirurgicale permettant grâce à une instrumentation spéciale, de pratiquer, sous microscope opératoire, des interventions minutieuses sur des organes de petites dimensions.

MICROCIRCULATION, *s. f.* Passage du sang dans les vaisseaux capillaires.

MICROCOCCUS, *s. m.* Genre bactérien habituellement non pathogène.

MICROCYTAIRE, *adj.* V. *microcytique.*

MICROCYTE, *s. m.* Nom donné aux globules rouges dont le diamètre est inférieur au diamètre normal.

MICROCYTIQUE, *adj.* Syn. *microcytaire.* Qui se rapporte aux microcytes. — *anémie m.*

MICROFILAIRE, *s. f.* Forme embryonnaire des filaires.

MICROGNATHIE, *s. f.* Développement incomplet de la mandibule.

MICROGRAMME, *s. m.* (Symbole μg). Millième de milligramme, c.-à-d. millionième de gramme.

MICROGRAPHIE, *s. f.* Ecriture dont les lettres sont de dimensions réduites et souvent décroissantes.

MICROLITHIASE, *s. f.* Formation de calculs microscopiques (microlithes).

MICROMÉLIE, *s. f.* Brièveté des membres contrastant avec le développement normal du tronc.

MICROMÈTRE, *s. m.* (symbole μm). Unité de mesure valant un millionième de mètre.

MICROMOLE, *s. f.* (μmol). Millionième partie de la mole.

MICRONODULAIRE, *adj.* Caractérisé par la présence de nodules de petite taille.

MICRO-ORGANISME, *s. m.* V. *microbe.*

MICROPHTALMIE, *s. f.* Anomalie congénitale consistant en une diminution des différents diamètres de l'œil.

MICROPSIE, *s. f.* Phénomène subjectif consistant à croire plus petits qu'ils ne le sont en réalité les objets offerts à la vue.

MICRORRAGIE, *s. f.* Hémorragie minime.

MICROSCOPE, *s. m.* Instrument d'optique donnant une image grossie des objets examinés. Son pouvoir de résolution est de quelques μm. — *m. électronique. M.* utilisant un faisceau d'électrons réfractés à travers des champs magnétiques. Le meilleur pouvoir de résolution obtenu est de l'ordre de la distance entre atomes (0,2 nm).

MICROSCOPIQUE, *adj.* Qui ne peut être fait ou vu qu'à l'aide du microscope.

MICROSPHÉROCYTOSE, *s. f.* Présence dans le sang de formes plus ou moins sphériques d'hématies de faible diamètre. La *m.* est familiale et héréditaire.

MICROSPHYGMIE, *s. f.* Petitesse du pouls.

MICROTOME, *s. m.* Instrument employé pour obtenir des coupes très fines, destinées à être examinées au microscope.

MICTION, *s. f.* Action d'uriner.

MICTIONNEL, ELLE, *adj.* Qui se rapporte à l'émission d'urine.

MIDA (obstétrique). Abréviation de *mento-iliaque droite antérieure,* position d'engagement rare de la présentation de la face, le menton étant tourné vers le côté droit du bassin et en avant.

MIDP (obstétrique). Abréviation de *mento-iliaque droite postérieure,* position d'engagement de la présentation de la face la plus fréquente, le menton étant tourné vers le côté droit du bassin et en arrière.

MIDT (obstétrique). Abréviation de *mento-iliaque droite transverse :* variété de présentation de la face.

MIGA (obstétrique). Abréviation de *mento-iliaque gauche antérieure,* position d'engagement de la présentation de la face la plus fréquente après la MIDP, le menton étant tourné vers le côté gauche du bassin et en avant.

MIGP (obstétrique). Abréviation de *mento-iliaque gauche postérieure,* position d'engagement rare de la présentation de la face, le menton étant tourné vers le côté gauche du bassin et en arrière.

MIGRAINE, *s. f.* Syndrome caractérisé par des accès de céphalalgie intense, le plus souvent unilatérale, ayant pour siège les régions temporale et orbitaire, accompagnée de malaise général, de nausées et de vomissements.

MIGRAINE OPHTALMIQUE. Syndrome caractérisé par des accès de migraine s'accompagnant de phénomènes visuels très particuliers (scotome scintillant), qui précèdent, en général, la céphalalgie.

MIGT (obstétrique). Abréviation de *mento-iliaque gauche transverse,* variété de présentation de la face.

MIKULICZ (syndrome de) (Johann von M. 1850-1905, chirurgien polonais). Hypertrophie bilatérale, indolore et chronique des glandes lacrymales et salivaires, avec diminution de leur sécrétion. C'est un syndrome dont la maladie de Besnier-Bœck-Schaumann est une des causes les plus fréquentes.

MILIAIRE, *s. f.* 1° Eruption survenant à la suite de transpirations abondantes, formée de vésicules très fines du volume d'un grain de millet, entourées d'une petite aréole rosée. — 2° V. *granulie.*

MILIAIRE, *adj.* De la dimension d'un grain de millet, ou qui est caractérisé par des lésions de cette dimension. — *image m.* Aspect radiographique du poumon qui présente, réparti sur tous les nœuds de la trame, un semis régulier de petites opacités arrondies, de la taille d'un grain de millet.

MILLI... (symbole m). Préfixe signifiant 10^{-3}.

MILLICURIE, *s. m.* (mc). Millième partie du curie.

MILLIÉQUIVALENT, *s. m.* (mEq) (chimie). Millième partie de l'équivalent. Unité employée en biologie pour représenter la concentration ionique d'une solution.

MILLIMOLE, *s. f.* (mmol). Unité chimique de masse moléculaire employée en biologie. Millième partie d'une mole.

MILLIOSMOLE, *s. m.* (mOsm) (chimie). Millième partie de l'osmole. Unité employée en biologie pour exprimer la pression osmotique des différents corps dissous dans les liquides de l'organisme.

MILLIRŒNTGEN, *s. m.* (mr). Millième partie du rœntgen.

...MIMÉTIQUE, Suffixe grec indiquant une notion d'*analogie d'action.* P. ex. *corticomimétique.*

MINÉRALOCORTICOÏDES, *s. m. pl.,* **MINÉRALOCORTICOSTÉROÏDES,** *s. m. pl.* ou **MINÉRALOTROPES (hormones).** Groupe d'hormones sécrétées par la zone glomérulée de la glande corticosurrénale, agissant sur le métabolisme des électrolytes et de l'eau (aldostérone).

MINERVE, *s. f.* Nom donné en chirurgie orthopédique aux appareils destinés à maintenir la tête en bonne position, en cas de torticolis musculaire permanent ou de lésion des vertèbres cervicales.

MINGAZZINI (épreuve de) (Giovanni M., 1859-1929, neurologue italien). Epreuve destinée à révéler une légère parésie d'un membre supérieur. Le malade, les yeux fermés, étend parallèlement en avant les deux bras, le membre du côté parésié baisse rapidement et retombe.

MISANTHROPIE, *s. f.* Aversion pour les hommes et la société, symptôme d'hypochondrie.

MISOGYNIE, *s. f.* Répulsion morbide de l'homme pour les rapports sexuels, ou simplement pour la société des femmes.

MITHRIDATISME, *s. m.* (allusion à la légende de Mithridate, qui s'était accoutumé aux poisons). Tolérance à l'égard des poisons, acquise par l'administration de ceux-ci, d'abord à doses minimes puis progressivement croissantes. V. *accoutumance.*

MITOCHONDRIE, *s. f.* V. *chondriome.*

MITOGÈNE, *adj.* et *s. m.* V. *mitogénique.*

MITOGÉNIQUE, *adj.* Syn. *mitogène.* Qui provoque les mitoses. — Le terme *mitogène* est employé en immunologie pour désigner les substances qui, in vitro, provoquent la transformation des lymphocytes en cellules blastiques.

MITOSE, *s. f.* Syn. *caryocinèse, karyokinèse.* Mode de division indirecte de la cellule, caractérisé par une série de modifications dans la chromatine du noyau. Dans toutes les cellules de l'organisme, sauf dans les cellules sexuelles, la mitose est caractérisée par le dédoublement des chromosomes de la cellule-mère, ce qui permet aux deux cellules-filles de recevoir un nombre de chromosomes égal à celui de la cellule maternelle. La mitose s'oppose ainsi à la méiose. V. ce terme et *prophase, métaphase, anaphase, télophase* et *interphase.*

MITOTIQUE, *adj.* Qui se rapporte à la mitose.

MITRAL, ALE, *adj.* Qui a rapport à l'orifice mitral du cœur et à son appareil valvulaire. — *insuffisance m.* — *maladie m.* Association de l'insuffisance et du rétrécissement mitral. — *rétrécissement* ou *sténose m.*

MITRALITE, *s. f.* Inflammation de l'orifice mitral du cœur et de son appareil valvulaire, généralement de nature rhumatismale.

ml. Symbole de *millilitre.*

mm. Symbole de *millimètre.*

μm. Symbole de *micromètre.*

mmol. Symbole de *millimole.*

MNÉSIQUE, *adj.* Qui garde le souvenir.

MNI-TEST. Réaction d'agglutination effectuée pour le dépistage de la mononucléose infectieuse (MNI).

MOELLE, *s. f.* Partie centrale, molle, d'un organe. — *m. osseuse.* Tissu situé à l'intérieur des os. La *m. rouge,* tissu aux fonctions hématopoïétiques et immunologiques, reste présente chez l'adulte dans les os spongieux ; la *m. jaune* remplissant le canal médullaire des diaphyses de l'adulte en est une dégénérescence graisseuse. — *m. spinale.* Portion du système nerveux central situé dans le canal vertébral. — *m. allongée.* Désignation internationale du bulbe rachidien.

MOI, *s. m.* Terme de psychanalyse désignant la personnalité de l'individu, dont il a conscience et qu'il affirme (par opposition au « ça » et à autrui).

MOIGNON, *s. m.* Portion d'un membre amputé, comprise entre la cicatrice et l'articulation qui est immédiatement au-dessus.

mol. Symbole de *mole.*

MOLAIRE, *adj.* Qui se rapporte à une mole, ou molécule-gramme. — *solution m.* Solution contenant une molécule-gramme par litre. — *poids m.* Syn. *poids moléculaire.* Poids, en grammes, d'une mole d'une substance. Il se calcule en additionnant les poids atomiques des corps simples dont elle est composée.

MÔLAIRE, *adj.* Qui se rapporte à une môle hydatiforme.

MOLAIRE, *s. f.* Syn. *dent molaire*. Dent munie de plusieurs racines et cuspides, située en arrière des prémolaires et dont la fonction est de broyer les aliments.

MOLAL, *s. m.* Unité de molalité.

MOLALITÉ, *s. f.* Concentration d'un corps dissous dans un solvant : c'est le nombre de moles de ce corps dissoutes par 1 000 g de solvant. V. *molarité*.

MOLARITÉ, *s. f.* Concentration d'un corps dissous dans un solvant : c'est le nombre de moles de ce corps dissoutes par litre de solvant. V. *molalité*.

MOLE, *s. f.* (mol). Syn. *molécule-gramme*. Unité chimique de masse moléculaire.

MÔLE, *s. f.*, **HYDATIFORME** ou **VÉSICULAIRE**. Dégénérescence kystique des villosités choriales de l'œuf. Elle se présente sous la forme d'un amas de petites vésicules, contenues dans une membrane.

μ**mole**. Symbole de micromole (10^{-6} mole).

MOLÉCULAIRE (poids). V. *molaire (poids)*.

MOLÉCULE-GRAMME, *s. f.* V. *mole*.

MOLLUSCUM, *s. m.* Tumeur fibreuse et flasque de la peau, variété de nævus conjonctif. Elle peut être plane et étalée, déprimée au palper, ou, au contraire, saillante ou même pédiculée (*m. pendulum*).

MOLLUSCUM PENDULUM. V. *molluscum*.

MOMIFICATION, *s. f.* Transformation d'un cadavre en momie, ou, plus généralement, dessication des tissus animaux leur permettant de résister à la putréfaction.

MONGOLIEN, ENNE. 1° *adj.* V. *mongolique*. — 2° *s. m.* ou *f.* Sujet atteint de mongolisme. V. *trisomie 21*.

MONGOLIQUE, *adj.* Syn. *mongolien, mongoloïde*. Qui offre une certaine ressemblance avec les types de race jaune. — *faciès m.* V. *trisomie 21*.

MONGOLISME, *s. m.* V. *trisomie 21*.

MONGOLOÏDE, *s. m.* Sujet atteint de mongolisme. V. *trisomie 21*.

MONILIA, *s. f.* Genre de champignons blastosporés actuellement appelé *Candida*.

MONILIASE, *s. f.* V. *candidose*.

MONILIFORME, *adj.* Se dit d'un canal ou d'un cordon présentant une série d'étranglements qui le font ressembler à un chapelet.

MONITEUR, *s. m.* Appareil électronique destiné à la surveillance automatique des malades, utilisé dans les unités de soins intensifs.

MONITORAGE, *s. m.* Syn. anglais *monitoring*. Procédé de surveillance des malades utilisant le moniteur.

MONITORING, *s. m.* (anglais). V. *monitorage*.

MONO... Préfixe grec indiquant l'*unicité*, la *singularité*.

MONO-AMINE, *s. f.* Groupe d'amines, comprenant la sérotonine et les catécholamines.

MONO-AMINE-OXYDASE (MAO). Enzyme intervenant dans la dégradation des mono-amines.

MONO-ARTHRITE, *s. f.* Arthrite localisée à une seule articulation.

MONOBLASTE, *s. m.* Grande cellule mononucléée à protoplasme basophile, présente dans la moelle osseuse, donnant naissance au promonocyte.

MONOCATÉNAIRE, *adj.* Possesseur d'une seule chaîne.

MONOCLONAL, ALE, *adj.* Qui se rapporte à un seul clone.

MONOCULAIRE, *adj.* Qui résulte de l'emploi d'un seul œil.

MONOCYTAIRE, *adj.* Qui s'accompagne de monocytose. — *angine m.* V. *mononucléose infectieuse.*

MONOCYTAIRE (lignée ou **série).** Série de cellules qui, à partir de la cellule souche de la moelle osseuse, aboutit au monocyte puis au macrophage tissulaire. Elle comprend le monoblaste et le promonocyte.

MONOCYTE, *s. m.* Le plus grand des globules blancs (12 à 25 µm de diamètre). Né dans la moelle osseuse du monoblaste et du promonocyte, il passe rapidement du sang dans les tissus où il se transforme en macrophage du système réticulo-endothélial.

MONOCYTOSE, *s. f.* État particulier du sang caractérisé par l'augmentation du nombre des monocytes. — *m. aiguë.* V. *mononucléose infectieuse.*

MONOGÉNIQUE, *adj.* Qui se rapporte à, ou qui dépend d'un seul gène.

MONOKINE, *s. f.* (immunologie). Substance analogue à la lymphokine, sécrétée par les monocytes et les macrophages.

MONOMÉLIQUE, *adj.* Qui se rapporte à un seul membre.

MONOMORPHE, *adj.* Se dit d'un phénomène ou d'une maladie dont toutes les manifestations présentent la même forme.

MONONUCLÉAIRE, *adj.* Se dit d'une cellule ne possédant qu'un seul noyau. — *s. m.* Leucocyte mononucléaire. Le sang de l'adulte en contient trois variétés dont le protoplasma basophile est dépourvu de granulations : le *lymphocyte,* le *moyen mononucléaire* et le *grand mononucléaire* ou *monocyte.*

MONONUCLÉOSE, *s. f.* Variété de leucocytose dans laquelle l'augmentation du chiffre des leucocytes porte principalement sur la quantité des mononucléaires.

MONONUCLÉOSE INFECTIEUSE. Syn. *angine à monocytes.* Affection fébrile, survenant chez des jeunes gens, dont les symptômes essentiels sont : une angine, une tuméfaction ganglionnaire quelquefois généralisée, une splénomégalie légère, une formule sanguine caractéristique : leucocytose légère avec forte proportion de grands mononucléaires à protoplasma très basophile et une réaction de Paul-Bunnell positive ; elle évolue rapidement vers la guérison. Elle est due au virus EB. V. *MNI-test.*

MONOPHASIQUE, *adj.* Se dit de tout phénomène, de tout être qui présente dans son existence ou son évolution une seule période ou phase.

MONOPHTALMIE, *s. f.* Absence congénitale d'un œil.

MONOPLÉGIE, *s. f.* Paralysie localisée à un seul membre ou à un seul groupe musculaire.

MONORCHIDIE, *s. f.* Anomalie consistant en la présence d'un seul testicule dans le scrotum.

MONOSOMIE, *s. f.* Maladie par aberration chromosomique caractérisée par l'absence de l'un des chromosomes d'une paire, tous les autres chromosomes allant normalement par paires.

MONOSPORIOSE, *s. f.* Affection, généralement cutanéo-muqueuse, due à un champignon du genre *Monosporium.*

MONOSYMPTOMATIQUE, *adj.* Qui se manifeste par un seul symptôme.

MONOSYNAPTIQUE, *adj.* Qui se rapporte à une seule synapse.

MONOTHÉRAPIE, *s. f.* Traitement au moyen d'un seul médicament ou d'une seule technique.

MONOVALENT, ENTE, *adj.* Se dit d'un sérum thérapeutique ou d'un vaccin préparé au moyen d'une seule race microbienne, et qui est efficace seulement contre les affections déterminées par celle-ci.

MONOZYGOTE, *adj.* Se dit des jumeaux ayant un placenta commun, provenant de la division anormale d'un œuf unique. V. *jumeau.*

MONSTRE, *s. m.* Individu de conformation insolite, par excès (*m. double*), par défaut ou par position anormale des parties.

MORBIDE, *adj.* Qui tient à la maladie. P. ex. *entité m.*

MORBIDITÉ, *s. f.* Etat de maladie. — Somme des maladies qui ont frappé un individu ou un groupe d'individus dans un temps donné.

MORBILLEUX, EUSE, *adj.* Qui a rapport à la rougeole.

MORBILLIFORME, *adj.* Qui ressemble à l'éruption de la rougeole. P. ex. *rash m.*

MORGAN, *s. m.* (Thomas M. 1866-1945, généticien américain). Syn. *morganite.* Unité de longueur chromosomique correspondant à un taux de recombinaison de *1.* Dans la centième partie du *m.* ou *centimorgan,* la probabilité de recombinaison est de 1 %.

MORGANITE, *s. m.* V. *morgan.*

MORO (réflexe de) (Ernst M., 1874-1951, médecin allemand). Syn. *réflexe des bras en croix.* Attitude des bras en croix provoquée, chez le nouveau-né, par le déplacement brusque de la tête sur le cou.

MORPHÉE, *s. f.* Syn. *sclérodermie en plaques.* Sclérodermie circonscrite caractérisée par des placards arrondis, des bandes ou de petites plages de quelques millimètres de diamètre.

MORPHINE, *s. f.* Principal alcaloïde du pavot, doué d'une action sédative et analgésique puissante. C'est un stupéfiant.

MORPHINES ENDOGÈNES. Syn. *peptides morphino-mimétiques, peptides opiacés* ou *opioïdes.* Protéines élaborées par le cerveau pouvant se fixer sur les récepteurs cellulaires morphiniques de certaines structures cérébrales, en produisant une action sédative de la douleur comparable à celle de la morphine. Ce sont les enképhalines et les endorphines. V. *neuropeptide.*

MORPHINISME, *s. m.* Intoxication chronique par la morphine ou par ses sels.

MORPHINOMANIE, *s. f.* Habitude morbide de la morphine.

MORPHINOMIMÉTIQUE, *adj.* Dont l'action est semblable à celle de la morphine. — *peptide m.* V. *morphines endogènes.*

MORPHOLOGIE, *s. f.* Etude et description de la forme extérieure des animaux ou des végétaux, de leurs organes ou parties d'organes.

MORPHOTYPE, *s. m.* Catégorie dans laquelle un individu est classé d'après ses formes.

MORT, *s. f.* Cessation définitive de toutes les fonctions vitales. La mort de l'homme coïncide avec celle de son cerveau. Cette *mort cérébrale* est, en pratique, actuellement affirmée, chez un sujet en coma dépassé par l'aspect plat des électroencéphalogrammes répétés.

MORT CÉRÉBRALE. Dénomination officiellement recommandée pour désigner le *coma dépassé.*

MORT SUBITE INEXPLIQUÉE DU NOURRISSON. Décès brutal d'un nourrisson jusque-là en bonne santé, survenant pendant le sommeil. Cause fréquente de mortalité néonatale, sa nature demeure inconnue, l'autopsie étant négative.

MORTALITÉ (taux de). Rapport qui existe entre le nombre des décès et le chiffre de la population où ils se sont produits, pendant un temps déterminé, généralement l'année moyenne, unité de temps.

MORTIFICATION, s. f. Gangrène.

MORTINATALITÉ, s. f. (démographie). Rapport qui existe entre le nombre des mort-nés et le chiffre total des naissances.

MORT-NÉ, NÉE, adj. et s. m. ou f. Enfant mort avant d'avoir respiré.

MORULA, s. f. Nom donné à l'œuf en train de se segmenter. Le stade embryonnaire suivant est la blastula.

MOSAÏQUE, s. f. (génétique). Anomalie de la répartition des chromosomes survenant dans certaines cellules, après la fécondation ; l'organisme renferme ainsi des cellules dont l'équipement chromosomique (caryotype) est différent de celui de l'ensemble des cellules.

mOsm. Abréviation de milliosmole (v. ce terme). — *mOsm/l.* Milliosmole par litre.

MOTEUR OCULAIRE EXTERNE (nerf). V. *abducens (nerf).*

MOTILITÉ, s. f. Faculté de se mouvoir.

MOTRICITÉ, s. f. Propriété que possèdent les centres nerveux de provoquer la contraction musculaire.

MOUCHES VOLANTES. Apparition de points brillants dans le champ visuel. Ces images subjectives sont généralement dues aux éléments flottants du corps vitré, dont l'ombre se projette sur la rétine.

MOXA, s. m. Bâtonnet ou petite boule d'une substance combustible que l'on dépose en certains points du corps dans un but de cautérisation (moxibustion).

MOXATION, s. f. V. *moxibustion.*

MOXIBUSTION, s. f. Syn. *moxation.* Procédé thérapeutique employé depuis la plus haute antiquité en Extrême-Orient, et consistant en l'application en certains points du corps d'une substance (moxa) que l'on fait brûler lentement.

MST. Initiales de *maladie sexuellement transmissible.*

MTS. Initiales de *maladie à transmission sexuelle.* V. *maladie sexuellement transmissible.*

MU. Douzième lettre de l'alphabet grec (μ) : m.

MUCILAGE, s. m. Nom donné aux médicaments dans lesquels entre une solution de gomme dans l'eau, destinée à leur donner une consistance épaisse et visqueuse.

MUCINASE, s. f. Ferment qui existe dans la muqueuse intestinale et qui détermine la coagulation du mucus.

MUCINE, s. f. Substance transparente, hyaline, demi-liquide, ne se coagulant pas par la chaleur ; elle est élaborée par les cellules du tissu muqueux et s'accumule dans leur intervalle.

MUCOCÈLE, s. f. 1° Tumeur formée par du mucus. — 2° Tumeur formée par le sac lacrymal, lorsque les conduits lacrymaux ne sont pas perméables et que le canal nasal est également obstrué.

MUCOÏDE, adj. Qui ressemble à la mucine, ou dont la structure rappelle celle d'une muqueuse. — *kyste m.* Kyste dont la paroi est constituée par un épithélium cylindrique semblable à celui des muqueuses.

MUCOLIPIDOSE, *s. f.* Maladie héréditaire à transmission récessive autosomique, due à un trouble métabolique par défaut d'enzyme, et caractérisée par l'accumulation, dans certains organes, de mucopolysaccharides acides et de glycolipides.

MUCOLYSE, *s. f.* Liquéfaction du mucus.

MUCOLYTIQUE, *adj.* Qui produit la mucolyse.

MUCOPOLYSACCHARIDE, *s. m.* Syn. *glycosaminoglycane.* Variété de glycoprotéines ; certains comptent parmi les constituants de la substance fondamentale du tissu conjonctif.

MUCOPOLYSACCHARIDOSE, *s. f.* Terme désignant un groupe de maladies héréditaires dues à une perturbation, par déficience enzymatique, du métabolisme des mucopolysaccharides acides qui sont accumulés en excès dans les tissus.

MUCOPUS, *s. m.* Mucus ayant l'apparence de pus par suite de l'abondance des leucocytes qu'il contient.

MUCOSITÉ, *s. f.* Nom donné à des amas de substance épaisse et filante qui tapissent certaines muqueuses. Les *m.* sont formées de mucus concrété, auquel s'ajoutent des cellules desquamées, des microbes et des poussières.

MUCOVISCIDOSE, *s. f.* Affection héréditaire dans laquelle les glandes à mucus sécrètent un liquide, trop visqueux, et les glandes séreuses un liquide trop riche en chlore et en sodium (v. *sueur, test de la*). Elle est très polymorphe et atteint surtout le pancréas exocrine (*fibrose kystique du pancréas*), et les glandes de l'épithélium bronchique.

MUCUS, *s. m.* Substance sécrétée par les glandes muqueuses et les cellules caliciformes ou cellules glandulaires.

Elle est insoluble dans l'alcool et l'éther et soluble dans l'eau.

MUGUET, *s. m.* Maladie parasitaire due au développement sur certaines muqueuses (la muqueuse buccale en particulier et quelquefois le pharynx) d'un micro-organisme, *Candida albicans.* Il se présente sous l'aspect de plaques plus ou moins étendues d'un blanc crémeux.

MULTI... Préfixe latin signifiant *plusieurs.*

MULTIFACTORIEL, ELLE, *adj.* Qui se rapporte à plusieurs éléments constituants, à plusieurs causes ; ou qui en dépend. V. *facteur.*

MULTIFOCAL, ALE, *adj.* Qui se rapporte à plusieurs foyers.

MULTINÉVRITE, *s. f.* Atteinte de plusieurs nerfs périphériques situés souvent dans des régions éloignées les unes des autres et non symétriques ; elle se manifeste par des douleurs, une paralysie et une atrophie des muscles correspondants. V. *polynévrite.*

MULTIPARE, *adj.* Se dit d'une femme qui a eu plusieurs enfants.

MULTIPLET, *s. m.* (physiologie). Série de potentiels d'action se succédant à brefs intervalles.

MUQUEUSE, *s. f.* Tissu épithélial humide revêtant certains conduits et cavités de l'organisme (appareils digestif, respiratoire, génito-urinaire).

MUQUEUSE (plaque). Lésion syphilitique secondaire, contagieuse, siégeant sur les muqueuses et sur la peau qui recouvre les parties voisines d'un orifice (bouche, anus, vulve).

MURIN, INE, *adj.* Qui provient du rat ou de la souris, relatif à ces animaux. P. ex. *typhus m. ; antigène m.*

MURMURE RESPIRATOIRE ou **VÉSICU-LAIRE**. Bruit que l'on entend lorsque l'on ausculte les poumons d'un sujet qui ne présente aucune lésion thoracique et qui respire naturellement.

MUSCARINIEN ou **MUSCARINIQUE (effet)**. Action pharmacodynamique analogue à celle de la muscarine.

MUSCLE, *s. m.* Organe fait de tissu conjonctif contractile. On distingue les *m. lisses*, présents dans les viscères et la paroi de divers conduits, et les *m. striés*, rouges ; ce sont les muscles squelettiques, à contraction volontaire, et le cœur.

MUTAGÈNE, *adj.* Qui provoque une mutation.

MUTANT, ANTE, *adj.* Qui a subi une mutation. — *s. m.* Individu, type, caractère ou gène qui a été modifié par suite d'une mutation.

MUTATION, *s. f.* Variation brusque, totale d'emblée, qui peut se manifester chez des sujets normaux en apparence, devenir parfois héréditaire et caractériser une nouvelle espèce. Elle résulte, au moment de la division cellulaire, de la modification brutale d'un segment plus ou moins étendu de la molécule d'ADN qui constitue le chromosome.

MUTISME, *s. m.* Etat d'un individu qui n'articule aucune parole. On réserve généralement ce terme au cas des sujets qui gardent le silence tout en ayant leurs centres du langage et leurs moyens d'expression intacts.

MUTITÉ, *s. f.* Privation du langage par lésions de ses centres ou des organes de la phonation ou de la réception.

MYALGIE, *s. f.* Douleur musculaire.

MYASTHÉNIE, *s. f.* Affection caractérisée par une excessive tendance à la fatigue musculaire, augmentant rapidement au cours de l'exercice, évoluant par poussées et frappant de préférence les muscles moteurs de l'œil, les masticateurs, les muscles pharyngés et laryn-gés ; elle peut s'étendre et entraîner la mort par troubles bulbaires.

MYATONIE, *s. f.* Absence ou destruction de la tonicité musculaire.

MYCÉLIUM, *s. m.* Filaments plus ou moins ramifiés qui proviennent des spores et constituent la partie fondamentale des champignons.

MYCÉTOME, *s. m.* Tuméfaction inflammatoire chronique à point de départ sous-cutané, caractérisée par la présence de grains qui s'éliminent au dehors par des fistules multiples.

MYCOBACTÉRIE, *s. f.* V. *Mycobacterium*.

MYCOBACTERIUM, *s. m.* Genre bactérien dont les bacilles sont acidorésistants. Les uns sont pathogènes pour l'homme : *Mycobacterium tuberculosis* et *Mycobacterium lepræ*. D'autres sont saprophytes.

MYCOSE, *s. f.* Nom générique donné à toutes les affections parasitaires provoquées par des champignons.

MYCOSIQUE, *adj.* Qui se rapporte à une mycose.

MYCOSIS FONGOÏDE. Dermatose chronique d'origine inconnue caractérisée par un prurit intense, des éruptions diverses érythémateuses ou eczématiformes, évoluant vers la lichénification puis la formation de tumeurs qui vont s'ulcérer. L'état général s'aggrave et l'évolution se fait vers la mort.

MYCOTIQUE, *adj.* V. *anévrisme mycotique*.

MYCOTOXICOSE, *s. f.* Intoxication provoquée par une substance sécrétée par un champignon microscopique.

MYCOTOXINE, *s. f.* Toxine élaborée par un champignon microscopique susceptible de contaminer des denrées alimentaires.

MYDRIASE, *s. f.* Dilatation anormale de la pupille.

MYDRIATIQUE, *adj.* et *s. m.* Se dit des substances qui produisent la mydriase.

MYEL... Préfixe grec signifiant *moelle, médullaire.*

MYÉLENCÉPHALE, *s. m.* Partie de l'encéphale comprenant le bulbe rachidien.

MYÉLINE, *s. f.* Substance lipidique blanchâtre engainant les fibres nerveuses du système cérébrospinal.

MYÉLITE, *s. f.* Inflammation de la moelle épinière.

MYÉLOBLASTE, *s. m.* Cellule souche des leucocytes granuleux, qui dérive de l'hémocytoblaste et donne naissance au promyélocyte.

MYÉLOCYTE, *s. m.* Cellule qui, dans la lignée des leucocytes granuleux, est intermédiaire entre le promyélocyte et le polynucléaire adulte.

MYÉLOCYTÉMIE, *s. f.* Présence de myélocytes dans le sang.

MYÉLOCYTOSE, *s. f.* Présence de myélocytes dans un tissu ou une humeur de l'organisme.

MYÉLOFIBROSE, *s. f.* Transformation fibreuse de la moelle osseuse.

MYÉLOGÈNE, *adj.* Qui est ou semble d'origine médullaire.

MYÉLOGRAMME, *s. m.* Formule indiquant les proportions respectives des différents éléments cellulaires de la moelle osseuse.

MYÉLOGRAPHIE, *s. f.* 1° Etude de la moelle osseuse obtenue chez le sujet vivant par ponction d'un os superficiel. — 2° Radiographie de la moelle épinière après injection, dans l'espace sous-arachnoïdien, de substances de contraste.

MYÉLOÏDES (lignées ou **séries**). Séries de cellules jeunes qui, dans la moelle osseuse, à partir des cellules souches, se multiplient, se différencient et évoluent en lignées distinctes pour aboutir aux formes adultes des globules rouges, des leucocytes polynucléaires, des plaquettes et des monocytes.

MYÉLOMALACIE, *s. f.* Ramollissement de la moelle épinière ayant pour cause généralement une oblitération vasculaire.

MYÉLOME, *s. m.* 1° Variété de lymphadénome caractérisé par la prédominance des myélocytes. — 2° Syn. *ostéomyélome.* Tumeur maligne développée aux dépens du tissu médullaire. — *m. plasmocytaire.* V. *plasmocytome.*

MYÉLOPATHIE, *s. f.* Nom générique donné à toutes les affections de la moelle épinière ou de la moelle osseuse.

MYÉLOPLAXE, *s. m.* Cellule géante multinucléée de la moelle osseuse (v. *ostéoclaste*). Les *m.* sont peu abondants chez l'adulte ; on les trouve dans les *tumeurs à m.*

MYÉLOPOÏÈSE, *s. f.* Formation de la moelle des os. — Production des cellules sanguines des lignées myéloïdes.

MYÉLOPROLIFÉRATIF, IVE, *adj.* Qui s'accompagne de la multiplication anormale des lignées myéloïdes.

MYÉLOSCLÉROSE, *s. f.* Sclérose de la moelle osseuse, envahie par des faisceaux de tissu fibreux et privée de cellules hématopoïétiques.

MYIASE CUTANÉE. Dermatose parasitaire déterminée par le cheminement dans ou sous la peau de larves de divers diptères.

MYO... Préfixe grec signifiant *muscle.*

MYOCARDE, *s. m.* Muscle cardiaque.

MYOCARDIOPATHIE, *s. f.* Affection primitive du muscle cardiaque, dont on distingue : 1° une *forme dilatée* ; 2°

une *forme restrictive*, avec adiastolie ; 3° une *forme hypertrophique*, soit *diffuse* soit *localisée*, par exemple *septale*, réalisant ; 4° la *forme obstructive* ; 5° une *forme oblitérante*, qui n'est autre que l'endocardite de Löffler.

MYOCARDITE, *s. f.* Nom générique de toutes les inflammations du myocarde.

MYOCLONIE, *s. f.* Contractions brusques, involontaires, non systématisées, se répétant à des intervalles variables intéressant une partie d'un muscle, un muscle entier ou un groupe musculaire. V. *clonie.*

MYOGÈNE, *adj.* Se dit en physiologie de tout ce qui est d'origine musculaire.

MYOGLOBINE, *s. f.* Pigment respiratoire du muscle, dont la structure est voisine de celle de l'hémoglobine.

MYOGLOBINURIE, *s. f.* Présence de myoglobine dans l'urine.

MYOLYSE, *s. f.* Destruction, dissolution du tissu musculaire.

MYOME, *s. m.* Tumeur bénigne formée par du tissu musculaire. — On distingue les *m.* formés par du tissu musculaire strié ou *rhabdomyomes*, très rares, et *m.* formés par du tissu musculaire à fibres lisses ou *leiomyomes*, fréquents, siégeant en particulier dans l'utérus (*fibromyomes*).

MYOMECTOMIE, *s. f.* Opération qui consiste à enlever un fibromyome en respectant l'utérus.

MYOMÈTRE, *s. m.* Muscle utérin.

MYOPATHIE, *s. f.* Nom générique donné aux affections du système musculaire.

MYOPATHIQUE, *adj.* Qui concerne les affections du système musculaire.

MYOPIE, *s. f.* Anomalie de la réfraction statique de l'œil, dans laquelle l'image

d'un objet éloigné se forme en avant de la rétine, lorsque l'accommodation n'intervient pas.

MYOPLASTIE, *s. f.* Réfection musculaire.

MYORELAXANT, ANTE, *adj.* V. *myorésolutif.*

MYORÉSOLUTIF, IVE, *adj.* Syn. *myorelaxant.* Qui provoque le relâchement musculaire.

MYORRAPHIE, *s. f.* Suture musculaire.

MYOSARCOME, *s. m.* Tumeur maligne développée aux dépens des fibres musculaires striées (*rhabdomyosarcome*) ou lisses (*leiomyosarcome*).

MYOSCLÉROSE, *s. f.* Induration des muscles qui, généralement, s'atrophient et se rétractent.

MYOSINE, *s. f.* Protéine de poids moléculaire très élevé, appartenant au groupe des globulines et présente dans le tissu musculaire.

MYOSIS, *s. m.* Rétrécissement permanent avec immobilité plus ou moins complète de la pupille provenant d'un trouble de l'innervation de l'iris.

MYOSITE, *s. f.* Inflammation du tissu musculaire.

MYOTIQUE, *adj.* et *s. m.* Se dit des substances qui produisent le myosis.

MYOTOMIE, *s. f.* Section des muscles.

MYOTONIE, *s. f.* Trouble du tonus musculaire caractérisé par la lenteur et la difficulté de la décontraction au cours des mouvements volontaires.

MYRINGITE, *s. f.* Inflammation du tympan.

MYRINGOPLASTIE, *s. f.* V. *tympanoplastie.*

MYRINGOTOMIE, *s. f.*. Incision du tympan.

MYTHOMANIE, *s. f.* Tendance pathologique, plus ou moins volontaire et consciente, au mensonge et à la création de fables.

MYTILISME, *s. m.* Intoxication par les moules.

MYXŒDÈME, *s. m.* Affection caractérisée par une infiltration muqueuse des téguments, un ralentissement de toutes les fonctions et des troubles intellectuels, et, chez l'enfant, par un arrêt de développement et la non-apparition de la puberté. Elle est due à la suppression de la fonction thyroïdienne.

MYXOMATOSE, *s. f.* Maladie à Poxvirus, touchant le lapin, non transmissible à l'homme et caractérisée par le développement de multiples myxomes.

MYXOME, *s. m.* Nom donné à des tumeurs formées par du tissu muqueux.

MYXORRHÉE, *s. f.* Ecoulement abondant de mucus.

N

N. 1° Symbole chimique de l'*azote*. — 2° Symbole de *newton*.

n. Symbole de *nano*.

NA. Abréviation du latin *Nomina Anatomica*, nomenclature internationale des termes d'anatomie.

Na. Symbole chimique du *sodium*.

NABOTH (œufs de) (Martin N., 1675-1721, médecin allemand). Petits kystes muqueux dus à l'oblitération des conduits excréteurs des glandes du col utérin.

NÆVUS, *s. m.,* au pl. **NÆVI.** Anomalie cutanée d'origine embryonnaire, parfois associée à d'autres dysplasies cutanées ou viscérales. — On distingue les *n. simples*, ne contenant que des éléments normaux de la peau, hypo- ou hyperplasiés, sans tendance à la dégénérescence maligne et les *n. nævocellulaires,* pigmentaires ou non, qui contiennent des éléments anormaux, les cellules næviques, et peuvent évoluer vers une lésion d'une particulière malignité, le nævocarcinome.

NANISME, *s. m.* Anomalie de l'être humain, caractérisée par la petitesse de la taille comparée à celle de la moyenne des individus de même âge, de même sexe et de même race, sans insuffisance sexuelle ou intellectuelle.

NANO... (symbole n). Préfixe grec signifiant 10^{-9}.

NANOGRAMME, *s. m.* Millionième de milligramme (10^{-6} mg) ou milliardième de gramme (10^{-9} g). Symbole : ng.

NANOMÈTRE, *s. m.* (symbole nm). Unité de longueur valant un milliardième de mètre (10^{-9} m).

NARCISSIQUE (syndrome) ou **NARCISSISME,** *s. m.* (psychiatrie). Syndrome caractérisé par la fatuité, un manque de bons sens et d'autocritique aboutissant à une admiration de soi-même injustifiée.

NARCO-ANALYSE, *s. f.* Méthode consistant à pratiquer un examen neuro-psychiatrique, au moment de son réveil, chez un malade qui a été soumis à une injection intraveineuse d'un somnifère.

NARCOLEPSIE, *s. f.* Tendance pathologique et irrésistible au sommeil, survenant par accès.

NARCOSE, *s. f.* Sommeil artificiel.

NARCOTIQUE, *adj.* et *s. m.* Se dit des substances qui produisent l'assoupissement, la résolution musculaire et un engourdissement de la sensibilité pouvant aller jusqu'à l'anesthésie. V. *analgésique.*

NASONNEMENT, *s. m.* V. *rhinolalie*.

NASOPHARYNX, *s. m.* Partie supérieure du pharynx située au-dessus du niveau du palais. V. *pharynx*.

NATALITÉ, *s. f.* (démographie). Rapport qui existe entre le nombre des naissances et le chiffre de la population pendant un temps déterminé.

NATRÉMIE, *s. f.* Taux du sodium contenu dans le sang.

NATRIURÈSE, *s. f.* V. *natrurie*.

NATRIURÉTIQUE, *adj.* Qui se rapporte à l'élimination urinaire du sodium.

NATRIURIE, *s. f.* V. *natrurie*.

NATRURIE, *s. f.* Syn. *natriurèse, natriurie*. Présence et taux du sodium dans l'urine.

NAUPATHIE, *s. f.* Mal de mer. V. *transports* (*mal des*).

NAUSÉE, *s. f.* Envie de vomir.

NAVICULAIRE, *adj.* Syn. *scaphoïde*. En forme de barque. — *os n.* Désignation internationale de l'os scaphoïde tarsien.

NÉARTHROSE, *s. f.* Articulation de nouvelle formation ; v. *pseudarthrose*.

NÉCROBIOSE, *s. f.* Modification de la structure d'un organe ou d'une partie d'organe dont la circulation a été abolie, mais qui se trouve à l'abri de l'infection.

NÉCROPSIE, *s. f.* V. *autopsie*.

NÉCROSE, *s. f.* 1° Mortification cellulaire ou tissulaire. V. *gangrène* et *sphacèle*. — 2° Degré le plus accentué de la souffrance myocardique, à la suite de l'oblitération d'une artère coronaire. Sur l'électrocardiogramme, elle se traduit par la disparition de l'onde R, remplacée par une onde Q. V. *ischémie* et *lésion*.

NÉCROTIQUE, *adj.* Qui se rapporte à la nécrose.

NÉGATION (délire de). V. *délire*.

NÉGATIVISME, *s. m.* Trouble de l'activité volontaire observé dans les psychoses, caractérisé d'abord par la lenteur des mouvements actifs, puis par une inertie complète et une résistance passive aux mouvements que l'on cherche à imprimer.

NÉGATOSCOPE, *s. m.* Appareil servant à lire les clichés radiologiques en éclairant par transparence les pellicules négatives placées contre un verre dépoli.

NEISSERIA, *s. f.* Genre bactérien comprenant notamment les espèces *N. gonorrhoeæ* et *N. meningitidis*.

NÉLATON (sonde de) (Auguste N. chirurgien français, 1807-1873). Sonde souple destinée au cathétérisme de l'urètre.

NELSON (réaction ou test de) (Robert N., biologiste américain contemporain). Syn. *TIT* (test d'immobilisation des tréponèmes). Réaction sérologique spécifique de la syphilis.

NÉMATODE, *s. m.* Ordre de vers caractérisés par un corps filiforme. Il comprend de nombreux parasites, tels que les ascarides et les filaires.

NÉO... Préfixe grec signifiant *nouveau*.

NÉOFORMATION, *s. f.* V. *néoplasie*.

NÉOGLUCOGENÈSE, ou **NÉOGLYCOGENÈSE**, *s. f.* Syn. *gluco-* ou *glycogenèse*. Formation dans l'organisme (surtout le foie) de glycogène à partir de protéines ou de lipides.

NÉOMYCINE, *s. f.* (DCI). Antibiotique extrait du *Streptomyces fradiæ*.

NÉONATALE (période). Les premiers jours de la vie, après lesquels le nouveau-né devient nourrisson jusqu'à la fin de sa seconde année.

NÉONATALOGIE, s. f. ou (mieux) **NÉO-NATOLOGIE**, s. f. Étude du nouveau-né, normal et pathologique.

NÉOPLASIE, s. f., **NÉOPLASIQUE** ou **NÉOPLASTIQUE (processus)** . Syn. *néoformation*. Formation d'un tissu nouveau. — Ce terme s'emploie plus souvent pour désigner les tumeurs.

NÉOPLASME, s. m. Tissu anormal qui résulte du processus néoplastique. Tumeur, qu'elle soit bénigne ou maligne (cancer).

NÉOPLASTIE, s. f. Restauration par autoplastie.

NÉOSTOMIE, s. f. Nom générique des opérations qui consistent à pratiquer un nouvel abouchement d'un canal dans la cavité où il aboutit naturellement, ou ailleurs.

NÉPHÉLION, s. m. Tache transparente de la cornée n'interceptant pas complètement la lumière.

NÉPHR... Préfixe grec signifiant *rein*.

NÉPHRECTOMIE, s. f. Ablation totale ou partielle d'un rein.

NÉPHRÉTIQUE, adj. Qui a rapport au rein. — *colique n.* V. *colique néphrétique.*

NÉPHRITE, s. f. Littéralement : maladie inflammatoire du rein. Pratiquement le terme de *n.* est employé comme synonyme de néphropathie.

NÉPHRO-ANGIOSCLÉROSE, s. f. Lésions artériolaires rénales apparaissant de manière pratiquement constante au cours de l'hypertension artérielle dite primitive.

NÉPHROCALCINOSE, s. f. Production de dépôts calcaires dans le parenchyme rénal.

NÉPHROCARCINOME, s. m. Tumeur maligne du rein, développée à partir des cellules des tubes urinifères.

NÉPHROGÈNE, adj. D'origine rénale.

NÉPHROGRAMME, s. m. Image radiologique du parenchyme rénal, obtenue au cours d'une urographie, ou de l'angiographie rénale, lorsque le produit opaque imprègne les premières voies excrétrices intrarénales. — *n. isotopique.* Courbe traduisant, en fonction du temps, l'élimination rénale d'une substance radioactive détectée et enregistrée par une sonde à scintillations.

NÉPHROGRAPHIE, s. f. Enregistrement d'un néphrogramme. Parfois employé comme synonyme de néphrogramme.

NÉPHROLITHIASE, s. f. Lithiase rénale.

NÉPHROLOGIE, s. f. Etude du rein et de ses maladies.

NÉPHROLOGUE, s. m. ou f. Médecin spécialiste des affections rénales.

NÉPHROME, s. m. Tumeur rénale.

NÉPHRON, s. m. Unité morphologique et fonctionnelle du rein ; le *n.* est composé d'un glomérule et d'un tubule ou tube urinifère, ce dernier comprenant le tube contourné proximal, l'anse de Henle, le tube contourné distal et le tube collecteur.

NÉPHROPATHIE, s. f. Nom générique de toutes les affections des reins. On distingue les *glomérulopathies*, les *tubulopathies*, les *n. interstitielles* et les *n. vasculaires*.

NÉPHROPEXIE, s. f. Fixation d'un rein.

NÉPHROPTOSE, s. f. Déplacement vers le bas et mobilité anormale du rein par suite du relâchement de ses moyens de fixité.

NÉPHROSCLÉROSE, s. f. Sclérose rénale.

NÉPHROSE, s. f. V. *néphrotique (syndrome).*

NÉPHROTIQUE (syndrome). Syndrome caractérisé par un œdème généralisé, une protéinurie abondante, une hypoprotidémie portant essentiellement sur les albumines et souvent une hyperlipidémie.

NÉPHROTOMIE, s. f. Incision pratiquée sur le rein.

NÉPHROTOXICITÉ, s. f. Pouvoir nocif envers les cellules du rein.

NERF, s. m. Cordon cylindrique blanchâtre constitué par les axones des cellules des centres nerveux qu'ils relient aux divers organes. On distingue d'une part les *n. crâniens* et les *n. rachidiens* issus de la moelle épinière, d'autre part, selon leur fonction, les nerfs *sensitifs* et *moteurs*, ainsi que les nerfs de la vie de *relation* et ceux de la vie *végétative*.

NERFS CRÂNIENS. Nerfs naissant par paires symétriques de l'encéphale et répertoriés ainsi en chiffres romains : I les nerfs olfactifs ; II optique ; III oculomoteur (ex-moteur oculaire commun) ; IV trochléaire (ex-pathétique) ; V trijumeau ; VI abducens (ex-moteur oculaire externe) ; VII facial ; VII bis, intermédiaire (ex-i. de Wrisberg) ; VIII vestibulo-cochléaire (ex-acoustique) ; IX glosso-pharyngien ; X vague (ex-pneumogastrique) ; XI accessoire (ex-spinal) ; XII hypoglosse (ex-grand-hypoglosse).

NEUR... Préfixe grec signifiant *nerf.*

NEURASTHÉNIE, s. f. Névrose comportant de nombreux troubles fonctionnels entraînant une insomnie, une sensation de grande fatigue, et déterminant un état mental particulier où dominent la tristesse, la crainte et l'indécision.

NEURECTOMIE, s. f. V. *névrectomie.*

NEURINOME, s. m. Tumeur des nerfs périphériques développée aux dépens des cellules de la gaine de Schwann.

NEURO-ANÉMIQUE (syndrome). Association des symptômes de l'anémie de Biermer et de troubles nerveux variés : paresthésies, troubles de la sensibilité profonde.

NEUROBIOLOGIE, s. f. Etude des phénomènes vitaux dans le système nerveux.

NEUROBLASTOME, s. m. Tumeur maligne, développée au niveau de la chaîne sympathique ou de la médullosurrénale.

NEUROCHIRURGIE, s. f. Chirurgie du système nerveux.

NEUROCRINIE, s. f. 1º Passage direct dans le tissu nerveux des produits de sécrétion de certaines glandes endocrines (hypophyse). 2º Syn. de *neurosécrétion* , v. ce terme.

NEUROFIBROMATOSE, s. f. V. *Recklinghausen (maladie ou neurofibromatose de*).

NEUROFIBROME, s. m. Tumeur des nerfs périphériques due à la prolifération des cellules conjonctives du périnèvre. V. *Recklinghausen (maladie ou neurofibromatose de*).

NEUROGÈNE, adj. Se dit en physiologie de tout ce qui est d'origine nerveuse.

NEUROHYPOPHYSE, s. f. V. *hypophyse.*

NEUROLEPTANALGÉSIE, s. f. Diminution ou abolition de la sensibilité à la douleur obtenue par l'emploi des neuroleptiques.

NEUROLEPTIQUE, adj. Syn. *neuroplégique.* Qui calme l'agitation et l'hyperactivité neuromusculaire. — s. m. Médicament qui possède ces propriétés.

NEUROLOGIE, s. f. Etude des maladies du système nerveux.

NEUROLYSE, *s. f.* 1° Libération chirurgicale d'un nerf comprimé par une cicatrice. — 2° Destruction d'un nerf au moyen d'injections d'alcool pratiquées dans le nerf lui-même.

NEUROLYTIQUE, *adj.* Qui se rapporte à, ou qui produit la neurolyse. — *injection n.*

NEUROMÉDIATEUR, *s. m.* V. *médiateur chimique.*

NEURONE, *s. m.* Ensemble constituant la cellule nerveuse et comprenant : une masse protoplasmique qui entoure le noyau, de nombreuses arborisations protoplasmiques ou *dendrites* et un long prolongement cylindrique, le *cylindraxe* ou *axone.*

NEUROPATHIE, *s. f.* Nom générique donné à toutes les affections nerveuses. Il s'applique surtout aux atteintes du système nerveux périphérique.

NEUROPATHOLOGIE, *s. f.* Partie de la pathologie qui traite des maladies du système nerveux.

NEUROPEPTIDE, *s. m.* Nom générique des médiateurs chimiques de nature peptidique, sécrétés par le système nerveux central.

NEUROPLÉGIQUE, *adj.* V. *neuroleptique.*

NEURORÉCEPTEUR, *s. m.* Elément qui, dans la synapse, reçoit le signal nerveux que la terminaison de l'axone jointif lui transmet par médiateur chimique. Les *n.* peuvent être les dendrites d'une cellule nerveuse, la plaque motrice d'un muscle, la membrane de cellules glandulaires, etc. V. *synapse* et *médiateur chimique.*

NEUROSÉCRÉTION, *s. f.* Elaboration par certaines cellules nerveuses de produits de caractères hormonaux.

NEUROSYPHILIS, *s. f.* Accidents nerveux de la syphilis.

NEUROTOMIE, *s. f.* V. *névrotomie.*

NEUROTONIE, *s. f.* Emotivité exagérée se traduisant en particulier par la vivacité des réflexes (v. *dystonie neurovégétative*).

NEUROTOXIQUE, *adj.* et *s. m.* Toxique vis-à-vis du système nerveux.

NEUROTRANSMETTEUR, *s. m.* V. *médiateur chimique.*

NEUROTROPE, *adj.* Se dit des substances chimiques, des microbes, des virus, etc., qui se fixent d'une façon élective sur le tissu nerveux.

NEUROTROPHIQUE, *adj.* Qui se rapporte à des troubles trophiques d'origine nerveuse.

NEUROTROPIQUE, *adj.* Qui concerne le neurotropisme.

NEUROTROPISME, *s. m.* Affinité pour le tissu nerveux.

NEUROVÉGÉTATIF, IVE, *adj.* V. *végétatif* et *système nerveux autonome.*

NEUTRON, *s. m.* V. *atome.*

NEUTROPÉNIE, *s. f.* Diminution plus ou moins considérable du nombre des leucocytes à granulations neutrophiles (polynucléaires neutrophiles) dans le sang.

NEUTROPHILE, *adj.* Se dit des éléments figurés colorés par les réactifs où la base et l'acide sont tous deux colorants. — *polynucléaire n.* Nom donné à des variétés de polynucléaires à noyau très irrégulier, segmenté, et à protoplasma semé d'innombrables et très fines granulations neutrophiles.

NÉVRALGIE, *s. f.* Syndrome caractérisé par des douleurs siégeant sur le trajet des nerfs.

NÉVRALGIE FACIALE. Syn. *névralgie du trijumeau*. Névralgie siégeant dans le territoire du nerf trijumeau ou d'une de ses branches.

NÉVRAXE, *s. m.* Système nerveux central comprenant l'encéphale et la moelle épinière.

NÉVRAXITE, *s. f.* Inflammation du névraxe.

NÉVRECTOMIE, *s. f.* Syn. *neurectomie*. Résection d'un nerf sur une partie plus ou moins longue de son trajet.

NÉVRITE, *s. f.* Nom sous lequel on désigne la plupart des lésions des nerfs, qu'elles soient inflammatoires ou dégénératives.

NÉVRODERMITE, *s. f.* Ce terme est employé comme synonyme de *lichénification circonscrite*, lésion observée dans le prurigo simplex chronique circonscrit.

NÉVROGLIE, *s. f.* Syn. *glie*. Tissu de soutien du système nerveux central.

NÉVROLOGIE, *s. f.* Partie de l'anatomie qui traite du système nerveux.

NÉVROME, *s. m.* Tumeur formée de fibres nerveuses plus ou moins normales, myélinisées ou non.

NÉVROPATHIE, *s. f.* Etat de faiblesse générale du système nerveux central, considéré particulièrement au point de vue de ses fonctions psychiques. Parmi les états névropathiques se range la *neurasthénie*.

NÉVROSE, *s. f.* Nom générique donné à diverses affections dont les symptômes indiquent un trouble dans le fonctionnement du système nerveux, sans lésion anatomique de ce dernier ni altération de la personnalité. Le malade est conscient du caractère pathologique de ces symptômes mais ne peut s'en débarrasser. Les principaux états névrotiques sont : l'angoisse, l'asthénie, les obsessions, les phobies, l'hystérie.

NÉVROTOMIE, *s. f.* Syn. *neurotomie*. Section d'un nerf.

NEWTON, *s. m.* (Isaac Newton, physicien anglais, 1642-1727) (symbole N). Unité de force dans le système international d'unités. Force qui donne à une masse de 1 kg une accélération de 1 m/s.

NEZ, *s. m.* Organe de l'olfaction et conduit respiratoire faisant une saillie médiane pyramidale au niveau de la face, au-dessus de la bouche.

NFS. Abréviation de *numération formule sanguine*.

ng. Symbole de *nanogramme*.

NICHE, *s. f.* Image radiologique d'un ulcère gastrique ou duodénal, et de certaines formes de cancer gastrique. Elle résulte du remplissage, par la substance opaque, de la cavité pathologique.

NICOLAÏER (bacille de) (Arthur N., médecin allemand né en 1862). Clostridium tetani. V. *Clostridium* et *tétanos*.

NICOLAS ET FAVRE (maladie de) (Joseph N. né en 1868 ; Maurice F., 1876-1954, médecin français). Maladie vénérienne caractérisée par une adénopathie inguinale douloureuse, évoluant lentement vers la suppuration, et consécutive à une ou plusieurs petites ulcérations des organes génitaux, appelées *chancres poradéniques*. Cette affection est contagieuse et se propage par le contact vénérien.

NICOTINAMIDE, *s. f.* V. *antipellagreuse (vitamine)*.

NICOTINE, *s. f.* Alcaloïde principal du tabac.

NICOTINISME, *s. m.* V. *tabagisme.*

NICTATION ou **NICTITATION,** *s. f.* Clignotement.

NIDATION, *s. f.* Période de l'ovo-implantation correspondant à la pénétration de l'œuf fécondé dans l'endomètre.

NITRÉS (dérivés). Corps chimiques dérivés de la nitroglycérine, largement employés dans le traitement de l'insuffisance coronarienne et plus récemment celui de l'insuffisance cardiaque.

nm. Symbole de *nanomètre* (v. ce terme).

NOCARDIOSE, *s. f.* (Edmond Nocard, 1850-1903, vétérinaire français). Maladie due aux Nocardias, à localisations essentiellement sous-cutanées, pulmonaires et cérébrales.

NOCEBO (effet). Sensation désagréable ressentie par un sujet qui a absorbé une préparation pharmaceutique inerte. Un facteur psychique joue un rôle essentiel dans cet effet.

NOCICEPTEUR, *s. m.* Récepteur sensitif captant les excitations douloureuses.

NOCICEPTIF, IVE, *adj.* Qui capte les excitations douloureuses.

NOCUITÉ, *s. f.* Propriété d'être nuisible.

NODAL, ALE, *adj.* (cardiologie). Syn. *atrio-* ou *auriculo-ventriculaire, jonctionnel.* Qui se rapporte au nœud auriculo-ventriculaire d'Aschoff-Tawara.

NODOSITÉ, *s. f.* Nom donné en anatomie pathologique à toutes les productions anormales qui donnent au toucher la sensation d'un corps dur plus ou moins arrondi et nettement circonscrit.

NODULE, *s. m.* Nom donné en anatomie normale ou pathologique à de petites nodosités.

NŒUD, *s. m.* (anatomie). Amas cellulaire remplissant des fonctions déterminées.

NOMBRIL, *s. m.* V. *ombilic.*

NOMINA ANATOMICA (NA). Nomenclature internationale en latin des termes d'anatomie.

NON-EFFRACTIF, IVE, *adj.* Se dit d'un acte médical accompli sans traverser la peau ou une muqueuse. V. *effractif.*

NON-INVASIVE. Terme anglais ; v. *non-effractif.*

NOOTROPE, *adj.* Qui agit sur les fonctions intellectuelles.

NORADRÉNALINE, *s. f.* Catécholamine différant de l'adrénaline par l'absence d'un groupement méthyle sur l'atome d'azote. Son action est vasoconstrictrice et hypertensive ; c'est un médiateur chimique qui stimule les récepteurs adrénergiques alpha.

NORMALITÉ, *s. f.* Concentration d'une solution d'électrolyte exprimée en nombre d'équivalent-grammes par litre de solution. La solution qui contient 1 équivalent-gramme par litre est dite normale (1 N).

NORMOBARE, *adj.* 1° Dont le poids et la taille sont en proportions normales. — 2° Sous pression normale.

NORMOBLASTE, *s. m.* V. *érythroblaste.*

NORMOCHROME, *adj.* De couleur normale.

NORMOCYTE, *s. m.* Globule rouge adulte dérivant d'un normoblaste par expulsion du noyau.

NORMOCYTOSE, *s. f.* Existence dans le sang de globules rouges de dimension normale.

NORMOTOPE, *adj.* Se dit d'une contraction cardiaque née au niveau du sinus.

NOSOCOMIAL, ALE, *adj.* Qui dépend des hôpitaux.

NOSOGRAPHIE, *s. f.* Classification méthodique des maladies.

NOSOLOGIE, *s. f.* Etude des caractères distinctifs qui permettent de définir les maladies et de les classer.

NOSTALGIE, *s. f.* Tristesse et dépérissement provoqués par l'éloignement du pays natal et du milieu où l'on a longtemps vécu.

NOSTRAS, *adj.* Se dit des maladies spéciales à nos régions : *choléra nostras.*

NOURRISSON, *s. m.* Enfant à la mamelle ; en fait pendant la période de sa vie allant de la chute du cordon à l'âge de deux ans.

NOUURE, *s. f.* 1° Tuméfaction épiphysaire des enfants rachitiques. — 2° Induration circonscrite de l'hypoderme, pouvant atteindre le volume d'un œuf.

NOUVEAU-NÉ, *adj.* et *s. m.* Nom sous lequel on désigne l'enfant depuis sa naissance jusqu'à la chute du cordon, vers le 10e jour après sa naissance. — En médecine légale, enfant pendant les 3 premiers jours de sa vie.

NOYAU, *s. m.* Nom donné 1° en anatomie du système nerveux central à un amas de substance grise. — 2° en anatomie pathologique à un amas d'éléments nouveaux (*n. cancéreux, tuberculeux,* etc.). — 3° en histologie à une structure dense, de forme variable, située en général au centre de la cellule, limitée par une membrane et renfermant la chromatine, le nucléotide et le nucléoplasme.

NOYAU CAUDÉ. V. *noyaux basaux.*

NOYAU LENTICULAIRE. V. *noyaux basaux* et *putamen.*

NOYAU ROUGE. Amas de substance grise mésencéphalique, dont la couleur tire sur l'orange, situé à la partie antérieure de chaque pédoncule cérébral.

NOYAUX BASAUX. Syn. ancien *n. gris centraux.* Amas de substance grise situés à la partie inférieure des hémisphères cérébraux. Ce sont le thalamus, le corps strié, formé des noyaux caudé et lenticulaire, et le claustrum. V. *capsule.*

NOYAUX GRIS CENTRAUX. V. *noyaux basaux.*

NUCLÉIDE, *s. m.* V. *nuclide.*

NUCLÉOLE, *s. m.* Corpuscule sphérique présent dans le noyau cellulaire ; il s'y effectue la synthèse de l'acide ribonucléique. V. *noyau 3°.*

NUCLÉOLYSE, *s. f.* Syn. *chimionucléolyse.* Destruction enzymatique du nucleus pulposus (ou partie centrale molle du disque intervertébral) par une enzyme protéolytique, la chymopapaïne, injectée localement.

NUCLÉON, *s. m.* V. *atome.*

NUCLÉOPATHIE, *s. f.* Maladie du nucleus pulposus, partie centrale du disque intervertébral. V. *discopathie.*

NUCLÉOPLASME, *s. m.* Protoplasme nucléaire.

NUCLÉOSIDE, *s. m.* Oside composé d'un pentose (ribose ou désoxyribose), et d'une base purique ou pyrimidique. V. *nucléotide.*

NUCLÉOTIDE, *s. m.* Corps chimique constitué par l'union d'un nucléoside et d'une molécule d'acide phosphorique. Une molécule de *n.* forme l'unité primaire d'acide désoxyribonucléique. L'union de 4 molécules de *n.* donne un acide nucléique, dont la combinaison avec un protéide forme un nucléoprotéide.

NUCLEUS PULPOSUS, *s. m.* Partie centrale relativement molle du disque intervertébral.

NUCLIDE, *s. m.* (physique). Syn. *nucléide.* Nom générique des noyaux atomiques.

NULLIPARE, *adj.* et *s. f.* Femme qui n'a pas eu d'enfant.

NUMÉRATION GLOBULAIRE. Détermination du nombre des globules rouges, des globules blancs et des plaquettes par millimètre cube de sang.

NUMMULAIRE, *adj.* Qui a la forme d'une pièce de monnaie.

NUTRIMENT, *s. m.* Substance alimentaire pouvant être directement et entièrement assimilée et pouvant ainsi être introduite par injection intraveineuse.

NUTRIPOMPE, *s. f.* Pompe électrique utilisée en réanimation, et destinée à injecter dans l'estomac une alimentation artificielle liquide ou semi-liquide.

NUTRITION, *s. f.* 1° Processus par lequel un organisme vivant absorbe les aliments, les transforme et les utilise pour sa croissance, son fonctionnement et pour produire chaleur et énergie. —

2° Etude des aliments, de leurs propriétés et de leur utilisation dans l'organisme.

NYCTALOPIE, *s. f.* Faculté de voir la nuit.

NYCTHÉMÉRAL, ALE, *adj.* Qui se rapporte à une durée de 24 h (un jour et une nuit).

NYCTHÉMÈRE, *s. m.* Espace de temps comprenant un jour et une nuit, c'est-à-dire 24 h.

NYCTURIE, *s. f.* Excrétion urinaire à prédominance nocturne. Elle se rencontre dans l'insuffisance rénale.

NYMPHOMANIE, *s. f.* Aphrodisie ou exagération des désirs sexuels chez la femme.

NYSTAGMOGRAPHIE, *s. f.* Enregistrement des mouvements oculaires dans le nystagmus. V. *électronystagmographie.*

NYSTAGMUS, *s. m.* Mouvements oscillatoires involontaires, saccadés et quelquefois rotatoires du globe oculaire.

O

O. Symbole chimique de *l'oxygène*.

Ω., (lettre grecque majuscule oméga). Symbole de *l'ohm*.

OAD. Abréviation d'*oblique antérieure droite*.

OAG. Abréviation d'*oblique antérieure gauche*.

OAP. Abréviation d'*œdème aigu du poumon*. V. *œdème pulmonaire*.

OBÉSITÉ, *s. f.* Hypertrophie générale du tissu adipeux.

OBJECTIF, IVE, *adj.* Qui a rapport au monde extérieur et peut être révélé par les sens. — Se dit des symptômes découverts par le médecin, par opposition aux signes subjectifs perçus seulement par le malade.

OBLIQUE ANTÉRIEURE DROITE (position) (OAD). Position destinée à étudier le cœur en radiologie ; le patient fait un angle de 45° avec l'écran ou la plaque, l'épaule droite en avant et le membre supérieur gauche levé.

OBLIQUE ANTÉRIEURE GAUCHE (position) (OAG). Position destinée à étudier le cœur en radiologie ; le patient fait un angle de 45° avec l'écran ou la plaque, l'épaule gauche en avant, le membre supérieur droit levé.

OBNUBILATION, *s. f.* Obscurcissement de la conscience.

OBSERVANCE THÉRAPEUTIQUE, *s. f.* Respect des prescriptions médicales par les patients.

OBSESSION, *s. f.* Sentiments ou pensées pénibles qui s'imposent à l'esprit malgré leur caractère d'absurdité reconnu par le sujet.

OBSTÉTRICAL, ALE, *adj.* Qui a rapport à la grossesse et à l'accouchement.

OBSTRUCTION, *s. f.* Gêne ou obstacle à la circulation des matières solides ou liquides dans un conduit de l'organisme.

OCCIPITAL, *s. m.* Os impair et médian, situé à la partie postérieure et inférieure du crâne ; il est percé d'un orifice pour le bulbe rachidien.

OCCLUSION, *s. f.* 1° Rapprochement des bords d'une ouverture naturelle (paupières). — 2° Oblitération d'un conduit ou d'un orifice. — *o. intestinale.* Arrêt du cours des matières contenues dans l'intestin. V. *iléus.*

OCTO... Préfixe grec signifiant *huit*.

OCULOCARDIAQUE (réflexe). V. *réflexe oculocardiaque.*

OCULOGYRE, *adj.* et *s. m.* Qui fait tourner les yeux.

OCULOMOTEUR, TRICE, *adj.* Qui fait mouvoir le globe oculaire. — *nerf o.* Désignation internationale du *nerf moteur oculaire commun*, troisième paire crânienne.

OCYTOCINE, *s. f.* Hormone polypeptidique sécrétée par l'hypothalamus, et stockée dans le lobe postérieur de l'hypophyse. Elle excite les contractions de l'utérus au moment de l'accouchement et favorise la sécrétion lactée.

OCYTOCIQUE, *adj.* et *s. m.* Qui hâte l'accouchement.

ODDI (SPHINCTER D') (Ruggero O. 1864-1913, médecin italien). Muscle annulaire situé à la partie terminale des conduits cholédoque et pancréatique.

ODDITE, *s. f.* Affection inflammatoire du sphincter d'Oddi.

ODONTALGIE, *s. f.* Sensation douloureuse ressentie au niveau d'une dent.

ODONTOÏDE, *adj.* En forme de dent. — *apophyse o.* V. *axis.*

ODONTOLOGIE, *s. f.* Etude des dents et de leurs maladies.

ODONTOME, *s. m.* V. *dentome.*

ODONTORRAGIE, *s. f.* Hémorragie consécutive à l'avulsion d'une dent.

...ODYNIE. Suffixe grec qui sert à désigner les phénomènes *douloureux.* P. ex. : *acrodynie, pleurodynie.*

ŒDÉMATEUX, EUSE, *adj.* Qui est atteint d'œdème. Qui est de la nature de l'œdème.

ŒDÈME, *s. m.* Infiltration séreuse de divers tissus et en particulier du tissu conjonctif du revêtement cutané ou muqueux. *L'œ.* peut également infiltrer le poumon, le cerveau, etc. — *L'œ.* généralisé prend le nom d'*anasarque.*

ŒDÈME PULMONAIRE. Infiltration séreuse du tissu pulmonaire. On distingue l'*o. p. cardiogénique*, dû à une cause cardiaque et l'*o. p. lésionnel* créé par une altération de la membrane alvéolocapillaire.

ŒDIPE (complexe d') (O., personnage de la légende grecque). Attraction amoureuse pour la mère et hostilité envers le père.

ŒIL, *s. m. pl.* **YEUX.** Organe pair de la vision situé dans l'orbite et formé du globe oculaire et du nerf optique qui relie ce dernier au cerveau. V. *sclère, rétine, cristallin.*

ŒIL-DE-PERDRIX. Variété de cor (v. ce mot) siégeant sur le bord interne du 5e orteil, en face d'une hyperkératose du bord externe du 4e.

ŒNOLISME, *s. m.* Forme de l'alcoolisme provoquée par l'abus presque exclusif du vin.

ŒSOFIBROSCOPE, *s. m.* Fibroscope destiné à l'exploration de l'œsophage.

ŒSOPHAGE, *s. m.* Segment du tube digestif reliant le pharynx à l'estomac.

ŒSOPHAGECTOMIE, *s. f.* Résection d'une partie de l'œsophage.

ŒSOPHAGITE, *s. f.* Inflammation aiguë ou chronique de l'œsophage.

ŒSOPHAGOPLASTIE, *s. f.* Nom donné aux diverses opérations destinées à remplacer une plus ou moins grande partie de l'œsophage.

ŒSOPHAGOSCOPIE, *s. f.* Application de l'endoscopie à l'examen de l'œsophage.

ŒSOPHAGOTOMIE, *s. f.* Ouverture chirurgicale du conduit œsophagien.

ŒSTR... Préfixe grec indiquant un rapport avec l'*œstrus.*

ŒSTRADIOL, *s. m.* Substance voisine de l'œstrone, beaucoup plus active qu'elle, et que l'on considère comme la véritable hormone femelle.

ŒSTRAL (cycle). Modification périodique de l'utérus et du vagin déclenchée par les sécrétions ovariennes, et qui préparent à la fécondation et à la gestation. On distingue le *préœstrus* puis l'*œstrus*, enfin *post-œstrus*.

ŒSTROGÈNE, *adj.* et *s. m.* Qui provoque l'*œstrus* chez la femme et les femelles des mammifères. — *hormones œ.*

ŒSTRONE, *s. f.* Syn. *folliculine.* Hormone ovarienne qui déclenche la prolifération de la muqueuse utérine avant l'ovulation et provoque également l'apparition des caractères sexuels féminins.

ŒSTROPROGESTATIF, *adj.* et *s. m.* Qui possède à la fois les caractères de l'œstrone et ceux des progestatifs.

ŒSTRUS, *s. m.* V. *œstral (cycle).*

OFFICINAL, ALE, *adj.* Se dit des préparations dont la composition est indiquée par le Codex.

OHM, *s. m.* (Symbole : Ω). Unité du système international pour la résistance électrique. C'est la résistance existant entre deux points d'un conducteur où une différence de potentiel de 1 volt crée un courant d'intensité égale à 1 ampère.

OIDA (obstétrique). Abréviation d'*occipito-iliaque droite antérieure,* position d'engagement très rare de la présentation du sommet, l'occiput étant tourné vers le côté droit du bassin et en avant.

...OÏDE et quelquefois par abréviation **...IDE.** Suffixe grec qui signifie *en forme de* et indique la ressemblance. P. ex. *ostéoïde.*

OIDP (obstétrique). Abréviation d'*occipito-iliaque droite postérieure,* position d'engagement de la présentation du sommet la plus fréquente avec l'OIGA, l'occiput étant tourné vers le côté droit du bassin et en arrière.

OIDT (obstétrique). Abréviation d'*occipito-iliaque droite transverse,* position d'engagement rare de la présentation du sommet, l'occiput étant tourné en travers, en direction du côté droit du bassin.

OIGA (obstétrique). Abréviation d'*occipito-iliaque gauche antérieure,* position d'engagement de la présentation du sommet la plus fréquente, l'occiput étant tourné vers le côté gauche du bassin et en avant.

OIGP (obstétrique). Abréviation d'*occipito-iliaque gauche postérieure,* position d'engagement rare de la présentation du sommet, l'occiput étant tourné vers le côté gauche du bassin et en arrière.

OIGT (obstétrique). Abréviation d'*occipito-iliaque gauche transverse,* position d'engagement rare de la présentation du sommet, l'occiput étant tourné en travers, en direction du côté gauche du bassin.

OLÉCRÂNE, *s. m.* Volumineuse apophyse de l'ulna (cubitus) formant la saillie osseuse du coude. Sa face antérieure s'articule avec la trochlée humérale.

OLÉOME, *s. m.* Syn. (incorrect) *huilome.* Néoplasie inflammatoire provoquée par des injections d'huile.

OLFACTIFS (nerfs). Première paire crânienne. Nerfs de l'odorat.

OLFACTION, *s. f.* Exercice du sens de l'odorat.

OLIGO... Préfixe grec indiquant la *rareté.*

OLIGO-AMNIOS, *s. m.* Insuffisance de la quantité du liquide amniotique.

OLIGO-ANURIE, *s. f.* Diminution extrême de la diurèse confinant à sa suppression.

OLIGOCYTÉMIE, *s. f.* Diminution du nombre des globules rouges et blancs dans le sang.

OLIGO-ÉLÉMENT, *s. m.* Nom donné à certains métaux et métalloïdes dont la présence, en très petites quantités, est indispensable dans la ration alimentaire.

OLIGOMÉNORRHÉE, *s. f.* Diminution de la fréquence de l'écoulement menstruel ; règles rares.

OLIGOPHRÉNIE, *s. f.* Terme qui comprend tous les degrés de faiblesse d'esprit allant de la débilité mentale à l'idiotie. V. *arriération mentale.*

OLIGOPHRÉNIE PHÉNYLPYRUVIQUE. Maladie enzymatique héréditaire, comportant des signes neurologiques, des altérations du comportement et un défaut de pigmentation des phanères. Elle est due à un trouble de métabolisme de la phénylalanine qui est dégradée en acide phénylpyruvique ; celui-ci s'accumule dans le sang et s'élimine par l'urine. V. *Guthrie (test de).*

OLIGOSACCHARIDE, *s. m.* Holoside résultant de l'union d'un petit nombre de molécules d'oses, et dont la molécule est plus courte que celle des mucopolysaccharides.

OLIGOSPERMIE, *s. f.* Faible quantité de spermatozoïdes dans le sperme.

OLIGURIE, *s. f.* Diminution de la quantité des urines.

OMBILIC, *s. m.* Syn. *nombril.* Cicatrice déprimée située au centre de la paroi abdominale, vestige de l'insertion du cordon ombilical.

OMBILICATION, *s. f.* Formation d'une dépression au centre d'une saillie de la peau.

...OME. Suffixe représentant la finale grecque... *ôma,* qui s'applique aux *tumeurs.* P. ex. : *sarcome, fibrome.*

OMÉGA. Dernière lettre de l'alphabet grec (ω, Ω) : ô.

OMENTAL, ALE, *adj.* Qui a rapport à l'épiploon.

OMENTECTOMIE, *s. f.* Résection chirurgicale, plus ou moins étendue, de l'épiploon.

OMENTUM, *s. m.* Syn. *épiploon.* Repli péritonéal souvent infiltré de graisse. Le grand *o.* unit la grande courbure de l'estomac au colon transverse ; le petit *o.* la petite courbure de l'estomac et les régions voisines de l'œsophage et du duodénum au sillon transverse du foie.

OMNIPRATICIEN, *s. m.* V. *généraliste.*

OMOPLATE, *s. f.* Os plat et triangulaire situé à la face postérieure de l'épaule. Sur sa face postérieure s'implante l'épine de l'o., terminée en dehors par l'acromion. A son angle externe, la cavité glénoïdale s'articule avec la tête humérale. V. *coracoïde.*

OMPHALO..., Préfixe grec indiquant un rapport avec l'*ombilic.*

OMPHALOCÈLE, *s. f.* Hernie ombilicale.

OMS. Abréviation d'*Organisation Mondiale de la Santé.*

ONCHOCERCA VOLVULUS. Parasite de l'ordre des Nématodes, fin comme un fil et long de plusieurs centimètres dans sa forme adulte.

ONCHOCERCOSE, *s. f.* Infestation par la filaire *Onchocerca volvulus* fréquente en Amérique et en Afrique tropicale. Elle se manifeste par : 1° de petites tumeurs sous-cutanées ; — 2° l'infiltration du derme par des *microfilaires,* provoquant des réactions inflammatoires diffuses très prurigineuses ; — 3° *l'envahissement de l'œil par les* *microfilaires*, qui fait toute la gravité de la maladie.

ONCOGÈNE, *adj.* 1º Qui provoque une prolifération tumorale. P. ex. *virus o.* — 2º *s. m.* Syn. *gène du cancer.* Gène intervenant dans le contrôle de la prolifération cellulaire, et capable de provoquer un processus de cancérisation.

ONCOLOGIE, *s. f.* Etude des tumeurs.

ONCOSTATIQUE, *adj.* Qui arrête l'évolution des tumeurs.

ONCOTIQUE (pression). Nom donné à la pression osmotique exercée par les colloïdes et surtout par les protéides.

ONCTION, *s. f.* Action d'enduire une partie du corps d'une substance grasse.

ONGLE, *s. m.* Lame cornée recouvrant la face dorsale de l'extrémité distale des doigts. V. *lunule.*

ONGLE INCARNÉ. Inflammation du sillon latéral de l'ongle d'un orteil donnant lieu à une ulcération suppurante et fongueuse dans laquelle s'enfonce le bord de l'ongle.

ONGLÉE, *s. f.* Premier degré de la gelure des mains : les téguments sont rouges, tuméfiés et le siège d'une douleur cuisante.

ONGUENT, *s. m.* Médicament de consistance pâteuse appliqué sur la peau et qui se liquéfie à la chaleur du corps.

ONIRIQUE, *adj.* Qui a rapport aux rêves.

ONIRISME, *s. m.* Délire subaigu que l'on a comparé à un rêve pénible poursuivi à l'état de veille.

ONTOGENÈSE ou **ONTOGÉNIE,** *s. f.* Développement de l'individu.

ONYCHOPHAGIE, *s. f.* Habitude qu'ont certains individus de ronger leurs ongles.

ONYXIS, *s. m.* ou *f.* Inflammation chronique du derme sous-unguéal ou rétro-unguéal.

OPÉRATION, *s. f.* Intervention chirurgicale.

OPHT... Préfixe grec signifiant *œil.*

OPHTALMIE, *s. f.* Nom générique de toutes les affections inflammatoires de l'œil.

OPHTALMIQUE, *adj.* Relatif à l'œil. — *Nerf o.* Branche terminale du *n. trijumeau.*

OPHTALMODYNAMOMÈTRE, *s. m.* Appareil destiné à mesurer la pression artérielle rétinienne.

OPHTALMOLOGIE, *s. f.* Etude des yeux au triple point de vue anatomique, physiologique et pathologique.

OPHTALMOLOGISTE, *s. m.* Médecin qui s'occupe spécialement des maladies des yeux.

OPHTALMOMÉTRIE, *s. f.* Détermination de l'indice de réfraction des divers milieux de l'œil.

OPHTALMOPATHIE, *s. f.* Nom générique de toutes les maladies de l'œil.

OPHTALMOPLASTIE, *s. f.* Intervention plastique sur l'œil et ses annexes.

OPHTALMOPLÉGIE, *s. f.* Paralysie des muscles de l'œil.

OPHTALMOSCOPE, *s. m.* Instrument destiné à la fois à éclairer et à examiner le fond de l'œil.

OPHTALMOSCOPIE, *s. f.* Examen du fond de l'œil à l'aide de l'ophtalmoscope.

OPIACÉ, ÉE, *adj.* Qui contient de l'opium ou une préparation d'opium.

OPIOMANIE, *s. f.* Intoxication chronique par l'opium. V. *toxicomanie.*

OPISTHOTONOS, *s. m.* Variété de contracture généralisée prédominant sur les muscles extenseurs. Le corps et la tête se renversent en arrière. Elle se rencontre dans le tétanos.

OPOTHÉRAPIE, *s. f.* Emploi thérapeutique des glandes endocrines, sous forme d'extraits ou d'hormones reconstituées par synthèse.

OPPORTUNISTE, *adj.* 1°. (en général). Qui tire parti des circonstances. — 2° (bactériologie). Qui profite d'un terrain favorable pour devenir pathogène. P. ex. *bactérie o.*

OPSIURIE, *s. f.* Retard de l'élimination rénale de l'eau après les repas. Ce symptôme s'observe notamment dans l'insuffisance corticosurrénale chronique.

OPTICIEN, *s. m.* Fabricant de, ou négociant en lunettes et autres appareils d'optique.

OPTIQUE (nerf). Seconde paire crânienne. Nerf de la vue.

OPTOMÉTRIE, *s. f.* 1° Détermination des limites de la vision distincte à l'aide d'un instrument appelé optomètre. — 2° Etude de la déviation des rayons lumineux par les milieux réfringents de l'œil.

OPTOTYPE, *s. m.* Figure, lettre ou chiffre destinés à mesurer l'acuité visuelle.

ORAL (stade). Première phase de l'organisation infantile de la libido : le plaisir sexuel est alors lié à l'excitation de la cavité buccale et des lèvres qui accompagne l'alimentation.

ORAL, ALE, *adj.* V. *buccal.*

ORBITE, *s. f.* Cavité osseuse de la face contenant le globe oculaire.

ORBITOTOMIE, *s. f.* Incision de l'orbite.

ORCHIALGIE, *s. f.* Névralgie testiculaire.

ORCHIDECTOMIE, *s. f.* Ablation d'un ou des deux testicules.

ORCHIDOPEXIE, *s. f.* Fixation opératoire, dans les bourses, d'un testicule ectopique.

ORCHIDOTOMIE, *s. f.* Incision d'un testicule.

ORCHIDOVAGINOPEXIE, *s. f.* Opération pratiquée dans le varicocèle. Elle consiste à fixer à l'anneau inguinal externe le testicule à l'aide de la vaginale retournée.

ORCHI-ÉPIDIDYMITE, *s. f.* V. *orchite.*

ORCHITE, *s. f.* Nom générique donné à toutes les inflammations aiguës ou chroniques du testicule.

ORDONNANCE, *s. f.* Ensemble des prescriptions faites par le médecin au malade, concernant aussi bien les médicaments que les soins hygiéniques.

ORDRE DES MÉDECINS. Organisme officiel français destiné à « veiller au maintien des principes de moralité, de probité et de dévouement indispensables à l'exercice de la médecine ».

OREILLE, *s. f.* Organe de l'ouïe, divisé en 3 parties, l' *o. interne* (v. *labyrinthe*) ; l' *o. moyenne* comprenant la caisse du tympan (v. *tympan*), la trompe auriculaire ou d'Eustache, et les cellules mastoïdes ; l' *o. externe* comprenant le méat acoustique (ou conduit auditif) externe et le pavillon de l'o. ou auricule (v. ce terme).

OREILLETTE, *s. f.* V. *atrium du cœur.*

OREILLETTE (maladie de l'). V. *maladie rythmique auriculaire.*

OREILLONS, *s. m. pl.* Syn. *ourles.* Maladie infectieuse, virale, épidémique et contagieuse, caractérisée par la tuméfaction des glandes salivaires, du pancréas et des testicules. Elle provoque souvent une réaction méningée.

OREXIGÈNE, *adj.* Syn. *apéritif.* Qui donne de l'appétit.

ORGANE, *s. m.* Elément anatomique distinct exerçant une fonction particulière. P. ex. *foie, muscle, œil.* V. *viscère.*

ORGANIQUE, *adj.* Qui se rapporte à un organe ou à un organisme. Se dit d'un phénomène en rapport avec l'état ou l'altération d'un organe ou d'un tissu. — *trouble o.* Manifestation morbide, généralement grave, due à une lésion d'un organe.

ORGANISATION MONDIALE DE LA SANTÉ (OMS). Institution internationale chargée des questions sanitaires, dont le siège est à Genève et qui dépend des Nations Unies.

ORGANISME, *s m.* Individu, animal ou végétal, formé d'un certain nombre de parties ou d'organes, mais ayant sa vie propre.

ORGANITE, *s. m.* Elément intra-cytoplasmique figuré dont l'ensemble constitue le chondriome intracellulaire.

ORGANOLEPTIQUE, *adj.* Qui peut impressionner les organes des sens.

ORGASME, *s. f.* Excitation génésique portée au plus haut degré.

ORGELET, *s. m.* Furoncle de la paupière dont le point de départ est une des glandes sébacées annexées à un cil.

ORL. Abréviation d'*oto-rhino-laryngologie.*

ORNITHINE, *s. f.* Acide aminé qui joue un rôle dans l'uréogenèse.

ORNITHOSE, *s. f.* Maladie infectieuse, bénigne, évoluant comme une pneumonie atypique, transmise à l'homme par de nombreux oiseaux et due comme la psittacose à *Chlamydia psittaci.*

OROPHARYNX, *s. m.* Portion centrale du pharynx allant du niveau du palais en haut, au vestibule laryngé en bas. V. *pharynx.*

OROSOMUCOÏDE, *s. m.* Une des alpha$_1$- globulines du plasma sanguin.

ORTEIL, *s. m.* Doigt de pied.

ORTEIL EN MARTEAU. Déformation du 2^c orteil caractérisée par l'extension de la 1re phalange, la flexion de la 2^c et l'extension de la 3^c.

ORTHÈSE, *s. f.* Tout appareil orthopédique destiné à protéger, immobiliser ou soutenir le corps ou une de ses parties auxquels il est directement fixé (attelles, gouttières, corsets...).

ORTHO... Préfixe grec indiquant une notion de *correction*, de *remise en état*, de *réparation.*

ORTHOCHROMATIQUE, *adj.* Se dit de la teinte d'un élément figuré lorsqu'elle est analogue à celle du colorant employé.

ORTHOCHROME, *adj.* V. *isochrome.*

ORTHODONTIE, *s. f.* Partie de l'art dentaire qui s'occupe de la prophylaxie et du traitement des difformités congénitales ou acquises des dents.

ORTHOGÉNIE, *s. f.* V. *eugénie.*

ORTHOPÉDIE, *s. f.* Art de prévenir et de corriger les difformités du corps. Chirurgie osseuse.

ORTHOPHONIE, *s. f.* 1° Prononciation normale, par opposition au bégaiement et autres troubles de la phonation. — 2° V. *orthophonique (traitement).*

ORTHOPHONIQUE (traitement). Traitement destiné à corriger les défauts de prononciation.

ORTHOPNÉE, *s. f.* Dyspnée empêchant le malade de rester couché et l'obligeant à s'asseoir ou à rester debout.

ORTHOPTIE, *s. f.* Syn. *orthoptique.* Ensemble des procédés de rééducation de l'œil.

ORTHOPTIQUE, *s. f.* V. *orthoptie.*

ORTHOPTISTE, *s. m.* ou *f.* Auxiliaire médical effectuant des traitements de rééducation oculomotrice.

ORTHOSTATIQUE, *adj.* Se dit des phénomènes provoqués par la station debout. — *albuminurie o.* — *hypotension o.*

ORTHOSTATISME, *s. m.* Station debout et phénomènes qui en résultent.

OS (obstétrique). Abréviation d'*occipito-sacrée,* position exceptionnelle de la présentation du sommet, lorsque celle-ci arrive au détroit inférieur et que l'occiput tourne vers le sacrum.

OS, *s. m.* Organe dont la blancheur et la dureté sont les conséquences de l'imprégnation de sa trame conjonctive par les sels de calcium. Les os, dont l'ensemble constitue le squelette, forment la charpente du corps. Ils peuvent être plats, courts ou longs. Les os, sur lesquels s'insèrent les muscles, sont reliés par les articulations.

OSCILLOMÈTRE, *s. m.* Appareil destiné à indiquer les pressions maxima, moyenne et minima du courant sanguin, ainsi que l'indice oscillométrique.

OSCILLOMÉTRIE, *s. f.* Etude de la pression artérielle et de l'amplitude des battements artériels à l'aide de l'oscillomètre.

...OSE. Suffixe grec qui désigne les maladies *chroniques* ou les affections *non inflammatoires.*

OSE, *s. m.* Syn. désuet *monosaccharide.* Une des deux grandes classes des glucides. Les *o.* sont des sucres simples, non hydrolysables. V. *oside.*

OSIDE, *s. m.* Une des deux grandes classes des glucides. Les *o.* donnent par hydrolyse un ou plusieurs oses ; on les divise en *holosides* et en *hétérosides.*

OSLER (maladies d') (Sir William O., 1849-1919, médecin canadien). 1° *Maladie de Jaccoud-Osler.* Endocardite bactérienne lente. — 2° *Maladie de Rendu-Osler.* Angiomatose hémorragique familiale.

Osm. Abréviation d'*osmole.*

OSMOLALITÉ, *s. f.* Concentration moléculaire de toutes les particules osmotiquement actives contenues dans une solution, exprimée en osmoles (ou en milliosmoles) par kilogramme de solvant.

OSMOLARITÉ, *s. f.* Concentration moléculaire de toutes les particules osmotiquement actives contenues dans une solution exprimée en osmoles (ou en milliosmoles) par litre de solution.

OSMOLE, *s. m.* (Osm). Unité de mesure de pression osmotique. C'est la pression osmotique exercée par une molécule-gramme d'un corps non ionisé dissous dans un litre d'eau.

OSMORÉCEPTEUR, TRICE, *adj.* Qui est sensible aux variations de la pression osmotique.

OSMOSE, *s. f.* Passage réciproque de deux liquides inégalement riches en molécules dissoutes, à travers une membrane semi-perméable qui les sépare.

OSMOTIQUE, *adj.* Qui a rapport à l'osmose. — *pression* ou *tension o.* Force exercée, de part et d'autre de la membrane à demi perméable qui les sépare, par deux liquides inégalement riches en molécules dissoutes.

OSSELET, *s. m.* Petit os. — *osselets de l'ouie*. Ce sont du dehors en dedans le *marteau*, *l'enclume* et *l'étrier* situés dans l'oreille moyenne ; articulés entre eux, ils transmettent à travers la caisse du tympan, les vibrations de ce dernier à la fenêtre ovale.

OSSIFICATION, *s. f.* Formation et développement du tissu osseux, qu'ils soient normaux (syn. *ostéogenèse, ostéogénie*) ou pathologiques.

OSSIFLUENT, ENTE, *adj.* Qui s'accompagne de fonte osseuse. — *abcès o.*

OST..., OSTÉO... Préfixe grec signifiant *os.*

OSTÉALGIE, *s. f.* Douleurs osseuses spontanées ou provoquées.

OSTÉITE, *s. f.* Nom générique donné à toutes les affections inflammatoires des os. Il est pris quelquefois comme synonyme d'*ostéomyélite.*

OSTÉITE FIBROKYSTIQUE. Syn. *maladie osseuse de Recklinghausen, ostéose parathyroïdienne* ou *fibrokystique.* Affection chronique liée à un hyperfonctionnement des glandes parathyroïdes. Elle est caractérisée par une décalcification diffuse du squelette avec production de kystes multiples, une lithiase rénale calcique ; un syndrome humoral particulier : hypercalcémie, hypercalciurie, hypophosphorémie, hyperphosphatasémie.

OSTÉO-ARTHRITE, *s. f.* Arthrite se compliquant de lésions osseuses au niveau des surfaces articulaires.

OSTÉOBLASTE, *s. m.* Cellule jeune mésenchymateuse qui assure la formation de la trame osseuse.

OSTÉOBLASTOME, *s. m.* Tumeur bénigne des os se développant chez le sujet jeune, constituée par la prolifération d'ostéoblastes élaborant des lamelles de tissu ostéoïde.

OSTÉOCALCINE, *s. f.* Protéine de faible poids moléculaire contenant de l'acide gamma-carboxyglutamique (GLA) et sécrétée par les ostéoblastes. Son taux sérique est élevé dans l'hyperparathyroïdie, la maladie de Paget, et l'ostéodystrophie rénale.

OSTÉOCHONDRITE, *s. f.* ou **OSTÉOCHONDROSE**, *s. f.* Dystrophie de croissance frappant électivement certaines régions ostéo-cartilagineuses : épiphyses, apophyses, petits os, corps vertébraux.

OSTÉOCHONDRODYSPLASIE, *s. f.* Trouble de la formation et de la croissance des cartilages et des os. V. *chondrodystrophie* et *ostéodystrophie.*

OSTÉOCHONDRODYSTROPHIE, *s. f.* Trouble de la nutrition des cartilages et des os. V. *chondrodystrophie* et *ostéodystrophie.*

OSTÉOCHONDROME, *s. m.* Chondrome ossifiant.

OSTÉOCHONDROSARCOME, *s. m.* Tumeur conjonctive maligne développée aux dépens de l'os et du cartilage.

OSTÉOCHONDROSE, *s. f.* V. *ostéochondrite.*

OSTÉOCLASIE, *s. f.* Processus de résorption osseuse dans lequel l'os est attaqué par des ostéoclastes.

OSTÉOCLASTE, *s. m.* Nom donné aux myéloplaxes (grandes cellules de la moelle osseuse), agents destructeurs de la substance osseuse.

OSTÉODYSPLASIE, *s. f.* V. *ostéodystrophie.*

OSTÉODYSTROPHIE, *s. f.* Syn. *ostéodysplasie.* Trouble de la formation (ostéodysplasie) ou de la nutrition (ostéodystrophie), du tissu osseux provoquant des déformations du squelette plus ou moins étendues.

OSTÉOGENÈSE, *s. f.* V. *ossification.*

OSTÉOÏDE, *adj.* Qui rappelle le tissu osseux.

OSTÉOLOGIE, *s. f.* Partie de l'anatomie qui traite des os.

OSTÉOLYSE, *s. f.* Destruction progressive du tissu osseux. Elle peut être normale ou pathologique.

OSTÉOMALACIE, *s. f.* Déminéralisation squelettique généralisée, par insuffisance de fixation phosphocalcique sur la trame protéique de l'os ou tissu ostéoïde.

OSTÉOME, *s. m.* 1° Tumeur bénigne formée de tissu osseux adulte. — 2° Ossification intramusculaire post-traumatisme provenant de la calcification d'un hématome.

OSTÉOMYÉLITE, *s. f.* Inflammation simultanée de l'os et de la moelle osseuse.

OSTÉOMYÉLITE INFECTIEUSE AIGUË. Maladie de l'enfance, consistant en une inflammation de l'os, localisée à la région juxta-épiphysaire, due au staphylocoque pyogène, s'accompagnant de symptômes généraux graves et évoluant spontanément vers la suppuration et la formation d'un séquestre.

OSTÉONÉCROSE, *s. f.* Mortification de l'os.

OSTÉOPATHE, *s. m.* ou *f.* 1° Patient atteint d'une maladie osseuse. — 2° Praticien consacrant son activité à l'ostéopathie.

OSTÉOPATHIE, *s. f.* 1° Nom générique de toutes les affections osseuses. — 2° Système thérapeutique basé sur les manipulations.

OSTÉOPÉRIOSTITE, *s. f.* Inflammation aiguë ou chronique du périoste et de l'os sous-jacent.

OSTÉOPHLEGMON, *s. m.* Suppuration osseuse sous-périostée avec envahissement inflammatoire des tissus voisins.

OSTÉOPHYTE, *s. m.* Production osseuse exubérante développée aux dépens du périoste dans le voisinage d'une articulation malade ou d'une ostéite chronique.

OSTÉOPHYTOSE, *s. f.* Affection caractérisée par le développement d'ostéophytes.

OSTÉOPLASTIE, *s. f.* Nom donné à toutes les opérations qui ont pour but la restauration d'un os à l'aide de fragments osseux.

OSTÉOPOROSE, *s. f.* Déminéralisation squelettique généralisée par raréfaction de la trame protéique de l'os.

OSTÉOSARCOME, *s. m.* Sarcome se développant dans les os aux dépens du tissu ostéogénique.

OSTÉOSCLÉROSE, *s. f.* Nom donné à l'éburnation des os.

OSTÉOSE, *s. f.* Lésion non inflammatoire des os.

OSTÉOSYNTHÈSE, *s. f.* 1° Réunion, à ciel ouvert, des fragments d'un os fracturé, à l'aide d'un matériel qu'on abandonne au milieu des tissus, ou que l'on retire après un certain temps. — 2° Opération destinée à provoquer l'ankylose d'une articulation.

OSTÉOTOMIE, *s. f.* Section chirurgicale d'un os long.

OSTIUM, *s. m.* Orifice, en latin.

OSTIUM COMMUNE. Orifice qui, chez l'embryon, fait communiquer à la fois les deux oreillettes et les deux ventricules du cœur ; sa persistance après la naissance constitue le *canal atrioventriculaire commun.*

OSTIUM PRIMUM. Orifice qui, à un stade précoce du développement embryologique du cœur, fait communiquer les deux oreillettes.

OSTIUM SECUNDUM. Orifice qui, pendant un stade du développement embryonnaire du cœur, fait communiquer les deux oreillettes. Après la disparition de l'ostium primum, l'*o. s.* ou *trou de Botal* se forme dans le septum primum et prend le nom de *foramen ovale* que la valvule de Vieussens obturera normalement. Sa persistance constitue la variété la plus fréquente de communication interauriculaire.

OT... Préfixe grec signifiant *oreille*.

OTALGIE, *s. f.* Douleur siégeant au niveau de l'oreille.

OTITE, *s. f.* Nom donné à toutes les inflammations aiguës ou chroniques de l'oreille.

OTOLOGIE, *s. f.* Etude de l'oreille et des maladies qui lui sont spéciales.

OTOMASTOÏDITE, *s. f.* Otite moyenne accompagnée de mastoïdite.

OTOPLASTIE, *s. f.* Opération qui a pour but de restaurer l'oreille externe détruite ou déformée.

OTO-RHINO-LARYNGOLOGIE, *s. f.* **(ORL).** Spécialité médicale traitant des maladies des voies aériennes supérieures : nez, gorge, oreilles, larynx.

OTORRAGIE, *s. f.* Hémorragie par le conduit auditif externe.

OTORRHÉE, *s. f.* Nom donné aux écoulements qui se font par l'oreille, quels qu'en soient la nature et le point de départ.

OTOSCLÉROSE, *s. f.* Variété d'otite chronique, dont les lésions bilatérales intéressent la caisse et le labyrinthe. Elle aboutit progressivement à la surdité définitive.

OTOSCOPE, *s. m.* Instrument permettant l'inspection du conduit auditif externe et du tympan : il est composé d'un spéculum d'oreille et d'une source lumineuse.

OTOSCOPIE, *s. f.* Nom donné à l'examen de l'oreille, quel que soit le procédé employé.

OTOSPONGIOSE, *s. f.* Affection congénitale caractérisée par l'extension de l'ossification de la paroi interne de la caisse du tympan qui va progressivement bloquer le fonctionnement de l'étrier, entraînant une altération croissante de l'organe de Corti, et par le développement d'une surdité bilatérale.

OTOTOXICITÉ, *s. f.* Toxicité pour l'appareil auditif.

OUABAÏNE, *s. f.* Glucoside cardiotonique provenant du *Strophantus gratus*, plante des régions tropicales.

OURLES, *s. f. pl.* V. *oreillons*.

OURLIEN, ENNE, *adj.* Qui se rapporte aux oreillons.

OVAIRE, *s. m.* Glande génitale féminine paire, située dans le pelvis, à la fois *exocrine* (ovogenèse) et *endocrine* (v. *œstrogène et progestérone*).

OVALOCYTE, *s. m.* Hématie de forme ovoïde.

OVARIECTOMIE, *s. f.* Ablation des ovaires.

OVARIEN, IENNE, *adj.* Qui a rapport aux ovaires ou en dépend. — *cycle o.* Etapes successives que parcourt en 28 jours le follicule de l'ovaire, sous l'influence des hormones gonadotropes hypophysaires et comprenant les phases folliculaire et lutéinique.

OVARIOPRIVE, *adj.* Qui se rapporte à la suppression des ovaires ou de leur fonctionnement.

OVARITE, *s. f.* Inflammation de l'ovaire.

OVERDOSE, *s. f.* Intoxication aiguë par une quantité excessive de la drogue utilisée habituellement par le toxicomane.

OVIPARITÉ, *s. f.* Mode de reproduction par les œufs.

OVOCYTE, *s. m.* V. *ovogenèse.*

OVOGENÈSE, *s. f.* Production des ovules. Elle passe par plusieurs stades. Dans l'ovaire, la cellule germinale femelle ou *ovogonie* se multiplie et forme des *ovocytes* de 1er ordre (diploïdes) qui vont donner naissance à un petit globule polaire (qui va dégénérer) et à un ovocyte de 2e ordre (haploïde). Ce dernier se divise en un 2e globule polaire et en *ovule.*

OVOGONIE, *s. f.* V. *ovogenèse.*

OVOTESTIS, *s. m.* Coexistence, dans une même gonade, de tissu ovarien et testiculaire.

OVULATION, *s. f.* Ponte ovarique. Rupture de l'ovisac et mise en liberté de l'ovule.

OVULE, *s. m.* Cellule reproductrice (gamète) femelle, stade terminal de l'ovogenèse, apte à être fécondée par le spermatozoïde.

OWREN (TEST D') (Paul O. hématologiste norvégien contemporain). V. *thrombotest.*

OXALIQUE, *adj.* Qui a rapport à l'acide oxalique ou à ses sels.

11-OXYCORTICOSTÉROÏDES, *s. m. pl.* Groupe de stéroïdes sécrétés par la zone fasciculée de la corticosurrénale et caractérisés par la présence d'un radical cétone ou alcool fixé sur le 11e sommet du carbone. Il comprend notamment la corticostérone, le cortisol ou hydrocortisone et la cortisone. Ces hormones transforment les protéines tissulaires en glycogène, elles ont aussi une puissante *action anti-inflammatoire* et *anti-allergique.*

OXYDASE, *s. f.* 1° Enzyme activant l'oxygène. — 2° Enzyme transformant, par fixation d'oxygène, une substance en une autre.

OXYDATION, *s. f.* Réaction chimique caractérisée par la fixation d'oxygène sur un corps (*o. proprement dite* ou *oxygénation*). — Par extension, perte d'une ou plusieurs charges d'électricité négative, par départ d'un ou plusieurs électrons.

OXYDORÉDUCTION, *s. f.* Ensemble formé par des réactions d'oxydation (perte d'électrons) et de réduction (gain d'électrons) couplées, pouvant réaliser un équilibre variable selon les circonstances.

OXYGÉNASE, *s. f.* Ferment capable de fixer l'oxygène sur une molécule d'eau avec formation d'eau oxygénée.

OXYGÉNATION, *s. f.* Oxydation d'une substance par fixation d'oxygène.

OXYGÉNOTHÉRAPIE, *s. f.* Emploi thérapeutique de l'oxygène. — *o. hyperbare. O.* par inhalation d'oxygène pur ou d'un mélange gazeux riche en oxygène dans un caisson où règne une pression élevée. Ses indications principales sont les accidents de décompression, les embolies gazeuses, l'intoxication par l'oxyde de carbone.

OXYHÉMOGLOBINE, *s. f.* Forme oxydée de l'hémoglobine.

OXYMÉTRIE, *s. f.* Dosage de la quantité d'oxygène contenue dans un gaz ou un liquide (p. ex. *sang*).

OXYPHILE, *adj.* Qui a de l'affinité pour l'oxygène.

OXYURASE, *s. f.* Maladie localisée dans l'intestin, produite par les oxyures.

OXYURE, *s. m.* Ver de l'ordre des Nématodes, qui vit en parasite dans le tube digestif. Sa présence, au niveau du rectum et de l'anus, détermine un prurit important.

P

P. 1° Symbole chimique du *phosphore.*
— 2° Symbole de la *pression gazeuse.*
— 3° Symbole de *péta*, signifiant 10¹⁵.

p. 1° Symbole de *pico.* — 2° Symbole
du *bras court du chromosome.*

P (onde). V. *électrocardiogramme.*

Pa. Symbole de *pascal*, unité de pression du système international.

PACEMAKER, *s. m.* 1° Région du cœur
où prend naissance l'excitation
motrice ; à l'état normal, c'est le nœud
sinusal ou nœud de Keith et Flack. —
2° V. *stimulateur cardiaque.*

PACHY... Préfixe grec indiquant une
notion d'*épaisseur.*

PACHYDERMIE, *s. f.* Accroissement
persistant de l'épaisseur de la peau
dans son ensemble.

PACHYMÉNINGITE, *s. f.* Inflammation
chronique avec épaississement de la
dure-mère.

PACHYPLEURITE, *s. f.* Epaississement
de la plèvre, formé de tissu conjonctif
très vasculaire, observé fréquemment
dans les pleurésies chroniques.

PAF-ACÉTHER. V. *facteur d'activation
des plaquettes.*

PAGET (maladie osseuse de) (Sir James
P., 1814-1899, chirurgien britannique).
Maladie de cause inconnue, caractérisée par l'hypertrophie et la déformation de certaines pièces squelettiques
alors que les os voisins sont indemnes
(fémurs incurvés). Il existe une augmentation du taux sanguin des phosphatases alcalines et une hydroxyprolinurie, témoignant d'un profond remaniement de la structure osseuse par
augmentation de l'ostéolyse.

PAGÉTOÏDE, *adj.* Qui présente des
caractères analogues à ceux de la maladie de Paget.

PALAIS, *s. m.* Paroi supérieure de la
cavité buccale, formée d'une partie
antérieure osseuse, le *p. dur* et d'une
partie postérieure molle, le *voile* du
palais, lequel participe à la déglutition
et à la phonation.

PALILALIE, *s. f.* Trouble de la parole
consistant en la répétition spontanée,
involontaire, d'une même phrase ou
d'un même mot.

PALINDROMIQUE, *adj.* A rechutes.

PALLIATIF, IVE, *adj.* et *s. m.* Qui calme
ou supprime les symptômes pénibles
d'une affection sans agir sur la maladie
elle-même.

PALLIDAL, ALE, *adj.* Qui se rapporte
au pallidum, partie interne du noyau
lenticulaire.

PALLIDUM, *s. m.* V. *globus pallidus*.

PALLIUM, *s. m.* Syn. *écorce cérébrale*. Couche périphérique du cerveau constituée de substance grise.

PALPATION, *s. f.* ; **PALPER**, *s. m.* Méthode d'exploration qui consiste à appliquer les doigts ou la main sur les parties extérieures du corps pour apprécier par le toucher les qualités physiques des tissus et des divers organes.

PALPITATION, *s. f.* Perception anormale des battements cardiaques.

PALUDÉEN, ENNE, *adj.* Syn. *malarien, paludique, palustre*. Qui a rapport au paludisme.

PALUDIQUE, *adj.* V. *paludéen*.

PALUDISME, *s. m.* Maladie infectieuse provoquée par un hématozoaire, le *Plasmodium*, inoculé par la piqûre de femelles de moustiques. Le *paludisme d'invasion* se manifeste par des accès de fièvre dont la périodicité change selon la variété de *Plasmodium* en cause, tierce bénigne avec le *Plasmodium vivax* (la plus répandue) ou avec le *P. ovale*, tierce maligne avec le *P. falciparum*, fièvre quarte, bénigne mais tenace, avec le *P. malariæ*. En l'absence de traitement, et chez les sujets réinfestés, apparaît le *paludisme viscéral évolutif* caractérisé par une anémie parfois considérable, une rate très volumineuse, une altération de l'état général. Le paludisme est endémique dans les régions chaudes. C'est la plus répandue et la plus grave des maladies transmissibles.

PAN... Préfixe grec indiquant l'*ensemble*, la *totalité*.

PANACÉE, *s. f.* Remède à tous maux.

PANARIS, *s. m.* Nom générique donné à toutes les inflammations aiguës des doigts.

PANARTÉRITE, *s. f.* 1º Artérite étendue à tout le système artériel. — 2º Inflammation des trois tuniques de l'artère (intima, média et adventice).

PANCRÉAS, *s. m.* Glande digestive liée au duodénum, comprenant une tête et un corps fixes et une queue relativement mobile orientée à gauche. Elle est à la fois *exocrine*, se drainant par les canaux de Wirsung et de Santorini dans la 2e partie du duodénum, et *endocrine* : sécrétion d'insuline et de glucagon issue des îlots de Langherans.

PANCRÉATECTOMIE, *s. f.* Extirpation totale ou partielle du pancréas.

PANCRÉATITE, *s. f.* Nom donné à toutes les inflammations aiguës ou chroniques du pancréas. — La *p. aiguë* ou *suraiguë*, due à une autodigestion de la glande (*p. hémorragique* ou *œdémateuse*), réalise un syndrome dramatique d'une extrême gravité.

PANCRÉATOGRAPHIE, *s. f.* Radiographie du pancréas, après injection de substance opaque aux rayons X dans le canal de Wirsung.

PANCRÉATOPRIVE, *adj.* Qui est en rapport avec la suppression du pancréas.

PANCYTOPÉNIE, *s. f.* Diminution du nombre de tous les éléments figurés du sang (globules rouges, globules blancs, plaquettes).

PANDÉMIE, *s. f.* Propagation d'une maladie infectieuse à presque tous les habitants d'une région plus ou moins étendue, parfois à l'humanité toute entière.

PANHYPOPITUITARISME, *s. m.* Insuffisance antihypophysaire globale.

PANIQUE, *s. f.* (**attaque** ou **crise de**). Accès aigus et répétés d'anxiété intense, accompagnés des manifestations de l'angoisse.

PANMYÉLOPHTISIE, *s. f.* Affection caractérisée par l'association d'anémie, d'agranulocytose et d'hémorragies. Elle est due à une aplasie médullaire.

PANMYÉLOSE, *s. f.* Affection atteignant tous les éléments de la moelle osseuse formateurs de globules rouges, de leucocytes granuleux, de plaquettes et de monocytes. Elle peut être aplasique (panmyélophtisie) ou hyperplasique.

PANNICULE ADIPEUX. Tissu sous-cutané contenant des lobules de graisse. V. *hypoderme*.

PANNICULITE, *s. f.* Inflammation du tissu graisseux sous-cutané ou pannicule adipeux. — Nom parfois donné à la cellulite superficielle.

PANNUS, *s. m.* 1° Affection de la cornée, due généralement à une irritation prolongée, et caractérisée par le développement d'un réseau vasculaire à sa surface avec injection conjonctivale intense. — 2° Tissu inflammatoire granuleux, d'origine synoviale, recouvrant le cartilage articulaire au cours de certaines arthrites.

PANOSTÉITE, *s. f.* Inflammation de la totalité de l'os : périoste, corticale et médullaire.

PANSEMENT, *s. m.* 1°. Recouvrement d'une plaie au moyen de compresses stériles, fixées par un bandage ou de l'adhésif. — 2°. Le matériel utilisé à cet effet. — Le *p.* protège la plaie, absorbe l'exsudat et favorise la cicatrisation.

PAP. Abréviation de *phosphatase acide prostatique*.

PAPANICOLAOU (test de) (George P., 1883-1962, médecin américain). V. *vaginal (étude des frottis vaginaux)*.

PAPAVÉRINE, *s. f.* Alcaloïde du pavot, doué de propriétés spasmolytiques vis-à-vis des muscles lisses et donc vasodilatatrices.

PAPILLE, *s. f.* Petite saillie molle, en mamelon. P. ex. *p. duodénale, p. optique*.

PAPILLITE, *s. f.* 1° (ophtalmologie). Œdème de la papille optique. — 2° Hyperplasie et inflammation du repli duodénal (papille) au niveau duquel se jette le canal cholédoque.

PAPILLOMATOSE, *s. f.* Affection contagieuse et inoculable, caractérisée par l'existence de multiples *verrues* ou *papillomes* cutanés ou muqueux.

PAPILLOME, *s. m.* Lésion de la peau et des muqueuses, caractérisée par l'hypertrophie des papilles normales.

PAPULE, *s. f.* Lésion élémentaire de la peau, caractérisée par une élevure solide, de forme variable, formée par une infiltration de la couche superficielle du derme et disparaissant au bout d'un certain temps sans laisser de cicatrice.

PAPULOSE, *s. f.* Eruption constituée de papules.

PAQUET-ANNÉE, *s. m.* Elément de mesure de la consommation de tabac. Un *p. a.* correspond à vingt grammes de tabac fumés chaque jour pendant un an.

PAR. Abréviation de *pression artérielle rétinienne*.

PARA... Préfixe grec indiquant le *voisinage*, l'*opposition* ou la *défectuosité*.

PARACENTÈSE, *s. f.* Opération qui consiste à pratiquer une ouverture dans une partie du corps, le plus souvent pour évacuer une collection liquide contenue dans une cavité naturelle (plèvre, oreille, etc.).

PARACLINIQUE, *adj.* Qui complète la clinique. — *Examen p.* Technique complémentaire aidant au diagnostic : dosage biologique, imagerie médicale.

PARACOUSIE, *s. f.* Anomalie dans la perception des sons, dont la tonalité ou l'intensité peuvent être inexactement perçues.

PARADENTAIRE, *adj.* Qui se trouve à côté de la dent. — *tumeur p.*

PARAGE, *s. m.* Nettoyage, excision d'une plaie.

PARAGNOSIE, *s. f.* Fausse reconnaissance d'objets. V. *agnosie.*

PARAGRAPHIE, *s. f.* Trouble du langage écrit, caractérisé par la confusion des mots.

PARAGUEUSIE, *s. f.* Anomalie ou perversion du sens du goût.

PARAKÉRATOSE, *s. f.* Dermatose caractérisée par un trouble de l'évolution cornée des cellules épidermiques.

PARALYSIE, *s. f.* Diminution ou abolition de la motricité. Elle présente de nombreuses variétés.

PARALYSIE CENTRALE. Paralysie liée à une atteinte du neurone proximal situé dans le système nerveux central.

PARALYSIE GÉNÉRALE PROGRESSIVE(PG ou PGP). Affection, d'origine syphilitique, caractérisée par des lésions diffuses des centres nerveux et de leurs enveloppes, et par l'affaiblissement progressif de l'intelligence, un délire (mégalomanie) et divers troubles somatiques. L'évolution spontanée se fait vers la démence, le gâtisme et la mort en quelques années.

PARALYSIE PÉRIPHÉRIQUE. Paralysie liée à une atteinte du neurone distal intermédiaire entre le neurone central et le muscle.

PARALYSIE PSEUDO-BULBAIRE. Syndrome consécutif à la survenue d'une succession de foyers bilatéraux de ramollissement cérébral : démarche à petits pas, rire et pleurs spasmodiques ; l'évolution se fait vers la démence et le gâtisme.

PARALYSIE SPASMODIQUE ou **SPASTIQUE**. Paralysie avec contracture pyramidale.

PARAMÉDICAL, ALE, *adj.* Associé à, complémentaire de la médecine. — *professions p.* Professions de santé travaillant en collaboration avec les médecins. V. *santé (professions de).*

PARAMÈTRE, *s. m.* Partie supérieure de la base du ligament large, formée de tissu conjonctif et traversée par l'uretère et les vaisseaux utérins et vaginaux.

PARANÉOPLASIQUES (manifestations ou syndromes). Manifestations morbides survenant au cours de l'évolution d'un cancer, surtout bronchique à petites cellules, et dont la pathogénie est inconnue : elles ne sont dues ni à une métastase, ni à une compression (neuropathies etc.). Elles régressent après la cure de la tumeur maligne.

PARANOIA, *s. f.* Ensemble de troubles du caractère associant l'orgueil, la méfiance, un jugement faux, une tendance aux interprétations qui favorise un délire et engendre des réactions agressives.

PARANOÏAQUE, *adj.* Qui concerne la paranoïa. — *s. m.* ou *f.* Malade atteint de cette affection.

PARAPHIMOSIS, *s. f.* Etranglement du gland par le collet préputial trop étroit, lorsque ce dernier a été ramené en arrière de la couronne.

PARAPHLÉBITE, *s. f.* V. *périphlébite.*

PARAPLÉGIE, *s. f.* Paralysie des deux membres inférieurs.

PARAPSORIASIS, *s. m.* Terme désignant un certain nombre de dermatoses érythémato- ou papulo-squameuses.

PARA-SIDA, s. m. Terme générique désignant les syndromes apparentés au SIDA (v. *immunodéficitaire acquis, syndrome*). Il peut s'agir d'un syndrome mononucléosique d'infection aiguë par le HIV ou de diverses formes de début du SIDA : syndrome des adénopathies chroniques disséminées, etc.

PARASITAIRE, adj. 1° Qui concerne les parasites ou est causé par eux : *maladies p.* — 2° (psychiatrie). Se dit de phénomènes (images, mots, idées) qui s'imposent à la conscience du malade, bien que celui-ci, par son sens critique, reconnaisse leur absurdité.

PARASITE, s. m. Animal ou végétal qui, pendant une partie ou la totalité de son existence, vit aux dépens d'un individu d'une autre espèce.

PARASITÉMIE, s. f. Présence de parasites dans le sang.

PARASITICIDE, adj. et s. m. Se dit des substances qui servent à détruire les parasites.

PARASITISME, s. m. Condition d'un être organisé (parasite) qui vit sur un autre corps organisé, qu'il en tire ou non sa nourriture.

PARASITOLOGIE, s. f. Partie de l'histoire naturelle qui s'occupe de l'étude des parasites animaux et végétaux.

PARASITOSE, s. f. Terme générique par lequel on désigne les maladies déterminées par des parasites.

PARASYMPATHICOLYTIQUE, adj. V. *vagolytique.*

PARASYMPATHICOMIMÉTIQUE, adj. V. *vagomimétique.*

PARASYMPATHICOTONIE, s. f. V. *vagotonie.*

PARASYMPATHIQUE, adj. Syn. *vagal.* V. *système nerveux parasympathique.*

PARATHORMONE s. f. Hormone polypeptidique hypercalcémiante sécrétée par les glandes parathyroïdes ; elle agit sur l'os, le rein et l'intestin pour régler le métabolisme calcique et s'oppose à la calcitonine.

PARATHYRÉOPRIVE (syndrome). Syn. *insuffisance parathyroïdienne.* — Manifestations aiguës ou chroniques survenant après l'ablation ou l'atrophie des glandes parathyroïdes : tétanie, hypocalcémie avec hypocalciurie, hyperexcitabilité des nerfs et des muscles.

PARATHYROÏDE, adj. A côté de la thyroïde. — *glande p.* Glande endocrine située en arrière de la glande thyroïde (2 paires, supérieures et inférieures).

PARATHYROÏDECTOMIE, s. f. Ablation d'une glande parathyroïde.

PARATHYROÏDIEN, ENNE, adj. Qui concerne les glandes parathyroïdes. — *hormone p.* V. *parathormone.* — *insuffisance p.* V. *parathyréoprive (syndrome).*

PARATHYROÏDITE, s. f. Inflammation des glandes parathyroïdes.

...PARE. Suffixe qui, précédé d'un chiffre romain (III, IV, etc.), signifie : *femme qui accouche* pour la 3ᵉ fois (*III-pare*), la 4ᵉ fois (*IV-pare*), etc. V. *...geste.*

PARENCHYMATEUX, EUSE, adj. Qui se rapporte à un parenchyme, à l'élément cellulaire noble, fonctionnel. Par opposition au tissu conjonctif de soutien d'un organe.

PARENCHYME, s. m. Tissu noble, fonctionnel, spécifique d'un organe. V. *stroma.*

PARENTÉRAL, ALE, *adj.* Qui a lieu à côté de l'intestin. — *introduction p.* d'une substance : introduction dans l'organisme d'une substance par une autre voie que la voie digestive.

PARÉSIE, *s. f.* Paralysie légère consistant dans l'affaiblissement de la contractilité.

PARESTHÉSIE, *s. f.* 1° Anomalie de la perception des sensations, tactiles, douloureuses, thermiques ou vibratoires. — 2° Sensations pénibles variées, survenant sans cause apparente, telles que fourmillement, engourdissement.

PARIÉTAL (syndrome). Ensemble de symptômes provoqués par une lésion du lobe pariétal du cerveau. Ils sont dûs à un trouble de l'intégration et de l'utilisation des messages sensitifs venus de la périphérie.

PARIÉTAL, ALE, *adj.* relatif à une paroi. — *s. m.* Os plat, pair et symétrique, constituant la paroi latérale de la voûte crânienne.

PARKINSON (maladie de) (James P. 1755-1824, médecin britannique). Affection due à une lésion du corps strié et du *locus niger* essentiellement caractérisée par un tremblement spécial, surtout prononcé aux doigts et par une rigidité musculaire qui donne au malade une attitude soudée particulière et figée.

PARKINSONIEN, ENNE, *adj.* Qui se rapporte à la maladie de Parkinson. — *s. m.* ou *f.* Sujet atteint de la maladie de Parkinson.

PARODONTE, *s. m.* Ensemble des tissus de soutien de la dent, gencive, ligament et os alvéolaire, cément.

PARODONTITE, *s. f.* Syn. *périodontite.* Inflammation du parodonte.

PARODONTOLYSE, *s. f.* Destruction du parodonte (v. *parodontite*).

PARODONTOME, *s. m.* V. *dentome.*

PARODONTOSE, *s. f.* Affection dégénérative du parodonte aboutissant à la destruction et à la chute des dents (v. *parodontite*).

PAROTIDE, *adj.* Près de l'oreille. — *glande p.* La plus volumineuse des glandes salivaires située derrière la branche montante de la mandibule. Son conduit évacuateur est le canal de Sténon.

PAROTIDECTOMIE, *s. f.* Ablation totale ou partielle de la glande parotide.

PAROTIDITE, *s. m.* Inflammation de la parotide.

PAROXYSME, *s. m.* Période d'une maladie ou d'un état morbide pendant laquelle les symptômes ont leur maximum d'acuité.

PARTHÉNOGENÈSE, *s. f.* Production de certains êtres sans fécondation.

PARTURIENTE, *s. f.* Femme qui accouche.

PARTURITION, *s. f.* Accouchement naturel.

PASCAL, *s. m.* (symbole Pa) (Blaise P. 1623-1662, savant français). Unité de pression du système international d'unités. Pression exerçant sur une surface plane de 1 m^2 une force totale de 1 newton.

PASTILLE, *s. f.* V. *tablette.*

PATCH, *s. m.* (anglais). Pièce, morceau.

PÂTE, *s. f.* (pharmacie). Pommade épaisse comportant une proportion importante de poudre.

PATELLA, *s. f.* Syn. *rotule.* Os sésamoïde situé à la face antérieure du genou dans le tendon du quadriceps fémoral.

PATELLAIRE, *adj.* V. *rotulien.*

PATELLECTOMIE, *s. f.* Ablation de la rotule.

PATELLITE, *s. f.* Ostéite de la rotule.

PATELLOPLASTIE, *s. f.* Reconstitution chirurgicale de la rotule en cas de fracture ou modelage chirurgical de cet os en cas d'arthrose fémoro-patellaire.

PATHÉTIQUE (nerf). Désignation ancienne du nerf trochléaire.

...PATHIE. Racine grecque qui, placée après un nom d'organe, désigne d'une façon générale une *affection* de cet organe. P. ex. : *cardiopathie, encéphalopathie.*

PATHOGÈNE, *adj.* Qui détermine une maladie. P. ex. : *microbe pathogène. — pouvoir p.* V. *pathogénicité.*

PATHOGÉNICITÉ, *s. f.* Pouvoir de provoquer une maladie.

PATHOGÉNIE, *s. f.* Etude du mécanisme par lequel agissent les causes des maladies pour déclencher l'évolution de celles-ci.

PATHOGNOMONIE, *s. f.* Etude des signes caractéristiques d'une maladie.

PATHOGNOMONIQUE, *adj.* Qui est spécifique d'une maladie. — *signe p.*

PATHOLOGIE, *s. f.* Science qui a pour objet l'étude des maladies.

PATHOLOGIE COMPARÉE. Etude comparative des phénomènes morbides dans les différentes espèces animales.

PATHOLOGIE EXTERNE. Partie de la *p.* consacrée à l'étude des maladies ou lésions siégeant à la surface du corps ou dont les soins nécessitent l'emploi de moyens chirurgicaux.

PATHOLOGIE GÉNÉRALE. Partie de la *p.* qui traite des éléments communs à toutes les maladies (causes, lésions, symptômes), considérés en eux-mêmes et non plus dans leurs groupements constituant les différents types morbides.

PATHOLOGIE INTERNE. Partie de la *p.* consacrée à l'étude des maladies siégeant à l'intérieur du corps ou justiciables de traitements purement médicaux.

PATHOLOGIQUE, *adj.* Qui concerne la pathologie. P. ex. : *anatomie p.*

PATHOMIMIE, *s. f.* Etat morbide voisin de la mythomanie, caractérisé par le besoin qu'éprouvent ceux qui en sont atteints de simuler une maladie.

PATIENT, ENTE, *s. m.* ou *f.* Client(e) d'un médecin.

PAUCISYMPTOMATIQUE, *adj.* Qui donne lieu à peu de symptômes.

PAUL ET BUNNELL (réaction de) (John P. 1891-1971 ; Walls B. né en 1902, médecins américains). Réaction d'agglutination caractéristique de la mononucléose infectieuse.

PCO₂. Symbole de *pression partielle en gaz carbonique* d'un milieu gazeux (air) ou liquide (sang).

PEAU, *s. f.* Organe membraneux souple recouvrant la surface du corps. On lui décrit deux couches superficielles, l'épiderme recouvrant le derme et une couche profonde, l'hypoderme contenant le panicule adipeux. La peau possède des phanères, des glandes sébacées et sudoripares et des corpuscules tactiles.

PEAUCIER (signe du). La contraction du muscle peaucier du cou est plus énergique du côté sain que du côté paralysé dans l'hémiplégie organique. (V. *platysma*).

PÉDÉRASTIE, *s. f.* Syn. *pédophilie.* Variété de l'inversion de l'instinct sexuel chez l'homme s'adressant aux jeunes garçons. V. *homosexuel.*

PÉDIATRIE, *s. f.* Branche de la médecine qui s'occupe des maladies des enfants. Médecine infantile.

PÉDICULAIRE, *adj.* Qui concerne les poux. — *maladie p.* V. *phtiriase.*

PÉDICULE, *s. m.* Partie rétrécie rattachant au corps certaines tumeurs ou certains organes. V. *pédoncule.*

PÉDICULÉ, LÉE, *adj.* Qui possède un pédicule.

PÉDICULOSE, *s. f.* V. *phtiriase.*

PÉDILUVE, *s. m.* Bain de pieds.

PÉDODONTIE, *s. f.* Odontologie de l'enfant.

PÉDONCULE, *s. m.* 1°. Syn. de *pédicule.* — 2°. (anatomie du système nerveux). Faisceau de substance blanche reliant deux organes ou régions de l'encéphale. P. ex. *p. hypophysaire, cérébelleux.*

PÉDOPHILIE, *s. f.* V. *pédérastie.*

PÉDOPSYCHIATRIE, *s. f.* Psychiatrie infantile.

PÉDOSPASME, *s. m.* Syn. *spasme pédal.* Contracture du pied en extension et en varus pendant la crise de tétanie.

PEELING, *s. m.* (anglais). V. *exfoliation.*

PELADE, *s. f.* Dermatose atteignant les régions pileuses du corps, surtout le cuir chevelu et la barbe ; elle est caractérisée par des plaques d'alopécie bien circonscrites. L'évolution se fait en quelques mois vers la repousse totale des poils.

PELLAGRE, *s. f.* Maladie due à une carence en vitamine PP. Elle est caractérisée par un érythème siégeant sur les parties découvertes, des troubles digestifs, souvent des troubles mentaux, une porphyrinurie et peut évoluer vers la cachexie et la mort.

PELVIMÉTRIE, *s. f.* Syn. *pelvigraphie.* Mensuration du bassin pratiquée en obstétrique.

PELVIS, *s. m.* V. *excavation pelvienne.*

PELVISPONDYLITE   RHUMATISMALE. Affection peu fréquente, survenant le plus souvent chez des hommes jeunes, évoluant lentement et atteignant électivement les articulations sacro-iliaques et la colonne vertébrale dont les ligaments se calcifient.

PÉLYCOSCOPIE, *s. f.* Syn. *culdoscopie.* — Examen visuel direct de la cavité pelvienne, éclairée par un instrument spécial introduit par le vagin après laparotomie vaginale.

PEMPHIGOÏDES, *s. f. pl.* Terme groupant toutes les dermatoses bulleuses différentes du pemphigus vrai.

PEMPHIGUS, *s. m.* Toute dermatose dont la bulle constitue l'élément essentiel. Elles sont classées en deux groupes : le *p. vrai* et les *pemphigoïdes.*

PÉNICILLINASE, *s. f.* Enzyme produite par certains microbes et qui détruit la pénicilline.

PÉNICILLINE, *s. f.* Antibiotique de la famille des bêta-lactamines. La *p.* naturelle (pénicilline G) est élaborée par une moisissure, le *Penicillium notatum* ; elle est douée d'une très grande activité antibactérienne. Les *p.* semi-synthétiques résistent mieux aux pénicillinases ou possèdent un spectre d'action plus large.

...PÉNIE, Suffixe grec indiquant la *pénurie*, le *manque.*

PÉNIS, *s. m.* Syn. *verge, phallus.* Organe mâle destiné à la copulation ; il contient l'urètre, les corps érectiles spongieux et caverneux ; il se termine par le gland, recouvert du prépuce et percé du méat urinaire.

PÉNITIS, *s. f.* Inflammation totale de la verge, envahissant les tissus érectiles et le fourreau.

PENTA... Préfixe grec signifiant *cinq*.

PENTOSE, *s. m.* Sucre (ose) contenant cinq atomes de carbone.

PEPSINE, *s. f.* Ferment contenu dans le suc gastrique et servant à la digestion des protéines.

PEPTIDE, *s. m.* Molécule protidique formée par la réunion de plusieurs acides aminés.

PEPTONE, *s. f.* Mélange de peptides provenant de la dégradation de substances protidiques. On l'utilise comme bouillon de culture en bactériologie.

PERCUSSION, *s. f.* Mode d'exploration clinique, qui consiste à provoquer certains sons en frappant avec un doigt une région déterminée du corps pour reconnaître l'état des parties sous-jacentes.

PERCUTANÉ, NÉE, *adj.* Qui se produit à travers la peau.

PERFUSION, *s. f.* Injection intraveineuse lente et prolongée d'une quantité importante de soluté contenant ou non des médicaments.

PÉRI... Préfixe grec qui signifie *à l'entour de*.

PÉRIADÉNITE, *s. f.* Inflammation de l'atmosphère conjonctive périganglionnaire.

PÉRIARTÉRITE, *s. f.* Inflammation de la tunique externe des artères.

PÉRIARTHRITE, *s. f.* Rhumatisme extra-articulaire qui atteint l'ensemble des tissus fibrotendineux entourant l'articulation : *p.* de l'épaule (*p.* scapulo-humérale).

PÉRICARDE, *s. m.* Enveloppe fibroséreuse du cœur composée du *p. fibreux* entourant le *p. séreux*, lui-même formé de deux feuillets *pariétal* et *viscéral* dont la ligne de réflexion se fait autour de l'origine des gros vaisseaux.

PÉRICARDECTOMIE ou **PÉRICARDIECTOMIE,** *s. f.* Décortication du cœur indiquée dans la péricardite chronique constrictive.

PÉRICARDIOCENTÈSE, *s. f.* Ponction du péricarde.

PÉRICARDIQUE, *adj.* Qui a rapport au péricarde.

PÉRICARDITE, *s. f.* Inflammation du péricarde, aiguë ou chronique, sèche ou avec épanchement.

PÉRICARDITE AIGUË BÉNIGNE ou **ÉPIDÉMIQUE** ou **FUGACE** ou **AIGUË NON SPÉCIFIQUE BÉNIGNE.** Péricardite souvent virale survenant chez les adultes jeunes, caractérisée par son début aigu très douloureux et fébrile et son évolution classique vers la guérison malgré des récidives possibles.

PÉRICARDITE CONSTRICTIVE ou **CALLEUSE.** Forme de *p.* chronique caractérisée par l'épaississement du sac péricardique, qui constitue une gangue fibreuse, parfois calcifiée, progressivement rétractile, enserrant le cœur dont elle gêne les mouvements (adiastolie).

PÉRICARDOPLASTIE, *s. f.* Intervention chirurgicale consistant en un modelage du péricarde obtenu en règle par une résection partielle.

PÉRICHOLÉCYSTITE, *s. f.* Inflammation du tissu cellulaire qui entoure la vésicule biliaire.

PÉRICYTE, *s. m.* Cellule du périthélium (v. ce terme).

PÉRIDURAL, ALE, *adj.* Situé(e) autour de la dure-mère. — *anesthésie p.* V. *anesthésie épidurale.*

PÉRIHÉPATITE, *s. f.* Inflammation de la capsule fibreuse du foie ou du péritoine qui entoure cet organe.

PÉRILYMPHE, *s. f.* Liquide séparant les labyrinthes osseux et membraneux de l'oreille interne. Il ne communique pas avec l'endolymphe (v. ce terme).

PÉRINATALITÉ, *s. f.* Ensemble des conditions et des soins qui entourent la naissance de l'enfant avant, pendant et après la grossesse. V. *périnatalogie.*

PÉRINATALOGIE ou **PÉRINATOLOGIE,** *s. f.* Syn. *médecine périnatale.* Etude des maladies de l'enfant qui peuvent survenir pendant les périodes précédant ou suivant immédiatement la naissance.

PÉRINÉE, *s. m.* Ensemble des parties molles dessinant une région losangique située au-dessous du diaphragme pelvien, limitée en avant par la symphyse pubienne, en arrière par le coccyx et latéralement par les branches ischio-pubiennes ; elle est traversée par l'anus et le vagin.

PÉRINÉOPLASTIE, *s. f.* Autoplastie de la région périnéale.

PÉRINÉORRAPHIE, *s. f.* Suture des deux lèvres d'un périnée déchiré au cours d'un accouchement.

PÉRINÉOTOMIE, *s. f.* Incision du périnée.

PÉRINÉPHRITE, *s. f.* Inflammation de l'enveloppe cellulo-adipeuse du rein.

PÉRIODE, *s. f.* V. *demi-vie.*

PÉRIODIQUE, *adj.* Qui se reproduit à intervalles réguliers.

PÉRIOSTE, *s. m.* Membrane fibreuse recouvrant l'os, à l'exception des surfaces articulaires ; elle sert à la nutrition, à la croissance et éventuellement à la réparation osseuse.

PÉRIOSTIQUE, *adj.* Qui se rapporte au périoste.

PÉRIOSTITE, *s. f.* Nom générique donné à toutes les inflammations du périoste ; elles s'accompagnent généralement d'ostéite. — *p. alvéolodentaire.* Syn. *alvéolite.* Inflammation de la membrane alvéolodentaire, succédant presque toujours à la carie dentaire.

PÉRIOSTOSE, *s. f.* Lésion non inflammatoire du périoste pouvant se transformer en exostose.

PÉRIPARTUM, *s. m.* Période comprenant le dernier mois de la grossesse et les premiers mois qui suivent l'accouchement.

PÉRIPHÉRIQUE (syndrome) (neurologie). Ensemble de symptômes dus à l'atteinte du neurone périphérique au niveau de la corne antérieure, des racines antérieures ou postérieures, du ganglion ou du nerf.

PÉRIPHLÉBITE, *s. f.* Syn. *paraphlébite.* Inflammation du tissu conjonctif qui entoure une veine.

PÉRISTALTIQUE, *adj.* Se dit des contractions qui se font de haut en bas dans l'estomac et l'intestin.

PÉRISTALTISME, *s. m.* Contractions péristaltiques.

PÉRITHÉLIUM, *s. m.* Tunique externe discontinue des capillaires, faite de péricytes.

PÉRITOINE, *s. m.* Membrane doublée d'une séreuse tapissant l'intérieur de la paroi abdominale *(p. pariétal)* et recouvrant les viscères abdominaux *(p. viscéral).* Ces deux feuillets délimitent une cavité virtuelle, la cavité péritonéale et sont reliés par les mésos.

PÉRITONÉOSCOPIE, *s. f.* V. *cœlioscopie.*

PÉRITONISATION, *s. f.* Temps spécial de la laparotomie ayant pour but de recouvrir de séreuse toutes les surfaces cruentées.

PÉRITONITE, *s. f.* Inflammation aiguë ou chronique du péritoine.

PÉRIUNGUÉAL, ALE, *adj.* Autour de l'ongle.

PERLÈCHE, *s. f.* Maladie de peau bénigne, due à des germes variés, contagieuse, caractérisée par une exulcération siégeant au niveau de la commissure des lèvres. C'est une complication de l'impétigo.

PERLINGUAL, ALE, *adj.* A travers la langue. — *voie p.* Voie d'absorption de certains médicaments.

PERMICTIONNEL, ELLE, *adj.* Qui se produit pendant l'émission d'urine.

PERNICIEUX, EUSE, *adj.* Se dit de certaines formes graves des maladies, la gravité étant due, non à une circonstance accidentelle, comme l'âge du sujet ou son état antérieur, mais à la nature même du mal. — *anémie p.* V. *Biermer (anémie de).*

PERNICIOSITÉ, *s. f.* Caractère particulièrement grave présenté par certaines formes de maladies (paludisme, anémie), capable d'entraîner rapidement la mort .

PÉRONÉ, *s. m.* V. *fibula.*

PEROPÉRATOIRE, *adj.* Qui se produit au cours d'une intervention chirurgicale.

PER OS. (latin). Par voie buccale.

PEROXYDASE, *s. f.* Enzyme oxydante pouvant décomposer l'eau oxygénée (peroxyde d'hydrogène, d'où son nom) avec production d'oxygène actif.

PERSONNALITÉ, *s. f.* Ensemble des éléments morphologiques, physiologiques, intellectuels et affectifs conférant à chaque individu son originalité.

PERSPIRATION, *s. f.* Exhalation de vapeur d'eau et de gaz à travers une membrane. — Ce mot ne s'emploie guère que dans l'expression *p. cutanée.*

PERVERSION, *s. f.* Déviation des instincts ou du jugement, due à un trouble psychique qui provoque des tendances affectives et morales contraires aux tendances normales.

PERVERSITÉ, *s. f.* Trouble psychique qui consiste dans le plaisir à faire le mal.

PESSAIRE, *s. m.* Instrument que l'on introduit dans le vagin pour maintenir l'utérus, lorsque cet organe est déplacé.

PESTE, *s. f.* Maladie infectieuse, épidémique et contagieuse d'une extrême gravité, existant à l'état endémique au centre de l'Asie et de l'Afrique, caractérisée par les signes généraux propres à toutes les infections et, suivant le cas, par l'apparition de bubons aux aines et aux aisselles (*p. bubonique*) par des signes d'inflammation pulmonaire (*p. pneumonique*), par des hémorrhagies se faisant par les diverses muqueuses et au niveau des téguments (*p. noire*) . Elle est due à un coccobacille, *Yersinia pestis* ; dans la diffusion des épidémies, le rat joue un rôle essentiel, transmettant la maladie à l'homme par l'intermédiaire de la puce.

PESTIFÉRÉ, RÉE, *adj.* Qui est atteint de la peste.

PESTILENTIEL, ELLE, *adj.* Qui dépend de la peste ou, par analogie, qui en a le caractère de gravité. — *maladie p.* V. *quarantenaire (maladie)* et *peste.*

PÉTÉCHIAL, ALE, *adj.* Qui s'accompagne de pétéchies.

PÉTÉCHIES, *s. f. pl.* Variété d'hémorragie cutanée, caractérisée par de petites taches d'un rouge violacé, dont les dimensions varient d'une tête d'épingle à une lentille. Ce sont les plus petites taches de purpura.

PÉTREUX, EUSE, *adj.* Qui a rapport au rocher, partie compacte de l'os temporal. P. ex. *nerfs p.*

PÉTRI (boîte de) (Julius P. 1852-1921, bactériologiste allemand). Boîte formée de deux disques de verre pouvant s'adapter l'un à l'autre ; elle est surtout utilisée pour la culture sur milieu solide et la séparation des microbes dont les colonies se développent isolément et peuvent être facilement étudiées.

PÉTROSITE, *s. f.* Ostéite profonde du rocher, presque toujours consécutive à une otite moyenne.

PEXIE, *s. f.* Fixation. — Employé comme suffixe, ce mot désigne soit l'opération chirurgicale destinée à remédier à la mobilité anormale ou à la ptose d'un organe (néphropexie, entéropexie), soit la fixation d'éléments anormaux par certaines cellules de l'organisme (bactériopexie, colloïdopexie).

PG. 1° (ou *PGP*). Abréviation de *paralysie générale progressive.* — 2° Abréviation de *prégnandiol.* — 3° Abréviation de *prostaglandine.*

pH. Symbole exprimant l'acidité réelle d'une solution en fonction de sa concentration en ions H^+. Le pH est le logarithme changé de signe de la concentration en ions H : $pH = -\log [H^+]$. Une solution neutre a un $pH = 7$; le pH d'une solution acide est inférieur à 7 ; celui d'une solution basique, supérieur.

ph. V. *phot.*

PHACO... Préfixe grec signifiant *lentille, cristallin.*

PHACOMALACIE, *s. f.* Ramollissement du cristallin.

PHACOMATOSE, *s. f.* Groupe de maladies qui ont en commun la présence de petites tumeurs ou de kystes situés en particulier au niveau du système nerveux. Il comprend la maladie de Recklinghausen, la sclérose tubéreuse de Bourneville, la maladie de von Hippel-Lindau.

PHACOSCLÉROSE, *s. f.* Induration du cristallin.

PHÆOCHROMOCYTOME, *s. m.* V. *phéochromocytome.*

PHAGE, *s. m.* V. *bactériophage.*

PHAGÉDÉNIQUE, *adj.* Qui ronge.

PHAGÉDÉNISME, *s. m.* Tendance de quelques plaies, ulcérations, chancres, à s'étendre en surface et en profondeur et à résister aux traitements.

PHAGOCYTAIRE, *adj.* Qui a rapport aux phagocytes et à la phagocytose.

PHAGOCYTE, *s. m.* Cellules capables d'englober des corps étrangers solides (cellules altérées, microbes) qui sont détruits dans leur cytoplasme. Elles sont mobiles (leucocytes polynucléaires, monocytes) ou fixes (macrophages). Elles participent à la défense de l'organisme.

PHAGOCYTOSE, *s. f.* Absorption de particules solides par une cellule.

PHALANGISATION, *s. f.* Opération consistant à sectionner la commissure du pouce ou des doigts pour permettre l'utilisation d'une main mutilée ou l'adaptation d'un appareil prothétique sur cette main.

PHALLOÏDIEN, IENNE, *adj.* Qui se rapporte à l'*Amanite phalloïde,* champignon vénéneux. — *intoxication phalloïdienne.*

PHALLUS, *s. m.* V. *pénis.*

PHANÈRE, *s. m.* Terme générique par lequel on désigne les productions épidermiques apparentes, telles que poils et ongles.

PHANTASME ou **FANTASME,** *s. m.* Objet qu'un malade, atteint d'hallucination visuelle ou de lésion de l'appareil optique, croit percevoir. — En psychanalyse, rêverie à l'état de veille.

PHARMACIE, *s. f.* 1° Art de préparer les médicaments — 2° Local (officine) où sont préparés, stockés et vendus les médicaments.

PHARMACIEN, *s. m.* Personne qui munie des diplômes nécessaires, fabrique ou vend des médicaments.

PHARMACOCINÉTIQUE, *s. f.* Etude du sort des médicaments dans l'organisme.

PHARMACODÉPENDANCE, *s. f.* Etat résultant de l'absorption périodique ou continuelle de certaines substances chimiques et dans lequel le sujet a besoin de continuer son intoxication.

PHARMACODYNAMIE, *s. f.* Partie de la pharmacologie qui a pour objet l'étude de l'action exercée par les agents médicinaux sur l'organisme sain.

PHARMACOLOGIE, *s. f.* Etude des médicaments et, d'une manière plus générale, des diverses substances capables d'agir sur l'organisme.

PHARMACOMANIE, *s. f.* Besoin impérieux qu'éprouvent certains sujets d'absorber des médicaments.

PHARMACOPÉE, *s. f.* V. *codex*.

PHARMACOPHILIE, *s. f.* V. *pharmacomanie*.

PHARMACOVIGILANCE, *s. f.* Surveillance des effets indésirables des médicaments.

PHARYNGECTOMIE, *s. f.* Ablation du pharynx en totalité ou en partie.

PHARYNGISME, *s. m.* Contraction spasmodique des muscles du pharynx.

PHARYNGITE, *s. f.* Inflammation du pharynx.

PHARYNGOSCOPIE, *s. f.* Examen de la cavité du pharynx à l'aide du pharyngoscope, instrument analogue au laryngoscope.

PHARYNGOTOMIE, *s. f.* Ouverture chirurgicale du pharynx.

PHARYNX, *s. m.* Carrefour aérodigestif musculo-membraneux en forme d'entonnoir situé au-dessus de l'œsophage et du larynx, communiquant en avant avec la bouche (oropharynx), en haut avec les fosses nasales (rhinopharynx), et recevant latéralement les trompes auditives ou d'Eustache.

PHÉNICOLES, *s. m. pl.* Famille d'antibiotiques comprenant le chloramphénicol et le thiamphénicol.

PHÉNOBARBITAL, *s. m.* (DCI). Substance douée de propriétés anti-épileptiques. V. ce terme et *barbiturisme*.

PHÉNOTYPE, *s. m.* Manifestation apparente du patrimoine héréditaire (*génotype*, v. ce terme) de l'individu plus ou moins modifié par le milieu ambiant.

PHENTOLAMINE, *s. f.* (DCI). Substance de synthèse antagoniste de l'adrénaline.

PHÉNYLALANINE, *s. f.* Acide aminé de la série cyclique ; dans la chaîne qui aboutit à la synthèse des catécholamines, il est le précurseur de la tyrosine.

PHÉNYLCÉTONURIE, *s. f.* V. *oligophrénie phénylpyruvique*.

PHÉNYLÉPHRINE, *s. f.* (DCI). Amine sympathicomimétique ayant des propriétés alphastimulantes.

PHÉNYTOÏNE, *s. f.* (DCI). Syn. *diphénylhydantoïne*. Substance douée de propriétés anti-épileptiques et anti-arythmiques cardiaques.

PHÉOCHROMOCYTOME, *s. m.* ou **PHÆOCHROMOCYTOME**, *s. m.* Tumeur très riche en adrénaline et en noradrénaline, développée aux dépens du tissu médullaire de la glande surrénale. Elle se manifeste classiquement par des crises d'hypertension paroxystique.

PHIMOSIS, *s. m.* Etroitesse congénitale ou accidentelle de l'anneau préputial, empêchant de découvrir le gland.

PHLEB... Préfixe grec signifiant *veine*.

PHLÉBALGIE, *s. f.* Douleur siégeant sur le trajet des veines variqueuses.

PHLÉBECTASIE, *s. f.* Dilatation veineuse. Varice.

PHLÉBECTOMIE, *s. f.* Résection d'un segment de veine.

PHLÉBITE, *s. f.* Inflammation d'une veine. Ce terme est en fait employé pour désigner soit une *thrombophlébite*, soit une *phlébothrombose*.

PHLÉBOCAVOGRAPHIE, *s. f.* V. *cavographie*.

PHLÉBOGRAPHIE, *s. f.* 1° Inscription des battements d'une veine, généralement la jugulaire interne. — 2° Radiographie d'une veine après injection d'un produit opaque aux rayons X.

PHLÉBOLITHE, *s. m.* Concrétion calcaire qui incruste parfois les parois des veines variqueuses.

PHLÉBOLOGIE, *s. f.* Etude des veines et de leurs maladies.

PHLÉBOTHROMBOSE, *s. f.* Variété de thrombose veineuse caractérisée par un caillot adhérant peu à une paroi presque normale. Elle est remarquable par sa latence et la fréquence des embolies. Elle s'oppose à la *thrombophlébite*.

PHLÉBOTONIQUE, *adj.* Qui augmente la tonicité des parois veineuses.

PHLEGMON, *s. m.* Inflammation du tissu conjonctif superficiel ou profond périviscéral.

PHLYCTÈNE, *s. f.* Soulèvement de l'épiderme, rempli de sérosité transparente. Ce mot désigne à la fois la vésicule et la bulle.

PHOBIE, *s. f.* Nom donné à des appréhensions irraisonnées, obsédantes et angoissantes. — Employé comme suffixe, ce mot désigne la peur morbide de l'objet désigné par la première partie du mot composé.

PHOCOMÈLE, *s. m.* Atrophie des deux segments moyens des membres, les mains et les pieds semblant s'insérer directement sur le tronc.

PHONATION, *s. f.* Ensemble des phénomènes aboutissant à l'émission de sons et de la voix.

PHONIATRIE, *s. f.* Etude de la voix, de son mécanisme et de ses troubles.

PHONOCARDIOGRAMME, *s. m.* Courbe obtenue par l'enregistrement graphique des bruits du cœur.

PHONOCARDIOGRAPHIE, *s. f.* Enregistrement graphique des bruits du cœur.

PHOSPHATASE, *s. f.* Enzyme libérant les phosphates anorganiques insolubles, par hydrolyse des phosphates organiques. — *p. alcaline* ; son taux sanguin s'élève au cours de certaines maladies osseuses et hépatiques. — *p. acide* ; son taux sanguin est très augmenté en cas de cancer prostatique.

PHOSPHATASÉMIE, *s. f.* Présence de phosphatase dans le sang.

PHOSPHATÉMIE, *s. f.* Quantité de phosphates contenue dans le sang.

PHOSPHATURIE, *s. f.* Présence de phosphates dans l'urine.

PHOSPHÈNE, *s. m.* Sensation lumineuse perçue par l'œil sans qu'elle ait été provoquée par la lumière.

PHOSPHOLIPIDE, *s. m.* Variété de lipides contenant de l'acide phosphorique azoté.

PHOSPHORÉMIE, *s. f.* Présence et quantité de phosphore dans le plasma sanguin.

PHOSPHORYLATION, *s. f.* Etape de la transformation, dans l'organisme, du glucose en glycogène.

PHOT, *s. m.* **(ph).** Unité d'éclairement. Eclairement moyen d'une surface de 1 cm² recevant un flux lumineux de 1 lumen.

PHOTOCOAGULATION, *s. f.* Utilisation de l'énergie intense apportée par un rayon lumineux étroit (laser) pour provoquer une réaction inflammatoire de la choroïde qui entraîne l'adhérence de celle-ci à la rétine.

PHOTOMÈTRE, *s. m.* Appareil permettant de mesurer l'intensité lumineuse.

PHOTON, *s. m.* Unité constitutive de la lumière et plus généralement d'un rayonnement électromagnétique.

PHOTOPHOBIE, *s. f.* Crainte de la lumière.

PHOTOPIQUE, *adj.* Qui concerne la sensibilité rétinienne à une lumière vive.

PHOTOPSIE, *s. f.* Visions subjectives d'apparence lumineuse qui frappent l'œil sain aussi bien que l'œil malade, et qui sont dues à des excitations directes de la rétine et du nerf optique.

PHOTOSENSIBILISATION, *s. f.* Sensibilisation à la lumière de la peau, dont les parties découvertes sont atteintes d'érythème sous l'influence des rayons du soleil.

PHRÉNICECTOMIE, *s. f.* ou **PHRÉNICOTOMIE**, *s. f.* Section d'un des nerfs phréniques, entraînant la paralysie de la moitié correspondante du diaphragme.

PHRÉNIQUE, *adj.* Qui appartient ou qui a rapport au diaphragme.

PHTIRIASE, *s. f.* Dermatose provoquée par les poux.

PHTISIE, *s. f.* Ce terme a désigné la *tuberculose pulmonaire*.

PHTISIQUE, *adj.* ou *s.* (désuet). Malade atteint de tuberculose pulmonaire.

PHYLOGENÈSE, *s. f.* Développement de l'espèce, par opposition à *ontogénie*, développement de l'être.

PHYSIOGNOMONIE, *s. f.* Etude de la forme générale de la tête et des traits du visage, faite dans le but de connaître le caractère et les inclinations d'un sujet.

PHYSIOLOGIE, *s. f.* Partie de la biologie qui a pour objet d'étudier les fonctions et les propriétés des organes et des tissus des êtres vivants.

PHYSIOTHÉRAPIE, *s. f.* Utilisation, dans un but thérapeutique, des agents physiques naturels ou artificiels : eau, air, électricité, radiations lumineuses, rayons X, corps radio-actifs, froid, chaleur.

PHYTOTHÉRAPIE, *s. f.* Thérapeutique par les plantes.

PIAN, *s. m.* Maladie contagieuse, épidémique tropicale, caractérisée par l'apparition, sur la peau, de tuméfactions ou *pians*, ressemblant plus ou moins à des framboises. La période secondaire est caractérisée par une éruption de *pianides* et de *pianomes* et les accidents tertiaires sont cutanés, articulaires et osseux. Le *p.*, est dû à un parasite, *Treponema pertenue*, transmis par contacts interhumains.

PIANIDE, *s. f.* Lésion cutanée du pian à la période secondaire ; elle peut être maculeuse, papuleuse ou papulo-tuberculeuse.

PIANOME, *s. m.* Lésion cutanée du pian à la période secondaire, arrondie, constituée d'un amas de végétations saignantes recouvert d'une croûte brune. Elle laisse une cicatrice pigmentée ou achromique.

PICO... (symbole p). Préfixe signifiant 10^{-12}.

PIED, *s. m.* Segment distal du membre inférieur faisant suite à la jambe. On lui décrit un dos et une plante.

PIED BOT. Déformation permanente du pied, congénitale ou acquise, l'empêchant de prendre contact avec le sol par ses points d'appui normaux. On distingue *p. b. équin, p. b. talus, p. b. valgus, p. b. varus.*

PIE-MÈRE, *s. f.* Fine membrane vascularisée, appliquée intimement à la surface du système nerveux central. V. *méninges.*

PIÉZOGRAMME, *s. m.* Courbe obtenue avec le piézographe.

PIÉZOGRAPHE, *s. m.* Appareil enregistreur des pressions.

PIGMENTATION, *s. f.* Accumulation de pigment en certains points ; elle peut être normale ou pathologique.

PILOSÉBACÉ, CÉE, *adj.* Qui concerne le poil et la glande sébacée.

PILULE, *s. f.* Médicament destiné à l'usage interne formant une petite sphère pouvant être avalée en nature sans affecter le goût. — Le terme « pilule » est actuellement employé dans le langage courant pour désigner un anticonceptionnel oral. (V. *contraceptif*).

PINCEMENT ARTICULAIRE. Diminution apparente de hauteur de l'interligne articulaire, visible sur la radiographie ; symptôme habituel de l'ostéo-arthrite tuberculeuse.

PINÉAL, ALE, *adj.* En forme de pomme de pin. — *corps p.* Petite formation glandulaire arrondie et grisâtre appendue au toit du 3e ventricule, parfois calcifiée, faisant partie de l'épithalamus.

PINÉALOME, *s. m.* 1o Pour certains, toute tumeur pinéale. — 2o Pour d'autres, ce terme désigne seulement les tumeurs histologiquement bénignes du corps pinéal.

PINOCYTOSE, *s. f.* Capture et absorption de gouttelettes de liquide par les macrophages ; c'est une variété de phagocytose.

PIRIFORME, *adj.* Qui est en forme de poire.

PISIFORME, *adj.* En forme de pois. — *os p.* un des os du carpe.

PITHIATIQUE, *adj.* Se dit des troubles guérissables par la persuasion. — *s. m.* ou *f.* Sujet atteint de pithiatisme.

PITHIATISME, *s. m.* Etat pathologique se manifestant par des troubles qu'il est possible de reproduire par suggestion, et qui sont susceptibles de disparaître sous l'influence de la persuasion. V. *hystérie.*

PITUITAIRE, *adj.* 1o Qui se rapporte à la muqueuse des fosses nasales. — 2o et **pituitarien, ienne,** *adj.* V. *hypophysaire.*

PITUITE, *s. f.* Liquide filant, aqueux, que certains malades, en particulier les alcooliques, rendent le matin à jeun, soit par expectoration, soit par une sorte de régurgitation.

PITYRIASIS, *s. m.* Affection cutanée caractérisée par une fine desquamation.

PITYRIASIS VERSICOLOR. Dermatose caractérisée par le développement de taches fauves, légèrement squameuses, occupant de préférence le tronc et dues à la germination dans l'épiderme d'un champignon parasite, le *Microsporon furfur.*

PIXEL, *s. m.* Point élémentaire d'une image numérisée.

PL. Abréviation de *ponction lombaire.* V. *rachicentèse.*

PLACEBO, *s. m.* Préparation pharmaceutique dépourvue de tout principe actif et ne contenant que des produits inertes.

PLACENTA, *s. m.* Organe servant aux échanges entre la mère et le fœtus. Il comporte une partie maternelle, la *caduque basale,* et une partie fœtale, le *chorion.* Il possède également une fonction endocrinienne.

PLACENTA PRÆVIA. Insertion anormale du placenta sur le segment inférieur de l'utérus.

PLAIE, *s. f.* Solution de continuité des téguments produite par un agent mécanique.

PLAQUE DENTAIRE. Dépôt situé à la surface de l'émail dentaire, constitué d'éléments bactériens, cellulaires et salivaires et de résidus alimentaires.

PLAQUETTE, *s. f.* Petit élément figuré du sang jouant un rôle important dans la coagulation sanguine.

PLASMA, *s. m.* Partie liquide qui entre dans la composition de certains tissus. — *p. sanguin.* Partie liquide du sang.

PLASMOCYTE, *s. m.* Variété de cellule lymphoïde présente dans la moelle osseuse et surtout dans le tissu lymphoïde. Elle joue un rôle essentiel dans l'immunité humorale car elle sécrète les immunoglobulines.

PLASMOCYTOME, *s. m.* Myélome où prédominent les plasmocytes ; il peut être bénin ou malin, rester unique ou se généraliser (myélomes multiples, v. *Kahler, maladie de*).

PLASMOCYTOSE, *s. f.* Apparition dans le sang de plasmocytes en nombre plus ou moins considérable.

PLASMODIUM, *s. m.* Hématozoaire du paludisme, dont quatre espèces sont pathogènes pour l'homme : *P. falciparum, malariae, ovale, vivax.*

PLASTICITÉ, *s. f.* Propriété possédée par les éléments anatomiques et les tissus de se nourrir, de se développer et de modifier leurs formes selon les circonstances.

PLASTIE, *s. f.* V. *plastique (opération*). — Comme *suffixe,* désigne une opération destinée à réparer un organe.

PLASTIQUE (opération). Opération destinée à réparer un organe ou une partie d'organe ou à rétablir son fonctionnement sans lui faire subir de mutilation.

PLATHELMINTHES, *s. m. pl.* Vers de la classe des Helminthes caractérisés par leur corps plat et comprenant de nombreux parasites tels que les Trématodes (douves) et les Cestodes (Taenias).

PLÂTRE, *s. m.* 1º. Syn. *plâtre de Paris.* Sulfate de calcium pulvérisé, extrait du gypse. — 2º. Syn. *appareil platré.* Appareil destiné à immobiliser un membre, confectionné avec des bandes de tarlatane imprégnées de plâtre, lesquelles durcissent en séchant après avoir été hydratées.

PLATYSMA, *s. m.* Désignation internationale du *muscle peaucier du cou,* tendu de la clavicule à la mandibule dans la région antérolatérale du cou.

PLATYSPONDYLIE, *s. f.* Affection congénitale caractérisée par un aplatissement des vertèbres avec ou sans division du corps vertébral ou de l'arc postérieur (*spina bifida*).

...PLÉGIE, Suffixe grec indiquant une *paralysie.*

PLÉTHORE, *s. f.* Ce terme est employé comme syn. d'*obésité.*

PLÉTHYSMODIAGRAMME, *s. m.* Courbe obtenue par la pléthysmodiagraphie. V. *diagraphie*.

PLÉTHYSMOGRAMME, *s. m.* Courbe obtenue par la pléthysmographie.

PLÉTHYSMOGRAPHIE, *s. f.* Enregistrement des changements de volume.

PLEURAL, ALE, *adj.* Qui a rapport à la plèvre : *adhérences p.* — *frottement p.* Bruit de frottement révélé par l'auscultation dans les pleurésies sans épanchement. — *souffle p.* V. *pleurétique* (*souffle*).

PLEURECTOMIE, *s. f.* Résection d'une partie plus ou moins étendue de la plèvre.

PLEURÉSIE, *s. f.* Inflammation de la plèvre avec ou sans épanchement.

PLEURITE, *s. f.* Pleurésie sèche, localisée.

PLEURODYNIE, *s. f.* Point de côté.

PLEUROPÉRICARDITE, *s. f.* Inflammation simultanée de la plèvre et du péricarde.

PLEUROPNEUMONIE, *s. f.* Pneumonie accompagnée d'une pleurésie.

PLEUROTOMIE, *s. f.* Ouverture de la plèvre au bistouri.

PLÈVRE, *s. f.* Membrane séreuse entourant le poumon et comportant deux feuillets pulmonaire et pariétal se réfléchissant au niveau du hile et délimitant une cavité virtuelle.

PLEXUS, *s. m.* Entrecroisement de nerfs ou de vaisseaux. P. ex. *p. brachial*.

PLOMBAGE, *s. m.* Remplissage d'une cavité pathologique avec une substance solide, inaltérable.

PLURIGLANDULAIRE, *adj.* Qui se rapporte à plusieurs glandes.

PM. Symbole de *poids molaire* ou *poids moléculaire*. V. *molaire (poids)*.

PMI. Abréviation de *Protection Maternelle et Infantile*.

PNEUM... Préfixe grec signifiant *air, poumon*.

PNEUMALLERGÈNE, *s. m.* Substance capable de déclencher des réactions allergiques au niveau de l'appareil respiratoire.

PNEUMARTHROGRAPHIE, *s. f.* Radiographie d'une articulation après injection de gaz dans la synoviale.

PNEUMATOCÈLE, *s. f.* Tumeur gazeuse.

PNEUMATURIE, *s. f.* Emission de gaz par l'urètre.

PNEUMECTOMIE, *s. f.* Syn. *pneumonectomie*. Excision d'une partie plus ou moins étendue d'un poumon ou d'un poumon entier (*p. totale*).

PNEUMOCÈLE, *s. f.* Hernie du poumon.

PNEUMOCOCCÉMIE, *s. f.* Septicémie provoquée par le pneumocoque.

PNEUMOCOCCIE, *s. f.* Ensemble des accidents morbides produits par le pneumocoque.

PNEUMOCONIOSE, *s. f.* Nom donné à l'ensemble des altérations causées par l'inhalation et la fixation dans le poumon des particules solides répandues dans l'atmosphère.

PNEUMOCOQUE, *s. m.* V. *Streptococcus pneumoniæ*.

PNEUMOCYSTIS CARINII. V. *pneumonie interstitielle à Pneumocystis carinii*.

PNEUMOGASTRIQUE (nerf). V. *vague (nerf)*.

PNEUMOGRAPHE, *s. m.* Instrument destiné à enregistrer l'expansion circonférentielle du thorax pendant les mouvements respiratoires.

PNEUMOLOGIE, *s. f.* Etude du poumon et de ses maladies.

PNEUMONECTOMIE, *s. f.* V. *pneumectomie*.

PNEUMONIE, *s. f.* Ce mot employé seul signifie presque toujours *pneumonie lobaire*. V. ce mot.

PNEUMONIE INTERSTITIELLE À PNEUMOCYSTIS CARINII. Pneumopathie très grave due à un protozoaire, *Pneumocystis carinii* et survenant chez des sujets en état de carence immunitaire (p. ex. au cours du SIDA, ou bien d'un traitement par les immunodépresseurs).

PNEUMONIE LOBAIRE. Maladie infectieuse due au pneumocoque. Elle est caractérisée par une inflammation aiguë du poumon frappant un lobe dans sa totalité et par la présence d'un exsudat fibrineux remplissant les alvéoles pulmonaires ; son évolution est cyclique depuis son début brusque jusqu'à sa défervescence rapide, en une seule crise, apparaissant du 5ᵉ au 9ᵉ jour.

PNEUMOPATHIE, *s. f.* Nom générique de toutes les affections du poumon.

PNEUMOPÉRICARDE, *s. m.* Epanchement d'air ou de gaz dans le péricarde, consécutif le plus souvent à une plaie thoracique.

PNEUMOPÉRITOINE, *s. m.* Epanchement gazeux dans la cavité péritonéale. Il est parfois spontané, le plus souvent provoqué pour l'examen radiologique ou endoscopique des viscères abdominaux.

PNEUMORÉTROPÉRITOINE, *s. m.* V. *rétropneumopéritoine*.

PNEUMOSÉREUSE, *s. f.* Présence dans une séreuse articulaire ou viscérale d'air ou de gaz ; elle peut être spontanée ou provoquée en vue d'un examen radiologique.

PNEUMOTHORAX, *s. m.* **(PNO).** Epanchement spontané ou provoqué d'air ou de gaz dans la cavité pleurale.

PNEUMOTOMIE, *s. f.* Incision faite au poumon dans un but thérapeutique (évacuation d'un abcès).

PNO. Abréviation de *pneumothorax* et surtout de *pneumothorax artificiel*.

Po_2. Pression partielle en oxygène d'un milieu gazeux (air) ou liquide (sang).

POCHE DES EAUX. Nom donné en obstétrique à la saillie faite dans le vagin par les membranes de l'œuf, lorsque le col est dilaté.

PODALIQUE, *adj.* V. *version*.

PODOLOGIE, *s. f.* Etude du pied normal et pathologique.

POIGNET, *s. m.* Partie du membre supérieur située entre l'avant-bras et la main. Il correspond aux os du carpe et à l'articulation radiocarpienne.

POÏKILOCYTOSE, *s. f.* Déformations diverses d'une partie des globules rouges en poire, virgule, etc.

POISON, *s. m.* Toute substance chimique capable de troubler ou d'arrêter la vie de l'individu ou des différentes parties qui entrent dans sa composition : organes, tissus, cellules.

POLICLINIQUE, *s. f.* 1º Clinique qui se fait auprès des malades de la ville non hospitalisés (consultations, visites de malades en ville). — 2º Etablissement destiné au traitement des maladies et à l'enseignement de la médecine, dans lequel les malades ne sont pas hospitalisés.

POLIOENCÉPHALITE, *s. f.* Inflammation de la substance grise de l'encéphale.

POLIOMYÉLITE, *s. f.* Inflammation de l'axe gris de la moelle épinière. Terme souvent pris dans le sens de poliomyélite antérieure aiguë.

POLIOMYÉLITE ANTÉRIEURE AIGUË. V. *Heine-Medin (maladie de).*

POLIOVIRUS, *s. m.* Virus de la poliomyélite antérieure aiguë appartenant au genre des Entérovirus.

POLLAKIURIE, *s. f.* Fréquence exagérée des mictions ne coïncidant pas nécessairement avec l'augmentation du volume total des urines.

POLLINOSE, *s. f.* Ensemble des manifestations pathologiques survenant lors du contact de grains de pollen avec une muqueuse spécifiquement sensibilisée : rhume des foins, asthme.

POLLUTION, *s. f.* Emission spontanée de sperme en dehors du coït.

POLY... Préfixe grec indiquant, soit un *certain nombre* (polyarthrite), soit un *nombre* ou une *abondance exagérée* (polyglobulie, polyurie).

POLYADÉNOMATOSE, *s. f.* Maladie caractérisée par l'existence d'adénomes développés dans plusieurs glandes.

POLYADÉNOME, *s. m.* Hypertrophie simultanée d'un grand nombre de glandes de même nature.

POLYALGIES, *s. f. pl.* Douleurs de sièges multiples.

POLYARTÉRITE, *s. f.* Artérite frappant plusieurs segments du système artériel (p. ex. : coronaires et artères des membres inférieurs).

POLYARTHRALGIES, *s. f. pl.* Douleurs articulaires multiples.

POLYARTHRITE, *s. f.* Inflammation aiguë ou chronique frappant simultanément plusieurs articulations.

POLYARTHRITE RHUMATOÏDE. Maladie chronique, caractérisée par des manifestations articulaires inflammatoires frappant de préférence les articulations distales des membres, progressant par poussées et entraînant des douleurs, des déformations et des attitudes vicieuses génératrices d'impotence fonctionnelle.

POLYCINÉTIQUE, *adj.* Qui se rapporte à plusieurs mouvements. V. *réflexe polycinétique.*

POLYCLINIQUE, *s. f.* Clinique où sont hospitalisés des malades atteints d'affections diverses.

POLYCLONAL, ALE, *adj.* Qui se rapporte à plusieurs clones.

POLYCYTHÉMIE, *s. f.* V. *polyglobulie.*

POLYDACTYLIE, *s. f.* Anomalie héréditaire consistant en l'existence de doigts surnuméraires.

POLYDIPSIE, *s. f.* Soif excessive.

POLYDYSPLASIE, *s. f.* Présence chez un même sujet de plusieurs malformations dues à des troubles du développement de divers tissus ou organes.

POLYDYSTROPHIE, *s. f.* Trouble de la nutrition atteignant plusieurs organes.

POLYGLOBULIE, *s. f.* Augmentation du nombre et donc du volume total des globules rouges de l'organisme. Le nombre d'hématies par mm³ est supérieur à 6 millions, avec élévation proportionnelle de l'hématocrite. — On distingue les *p. primitives* et les *p. secondaires.*

POLYKYSTIQUE (maladie). Affection caractérisée par l'existence de nombreux kystes congénitaux du rein, le foie, le poumon, le pancréas, ou simultanément dans plusieurs de ces organes.

POLYMÉRASE H, *s. f.* V. *transcriptase inverse.*

POLYMORPHE, *adj.* Se dit d'un phénomène dont les manifestations présentent des aspects différents.

POLYMYOSITE, *s. f.* Affection rare caractérisée par une atrophie musculaire douloureuse avec syndrome inflammatoire.

POLYNÉVRITE, *s. f.* Atteinte bilatérale et symétrique de nerfs périphériques, d'origine toxique ou infectieuse.

POLYNUCLÉAIRE, *adj.* Se dit d'une cellule possédant plusieurs noyaux. — *leucocyte p.* Syn. *granulocyte.* Variété de globules blancs formés d'un protoplasma granuleux *neutrophile, éosinophile* ou *basophile* et d'un noyau irrégulier ou segmenté qui paraît multiple.

POLYNUCLÉOSE, *s. f.* Variété de leucocytose dans laquelle l'augmentation du chiffre des leucocytes porte exclusivement sur celui des polynucléaires.

POLYOSIDE. Molécule glucidique formée d'une grande quantité d'oses (p. ex. *amidon, glycogène*).

POLYPE, *s. m.* Nom donné à des tumeurs généralement bénignes, fibreuses ou muqueuses, s'implantant par un pédicule dans une cavité naturelle.

POLYPECTOMIE, *s. f.* Ablation d'un polype.

POLYPEPTIDE, *s. m.* Groupement de plusieurs peptides dont le poids moléculaire ne dépasse pas 10.000 daltons et qui ne dialysent pas.

POLYPHAGIE, *s. f.* Besoin excessif de manger et absence de la sensation de satiété.

POLYPLOÏDE, *adj.* Se dit de certaines constitutions anormales des cellules du soma qui ont un nombre de chromosomes supérieur à 2 n, chiffre normal.

POLYPNÉE, *s. f.* Respiration rapide et superficielle.

POLYPOSE, *s. f.* Maladie constituée par le développement de polypes.

POLYRADICULONÉVRITE, *s. f.* Syndrome caractérisé par l'inflammation et la démyélinisation de nombreuses racines nerveuses avec dissociation albumino-cytologique du liquide céphalorachidien se manifestant par des paresthésies douloureuses avec impotence fonctionnelle.

POLYSACCHARIDE, *s. m.* V. *polyoside.*

POLYSÉRITE, *s. f.* Inflammation de plusieurs séreuses.

POLYSPLÉNIE, *s. f.* Présence de plusieurs rates dans l'abdomen d'un même sujet, ou plutôt de plusieurs petites masses de tissu splénique remplaçant la rate normale.

POLYTRAUMATISÉ, SÉE, *adj.* et *s.* Qui a subi plusieurs blessures ou lésions.

POLYURIE, *s. f.* Sécrétion d'urine en quantité abondante.

POLYVALENT, ENTE, *adj.* Se dit d'un vaccin préparé au moyen de plusieurs espèces microbiennes et qui est efficace contre les diverses maladies provoquées par ces différents germes.

POLYVISCÉRAL, ALE, *adj.* Qui concerne plusieurs organes.

POMMADE, *s. f.* Préparation pharmaceutique molle, onctueuse, comportant un excipient gras et destinée à l'usage externe.

PONCTION, *s. f.* Opération qui consiste à pratiquer une ouverture étroite à un organe, dans le but de donner issue à un liquide normal ou pathologique. Elle peut être *exploratrice* ou *évacuatrice* et *curative.* — *p. amniotique.* V. *amniocentèse.* — *ponction-biopsie (PB).* Introduction, à travers la peau, dans un organe plein, d'une aiguille spéciale de fort calibre, dans le but de prélever, par aspiration, un fragment de parenchyme destiné à l'examen histologique. — *p. lombaire*. V. *rachicentèse*.

PONT, *s. m.* Syn. anciens : *protubérance annulaire, pont de Varole.* Renflement blanchâtre situé transversalement devant le cervelet, au-dessus du bulbe et sur les pédoncules cérébraux.

PONTAGE, *s. m.* Opération destinée à rétablir la circulation en aval d'une oblitération artérielle limitée. Elle utilise un greffon anastomosé à l'artère au-dessus et en dessous de l'oblitération qui se trouve ainsi contournée par le flux sanguin.

PONTIN, INE, *adj.* Qui se rapporte à la protubérance ou pont (v. ce terme).

POOL, *s. m.* Dans l'organisme, ensemble permanent de substance de même nature. P. ex. *le p. du sodium.*

POPLITÉ, TÉE, *adj.* Relatif au jarret, c'est-à-dire au creux situé à la face postérieure du genou. P. ex. *artère p.*

PORPHYRIE, *s. f.* Manifestations pathologiques dues à une perturbation du métabolisme des porphyrines. Les plus importantes sont les *p. essentielles,* héréditaires et liées à la déficience d'une des enzymes nécessaires à la synthèse de ces pigments. Le symptôme commun à toutes les variétés de *p.* est la présence de porphyrine (uro- ou coproporphyrine) dans l'urine, qui est toujours de couleur rouge porto.

PORPHYRINE, *s. f.* Pigment entrant dans la synthèse de l'hémoglobine, donnant une fluorescence rouge en lumière de Wood.

PORPHYRINURIE, *s. f.* Présence de porphyrine dans l'urine qui prend une teinte rouge pourpre, fonçant à l'air.

PORTE (veine). Veine formée par le confluent de la veine splénique et de la veine mésentérique supérieure. Elle draine vers le foie, le sang de la rate et des organes digestifs.

PORTOGRAPHIE, *s. f.* Radiographie du tronc et des branches de la veine porte, injectés d'une substance opaque aux rayons X au cours d'une splénoportographie, ou directement pendant une intervention chirurgicale.

POSITION, *s. f.* 1° Attitude prise spontanément sous l'influence de la maladie, ou sur l'indication du médecin ou du chirurgien pour un examen ou une opération. — 2° (obstétrique). Rapports qui existent entre la partie fœtale qui se présente au détroit supérieur, et les points de repère du bassin maternel.

POSITION ANATOMIQUE. Attitude de référence du corps humain en anatomie descriptive ; c'est celle du garde-à-vous, paumes en avant.

POSITION DE FONCTION. Attitude d'une articulation qui, en cas de blocage de celle-ci, entraîne l'impotence la moins gênante pour le patient.

POSITON, *s. m.* ou **POSITRON,** *s. m.* Particule de même masse que l'électron, et de charge électrique égale, mais positive.

POSOLOGIE, *s. f.* Étude des doses thérapeutiques des divers médicaments suivant l'âge, le sexe et l'état du malade.

POST-ABORTUM. Locution latine signifiant *après un avortement.*

POST MORTEM. Locution latine signifiant *après la mort.*

POSTHECTOMIE, *s. f.* V. *circoncision.*

POSTHITE, *s. f.* Inflammation du prépuce.

POST-PARTUM. Locution latine signifiant *après l'accouchement.*

POST-PRANDIAL, ALE, *adj.* Qui se situe après le repas.

POSTURAL, ALE, *adj.* Qui se rapporte à une position.

POTION, *s. f.* Préparation magistrale liquide, destinée à être prise par ingestion.

POTOMANIE, *s. f.* Besoin permanent qu'éprouvent certains sujets, au psychisme souvent anormal, de boire un liquide quelconque, en grande abondance.

POTT (mal de) (Percival P., 1713-1788, chirurgien britannique). Tuberculose vertébrale, se manifestant généralement par une gibbosité due à l'effondrement des vertèbres malades, par une paraplégie et des abcès froids.

POULS, *s. m.* Soulèvement perçu par le doigt qui palpe une artère superficielle. — Par extension, expansion systolique d'une veine, du foie, etc.

POUMON, *s. m.* Organe de la respiration, pair et asymétrique (le *p.* droit a 3 lobes, le gauche 2) situé dans le thorax. Les *p.* enveloppés des plèvres encadrent le médiastin.

POUMON CARDIAQUE. Retentissement pleuro-pulmonaire d'une cardiopathie gauche : c'est le poumon de stase. V. *œdème pulmonaire.*

POURPRE RÉTINIEN. V. *érythropsine.*

POUTEAU (fracture de) (Claude P., 1725-1775, chirurgien français). Syn. *fracture de Colles.* Fracture de l'extrémité inférieure du radius entraînant la déformation en *dos de fourchette* du poignet et la déviation de la main en dehors.

POXVIRIDÉS, *s. m. pl.* Famille de virus à ADN. Ce sont les virus du molluscum contagiosum, de la variole et de la vaccine.

PPSB (fraction coagulante). Produit d'origine plasmatique humaine contenant, sous forme concentrée, la prothrombine, la proconvertine, le facteur Stuart et le facteur anti-hémophilique B.

PRANDIAL, ALE, *adj.* Qui a rapport aux repas.

PRATICIEN, *s. m.* Médecin exerçant son art au contact des malades.

PRAXIE, *s. f.* Coordination normale des mouvements vers le but proposé. V. *apraxie.*

PRÉ... Préfixe latin signifiant *avant.*

PRÉCANCÉREUX, EUSE, *adj.* Qui précède le cancer.

PRÉCIPITINE, *s. f.* Anticorps soluble formant avec l'antigène correspondant un précipité insoluble, visible.

PRÉCOMA, *s. m.* Phase initiale du coma, au cours de laquelle la conscience est encore en partie conservée.

PRÉCONSCIENT, *s. m.* (psychanalyse). Ensemble des connaissances provisoirement exclues de la conscience, mais qui lui restent néanmoins accessibles, par exemple l'évocation de souvenirs. V. *conscient, inconscient, subconscient.*

PRÉCORDIALGIE, *s. f.* Nom donné à toutes les douleurs de la région située devant le cœur.

PRÉDIASTOLIQUE, *adj.* Qui précède la diastole cardiaque.

PRÉ-EXCITATION VENTRICULAIRE (syndrome de). V. *Wolff-Parkinson-White (syndrome de).*

PRÉGNANDIOL, *s. m.* Produit d'élimination de la progestérone, dépourvue d'activité, extrait de l'urine des femmes gravides.

PRÉMATURÉ, RÉE, *adj.* Qui survient trop tôt. — *accouchement p.* Accouchement avant terme (à partir du 6e mois de la grossesse). — *s. m.* Enfant né entre la date de viabilité légale (180e jour de la gestation) et la 35e ou 36e semaine après la conception ; son poids est généralement inférieur à 2 200 g.

PRÉMATURITÉ, *s. f.* Le fait d'être prématuré ; état d'un enfant prématuré.

PRÉMÉDICATION, *s. f.* Administration, avant une intervention chirurgicale ou certaines investigations, de médicaments destinés à calmer l'angoisse des malades, à diminuer les sécrétions, les réflexes neurovégétatifs et à préparer l'action des anesthétiques.

PRÉMENSTRUEL (syndrome). Syndrome observé chez certaines femmes pendant la période qui précède les règles : prise de poids due à une rétention hydrosaline excessive, gonflement douloureux des seins, maux de tête, nervosité, anxiété, agressivité, émotivité, dépression... Dans sa pathogénie, complexe, interviennent diverses hormones : les œstrogènes, la progestérone, la prolactine.

PRÉMENSTRUEL, ELLE, *adj.* Qui précède les règles.

PRÉMOLAIRE, *s. f.* Syn. *dent prémolaire.* Dent bicuspide, ayant 1 ou 2 racines, située devant les molaires. Les *p.* sont au nombre de 2 par mâchoire. Leur fonction est de broyer les aliments.

PRÉMONITOIRE, *adj.* Se dit des signes qui précèdent l'éclosion d'une maladie.

PRÉPRANDIAL, ALE, *adj.* Qui se situe avant les repas.

PRÉPUCE, *s. m.* Repli cutané recouvrant le gland. — *p. du clitoris, p. du pénis.*

PRESBYACOUSIE, *s. f.* Modification de l'ouïe que l'on peut observer chez les sujets âgés qui entendent mieux de loin que de près, et perçoivent mieux la voix chuchotée que la voix haute.

PRESBYTIE, *s. f.* Difficulté de voir nettement, sans fatigue, les objets rapprochés, en raison de la diminution de l'amplitude de l'accommodation, due à l'âge.

PRÉSENTATION, *s. f.* Partie du fœtus qui, au détroit supérieur, tend à s'engager la première dans la filière pelvienne : ce peut être la tête (*p. céphalique*), les fesses (*p. du siège*) ; le fœtus peut aussi être placé en travers (*p. transverse*).

PRESSION ARTÉRIELLE. V. *tension artérielle.*

PRESSION ARTÉRIELLE OPHTALMIQUE. V. *pression artérielle rétinienne.*

PRESSION ARTÉRIELLE RÉTINIENNE (PAR). Syn. *pression artérielle ophtalmique, PAO.* Pression du sang dans les artères de la rétine mesurée à l'ophtalmodynamomètre.

PRESSION ONCOTIQUE. V. *oncotique (pression).*

PRESSION OSMOTIQUE. V. *osmotique (pression).*

PRESSION VEINEUSE. Pression exercée par le sang sur les parois des veines. — La *p.v. périphérique* est mesurée par ponction d'une veine du pli du coude sur le sujet couché est normalement de 3 à 12 cm d'eau ; la *p.v. centrale* (*PVC*) est celle, mesurée par cathétérisme, qui règne dans l'oreillette droite.

PRÉSYNAPTIQUE, *adj.* Qui est situé en amont d'une synapse.

PRÉSYSTOLE, *s. f.* Moment qui précède immédiatement la systole ventriculaire, c'est-à-dire le 1er bruit du cœur.

PRÉVALENCE, *s. f.* (épidémiologie). Nombre de cas dans une population donnée, sans distinction entre les cas nouveaux et les anciens.

PRÉVENTION, *s. f.* Ensemble des mesures destinées à éviter la survenue d'accidents, ou bien l'apparition ou l'aggravation de maladies.

PRÉVENTORIUM, *s. m.* Etablissement hébergeant des sujets chez lesquels la primo-infection tuberculeuse a été dépistée de bonne heure par une cuti-réaction positive, c'est-à-dire avant l'apparition de la tuberculose-maladie.

PRIAPISME, *s. m.* Erection violente, prolongée, souvent douloureuse, née sans appétit sexuel et n'aboutissant à aucune éjaculation.

PRIMIGESTE, *adj.* et *s. f.* Femme enceinte pour la première fois.

PRIMIPARE, *adj. s. f.* Femme qui accouche pour la première fois.

PRIMO-INFECTION, *s. f.* Envahissement de l'organisme par un microbe, pour la première fois.

PRIMOVACCINATION, *s. f.* Première administration de vaccin.

PRO-ACCÉLÉRINE, *s. f.* V. *accélérine*.

PROCAÏNISATION, *s. f.* Emploi thérapeutique de la procaïne pour anesthésier une région ou pour paralyser temporairement un nerf ou un ganglion nerveux.

PROCESSUS, *s. m.* 1° (anatomie). Syn. moderne (pour partie) d'*apophyse*. Saillie osseuse. — 2° Evolution d'une série de phénomènes ou de lésions anatomiques se rapportant à une maladie.

PROCIDENCE, *s. f.* Chute d'une partie.

PROCONVERTINE, *s. f.* V. *convertine*.

PROCTALGIE, *s. f.* Névralgie anale.

PROCTITE, *s. f.* Inflammation du rectum.

PROCTOCÈLE, *s. f.* Chute du rectum.

PROCTOLOGIE, *s. f.* Partie de la médecine traitant des maladies de l'anus et du rectum.

PROCTOPEXIE, *s. f.* V. *rectopexie*.

PROCTOPLASTIE, *s. f.* Opération plastique qui a pour but de remettre et de fixer à sa place normale un anus ectopique.

PROCTOPTOSE, *s. f.* V. *proctocèle*.

PROCTORRHÉE, *s. f.* Ecoulement muqueux par l'anus.

PROCTOSCOPIE, *s. f.* Examen de l'anus et du rectum à l'aide d'un anuscope ou d'un rectoscope.

PROCTOTOMIE, *s. f.* Opération portant sur l'anus et le rectum, destinée à en combattre le rétrécissement.

PROCUBITUS, *s. m.* Attitude du corps couché sur le ventre (décubitus ventral).

PRO DIE. Locution latine signifiant : *par jour*.

PRODROME, *s. m.* Signe avant-coureur d'une maladie.

PROFESSIONS MÉDICALES. V. *santé (professions de)*.

PROFESSIONS PARAMÉDICALES. V. *santé (professions de)*.

PROFESSIONS DE SANTÉ. V. *santé (professions de)*.

PROFUS, USE, *adj.* Abondant.

PROGESTATIF, IVE, *adj.* Qui provoque la transformation prégravidique de la muqueuse utérine (endomètre). — *s. m.* Ensemble de substances stéroïdes comprenant la progestérone et des dérivés naturels et synthétiques ayant des effets analogues.

PROGESTÉRONE, *s. f.* Hormone provenant du corps jaune de l'ovaire pendant la seconde phase du cycle ovarien (phase lutéinique) et pendant la grossesse ; elle est produite également par le placenta. Son rôle physiologique est de transformer la muqueuse utérine, hyperplasiée par la folliculine, en « endomètre prégravidique » et de favoriser la fixation et le développement de l'œuf fécondé.

PROGNATHISME, *s. m.* Disposition générale de la face telle que, vues de profil, l'une des mâchoires ou les deux mâchoires semblent projetées en avant de la ligne verticale abaissée de la racine du nez.

PROLABÉ, BÉE, *adj.* Se dit d'un organe déplacé de haut en bas (atteint de prolapsus).

PROLACTINE, *s. f.* Syn. *hormone galactogène, PRL.* Hormone polypeptidique provenant du lobe antérieur de l'hypophyse ; après l'accouchement, elle déclenche la sécrétion lactée et maintient l'arrêt des règles.

PROLAN, *s. m.* V. *gonadostimuline.*

PROLANURIE, *s. f.* Présence du prolan dans l'urine.

PROLAPSUS, *s. m.* Chute ou abaissement d'un organe ou d'une partie d'organe, par suite du relâchement de ses moyens de fixité (*p. de l'utérus, du rectum*).

PROLAPSUS MITRAL. Bombement d'une valve mitrale dans l'oreillette gauche au moment de la systole ventriculaire.

PROMONTOIRE, *s. m.* 1º Nom donné en obstétrique à la saillie sur le bassin de l'angle sacrovertébral. — 2º Saillie osseuse de la paroi interne de la caisse du tympan.

PROMYÉLOCYTE, *s. m.* Myélocyte jeune, forme intermédiaire entre le myéloblaste et le myélocyte, situé dans la moelle osseuse.

PRONATION, *s. f.* Mouvement de l'avant-bras qui a pour résultat de faire exécuter à la main une rotation de dehors en dedans.

PRONÉPHROS, *s. m.* Première ébauche embryonnaire de l'appareil urinaire.

PRO PARTE. En latin, *en partie, pour une part.*

PROPHASE, *s. f.* Premier stade de la division cellulaire, au cours duquel les chromosomes deviennent visibles. V. *mitose.*

PROPHYLACTIQUE, *adj.* Se dit de l'action préventive de certaines substances.

PROPHYLAXIE, *s. f.* Partie de la thérapeutique qui a pour objet de prévenir le développement des maladies.

PROPRIOCEPTEUR, *s. m.* V. *intérocepteur.*

PROPULSION, *s. f.* Tendance que certains malades (*maladie de Parkinson*) éprouvent à accélérer leur marche jusqu'à prendre le pas de course.

PROSENCÉPHALE, *s. m.* Partie de l'encéphale située au-dessus de la tente du cervelet et comprenant les hémisphères cérébraux et les structures qui les unissent.

PROSTACYCLINE, *s. f.* Substance proche des prostaglandines, synthétisée dans l'endothélium vasculaire, vasodilatatrice et très instable : sa durée de vie est de 3 minutes.

PROSTAGLANDINE, *s. f.* **(PG).** Substance découverte dans la prostate et le liquide séminal, mais toutes les cellules semblent capables d'en synthétiser très rapidement ; elle ne passe pas dans le sang, agit localement, est détruite en quelques minutes. Les effets des prostaglandines, très puissants, sont multiples, variables et parfois antagonistes. Elles agissent notamment sur l'appareil génital et circulatoire, l'agrégation des plaquettes, l'inflammation et le système immunitaire.

PROSTATE, *s. f.* Glande génitale masculine annexe entourant la partie initiale de l'urètre et dont les sécrétions contribuent à former le liquide séminal.

PROSTATECTOMIE, *s. f.* Extirpation de la prostate en totalité ou en partie.

PROSTATISME, *s. m.* Ensemble des accidents déterminés par l'hypertrophie de la prostate.

PROSTATITE, *s. f.* Inflammation de la prostate.

PROSTHÉTIQUE (groupement). Fraction non protéique contenue dans la molécule des hétéroprotéides et libérée par l'hydrolyse de ces corps.

PROSTRATION, *s. f.* Abattement extrême, anéantissement complet que l'on observe dans les formes graves des maladies aiguës.

PROTAMINE, *s. f.* Polypeptide extrait de la laitance de certains poissons. Il entre dans la composition d'une variété d'insuline retard. Le *sulfate de p.* peut neutraliser l'héparine.

PROTÉASE, *s. f.* Ferment protéolytique, analogue à la trypsine, sécrété par les leucocytes myéloïdes.

PROTECTION MATERNELLE ET INFANTILE (PMI). Ensemble des mesures médico-sociales prises en France en faveur des femmes enceintes et des mères de famille, ainsi que des enfants jusqu'à l'âge de 6 ans.

PROTÉIDE, *s. f.* V. *protéine*.

PROTÉIDÉMIE, V. *protidémie*.

PROTÉINASE, *s. f.* Enzyme provoquant la transformation des protides en éléments plus simples. P. ex. *la pepsine, la trypsine*.

PROTÉINE, *s. m.* Syn. *protéide*. Variété de protide d'un poids moléculaire très élevé et composée d'un grand nombre d'acides aminés. Les *p.* sont les constituants fondamentaux de la cellule vivante. On les divise en *holoprotéines* (ou protéines) et en *hétéroprotéines*.

PROTÉINÉMIE, *s. f.* V. *protidémie*.

PROTÉINORACHIE, *s. f.* Présence de protéine dans le liquide céphalorachidien.

PROTÉINURIE, *s. f.* Présence, dans l'urine, de protéines.

PROTÉOLYSE, *s. f.* Dissolution et digestion des substances protéiques.

PROTEUS, *s. m.* Genre bactérien, habituel saprophyte de la peau et des muqueuses.

PROTHÈSE, *s. f.* Partie de la chirurgie qui se propose de remplacer un organe ou un membre, en totalité ou en partie, par un appareil reproduisant leurs formes et, si possible, rendant les mêmes services. P. ex. : *p. dentaires, p. oculaire*. — On désigne aussi par *p.* la pièce ou l'appareil de remplacement.

PROTHROMBINASE, *s. f.* Thromboplastine activée par sa combinaison avec la proconvertine, puis avec l'accélérine, et capable de transformer en quelques secondes la prothrombine en thrombine.

PROTHROMBINE, *s. f.* Globuline d'origine hépatique, existant dans le plasma et qui, sous l'action de la prothrombinase et en présence de calcium ionisé, se transforme en thrombine. Celle-ci, à son tour va se combiner au fibrinogène pour former la fibrine. — *taux de p.* Évaluation de la quantité de *p.* contenue dans un plasma sanguin donné (et mesurée par le temps de Quick) par rapport à un plasma normal.

PROTHROMBINÉMIE, *s. f.* Présence de prothrombine dans le sang.

PROTIDE, *s. m.* Nom donné au groupe des acides aminés et des corps qui leur donnent naissance par hydrolyse. On les divise en *peptides*, formés par l'union d'un nombre restreint d'acides aminés, et en *protéides* ou *protéines* composés d'un grand nombre de ceux-ci.

PROTIDÉMIE, *s. f.* Syn. *protéidémie, protéinémie*. Taux des protéines dans le plasma sanguin ; il est normalement de 70 à 80 g par litre. Ces protéines comprennent l'albumine, les globulines et le fibrinogène.

PROTISTE, *s. m.* Organisme microscopique unicellulaire. On en distingue 2 groupes, les procaryotes et les eucaryotes.

PROTO... Préfixe grec qui signifie *premier*.

PROTODIASTOLIQUE, *adj.* Qui se rapporte à la première partie de la diastole, après l'ouverture des valvules auriculo-ventriculaires.

PROTON, *s. m.* V. *atome*.

PROTOPLASMA, *s. m.* ou **PROTO-PLASME,** *s. m.* Syn. *cytoplasme*. Substance vivante organisée, libre ou contenue dans une membrane.

PROTOSYSTOLIQUE, *adj.* Se dit d'un phénomène se passant dans la première partie de la systole.

PROTOZOAIRES, *s. m. pl.* Groupe d'animaux unicellulaires comprenant les Rhizopodes, les Flagellés, les Sporozoaires, les Infusoires et, pour certains, les Spirochètes.

PROTRACTION, *s. f.* Action de tirer en avant.

PROTRUSION, *s. f.* Etat d'un organe poussé en avant par une cause pathologique.

PROTUBÉRANCE ANNULAIRE. V. *pont*.

PROVIRUS, *s. m.* Fragment d'un acide nucléique viral fixé sur l'ADN chromosomique des cellules d'un individu et qui intégré au génome de la cellule hôte, est transmis avec cet ADN lors de la division de la cellule.

PROVITAMINE, *s. f.* Nom donné à des substances, contenues dans quelques aliments, qui, sous certaines influences, se transforment en vitamines, telles que le carotène en vitamine A et les stérols en vitamine D.

PROXIMAL, ALE, *adj.* Proche, placé près du centre ou de l'origine. V. *distal*.

PRURIGÈNE, *adj.* Qui provoque le prurit.

PRURIGINEUX, EUSE, *adj.* Qui est cause de la démangeaison.

PRURIGO, *s. m.* Nom générique donné à certaines affections de la peau, caractérisées par l'existence de papules, recouvertes d'une croûtelle noirâtre due aux excoriations produites par le grattage.

PRURIGO STROPHULUS. V. *strophulus*.

PRURIT, *s. m.* Trouble fonctionnel des nerfs de la peau, produisant des démangeaisons et ne dépendant pas de lésions cutanées prémonitoires appréciables.

PSEUDARTHROSE, *s. f.* Articulation accidentelle due à l'absence définitive de consolidation d'un os fracturé.

PSEUDO... Préfixe grec qui signifie la *fausseté* d'une chose, l'*erreur* d'une sensation, la *similitude* avec un état morbide.

PSEUDOBULBAIRE (paralysie ou **syndrome).** V. *paralysie pseudobulbaire*.

PSEUDOCOMITIAL, ALE, *adj.* Qui ressemble à l'épilepsie.

PSEUDOMEMBRANE, *s. f.* Syn. *fausse membrane*. Exsudat pathologique se produisant à la surface des muqueuses, formé le plus souvent d'un feutrage fibrineux se détachant par lambeaux.

PSEUDOMONAS, *s. m.* Genre bactérien composé de bacilles mobiles, Gram−, aérobies stricts. Il comprend notamment trois espèces pathogènes chez l'homme, le *P. aeruginosa*, le *P. mallei*, agent de la morve et le *P. pseudomallei*.

PSEUDOPODE, *s. m.* Prolongement court et lobé que poussent les amibes et les leucocytes pour se déplacer.

PSEUDOSMIE, *s. f.* Hallucination de l'odorat.

PSITTACOSE, *s. f.* Maladie infectieuse épidémique transmise à l'homme par des perroquets et due à *Chlamydia psittaci*. Elle est caractérisée par des phénomènes généraux graves, des troubles intestinaux, et une pneumonie atypique.

PSOÏTIS, *s. f.* Inflammation, ordinairement suivie d'abcès, du muscle psoas.

PSORALÈNE, *s. m.* Substance favorisant la pigmentation, utilisée en dermatologie pour sensibiliser la peau à l'action des rayons ultraviolets. V. *PUV Athérapie*.

PSORIASIS, *s. m.* Affection de la peau caractérisée par l'apparition, en certains points (coudes, genoux, cuir chevelu, région sacrée) d'éléments arrondis, formés de squames sèches, brillantes et nacrées, s'enlevant aisément par le grattage et laissant une surface rouge, luisante et saignant facilement.

PSYCH... Préfixe grec signifiant *esprit, pensée*.

PSYCHANALYSE, *s. f.* Méthode d'investigation psychologique qui cherche à déceler l'existence de souvenirs, désirs ou images, dont la présence subconsciente serait cause des troubles psychiques ou physiques.

PSYCHASTHÉNIE, *s. f.* Indécision de l'esprit, tendance au doute, aux appréhensions irraisonnées.

PSYCHÉDÉLIQUE, *adj.* Caractérisé par des hallucinations et l'exacerbation des sensations. — Par extension, *s. m.* Substance provoquant un tel état.

PSYCHIATRE, *s. m.* Médecin spécialiste des maladies mentales.

PSYCHIATRIE, *s. f.* Syn. *médecine mentale*. Partie de la médecine consacrée spécialement à l'étude des maladies de l'esprit.

PSYCHO-ANALEPTIQUE, *adj.* Qui excite l'activité mentale. — *s. m.* Médicament qui possède cette propriété.

PSYCHODRAME, *s. m.* Méthode psychothérapique de groupe consistant en un jeu dramatique auquel participent médecins et malades.

PSYCHODYSLEPTIQUE, *adj.* Qui provoque des troubles mentaux. — *s. m.* Médicament qui possède ces propriétés.

PSYCHOGÈNE, *adj.* Se dit de maladies purement psychiques, c'est-à-dire ne correspondant à aucune lésion décelable.

PSYCHOLEPTIQUE, *adj.* Qui déprime l'activité mentale. — *s. m.* Médicament qui possède cette propriété.

PSYCHOMÉTRIE, *s. f.* Appréciation et notation chiffrée des capacités intellectuelles.

PSYCHOMOTEUR, TRICE, *adj.* Relatif aux effets moteurs de l'activité cérébrale.

PSYCHOPATHIE, *s. f.* Maladie mentale.

PSYCHOPATHOLOGIE, *s. f.* Etude des maladies mentales.

PSYCHOPHYSIOLOGIE, *s. f.* Etude du fonctionnement du cerveau et de ses activités mentales.

PSYCHOSE, *s. f.* Syn. *folie.* Nom générique des maladies mentales.

PSYCHOSENSORIEL, ELLE, *adj.* Se dit de tout ce qui a trait à la fois aux facultés intellectuelles et aux perceptions sensorielles.

PSYCHOSOMATIQUE (médecine). Etude des perturbations psychiques d'ordre affectif, des troubles viscéraux qui en constituent la manifestation corporelle et du retentissement psychique des altérations organiques.

PSYCHOTHÉRAPIE, *s. f.* Nom donné à la suggestion appliquée méthodiquement au traitement des maladies.

PSYCHOTIQUE, *adj.* Qui concerne la psychose. — *s. m.* ou *f.* Sujet atteint de psychose.

PSYCHOTROPE, *adj.* Qui agit sur l'activité cérébrale. — *s. m.* Médicament qui possède cette propriété.

PTA. Initiales de l'anglais *plasma thromboplastin antecedent* : v. *facteur XI.*

PTC. Initiales de l'anglais *plasma thromboplastin component* (v. *facteur antihémophilique B*).

PTÉRION, *s. m.* Région où se rencontrent les sutures des os frontal, pariétal, temporal et sphénoïde, en formant ordinairement un H.

PTÉRYGION, *s. m.* Epaississement membraneux de la conjonctive triangulaire à base périphérique.

PTÉRYGOÏDE, *adj.* En forme d'aile. P. ex. *apophyse* ou *processus p.*

PTOSE, *s. f.* Déplacement d'un viscère par suite du relâchement de ses moyens de fixité.

PTOSIS, *s. m.* Chute de la paupière supérieure.

PTYALINE, *s. f.* Ferment salivaire qui transforme l'amidon cuit et le glycogène en dextrine et en maltose.

PTYALISME, *s. m.* Syn. *salivation, sialorrhée.* Sécrétion salivaire exagérée.

PUBERTÉ, *s. f.* Ensemble des modifications qui se produisent chez les filles au moment où s'établit la menstruation, et chez les garçons dès que les testicules produisent des spermatozoïdes.

PUBIEN, ENNE, *adj.* Relatif au pubis.

PUBIS, *s. m.* Partie antéro-supérieure de l'os coxal. Il comporte un corps, lequel participe à la formation de l'acétabulum et deux branches, supérieure et inférieure.

PUÉRICULTURE, *s. f.* Ensemble des moyens propres à favoriser le développement physiologique de l'enfant, soit avant la naissance, soit après.

PUERPÉRAL, ALE, *adj.* Relatif à l'accouchement.

PULMONAIRE, *adj.* Qui se rapporte au poumon.

PULPECTOMIE, *s. f.* 1° Ablation de la pulpe dentaire. — 2° (urologie). Intervention chirurgicale consistant à vider le testicule de son contenu.

PULPITE, *s. f.* Inflammation de la pulpe dentaire, complication de la carie.

PULSATILE, *adj.* Qui présente des pulsations.

PULSATION, *s. f.* Battement du cœur et des artères.

PULSION, *s. f.* 1° Trouble de l'équilibre obligeant certains sujets (maladie de Parkinson) à avancer ou à reculer, parfois précipitamment, comme s'ils étaient poussés. — 2° (psychiatrie). Tendances d'origine instinctive, orientant l'activité de l'individu.

PULTACÉ, CÉE, *adj.* Se dit d'un exsudat qui a la consistance d'une bouillie.

PULVÉRISATION, *s. f.* Action de réduire en poudre une substance solide. — Par extension, opération qui consiste à projeter une substance solide ou liquide réduite en très fines particules.

PULVINAR, *s. m.* Noyau de l'extrémité postérieure du thalamus.

PUPILLE, *s. f.* Orifice de l'iris.

PUPILLOMÉTRIE, *s. f.* Mensuration du diamètre de la pupille et de ses variations.

PURGATIF, *s. m.* Substance provoquant l'accélération du transit intestinal et l'évacuation des selles.

PURIFORME, *adj.* Qui a l'apparence du pus.

PURINES, *s. f. pl.* V. *base purique.*

PURKINJE (réseau de) (Johann P., 1787-1869, anatomiste tchèque). Ramifications terminales sous-endocardiques du système cardionecteur.

PURPURA, *s. m.* Hémorragie cutanée. Cette lésion a donné son nom à un certain nombre de syndromes, dont elle constitue le phénomène principal.

PURULENT, ENTE, *adj.* Qui a rapport au pus ou qui contient du pus.

PUS, *s. m.* Exsudat pathologique de consistance liquide, d'aspect louche et opaque, tenant en suspension des leucocytes polynucléaires altérés et des microbes.

PUSTULE, *s. f.* Soulèvement circonscrit de l'épiderme, contenant un liquide purulent.

PUSTULOSE, *s. f.* Eruption de pustules.

PUTAMEN, *s. m.* Portion latérale du noyau lenticulaire.

PUTRÉFACTION, *s. f.* Décomposition des corps organisés, animaux ou végétaux, privés de vie, sous l'influence de bactéries.

PUTRIDE, *adj.* Qui répand une odeur fétide analogue à celle d'un corps en putréfaction.

PUVATHÉRAPIE, *s. f.* Procédé thérapeutique utilisant les Psoralènes et les rayons ultraviolets A.

PYCNIQUE, *adj.* et *s. m.* Caractérisé par la force. P. ex. : *constitution pycnique.*

PYCNOSE, *s. f.* Transformation du noyau de la cellule, consistant en une condensation de la chromatine.

PYÉL... Préfixe grec signifiant *bassinet.*

PYÉLECTASIE, *s. f.* Dilatation du bassinet.

PYÉLIQUE, *adj.* Qui se rapporte au bassinet.

PYÉLITE, *s. f.* Inflammation de la muqueuse qui tapisse le bassinet et les calices de reins.

PYÉLOCALICIEL, ELLE, *adj.* Qui concerne le bassinet et les calices du rein.

PYÉLOGRAPHIE, *s. f.* Radiographie du bassinet et des cavités rénales après injection intraveineuse ou par le moyen d'une sonde urétérale, d'un liquide opaque aux rayons X.

PYÉLOLITHOTOMIE, *s. f.* Incision du bassinet dans le but d'en extraire un ou plusieurs calculs.

PYÉLONÉPHRITE, *s. f.* Néphrite microbienne avec une atteinte du bassinet.

PYÉLOSTOMIE, *s. f.* Etablissement d'une fistule chirurgicale au niveau du bassinet.

PYÉLOTOMIE, *s. f.* Incision pratiquée sur le bassinet.

PYLÉPHLÉBITE, *s. f.* Phlébite de la veine porte.

PYLÉTHROMBOSE, *s. f.* Thrombose de la veine porte.

PYLORE, *s. m.* Orifice faisant communiquer l'estomac et le duodénum.

PYLORECTOMIE, *s. f.* Résection du pylore.

PYLOROPLASTIE, *s. f.* Incision longitudinale d'un rétrécissement pylorique, suivie de la suture transversale de la plaie.

PYLOROSPASME, *s. m.* Spasme du pylore observé surtout chez le nourrisson.

PYLOROTOMIE, *s. f.* Incision longitudinale de la couche musculaire hypertrophiée du pylore.

PYO... Préfixe grec signifiant *pus*.

PYOCHOLÉCYSTE, *s. m.* Vésicule biliaire enflammée et contenant du pus.

PYOCYANIQUE (bacille). V. *Pseudomonas aeruginosa*.

PYODERMIE, *s. f.* ou **PYODERMITE**, *s. f.* Ensemble des lésions suppuratives de la peau.

PYOGÈNE, *adj.* Qui fait suppurer. Nom donné aux microbes ordinaires de la suppuration.

PYONÉPHRITE, *s. f.* Inflammation du parenchyme rénal due à un microbe pyogène banal.

PYONÉPHROSE, *s. f.* Infection grave de tout le rein caractérisée par la rétention de pus dans le bassinet distendu, la destruction et l'inflammation (pyonéphrite) du parenchyme et la réaction inflammatoire du tissu voisin (périnéphrite).

PYOPNEUMOTHORAX, *s. m.* Epanchement gazeux de la cavité pleurale accompagné d'un épanchement purulent.

PYORRHÉE, *s. f.* Ecoulement de pus. — *p. alvéolo-dentaire*. Arthrite alvéolo-dentaire suppurée.

PYOSALPINX, *s. m.* Transformation de la trompe de Fallope en une poche contenant du pus.

PYOSTERCORAL, ALE, *adj.* Qui concerne le pus et les excréments.

PYOTHORAX, *s. m.* Pleurésie purulente.

PYRAMIDAL (syndrome). Ensemble des signes traduisant l'altération du faisceau pyramidal : paralysie d'abord flasque, puis avec contracture ; diminution des réflexes cutanés ; diminution, puis exagération des réflexes tendineux ; inversion du réflexe cutané plantaire.

PYRAMIDAL, ALE, *adj.* En forme de pyramide. — *faisceau p.* Voie motrice volontaire principale, constituée d'un ensemble de fibres destinées au tronc et aux membres ; il part des grandes cellules pyramidales du cortex cérébral, descend par la capsule interne jusqu'au bulbe où il décusse, constitue les deux tractus médullaires cortico-spinaux ventral et latéral et se termine dans la corne antérieure médullaire.

PYRAMIDALE (contracture). Hypertonie musculaire due à une lésion du faisceau pyramidal et s'accompagnant d'exagération des réflexes ostéo-tendineux.

PYRÉTOGÈNE, *adj.* Qui provoque la fièvre. — *s. m.* Substance parfois contenue dans les solutés stériles injectables et capable de provoquer une réaction fébrile lorsque ces solutés sont introduits en quantité importante par voie intraveineuse.

PYREXIE, *s. f.* Nom générique de toutes les maladies fébriles.

PYRIDOXINE, *s. f.* Vitamine B_6. Sa carence détermine des accidents digestifs, cutanés et nerveux.

PYRIMIDINE, *s. f.* V. *base pyrimidique.*

PYROGÈNE, *adj.* Qui provoque le feu.

PYROMANIE, *s. f.* Impulsion qui pousse certains déséquilibrés à mettre le feu.

PYROSIS, *s. m.* Sensation de brûlure qui part de l'épigastre, remonte l'œsophage et s'accompagne de renvoi d'un liquide acide ; il témoigne d'un reflux gastro-œsophagien.

PYRUVICÉMIE, *s. f.* Présence, dans le sang, d'acide pyruvique, produit de dégradation du métabolisme des glucides.

PYURIE, *s. f.* Emission d'urine mélangée de pus.

Q

Q̇ ou **Q̇C**. Symbole du *débit cardiaque*.

Q (onde) ; **QRS (ondes)** ; **QRST (complexe)**. V. *électrocardiogramme*.

QI. Symbole du *quotient intellectuel*.

QUADRICEPS, *adj*. Qui a quatre chefs. P. ex. *muscle q. fémoral*.

QUADRIPLÉGIE, *s. f.* Syn. *tétraplégie*. Paralysie des quatre membres.

QUARANTAINE, *s. f.* Séjour dans un lazaret imposé aux voyageurs et aux marchandises venant de pays où règnent certaines maladies contagieuses, avant de les laisser communiquer avec les habitants du pays où ils se rendent. Ce séjour était autrefois de quarante jours, mais la connaissance du mode de propagation de ces maladies et des mesures de désinfection efficaces ont permis de réduire la durée actuelle des *q.*, et de les remplacer presque toujours par une simple inspection sanitaire.

QUARANTENAIRE (maladie). Nom donné aux maladies exotiques dites pestilentielles (*choléra, peste, fièvre jaune, variole, fièvre récurrente*) dont les foyers doivent être déclarés aux organismes sanitaires internationaux.

QUARTE (fièvre). Forme de fièvre intermittente dans laquelle les accès revien-

nent le quatrième jour, laissant entre eux deux jours d'intervalle.

QUECKENSTEDT ou **QUECKENSTEDT-STOOKEY (épreuve de)** (Hans Q. 1887-1916, médecin allemand ; Byron S. 1887-1966, neurochirurgien américain). Epreuve qui consiste à augmenter la pression du liquide céphalique en comprimant les jugulaires. Elle permet de diagnostiquer les tumeurs qui compriment la moelle, et au-dessous desquelles ne se manifeste pas l'hyperpression.

QUÉRULENCE, *s. f.* Attitude revendicatrice.

QUEUE-DE-CHEVAL (syndrome de la). Groupe de symptômes dus à la compression des nerfs qui constituent la queue-de-cheval. Ils comprennent des troubles moteurs sensitifs, (anesthésie du périnée et des organes génitaux), des troubles trophiques et sphinctériens.

QUICK (temps ou test de) (Armand Q. né en 1894, médecin américain). Temps de coagulation du plasma sanguin oxalaté puis additionné de calcium et d'un excès de thromboplastine. Son allongement est proportionnel à l'abaissement du taux de prothrombine.

QUINCKE (maladie ou œdème de) (Heinrich Q. 1842-1922, médecin allemand). Variété d'urticaire caractérisée par la brusque apparition d'infiltrations œdémateuses de la face ou des muqueuses. Son danger réside dans la localisation au larynx.

QUINIDINE, *s. f.* Isomère de la quinine, doué de propriétés antiarythmiques.

QUININE, *s. f.* Alcaloïde extrait du Quinquina ; poudre blanche de saveur amère, dont les sels et dérivés sont utilisés dans le traitement du paludisme.

QUININISATION ou **QUINISATION,** *s. f.* Emploi thérapeutique de la quinine.

QUININISME ou **QUINISME,** *s. m.* Ensemble des phénomènes d'intoxication produits par les sels de quinine.

QUINIQUE, *adj.* Qui a rapport à la quinine ou au quinquina.

QUINOLONE, *s. f.* Famille d'antibactériens de synthèse dérivés dont le premier utilisé fut l'acide nalidixique.

QUINTANE (fièvre). Forme de fièvre intermittente dans laquelle les accès reviennent le cinquième jour, laissant entre eux trois jours d'intervalle.

QUINTE, *s. f.* Accès de toux, et en particulier l'accès si caractéristique de la coqueluche.

QUOTIDIENNE (fièvre). Forme de fièvre intermittente dans laquelle les accès reviennent tous les jours.

QUOTIENT INTELLECTUEL (QI). Rapport de l'âge mental d'un enfant à son âge réel.

QUOTIENT RESPIRATOIRE (symbole R). Rapport du volume de CO_2 éliminé à celui de l'O_2 absorbé dans le même temps.

R

R. 1º Symbole du *quotient respiratoire*. — 2º Abréviation de *roentgen*.

RA. Réserve alcaline.

Ra. Symbole chimique du *radium*.

RAA. Rhumatisme articulaire aigu.

RABIQUE, *adj.* Qui a rapport à la rage ou qui détermine la rage. — *virus r.*

RACÉMEUX, EUSE, *adj.* En forme de grappe.

RACHIALGIE, *s. f.* Douleur siégeant le long de la colonne vertébrale.

RACHIANESTHÉSIE, *s. f.* Méthode d'anesthésie partielle par injection dans les espaces sous-arachnoïdiens d'une substance qui agit directement sur la moelle.

RACHICENTÈSE, *s. f.* Introduction d'un fin trocart entre deux arcs vertébraux (*ponction lombaire*), dans le but de prélever du liquide céphalorachidien ou d'injecter un médicament ou un produit de contraste.

RACHIDIEN, ENNE, *adj.* Qui se rapporte à la colonne vertébrale.

RACHIS, *s. m.* Syn. *colonne vertébrale.* V. *vertèbre.*

RACHISCHISIS, *s. m.* Malformation du rachis consistant en une fente vertébrale. — *r. postérieur.* V. *spina bifida.*

RACHITIQUE, *adj.* Qui a rapport au rachitisme. — *s. m.* ou *f.* Qui est atteint de rachitisme.

RACHITISME, *s. m.* Maladie de la période de croissance, qui se manifeste par des déformations variables du squelette et une atteinte de l'état général. Le *r.* résulte d'un trouble du métabolisme phosphocalcique dû à une insuffisance en vitamine D, le plus souvent liée à une carence solaire.

RAD, *s. m.* (radiologie). Unité de dose de radiations ionisantes absorbée. — Dans le système international (SI) le *rad* est remplacé par le *gray.*

RADIANCE, *s. f.* Quotient du flux lumineux que rayonne une surface émettrice par l'aire de cette surface. La *r.* est une grandeur de même nature que l'éclairement. Elle se mesure en lux et en phots.

RADIATION, *s. f.* Phénomène électromagnétique de même nature que la lumière.

RADICAL LIBRE. Espèce chimique déstabilisée par la présence anormale d'un électron célibataire sur sa couche externe. Très réactif, le *r.l.* tend à revenir très rapidement à un état stable.

RADICOTOMIE, *s. f.* V. *rhizotomie.*

RADICULAIRE, *adj.* Qui a rapport aux racines des nerfs crâniens ou rachidiens, ou aux racines des dents.

RADICULALGIE, *s. f.* Douleur due à l'irritation ou à l'inflammation des racines des nerfs crâniens ou rachidiens.

RADICULITE, *s. f.* Inflammation des racines des nerfs crâniens ou rachidiens.

RADICULOGRAPHIE, *s. f.* Radiographie du cul de sac dural et des racines rachidiennes après injection, dans le liquide céphalorachidien, d'un produit de contraste iodé hydrosoluble.

RADIO... Préfixe latin signifiant *rayon, radiation.*

RADIOACTIVITÉ, *s. f.* Propriété que possèdent certains corps, d'émettre des rayons qui traversent les corps opaques, impressionnent les plaques photographiques et rendent les gaz conducteurs de l'électricité.

RADIOCINÉMATOGRAPHIE, *s. f.* Enregistrement cinématographique des mouvements des ombres radiologiques.

RADIODERMITE, *s. f.* Lésion cutanée ou muqueuse provoquée par les rayons X ou les substances radioactives.

RADIODIAGNOSTIC, *s. m.* Application des rayons X au diagnostic des maladies.

RADIOÉLÉMENT, *s. m.* Elément chimique ayant une radioactivité naturelle ou artificielle.

RADIOGRAPHIE, *s. f.* Formation, sur un film photographique, de l'image d'un corps interposé entre ce film et une source de rayons X.

RADIO-ISOTOPE, *s. m.* V. *isotope.*

RADIOLÉSION, *s. f.* Nom sous lequel on groupe tous les troubles pathologiques causés par les rayons X et les corps radioactifs.

RADIOLEUCÉMIE, *s. f.* Leucémie provoquée par les radiations ionisantes.

RADIOLOGIE, *s. f.* Partie de la physique concernant les rayons X et les corps radioactifs.

RADIOLOGIE INTERVENTIONNELLE. Utilisation diagnostique et thérapeutique de la radiologie effractive. Elle comprend notamment les *angioplasties*, les *embolisations artérielles*, la *nucléolyse.*

RADIOMANOMÉTRIE, *s. f.* Etude, sur des clichés radiographiques en série, de certains conduits ou vaisseaux injectés de liquide opaque aux rayons X sous une pression contrôlée. — *r. des voies biliaires.*

RADIONÉCROSE, *s. f.* Nécrose déterminée par l'emploi des rayons X ou des corps radioactifs.

RADIOPELVIMÉTRIE, *s. f.* Application de la radiographie à la mensuration des divers diamètres du bassin.

RADIORÉSISTANT, ANTE, *adj.* Qui est peu sensible à l'action des rayons X.

RADIOSARCOME, *s. m.* Sarcome provoqué par l'application de rayons X ou de corps radioactifs.

RADIOSCOPIE, *s. f.* Examen de l'image formée sur un écran fluorescent par un corps interposé entre cet écran et une source de rayons X.

RADIOSENSIBILITÉ, *s. f.* Sensibilité des tissus vivants à l'action des rayons X.

RADIOTHÉRAPIE, *s. f.* Application thérapeutique des rayons X.

RADIQUE, *adj.* Qui se rapporte aux rayons, au rayonnement, à l'irradiation.

RADIUMTHÉRAPIE, *s. f.* V. *curiethérapie.*

RADIUS *s. m.* Os latéral de l'avant-bras.

RAGE, *s. f.* Maladie infectieuse aiguë due à un Rhabdovirus inoculé par morsure de mammifère et qui, gagnant le cerveau par voie nerveuse provoque une méningo-encéphalite laquelle, après une incubation d'une quarantaine de jours, se manifeste d'abord par des signes d'excitation (hyperesthésie, spasmes douloureux, hydrophobie, fureur, convulsions), puis des signes de dépression (paralysie), une fièvre élevée et se termine toujours par la mort en 4 à 6 jours.

RÂLE, *s. m.* Tout bruit anormal que produit, pendant la respiration, le passage de l'air dans des bronches encombrées ou rétrécies.

RAMOLLISSEMENT CÉRÉBRAL. Lésion cérébrale consistant essentiellement en un infarctus par altération artérielle. Le *r. c.* débute souvent par un ictus et se traduit par une hémiplégie plus ou moins complète.

RANDOMISATION, *s. f.* Répartition au hasard. Cette méthode est utilisée en particulier dans les essais thérapeutiques comparatifs.

RAPHÉ, *s. m.* Ligne de réunion formée par l'entrecroisement de fibres provenant de deux structures anatomiques symétriques. P. ex. *r. du scrotum.*

RAPTUS, *s. m.* Impulsions violentes et soudaines qui portent un délirant au suicide, à la mutilation ou à l'homicide.

RASH, *s. m.* Eruption transitoire observée au cours d'un certain nombre de maladies fébriles habituellement non éruptives, ou comme réaction d'intolérance à un médicament.

RATE, *s. f.* Le plus volumineux des organes lymphoïdes, situé dans l'hypocondre gauche.

RAUCITÉ, *s. f.* Modification du timbre de la voix qui devient plus grave et comme voilée.

RAYNAUD (maladie de) (Maurice R., 1834-1881, médecin français). Troubles circulatoires d'allure paroxystique, le plus souvent déclenchés par le froid, siégeant symétriquement aux extrémités, consistant en ischémie, puis cyanose et asphyxie locale, sensation de doigts morts, et pouvant aboutir à la gangrène sèche.

RAYON, *s. m.* 1° Trajectoire rectiligne suivie par la lumière dans un milieu homogène et transparent. P. ex. *r. lumineux.* — 2° Syn. de rayonnement. P. ex. *rayons X.*

RAYONNEMENT, *s. m.* Processus de propagation d'énergie lié à l'émission d'ondes électromagnétiques (lumière, rayons X, rayons gamma), de particules matérielles (électrons) ou d'ondes acoustiques.

RAYONNEMENT INFRAROUGE. Rayonnement électromagnétique invisible, dont la longueur d'onde est située entre le rouge et les ondes courtes.

RAYONNEMENT IONISANT. Rayonnement capable de former des ions à partir de molécules (par gain ou perte d'électron), leur conférant alors une charge électrique. P. ex. *r. X, gamma.*

RAYONNEMENT ULTRAVIOLET (UV). Rayonnement électro-magnétique invisible, situé entre le violet et les rayons X.

RÉACTIVATION, *s. f.* Action qui consiste à faire apparaître de nouveau des phénomènes disparus.

RÉACTIVITÉ, *s. f.* Pouvoir de répondre à une stimulation.

RÉADAPTATION, *s. f.* Mise en condition d'un ancien malade ou d'un infirme pour le rendre capable de reprendre son travail.

RÉANIMATION, *s. f.* Ensemble de mesures (*soins intensifs*) permettant de rétablir les fonctions vitales momentanément compromises au cours de situations aiguës.

REBOND (phénomène de). Réapparition des signes d'une maladie, quand on arrête brusquement son traitement.

REBREATHING, *s. m.* (anglais). Procédé qui consiste à faire respirer un sujet en circuit fermé, sans débarrasser de leur CO_2 les gaz expirés.

RÉCEPTEUR, *s. m.* Organe ou partie d'organe sensible aux variations de certaines constantes physiologiques (pression : barorécepteur ; composition chimique : chémorécepteur) et capable de déclencher une réaction correctrice de ces variations.

RÉCEPTIVITÉ, *s. f.* Aptitude à percevoir une stimulation et à y répondre. Contraire de l'immunité.

RÉCESSIF, IVE, *adj.* (génétique). Se dit d'un gène qui manifeste son effet seulement s'il existe sur les deux chromosomes de la paire (c.-à-d. à l'état homozygote). Le *caractère r.* est celui transmis par ce gène. Il n'apparaît que chez l'homozygote ; chez l'hétérozygote, il ne se manifeste pas, car il est masqué par le caractère correspondant (dominant) porté par le gène allélomorphe. Le *mode r.* est la façon dont se transmettent les maladies héréditaires liées à des gènes récessifs.

RÉCESSUS, *s. m.* Petite cavité, diverticule, invagination.

RECEVEUR UNIVERSEL. Nom donné aux individus appartenant au groupe sanguin AB. Leur sérum, privé d'agglutinine, n'agglutine aucune hématie. Ils peuvent donc recevoir du sang de tous les sujets, quel que soit le groupe sanguin de ceux-ci.

RECHUTE, *s. f.* Nouvelle évolution morbide succédant à une première affection de même nature, sans qu'il y ait eu nouvelle infection.

RÉCIDIVE, *s. f.* Apparition d'une maladie chez un individu qui a déjà souffert de cette même maladie.

RECKLINGHAUSEN (maladie ou neurofibromatose de) (Friedrich von R., 1833-1910, anatomo-pathologiste allemand). Affection héréditaire, d'évolution lente, caractérisée par la présence de tumeurs cutanées et nerveuses et de taches « café-au-lait » de la peau. Elle fait partie des phacomatoses.

RECLASSEMENT, *s. m.* Mise en condition d'un ancien malade ou d'un infirme pour le rendre capable de faire un travail différent de son travail précédent.

RECOMBINAISON GÉNÉTIQUE. Modification dans la répartition des gènes produisant l'apparition de génotypes nouveaux.

RECON, *s. m.* La plus petite parcelle de matériel génétique qui peut être échangée entre deux chromosomes homologues.

RECRUDESCENCE, *s. f.* Aggravation d'une maladie, après une rémission temporaire. — En épidémiologie, augmentation du nombre des cas de maladie dans une région.

RECTITE, *s. f.* Inflammation du rectum.

RECTOCÈLE, *s. f.* Saillie du rectum dans le vagin dont il repousse la paroi postérieure.

RECTOCOLITE, *s. f.* Inflammation simultanée du rectum et du côlon.

RECTOCOLITE HÉMORRAGIQUE. Maladie d'origine inconnue, caractérisée par des lésions congestives de la muqueuse rectocolique et par un syndrome dysentérique muco-hémorragique évoluant par poussées fébriles répétées.

RECTOPEXIE, *s. f.* Suspension du rectum aux parois du bassin, préconisée pour la cure du prolapsus du rectum.

RECTORRAGIE, *s. f.* Hémorragie rectale.

RECTOSCOPE, *s. m.* Variété d'endoscope destiné à examiner le rectum et l'anse sigmoïde.

RECTOSCOPIE, *s. f.* Examen de la cavité rectale à l'aide d'un rectoscope.

RECTOSIGMOÏDITE, *s. f.* Inflammation simultanée du rectum et de l'anse sigmoïde du côlon.

RECTOTOMIE, *s. f.* Incision du rectum.

RECTUM, *s. m.* Portion rectiligne et terminale du gros intestin, située entre le côlon sigmoïde et le canal anal.

RÉCURRENCE, *s. f.* Nouvelle évolution morbide succédant à une première affection de même nature, sans qu'il y ait eu nouvelle infection. La *r.* apparaît plus tardivement que la rechute.

RÉCURRENT, ENTE, *adj.* Qui remonte à son origine, qui revient à son point de départ. — *nerf. r.*

RÉDUCTION, *s. f.* 1° Opération qui consiste à remettre en place soit un os luxé ou fracturé, soit un organe déplacé accidentellement. — 2° Réaction chimique par laquelle un corps perd un atome d'oxygène (*désoxygénation*). — 3° (génétique) *r. des chromosomes* ou *r. chromatique.* Passage de la cellule de l'état diploïde, dans lequel le noyau possède *2n* chromosomes (46 chez l'homme) à l'état haploïde, où il n'en a que *n* (23 chez l'homme). Il s'effectue au début de la méiose.

REDUX, *adj.* Se dit d'une lésion qui reparaît spontanément plus ou moins longtemps après sa guérison apparente. P. ex. : *chancre r.*

RÉFLECTIVITÉ, *s. f.* Propriété, présentée par certaines parties du corps,

d'être le point de départ d'un acte réflexe lorsqu'elles sont excitées.

RÉFLEXE (acte ou **phénomène).** Réaction motrice ou sécrétoire déclenchée par le système nerveux en dehors de l'intervention de la volonté, en réponse à une stimulation des terminaisons nerveuses sensitives. — *r. conditionné* ou *conditionnel.* Acte réflexe individuel, acquis, dans lequel intervient l'écorce cérébrale.

RÉFLEXE ABDOMINAL. Contraction unilatérale des muscles de la paroi abdominale provoquée par l'excitation de la peau de l'abdomen du côté correspondant.

RÉFLEXE ACHILLÉEN. Extension du pied sur la jambe, provoquée par la percussion du tendon d'Achille.

RÉFLEXE BICIPITAL. Flexion de l'avant-bras provoquée par la percussion du tendon du biceps brachial.

RÉFLEXE CORNÉEN. Occlusion bilatérale des paupières avec ascension du globe oculaire, provoquée par l'attouchement de la cornée.

RÉFLEXE CRÉMASTÉRIEN. Contraction du crémaster déterminant l'ascension du testicule chez l'homme et la rétraction de la grande lèvre chez la femme, causée par l'excitation des téguments de la face interne de la cuisse.

RÉFLEXE CUTANÉ, OSSEUX ou **TENDINEUX.** Réflexes déterminés par l'excitation de certains points des téguments, par la percussion de certains os, de certains tendons, et se manifestant par une contraction musculaire involontaire, brusque et de courte durée.

RÉFLEXE CUTANÉ PLANTAIRE. Flexion plantaire du gros orteil et des autres orteils provoquée normalement par l'excitation de la plante du pied, d'arrière en avant ; l'inversion de ce réflexe constitue le signe de Babinski.

RÉFLEXE DE DÉFENSE. Réaction involontaire provoquée par une stimulation à caractère nuisible, et permettant d'échapper à celle-ci.

RÉFLEXE OCULOCARDIAQUE. Ralentissement du pouls avec abaissement de la pression artérielle obtenu par la compression des globes oculaires.

RÉFLEXE PATELLAIRE ou ROTULIEN. Extension brusque de la jambe sur la cuisse provoquée par la percussion du tendon rotulien.

RÉFLEXE PHOTOMOTEUR. V. *réflexe pupillaire.*

RÉFLEXE PILOMOTEUR. Redressement des poils et phénomène de la chair de poule provoqués par l'excitation de certaines zones par des excitants sensoriels ou par des états psycho-affectifs.

RÉFLEXE PLANTAIRE. V. *réflexe cutané plantaire.*

RÉFLEXE POLYCINÉTIQUE. Réflexe tendineux caractérisé par la production de plusieurs secousses consécutives à un seul ébranlement.

RÉFLEXE DE PRÉHENSION. Mouvement de flexion des doigts provoqué par l'excitation de la paume des mains chez le nouveau-né et chez certains malades atteints de lésions de la région frontale de l'encéphale.

RÉFLEXE PUPILLAIRE. Contraction de la pupille provoquée par la projection, sur l'œil, d'un faisceau lumineux ou par la vision d'un objet rapproché.

RÉFLEXE RADIOPRONATEUR. Pronation de la main provoquée par la percussion de la face antérieure de l'apophyse styloïde du radius.

RÉFLEXE SINUCAROTIDIEN. Léger ralentissement du pouls avec abaissement de la tension minima lorsque l'on comprime le cou au niveau de la bifurcation des deux carotides primitives.

RÉFLEXE STYLORADIAL. Flexion de l'avant-bras provoquée par la percussion de l'apophyse styloïde du radius.

RÉFLEXOGÈNE, *adj.* Qui détermine un réflexe. — *zone r.* Zone de l'organisme dont l'excitation provoque un réflexe.

RÉFLEXOGRAMME ACHILLÉEN. Enregistrement graphique de la réponse musculaire à la percussion du tendon d'Achille.

REFLUX GASTRO-ŒSOPHAGIEN. Retour dans l'œsophage du contenu gastrique acide. Il provoque des brûlures rétrosternales ascendantes.

REFLUX HÉPATO-JUGULAIRE. Distension de la veine jugulaire déterminée par la compression lente et méthodique du foie et durant autant que cette compression, signe d'insuffisance ventriculaire droite.

REFOULEMENT, *s. m.* Emprisonnement, dans le subconscient, de souvenirs ou d'idées dont l'extériorisation est empêchée par des barrages psychiques involontaires.

RÉFRACTAIRE (période ou **phase)** (physiologie). Durée succédant immédiatement à la phase d'activité d'un nerf ou d'un muscle, et pendant laquelle ceux-ci sont inexcitables.

RÉFRACTIVE (chirurgie). Chirurgie visant à changer la réfraction du globe oculaire en modifiant la forme de la cornée.

RÉGÉNÉRATION, *s. f.* Reproduction d'une partie détruite.

RÉGIME, *s. m.* Administration raisonnée et méthodique de l'alimentation.

RÈGLES, *s. f. pl.* V. *menstrues.*

REGORGEMENT, *s. m.* Écoulement de l'urine qui s'échappe, par trop-plein, d'une vessie ne se contractant plus.

RÉGRESSION, *s. f.* 1° Retour d'un tissu ou d'un organe à une des phases antérieures de son évolution. — 2° (psychologie). Retour à un stade précédent du développement affectif ou intellectuel.

RÉGURGITATION, *s. f.* 1° (gastro-entérologie). Retour des aliments de l'estomac ou de l'œsophage dans la bouche, sans effort de vomissements. — 2° (cardiologie). Retour du sang à travers un orifice cardiaque incontinent.

RÉHABILITATION, *s. f.* Mise en condition d'un ancien malade ou d'un infirme pour le rendre capable de reprendre une place décente dans la société.

RÉHYDRATATION, *s. f.* Introduction thérapeutique d'eau dans un organisme.

REIN, *s. m.* Organe pair situé dans la cavité abdominale en arrière du péritoine et dont la fonction principale est la sécrétion de l'urine.

REIN ARTIFICIEL. Appareil permettant l'épuration extrarénale par hémodialyse extracorporelle.

REIN EN FER À CHEVAL. Malformation unissant le pôle inférieur des deux reins par du tissu fibreux ou parenchymateux situé en avant des gros vaisseaux.

REIN FLOTTANT, REIN MOBILE. V. *néphroptose.*

REIN MASTIC. Variété de tuberculose rénale dans laquelle l'organe entier est transformé en une masse caséeuse.

RÉINFECTION, *s. f.* Infection nouvelle survenant sur un terrain antérieurement infecté par le même germe, mais actuellement guéri de cette ancienne infection.

RELAXATION, *s. f.* Relâchement total du tonus d'un muscle. — Détente musculaire et psychique.

...RÉLINE, *suffixe.* V. *...libérine.*

REM, *s. m.* Dose de rayonnement ionisant absorbé, dont l'efficacité biologique est la même que celle d'un rad de rayons X.

REMANIEMENT CHROMOSOMIQUE. Terme générique désignant diverses modifications de structure, telles que translocations, délétions et inversions chromosomiques.

REMÈDE, *s. m.* Traitement, en général médicamenteux.

RÉMISSION, *s. f.* Affaiblissement temporaire des symptômes d'une maladie.

RÉMITTENT, ENTE, *adj.* Qui présente des rémissions.

REMNOGRAPHE, *s. m.* Appareil à *résonance magnétique nucléaire.*

RENDU-OSLER (maladie de) (Henri R., 1844-1902, médecin français). V. *Osler, maladies d'.*

RÉNIFORME, *adj.* En forme de rein.

RÉNINE, *s. f.* Alpha$_2$-globuline sécrétée par l'appareil juxtaglomérulaire du rein, possédant une action enzymatique. Elle se combine à une autre alpha$_2$-globuline du plasma d'origine hépatique, l'*angiotensinogène*, pour donner l'*angiotensine*, substance hypertensive.

RÉNITENCE, *s. f.* Etat d'un organe ou d'une partie des téguments qui résiste à la pression en cédant cependant un peu, sans fluctuation proprement dite.

RÉNOPRIVE, *adj.* Qui se rapporte à l'ablation d'un ou des deux reins.

RENOUVELLEMENT, *s. m.* (biologie). Remplacement dans un ensemble, des éléments qui en sortent par d'autres qui y entrent.

RENVERSÉ, *s. m.* Manœuvre destinée à assurer la parfaite application d'une bande de pansement que l'on enroule autour d'une surface tronconique.

RÉOVIRUS, *s. m.* Genre de virus entéritique et respiratoire à ARN, isolé du groupe des virus ECHO ; il peut également provoquer des encéphalites et des encéphalomyélites.

REP, *s. m.* Quantité de radiations ionisantes qui produit, par gramme d'air, le même nombre de paires d'ions des deux signes et la même énergie qu'un rœntgen.

RÉPLICATION, *s. f.* Formation par contact d'une copie d'un élément génétique.

REPLICON, *s. m.* (génétique). Fragment d'ADN ou d'ARN le plus court, capable de réplication.

REPOLARISATION, *s. f.* Récupération de charges électriques positives ; sur l'électrocardiogramme, elle correspond à l'onde T.

RÉPRESSION, *s. f.* (génétique). Inhibition d'un gène, rendu incapable de manifester son action.

RÉSECTION, *s. f.* Action de retrancher sur une étendue plus ou moins grande un nerf, un vaisseau, un muscle, un tendon, un os, sains ou malades.

RÉSERVE ALCALINE (RA). On désigne sous ce nom des corps (bicarbonate et autres combinaisons faibles de l'acide carbonique : v. *tampon*) contenus dans le sang et capables, par libération et élimination de CO_2, de lutter contre une invasion de l'organisme par un acide fort.

RÉSISTANCE, *s. f.* Opposition à une force. — *r. électrique* (physique). Grandeur mesurant l'imperméabilité d'un conducteur au courant électrique. Elle est égale au quotient de la différence de potentiel entre les extrémités du conducteur, par l'intensité du courant électrique qui le traverse, et s'exprime en *ohms* dans le système international.

RÉSOLUTIF, IVE, *adj.* Qui calme une inflammation, un engorgement. — *s. m.* Médicament destiné à faire disparaître une inflammation sans suppuration.

RÉSONANCE MAGNÉTIQUE NUCLÉAIRE (RMN). Méthode physique consistant à chercher la fréquence faisant entrer en résonance des noyaux atomiques identiques présents dans la molécule et possédant un moment magnétique. En imagerie par résonance magnétique (IRM), on associe la RMN des protons de l'eau présente dans les tissus vivants, l'exploration par balayage, la tomographie et le traitement d'images par ordinateur.

RÉSORPTION, *s. f.* Disparition partielle ou totale d'un organe ou d'un produit pathologique, dont les éléments sont repris par la circulation.

RESPIRATEUR, *s.m.* Appareil permettant d'assurer la ventilation pulmonaire d'un malade avec de l'air ou de l'oxygène, le plus souvent insufflé dans la trachée.

RESPIRATION, *s. f.* Ensemble des phénomènes physico-chimiques destinés à faire pénétrer l'oxygène dans l'organisme et à débarrasser celui-ci du gaz carbonique.

RESPIRATION ARTIFICIELLE. Ensemble de manœuvres pratiquées dans le but de faire pénétrer l'air dans les voies trachéo-bronchiques et de rétablir le jeu normal de la respiration.

RESTAURANTS CHINOIS (syndrome des). Ensemble de troubles observés 15 à 30 minutes après la prise d'un repas dans un restaurant chinois : brûlures vives irradiant du tronc vers la périphérie, sensation d'écrasement de la face, oppression thoracique. Ces manifestations, qui disparaissent spontanément en quelques minutes ou en une à deux heures, sont provoquées par le l-glutamate monosodique ajouté aux aliments comme condiment.

RESTÉNOSE, *s. f.* Réapparition d'un rétrécissement (d'un conduit, d'un orifice) précédemment supprimé.

RÉTENTION, *s. f.* Accumulation d'un produit dans le conduit destiné à son évacuation, le réservoir qui le contient naturellement ou la lymphe qui baigne les tissus.

RÉTICULOCYTE, *s. m.* V. *hématie granuleuse.*

RÉTICULOCYTOSE, *s. f.* Présence dans le sang de réticulocytes en plus ou moins grande abondance.

RÉTICULO-ENDOTHÉLIAL (système) ou **SRE.** Ensemble des *macrophages ou histiocytes,* et du *système des cellules de soutien* (cellules réticulaires, cellules endothéliales du lit vasculaire et fibroblastes) ; le SRE joue un rôle d'épuration essentiel dans l'organisme (phagocytose).

RÉTICULO-ENDOTHÉLIOSE, *s. f.* Syn. *histiocytose.* Affectation caractérisée par la prolifération des éléments du système réticulo-endothélial.

RÉTICULOPATHIE, *s. f.* Affection du système réticulo-endothélial.

RÉTICULOSARCOME, *s. m.* Prolifération maligne et envahissante du tissu réticulo-endothélial provoquant des tumeurs des organes hématopoïétiques.

RÉTICULUM, *s. m.* Nom donné en anatomie à tous les réseaux de fibres ou de vaisseaux.

RÉTINE, *s. f.* Membrane interne du bulbe oculaire provenant de l'épanouissement du nerf optique et constituant l'organe de réception des sensations visuelles grâce à ses cellules à cône et à bâtonnet.

RÉTINITE, *s. f.* Nom générique de toutes les inflammations de la rétine.

RÉTINOGRAPHIE, *s. f.* Examen photographique de la rétine.

RÉTINOPATHIE, *s. f.* Terme désignant toutes les affections rétiniennes.

RÉTINOPEXIE, *s. f.* Fixation de la rétine à la choroïde.

RÉTRACTILITÉ, *s. f.* Propriété que possèdent certains tissus de revenir sur eux-mêmes en diminuant de longueur.

RÉTRÉCISSEMENT, *s. m.* Syn. *sténose.* Diminution permanente du calibre d'un orifice ou d'un conduit du corps, avec altération de la paroi. P. ex. *r. mitral.*

RÉTRO..., Préfixe latin indiquant une situation ou un mouvement *en arrière.*

RÉTROCÆCAL, ALE, *adj.* Situé en arrière du caecum. P. ex. *appendice r.*

RÉTROCOLIS, *s. m.* Variété de torticolis dans laquelle la tête est rejetée en arrière par suite de la contracture des muscles de la nuque.

RÉTROCONTRÔLE, *s. m.* Contrôle en retour assurant la régulation des glandes endocrines.

RÉTRODÉVIATION DE L'UTÉRUS. Terme général qui comprend tous les déplacements en arrière de l'utérus en totalité ou en partie.

RÉTROFLEXION DE L'UTÉRUS. Déviation de l'utérus dans laquelle le fond de l'organe se trouve incliné en arrière, tandis que le col garde sa situation normale.

RÉTROGNATHIE, *s. f.* Déformation de la mâchoire qui, vue de profil, paraît rejetée en arrière.

RÉTROGRADE, *adj.* Qui fait retour en arrière.

RÉTROLISTHÉSIS, *s. m.* Glissement en arrière d'un segment de la colonne vertébrale, sur le segment inférieur.

RÉTROPNEUMOPÉRITOINE, *s. m.* Insufflation gazeuse rétropéritonéale pratiquée au niveau du raphé anococcygien.

RÉTROPOSITION DE L'UTÉRUS. Déplacement de tout l'utérus en arrière.

RÉTROPULSION, *s. f.* Action de repousser.

RÉTROSELLAIRE, *adj.* Qui est situé derrière la selle turcique.

RÉTROVERSION DE L'UTÉRUS. Déviation de l'utérus dans laquelle le fond de l'organe se trouve porté en arrière, tandis que le col remonte en avant vers le pubis.

RÉTROVIRIDÉS, *s. m. pl.* Famille de virus à ARN qui, grâce à sa transcriptase inverse, peut transcrire son génome ARN en ADN. Le Rétrovirus est ainsi à même de s'introduire dans le génome à ADN des cellules qui l'hébergent, et d'être transmis avec ce génome.

REVACCINATION, *s. f.* Nouvelle administration de vaccin, en vue de réactiver une immunité acquise grâce à la primovaccination et qui s'est affaiblie avec le temps.

REVASCULARISATION, *s. f.* Rétablissement de la circulation sanguine dans un territoire ischémié.

RÉVERSIBILITÉ, *s. f.* Possibilité d'un retour à un état antérieur.

RÉVISION UTÉRINE. Vérification manuelle de la vacuité utérine après l'accouchement.

RÉVULSIF, IVE, *adj.* et *s. m.* Nom donné à tous les moyens propres à provoquer la révulsion.

RÉVULSION, *s. f.* Acte thérapeutique consistant à produire un afflux sanguin dans un point plus ou moins éloigné d'un organe malade, dans le but de décongestionner cet organe.

Rh (facteur). V. *Rhésus* (*facteur*).

RHABDOMYOLYSE, *s. f.* Destruction du muscle strié.

RHABDOMYOME, *s. m.* Myome à fibres striées.

RHABDOMYOSARCOME, *s. m.* V. *myosarcome*.

RHAGADE, *s. f.* Crevasse.

RHÉOBASE, *s. f.* (physiologie). C'est le plus faible courant électrique à début brusque capable d'exciter.

RHÉOLOGIE, *s. f.* Etude de l'écoulement de la matière et de la déformation des corps sous l'influence des forces qui s'exercent sur eux.

RHÉSUS ou **Rh (facteur).** Agglutinogène du globule rouge indépendant des deux agglutinogènes A et B plus anciennement connus. Dans la race blanche, il existe dans les hématies de 85 % des sujets (sujets Rh+), et joue un rôle dans certains accidents de la transfusion sanguine. Il est également à l'origine des maladies du nouveau-né groupées sous le nom d'érythroblastose ou de maladie hémolytique du nouveau-né. V. *iso-immunisation*.

RHINENCÉPHALE, *s. m.* Ensemble des formations cérébrales assurant le sens olfactif.

RHINITE, *s. f.* Inflammation aiguë ou chronique de la muqueuse des fosses nasales.

RHINOLALIE, *s. f.* Nom donné aux troubles de la phonation déterminés par des modifications de la résonance des cavités nasales.

RHINOPATHIE, *s. f.* Maladie du nez.

RHINOPHARYNGITE, *s. f.* Inflammation du pharynx nasal ou rhinopharynx.

RHINOPHARYNX, *s. m.* Syn. *nasopharynx.* V. *pharynx.*

RHINOPHYMA, *s. m.* Hypertrophie quelquefois considérable du nez, due à l'épaississement de la peau et au développement des glandes sébacées.

RHINOPLASTIE, *s. f.* Opération destinée à remédier aux difformités ou pertes de substance du nez.

RHINORRAGIE, *s. f.* Hémorragie nasale.

RHINORRHÉE, *s. f.* Ecoulement de liquide par le nez, en dehors de tout phénomène inflammatoire.

RHINOSALPINGITE, *s. f.* Inflammation de la muqueuse de la trompe d'Eustache.

RHINOSCOPIE, *s. f.* Examen des fosses nasales.

RHINOVIRUS, *s. m.* Genre de virus à ARN, de très petite taille, responsables de près de la moitié des affections des voies aériennes supérieures de l'homme.

RHIZALYSE, *s. f.* Résorption physiologique ou pathologique d'une racine dentaire.

RHIZARTHROSE, *s. f.* Arthrose de la racine d'un doigt, d'un orteil, d'un membre.

RHIZOMÉLIQUE, *adj.* Qui se rapporte à la racine des membres ou à leurs segments proximaux.

RHIZOTOMIE, *s. f.* Syn. *radicotomie.* Section chirurgicale des racines médullaires.

RHOMBENCÉPHALE, *s. m.* Cerveau postérieur comprenant le bulbe, la protubérance et le cervelet.

RHOMBOÏDE, *adj.* En forme de losange. — *muscles petit et grand r.* Muscles du dos, allant des processus épineux respectivement des 2 dernières vertèbres cervicales et des 4 premières vertèbres thoraciques, au bord interne de l'omoplate, élévateurs de cette dernière.

RHONCHOPATHIE, *s. f.* Ronflement considéré en tant que maladie.

RHONCHUS, *s. m.* V. *ronflant (râle).*

RHUMATISME, *s. m.* Nom donné à des affections très diverses, aiguës ou chroniques, ayant comme caractères communs la douleur et la fluxion, localisées surtout au niveau des jointures et des parties molles qui les entourent, mais pouvant se manifester ailleurs.

RHUMATISME ARTICULAIRE AIGU. V. *Bouillaud (maladie de).*

RHUMATOÏDE, *adj.* Se dit des douleurs analogues à celles du rhumatisme.

RHUMATOLOGIE, *s. f.* Etude des différentes sortes de rhumatisme.

RHUME DE CERVEAU. V. *coryza.*

RHUME DES FOINS. V. *coryza spasmodique.*

RIBOFLAVINE, *s. f.* V. *lactoflavine.*

RIBONUCLÉIQUE (acide) (ARN) (génétique). Longue molécule formée d'une seule chaîne hélicoïdale de structure analogue à l'une des deux chaînes qui constituent l'acide désoxyribonucléique (ADN). Elle permet la synthèse des protéines cellulaires selon le programme inscrit sur le code génétique.

RIBONUCLÉOPROTÉINE, *s. f.* **(RNP).** Hétéroprotéine dont le groupement prosthétique est l'acide ribonucléique.

RIBOSE, *s. m.* Pentose entrant dans la composition de nombreux nucléosides et de l'acide ribonucléique.

RIBOSOME, *s. m.* Particule très petite qui se trouve en nombre variable dans le protoplasme de toutes les cellules ; elle synthétise les chaînes de polypeptides.

RICKETTSIE, *s. f.* (Howard Ricketts, 1871-1910, anatomopathologiste américain). Cette petite bactérie est un parasite intracellulaire strict (comme les virus). V. *rickettsiose.*

RICKETTSIOSE, *s. f.* Nom donné à un groupe de maladies causées par les Rickettsies inoculées par des arthropodes, caractérisées par leur allure fébrile, cyclique, un tuphos, et souvent un énanthème. P. ex. *le typhus exanthématique* et *la fièvre pourprée des Montagnes Rocheuses.*

RICTUS, *s. m.* Ouverture de la bouche avec contraction des peauciers donnant l'aspect du rire forcé.

RITODRINE, *s. f.* (DCI). Bêtastimulant employé dans les menaces d'accouchement prématuré.

RIZIFORME, *adj.* Dont l'aspect rappelle celui des grains de riz.

RM. V. *rétrécissement mitral.*

RMN. V. *résonance magnétique nucléaire.*

RNA. V. *ribonucléique (acide).*

RNP. V. *ribonucléoprotéine.*

ROCHER, *s. m.* (anatomie). Nom ancien de la partie pétreuse de l'os temporal. V. *pétreux.*

RŒNTGEN, *s. m.* (abrév. : *r*). (Wilhelm R., 1845-1923, physicien allemand). Unité de dose d'exposition aux rayons X et gamma.

ROMBERG (signe de) (Moritz R. 1795-1873, médecin allemand). Impossibilité pour le tabétique de garder son équilibre, quand, debout, les talons joints, on lui demande de fermer les yeux.

RONCHUS, *s. m.* V. *ronflant (râle).*

RONFLANT (râle). Bruit musical accompagnant le murmure respiratoire et comparé au ronflement d'un homme endormi.

ROR. Abréviation de *vaccin anti-rougeoleux, anti-ourlien et anti-rubéoleux.*

RORSCHACH (test de) (Hermann R., 1884-1922, psychiatre suisse). Psychodiagnostic dans lequel on étudie l'interprétation, par le malade, d'une série de douze planches représentant des taches de formes et de couleurs données.

ROSACÉE, *s. f.* V. *couperose.*

ROSÉOLE, *s. f.* Eruption de taches rosées qui disparaissent au bout de quelques jours en laissant quelquefois après elles une légère desquamation furfuracée.

ROTATOIRE (épreuve). Epreuve destinée à mettre en évidence un trouble de l'équilibre (lésion du labyrinthe).

ROTULE, *s. f.* V. *patella.*

ROTULIEN, ENNE, *adj.* Syn. *patellaire.* Qui a rapport à la rotule. — *choc r.* Sensation de contact obtenue, dans l'hydarthrose du genou, par le brusque enfoncement de la rotule, qui, à travers le liquide synovial sous-jacent, va heurter les condyles fémoraux. — *réflexe r.* V. *réflexe patellaire.*

ROUGEOLE, *s. f.* Maladie virale, contagieuse et épidémique, caractérisée par un exanthème formé de petites taches rouges peu saillantes, débutant par la face et précédé par un catarrhe des muqueuses avec énanthème de la face interne des joues (taches de Koplik).

ROUGET, *s. m.* Syn. *août at.* Nom vulgaire de la nymphe de *Thrombicula automnalis.* De couleur rouge, vit en parasite sur l'homme auquel ses piqûres causent de vives démangeaisons.

...RRAGIE ou **...RRHAGIE.** Suffixe grec qui signifie *écoulement.* P. ex. : *blennorragie, hémorragie.* — Placé à la suite d'un nom d'organe, il signifie *hémorragie* de cet organe : *gastrorragie, urétrorragie,* etc.

...RRAPHIE. Suffixe grec signifiant *suture.*

...RRHÉE. Suffixe grec signifiant *couler.*

RUBÉFACTION, *s. f.* Congestion cutanée passagère due aux rubéfiants.

RUBÉFIANT, ANTE, *adj.* et *s.m.* Nom donné à une série d'agents médicamenteux, dont l'application sur la peau détermine une congestion intense et passagère.

RUBÉOLE, *s. f.* Maladie virale, contagieuse et épidémique, caractérisée par une éruption polymorphe rappelant à la fois celle de la rougeole et celle de la scarlatine, et par des tuméfactions ganglionnaires multiples (sous-occipitales). Quand elle survient chez la femme enceinte non immunisée, elle peut provoquer un avortement ou des malformations du fœtus. Elle peut être préve-nue par la vaccination. Le dépistage sérologique de la rubéole est obligatoire en France lors de l'examen prénuptial des femmes de moins de cinquante ans.

RUGINE, *s. f.* Instrument de chirurgie formé d'une plaque d'acier, dont les bords sont taillés en biseau et qui sert à racler les os pour en détacher le périoste.

RUPIA, *s. m.* Lésion de la peau caractérisée par la formation d'une croûte centrale noirâtre soulevée par du pus et entourée d'une auréole inflammatoire.

RUT, *s. m.* Ensemble des phénomènes que présentent les femelles et les mâles des animaux pendant la période où l'accouplement et la fécondation sont possibles.

RUTINE, *s. f.* Substance capable d'élever considérablement la résistance de la paroi des capillaires (action vitaminique P).

RYTHME, *s. m.* Répétition périodique et régulière de bruits ou d'événements.

RYTHMOLOGIE, *s. f.* Etude du rythme.

S

s. Symbole de *seconde*.

S. 1° Symbole chimique du *soufre*. — 2° Symbole de *siemens*.

SABURRAL, ALE, *adj.* Se dit de la muqueuse linguale lorsqu'elle est recouverte d'un enduit blanc jaunâtre.

SACCHAROSE, *s. m.* Syn. *sucrose*. Diholoside formé de glucose et de fructose. C'est le sucre alimentaire.

SACCORADICULOGRAPHIE, *s. f.* V. *radiculographie*.

SACCULAIRE, *adj.* En forme de sac.

SACCULE, *s. m.* Portion renflée du labyrinthe membraneux. Le *s.* est situé entre l'utricule et le conduit cochléaire.

SACRALGIE, *s. f.* Syn. *sacrodynie*. Douleur localisée au sacrum.

SACRALISATION, *s. f.* Anomalie de la cinquième vertèbre lombaire consistant dans l'élargissement de l'une ou des deux apophyses transverses, les rendant analogues aux ailerons sacrés.

SACROCOXALGIE, *s. f.* Arthrite chronique tuberculeuse de la symphyse sacro-iliaque.

SACROCOXITE, *s. f.* V. *sacro-iliite*.

SACRODYNIE, V. *sacralgie*.

SACRO-ILIITE, *s. f.* Inflammation de l'articulation sacro-iliaque.

SACROLISTHÉSIS, *s. m.* V. *sacrum basculé*.

SACRUM, *s. m.* Os triangulaire situé entre le 5ᵉ vertèbre lombaire et le coccyx.

SACRUM BASCULÉ. Changement de position du sacrum entraînant une lordose lombaire exagérée.

SADISME, *s. m.* Syn. *algolagnie active*. Perversion du sens génital qui a besoin, pour être excité, de la vue de la souffrance d'autrui.

SADOMASOCHISME, *s. m.* Association de sadisme et de masochisme.

SAGE-FEMME, *s. f.* Femme diplômée qui pratique l'art des accouchements.

SAGITTAL, ALE, *adj.* Situé dans un plan vertical et orienté d'avant en arrière.

SAIGNÉE, *s. f.* Evacuation d'une certaine quantité de sang.

SALBUTAMOL, *s. m.* (DCI). Bêtastimulant utilisé dans le traitement de l'asthme.

SALICYLATE, *s. m.* Sel de l'acide salicylique. Les *s.* sont utilisés en thérapeutique comme antirhumatismaux.

SALIDIURÉTIQUE, *adj.* Qui augmente l'élimination urinaire des électrolytes (sodium et potassium). — *s. m.* Médicament possédant cette propriété.

SALIVAIRE, *adj.* Qui a rapport à la salive. — *glandes s.* Ce sont trois paires de glandes exocrines annexées à la cavité buccale, les glandes *parotides, submandibulaires* et *sublinguales.*

SALIVATION, *s. f.* V. *ptyalisme.*

SALIVE, *s. f.* Sécrétion de glandes annexées à la cavité buccale. Liquide incolore, filant, insipide, destiné à humecter les aliments et à commencer la digestion des glucides grâce à une enzyme, la ptyaline.

SALMONELLA, *s. f.* (Daniel Salmon, 1850-1914, anatomopathologiste américain). Genre bactérien comprenant des bacilles Gram−, responsables des différentes salmonelloses.

SALMONELLOSE, *s. f.* Nom sous lequel on réunit les affections dues aux bacilles du genre *Salmonella* ; ce sont la fièvre typhoïde et les fièvres paratyphoïdes et des toxi-infections alimentaires.

SALPING... Préfixe grec indiquant une relation avec la *trompe* d'Eustache ou de Fallope.

SALPINGECTOMIE, *s. f.* Ablation de l'une ou des deux trompes utérines.

SALPINGITE, *s. f.* 1° Inflammation d'une des trompes utérines ou de Fallope. — 2° Inflammation de la trompe d'Eustache.

SALPINGOGRAPHIE, *s. f.* Radiographie des trompes utérines ou des trompes d'Eustache, injectées préalablement avec une substance opaque aux rayons X.

SALPINGO-OVARITE, *s. f.* Syn. *annexite.* Nom générique donné à toutes les inflammations simultanées des annexes de l'utérus (trompes et ovaires).

SALPINGOPLASTIE, *s. f.* Opération réparatrice d'une trompe de Fallope, destinée à rétablir sa perméabilité.

SALPINGOTOMIE, *s. f.* Ouverture d'une trompe kystique.

SAMU. Initiales de *Service d'Aide Médicale Urgente,* organisation au siège de laquelle un médecin régulateur reçoit les appels et coordonne les secours pour les cas graves et urgents.

SANATORIUM, *s. m.* Etablissement situé dans des conditions climatiques déterminées, destiné au traitement des maladies chroniques, essentiellement de la tuberculose.

SANG, *s. m.* Tissu liquide, contenu dans le cœur, les artères, les capillaires et les veines, formé du plasma et de cellules : hématies, leucocytes, plaquettes.

SANGUICOLE, *adj.* Se dit des parasites qui vivent dans le sang.

SANIE, *s. f.* Matière purulente, fétide, mêlée de sang, qui s'écoule des plaies et ulcères infectés.

SANIEUX, EUSE, *adj.* Qui contient de la sanie.

SANITAIRE, *adj.* Qui concerne l'hygiène ou la santé.

SANTÉ, *s. f.* Fonctionnement harmonieux du corps et de l'esprit, en l'absence de maladie.

SANTÉ (professions de). En France, elles sont divisées en *professions médicales* (médecins, chirurgiens-dentistes, sages-femmes) qui, avec les pharmaciens sont soumises à un Ordre, et en *professions paramédicales :* infirmiers et infirmières, opticiens-lunetiers, masseurs-kinésithérapeutes, orthophonistes, orthoptistes, audioprothésistes, pédicures, etc.

SANTORINI (canal de) (Giovanni S., 1681-1737, médecin italien). Dénomination ancienne du *conduit pancréatique accessoire*.

SAPHÈNE, *adj.* Etymologiquement : évident. — *veines s.* Veines superficielles des membres inférieurs. Ce sont la *grande v.s.* (ou *v.s. interne*) qui parcourt le membre inférieur à sa face antéro-interne jusqu'à sa crosse par laquelle elle se jette dans la v. fémorale à l'aine et la *petite v.s.* (ou *v.s. externe*) qui se jette dans la v. poplitée.

SAPHÉNECTOMIE, *s. f.* Résection de l'une des veines saphènes en totalité ou en partie.

SAPHISME, *s. m.* V. *tribadisme*.

SAPIDE, *adj.* Qui a de la saveur.

SAPONÉ, *s. m.* Médicament dans la composition duquel entre du savon.

SAPROGÈNE, *adj.* Qui engendre la putréfaction.

SAPROPHYTE, *s. m.* Nom donné aux microbes qui ne se développent pas dans l'organisme vivant et se nourrissent aux dépens des matières mortes.

SARCO... Préfixe grec indiquant une relation avec la *chair*, le *muscle*.

SARCOÏDES CUTANÉES ou **DERMIQUES**. Éruption de nodules hémisphériques dermiques d'un rouge violacé ou brunâtre et localisés au visage, sur les épaules et la face d'extension des membres. V. *Besnier-Boeck-Schaumann* (*maladie de*).

SARCOÏDOSE, *s. f.* V. *Besnier-Boeck-Schaumann* (*maladie de*).

SARCOLEMME, *s. m.* Membrane de la fibre musculaire.

SARCOMATOSE, *s. f.* Nom donné à la maladie caractérisée par la formation de sarcomes.

SARCOMATOSE MULTIPLE HÉMORRAGIQUE DE KAPOSI. Placards cutanés, angiomateux, rougeâtres accompagnés d'adénopathies modérées et de lésions osseuses. La maladie évolue en 2 à 10 ans vers la mort.

SARCOME, *s. m.* Tumeur maligne développée aux dépens du tissu conjonctif. Il en existe un certain nombre de variétés suivant le type de cellules prédominant qu'on y rencontre.

SARCOPTE, *s. m.* ou **SARCOPTES SCABIEI** Parasite de l'ordre des acariens qui provoque les lésions de la gale.

SARDONIQUE (rire). Aspect particulier de la face dû à la contraction de ses muscles peauciers en sorte qu'il semble que le malade rit. Faciès observé dans le tétanos.

SATURNIN, INE, *adj.* Qui a rapport au plomb ou à ses composés.

SATURNISME, *s. m.* Intoxication par le plomb ou par ses sels.

SCABIEUX, EUSE, *adj.* Qui ressemble à la gale ou qui a rapport à la gale.

SCALÈNE, *adj.* Oblique. — *muscles s.* (antérieur, moyen, postérieur). Muscles profonds de la région antérolatérale du cou, tendus obliquement des vertèbres cervicales aux deux premières côtes ; inspirateurs accessoires car élévateurs de ces côtes, ils sont aussi fléchisseurs latéraux de la tête.

SCALÈNE ANTÉRIEUR (syndrome du). Ensemble de symptômes dus à l'irritation ou à la compression de l'artère sous-clavière ou des racines inférieures du plexus brachial par le défilé de la 1re côte et du scalène antérieur.

SCALP, *s. m.* Arrachement accidentel du cuir chevelu en totalité ou en partie.

SCALPEL, *s. m.* Instrument tranchant destiné aux dissections.

SCANNER, *s. m.* V. *scanographie*.

SCANOGRAPHE, *s. m.* V. *scanographie*.

SCANOGRAPHIE, *s. f.* Procédé radiologique particulier couplé à un ordinateur et permettant, in vivo, l'étude en coupes perpendiculaires au grand axe du corps des différents tissus de l'organisme.

SCAPHOÏDE, *adj.* En forme de barque. — *os s. du carpe* ; — *os s. du tarse*, désormais nommé os naviculaire.

SCAPHOÏDITE, *s. f.* Inflammation du scaphoïde, os du carpe ou du tarse.

SCAPULA, *s. f.* Dénomination internationale de l'*omoplate*, os de l'épaule.

SCAPULALGIE, *s. f.* 1° Douleur de l'épaule. — 2° Arthrite tuberculeuse de l'épaule.

SCAPULO-HUMÉRAL, ALE, *adj.* Qui concerne l'omoplate et l'humérus.

SCARIFICATION, *s. f.* Incision superficielle destinée à faire une saignée locale.

SCARLATINE, *s. f.* Fièvre éruptive caractérisée par un début brusque, un énanthème buccal et pharyngé, un exanthème généralisé de teinte écarlate, et une desquamation par larges placards. Elle est due au streptocoque hémolytique.

SCARPA (triangle de) (Antonio S., 1747-1832, chirurgien italien). Région anatomique située à la face antérieure de la cuisse, limitée en haut par le ligament inguinal, en dehors par le muscle couturier, en dedans par le muscle moyen adducteur, et traversée notamment par les vaisseaux et les nerfs fémoraux.

SCATO... Préfixe grec indiquant un rapport avec les *fécès*.

SCHÉMA, *s. m.* Tracé figurant d'une façon simplifiée la disposition d'un organe ou d'un appareil.

SCHÉMA CORPOREL. Notion que nous avons de notre corps.

...SCHISIS. Suffixe grec indiquant une *fissure, fente, division, séparation.*

SCHISTOSOMA HÆMATOBIUM. Syn. *Bilharzia hæmatobia*. Nom donné à des parasites de l'ordre des Trématodes, qui pénètrent dans le corps humain au cours d'une baignade et vont se fixer de préférence dans les organes creux, en particulier dans la vessie.

SCHISTOSOMIASE, *s. f.* Syn. *bilharziose*. Ensemble des accidents provoqués par *Schistosoma* et surtout par ses œufs. La *s. vésicale* ou *urinaire*, observée en Afrique, se traduit principalement par des hématuries. — La *s. intestinale*, fréquente en Amérique centrale, du Sud et en Afrique, se manifeste par un syndrome dysentérique, parfois par une cirrhose du foie et une splénomégalie.

SCHIZOCYTE, *s. m.* Fragment d'hématie observé dans le sang au cours de diverses anémies.

SCHIZOGONIE, *s. f.* Phase de multiplication asexuée des sporozoaires.

SCHIZOÏDIE, *s. f.* Forme de caractère où dominent l'émotivité, la timidité, le repli sur soi-même.

SCHIZONTE, *s. m.* Nom donné aux sporozoaires qui, au cours de leur cycle de multiplication asexuée, vivent en parasites dans les cellules.

SCHIZOPHRÈNE, *s. m.* Sujet atteint de schizophrénie.

SCHIZOPHRÉNIE, *s. f.* Etat mental présentant comme caractère essentiel la dissociation et la discordance des fonctions psychiques avec rupture du contact avec la réalité et délire.

SCHWANNOME, *s. m.* V. *neurinome.*

SCIALYTIQUE® *s. m.* Appareil d'éclairage du champ opératoire conçu pour éliminer les ombres portées.

SCIATALGIE, *s. f.* Névralgie sciatique.

SCIATALGIQUE, *adj., s. m.* ou *f.* Atteint de névralgie sciatique.

SCIATIQUE. 1° *adj.* Qui se rapporte à la hanche. — 2° *s. f.* Syndrome dont l'élément principal est une douleur très vive siégeant le long du trajet du nerf sciatique et de ses branches.

SCIATIQUE (nerf). Syn. *n. ischiatique.* Branche terminale du plexus sacré, il descend dans la fesse et à la face postérieure de la cuisse et se divise derrière le genou en nerf tibial (ou sciatique poplité interne) et fibulaire commun (ou sciatique poplité externe). Ce nerf mixte, le plus volumineux de l'organisme, assure essentiellement la motricité et la sensibilité du membre inférieur distal, à partir du genou.

SCINTIGRAPHIE, *s. f.* Procédé permettant de repérer dans l'organisme un isotope radioactif dont les radiations gamma dessinent ainsi la « carte » de l'organe ou de la région qui a fixé l'isotope (*scintigramme*).

SCISSIPARITÉ, *s. f.* V. *fissiparité.*

SCISSURE, *s. f.* Profond sillon segmentant un organe. P. ex. *s. pulmonaire.*

SCISSURITE, *s. f.* Pleurite localisée à une scissure interlobaire.

SCLÉRAL, ALE, *adj.* Qui se rapporte à la sclère.

SCLÈRE, *s. f.* Syn. ancien *sclérotique.* Partie postérieure opaque de la membrane externe fibreuse et résistante du bulbe de l'œil.

SCLÉRECTOMIE, *s. f.* Résection de la sclère.

SCLÉREUX, EUSE, *adj.* Fibreux.

SCLÉRITE, *s. f.* Inflammation de la sclère.

SCLÉRO... Préfixe grec signifiant l'*induration,* la *rigidité,* et pouvant se rapporter également à la *sclère.*

SCLÉROCHOROÏDITE, *s. f.* Affection caractérisée par une atrophie partielle de la choroïde, avec amincissement de la sclère, entraînant l'ectasie de cette membrane.

SCLÉROCONJONCTIVITE, *s. f.* Inflammation de la sclère et de la conjonctive.

SCLÉRODACTYLIE, *s. f.* Sclérodermie limitée aux doigts.

SCLÉRODERMIE, *s. f.* Dermatose caractérisée par l'épaississement avec induration de la peau et du tissu cellulaire sous-cutané et parfois des tissus profonds. Plus tard s'observe un stade d'atrophie et souvent d'ulcération.

SCLÉRŒDÈME, *s. m.* Œdème ligneux au niveau duquel la peau semble injectée de paraffine.

SCLÉROMALACIE, *s. f.* Altération avec ramollissement de la sclère de l'œil.

SCLÉROMYOSITE, *s. f.* Extension de la sclérose aux muscles sous-jacents aux régions atteintes de sclérodermie.

SCLÉROPROTÉIDE, *s. m.* ou **SCLÉRO-PROTÉINE,** *s. f.* Variété de protéide simple (holoprotéide) existant dans les tissus de soutien et les phanères. P. ex. le *collagène.*

SCLÉROSE, *s. f.* Induration pathologique d'un organe ou d'un tissu.

SCLÉROSE EN PLAQUES (SEP). Syn. *sclérose multiple* ou *multiloculaire.* Affection démyélinisante des centres nerveux caractérisée par des plaques de sclérose disséminées. Une paraplégie spasmodique, un tremblement intentionnel, un nystagmus sont les manifestations les plus constantes de cette affection qui évolue longuement par poussées successives.

SCLÉROSE LATÉRALE AMYOTROPHI-QUE. Syn. *maladie de Charcot.* Dégénérescence du faisceau pyramidal avec atrophie des cornes antérieures de la substance grise de la moelle épinière et du tronc cérébral, accompagnée de paralysie spasmodique et d'atrophie musculaire progresive avec contractions fibrillaires. L'évolution se fait vers la mort en 2 ans environ.

SCLÉROSE MULTILOCULAIRE ou **MULTIPLE.** V. *sclérose en plaques.*

SCLÉROSE TUBÉREUSE DU CERVEAU. Syn. *sclérose tubéreuse de Bourneville.* Maladie héréditaire caractérisée par la présence, dans les couches superficielles du cerveau, de nombreuses nodosités formées d'un tissu fibrillaire. Elle se manifeste par une idiotie, des crises épileptiques, des troubles cérébelleux et des paralysies.

SCLÉROTENDINITE, *s. f.* Extension de la sclérose aux tendons sous-jacents aux régions atteintes de sclérodermie.

SCLÉROTHÉRAPIE, *s. f.* Traitement des varices par des injections qui déterminent la production de tissu fibreux.

SCLÉROTIQUE, *s. f.* Dénomination ancienne de la *sclère.*

SCLÉROTOMIE, *s. f.* Incision de la sclère.

SCOLEX, *s. m.* Partie antérieure, pourvue de ventouses et quelquefois de crochets, des vers cestoïdes (tête de tænia).

SCOLIOSE, *s. f.* Déviation latérale du rachis.

...SCOPE. Suffixe grec indiquant l'*appareil qui permet de voir* l'organe considéré (p. ex. *ophtalmoscope*).

SCOPOLAMINE, *s. f.* Alcaloïde doué de propriétés vagolytiques et antinaupathiques.

SCORBUT, *s. m.* Maladie par carence en vitamine C caractérisée par des hémorragies multiples, des troubles gastro-intestinaux et par une cachexie.

SCORBUTIQUE, *adj.* Qui est atteint du scorbut, ou qui est causé par le scorbut.

SCOTCH®-TEST, *s. m.* Recueil à l'aide d'une bande adhésive transparente, des œufs d'oxyure pondus sur la marge de l'anus et que l'on examinera au microscope.

SCOTOME, *s. m.* Lacune fixe dans une partie du champ visuel.

SCOTOME SCINTILLANT. Tache brillante, mobile que perçoivent les sujets atteints de migraine ophtalmique.

SCOTOMÉTRIE, *s. f.* Recherche du scotome par l'étude du champ visuel.

SCOTOMISATION, *s. f.* Phénomène par lequel est effacé du souvenir un épisode désagréable de l'existence.

SCOTOPIQUE, *adj.* Qui concerne la sensibilité rétinienne à une lumière peu intense.

SCROTUM, *s. m.* Syn. *bourses testiculaires.* Enveloppe cutanée des testicules.

SCYBALES, *s. f. pl.* Excréments durs et arrondis qui s'accumulent dans l'intestin à la suite d'une constipation opiniâtre.

SÉBACÉ, CÉE, *adj.* Se dit de la matière grasse et onctueuse sécrétée par certaines glandes de la peau.

SÉBORRHÉE, *s. f.* Augmentation de la sécrétion des glandes sébacées.

SÉBUM, *s. m.* Matière sébacée.

SECONDE, *s. f.* (symbole: s). Unité de base du système international pour le temps.

SECONDIPARE, *adj.* et *s. f.* Femme qui accouche pour la seconde fois.

SECRETA, *s. m. pl.* Ensemble des produits de sécrétion.

SÉCRÉTINE, *s. f.* Hormone extraite de la muqueuse duodénale, excitant la sécrétion du suc pancréatique.

SÉCRÉTION, *s. f.* Acte physiologique en vertu duquel certains tissus (épithéliums glandulaires) produisent des substances plus ou moins liquides. — *s. externe. S.* des glandes dont les produits sont, ou bien déversés directement à la surface d'une muqueuse, ou bien recueillis par un canal excréteur. — *s. interne. S.* des glandes dites endocrines dont les produits sont repris par le sang ou la lymphe. — Beaucoup de glandes ont une double sécrétion, externe et interne.

SÉCURITÉ SOCIALE. Organisation créée en France en 1945, fonctionnant sous le contrôle de l'Etat, destinée à garantir les travailleurs contre les risques qui réduiraient leur capacité de gain, et les aider à couvrir les charges de famille qu'ils supportent.

SÉDATIF, IVE, *adj.* Calmant. — *s. m.* Médicament qui modère l'action d'un organe ou d'un appareil.

SÉDATION, *s. f.* Apaisement.

SÉDIMENT, *s. m.* Dépôt formé par la précipitation de matières tenues en suspension ou en dissolution dans un liquide.

SÉDIMENTATION, *s. f.* Formation de sédiment. — *s. globulaire* ou *sanguine* ou *s. des hématies.* Chute des globules rouges au sein du plasma, *in vitro*, lorsque le sang a été rendu incoagulable. La *vitesse de sédimentation globulaire* (VSG) est accrue au cours de nombreuses affections aiguës ou chroniques.

SEGMENT, *s. m.* Partie d'une structure anatomique individualisée selon certains critères. P. ex. les *s. pulmonaires* sont des subdivisions des lobes pulmonaires.

SEGMENTECTOMIE, *s. f.* Ablation d'une partie limitée d'organe (segment) formant un territoire bien individualisé.

SEIN, *s. m.* V. *mamelle.*

SEL, *s. m.* 1o Corps chimique provenant de l'union d'un acide avec une base. — 2o Dans le langage courant, désigne le chlorure de sodium.

SÉLECTION, *s. f.* — *s. artificielle.* Art de diriger la reproduction des plantes ou des animaux pour modifier les races ou en créer de nouvelles. — *s. naturelle.* Prédominance de certaines espèces de plantes ou d'animaux bien adaptées aux milieux où elles doivent vivre.

SELLAIRE, *adj.* Qui se rapporte à la selle turcique.

SELLE TURCIQUE. Gouttière transversale creusée à la face supérieure du corps de l'os sphénoïde ; elle contient l'hypophyse.

SELLES, *s. f. pl.*. Syn. *fécès.* Excréments.

SÉMANTIQUE, *s. f.* Science de la signification des mots.

SÉMINAL, ALE, *adj.* Relatif à la semence, au sperme. — *vésicule s.* Réservoir musculo-membraneux contenant le sperme.

SÉMINOME, *s. m.* Tumeur maligne développée aux dépens des cellules germinales des glandes génitales.

SÉMIOLOGIE ou (à tort) **SÉMÉIOLOGIE**, *s. f.* Syn. *sémiotique.* Partie de la médecine qui étudie les signes des maladies.

SÉMIOTIQUE ou (à tort) **SÉMÉIOTIQUE,** *s. f.* V. *sémiologie.*

SÉNESCENCE, *s. f.* Vieillissement. Affaiblissement déterminé par l'âge.

SÉNESTROGYRE, *adj.* Syn. *sinistrogyre.* V. *lévogyre.*

SÉNILE, *adj.* Qui est causé par la vieillesse. — *démence s.*

SÉNILISME, *s. m.* Etat d'un enfant ou d'un adulte qui présente un aspect rappelant plus ou moins celui du vieillard.

SÉNILITÉ, *s. f.* Affaiblissement progressif des facultés corporelles et mentales chez le vieillard.

SÉNOLOGIE, *s. f.* Terme incorrect. V. *mastologie.*

SENSIBILISATION, *s. f.* Action de rendre un être vivant, un organe ou un tissu capable de réagir d'une manière particulière au contact d'un antigène. C'est un phénomène immunologique.

SENSIBILITÉ, *s. f.* Propriété que possèdent certaines parties du système nerveux de recevoir, de transmettre ou de percevoir des impressions. On distingue les *s. superficielle* et *profonde.*

SEPTAL, ALE, *adj.* Qui se rapporte à un septum, une cloison.

SEPTÉNAIRE, *s. m.* Espace de sept jours.

SEPTICÉMIE, *s. f.* Infection générale grave caractérisée par des décharges importantes et répétées, dans le sang, de germes pathogènes, une fièvre élevée, des frissons, une altération de l'état général et des hémocultures positives.

SEPTICITÉ, *s. f.* Caractère septique et infectieux d'une maladie.

SEPTICOPYOHÉMIE, *s. f.* Variété de septicémie dans laquelle les microbes se localisent secondairement en certains points de l'organisme, où ils produisent des foyers purulents.

SEPTIQUE, *adj.* Qui se rapporte à l'infection microbienne.

SEPTOSTOMIE, *s. f.* Création d'une ouverture dans une cloison.

SEPTOTOMIE, *s. f.* Incision d'une cloison.

SEPTUM, *s. m.* Cloison, membrane séparative.

SEPTUM LUCIDUM. Mince membrane verticale séparant sur la ligne médiane les cornes antérieures des ventricules latéraux du cerveau.

SÉQUELLE, *s. f.* Complications plus ou moins tardives et durables d'une maladie.

SÉQUESTRATION, *s. f.* 1º Formation d'un séquestre. — 2º Émprisonnement d'une partie de la masse sanguine soustraite à la circulation générale, p. ex. au cours des états de choc.

SÉQUESTRE, *s. m.* Partie bien délimitée d'un tissu ou d'un organe (os) frappée de nécrose.

SÉREUSE, *s. f.* Fine membrane mésothéliale tapissant les cavités thoracique et abdominale, et l'extérieur des viscères qui s'y trouvent (*plèvre, péritoine, péricarde*).

SÉREUX, EUSE, *adj.* 1º Qui a rapport au sérum ou qui en a l'apparence. — 2º Qui se rapporte à une séreuse.

SÉRINE, *s. f.* Acide aminé tiré de la soie.

SERINGUE, *s. f.* Pompe cylindrique destinée à injecter ou prélever des liquides, par l'intermédiaire d'une aiguille ou d'un cathéter. — *s. électrique.* Appareil permettant l'administration précise et continue de médicaments, grâce à un poussoir qui mobilise le piston de la seringue, le corps de celle-ci étant fixé sur un chevalet.

SERINGUE (pathologie de la). Ensemble des affections dues à des germes pathogènes ou à des parasites inoculés accidentellement au moyen de seringues ou d'aiguilles mal stérilisées.

SÉRIOGRAPHE, *s. m.* Appareil permettant de prendre une série de clichés radiographiques à une cadence rapide.

SÉRIQUE, *adj.* Qui a rapport au sérum. — *accidents s.* V. *sérum (maladie du).*

SÉRITE, *s. f.* Inflammation d'une séreuse.

SÉRO-AGGLUTINATION, *s. f.* V. *sérodiagnostic.*

SÉRO-ANATOXITHÉRAPIE, *s. f.* Association de la sérothérapie et de la vaccination dans le traitement du tétanos et de la diphtérie.

SÉROCONVERSION, *s. f.* Modification d'une ou de plusieurs des caractéristiques d'un sérum ; p. ex. *apparition ou disparition d'un anticorps.*

SÉRODIAGNOSTIC, *s. m.* Application du phénomène de l'agglutination des microbes au diagnostic de certaines maladies, p. ex. la *fièvre typhoïde.*

SÉROFIBRINEUX, EUSE, *adj.* Composé de sérosité et de fibrine. P. ex. *pleurésie s.*

SÉROLOGIE, *s. f.* 1º Etude des sérums et de leurs différentes propriétés. — 2º Etude des modifications présentées par le sérum sous l'influence de diverses maladies.

SÉROLOGIQUE, *adj.* Qui a rapport à la sérologie.

SÉRONÉGATIF, IVE, *adj.* Dont la ou les réactions sérologiques sont négatives.

SÉROPOSITIF, IVE, *adj.* Dont la ou les réactions sérologiques sont positives.

SÉROPRÉVENTION, *s. f.* Sérothérapie avec le sérum d'un convalescent, pratiquée préventivement chez un sujet exposé à la contagion.

SÉROPROPHYLAXIE, *s. f.* Injection dans un but prophylactique d'un sérum immunisant provenant d'un animal préparé (tétanos, diphtérie, etc.).

SÉRORÉACTION, *s. f.* V. *sérodiagnostic.*

SÉROSITÉ, *s. f.* Liquide se coagulant comme la lymphe, et contenu dans la cavité des séreuses, les œdèmes et les phlyctènes.

SÉROTHÉRAPIE, *s. f.* Emploi thérapeutique du sérum sanguin. — Désigne surtout l'administration, par injection sous-cutanée ou intramusculaire, d'un sérum immunisant.

SÉROTONINE, *s. f.* Amine présente dans la plupart des tissus de l'organisme, où elle intervient comme médiateur chimique, en particulier dans les phénomènes d'hypersensibilité immédiate. Ses effets sont analogues à ceux de l'histamine.

SÉROTYPE, *s. m.* Catégorie dans laquelle on classe les bactéries ou les virus selon leurs réactions en présence de sérums contenant des anticorps spécifiques.

SÉROVACCINATION, *s. f.* Procédé d'immunisation qui réunit l'action des vaccins et des sérums.

SERPIGINEUX, EUSE, *adj.* Se dit des ulcères, des érysipèles qui guérissent d'un côté et s'étendent d'un autre.

SÉRUM, *s. m.* V. *sérum sanguin.* — *maladie du s.* Accidents allergiques survenant après injection de sérum de cheval. C'est une variété d'hypersensibilité.

SÉRUM ANTILYMPHOCYTE (SAL).
Sérum d'origine animale neutralisant les lymphocytes.

SÉRUM ANTITÉTANIQUE (SAT). Sérum antitoxique provenant de chevaux hyperimmunisés et destiné au traitement du tétanos.

SÉRUM PHYSIOLOGIQUE. V. *soluté physiologique*.

SÉRUM SANGUIN. Liquide jaunâtre que laisse peu à peu transsuder le caillot après la coagulation du sang.

SÉRUM-ALBUMINE, *s. f.* C'est la protéine sanguine dont le poids moléculaire est le plus faible ; elle ne constitue pas une substance chimique définie, mais un mélange.

SÉRUM-GLOBULINE, *s. f.* Groupe hétérogène de protéines contenues dans le sérum sanguin, d'un poids moléculaire élevé, qui comprend les globulines $alpha_1$, $alpha_2$, bêta et gamma. Les trois premières sont des protéines de transport : elles forment, notamment, des glucoprotéines et des lipoprotéines. Les globulines gamma sont les supports des anticorps.

SÉSAMOÏDE, *adj.* Qui ressemble à une graine de sésame (plante oléagineuse). — *os s.* Petit os arrondi situé à l'intérieur d'un tendon. P. ex. *rotule*.

SESSILE, *adj.* Qui possède une large base d'implantation.

SÉTON, *s. m.* Faisceau de crins passé sous la peau, ou à travers une cavité à drainer, et dont les deux extrémités sortent par deux orifices différents.

SEUIL, *s. m.* Degré limite d'un excitant au-dessous duquel il n'y a plus de sensation.

SEVRAGE, *s. m.* Action de priver un enfant du lait maternel pour lui donner une autre nourriture. — Par analogie, privation plus ou moins rapide du poison habituel dans une cure de désintoxication.

SEXE, *s. m.* 1° Ensemble des éléments anatomiques et fonctionnels distinguant le mâle de la femelle. — 2° Ensemble des individus du même sexe, au sens de 1°. — 3° Organes génitaux externes.

SEXE CHROMATINIEN. V. *sexe nucléaire*.

SEXE CHROMOSOMIQUE. V. *sexe génétique*.

SEXE GÉNÉTIQUE. Syn. *sexe chromosomique, sexe gonosomique*. Sexe dépendant de la constitution chromosomique. Il est déterminé, dès la fécondation, par la nature du chromosome sexuel du spermatozoïde paternel : un spermatozoïde porteur d'un chromosome sexuel Y donne naissance à un garçon ; il engendre une fille s'il porte un chromosome sexuel X.

SEXE GONOSOMIQUE. V. *sexe génétique*.

SEXE NUCLÉAIRE. Syn. *sexe chromatinien*. Sexe déterminé par le corpuscule de Barr (v. ce terme). L'existence de ce corpuscule caractérise le *s. n.* féminin ; son absence, le *s. n.* masculin.

SEXOLOGIE, *s. f.* Etude des organes sexuels, de leur physiologie et des manifestations pathologiques qui en dépendent.

SEX-RATIO, *s. m.* (anglais). Taux de naissance des garçons par rapport à l'ensemble des naissances.

SEXUALITÉ, *s. f.* Ensemble des attributs anatomiques et physiologiques qui caractérisent chaque sexe.

SEXUEL, ELLE, *adj.* Qui concerne le sexe. P. ex. *caractères s., hormone s.*

SGOT. Transaminase glutamino-oxalacétique dans le sérum sanguin.

SGPT. Transaminase glutamique-pyruvique dans le sérum sanguin.

SHIGELLA, *s. f.* (Kiyoshi Shiga, 1870-1957, médecin japonais). Genre bactérien constitué de bacilles Gram −. Il comprend notamment l'espèce *S. dysenteriæ* (bacille de Shiga).

SHIGELLOSE, *s. f.* Terme désignant un certain nombre d'infections intestinales dont la principale est la dysenterie bacillaire due à *Shigella dysenteriæ*.

SHUNT, *s. m.* Communication anormale de deux parties de l'appareil cardiovasculaire où règnent des pressions différentes et entre lesquelles le sang ne circule normalement qu'après avoir parcouru un réseau vasculaire plus ou moins étendu, et d'où il se trouve ainsi dérivé par un véritable court-circuit. Le *s.* peut être naturel ; il est parfois créé chirurgicalement pour contourner un obstacle.

SI. Abréviation du *Système International* d'unités de mesure.

SIALADÉNITE, *s. f.* Inflammation du parenchyme d'une glande salivaire.

SIALAGOGUE, *s. m.* Médicament destiné à provoquer l'hypersécrétion salivaire.

SIALITE, *s. f.* Inflammation d'un appareil salivaire (glande et canal).

SIALOGÈNE, *adj.* Qui provoque la salivation.

SIALOGRAPHIE, *s. f.* Radiographie des canaux excréteurs de la salive après leur injection avec un liquide opaque aux rayons X.

SIALOLITHE, *s. m.* Calcul salivaire.

SIALORRHÉE, *s. f.* V. *ptyalisme*.

SIAMOIS (es) (frères ou **sœurs).** Terme du langage courant désignant les jumeaux conjoints symétriques (ou égaux) viables.

SIBILANCE, *s. f.* Bruit déterminé par les râles sibilants et perçus par l'auscultation des poumons au début de la bronchite.

SICKLE-CELL, *s. f.* (anglais). V. *drépanocyte*.

SIDA. 1° (obstétrique). Abréviation de *sacro-iliaque droite antérieure*, position d'engagement rare de la présentation du siège, le sacrum étant tourné vers le côté droit du bassin et en avant. — 2° Initiales de *syndrome-immuno-déficitaire acquis*. V. *immunodéficitaire acquis (syndrome)*.

SIDÉEN, ÉENNE, *adj.* Qui a rapport au SIDA ; qui est atteint du SIDA.

SIDÉRATION, *s. f.* Anéantissement subit des forces vitales, se traduisant par l'arrêt de la respiration et un état de mort apparente.

SIDÉRÉMIE, *s. f.* Présence de fer dans le sérum sanguin.

SIDÉROPÉNIE, *s. f.* Diminution du fer ; en particulier du taux du fer du sérum sanguin.

SIDÉROPEXIE, *s. f.* Fixation du fer dans les tissus.

SIDÉROPHILIE *s. f.* Affinité pour le fer.

SIDÉROPHILINE, *s. f.* V. *transferrine*.

SIDÉROPRIVE, *adj.* Terme incorrect. V. *ferriprive*.

SIDÉROSE, *s. f.* Infiltration des tissus par des poussières de fer inhalées ou par des composés ferrugineux.

SIDÉRURIE, *s. f.* Présence de fer dans l'urine.

SIDP (obstétrique). Abréviation de *sacro-iliaque droite postérieure*, position d'engagement de la présentation du siège la plus fréquente après la SIGA, le sacrum étant tourné vers le côté droit du bassin et en arrière.

SIDT (obstétrique). Abréviation de présentation *sacro-iliaque droite transverse.*

SIEMENS, *s. m.* (symbole S) (Werner von S., 1816-1892, ingénieur allemand). Unité de conductance électrique dans le système international représentant l'*inverse de l'ohm.*

SIEVERT, *s. m.* (symbole Sv) (Rolf S., 1866-1966, physicien suédois). Unité d'équivalent de dose absorbée en biologie, du système international, valant 100 rem.

SIFFLEMENT, *s. m.* Terme proposé par l'arrêté ministériel du 1er janvier 1975 pour remplacer l'anglais *wheezing.*

SIGA (obstétrique). Abréviation de *sacro-iliaque gauche antérieure,* position d'engagement de la présentation du siège la plus fréquente, le sacrum étant tourné vers le côté gauche du bassin et en avant.

SIGMOÏDE, *adj.* En forme d'S. V. *côlon.*

SIGMOÏDECTOMIE, *s. f.* Ablation chirurgicale du côlon sigmoïde.

SIGMOÏDITE, *s. f.* 1° Inflammation de la quatrième portion du côlon (côlon iliopelvien ou anse sigmoïde). — 2° Inflammation des valvules sigmoïdes du cœur.

SIGMOÏDOFIBROSCOPE, *s. m.* Syn. *sigmoïdoscope.* Fibroscope destiné à l'exploration visuelle directe du côlon sigmoïde.

SIGMOÏDOSTOMIE, *s. f.* Anus artificiel pratiqué sur l'anse sigmoïde (côlon iliopelvien).

SIGNAL-SYMPTÔME, *s. m.* Symptôme permettant de localiser le siège d'une lésion des centres nerveux.

SIGNE, *s. m.* Manifestation de la maladie qui, constatée objectivement par le médecin au cours de son examen, l'aide à préciser le diagnostic. On distingue les *s. physiques* (objectifs), les *s.*

fonctionnels (les symptômes) et les *s. généraux* qui traduisent le retentissement de la maladie sur tout l'organisme.

SIGP (obstétrique). Abréviation de *sacro-iliaque gauche postérieure,* position d'engagement rare de la présentation du siège, le sacrum étant tourné vers le côté gauche du bassin et en arrière.

SIGT (obstétrique). Abréviation de présentation *sacro-iliaque gauche transverse.*

SILICOSE, *s. f.* Affection professionnelle due à l'action sur le poumon de poussières de silice, absorbées par inhalation.

SILLON DE LA GALE. Lésion cutanée consistant en un trajet linéaire creusé par la femelle du sarcopte de la gale qui s'y enfonce pour déposer ses œufs.

SIMULATION, *s. f.* Imitation des symptômes d'une maladie, le plus souvent dans un but frauduleux.

SINAPISME, *s. m.* Cataplasme ou emplâtre à base de moutarde et destiné à produire la rubéfaction ou la révulsion.

SINE MATERIA. Locution latine signifiant : *sans explication évidente, dépourvu de cause organique.* P. ex. *dyspnée s. m.*

SINISTROGYRE, *adj.* V. *lévogyre.*

SINISTROSE, *s. f.* Syndrome psychique observé chez les victimes d'accidents divers et caractérisé par une inhibition de la bonne volonté, la revendication indue de dommages-intérêts et gênant la rééducation.

SINUS, *s. m.* Formation anatomique creuse, et en particulier : — 1° cavité aérienne creusée dans certains os de la face (*s. maxillaire*). — 2° vaisseau sanguin ou lymphatique (*s. coronaire, s. caverneux*). — 3° portion dilatée d'un conduit (*s. carotidien*).

SINUSAL, ALE, *adj.* Qui se rapporte à un sinus. — (cardiologie). Qui se rapporte au sinus, point d'origine de la contraction cardiaque normale.

SINUSITE, *s. f.* Inflammation des sinus de la face.

SIROP, *s.m.* Préparation pharmaceutique aqueuse fortement sucrée.

SITOSTÉROL, *s. m.* Stérol contenu dans le germe des céréales et qui, par irradiation, se transforme en une substance analogue à la vitamine D.

SITUS INCERTUS. Variété partielle d'inversion viscérale dans laquelle certains organes sont inversés tandis que d'autres ont à leur place habituelle et que d'autres enfin occupent une position médiane anormale.

SITUS INVERSUS. Inversion viscérale totale ou partielle.

SITUS SOLITUS. Position normale, habituelle, de tous les organes.

SKÉNITE, *s. f.* Inflammation des glandes de Skene (glandes situées chez la femme au niveau du méat urinaire).

SKIASCOPIE, *s. f.* Examen de l'ombre pupillaire dans le but de déterminer le degré de réfraction de l'œil examiné.

SM. Abréviation de *somatomédine.*

SMEGMA, *s. m.* Matière blanchâtre analogue à du savon mouillé qui se trouve chez l'homme dans le sillon balano-préputial, et chez la femme entre les petites lèvres et le clitoris.

SMUR. Abréviation de *service médical d'urgence régional*, ambulance médicalisée dépendant du SAMU (v. ce terme).

SNA. Abréviation de *système nerveux autonome.*

SNC. Abréviation de *système nerveux central.*

SOCIOGENÈSE, *s. f.* (psychiatrie). Responsabilité du milieu social dans l'apparition des perturbations mentales.

SODÉ, ÉE, *adj.* Contenant de la soude ou du sodium.

SODIQUE, *adj.* Relatif au sodium.

SODOMIE, *s. f.* Coït anal.

SOINS INTENSIFS. V. *réanimation.*

SOL, *s. m.* Nom donné aux solutions colloïdales. Ce terme est aussi employé comme suffixe *(hydrosol).*

SOLUTÉ, *s. m.* 1° (physique et biologie). Corps dissous. — 2° (pharmacologie). Syn. *solution.* Liquide formé par la dissolution d'une substance solide dans un solvant. — *s. physiologique.* Solution isotonique de chlorure de sodium, bicarbonate de sodium ou de glucose employée en injections intraveineuses.

SOLUTION, V. *soluté, 2°.*

SOLVANT, *s. m.* Substance, généralement liquide, dans laquelle une autre est dissoute de façon homogène. V. *soluté, 2°.*

SOMA, *s. m.* L'ensemble de l'organisme, abstraction faite du tissu génital ou *germen.*

SOMATIQUE, *adj.* Qui concerne le corps ou lui appartient.

SOMATISATION, *s. m.* Conversion de troubles psychiques en symptômes fonctionnels corporels.

SOMATOGNOSIE, *s. f.* Connaissance que nous prenons de notre corps.

SOMATOMÉDINE, *s. f.* **(SM).** Protéine d'origine hépatique qui permet à l'hormone somatotrope de développer son action anabolisante.

SOMATOSTATINE, *s. f.* Polypeptide présent dans l'hypothalamus, qui freine la sécrétion des hormones somatotrope et thyréotrope par le lobe antérieur de l'hypophyse.

SOMATOTROPE, *adj.* Qui a des affinités pour le corps.

SOMATOTROPE (hormone). Syn. *somathormone, somatotrophine* ou *STH, hormone de croissance, GH,* ou *hGH.* Hormone protéique anabolisante sécrétée par les cellules éosinophiles du lobe antérieur de l'hypophyse. Elle stimule la croissance et règle l'équilibre nutritionnel.

SOMATOTROPHINE, *s. f.* V. *somatotrope (hormone).*

SOMMEIL, *s. m.* Etat physiologique périodique et quotidien caractérisé par la suspension réversible des fonctions de la vie de relation.

SOMMEIL (cure de). Méthode thérapeutique employée en psychiatrie consistant à provoquer, par des doses faibles et répétées d'hypnotiques et de neuroleptiques, un sommeil prolongé.

SOMMEIL (maladie du). Syn. *trypanosomiase africaine.* Maladie infectieuse, endémique en Afrique équatoriale, due à l'inoculation par la mouche tsé-tsé de *Trypanosoma gambiense.* La *m. du s.* évolue en deux périodes ; la première est caractérisée par des accès fébriles irréguliers, l'hypertrophie de la rate et des ganglions, des érythèmes et des troubles mentaux ; l'examen du sang révèle la présence des parasites. A la deuxième période apparaissent une céphalalgie et surtout des accès de sommeil de plus en plus prolongés qui aboutissent à la mort.

SOMNAMBULISME, *s. m.* Etat d'automatisme ambulatoire se produisant pendant le sommeil, pendant lequel le sujet accomplit des actes dont il ne garde aucun souvenir lors de son réveil.

SOMNIFÈRE, *adj.* et *s. m.* V. *hypnotique, 1°.*

SOMNOLENCE, *s. f.* Tendance à l'assoupissement ; demi-sommeil.

SONDE, *s. f.* Instrument rigide ou flexible, cylindrique, présentant ou non un canal, destiné à explorer les conduits naturels ou accidentels ou à drainer des cavités.

SONDE GÉNÉTIQUE, SONDE MOLÉCULAIRE. Petit fragment d'acide désoxyribonucléique monocaténaire, marqué, obtenu par clonage moléculaire, et qui permet, grâce à sa spécificité vis-à-vis d'un gène, de repérer celui-ci avec une grande précision.

SOPHROLOGIE, *s. f.* Etude et utilisation thérapeutique des différentes techniques psychosomatiques telles que la suggestion et le yoga.

SOPORIFIQUE, *adj.* Qui provoque le sommeil.

SOUFFLE, *s. m.* Nom générique donné à tous les sons qui se produisent dans l'appareil respiratoire ou circulatoire, et qui ressemblent au bruit fait par une colonne d'air poussée avec force dans un canal étroit.

SOURIS ARTICULAIRE. V. *arthrophyte.*

SOUS-CRÉPITANTS (râles). Râles comparés au bruit que l'on produit en soufflant avec un chalumeau dans de l'eau de savon. Ils éclatent de façon irrégulière aux deux temps de la respiration.

SOUS-MAXILLITE, *s. f.* Inflammation d'une glande sous-maxillaire.

SPARADRAP, *s. m.* Tissu recouvert d'une matière emplastique (v. *emplâtre*).

SPASME, *s. m.* Contraction musculaire involontaire.

SPASMODICITÉ, *s. f.* Syn. *spasticité*. Disposition plus ou moins marquée à se contracturer.

SPASMODIQUE, *adj.* Syn. *spastique*. Qui s'accompagne de contracture.

SPASMOGÈNE, *adj.* Qui provoque le spasme.

SPASMOLYTIQUE, *adj.* Qui supprime l'état spasmodique.

SPASMOPHILIE, *s. f.* Prédisposition aux crises de tétanie caractérisée par une hyperirritabilité neuromusculaire qui peut se manifester par des lipothymies, des paresthésies, des troubles psychiques et des spasmes viscéraux. La *s.* semble due à une instabilité spéciale du système qui contrôle à la fois le métabolisme calcique et l'excitabilité neuromusculaire (glandes parathyroïdes, centres nerveux sous-corticaux).

SPASTICITÉ, *s. f.* V. *spasmodicité*.

SPASTIQUE, *adj.* V. *spasmodique*.

SPÉCIALISTE, *s. m.* ou *f.* Praticien qui, renonçant à l'exercice de la médecine générale, se consacre exclusivement à certaines techniques ou au diagnostic et au traitement des maladies de certains organes et appareils, ou atteignant certaines tranches d'âge.

SPÉCIFICITÉ, *s. f.* Ensemble des caractères qui constituent une espèce. — La *s. d'une maladie* provient de tous les faits qui contribuent à la rendre toujours semblable à elle-même. — La *s. d'un médicament* signifie que son action est particulièrement efficace sur une seule maladie. — La *s. d'un microbe* veut dire qu'il est pathogène pour une seule maladie.

SPÉCIFIQUE, *adj.* Se dit des caractères propres à une espèce.

SPECTRE, *s. m.* (physique). Répartition du rayonnement émis par une source en fonction de l'énergie, du temps, ou d'une donnée spatiale.

SPECTROMÉTRIE, *s. f.* V. *spectroscopie*.

SPECTROSCOPIE, *s. f.* Nom générique des techniques physiques permettant l'analyse des rayonnements. La *s.* quantitative est appelée *spectrométrie*.

SPÉCULUM, *s. m.* Instrument destiné à maintenir largement béants les orifices des cavités naturelles.

SPERMATIQUE, *adj.* Relatif au sperme, séminal. V. *cordon*.

SPERMATOCYSTITE, *s. f.* Inflammation des vésicules séminales.

SPERMATOCYTE, *s. m.* V. *spermatogenèse*.

SPERMATOCYTOGENÈSE, *s. f.* V. *spermatogenèse*.

SPERMATOGENÈSE, *s. f.* Production de spermatozoïdes. Elle passe par plusieurs stades. Les spermatogonies, cellules du tube séminifère du testicule, donnent naissance aux spermatocytes de 1er ordre, diploïdes. Ceux-ci subissent une méiose, d'où sortent les spermatocytes de 2e ordre, haploïdes. Dans un troisième stade, les spermatocytes de 2e ordre se transforment en spermatides, précurseurs des spermatozoïdes.

SPERMATOGONIE, *s. f.* V. *spermatogenèse*.

SPERMATORRHÉE, *s. f.* Emission involontaire de sperme.

SPERMATOZOÏDE, *s. m.* Cellule sexuelle mâle (gamète mâle) arrivée à maturité et apte à féconder l'ovule.

SPERMATURIE, *s. f.* Présence de spermatozoïdes dans l'urine.

SPERME, *s. m.* Semence. Liquide visqueux blanchâtre secrété par le testicule et la prostate. Il contient les spermatozoïdes.

SPERMIOGENÈSE, *s. f.* Stade terminal de la spermatogenèse.

SPERMOCULTURE, *s. f.* Culture de sperme pour y déceler la présence de microbes.

SPERMOGRAMME, *s. m.* Résultats fournis par l'examen macroscopique, microscopique et physico-chimique du sperme.

SPHACÈLE, *s. m.* 1° V. *gangrène sèche.* — 2° V. *escarre.*

SPHÉNOÏDE, *adj.* En forme de coin. — *os s.* Os de la base du crâne situé à la partie moyenne.

SPHÉROCYTOSE, *s. f.* — *s. congénitale, s. héréditaire.* Ictère hémolytique congénital. V. *ictère hémolytique.*

SPHÉROPHAKIE, *s. f.* Aspect sphérique du cristallin.

SPHINCTER, *s. m.* Syn. *muscle s.* Muscle annulaire fermant un orifice. P. ex. *s. anal.*

SPHINCTÉRALGIE, *s. f.* Contraction spasmodique douloureuse d'un sphincter.

SPHINCTÉROPLASTIE, *s. f.* Réparation d'un sphincter.

SPHINCTÉROTOMIE, *s. f.* Section d'un sphincter.

SPHYGMIQUE, *adj.* Qui se rapporte au pouls.

SPHYGMOMANOMÈTRE, *s. m.* Syn. *tensiomètre.* Appareil composé essentiellement d'un brassard gonflable et d'un manomètre, destiné à mesurer la tension artérielle.

SPICA, *s. m.* Bandage croisé appliqué au niveau de la racine d'un membre.

SPICULE, *s. m.* Toute formation ayant l'aspect d'une aiguille.

SPINA BIFIDA, *s. m.* Malformation consistant en une fissure du rachis, à travers laquelle font hernie les méninges avec une quantité variable de liquide céphalorachidien.

SPINAL, ALE, *adj.* Qui a rapport à la colonne vertébrale ou à la moelle épinière.

SPINOCELLULAIRE, *adj.* Relatif aux cellules du corps muqueux de Malpighi de la peau et des muqueuses, lesquelles sont unies par des ponts, ou épines.

SPIRILLE, *s. m.* Nom générique donné à des bactéries en forme de filaments allongés et contournés en hélice.

SPIRILLOSE, *s. m.* Nom générique donné aux maladies déterminées par les différentes variétés de spirilles.

SPIROCHÆTA, *s. f.* Syn. *spirochète.* Genre bactérien comprenant des éléments cellulaires de grande taille, de forme hélicoïdale, mobiles, flexibles et ondulants, vivant dans les eaux stagnantes.

SPIROCHÆTACÉES, *s. f. pl.* Famille de l'ordre bactérien des Spirochætales, et comprenant les genres *Borrelia, Spirochæta* et *Treponema.*

SPIROCHÈTE, *s. m.* V. *Spirochæta.*

SPIROCHÉTOSE, *s. f.* Nom générique des maladies déterminées par les différentes variétés de spirochètes ; elles présentent souvent une récurrence des symptômes (fièvre, éruption, etc.).

SPIROGRAPHIE, *s. f.* 1° Etude de la ventilation pulmonaire. Elle comprend la mesure des *volumes respiratoires* et celle de leur *utilisation dans le temps.* Ces mesures sont effectuées (spirométrie) sur le tracé fourni par le spirographe. La *s.* est un des éléments de l'exploration fonctionnelle pulmonaire.

— 2º Enregistrement de ce tracé (spirogramme).

SPIROLACTONES, *s. f. pl.* Groupe de substances stéroïdes de synthèse dont certaines, la spironolactone et ses dérivés, sont utilisées comme diurétiques.

SPIROMÈTRE, *s. m.* Appareil destiné à pratiquer la spirométrie.

SPIROMÉTRIE, *s. f.* Mesure des volumes d'air mobilisés par les mouvements respiratoires et des débits ventilatoires. V. *spirographie.*

SPIRONOLACTONE, *s. f.* (DCI). Substance diurétique antagoniste de l'aldostérone dont elle bloque l'action sur les cellules tubulaires distales des reins. La *s.* est une des spirolactones.

SPLANCHNECTOMIE, *s. f.* ou **SPLANCHNICECTOMIE,** *s. f.* (terme incorrect). Résection d'un nerf splanchnique sur une plus ou moins grande étendue.

SPLANCHNIQUE, *adj.* Qui a rapport aux viscères.

SPLANCHNOLOGIE, *s. f.* Partie de l'anatomie qui s'occupe de la description des viscères.

SPLEEN, *s. m.* (anglais). V. *tædium vitæ.*

SPLÉNALGIE, *s. f.* Douleur au niveau de la rate.

SPLÉNECTOMIE, *s.* Ablation de la rate.

SPLÉNIQUE, *adj.* Qui a rapport à la rate.

SPLÉNITE, *s. f.* Inflammation de la rate.

SPLÉNIUM, *s. m.* V. *corps calleux.*

SPLÉNOCONTRACTION, *s. f.* Contraction de la rate.

SPLÉNOGRAMME, *s. m.* Formule indiquant les proportions respectives des différents éléments cellulaires du tissu hématopoïétique splénique.

SPLÉNOGRAPHIE, *s. f.* V. *splénoportographie.*

SPLÉNOMANOMÉTRIE, *s. f.* Mesure de la pression dans la rate, et par conséquent dans le système de la veine porte, par ponction splénique.

SPLÉNOMÉGALIE, *s. f.* Rate volumineuse.

SPLÉNOMÉGALIE MYÉLOÏDE. Syndrome myéloprolifératif, associant chez l'adulte un gros foie et une très grosse rate, une anémie, une leucocytose avec réaction myéloïde et des hémorragies. Son évolution est lentement progressive et sa cause le plus souvent inconnue.

SPLÉNOPATHIE, *s. f.* Nom générique donné à toutes les affections de la rate.

SPLÉNOPORTOGRAPHIE, *s. f.* Radiographie de la rate, de la veine porte, puis du foie, par injection transpariétale, dans la rate, d'un produit opaque aux rayons X.

SPONDYLARTHRITE, *s. f.* Arthrite des articulations des vertèbres entre elles. — *s. ankylosante.* V. *pelvispondylite rhumatismale.*

SPONDYLARTHROSE, *s. f.* Rhumatisme chronique non inflammatoire des vertèbres et de leurs articulations.

SPONDYLE, *s. m.* Nom ancien de *vertèbre.*

SPONDYLITE, *s. f.* Inflammation aiguë ou chronique des vertèbres. — *s. tuberculeuse.* V. *Pott (mal de).*

SPONDYLODISCITE, *s. f.* Inflammation d'une vertèbre et des disques intervertébraux voisins.

SPONDYLOLISTHÉSIS, *s. m.* Glissement en avant d'un segment de la colonne vertébrale localisé surtout à l'union des parties lombaire et sacrée.

SPONDYLOLYSE, *s. f.* Insuffisance ou absence d'ossification de l'arc vertébral au niveau de l'isthme. C'est une malformation qui provoque le spondylolisthésis.

SPONDYLOPATHIE, *s. f.* Affection de la colonne vertébrale.

SPONDYLOSCHISIS, *s. m.* V. *spondylolyse.*

SPONDYLOTHÉRAPIE, *s. f.* V. *vertébrothérapie.*

SPONGOÏDE, *adj.* D'apparence spongieuse, qui ressemble à une éponge.

SPORADIQUE, *adj.* Se dit d'une maladie quand elle atteint un invididu isolément par opposition à *épidémique* et *endémique.*

SPORE, *s. f.* Nom donné aux corpuscules reproducteurs des cryptogames et des bactéries.

SPOROZOAIRE, *s. m.* Classe de protozoaires, parasites des cellules ou tissus animaux et constitués par une masse protoplasmique pourvue d'un noyau et entourée d'une cuticule. P. ex. *l'hématozoaire du paludisme.*

SPORULÉ, LÉE, *adj.* Qui porte une spore.

SPOTTING, *s. m.* (anglais). Saignement vaginal léger.

SPRAY, *s. m.* Mot anglais signifiant : *gouttelettes, embrun* et souvent employé comme synonyme de *pulvérisation* ou de *brouillard.*

SPRUE, *s. f.* ou **SPRUE TROPICALE.** Diarrhée avec stéatorrhée survenant dans les pays chauds et humides, à début brusque et évoluant par poussées

sur un fond de chronicité. Elle semble due à une infection à germes non spécifiques.

SPUMEUX, EUSE, *adj.* Qui est mêlé d'écume. P. ex. : *expectoration s.*

SQUAME, *s. f.* Lamelles épidermiques qui se détachent de la surface de la peau.

SQUAMEUX, EUSE, *adj.* Caractérisé par l'abondance plus ou moins grande de squames.

SQUELETTE, *s. m.* 1° Ensemble des pièces osseuses de l'organisme. — 2° Par extension, structure fibreuse ou autre, constituant la charpente d'un organe ou d'une cellule.

SQUIRRHE, *s. m.* Variété de carcinome dans laquelle les travées fibreuses sont épaisses et résistantes.

SRE. Système réticulo-endothélial. V. *réticulo-endothélial* (*système*).

SS. Abréviation de *Sécurité Sociale.*

STABILISATEUR DE MEMBRANE (biologie cellulaire). Substance qui se fixe sur la membrane de la cellule ; elle empêche les ions Na$^+$ et K$^+$ de la traverser et met la cellule au repos (action « anesthésique locale ») et en état d'équilibre électrique.

STADE, *s. m.* 1° Période d'une durée déterminée. — 2° Degré de gravité d'une lésion ou d'une maladie.

STANDARD, *s. m.* Etalon, grandeur de référence.

STAPÉDECTOMIE, *s. f.* Ablation de l'étrier ; un des temps d'une opération destinée à remédier à la surdité par otospongiose.

STAPÉDIEN, IENNE, *adj.* Qui concerne l'étrier.

STAPES, *s. m.* Désignation internationale de l'*étrier*. V. *osselets de l'ouïe*.

STAPHYLECTOMIE, *s. f.* Ablation du staphylome cornéen.

STAPHYLOCOCCÉMIE, *s. f.* Infection générale due à la présence du staphylocoque dans le sang.

STAPHYLOCOCCIE, *s. f.* Nom générique des maladies qui sont sous la dépendance d'une infection à staphylocoques.

STAPHYLOCOCCUS, STAPHYLOCOQUE, *s. m.* Genre de bactérie de forme arrondie, Gram +, immobile, groupée en grappe de raisin.

STAPHYLOME, *s. m.* Lésion du globe de l'œil consistant en une saillie de sa coque, due à un affaiblissement local de la paroi ; il peut siéger au niveau de la cornée, de la sclérotique ou de l'iris.

STAPHYLOPLASTIE, *s. f.* Opération destinée à combler une perte de substance du voile du palais.

STAPHYLORRAPHIE, *s. f.* Opération ayant pour but de remédier à la division congénitale du voile du palais, en suturant les deux bords de l'ouverture après les avoir avivés.

STAPHYLOTOMIE, *s. f.* Incision du staphylome opaque cornéen ou irido-cornéen.

STASE, *s. f.* Arrêt ou ralentissement considérable de la circulation ou de l'écoulement d'un liquide de l'organisme.

STATUROPONDÉRAL, ALE, *adj.* Qui concerne la taille et le poids. P. ex. *retard* s.

STÉARRHÉE, *s. f.* Syn. *stéatorrhée*. Surabondance considérable de matières grasses excrétées avec les fèces.

STÉATOLYSE, *s. f.* Dissolution et digestion des substances grasses.

STÉATORRHÉE, *s. f.* V. *stéarrhée*.

STÉATOSE, *s. f.* Lésion consistant dans l'envahissement des éléments anatomiques d'un tissu par des graisses neutres.

STELLECTOMIE, *s. f.* Ablation du ganglion étoilé (fusion du ganglion cervical inférieur et du premier ganglion thoracique du grand sympathique).

STÉNOCARDIE, *s. f.* Nom donné quelquefois à l'*angine de poitrine*, à cause de la sensation de constriction éprouvée au cœur par les malades.

STÉNON (canal de). Nom classique du *conduit parotidien*.

STÉNOSE, *s. f.* V. *rétrécissement*.

STÉNOSE HYPERTROPHIQUE DU PYLORE. Hypertrophie considérable de la couche musculaire du pylore observée après la naissance, entraînant, si l'on ne pratique pas la pylorotomie, l'occlusion complète de l'orifice pylorique et la mort.

STEPPAGE, *s. m.* Démarche particulière créée par la paralysie des extenseurs des orteils et des péroniers. Ces malades sont obligés de relever fortement la jambe par une flexion de la cuisse sur le bassin pour ne pas heurter le sol de la pointe du pied, qui est constamment abaissée.

STERCOBILINE, *s. f.* Pigment provenant de la dégradation de la bilirubine au cours de la digestion intestinale.

STERCORAL, ALE, *adj.* Qui concerne les excréments.

STÉRÉO... Préfixe grec désignant la *solidité* ou le *relief*.

STÉRÉO-AGNOSIE, *s. f.* Syn. *astéréognosie*. Perte du sens stéréognostique que l'on observe parfois dans l'hémiplégie.

STÉRÉOGNOSTIQUE (sens). Facilité de reconnaître par le tact la forme des objets, ainsi que les autres propriétés physiques, telles que consistance, température, poids, etc.

STÉRÉOTAXIQUE, *adj.* Qui utilise un repérage précis dans les trois plans de l'espace. — *chirurgie s.*

STÉRÉOTYPÉ, PÉE, *adj.* Se dit des actes ou gestes habituels répétés involontairement, mais qui ne présentent pas le caractère convulsif des tics.

STÉRILET, *s. m.* Syn. *dispositif intra-utérin.* Corps étranger placé dans l'utérus dans un but contraceptif.

STÉRILISATION, *s. f.* 1° Destruction des germes qui existent à la surface ou dans un objet quelconque par des moyens physiques ou chimiques. — 2° Opération ayant pour but de priver un être vivant de la possibilité de se reproduire.

STÉRILITÉ, *s. f.* Impossibilité pour un homme ou pour une femme de procréer par suite d'un trouble fonctionnel ou d'une lésion organique de l'appareil génital.

STERNOCLEIDOMASTOÏDIEN (muscle). Muscle puissant de la région antérolatérale du cou, tendu du sternum et de la clavicule au processus mastoïde de l'os temporal. Il fléchit la tête du côté opposé, l'incline du même côté et permet sa rotation.

STERNOTOMIE, *s. f.* Section chirurgicale du sternum.

STERNUM, *s. m.* Os plat vertical et médian situé à la face antérieure de la paroi thoracique, articulé avec les cartilages costaux. Il comporte 3 pièces ; de haut en bas le *manubrium,* le *corps* et l'*appendice xiphoïde.*

STERNUTATOIRE, *adj.* et *s. m.* Se dit des substances qui provoquent l'éternuement.

STÉROÏDES (hormones). Groupe d'hormones (génitales et corticosurrénales) formées à partir du cholestérol.

STÉROL, *s. m.* Alcool polycyclique complexe de poids moléculaire élevé.

STERTOR, *s. m.* ou **STERTOREUSE (respiration).** Respiration bruyante s'accompagnant de ronflement.

STÉTHACOUSTIQUE, *adj.* Se dit des signes fournis par l'auscultation de la poitrine. — *s. f.* Auscultation de la poitrine.

STÉTHOSCOPE, *s. m.* Instrument permettant l'auscultation médiate.

STH. Somatotrophine. V. *somatotrope* (*hormone*).

STHÉNIQUE, *adj.* Qui s'accompagne d'énergie, de tonus, de force, ou qui s'y rapporte.

STIGMATE, *s. m.* 1° Orifice microscopique que les cellules migratrices produisent en perforant les cellules endothéliales, lorsqu'elles sortent d'un capillaire par diapédèse. — 2° Marque laissée par une plaie cicatrisée. P. ex. : *s. de la variole.*

STILBŒSTROL, *s. m.* Substance œstrogène obtenue par synthèse.

STIMULATEUR, *s. m.* Dispositif délivrant des stimuli. Terme généralement employé dans le sens de stimulateur électrique.

STIMULATEUR CARDIAQUE. Syn. *cardiostimulateur, pacemaker.* Appareil capable d'envoyer, au myocarde ventriculaire, des impulsions électriques rythmées pour déclencher ses contractions. Il peut être externe ou plus souvent implanté dans l'organisme pour un usage définitif.

STIMULATION, *s. f.* Application d'un stimulus.

STIMULINE, *s. f.* Nom générique d'un ensemble d'hormones sécrétées par le lobe antérieur de l'hypophyse et qui excitent l'activité des autres glandes endocrines : *gonado-, thyréo-, corticostimulines* ou *trophines.*

STIMULOVIGILANCE, *s. f.* Surveillance des défaillances des stimulateurs cardiaques.

STIMULUS, *s. m.* Tout ce qui provoque l'excitation. Facteur physique ou chimique capable de déclencher un mécanisme nerveux, musculaire, humoral, etc.

STOCK-VACCIN, *s. m.* Vaccin préparé avec différentes souches d'un même microbe et conservé au laboratoire.

STOMACAL, ALE, *adj.* V. *gastrique.*

STOMACHIQUE, *adj.* Qui favorise la digestion gastrique.

STOMATITE, *s. f.* Nom générique donné aux inflammations de la muqueuse buccale.

STOMATOLOGIE, *s. f.* Etude de la bouche et de ses maladies.

STOMATORRAGIE, *s. f.* Hémorragie buccale.

STOMIE, 1° Suffixe grec désignant une intervention chirurgicale de *dérivation,* qu'il s'agisse d'ouvrir à la peau un conduit naturel ou d'anastomoser à l'intérieur du corps deux organes dont il faut établir ou rétablir la communication. — 2° *s. f.* Employé seul, désigne essentiellement les interventions de dérivation externe.

STRABISME, *s. m.* Défaut de convergence des deux axes visuels vers le point fixé, le sujet ne regardant qu'avec un seul œil. — Le *s.* est tantôt *divergent,* tantôt *convergent.*

STRAPPING, *s. m.* Contention à l'aide de bandes adhésives, utilisée en orthopédie.

STREPTOCOCCÉMIE, *s. f.* Infection sanguine par le streptocoque.

STREPTOCOCCIE, *s. f.* Nom générique de toutes les maladies qui sont sous la dépendance d'une infection par le streptocoque.

STREPTOCOCCUS PNEUMONIÆ. Syn. *pneumocoque.* Diplocoque Gram+, agent notamment de la pneumonie franche lobaire aiguë.

STREPTOCOCCUS, STREPTOCOQUE, *s. m.* Genre bactérien, constitué de germes Gram +, de forme arrondie dont les éléments se groupent en chainettes.

STREPTODORNASE, *s. f.* (DCI). Ferment extrait des filtrats de culture de certains streptocoques hémolytiques, capable de fluidifier le pus.

STREPTOKINASE, *s. f.* (DCI). Substance dissolvant les caillots de fibrine (fibrinolytique), extraite des filtrats de culture de certains streptocoques hémolytiques.

STREPTOLYSINE, *s. f.* Hémolysine produite par le streptocoque hémolytique du type bêta.

STREPTOMYCINE, *s. f.* (DCI). Antibiotique de la famille des aminosides, élaboré par une moisissure, le *Streptomyces griseus,* actif notamment contre le bacille de Koch.

STRESS, *s. m.* Terme anglais employé pour exprimer l'état réactionnel d'un organisme soumis à l'action d'un excitant quelconque.

STRICTION, *s. f.* Constriction, resserrement.

STRICTURE, *s. f.* Rétrécissement.

STRIDOREUX, EUSE, *adj.* Se dit de certains bruits respiratoires sifflants, aigus, qui se produisent dans le larynx et la trachée.

STRIDULEUX, EUSE, *adj.* V. *stridoreux.*

STRIPPING, *s. m.* (anglais). V. *éveinage.*

STROMA, *s. m.* Nom donné en histologie à la trame d'un tissu.

STRONGYLOÏDES, *s. m.* Genre de Némathelminthes, dont une espèce, *S. stercoralis* (syn. *Anguillula stercoralis*), petit ver cylindrique long de 1 à 2 mm, vit en parasite dans la paroi intestinale. V. *anguillulose.*

STRONGYLOÏDOSE, *s. f.* V. *anguillulose.*

STROPHULUS, *s. m.* Dermatose prurigineuse de la première enfance, caractérisée par des papules lenticulaires centrées par une petite vésicule ou une petite croûte, reposant sur une base urticarienne.

STRUMECTOMIE, *s. f.* Ablation totale ou partielle d'un goitre.

STRUMITE, *s. f.* Inflammation d'une glande thyroïde atteinte de goitre.

STRYCHNINE, *s. f.* Alcaloïde de grande toxicité, stimulant du système nerveux central et convulsivant.

STUPÉFIANT, *s. m.* Médicament dont l'action sédative, analgésique, narcotique et euphorisante provoque à la longue accoutumance et toxicomanie. A cette catégorie appartiennent l'opium, la morphine, l'héroïne, la cocaïne, le chanvre indien, les analgésiques centraux à action morphinique (p. ex. la *péthidine*), etc. L'achat, la détention, la vente et la prescription de ces médicaments sont sévèrement réglementés ; leur liste constitue le tableau B.

STUPEUR, *s. f.* Attitude caractérisée par l'immobilité, le mutisme, un faciès figé, une absence de réaction aux sollicitations extérieures, un refus de nourriture.

STUPOREUX, EUSE, *adj.* Qui se rattache à l'état de stupeur.

STYLET, *s. m.* Petite tige métallique dont une extrémité est parfois percée d'un chas, tandis que l'autre est renflée ou se termine en bouton ou en fourche.

STYLORADIAL, ALE, *adj.* Qui concerne l'apophyse styloïde du radius.

SUBAIGUE, GUË, *adj.* D'évolution relativement rapide, intermédiaire entre aigu et chronique.

SUBCONSCIENT, ENTE, *adj.* (psychologie). Qui est faiblement, partiellement conscient. — *s. m.* Ensemble de phénomènes subconscients.

SUBÉROSE, *s. f.* Pneumopathie immunologique consécutive à l'inhalation de poussières de liège.

SUBFÉBRILITÉ, *s. f.* Légère hyperthermie de longue durée.

SUBICTÈRE, *s. m.* Ictère léger.

SUBINTRANT, ANTE, *adj.* Se dit d'accès tellement rapprochés que l'un commence quand le précédent n'est pas encore terminé.

SUBJECTIF, IVE, *adj.* Qui a rapport au sujet. — Se dit des symptômes qui ne sont perçus que par le malade, comme la douleur.

SUBLÉTHAL, ALE, *adj.* Presque mortel.

SUBLINGUAL, ALE, *adj.* Situé sous la langue. — *glande s.* La plus petite des glandes salivaires, située sur le plancher de la bouche, de chaque côté du frein de la langue.

SUBLUXATION, *s. f.* Luxation incomplète.

SUBMANDIBULAIRE, *adj.* Situé sous la mandibule. — *glande s.* Syn. ancien *glande sous-maxillaire.* Glande salivaire située entre la face interne de la mandibule et la base de la langue. L'orifice de son conduit (canal de Wharton) est situé près du frein de la langue.

SUBMATITÉ, *s. f.* Diminution de la sonorité ou matité incomplète obtenue par la percussion d'une partie du corps.

SUBNARCOSE, *s. f.* Etat de demi-sommeil provoqué par l'emploi d'anesthésiques généraux à faibles doses.

SUBSTRAT, *s. m.* Substance sur laquelle agit une enzyme en facilitant sa transformation chimique.

SUCCÉDANÉ, *s. m.* Médicament ayant les mêmes propriétés qu'un autre et qui peut lui être substitué.

SUCCULENT, ENTE, *adj.* Se dit d'un organe ou d'une partie de l'organisme augmentés de volume par un afflux anormal de liquides.

SUCCUSSION, *s. f.* Action de secouer.

SUCRE, *s. m.* Terme synonyme en langage courant de *saccharose* ou de *glucide.*

SUCROSE, *s. m.* V. *saccharose.*

SUDAMINA, *s. m. pl.* Lésion de la peau caractérisée par la formation de petites vésicules très fines, transparentes, apparaissant à la suite de transpirations abondantes.

SUDATION, *s. f.* Forte transpiration, parfois provoquée dans un but thérapeutique.

SUDORIFIQUE, *adj. et s. m.* Qui provoque la sudation.

SUDORIPARE, *adj.* Qui produit de la sueur. — Glande *s.*

SUEUR, *s. f.* Liquide aqueux d'odeur particulière, sécrété par les glandes sudoripares de la peau.

SUEUR (test de la). Dosage du chlore dans la sueur, utilisé pour le diagnostic de la mucoviscidose.

SUFFOCATION, *s. f.* Asphyxie causée par un obstacle mécanique siégeant à l'intérieur des voies respiratoires, de la bouche ou du nez.

SUFFUSION, *s. f.* Epanchement.

SUGGESTIBILITÉ, *s. f.* Aptitude à être influencé par une idée et à la réaliser.

SUGGESTION, *s. f.* 1° Introduction d'une idée dans le cerveau. — 2° Nom donné à cette idée.

SUI GENERIS. Locution latine signifiant : *bien particulier, aisément reconnaissable.*

SUICIDE, *s. m.* Action de provoquer sa propre mort.

SULCIFORME, *adj.* Qui a la forme d'un sillon.

SULFAMIDE, *s. m.* Série de corps organosoufrés empêchant la synthèse de l'acide folique. Ils exercent une action bactériostatique sur de nombreux microbes.

SULFAMIDES ANTIDIABÉTIQUES ou **HYPOGLYCÉMIANTS.** Groupe de sulfamides qui agissent en stimulant la sécrétion d'insuline par le pancréas.

SULFAMIDES DIURÉTIQUES. Groupe de sulfamides qui stimulent la sécrétion d'urine par le rein.

SULFAMIDOTHÉRAPIE, *s. f.* Emploi thérapeutique des sulfamides.

SULFHYDRISME, *s. m.* Intoxication professionnelle par inhalation d'hydrogène sulfuré.

SUPERINFECTION, *s. f.* Syn. *surinfection.* Infection nouvelle de même nature que la première contractée par un sujet déjà infecté antérieurement.

SUPINATION, *s. f.* 1° Mouvement de l'avant-bras qui a pour résultat de faire exécuter à la main une rotation de dedans en dehors. — 2° Décubitus dorsal, la tête renversée, les bras et jambes étendus et reposant sur le lit.

SUPPOSITOIRE, *s. m.* Préparation pharmaceutique solide, de forme conique, que l'on met dans l'anus pour faciliter les évacuations ou faire absorber un médicament.

SUPPURATION, *s. f.* Production de pus.

SUPRADUCTION, *s. f.* Mouvement vertical élévateur, de l'œil par exemple.

SUPRASELLAIRE, *adj.* Qui est situé au-dessus de la selle turcique.

SUPRAVENTRICULAIRE, *adj.* (cardiologie). Se dit d'un phénomène rythmique dont l'origine est située au-dessus du ventricule : dans le sinus, l'oreillette, le nœud de Tawara ou le tronc du faisceau de His.

SURAIGU, GUË, *adj.* Particulièrement aigu. D'évolution fulgurante.

SURAL, ALE, *adj.* Relatif au mollet, à la jambe ; jambier.

SURALIMENTATION, *s. f.* Ingestion d'une quantité d'aliments supérieure à la ration d'entretien.

SURCOMPENSATION, *s. f.* (psychanalyse). Exagération d'une réaction destinée à corriger une déficience physique ou mentale.

SURDIMUTITÉ, *s. f.* Privation de la parole par suite d'une surdité congénitale ou acquise dans les premières années de la vie.

SURDITÉ, *s. f.* Affaiblissement ou abolition complète du sens de l'ouïe. La *s.* peut être due à une lésion des centres cérébraux de l'audition (*s. centrale*), à une lésion du nerf auditif (*s. de perception*) ou à une lésion de l'oreille moyenne : tympan, trompe d'Eustache, chaîne des osselets (*s. de transmission*, la seule curable chirurgicalement).

SURFACTANT, *s. m.* Liquide formant un film très mince qui tapisse la face interne des alvéoles pulmonaires.

SURINFECTION, *s. f.* V. *superinfection*.

SURJET, *s. m.* V. *suture en surjet*.

SURMENAGE, *s. m.* Etat résultant d'un exercice prolongé au delà de la sensation de fatigue.

SUR-MOI, *s. m.* (psychanalyse). Partie inconsciente de la personnalité qui inspire un sentiment névrotique de culpabilité et d'autopunition.

SURRÉNAL, ALE, *adj.* Situé au-dessus du rein. — *glande s.* Glande endocrine coiffant le pôle supérieur du rein. La *corticosurrénale* sécrète les minéralocorticoïdes, les glucocorticoïdes et les hormones androgènes ; la *médullosurrénale* l'adrénaline et la noradrénaline.

SURRÉNALOME, *s. m.* Nom générique des tumeurs de la glande surrénale.

SURRÉNOPRIVE, *adj.* Qui se rapporte ou qui est dû à une déficience des glandes surrénales.

SUS-APEXIEN, IENNE, *adj.* Qui siège au-dessus de la pointe du cœur.

SUSPENSION, *s. f.* Liquide contenant des particules solides finement divisées.

SUSPENSOIR, *s. m.* Bandage destiné à soutenir le scrotum.

SUSPIRIEUSE (respiration). Respiration dont le bruit est analogue à celui du soupir.

SUSTENTATION, *s. f.* Action de soutenir les forces d'un malade par une alimentation convenable ou des médicaments appropriés.

SUTURE, *s. f.* 1° Réunion, à l'aide de fils, des parties divisées (lèvres d'une plaie, extrémités d'un tendon ou d'un nerf coupés, etc.). *S. en surjet.* S. continue, le même fil assurant l'affrontement d'un bout à l'autre de l'incision. — 2° (anatomie.) V. *synfibrose*.

SUTURE CRÂNIENNE. Ligne de réunion de deux os plats de la voûte du crâne.

SYCOSIS, *s. m.* Variété de folliculite frappant les régions couvertes de gros poils (lèvres et joues).

SYDENHAM (chorée de) (Thomas S., 1624-1689, médecin britannique). V. *chorée.*

SYM... V. *syn...*

SYMBIOSE, *s. f.* Existence simultanée et associée de plusieurs organismes qui vivent et se développent dans les mêmes conditions.

SYMBLÉPHARON, *s. m.* Adhérence entre les paupières et le globe de l'œil.

SYMPATHALGIE, *s. f.* Syn. *algie sympathique.* Douleur d'origine neurovégétative siégeant en un point du système nerveux sympathique.

SYMPATHECTOMIE, *s. f.* Résection plus ou moins étendue d'un nerf, d'un ganglion ou d'une chaîne sympathique au niveau des régions cervicale, dorsale ou lombaire.

SYMPATHICOLYTIQUE, *adj.* Syn. *sympatholytique, sympathicoplégique, sympathoplégique.* Se dit de ce qui paralyse le système nerveux sympathique.

SYMPATHICOMIMÉTIQUE, *adj.* Syn. *sympathomimétique.* Se dit d'une substance dont l'action imite celle du sympathique. V. *alphastimulant* et *bêtastimulant.*

SYMPATHICOPLÉGIQUE, *adj.* V. *sympathicolytique.*

SYMPATHICOTONIE, *s. f.* Anomalie constitutionnelle caractérisée par une sensibilité spéciale du système nerveux sympathique reconnaissable notamment à la tachycardie et à l'éréthisme cardiaque.

SYMPATHICOTONIQUE, *adj.* Chez lequel prédomine le tonus sympathique.

SYMPATHIQUE, *adj.* 1° Se dit du retentissement des troubles morbides d'un organe sur un ou plusieurs autres. — *ophtalmie* s. V. *ophtalmie.* — 2° Qui se rapporte au système nerveux sympathique. — *s. m.* Système nerveux sympathique.

SYMPATHOLYTIQUE, *adj.* V. *sympathicolytique.*

SYMPATHOPLÉGIQUE, *adj.* V. *sympathycolytique.*

SYMPHALANGIE, *s. f.* Syn. *symphalangisme.* Malformation des doigts consistant en l'absence de l'articulation entre la phalange et la phalangine.

SYMPHALANGISME, *s. m.* V. *symphalangie.*

SYMPHYSE, *s. f.* Adhérence anormale des deux feuillets d'une séreuse.

SYMPTOMATIQUE, *adj.* Qui concerne les symptômes d'une maladie. — *médication* s. Traitement des symptômes et non des causes d'une maladie.

SYMPTOMATOLOGIE, *s. f.* Etude des symptômes des maladies.

SYMPTÔME, *s. m.* Phénomène particulier que provoque dans l'organisme l'état de maladie. Découverts par le médecin (*s. objectifs*) ou signalés par le patient (*s. subjectifs*), les *s.* permettent d'établir le diagnostic. V. *signe.*

SYN... Préfixe grec indiquant une notion d'*alliance,* de *cohésion,* d'*association.*

SYNALGÉSIE, *s. f.* ou **SYNALGIE,** *s. f.* Névralgie survenant dans le voisinage d'une violente douleur.

SYNAPSE, *s. f.* 1° Lieu de connexion de deux neurones. — 2° Syn. *cénapse.*

Nom parfois donné en chimie à certains corps complexes. P. ex. : *s. lipidoprotidique*.

SYNARTHROSE, *s. f.* Syn. *synchondrose*. Articulation immobile : l'union des os se fait par une suture fibreuse (synfibrose), cartilagineuse (synchondrose) ou osseuse (synostose).

SYNCHISIS ou **SYNCHYSIS**, *s. m.* Lésion du globe de l'œil consistant en un ramollissement du corps vitré s'accompagnant souvent d'opacités flottant dans son intérieur.

SYNCHONDROSE, *s. f.* V. *synarthrose*.

SYNCHRONISEUR, *s. m.* Syn. *horloge biologique*. Facteur qui impose la cadence de ses variations cycliques aux rythmes biologiques d'un organisme.

SYNCINÉSIES, *s. f. pl.* Contractions coordonnées et involontaires apparaissant dans un groupe de muscles à l'occasion de mouvements d'un autre groupe musculaire.

SYNCOPE, *s. f.* Perte de connaissance brève, complète et brutale consécutive à une anoxie cérébrale.

SYNCYTIUM, *s. m.* Masse protoplasmique continue pourvue de nombreux noyaux. — (embryologie). Couche de protoplasma granuleux tapissant les villosités choriales.

SYNDACTYLIE, *s. f.* Malformation consistant dans la soudure des plans superficiels ou osseux des doigts.

SYNDESMOPHYTE, *s. m.* Calcification des ligaments unissant les corps vertébraux.

SYNDESMOPLASTIE, *s. f.* Réfection d'un ligament articulaire.

SYNDESMOTOMIE, *s. f.* Section des ligaments articulaires.

SYNDROME, *s. m.* Réunion d'un groupe de symptômes (ou de signes) qui se reproduisent en même temps dans un certain nombre de maladies.

SYNÉCHIE, *s. f.* Adhérence. — Employé parfois dans le sens de *symphyse*. — (ophtalmologie). Adhérence de l'iris en avant avec la face postérieure de la cornée (*s. antérieure*), ou en arrière avec la capsule du cristallin (*s. postérieure*).

SYNERGIE, *s. f.* Association de plusieurs organes ou de plusieurs muscles pour l'accomplissement d'une fonction ou d'un mouvement.

SYNESTHÉSIE, *s. f.* Trouble dans la perception des sensations. Il consiste dans la production d'une double sensation sous l'influence d'une stimulation unique.

SYNFIBROSE, *s. f.* Syn. *suture osseuse*. V. *synarthrose*.

SYNORCHIDIE, *s. f.* Réunion intra-abdominale des deux testicules soudés sur la ligne médiane du corps.

SYNOSTOSE, *s. f.* Soudure des os du crâne. V. *synarthrose*.

SYNOVECTOMIE, *s. f.* Opération qui consiste à enlever la capsule synoviale et les fongosités qu'elle peut contenir.

SYNOVIALE, *s. f.* Membrane tapissant la face interne de la capsule des articulations mobiles et contenant un liquide, la synovie.

SYNOVIALOME, *s. m.* Tumeur développée aux dépens d'une synoviale articulaire.

SYNOVIE, *s. f.* Liquide synovial.

SYNOVIOLYSE, *s. f.* ou **SYNOVIORTHÈSE**, *s. f.* Traitement des affections de la synoviale par des injections modificatrices intra-articulaires chimiques ou radio-isotopiques.

SYNOVITE, *s. f.* Inflammation des membranes synoviales et particulièrement des synoviales tendineuses, le mot *arthrite* s'appliquant à l'inflammation des synoviales articulaires.

SYNTHÈSE, *s. f.* Réunion.

SYNTONIE, *s. f.* 1° (psychiatrie). Fusion harmonieuse du comportement d'un sujet avec son milieu ambiant. — 2° (neurologie) *s. d'automatisme.* Renforcement de la contracture de la rigidité pallidale pendant les efforts.

SYPHILIDE, *s. f.* Nom générique donné à l'ensemble des manifestations cutanées de la syphilis (en dehors du chancre).

SYPHILIGRAPHIE, SYPHILIOGRAPHIE, SYPHILOGRAPHIE. *s. f.* Etude de la syphilis.

SYPHILIS, *s. f.* Syn. *vérole.* Maladie vénérienne contagieuse dont l'agent pathogène est *Treponema pallidum.* Elle se manifeste par un chancre induré accompagné d'adénopathies (*accident primitif*), puis par des éruptions cutanées et muqueuses (*accidents secondaires*), plus tardivement par des gommes, un tabès, une paralysie générale, des anévrismes.

SYPHILIS (diagnostic biologique de la). Longtemps basé sur la réaction de Wassermann, il repose actuellement sur des réactions modernes : VDRL, TPHA, FTA abs.

SYPHILITIQUE, *adj.* et *s. m.* ou *f.* Qui appartient à la syphilis ; qui est atteint de syphilis.

SYRINGOMYÉLIE, *s. f.* Affection de la moelle épinière, caractérisée par une cavité plus ou moins étendue, voisine du canal de l'épendyme et par l'association d'une paraplégie spasmodique et de symptômes localisés aux membres supérieurs.

SYSTÈME (maladie de). V. *maladie systémique.*

SYSTÈME ABO. V. *groupes sanguins.*

SYSTÈME APUD. V. *cellule APUD.*

SYSTÈME HLA. Système principal de groupe tissulaire chez l'homme, établi selon des critères sérologiques et génétiques. Il est d'une extrême complexité et joue un rôle fondamental dans la tolérance des transplantations d'organes.

SYSTÈME INTERNATIONAL D'UNITÉS DE MESURE. Système établi par la Conférence générale des Poids et Mesures, comprenant un ensemble de 7 unités de base (tableau I p. 2) d'unités dérivées (tableau II p. 2) et d'un certain nombre de préfixes indiquant les multiples et sous-multiples de 10 (tableau III p. 3).

SYSTÈME NERVEUX AUTONOME. Syn. *système neurovégétatif, système végétatif, SNA.* Ensemble des éléments nerveux qui régissent le fonctionnement des viscères et entretiennent les fonctions vitales de base : respiration, circulation, digestion, excrétion ; le SNA est divisé en systèmes *sympathique* et *parasympathique.*

SYSTÈME NERVEUX CENTRAL (SNC). Ensemble constitué par l'encéphale et la moelle épinière.

SYSTÈME NERVEUX PARASYMPATHIQUE. L'un des deux éléments du système nerveux autonome. Il agit par l'intermédiaire d'un médiateur chimique, l'acétylcholine. Le nerf vague (ou anciennement pneumogastrique — X^e paire crânienne) contient de nombreuses fibres parasympathiques.

SYSTÈME NERVEUX SYMPATHIQUE. L'un des deux éléments du système nerveux autonome. Il agit par l'intermédiaire de deux médiateurs chimiques, l'adrénaline et la noradrénaline.

SYSTÈME NEUROVÉGÉTATIF. V. *système nerveux autonome.*

SYSTÈME RÉTICULO-ENDOTHÉLIAL. V. *réticulo-endothélial (système).*

SYSTÈME VÉGÉTATIF. V. *système nerveux autonome.*

SYSTÉMIQUE, *adj.* 1° Qui se rapporte à un système. — *maladie s.* ou *maladie de système.* V. ce terme. — 2° (cardiologie). Qui se rapporte à la grande circulation.

SYSTOLE, *s. f.* Contraction du muscle cardiaque. La *s.* simultanée des 2 oreillettes précède celle, également simultanée, des 2 ventricules.

T

T. Symbole de 1° *téra.* — 2° *tesla.*

T₃. V. *triiodo-3,5,3' thyronine.*

T₄. V. *thyroxine.*

TA. Abréviation de *tension artérielle.*

TAB. Abréviation de *(vaccin) antity-pho-paratyphique A et B.*

TABAGISME, *s. m.* Syn. *nicotinisme.* Intoxication par le tabac.

TABES ou **TABÈS,** *s. m.*, ou **TABES DORSALIS.** Affection d'origine syphilitique caractérisée par une sclérose des cordons postérieurs de la moelle épinière, se manifestant par une incoordination motrice, des douleurs fulgurantes, des crises viscérales et des troubles trophiques.

TABÉTIQUE, *adj.* et *s.* Qui est atteint de tabès ; qui dépend du tabès.

TABLEAUX A, B ET C. Listes sur lesquelles sont inscrites les substances vénéneuses employées en médecine et dont l'achat, la détention, la vente et l'emploi sont réglementés. Les produits toxiques sont classés dans le tableau A, les stupéfiants dans le tableau B, les produits dangereux ou à conserver à part dans le tableau C.

TABLETTE, *s. f.* Syn. *pastille.* Préparation pharmaceutique solide, aplatie et sucrée, faiblement dosée en produit actif, et destinée à être sucée. V. *glossette.*

TACHE RUBIS. Petit angiome en forme de perle, semblant enchâssé dans le derme, apparaissant sur le tronc et les membres.

TACHES ROSÉES LENTICULAIRES. Eruption cutanée caractéristique de la fièvre typhoïde, à la période d'état. Ce sont des macules arrondies siégeant à la partie haute de l'abdomen ou sur la base du thorax.

TACHY... Préfixe grec indiquant une notion de *rapidité.*

TACHY-ARYTHMIE, *s. f.* V. *arythmie complète.*

TACHYCARDIE, *s. f.* Accélération du rythme des battements cardiaques.

TACHYCARDIE PAROXYSTIQUE. Accès répétés à début et fin brusques pendant lesquels le cœur bat très rapidement et régulièrement. La *t.p.* peut être ventriculaire ou supraventriculaire, en particulier nodale (ou jonctionnelle) : c'est la maladie de Bouveret.

TACHYPHÉMIE, *s. f.* Trouble de la parole consistant en accélération paroxystique du débit.

TACHYPHYLAXIE, *s. f.* 1° Diminution rapidement progressive des réactions de l'organisme à un agent pathogène lorsque celui-ci est administré de façon répétée. — 2° Syn. (pro parte) *échappement thérapeutique.* Diminution rapide de l'effet d'un médicament après quelques prises. V. *accoutumance.*

TACHYPNÉE, *s. f.* Accélération considérable du rythme respiratoire.

TACHYSYSTOLIE, *s. f.* Rapidité anormale des systoles cardiaques.

TÆDIUM VITÆ (latin). Syn. anglais *spleen.* Dégoût de vivre par ennui et lassitude permanents, s'observant chez les psychasthéniques.

TÆNIA ou **TÉNIA**, *s. m.* Famille de vers de l'ordre des Cestodes. Les uns se rencontrent dans le tube digestif à l'état adulte (*T. solium, T. saginata,*) ; les autres sont parasites de l'espèce humaine sous forme d'échinocoque ou d'hydatide, stade d'évolution intermédiaire à l'embryon et à l'état adulte.

TÆNIASE, *s. f.* ou **TÆNIASIS**, *s. m.* Infestation par le Tænia.

TÆNICIDE, *adj.* et *s. m.*. Qui tue les Tænias.

TÆNIFUGE, *adj.* et *s. m.* Vermifuge employé spécialement contre les Tænias.

TAIE, *s. f.* Tache de la cornée.

TAILLE, *s. f.* Ouverture chirurgicale de la vessie pour en extraire des calculs.

TALALGIE, *s. f.* Douleur persistante du talon.

TALCAGE, *s. m.* Introduction de poudre de talc à l'intérieur d'une séreuse dans le but de provoquer une symphyse entre les deux feuillets (plèvre).

TALCOSE, *s. f.* Pneumopathie professionnelle consécutive à l'inhalation prolongée de poussières de talc.

TALUS, *s. m.* Syn. *astragale.* Os du tarse postérieur, situé entre en bas le calcanéum, et en haut le tibia et la fibula (ou péroné).

TAMPON, *s. m.* ou **SUBSTANCE TAMPON**. Substance qui, dans une solution, maintient constant le pH de celle-ci quand un acide ou une base y est ajouté. P. ex. le *bicarbonate de sodium du plasma.*

TAMPONNADE, *s. f.* Compression aiguë du cœur par un épanchement péricardique abondant.

TAMPONNAGE, *s.* 1° Utilisation d'un système tampon. — 2° Pressions douces effectuées à l'aide de compresses sur une surface cutanée pour y appliquer une lotion, ou en assurer l'hémostase.

TAMPONNEMENT, *s. m.* Moyen d'hémostase consistant en l'introduction de tampons (compresses, mèche de gaze) fortement serrés dans une cavité.

TAR. Abréviation de *tension artérielle rétinienne.* V. *pression artérielle rétinienne.*

TARE, *s. f.* Anomalie héréditaire diminuant les capacités physiques ou mentales.

TARÉ, ÉE, *adj.* Porteur d'une tare.

TARGET-CELL, *s. f.* (anglais). V. *cellule-cible.*

TARSALGIE, *s. f.* Douleur localisée au tarse.

TARSE, *s. m.* Ensemble des 7 os constituant le squelette postérieur du pied, formant une voûte et disposés en deux rangées : en arrière, le talus (astragale), surplombant le calcanéus ; en avant, l'os cuboïde, l'os naviculaire (ex. scaphoïde tarsien) et les trois os cunéiformes médial, intermédiaire et latéral.

TARSECTOMIE, *s. f.* Ablation de l'un ou plusieurs os du tarse.

TARSITE, *s. f.* 1° (ophtalmologie). Inflammation des cartilages tarses. — 2° Inflammation des os du tarse.

TARSOPLASTIE, *s. f.* Opération destinée à corriger le pied bot varus équin congénital.

TARSORRAPHIE, *s. f.* Suture des cartilages tarses.

TARTRE, *s. m.* Enduit calcaire noirâtre se déposant à la surface des dents et principalement à leur collet.

TAUX, *s. m.* Le taux d'une substance dans une solution est le rapport entre une masse de cette substance et le volume du liquide où elle est contenue.

TAXIE, *s. f.* Syn. *tactisme, tropisme.* Influence attractive ou répulsive exercée par certaines substances ou certains phénomènes sur le protoplasma. Ces trois mots, *taxie, tactisme* et *tropisme,* ne s'emploient généralement que combinés. P. ex. : *chimiotaxie, héliotropisme.*

TAXINOMIE, *s. f.* V. *biotaxie.*

TAXIS, *s. m.* Pressions méthodiques faites avec la main destinées à faire rentrer dans la cavité abdominale une hernie étranglée.

TAXONOMIE, *s. f.* V. *biotaxie.*

Tc. Symbole chimique du *technétium.*

TCMH. V. *hémoglobine* (*teneur corpusculaire* ou *glomérulaire moyenne en*).

TDM. Abréviation de *tomodensitométrie.*

TÉGUMENT, *s. m.* Tissu de recouvrement, peau.

TEIGNE, *s. f.* Groupe de dermatoses du cuir chevelu dues à un champignon, aboutissant à l'alopécie passagère ou définitive. — On distingue la *t. faveuse* ou *favique* ou *favus,* les *t. tondantes* et les *t. suppuratives.*

TEINTURE, *s. f.* Médicament formé par la dissolution des principes actifs d'une ou plusieurs substances médicamenteuses dans un liquide convenable (*t. aqueuse, alcoolique*).

TÉLANGIECTASIE, *s. f.* Dilatation des vaisseaux éloignés du cœur.

TÉLÉ... Préfixe grec indiquant une notion de *distance,* d'*éloignement.*

TÉLÉCOBALTHÉRAPIE, *s. f.* ou **TÉLÉCOBALTOTHÉRAPIE,** *s. f.* Traitement à distance des tumeurs (surtout des tumeurs profondes) au moyen du rayonnement bêta et gamma émis par le cobalt radio-actif (cobalt 60).

TÉLÉCURIETHÉRAPIE, *s. f.* Syn. *téléradiumthérapie.* Utilisation thérapeutique du radium, employé à distance de la région à traiter.

TÉLÉDIASTOLE, *s. f.* Dernière partie de la diastole du cœur.

TÉLENCÉPHALE, *s. m.* Partie antérieure du prosencéphale, comprenant les hémisphères cérébraux reliés par leurs commissures et creusés des ventricules latéraux.

TÉLÉRADIOGRAPHIE, *s. f.* Radiographie obtenue en éloignant suffisamment la source des rayons du corps à radiographier pour que la déformation de l'image soit négligeable.

TÉLÉRADIOTHÉRAPIE, *s. f.* Emploi thérapeutique des rayons X dont le foyer est éloigné de la région irradiée.

TÉLÉRADIUMTHÉRAPIE. *s. f.* V. *télécuriethérapie.*

TÉLÉSYSTOLE, *s. m.* Dernière partie de la systole cardiaque.

TELLURIQUE, *adj.* Qui a rapport à la terre et à son influence.

TÉLOPHASE, *s. f.* Quatrième et dernier stade de la division cellulaire, au cours duquel le noyau des deux nouvelles cellules retrouve sa structure habituelle. V. *mitose.*

TEMPORAL, *adj.* Relatif à la tempe. — *s. m.* Os pair et symétrique contribuant à former la partie inférieure et latérale du crâne. Il comprend l'écaille, le rocher et l'apophyse mastoïde.

TEMPOROSPATIAL, ALE, *adj.* Concernant le temps et l'espace.

TEMPS DE... V. au second mot. P. ex. : *temps de coagulation.* V. *coagulation.* — *temps de Howell.* V. *Howell (temps de).*

TÉNALGIE, *s. f.* Douleur au niveau des tendons.

TENDINITE, *s. f.* V. *ténosite.*

TENDON, *s. m.* Cordon fibreux blanchâtre par lequel s'insère le muscle squelettique. V. *aponévrose.*

TÉNECTOMIE, *s. f.* Ablation d'un tendon.

TÉNESME, *s. m.* Tension douloureuse avec sensation de brûlure et envies continuelles d'aller à la selle ou d'uriner, éprouvées au niveau de l'anus ou du col de la vessie.

TÉNIA, *s. m.* V. *Tænia.*

TÉNODÈSE, *s. f.* Transformation du tendon d'un muscle paralysé en un ligament d'arrêt extra-articulaire.

TÉNOLYSE, *s. f.* Libération chirurgicale d'un tendon bloqué par des adhérences.

TENON (capsule de) (Jacques T. 1724-1816, chirurgien français). Dénomination ancienne de la *gaine du bulbe* (v. ce dernier mot).

TENONIEN, ENNE, *adj.* Qui se rapporte à la capsule de Tenon.

TENONITE, *s. f.* V. *capsulite.*

TÉNOPEXIE, *s. f.* Fixation d'un tendon.

TÉNOPLASTIE, *s. f.* Greffe tendineuse réalisée entre les extrémités d'un tendon sectionné, lorsque ces extrémités sont trop éloignées pour être suturées directement.

TÉNORRAPHIE, *s. f.* Suture des tendons.

TÉNOSITE, *s. f.* Syn. *tendinite.* Inflammation d'un tendon.

TÉNOSYNOVITE, *s. f.* Inflammation simultanée d'un tendon et de la gaine synoviale qui l'entoure.

TÉNOTOMIE, *s. f.* Section d'un tendon.

TENSIO-ACTIF, IVE, *adj.* Qui modifie la tension superficielle.

TENSIOMÈTRE, *s. m.* V. *sphygmomanomètre.*

TENSION, *s. f.* Résistance qu'une paroi organique plus ou moins souple oppose aux liquides ou aux gaz contenus dans la cavité qu'elle limite. — 2° Pression d'un liquide organique.

TENSION ARTÉRIELLE. Force élastique exercée par les parois artérielles sur leur contenu sanguin. Elle s'équilibre, en pratique, avec la force contractile du cœur transmise par le sang (pression artérielle) ; et les termes de tension artérielle et de pression artérielle sont, en clinique, devenus synonymes. — *t. différentielle.* Différence entre les tensions artérielles maxima et minima. — *t. maxima.* Valeur de la pression existant dans le système artériel au moment même de la systole cardiaque (*p. systolique*). Elle est à l'état normal de 12,5 à 14 cm de mercure. — *t. minima.* Valeur de la pression qui existe dans les artères au moment de la diastole, c'est-à-dire entre deux contractions cardiaques (*p. diastolique*). Elle est à l'état normal de 8 à 9 cm de mercure.

TENSION ONCOTIQUE. V. *oncotique*.

TENSION OSMOTIQUE. V. *osmotique*.

TENTE DU CERVELET. Partie de la dure-mère interposée entre le cerveau et le cervelet.

TENTORIEL, ELLE, *adj.* Qui se rapporte à la tente du cervelet.

TÉRA... 1° (unités) (symbole T). Préfixe signifiant 10^{12}. — 2° Préfixe indiquant une *monstruosité* ou une *malformation*.

TÉRATOGÈNE, *adj.* Qui provoque des malformations ou des monstruosités.

TÉRATOLOGIE, *s. f.* Etude des anomalies et des monstruosités des êtres organisés.

TÉRATOME, *s. m.* Tumeurs complexes, mixtes, où des tissus multiples se disposent en organes différenciés.

TÉRÉBRANT, ANTE, *adj.* Qui a tendance à creuser, à gagner en profondeur.

TESLA, *s. m.* (symbole T) (Nicolas T., 1859-1943, physicien yougoslave). Unité du système international pour l'*induction magnétique*, correspondant à 1 weber par m².

TEST, *s. m.* 1° Epreuve. — 2° Réaction chimique. — 3° Les *t. psychologiques* sont des méthodes d'exploration du développement de l'intelligence, du caractère ou des aptitudes professionnelles.

TESTICULAIRES (hormones). Hormones sécrétées par la glande interstitielle du testicule. L'*h. t.* véritable est la testostérone, dont l'androstérone est une forme d'élimination.

TESTICULE, *s. m.* Glande génitale mâle, à la fois exocrine et endocrine.

TESTOSTÉRONE, *s. f.* Hormone mâle sécrétée par les cellules de Leydig du testicule. Son administration au mâle impubère provoque l'apparition des caractères sexuels masculins. V. *androgènes* (*hormones*).

TÉTANIE, *s. f.* Syndrome caractérisé par des accès de contractures occupant les extrémités (main d'accoucheur). La *t.* survient notamment dans les hypocalcémies, et au cours des alcaloses.

TÉTANIFORME, *adj.* Qui a l'apparence du tétanos. P. ex. *syndrome t.*

TÉTANIQUE, *adj.* 1° Qui se rapporte à la tétanie. — 2° Qui se rapporte au tétanos.

TÉTANISATION, *s. f.* Production de phénomènes tétaniques.

TÉTANOS, *s. m.* 1° Maladie due à l'action sur les centres nerveux de la toxine sécrétée par un bacille, *Clostridium tetani,* au point où ses spores ont pénétré et où il végète. Elle est caractérisée par une contracture douloureuse, débutant ordinairement au niveau des muscles masticateurs (*trismus*) puis généralisée. Sa mortalité reste élevée. — 2° (physiologie). Contraction continue d'un muscle strié ou lisse.

TÊTE, *s. f.* 1°. Extrémité supérieure du corps, reliée au tronc par le cou. Elle comprend en avant la face, que surplombe le crâne. — 2°. Par extension, extrémité renflée de divers organes (os, pancréas...).

TÉTRA... Préfixe grec signifiant *quatre*.

TÉTRACYCLINE, *s. f.* (DCI). Antibiotique extrait des cultures de *Streptomyces albo-niger.*

TÉTRACYCLINES, *s. f. pl.* Famille d'antibiotiques comprenant des *t.* naturelles et des *t.* semi-synthétiques.

TÉTRADE DE FALLOT. V. *Fallot* (*tétralogie ou tétrade de*).

TÉTRAIODO-THYRONINE. *s. f.* V. *thyroxine.*

TÉTRALOGIE DE FALLOT. V. *Fallot* (*tétralogie ou tétrade de*).

TÉTRAPLÉGIE, *s. f.* V. *quadriplégie.*

TÉTRAPLOÏDE, *adj.* (génétique). Se dit de certaines constitutions anormales des cellules du *soma* qui possèdent *4n* chromosomes, au lieu de *2n*, chiffre normal.

TGMH. V. *hémoglobine* (*teneur corpusculaire ou globulaire moyenne en*).

TGO. *Transaminase glutamique oxalacétique.* V. *transaminase.*

TGP. *Transaminase glutamique pyruvique.* V. *transaminase.*

THALAMIQUE, *adj.* Qui se rapporte au thalamus : 1° facette articulaire postérieure du calcanéus avec l'astragale ; 2° (neurologie). V. *thalamus.*

THALAMUS, *s. m.* Syn. ancien *couche optique.* Volumineux noyau pair du diencéphale, constituant la paroi latérale du 3ᵉ ventricule. C'est un des noyaux basaux. Il sert de relais des voies sensitives sensorielles vers le cortex cérébral.

THALASSÉMIE, *s. f.* Anémie hypochrome hypersidérémique infantile héréditaire, due à une répartition anormale, dans la molécule d'hémoglobine, des différentes chaînes polypeptidiques dont les structures sont normales. Les *th.* ont en commun leur répartition géographique : principalement les pays riverains de la Méditerranée centrale et orientale.

THALASSOTHÉRAPIE, *s. f.* Emploi thérapeutique de l'eau de mer, des boues et des algues marines ainsi que du climat marin.

THALIDOMIDE, *s. m.* (DCI). Composé possédant des propriétés hypnotiques, dont l'absorption par des femmes enceintes a entraîné de graves malformations chez le fœtus (phocomélie).

THANATOLOGIE, *s. f.* Etude de la mort et des questions qui s'y rapportent.

THANATOPRAXIE, *s. f.* Mise en œuvre des divers procédés de traitement et de conservation des cadavres.

THÉBAÏQUE, *adj.* Opiacé, contenant de l'opium.

THÉCAL, ALE, *adj.* Qui se rapporte à la thèque.

THÉINE, *s. f.* V. *caféine.*

THÉLALGIE, *s. f.* Sensibilité douloureuse du mamelon.

THÉLITE, *s. f.* Inflammation du mamelon.

THÉLORRAGIE, *s. f.* Hémorragie se faisant par le mamelon.

THÉNAR (éminence). Saillie musculaire allongée située à la partie supéro-externe de la paume de la main et constituée de muscles destinés au pouce.

THÉOPHYLLINE, *s. f.* Principal alcaloïde de la feuille de thé. Son action est stimulante vis-à-vis du système nerveux central, diurétique et bronchodilatatrice.

THÈQUE, *s. f.* Enveloppe conjonctive des follicules ovariques mûrs.

THÉRAPEUTE, *s. m.* Médecin qui s'occupe particulièrement de thérapeutique.

THÉRAPEUTIQUE, *s. f.* ou **THÉRAPIE,** *s. f.* Partie de la médecine qui s'occupe des moyens propres à guérir ou à soulager les malades.

...THÉRAPIE. Suffixe grec indiquant l'*emploi thérapeutique* d'une substance ou d'un agent dont le nom forme la première partie du mot composé. P. ex. : *chimiothérapie, radiothérapie.*

THERM... Racine grecque signifiant *chaleur.*

THERMALISME, *s. m.* Terme qui s'applique à tout ce qui concerne les stations thermales.

THERMES, *s. m. pl.* Etablissement consacré à l'usage thérapeutique des eaux médicinales chaudes.

THERMO-ALGÉSIQUE, *adj.* Qui se rapporte à la fois à la chaleur et à la douleur. P. ex. : *sensibilité th.-a, anesthésie th.-a.*

THERMO-ANALGÉSIE, *s. f.* ou **THERMO-ANESTHÉSIE,** *s. f.* Abolition de la sensibilité normale à la chaleur.

THERMOCAUTÈRE, *s. m.* Instrument servant à faire des cautérisations par la chaleur.

THERMOCOAGULATION, *s. f.* Procédé opératoire de coagulation des tissus par la chaleur émise au moyen de courants électriques de haute fréquence.

THERMODILUTION, *s. f.* Dilution d'un indicateur thermique (soluté refroidi) dont la courbe permet la mesure du débit cardiaque.

THERMOGENÈSE, *s. f.* Développement continu et régulier de la chaleur chez les êtres vivants.

THERMOGRAPHIE, *s. f.* Enregistrement du rayonnement thermique émis par une source de chaleur. — *t. de contact* : une solution de cristaux, changeant de couleur selon la température, est étendue sur la peau de la région à étudier.

THERMOLABILE, *adj.* Se dit d'une substance qui est détruite ou perd ses qualités à une température déterminée.

THERMOLYSE, *s. f.* Disparition de la chaleur.

THERMOPHOBIE, *s. f.* Crainte des vêtements trop chauds qu'éprouvent certains malades par suite de la sensation de chaleur dont ils souffrent constamment.

THERMORÉGULATION, *s. f.* Maintien de la température à un chiffre constant.

THERMORÉSISTANCE, *s. f.* Résistance à la chaleur.

THERMOSENSIBILITÉ, *s. f.* Sensibilité à la chaleur.

THERMOSTABLE, *adj.* Se dit d'une substance qui supporte une température déterminée sans perdre aucune de ses qualités.

THERMOTHÉRAPIE, *s. f.* Emploi thérapeutique de la chaleur.

THÉSAURISMOSE, *s. f.* Syn. *maladie de surcharge.* Etats pathologiques divers, caractérisés par la mise en réserve anormale, dans les tissus de l'organisme, de divers constituants habituels du cytoplasme. Les *t.* comprennent les lipoïdoses, les gangliosidoses, les glycogénoses et les mucopolysaccharidoses.

THIAMINE, *s. f.* (DCI). Vitamine B_1. V. *aneurine.*

THORACENTÈSE ou **THORACOCENTÈSE** *s. f.* Ponction de la paroi thoracique avec un trocart pour évacuer une collection liquide de la plèvre.

THORACIQUE, *adj.* Relatif à la poitrine. — *canal* ou *conduit t.* Vaisseau lymphatique principal, naissant dans l'abdomen au niveau de la citerne du chyle (ou citerne de Pecquet), montant dans le thorax à gauche de l'aorte et débouchant dans le confluent veineux de la sous-clavière et de la jugulaire gauche après avoir décrit une crosse sus-claviculaire. — *vertèbres t.* Nouvelle dénomination des vertèbres dorsales.

THORACO-PHRÉNO-LAPAROTOMIE, *s. f.* Incision de la paroi thoracique, de la paroi abdominale et du diaphragme, utilisée comme voie d'abord du tiers inférieur de l'œsophage, du cardia et de la grosse tubérosité de l'estomac.

THORACOPLASTIE, *s. f.* Résection sous-périostée d'une ou de plusieurs côtes destinée à affaisser une partie plus ou moins importante de la paroi thoracique.

THORACOTOMIE, *s. f.* Ouverture chirurgicale du thorax. Elle peut être latérale, antérieure ou postérieure.

THORAX, *s. m.* Partie supérieure du tronc, reliée au cou et aux membres supérieurs, séparée de l'abdomen par le diaphragme.

THORAX EN BRÉCHET ou **EN CARÈNE.** Déformation rachitique du thorax caractérisée par la saillie du sternum et l'aplatissement latéral des côtes.

THORAX EN ENTONNOIR. Déformation caractérisée par une dépression plus ou moins profonde siégeant à la partie inférieure du sternum.

THRILL, *s. m.* Frémissement vibratoire.

THROMB... Préfixe grec signifiant *caillot.*

THROMBASE, *s. f.* V. *thrombine.*

THROMBASTHÉNIE, *s. f.* Modification de la forme et des propriétés des plaquettes sanguines.

THROMBECTOMIE, *s. f.* Ablation, après incision du vaisseau, du thrombus qui l'oblitère.

THROMBÉLASTOGRAPHIE, *s. f.* V. *thrombo-élastographie.*

THROMBINE, *s. f.* Syn. *thrombase.* Ferment soluble, capable de transformer le fibrinogène en fibrine.

THROMBINOFORMATION, *s. f.* Transformation de la prothrombine en thrombine sous l'action de la thromboplastine.

THROMBO-ARTÉRITE, *s. f.* Artérite oblitérante.

THROMBOCYTE, *s. m.* V. *plaquette.*

THROMBOCYTÉMIE, *s. f.* 1° Présence de plaquettes (thrombocytes) dans le sang. — 2° Augmentation considérable et permanente des plaquettes sanguines.

THROMBOCYTOPÉNIE, *s. f.* V. *thrombopénie.*

THROMBOCYTOPOÏÈSE, *s. f.* Formation des plaquettes sanguines.

THROMBOCYTOSE, *s. f.* Présence et taux des plaquettes (thrombocytes) dans le sang.

THROMBODYNAMOGRAPHIE, *s. f.* V. *thrombo-élastographie.*

THROMBO-ÉLASTOGRAMME, *s. m.* (TEG). Syn. *thrombélastogramme, thrombodynamogramme.* Courbe enregistrée avec le thrombo-élastographe. V. *thrombo-élastographie.*

THROMBO-ÉLASTOGRAPHIE, *s. f.* Syn. *thrombélastographie, thrombodynamographie.* Etude, au moyen d'un thrombo-élastographe, de la coagulation sanguine. Cet appareil effectue un enregistrement photographique de toutes les phases de la formation du caillot.

THROMBO-EMBOLIQUE (maladie). Processus morbide caractérisé par la formation, à l'intérieur des veines, de caillots sanguins qui risquent de se détacher et de créer des embolies pulmonaires.

THROMBOGÈNE, *adj.* Qui produit une thrombose.

THROMBOGENÈSE, *s. f.* Syn. *thrombopoïèse.* Production de la thrombose.

THROMBOLYSE, *s. f.* Dissolution d'un caillot. V. *fibrinolyse.*

THROMBOLYTIQUE, *adj.* Qui provoque la disparition d'un caillot. V. *fibrinolytique.*

THROMBOPATHIE, *s. f.* Terme désignant les affections dues à une altération de la qualité des plaquettes sanguines. — *t. constitutionnelles.*

THROMBOPÉNIE, *s. f.* Diminution du nombre des plaquettes dans le sang circulant.

THROMBOPHLÉBITE, *s. f.* Inflammation d'une veine caractérisée par une large et solide adhérence du caillot à la paroi du vaisseau qui est totalement obstrué.

THROMBOPLASTINE, *s. f.* Ferment nécessaire à la coagulation du sang. Elle devient la *t. activée* ou *prothrombinase* et va transformer rapidement la prothrombine en thrombine.

THROMBOPLASTINOGÈNE, *s. m.* Globuline plasmatique qui, sous l'action de la thromboplastinogénase, donne la thromboplastine.

THROMBOPLASTIQUE, *adj.* Se dit des substances qui favorisent la coagulation.

THROMBOPOÏÈSE, *s. f.* 1° V. *thrombocytopoïèse.* — 2° V. *thrombogenèse.*

THROMBOSE, *s. f.* Formation d'un caillot dans un vaisseau sanguin ou dans une des cavités du cœur chez un être vivant.

THROMBOSTATIQUE, *adj.* Qui empêche la formation d'un caillot.

THROMBOTEST. Syn. *test d'Owren.* Méthode permettant d'évaluer, dans le plasma sanguin, le taux des 4 facteurs de la coagulation (*prothrombine, proconvertine, facteur antihémophilique B et facteur Stuart*) sur lesquels agissent les antivitamines K. Comme la mesure du temps de Quick, cette épreuve n'explore qu'un secteur de la coagulation et ne renseigne pas sur la coagulabilité globale.

THROMBOXANE, *s. f.* Substance proche des prostaglandines favorisant l'agrégation des plaquettes et la contraction des muscles lisses.

THROMBUS, *s. m.* (*pl.* **thrombi**). Masse sanguine coagulée dans le cœur ou dans un vaisseau où elle détermine une thrombose.

THYMECTOMIE, *s. f.* Extirpation partielle ou totale du thymus.

THYMIE, *s. f.* Comportement extérieur de l'individu envisagé plus spécialement par rapport à son activité ou à son humeur gaie ou triste.

THYMINE, *s. f.* 1° V. *base pyrimidique.* — 2° V. *thymiques (hormones).*

THYMIQUE, *adj.* 1° Qui concerne le thymus. — 2° Qui a rapport au comportement extérieur de l'individu (affectivité).

THYMIQUES (hormones). Polypeptides sécrétés par le thymus qui contribuent à donner la compétence immunitaire aux lymphocytes thymodépendants (cellules ou lymphocytes T), agents de l'immunité cellulaire.

THYMO-ANALEPTIQUE, *adj.* Qui stimule l'humeur. — *s. m.* Médicament qui possède cette propriété.

THYMOCYTE, *s. m.* Cellule du thymus.

THYMOLEPTIQUE, *adj.* Qui déprime l'humeur. — *s. m.* Médicament qui possède cette propriété.

THYMOME, *s. m.* Nom générique donné à toutes les tumeurs du thymus.

THYMOPRIVE, *adj.* Qui est en rapport avec l'absence de thymus.

THYMUS, *s. m.* Organe lymphoïde rétrosternal dont le volume décroît après la 2ᵉ année de la vie.

THYRÉOGÈNE, *adj.* Qui est d'origine thyroïdienne.

THYRÉOGLOBULINE, *s. f.* V. *thyroglobuline.*

THYRÉOPRIVE, *adj.* Qui est en rapport avec la suppression d'un corps thyroïde normal.

THYRÉOSTIMULINE, *s. f.* **(TSH).** V. *thyréotrope (hormone).*

THYRÉOTOXICOSE, *s. f.* Syn. *thyrotoxicose.* Syndrome consécutif à un excès d'hormones thyroïdiennes : tremblement, nervosité, agitation, intolérance à la chaleur, amaigrissement, tachycardie, arythmie.

THYRÉOTROPE, *adj.* Qui a des affinités pour la glande thyroïde.

THYRÉOTROPE (hormone). Syn. *thyréostimuline* (*TSH*), *thyréotrophine, thyréotropine.* Hormone sécrétée par le lobe antérieur de l'hypophyse, stimulant le fonctionnement de la glande thyroïde.

THYRÉOTROPHINE, *s. f.* V. *thyréotrope* (*hormone*).

THYRÉOTROPINE, *s. f.* V. *thyréotrope* (*hormone*).

THYROCALCITONINE, *s. f.* **(TCT).** V. *calcitonine.*

THYROGLOBULINE, *s. f.* Syn. *thyreoglobuline.* Substance protéique iodée, présente dans les vésicules colloïdes du corps thyroïde et sécrétée par les cellules basales de ces vésicules.

THYROÏDE, *adj.* En forme de bouclier. — *cartilage t.* Le plus volumineux des cartilages du larynx, surplombant le c. cricoïde. — *corps* ou maintenant *glande t.* Glande endocrine située au tiers inférieur du cou, devant le conduit laryngotrachéal.

THYROÏDECTOMIE, *s. f.* Extirpation totale ou partielle de la glande thyroïde.

THYROÏDIEN, ENNE, *adj.* Qui a rapport à la glande thyroïde.

THYROÏDIENNES (hormones). Hormones sécrétées par le corps thyroïde ; ce sont des acides aminés iodés. Ces hormones sont essentiellement la triiodo-3,5,3' thyronine (ou T_3) et la tétraïodo-3,5,3',5' thyronine ou thyroxine (ou T_4). Elles augmentent la consommation d'oxygène dans les tissus, accroissent le métabolisme basal et la thermogenèse, et accélèrent le rythme cardiaque.

THYROÏDISME, *s. m.* Ensemble des accidents provoqués par l'intoxication thyroïdienne.

THYROÏDITE, *s. f.* Nom générique donné à toutes les inflammations de la glande thyroïde.

THYROPATHIE, *s. f.* Nom générique des maladies de la glande thyroïde.

THYROTOMIE, *s. f.* Laryngotomie pratiquée au niveau du cartilage thyroïde que l'on incise.

THYROXINE, *s. f.* Syn. *tétraïodo-3,5,3',5' thyronine, T_4.* Une des hormones thyroïdiennes : celle que l'on trouve le plus abondamment dans le sérum sanguin.

TIBIA, *s. m.* Os principal et médial de la jambe, articulé en haut avec le fémur, en dehors avec la fibula (ou péroné) en bas avec le talus (ou astragale).

TIBIAL, ALE, *adj.* Qui a rapport au tibia.

TIC, *s. m.* Mouvement convulsif habituel et conscient, résultant de la contraction involontaire d'un ou de plusieurs muscles du corps.

TIERCE (fièvre). Variété de fièvre intermittente dont les crises reviennent le troisième jour, laissant entre elles un jour d'intervalle.

TIRAGE, *s. m.* Dépression de la paroi thoracique au-dessus du sternum pendant les fortes inspirations, quand l'entrée de l'air dans la poitrine est empêchée par un obstacle mécanique.

TIROIR (signes du). 1° Signe de pseudarthrose du col du fémur : sur le blessé assis, on peut provoquer un mouvement de va-et-vient en tirant sur la cuisse et en la repoussant. — 2° Signe de déchirure des ligaments croisés du genou : celui-ci étant fléchi, on peut imprimer à l'épiphyse tibiale, par rapport aux condyles fémoraux, des mouvements antéro-postérieurs anormaux.

TISANE, *s. f.* Infusion ou décoction chaude ou froide très étendue d'une substance médicamenteuse végétale

TISSU, *s. m.* V. *cellule.*

TISSULAIRE, *adj.* Qui a rapport aux tissus.

Tl. Symbole chimique du *thallium.*

Tm. V. *capacité tubulaire maximum d'excrétion ou de réabsorption.*

TM. 1° Abréviation du terme anglais : *trade mark* (marque déposée). Désigne un nom commercial. — 2° V. *échocardiographie.*

TNM. Classification employée par les cancérologues pour noter, en cas de tumeur maligne (T), l'existence éventuelle de ganglions (en anglais *nodes* : N) et de métastases (M), chaque lettre étant affectée d'un coefficient numérique.

TOCOLYSE, *s. f.* Inhibition des contractions de l'utérus pendant l'accouchement.

TOCOPHÉROL *s. m.* Vitamine E ou vitamine de reproduction.

...TOMIE. Suffixe grec signifiant : *ouverture* ou *incision* de l'organe ou de la région considérée.

TOMODENSITOMÈTRE, *s. m.* V. *scanographe.*

TOMODENSITOMÉTRIE, *s. f.* V. *scanographie.*

TOMOGRAPHIE, *s. f.* 1° Procédé d'exploration radiologique ayant pour but d'obtenir la radiographie d'une mince couche d'organe à une profondeur voulue. — 2° Image obtenue par ce procédé.

TOMOGRAPHIE D'ÉMISSION GAMMA. Syn. *tomoscintigraphie.* Procédé scintigraphique inspiré de la scanographie mais qui, au lieu d'utiliser les rayons X, emploie une caméra enregistreuse des rayons gamma.

TOMOSCINTIGRAPHIE, *s. f.* V. *tomographie d'émission gamma.*

TONICARDIAQUE, *adj.* V. *cardiotonique.*

TONICITÉ, *s. f.* État particulier de tension permanente et involontaire des tissus vivants, et spécialement du tissu musculaire (*t.* ou *tonus musculaire*), sous la dépendance du système nerveux central et périphérique.

TONIQUE. 1° *adj.* Qui a rapport à la tonicité, au tonus. — 2° *s. m.* Médicament stimulant et fortifiant.

TONOMÉTRIE, *s. f.* Mesure des diverses tensions (*t. artérielle, t. oculaire,* etc.).

TONOSCOPIE, *s. f.* Examen à l'aide de l'ophtalmoscope des pulsations des artères rétiniennes provoquées par la pression dynamométrique sur le globe de l'œil.

TONOTROPE, *adj.* Qui concerne le tonus musculaire.

TONSILLE, *s. f.* V. *amygdale.*

TONSILLECTOMIE, *s. f.* V. *amygdalectomie.*

TONUS, *s. m.* Etat permanent d'activité fondamentale des muscles lisses et striés et de certains centres nerveux.

TOPECTOMIE, *s. f.* Ablation de certaines zones de l'écorce cérébrale.

TOPHUS, *s. m.* (au *pl.* **tophus** ou **tophi**) ou **TOPHACÉES (concrétions).** Concrétions d'urate de sodium qui se déposent autour des articulations et sur le bord du pavillon de l'oreille chez les goutteux.

TOPIQUE, *adj.* et *s. m.* Médicament agissant localement.

TORPIDE, *adj.* Se dit des affections qui ne manifestent aucune tendance vers l'amélioration ou l'aggravation.

TORR, *s. m.* Unité de pression égale à 1/760e de la pression atmosphérique normale, c'est-à-dire à celle d'une colonne de mercure de 1 mm de haut.

TORSADES DE POINTES. Trouble paroxystique du rythme ventriculaire constitué par la succession rapide de ventriculogrammes atypiques dont les variations donnent au tracé un aspect torsadé autour de la ligne iso-électrique.

TORTICOLIS, *s. m.* Position vicieuse de la tête, par rétraction du sternocleidomastoïdien.

TORULOSE, *s. f.* V. *cryptococcose.*

TOUCHER, *s. m.* Mode d'investigation qui consiste à introduire l'index, ou l'index et le médius et quelquefois toute la main dans la cavité naturelle que l'on veut explorer. P. ex. : *t. vaginal, t. rectal.*

TOURNIOLE, *s. f.* Panaris superficiel péri-unguéal ayant tendance à faire le tour de l'ongle.

TOUX, *s. f.* Expiration brusque, saccadée et bruyante.

TOXÉMIE, *s. f.* Accumulation dans le sang d'une quantité excessive de poisons.

TOXÉMIE GRAVIDIQUE. Variété de néphropathie de la grossesse avec hypertension artérielle.

TOXICITÉ, *s. f.* Propriété d'une substance (poison) capable de tuer un être vivant.

TOXICOLOGIE, *s. f.* Etude ou science des poisons.

TOXICOMANIE, *s. f.* Terme désignant l'usage habituel et excessif, nuisible pour l'individu et pour la société, de substances ou de médicaments toxiques détournés de leur usage habituel.

TOXICOSE, *s. f.* 1° V. *intoxication.* — 2° *T. aiguë du nourrisson.* Affection caractérisée par des vomissements, une diarrhée et une déshydratation aiguë.

TOXICOVIGILANCE, *s. f.* Surveillance des phénomènes toxiques survenant dans une population.

TOXIDERMIE, *s. f.* Dermatose d'origine toxique.

TOXIGÈNE, *adj.* Qui produit des toxines.

TOXI-INFECTION, *s. f.* Action exercée sur l'organisme par les poisons solubles (toxines) sécrétés par les microbes.

TOXINE, *s. f.* Poison soluble sécrété par les bactéries.

TOXINIQUE, *adj.* Qui a rapport aux toxines.

TOXIQUE, *s. m.* Poison. — *adj.* Qui agit comme un poison.

TOXOPLASME, *s. m.* Protozoaire en forme de croissant pouvant infester l'homme et les animaux (toxoplasmose) ; il ne peut vivre qu'à l'intérieur des cellules vivantes.

TOXOPLASMOSE, *s. f.* Maladie parasitaire due au toxoplasme déterminant soit des formes congénitales aiguës évoluant comme une encéphalomyélite, soit des formes acquises, très polymorphes : f. généralisées mortelles, f. localisées (cutanées, ganglionnaires, méningo-encéphalitiques, oculaires, articulaires, pulmonaires, etc.), f. frustes ou inapparentes, très fréquentes.

TP. V. *prothrombine (taux de)*.

TR. Abréviation de *toucher rectal.* V. *toucher*.

TRABÉCULE, *s. f.* Petite travée. Structure anatomique disposée en travée, en faisceau, en bande.

TRACEUR, *s. m.* V. *marqueur*.

TRACHÉE, *s. f.* Conduit aérien fibro-cartilagineux intermédiaire entre le larynx et les bronches.

TRACHÉITE, *s. f.* Inflammation de la trachée.

TRACHELHÉMATOME, *s. m.* Hématome du sternocléidomastoïdien, déterminé, chez le nouveau-né, par les tiraillements et la rupture de ce muscle au moment de l'accouchement. Il se présente sous forme d'une tumeur plus ou moins volumineuse occupant la gaine du muscle et s'accompagnant de torticolis.

TRACHÉLISME, *s. m.* Contraction spasmodique des muscles du cou, pendant l'attaque d'épilepsie.

TRACHÉLOPLASTIE, *s. f.* Réfection chirurgicale du col utérin.

TRACHÉOBRONCHITE, *s. f.* Trachéite accompagnée de bronchite.

TRACHÉOMALACIE, *s. f.* Ramollissement de la trachée par dégénérescence des cartilages.

TRACHÉOPLASTIE, *s. f.* Opération chirurgicale destinée à réparer la trachée.

TRACHÉOSCOPIE, *s. f.* Examen de la cavité de la trachée à l'aide d'un endoscope.

TRACHÉOSTÉNOSE, *s. f.* Rétrécissement de la trachée.

TRACHÉOSTOMIE, *s. f.* Variété de trachéotomie dans laquelle on fixe les parois de la brèche trachéale aux bords de l'incision cutanée.

TRACHÉOTOMIE, *s. f.* Incision chirurgicale de la trachée. Suivie de la mise en place d'une canule trachéale, elle est pratiquée en cas d'obstacle laryngé empêchant l'air d'arriver aux poumons et lorsque la ventilation pulmonaire est gênée par des sécrétions trachéobronchiques que l'on pourra aspirer par la canule.

TRACHOME, *s. m.* Affection contagieuse, endémique dans les pays chauds, due à une petite bactérie, *Chlamydia trachomatis*, et caractérisée par le développement de granulations avec inflammation de la conjonctive bulbaire.

TRACTOTOMIE, *s. f.* Section d'un faisceau de fibres dans le système nerveux central.

TRACTUS, *s. m.* Nom donné en anatomie normale et pathologique à des filaments ou à des faisceaux de fibres.

TRAGUS, *s. m.* Languette cartilagineuse située en avant de l'orifice du conduit auditif externe.

TRAITEMENT, *s. m.* Ensemble des prescriptions employées pour combattre une maladie.

TRANCHÉES, *s. f. pl.* Coliques violentes. — *t. utérines.* Vives douleurs siégeant dans l'utérus, qui se contracte après l'accouchement pour expulser placenta et caillots.

TRANQUILLISANT, ANTE, *adj.* Qui calme l'anxiété. — *s. m.* Médicament qui possède cette propriété.

TRANS... Préfixe latin signifiant *à travers,* indiquant un *changement.*

TRANSAMINASE, *s. f.* Syn. *aminotransférase.* Enzyme sous l'influence de laquelle s'effectue la transamination. Les mieux connues sont la *t.* glutamique-oxalacétique (TGO ou GOT), appelée aussi maintenant aspartate-aminotransférase (AST ou ASAT) et la *t.* glutamique-pyruvique (TGP ou GPT), appelée aussi alanine-aminotransférase (ALT ou ALAT). La première se trouve surtout dans le myocarde, la seconde dans le foie.

TRANSAMINATION, *s. f.* Réaction chimique consistant dans l'échange de la fonction aminée d'un alpha-aminoacide contre la fonction cétone d'un alpha-céto-acide.

TRANSCRIPTASE INVERSE ou **REVERSE** *s. f.* Syn. *polymérase H.* Enzyme permettant à un virus oncogène (ou cancérogène) à ARN — p. ex. à un *Rétrovirus* — de s'intégrer aux chromosomes de la cellule qu'il infecte et qui sont formés d'ADN.

TRANSFECTION, *s. f.* Introduction d'un fragment d'acide désoxyribunocléique dans une cellule étrangère ; transfert de gène.

TRANSFÉRASE, *s. f.* Enzyme catalysant le transfert d'une fonction chimique d'un corps à un autre.

TRANSFERRINE, *s. f.* Syn. *sidérophiline.* Protéine (béta-globuline) du plasma sanguin qui fixe le fer et le transporte aux différents organes.

TRANSFERT, *s. m.* (psychanalyse). Acte par lequel un malade reporte sur son médecin les sentiments qu'il éprouvait pour une autre personne.

TRANSFUSION, *s. f.* Injection intraveineuse lente d'une quantité plus ou moins importante de sang.

TRANSILLUMINATION, *s. f.* Procédé d'examen qui consiste à éclairer par transparence certaines parties du corps, le sujet étant dans une pièce obscure.

TRANSLOCATION, *s. f.* Aberration chromosomique consistant en transfert d'un segment de chromosome, ou d'un chromosome entier, à un chromosome d'une autre paire.

TRANSMURAL, ALE, *adj.* (cardiologie). Se dit d'une lésion myocardique intéressant toute l'épaisseur du muscle cardiaque.

TRANSPÉRITONÉAL, ALE, *adj.* Qui traverse le péritoine.

TRANSPIRATION, *s. f.* Sécrétion de la sueur.

TRANSPLANT, *s. m.* V. *transplantation.*

TRANSPLANTATION, *s. f.* Greffe d'un organe fonctionnel (transplant) d'un individu à un autre avec rétablissement de la continuité des gros vaisseaux. V. *greffe.*

TRANSPLEURAL, ALE, *adj.* Qui traverse la plèvre.

TRANSPORTS (mal des). Malaise généralisé s'accompagnant de nausées, vomissements, pâleur, sueurs, lipothymies, provoqué chez le passager, par les mouvements de son véhicule, en rapport avec l'excitation de son labyrinthe. Selon le cas il s'agira de mal de mer (naupathie), de l'air, d'auto, etc...

TRANSPOSITION ARTÉRIELLE ou **DES GROS VAISSEAUX.** Syn. *discordance ventriculo-artérielle.* Anomalie des rapports entre l'origine de l'aorte et de l'artère pulmonaire et leurs ventricules respectifs. Elle peut être *totale*, l'aorte naissant du ventricule droit et l'artère pulmonaire du ventricule gauche ; ou *partielle*.

TRANSSEXUALISME, *s. m.* Conviction ressentie par un sujet normalement constitué d'appartenir au sexe opposé, avec volonté obsédante de changer d'état sexuel.

TRANSSUDAT, *s. m.* Liquide organique suintant au niveau d'une surface non enflammée.

TRAPÈZE (muscle). Large muscle triangulaire du dos, tendu de la ligne médiane (de l'occipital à la 12ᵉ vertèbre thoracique) à la clavicule et à la scapula. Innervé par le nerf accessoire, il est élévateur et adducteur de l'épaule.

TRAPPAGE, *s. m.* ou **TRAPPING,** *s. m.* (anglais). Sortie difficile et lente de l'air hors des alvéoles pulmonaires pendant l'expiration, contrastant avec son entrée aisée et rapide pendant l'inspiration.

TRAUMA, *s. m.* Blessure. Lésion locale produite par une violence extérieure.

TRAUMATIQUE, *adj.* Qui a rapport aux plaies ; qui a pour cause une blessure.

TRAUMATISME, *s. m.* Etat particulier, créé par l'action d'une violence externe sur l'organisme.

TRAUMATOLOGIE, *s. f.* Partie de la pathologie externe consacrée à l'étude des blessures.

TRAVAIL, *s. m.* (obstétrique). Ensemble des phénomènes douloureux constituant l'effacement et la dilatation du col utérin ainsi que la sortie du fœtus.

TRAVAIL (accident du). V. *accident du travail*.

TRAVESTISME, *s. m.* Adoption par un homosexuel ou un transsexuel des habitudes vestimentaires et sociales du sexe opposé.

TRÉMATODES, *s. m. pl.* Ordre de vers de la classe des Helminthes ayant pour type les *douves*.

TREMBLEMENT, *s. m.* Syn. *trémulation, trépidation*. Agitation involontaire du corps en totalité ou en partie, par petites oscillations rapides, généralement compatible avec l'exécution des mouvements volontaires.

TREMOR (flapping) (anglais). Syn. *astérixis*. Mouvements de flexion et d'extension des poignets, lents, irréguliers, amples, observés au cours des comas hépatiques et des insuffisances respiratoires et rénales évoluées.

TRÉMULATION, *s. f.* V. *tremblement*.

TRÉPAN, *s. m.* Instrument en forme de vilebrequin destiné à percer les os et plus particulièrement ceux du crâne.

TRÉPANATION, *s. f.* Opération qui consiste à pratiquer un orifice dans un os.

TRÉPANO-PONCTION, *s. f.* Ponction du ventricule latéral du cerveau pratiquée après trépanation.

TRÉPIDATION, *s. f.* V. *tremblement*.

TREPONEMA, *s. m.* Syn. *tréponème*. Genre bactérien de la famille des *Spirochétacées* dont le corps spiralé, très grêle, cylindrique, présente environ 10 tours de spires réguliers — *T. pallidum*. Syn. *tréponème pâle*. Agent pathogène de la syphilis.

TRÉPONÉMATOSE, *s. f.* V. *tréponémose*.

TRÉPONÈME, *s. m.* V. *Treponema*.

TRÉPONÉMICIDE, *adj.* Qui détruit les tréponèmes.

TRÉPONÉMOSE, *s. f.* Syn. *tréponématose.* Nom générique donné aux maladies causées par les tréponèmes, essentiellement la *syphilis*, le *béjel* et le *pian*.

TRIADE DE... V. au nom propre.

TRIBADISME, *s. m.* Syn. *lesbianisme, saphisme.* Inversion de l'instinct sexuel chez la femme, se traduisant par la recherche de la satisfaction de cet instinct avec un individu du même sexe.

TRIBO-ÉLECTRICITÉ, *s. f.* Electricité développée par frottement.

TRICEPS, *adj.* Qui a trois chefs. P. ex. *muscle t. brachial ; muscle t. sural.*

TRICHIASIS, *s. m.* Déviation des cils en arrière vers le globe oculaire, sans participation de la paupière à cette déformation, cause de kératite et même d'entropion.

TRICHINE, *s. f.* Syn. *Trichina spiralis.* Ver parasite de l'ordre des Nématodes, dont la forme adulte se rencontre dans l'intestin du porc. Ils ont été aussi trouvés chez l'homme, où ils provoquent la *trichinose.*

TRICHINOSE, *s. f.* Maladie causée par l'ingestion de viande de porc trichinée ; elle est très rare en France et dans les pays où l'on soumet la viande de porc à une cuisson prolongée.

TRICHO... Racine grecque signifiant *cheveu.*

TRICHOBÉZOARD, *s. m.* Corps étranger de l'estomac (bézoard) formé par un amas de poils ou de cheveux.

TRICHOCÉPHALE, *s. m.* Ver parasite de l'ordre des Nématodes dont la partie antérieure a la finesse d'un fil, et qui habite à l'état adulte le cæcum de l'homme.

TRICHOCÉPHALOSE, *s. f.* Maladie produite par les trichocéphales ; elle consiste en troubles intestinaux variés, accompagnés parfois d'anémie.

TRICHOCLASIE, *s. f.* Rupture des cheveux.

TRICHOMONACIDE, *adj.* Qui tue les trichomonas. — *s. m.* Médicament doué de cette propriété.

TRICHOMONAS, *s. m.* Protozoaire à corps non spiralé, muni de 3 ou 5 flagelles antérieurs, parasite des cavités naturelles. — *T. vaginalis.*

TRICHOMONASE, *s. f.* Infestation par le *Trichomonas.* La forme la plus fréquente est la *t.* uro-génitale, due au *T. vaginalis* : elle se manifeste, chez la femme, par une vaginite et, chez l'homme, par une urétrite discrète.

TRICHOMYCOSE, *s. f.* Affection parasitaire de la tige du poil.

TRICHOSE, *s. f.* Terme générique désignant les maladies et anomalies des poils et des cheveux.

TRICHOSIS, *s. m.* Développement anormal de poils sur une partie du corps habituellement glabre et en particulier sur une muqueuse.

TRICHOTILLOMANIE, *s. f.* Geste automatique qui consiste à s'arracher les cheveux et les poils.

TRICHROMATE, *adj.* Se dit de l'œil normal qui perçoit bien les trois couleurs fondamentales du spectre.

TRICUSPIDE, *adj.* Se dit d'un orifice muni de trois valves.

TRICUSPIDIEN, IENNE, *adj.* Qui a rapport à l'orifice tricuspide du cœur. — *insuffisance t.* — *rétrécissement t.*

TRICUSPIDITE, *s. m.* Inflammation de l'orifice tricuspide du cœur et de ses valves.

TRIDERMIQUE, *adj.* Qui possède les trois feuillets du blastoderme (endoderme, mésoderme, ectoderme). — *tumeur t.*

TRIGLYCÉRIDE, *s. m.* Variété de lipide résultant de l'estérification des 3 fonctions alcool du glycérol par 3 molécules d'acides gras. C'est un tri-ester du glycérol.

TRIGLYCÉRIDÉMIE, *s. f.* Présence et taux des triglycérides dans le sang.

TRIGONE, *s. m.* Structure anatomique triangulaire. P. ex. *t.* vésical : zone de la paroi interne de la face postérieure de la vessie délimitée par les orifices urétéraux et urétral.

TRIGONITE, *s. f.*. Cystite localisée au trigone vésical.

TRIIODO-3,5,3' THYRONINE, *s. f.* Syn. T_3. Une des hormones thyroïdiennes.

TRIJUMEAU (nerf). Cinquième paire crânienne se divisant au niveau du ganglion de Gasser en trois branches : *ophtalmique, maxillaire, mandibulaire.* Le *t.* est un nerf sensitif pour la face, moteur pour les muscles masticateurs.

TRIJUMEAU (névralgie du). V. *névralgie faciale.*

TRILOGIE DE FALLOT. V. *Fallot (trilogie ou triade de).*

TRINITRINE, *s. f.* V. *nitrés (dérivés).*

TRIPHASIQUE, *adj.* Se dit de tout phénomène, de tout être qui présente dans son existence ou son évolution trois périodes ou phases.

TRIPLÉGIE, *s. f.* Hémiplégie accompagnée de paralysie d'un membre du côté opposé.

TRIPLET, *s. m.* 1° Ensemble de trois éléments. — 2° (génétique). Séquence de trois bases sur une chaîne d'acide désoxyribonucléique.

TRIPLOÏDE, *adj.* (génétique). Se dit de certaines constitutions anormales des cellules du *soma* qui possèdent *3n* chromosomes (3 lots de chromosomes) au lieu de *2n* (2 lots), chiffre normal.

TRIPLOPIE, *s. f.* Perception de trois images.

TRISMUS, *s. m.* Constriction intense des mâchoires par contracture des muscles masticateurs ; symptôme du tétanos.

TRISOMIE, *s. f.* Anomalie génétique caractérisée par la présence, sur une paire de chromosomes, d'un 3e chromosome supplémentaire. Le caryotype comporte donc 47 chromosomes au lieu de 46.

TRISOMIE 21. Syn. *mongolisme, maladie* ou *syndrome de Down.* Variété de débilité mentale congénitale dans laquelle l'enfant, dès sa naissance, présente un faciès particulier (face ronde, aplatie, yeux bridés avec épicanthus). C'est une maladie due à la présence d'un chromosome surnuméraire sur la paire de chromosomes somatiques n° 21.

TRITANOPE, *adj.* Se dit de l'œil incapable de voir le bleu, la troisième couleur fondamentale du spectre.

TROCART, *s. m.* Instrument destiné à pratiquer des ponctions. Il se compose d'une tige métallique cylindrique, terminée par une pointe triangulaire dont les trois arêtes sont coupantes, et contenue dans une canule qui ne laisse sortir que la pointe. Après la ponction, cette canule reste dans la plaie faite par le trocart et facilite l'évacuation du liquide.

TROCHLÉAIRE, *adj.* Qui se rapporte à la trochlée. — *nerf t.* Désignation internationale du *nerf pathétique* (quatrième paire crânienne) ; nerf moteur du muscle oblique supérieur de l'œil.

TROCHLÉE, *s. f.* Structure anatomique en forme de poulie. — *t. humérale.* Partie médiane de l'extrémité inférieure de l'humérus, s'articulant avec l'incisure trochléaire de l'ulna (ou cubitus).

TROMPE, *s. f.* Conduit tubulaire évasé à l'une de ses extrémités. — *t. utérine* ou *de Fallope.* Conduit musculo-membraneux prolongeant latéralement la corne utérine et coiffant l'ovaire de ses franges. — *t. auditive* ou *d'Eustache,* conduit ostéocartilagineux reliant la cavité tympanique au nasopharynx.

TRONC, *s. m.* 1° Partie centrale du corps, composée du thorax, de l'abdomen et du bassin et sur laquelle s'attachent les membres et le cou. — 2° Portion initiale d'un vaisseau ou d'un nerf avant qu'il ne se ramifie.

TRONCULAIRE, *adj.* Qui se rapporte à un tronc nerveux ou vasculaire.

...TROPE. Suffixe grec qui, placé à la suite d'une racine, indique l'*affinité* pour la partie de l'organisme désignée par la racine. P. ex. : *entérotrope, somatotrope.*

TROPHICITÉ, *s. f.* Ensemble des conditions auxquelles obéissent la nutrition et le développement d'un tissu ou d'une partie de l'organisme.

TROPHIQUE, *adj.* Qui concerne la nutrition des tissus.

TROPISME, *s. m.* V. *taxie.*

TRYPANOSOME, *s. m.* Genre de protozoaires flagellés, fusiformes, parasites du sang, et agents spécifiques d'un certain nombre de maladies des pays chauds.

TRYPANOSOMIASE, *s. f.* **TRYPANOSOMOSE,** *s. f.* Nom générique donné aux maladies déterminées par les différentes variétés de trypanosomes. Elles comprennent deux maladies humaines, la *t. africaine* ou *maladie du sommeil* et la *t. américaine* (v. *Chagas, maladie de*).

TRYPSINE, *s. f.* Enzyme protéolytique contenue dans le suc pancréatique.

TSH. Abréviation du terme anglais : *thyroid stimulating hormone.* V. *thyréotrope (hormone).*

TUBAIRE, *adj.* 1° Se dit, en auscultation, d'un bruit qui semble sorti d'un tube rigide. P. ex. : *souffle t.* — 2° Qui a rapport aux trompes de Fallope.

TUBER CINEREUM. Relief de substance grise formant une partie du plancher du 3e ventricule cérébral, situé entre, en arrière, les corps mamillaires et en avant, le chiasma optique.

TUBERCULE, *s. m.* 1° (anatomie). Petite saillie arrondie siégeant à la surface d'un organe. P. ex. *de nombreux t. osseux* ; les *t. quadrijumeaux.* — 2° (anatomie pathologique). Petite masse arrondie jaunâtre, le plus souvent due au bacille de Koch, appelé pour cette raison le bacille de la tuberculose ; mais d'autres micro-organismes et même des poudres inertes, à condition qu'elles servent de véhicules à des microbes même banals, peuvent aussi les produire.

TUBERCULIDE, *s. f.* Nom sous lequel on désigne certaines formes atypiques de tuberculose cutanée d'évolution favorable.

TUBERCULINE, *s. f.* Nom donné à différentes substances extraites des cultures du bacille de la tuberculose.

TUBERCULISATION, *s. f.* Envahissement de l'organisme par le germe de la tuberculose.

TUBERCULOSE, *s. f.* Maladie contagieuse et inoculable due à un microbe, le *Mycobacterium tuberculosis* ou *bacille de Koch,* caractérisée anatomiquement par la dissémination des bacilles dans une partie ou dans la totalité de l'organisme, et la formation autour de chaque centre bactérien d'une production inflammatoire, revêtant en général l'aspect du tubercule. Cliniquement son aspect est différent suivant qu'elle envahit rapidement tout l'organisme (*granulie*) ou qu'elle reste cantonnée plus ou moins exactement dans un tissu où elle parcourt ses différents stades (*t. pulmonaire, intestinale, péritonéale, articulaire, osseuse, ganglionnaire, cutanée, etc.*). Sa déclaration est obligatoire en France.

TUBERCULOSTATIQUE, *adj.* Qui arrête la multiplication du bacille tuberculeux.

TUBÉRIEN, ENNE, *adj.* Qui se rapporte au *tuber cinereum*.

TUBOTYMPANITE, *s. f.* Otite moyenne accompagnée d'inflammation de la trompe d'Eustache.

TUBULE, *s. m.* Petit tube. — *t. rénal.* V. *néphron*.

TUBULOPATHIE, *s. f.* Syn. *néphropathie tubulaire*. Variété de néphropathie atteignant électivement le tube contourné du rein. — *t. aiguë.* — *t. chronique.*

TULARÉMIE, *s. f.* Maladie infectieuse caractérisée cliniquement par une fièvre avec asthénie et des adénopathies en rapport avec une ulcération correspondant au point d'inoculation. Elle est due à *Francisella tularensis*.

TUMÉFACTION, *s. f.* Augmentation de volume.

TUMESCENCE, *s. f.* V. *intumescence*.

TUMEUR, *s. f.* Nom générique donné à des productions pathologiques constituées par un tissu de nouvelle formation et distinctes d'un processus inflammatoire.

TUMEUR BLANCHE. Arthrite tuberculeuse chronique.

TUNIQUE, *s. f.* Enveloppe souvent membraneuse d'un organe ou d'un conduit.

TUNNELLISATION, *s. f.* Création d'un conduit en forme de tunnel, entièrement recouvert par les tissus au sein desquels il est établi.

TUPHOS, *s. m.* Ensemble formé par l'état de stupeur et d'abattement extrême qui caractérise la fièvre typhoïde et quelques maladies infectieuses graves, telles que le typhus exanthématique.

TURBIDIMÉTRIE, *s. f.* Mesure de la turbidité.

TURBIDITÉ, *s. f.* Aspect trouble d'un liquide tenant en suspension un précipité.

TURGESCENCE, *s. f.* Augmentation de volume d'une partie du corps par rétention de sang veineux.

TURISTA, *s. f.* Nom espagnol de la diarrhée du voyageur. Elle est due le plus souvent à un colibacille entéropathogène.

TURNOVER, *s. m.* (anglais). V. *renouvellement*.

TUSSIGÈNE, *adj.* Qui provoque la toux.

TUSSIPARE (zone). Région qui peut devenir le point de départ de l'arc réflexe aboutissant à la toux.

TV. 1° Toucher vaginal. — 2° Tachycardie ventriculaire.

TYMPAN, *s. m.* — *Caisse du t.* Cavité de l'oreille moyenne contenant les *osselets de l'ouïe*, située en dedans de l'oreille interne (v. *labyrinthe*) et en dehors la *membrane du t.* qui la sépare du conduit auditif, lequel s'ouvre à l'extérieur dans la conque (v. *auricule*). V. *corde du tympan*.

TYMPANIQUE (son). Syn. *tympanisme*. Sonorité particulière à timbre aigu observée à la percussion de certaines régions du corps et correspondant à la présence de gaz.

TYMPANISME, *s. m.* 1° V. *tympanique* (*son*). — 2° Etat de l'abdomen, quand l'intestin est distendu par les gaz.

TYMPANITE, *s. f.* — Inflammation de la caisse du tympan, otite moyenne.

TYMPANOPLASTIE, *s. f.* Opération destinée à remédier aux lésions cicatricielles de la membrane et parfois de la caisse du tympan.

TYMPANOSCLÉROSE, *s. f.* Sclérose du tympan entraînant la surdité.

TYPE, *s. m.* Ensemble de caractères propres à certains groupes d'individus et permettant leur classification. — Catégorie d'individus ayant en commun certains traits leur conférant, p. ex., le même genre de réactions, la même structure de leur personnalité.

TYPHIQUE, *adj.* et *s.* Qui a rapport à la fièvre typhoïde ou au typhus. — Malade atteint de fièvre typhoïde ou de typhus.

TYPHLITE, *s. f.* Inflammation du cæcum et du tissu cellulaire voisin.

TYPHLOCOLITE, *s. f.* Colite à localisation cæcale prédominante.

TYPHLOPEXIE, *s. f.* Fixation opératoire du cæcum à la paroi abdominale.

TYPHLOSTOMIE, *s. f.* Syn. *cæcostomie.* — Création d'un anus artificiel au niveau du cæcum.

TYPHOÏDE, *adj.* Qui ressemble au typhus.

TYPHUS EXANTHÉMATIQUE. Maladie infectieuse, contagieuse et épidémique, caractérisée par un début brusque avec fièvre intense, une éruption généralisée de macules et de pétéchies, et des troubles nerveux analogues à ceux de la fièvre typhoïde. L'agent pathogène se trouve en grande quantité dans les déjections du pou ou de la puce. C'est la *Rickettsia prowazeki.*

TYROSINE, *s. f.* Acide aminé précurseur des catécholamines, de la mélanine et des hormones thyroïdiennes.

TYROTHRICINE, *s. f.* (DCI). Antibiotique de la famille des polypeptides employé en applications locales.

U

U. Abréviation d'*unité.*

UI. Abréviation d'*unité internationale.*

UIV. Abréviation d'*urographie intraveineuse.*

UK. Abréviation d'*urokinase.*

ULCÉRATION, *s. f.* 1° Processus morbide déterminant une solution de continuité sur un tégument, avec perte de substance. — 2° Ulcère superficiel résultant de cette perte de substance.

ULCÈRE, *s. m.* Perte de substance du revêtement cutané ou muqueux, ayant peu de tendance à la cicatrisation.

ULCÈRE SIMPLE DE L'ESTOMAC. Affection consistant en une perte de substance plus ou moins profonde de la muqueuse gastrique, et caractérisée par des douleurs épigastriques, des hématémèses et une évolution par poussées.

ULCÈRE VARIQUEUX. Ulcère cutané siégeant sur la partie distale de la jambe et survenant chez les sujets porteurs de varices.

ULCUS, *s. m.* V. *ulcère.*

ULNA, *s. m.* Dénomination internationale du *cubitus,* os qui forme avec le radius le squelette de l'avant-bras.

ULNAIRE, *adj.* Relatif à l'ulna, cubital. — *nerf u.* nerf cubital.

ULTRA... Préfixe latin indiquant une position *en avant* ou *au delà.*

ULTRACENTRIFUGATION, *s. f.* Centrifugation obtenue avec un centrifugeur dépassant la vitesse de 100 000 tours par minute.

ULTRAFILTRATION, *s. f.* Passage d'un solvant et des molécules qui y sont dissoutes à travers une membrane semi-perméable sous l'effet d'une pression hydrostatique supérieure à celle du liquide placé de l'autre côté de la membrane.

ULTRAMICROSCOPE, *s. m.* Microscope permettant, à l'aide d'un éclairage spécial, de constater l'existence d'objets dont les dimensions trop petites échappent aux plus forts grossissements.

ULTRASON, *s. m.* Vibration acoustique de fréquence trop grande pour être audible.

ULTRASONOTHÉRAPIE, *s. f.* Emploi thérapeutique des ultrasons.

ULTRAVIOLET, *adj.* V. *rayonnement ultraviolet.*

ULTRAVIRUS, *s. m.* V. *virus.*

UNCARTHROSE, *s. f.* Lésions arthrosiques localisées aux articulations uncovertébrales, au cours de la cervicarthrose.

UNCUS, *s. m.* Formation anatomique en forme de crochet.

UNGUÉAL, ALE, *adj.* Relatif à l'ongle.

UNI... Préfixe latin indiquant une notion d'*unité*, d'*unicité*.

UNICELLULAIRE, *adj.* Qui ne comporte qu'une seule cellule.

UNILATÉRAL, ALE, *adj.* Qui ne concerne qu'un seul côté.

UNIOVULAIRE, *adj.* V. *monozygote.*

UNIPOLAIRE, *adj.* Qui comporte un seul pôle.

UNITÉ, *s. f.* Grandeur servant d'élément de mesure.

UNITÉ INTERNATIONALE (UI). V. *système international d'unités de mesure.*

UNIVITELLIN, INE, *adj.* — V. *monozygote.*

UPR. Urétéropyélographie rétrograde. V. *urétérographie.*

URACILE, *s. m.* V. *base pyrimidique.*

URANISTE, *s. m.* Homosexuel masculin.

URANO... Préfixe grec indiquant un rapport avec le *palais.*

URANOPLASTIE, *s. f.* Opération autoplastique destinée à restaurer le voile du palais et à fermer les perforations congénitales ou acquises de la voûte.

URATE, *s. m.* Sel de l'acide urique.

URATÉMIE, *s. f.* Présence d'urates dans le sang.

URATURIE, *s. f.* Présence d'urates dans l'urine.

URÉMIE, *s. f.* Présence d'urée dans le sang. — Insuffisance rénale grave.

URÉOGENÈSE, *s. f.* V. *uréopoïèse.*

URÉOPOÏÈSE, *s. f.* ou **URÉOPOÏÉTIQUE (fonction).** Syn. *uréogenèse.* Production de l'urée dans l'organisme.

URETÈRE, *s. m.* Long conduit excréteur du rein, amenant l'urine à la vessie.

URÉTÉRECTOMIE, *s. f.* Résection partielle ou totale de l'uretère.

URÉTÉRITE, *s. f.* Inflammation des uretères.

URÉTÉROCÈLE, *s. f.* Dilatation pseudo-kystique du segment intravésical de l'uretère.

URÉTÉRO-COLOSTOMIE, *s. f.* Opération qui consiste à aboucher l'uretère dans le côlon.

URÉTÉRO-CYSTO-NÉOSTOMIE, *s. f.* Réimplantation de l'uretère dans la vessie.

URÉTÉROCYSTOPLASTIE, *s. f.* Opération chirurgicale destinée à réparer l'uretère et la vessie.

URÉTÉRO-ENTÉROSTOMIE, *s. f.* Opération qui consiste à aboucher l'uretère dans l'intestin.

URÉTÉROGRAPHIE, *s. f.* ou **URÉTÉRO-PYÉLOGRAPHIE RÉTROGRADE,** *s. f.* **(UPR).** Radiographie de l'appareil urinaire après injection, par le méat urétéral, sous contrôle cystoscopique, d'un liquide opaque aux rayons X qui remonte jusqu'au bassinet.

URÉTÉRO-HYDRONÉPHROSE, *s. f.* Hydronéphrose associée à une distension totale ou partielle de l'uretère.

URÉTÉROLYSE, *s. f.* Libération chirurgicale de l'uretère comprimé par du tissu fibreux.

URÉTÉROPLASTIE, *s. f.* Réfection chirurgicale de l'uretère.

URÉTÉRO-PYÉLOGRAPHIE RÉTROGRADE (UPR). V. *urétérographie.*

URÉTÉRO-PYÉLO-NÉOSTOMIE, *s. f.* Opération qui consiste à pratiquer un nouvel abouchement de l'uretère dans le bassinet.

URÉTÉRO-RECTOSTOMIE, *s. f.* Opération qui consiste à aboucher l'uretère dans le rectum.

URÉTÉRORRAPHIE, *s. f.* Suture d'une plaie urétérale. Réunion des deux extrémités sectionnées de l'uretère.

URÉTÉROSTOMIE, *s. f.* Intervention chirurgicale consistant en l'abouchement d'un uretère ailleurs que dans la vessie, généralement à la peau.

URÉTÉROTOMIE, *s. f.* Incision de la paroi d'un uretère.

URÉTHRITE, *s. f.* V. *urétrite.*

URÉTRALGIE, *s. f.* Douleur névralgique de l'urètre, sans lésion appréciable de ce conduit.

URÈTRE, *s. m.* Conduit excréteur de la vessie ; court chez la femme, il comprend chez l'homme trois parties : prostatique, membraneuse puis spongieuse et livre passage au sperme issu des vésicules séminales.

URÉTRECTOMIE, *s. f.* Résection d'une portion de l'urètre.

URÉTRITE, *s. f.* ou **URÉTHRITE,** *s. f.* Inflammation de la muqueuse de l'urètre.

URÉTROCÈLE, *s. f.* Dilatation de l'urètre qui fait saillie dans le vagin sous la forme d'une tumeur de la grosseur d'une noix.

URÉTROCYSTITE, *s. f.* Urétrite postérieure dont l'inflammation s'étend à la vessie et qui s'accompagne de symptômes de cystite du col.

URÉTROCYSTOGRAPHIE, *s. f.* Radiographie de l'urètre et de la vessie après injection, dans leurs cavités, d'une substance opaque aux rayons X.

URÉTROCYSTOSCOPIE, *s. f.* Exploration endoscopique de l'urètre et de la vessie.

URÉTROGRAPHIE, *s. f.* Radiographie de l'urètre après injection d'un liquide opaque aux rayons X.

URÉTROPLASTIE, *s. f.* Opération plastique destinée à combler une perte de substance ou à fermer une fistule urétrale.

URÉTRORRAGIE, *s. f.* Hémorragie de l'urètre.

URÉTRORRAPHIE, *s. f.* Suture de l'urètre sectionné en totalité ou en partie.

URÉTRORRHÉE, *s. f.* Ecoulement se faisant par l'urètre.

URÉTROSCOPIE, *s. f.* Examen du conduit urétral à l'aide d'un endoscope spécial.

URÉTROSTOMIE, *s. f.* Ouverture de l'urètre et création d'un méat artificiel, en cas de rétrécissement infranchissable.

URÉTROTOMIE, *s. f.* Incision de la paroi de l'urètre dans le but de rétablir le cours de l'urine.

URGENTISTE, *s. m.* ou *f.* Praticien consacrant son activité à la médecine d'urgence.

URICÉMIE, *s. f.* Présence d'acide urique dans le sang.

URICO-ÉLIMINATEUR, TRICE, *adj.* Syn. *uricosurique.* Qui provoque l'élimination, par le rein, de l'acide urique. — *s. m.* Médicament qui possède ce pouvoir, utilisé dans le traitement de la goutte.

URICOFRÉNATEUR, TRICE, *adj.* Syn. *urico-inhibiteur.* Qui empêche, dans l'organisme, la synthèse de l'acide urique. — *s. m.* Médicament qui possède ce pouvoir, utilisé dans le traitement de la goutte.

URICOGENÈSE, s. f. V. *uricopoïèse.*

URICO-INHIBITEUR, TRICE, *adj.* V. *uricofrénateur.*

URICOLYSE, *s. f.* Destruction de l'acide urique dans l'organisme.

URICOLYTIQUE, *adj.* Qui se rapporte à l'uricolyse.

URICOPEXIE, *s. f.* Précipitation et fixation de l'acide urique soit dans les tissus, soit dans les reins, sous forme de calculs.

URICOPOÏÈSE, *s. f.* Syn. *uricogenèse.* Formation de l'acide urique dans l'organisme.

URICOSURIE, *s. f.* V. *uricurie.*

URICURIE, *s. f.* Syn. *uricosurie.* Elimination de l'acide urique par l'urine.

URINE, *s. m.* Liquide jaune secrété par les reins, et emmagasiné dans la vessie entre les mictions.

URINEUX, EUSE, *adj.* Qui a rapport à l'urine.

URIQUE (acide). Elément terminal du catabolisme des purines et des acides nucléiques.

UROBILINE, *s. f.* Pigment dérivé de la bilirubine et provenant de la portion de l'urobilinogène réabsorbée par l'intestin.

UROBILINOGÈNE, *s. m.* Substance incolore provenant de la réduction, dans l'intestin, par les bactéries, de la bilirubine conjuguée excrétée par la bile. Elle est éliminée en très grande quantité par les matières fécales ; son oxydation leur donne leur couleur.

UROBILINURIE, *s. f.* Présence anormale de l'urobiline dans l'urine.

UROCULTURE, *s. f.* Ensemencement d'un milieu de culture avec une petite quantité d'urine prélevée aseptiquement.

UROCYTOGRAMME, *s. m.* Résultat de l'étude microscopique des éléments cellulaires de l'urine, rassemblés par sédimentation ou centrifugation (culot urinaire).

URODYNAMIQUE, *s. f.* Etude des pressions vésicale et urétrale au cours de la miction. V. *cystomanométrie.*

UROGENÈSE, *s. f.* V. *uropoïèse.*

UROGRAPHIE, *s. f.,* **UROGRAPHIE INTRAVEINEUSE (UIV).** Radiographie de l'appareil urinaire après administration par voie intraveineuse d'une substance opaque aux rayons X s'éliminant par les reins.

UROKINASE, *s. f.* **(UK).** Enzyme fibrinolytique extraite de l'urine humaine, capable d'activer la profibrinolysine.

UROLOGIE, *s. f.* Etude de l'appareil urinaire et, chez l'homme, de l'appareil génital.

UROMÈTRE, *s. m.* Densimètre destiné à donner le poids spécifique de l'urine.

UROPATHIE, *s. f.* Affection des voies urinaires.

UROPOÏÈSE, *s. f.* ou **UROPOÏÉTIQUE (fonction).** Syn. *urogenèse.* Sécrétion urinaire.

UROPORPHYRINE, *s. f.* V. *porphyrine.*

UROSTOMIE, *s. f.* Abouchement d'un conduit urinaire à la peau. Il s'agit en général d'une urétérostomie.

UROTHÉLIUM, *s. m.* Epithélium tapissant les voies urinaires.

URTICAIRE, *s. f.* Eruption cutanée prurigineuse constituée de papules érythémateuses à centre blanc et à contours nets. C'est une manifestation d'hypersensibilité immédiate à l'égard de divers antigènes.

UTÉRIN, INE, *adj.* 1° Qui concerne l'utérus. P. ex. : *colique u.* — 2° Né de la même mère.

UTÉRUS, *s. m.* Syn. *matrice.* Organe féminin musculaire et creux dans lequel se développe le produit de la conception qu'il expulsera lors de l'accouchement. On lui décrit deux parties : un corps communiquant avec les trompes utérines (ou de Fallope) et un col s'ouvrant dans le vagin.

UTRICULE, *s. m.* Portion renflée du labyrinthe membraneux, située dans le vestibule, où s'ouvrent les canaux semi-circulaires.

UV. Abréviation de (*rayonnement*) *ultraviolet.*

UVÉITE, *s. f.* Inflammation de l'uvée, membrane de l'œil qui comprend l'iris, le corps ciliaire et la choroïde.

UVIOTHÉRAPIE, *s. f.* Emploi thérapeutique des rayons ultraviolets.

UVULITE, *s. f.* Inflammation de la luette.

V

V. 1° Symbole de *volume gazeux*. — 2° Symbole de *volt*.

VACCIN, *s. m.* Préparation antigénique qui, introduite dans un organisme, lui confère l'immunité contre une maladie bactérienne ou virale. Le *v.* est soit un germe vivant et atténué (BCG, *v.* antivariolique, antiamaril...), soit un *v.* inactivé (inerte ou tué).

VACCIN ANTI-AMARIL. Vaccin viral vivant atténué, injecté par voie sous-cutanée pour prévenir la *fièvre jaune*.

VACCIN ANTIBRUCELLOSE. V. *mélitococcie*.

VACCIN ANTICHOLÉRIQUE. Vaccin bactérien inactivé complet injectable, dont l'efficacité pour prévenir le choléra et la tolérance sont imparfaites.

VACCIN ANTICOQUELUCHEUX. Vaccin bactérien inactivé complet adsorbé administré par voie sous-cutanée ou intramusculaire, le plus souvent en association (v. *DTC* et *DTCP*).

VACCIN ANTIDIPHTÉRIQUE. Syn. *anatoxine diphtérique*. Vaccin composé d'une fraction antigénique bactérienne protéique. V. *DT, DTC, DTCP, DT-TAB.*

VACCIN ANTIGRIPPAL. Vaccin viral inactivé complet comportant plusieurs souches (de type A et B) qui varient chaque année de manière à s'adapter aux changements observés. Il s'administre annuellement par voie sous-cutanée ou intramusculaire.

VACCIN ANTIMÉNINGOCOCCIQUE. Vaccin composé de fractions antigéniques bactériennes polysaccharidiques, en général des sérogroupes A et C de *Neisseria meningitidis.*

VACCIN ANTIMORBILLEUX. V. *vaccin antirougeoleux.*

VACCIN ANTI-OURLIEN. Vaccin viral vivant atténué, administré par voie sous-cutanée ou intramusculaire, seul ou en association et destiné à la prévention des oreillons. V. *ROR.*

VACCIN ANTIPNEUMOCOCCIQUE. Vaccin injectable composé de fractions antigéniques bactériennes de *Streptococcus pneumoniæ*. Il est actuellement réservé aux sujets exposés, dont les splénectomisés et les patients atteints de drépanocytose.

VACCIN ANTIPOLIOMYÉLITIQUE. Deux vaccins sont utilisables : le *v.* injectable préparé avec un virus inactivé et le *v.* vivant administré par voie orale.

VACCIN ANTIRABIQUE. Vaccin viral, inactivé complet administré par injection sous-cutanée, soit préventivement, soit de façon curative en cas de contact avec un animal atteint ou suspect de *rage.*

VACCIN ANTIROUGEOLEUX. Syn. *vaccin antimorbilleux*. Vaccin viral vivant atténué administré par voie sous-cutanée ou intramusculaire seul ou en association avec d'autres vaccins. V. *ROR*.

VACCIN ANTIRUBÉOLEUX. Vaccin viral vivant atténué, administré par voie intramusculaire ou sous-cutanée, seul ou associé (v. *ROR*). Son principal intérêt est d'éviter la rubéole congénitale.

VACCIN ANTITÉTANIQUE. Syn. *anatoxine antitétanique*. Vaccin composé de fractions antigéniques bactériennes protéiques.

VACCIN ANTITUBERCULEUX. V. *BCG*.

VACCIN ANTITYPHOÏDIQUE ou **ANTITYPHOPARATYPHIQUE (TAB).** Vaccin bactérien inactivé complet, associant *Salmonella typhi* et *S. paratyphi A* et *B*. Il en existe une variété récente formée de fraction antigénique de *S. typhi*.

VACCIN ANTIVARICELLEUX. Vaccin viral vivant atténué réservé actuellement aux enfants leucémiques et immunodéprimés.

VACCIN ANTIVARIOLIQUE. V. *vaccine*.

VACCINAL, ALE, *adj.* En rapport avec un vaccin.

VACCINATION, *s. f.* Inoculation, ou administration par voie buccale d'un vaccin.

VACCINE, *s. f.* Maladie générale, primitive, de la vache (*cowpox*). La v. est provoquée chez l'homme par l'inoculation d'un virus vivant spécial (vaccin ou virus vaccinal) dans le but de le préserver de la variole. La vaccine humaine est caractérisée par l'apparition de pustules, ordinairement localisées aux points d'inoculation, et l'existence de quelques symptômes généraux, habituellement peu marqués. La vaccination antivariolique n'est plus obligatoire en raison de l'éradication mondiale de la maladie.

VACCINÉ, NÉE, *adj.* Qui a reçu un vaccin.

VACCINOSTYLE, *s. m.* Plume métallique non fendue, très pointue et à bords tranchants, servant à pratiquer la vaccination jennérienne et la cutiréaction.

VACCINOTHÉRAPIE, *s. f.* Utilisation thérapeutique des vaccins.

VACUOLE, *s. f.* Cavité du cytoplasme.

VACUOLISATION, *s. f.* Formation de cavités (vacuoles), p. ex. dans le cytoplasme d'une cellule.

VAGAL, ALE, *adj.* Qui se rapporte au nerf vague.

VAGIN, *s. m.* Organe féminin destiné à la copulation. Situé entre un avant la vessie et en arrière le rectum, il communique avec l'extérieur par la vulve ; le col utérin s'ouvre au fond de sa cavité.

VAGINAL, ALE, *adj.* Qui a rapport au vagin ou à la tunique séreuse qui enveloppe le testicule (tunique vaginale). — *étude des frottis v.* Syn. *test de Papanicolaou*. Méthode d'exploration des fonctions ovariennes et de dépistage de lésions du col et du canal cervical de l'utérus.

VAGINALITE, *s. f.* Inflammation aiguë ou chronique de la vaginale (enveloppe séreuse du testicule).

VAGINISME, *s. m.* Contraction spasmodique douloureuse du constricteur du vagin due à l'hyperesthésie des organes génitaux externes.

VAGINITE, *s. f.* Inflammation du vagin.

VAGOLYTIQUE, *adj.* Syn. *vagoparalytique, parasympathicolytique*. Qui paralyse le vague. V. *atropine*.

VAGOMIMÉTIQUE, *adj*. Syn. *parasympathicomimétique*. Se dit d'une substance dont l'action imite celle du nerf vague, p. ex. l'*acétylcholine*.

VAGOPARALYTIQUE, *adj*. V. *vagolytique*.

VAGOTOMIE, *s. f*. Section du nerf vague (X^e paire crânienne).

VAGOTONIE, *s. f*. Syn. *parasympathicotonie*. Sensibilité constitutionnelle spéciale du système nerveux autonome régi par le vague, entraînant une série de troubles dont les principaux sont : la bradycardie, la tendance aux syncopes et à l'anxiété.

VAGOTONIQUE, *adj*. Chez lequel prédomine le tonus vagal. V. *vagotonie*.

VAGUE (nerf). Syn. *nerf pneumogastrique*. Dixième paire crânienne ; nerf très long, mixte, à destination cervicale, thoracique et abdominale, comportant un nombre important de filets parasympathiques.

VAIRONS (yeux). Nom donné aux yeux d'un sujet lorsqu'ils présentent une dissemblance dans la coloration de leur iris.

VAISSEAU, *s. m*. (anatomie). Conduit destiné à transporter dans l'organisme le sang et la lymphe.

VAL. Symbole de *valence-gramme*. V. *équivalent, 2°*.

VALENCE, *s. f*. (chimie). Nombre qui exprime l'aptitude des atomes à se remplacer ou à s'associer dans les combinaisons chimiques. La *v.* représente la capacité de substitution ou de combinaison d'un corps simple ou d'un radical à l'hydrogène. On dit que l'oxygène a valence 2 parce qu'il peut s'unir à 2 H, par exemple dans la formation d'H_2O : il est divalent.

VALEUR GLOBULAIRE (VG). Teneur de l'hématie en hémoglobine indiquée par le rapport R/N de la quantité d'hémoglobine (R) au nombre des hématies (N) contenues dans le même volume de sang. Normalement la valeur globulaire est égale à 1.

VALGISANT, ANTE, *adj*. Qui provoque un valgus.

VALGISATION, *s. f*. Mise en valgus.

VALGUS, A, UM, *adj*. Se dit d'un membre ou d'un segment de membre dévié en dehors. P. ex. : *coxa valga, genu valgum* et *pied bot valgus*.

VALVULAIRE, *adj*. Qui a rapport aux valvules, et en particulier à celles du cœur. P. ex. : *claquement v., insuffisance v., rétrécissement v.*

VALVULECTOMIE, *s. f*. Résection opératoire, totale ou partielle, d'une valvule cardiaque.

VALVULITE, *s. f*. Inflammation d'une valvule, en général cardiaque.

VALVULOPATHIE, *s. f*. Maladie valvulaire. Terme employé en général au sens d'altération d'un orifice cardiaque.

VALVULOPLASTIE, *s. f*. 1° Réparation chirurgicale d'une valvule (p. ex. d'une valvule du cœur : *mitrale, aortique*, etc.). 2° Dilatation par sonde à ballonnet d'une valve sténosée.

VALVULOTOMIE, *s. f*. Section opératoire des valvules cardiaques en cas de sténose orificielle serrée.

VANYLMANDÉLIQUE (acide) (VMA). Principale substance produite au cours de la dégradation des catécholamines, éliminée par l'urine.

VAQUEZ (maladie de) (Louis V., 1860-1936, médecin français). V. *érythrémie*.

VARICE, *s. f*. Dilatation permanente d'une veine.

VARICELLE, *s. f.* Maladie infectieuse, contagieuse, ordinairement très bénigne, caractérisée par une éruption, se faisant en plusieurs poussées, de vésicules qui se flétrissent et se dessèchent au bout de quelques jours. La maladie est due à un virus de la famille des Herpesviridés, qui est aussi celle du virus du zona.

VARICELLEUX, EUSE, *adj.* Relatif à la varicelle.

VARICELLIFORME, *adj.* Qui ressemble à la varicelle.

VARICOCÈLE, *s. f.* Dilatation variqueuse des veines du cordon spermatique.

VARICOGRAPHIE, *s. f.* Radiographie d'une veine variqueuse injectée d'un produit opaque aux rayons X.

VARIOLE, *s. f.* Syn. *petite vérole.* Maladie infectieuse virale, épidémique et contagieuse, caractérisée par des signes généraux intenses et une éruption maculopapuleuse évoluant vers la suppuration. Cette affection, de pronostic réservé, a pratiquement disparu à la suite des campagnes internationales de vaccination.

VARIOLEUX, EUSE, *adj.* Qui dépend de la variole. — *s. m.* et *f.* Qui en est atteint.

VARIOLIFORME, *adj.* Qui ressemble à la variole.

VARIOLIQUE, *adj.* Qui a rapport à la variole.

VARIQUEUX, EUSE, *adj.* Qui a rapport aux varices. — *ulcère v.* — *s. m.* et *f.* Qui en est atteint.

VARISANT, ANTE, *adj.* Qui provoque un varus.

VARISATION, *s. f.* Mise en varus.

VARUS, A, UM, *adj.* Se dit d'un membre ou d'un segment de membre dévié en dedans. P. ex. *coxa vara, genu varum* et *pied bot varus.*

VAS... Préfixe latin signifiant *vaisseau.*

VASA NERVORUM (latin). Artérioles nourrissant les nerfs.

VASA VASORUM (latin). Artérioles nourrissant la paroi des gros vaisseaux.

VASCULAIRE, *adj.* Relatif à un vaisseau.

VASCULARISATION, *s. f.* Développement des vaisseaux dans un tissu, un organe.

VASCULARISÉ, SÉE, *adj.* Qui comporte des vaisseaux.

VASCULARITE, *s. f.* V. *angéite.*

VASCULITE, *s. f.* V. *angéite.*

VASECTOMIE, *s. f.* Résection des canaux déférents.

VASOCONSTRICTEUR, TRICE, *adj.* Qui diminue le calibre des vaisseaux.

VASOCONSTRICTION, *s. f.* Diminution du calibre d'un vaisseau par contraction de ses fibres musculaires.

VASODILATATEUR, TRICE, *adj.* Qui augmente le calibre des vaisseaux.

VASODILATATION, *s. f.* Dilatation d'un vaisseau.

VASO-INHIBITEUR, TRICE, *adj.* V. *vasoplégique.*

VASOMOTEUR, TRICE, *adj.* Qui se rapporte à la contraction ou à la dilatation des vaisseaux.

VASOPARALYTIQUE, *adj.* V. *vasoplégique.*

VASOPLÉGIE, *s. f.* Suppression du tonus des parois vasculaires.

VASOPLÉGIQUE, *adj.* Qui supprime le tonus des parois vasculaires.

VASOPRESSEUR, SSIVE, *adj.* Qui élève la pression dans les vaisseaux.

VASOPRESSINE, *s. f.* Syn. *pitressine, hormone antidiurétique* (HAD ou ADH). Hormone sécrétée par l'hypothalamus et stockée dans le lobe postérieur de l'hypophyse. Elle contracte les artères, élève la pression artérielle et augmente la réabsorption de l'eau par le tube rénal.

VASOSTIMULANT, ANTE, *adj.* Syn. *vasotonique.* Qui augmente le tonus des muscles vasculaires.

VASOTOMIE, *s. f.* Section des canaux déférents.

VASOTONIE, *s. f.* Tonus vasculaire.

VASOTONIQUE, *adj.* V. *vasostimulant.*

VASOTROPE, *adj.* Qui se fixe ou qui agit électivement sur les vaisseaux.

VASOVAGAL (syndrome). Association de vasodilatation périphérique et de bradycardie par excitation du nerf vague ; elle provoque une hypotension artérielle et parfois des syncopes.

VCI. Abréviation de *veine cave inférieure.* V. *cave* (*veine*).

VCS. Abréviation de *veine cave supérieure.* V. *cave* (*veine*).

VDRL (réaction). Microréaction de floculation sur lame, non spécifique, servant au diagnostic sérologique de la syphilis.

VECTEUR, *adj.* ou *s. m.* (parasitologie). Hôte intermédiaire transmettant une infection après évolution, dans son organisme, du germe qui la produit.

VECTOCARDIOGRAMME ou **VECTO-GRAMME,** *s. m.* Graphique résumant les variations de direction et d'intensité de la force électromotrice apparente du cœur pendant la contraction cardiaque.

VECTORIEL, ELLE, *adj.* Relatif à un vecteur.

VÉGÉTATIF, IVE, *adj.* Syn. *neurovégétatif.* Qui concerne le système nerveux végétatif ou autonome.

VÉGÉTATION, *s. m.* Papillome siégeant au niveau des replis de la peau ou des muqueuses.

VÉHICULE, *s. m.* Excipient liquide. Substance dans laquelle on dissout les principes actifs du médicament.

VEINE, *s. f.* Vaisseau ramenant le sang vers le cœur. Les *v.* principales sont les *v. caves,* drainant la circulation générale ou systémique, et les *v. pulmonaires.*

VEINEUX, EUSE, *adj.* Relatif aux veines.

VEINITE, *s. f.* Irritation de l'endothélium veineux provoquée par les injections intraveineuses aseptiques de certaines solutions.

VEINOSITÉ, *s. f.* Dilatation légère d'une veine cutanée.

VEINOTONIQUE, *adj.* V. *phlébotonique.*

VÉLAMENTEUX, EUSE, *adj.* En forme de voile.

VÉLOCIMÈTRE, *s. m.* V. *fluxmètre.*

VELVÉTIQUE, *adj.* Qui a l'aspect du velours.

VEMS. V. *volume expiratoire maximum-seconde.*

VÉNÉNEUSES (réglementation des substances). V. *tableaux A, B et C.*

VÉNÉNEUX, EUSE, *adj.* Qui contient un poison ; toxique.

VÉNÉRÉOLOGIE, *s. f.* ou, mieux, **VÉNÉROLOGIE,** *s. f.* Étude des maladies vénériennes.

VÉNÉRIEN, ENNE, *adj.* Qui se rapporte à, ou qui est provoqué par l'acte sexuel : *désirs v., maladie v.* — *s. m.* ou *f.* Sujet atteint de maladie vénérienne (syphilis, blennorragie, etc.).

VÉNÉROLOGIE, *s. f.* V. *vénéréologie.*

VENTILATION ALVÉOLAIRE. Quantité d'air inspiré qui entre par minute dans les alvéoles pulmonaires et participe aux échanges gazeux avec le sang ; sa valeur est donnée par la formule : fréquence inspiratoire × (volume courant − espace mort respiratoire).

VENTILATION ARTIFICIELLE. V. *respiration artificielle.*

VENTILATION MAXIMA (VM ou VMx) ou VENTILATION MAXIMA-MINUTE (VMxM). Le plus grand volume d'air qu'un sujet peut faire passer dans ses poumons pendant l'unité de temps ; il est exprimé en litres d'air par minute.

VENTOUSE, *s. f.* Petite cloche de verre appliqué sur un point quelconque des téguments après y avoir raréfié l'air ; procédé de révulsion locale pratiquement abandonné ; − *v. scarifiée.* V. appliquée sur des scarifications (saignée locale).

VENTRE DE BOIS. Consistance particulière de la paroi abdominale, d'une dureté ligneuse, due à une contraction musculaire étendue et irréductible, observée chez les malades atteints de péritonite aiguë.

VENTRE EN BESACE. Déformation du ventre observée chez les obèses âgés et les multipares à la fin de la grossesse. Le ventre, au lieu de faire saillie en avant, tombe sur le pubis et sur les cuisses.

VENTRICULAIRE, *adj.* Qui se rapporte à un ventricule cardiaque ou cérébral.

VENTRICULE, *s. m.* Cavité en forme de petit ventre. — 1° *v. cardiaques.* Cavités à paroi musculaire épaisse, communiquant avec les oreillettes par les orifices atrioventriculaires et avec l'aorte pour le *v.* gauche et l'artère pulmonaire pour le *v.* droit. Les *v.c.* sont séparés par la cloison ou septum interventriculaire. — 2° *v. cérébraux.* Cavités situées dans l'encéphale, les *v. latéraux* dans chaque hémisphère céré-

bral, le IIIe dans le diencéphale et le IVe ventricule entre le tronc cérébral et le cervelet.

VENTRICULO-ATRIOSTOMIE, *s. f.* ou **VENTRICULO-AURICULOSTOMIE,** *s. f.* (neurologie). Mise en communication d'un ventricule latéral du cerveau et d'une oreillette cardiaque au moyen d'un tube en matière plastique valvulé, pour traiter certaines hydrocéphalies.

VENTRICULO-CISTERNOSTOMIE, *s. f.* Syn. *ventriculostomie* (neurologie). Mise en communication des ventricules du cerveau avec les citernes cérébrales des espaces sous-arachnoïdiens.

VENTRICULOGRAMME, *s. m.* 1° Syn. *complexe ventriculaire.* Portion de l'électrocardiogramme se rapportant à l'activité du ventricule. — 2° Image obtenue par ventriculographie.

VENTRICULOGRAPHIE, *s. f.* Exploration radiographique des ventricules cérébraux après injection d'air ou de substance opaque aux rayons X.

VENTRICULOTOMIE, *s. f.* Ouverture chirurgicale d'un ventricule cérébral ou cardiaque.

VERGE, *s. f.* V. *pénis.*

VERGENCE, *s. f.* Mouvement des deux yeux dont les axes visuels ne sont pas parallèles, soit se rapprochant (convergence), soit s'éloignant (divergence).

VERGETURES, *s. f. pl.* Traces laissées par les coups de verges. — Petites raies d'abord rouges, puis blanches et nacrées, ayant un aspect cicatriciel, qui sillonnent la peau soumise à une distension exagérée.

VERMICULAIRE, *adj.* Qui se rapporte ou qui ressemble aux vers.

VERMIFUGE, *adj.* et *s. m.* Syn. *anthelminthique, antihelminthique.* Médicament qui provoque l'expulsion des vers intestinaux.

VERMINE, *s. f.* Nom générique désignant les insectes parasites de l'homme et des animaux.

VERMINEUX, EUSE, *adj.* Qui a rapport aux vers.

VERMIOTHES ou **VERMIOTES**, *s. f. pl.* Petits cylindres comparés à du vermicelle que l'on fait sortir de la surface ulcérée d'un épithélioma de la langue en opérant une pression latérale.

VERMIS, *s. m.* Partie étroite médiane séparant les deux hémisphères du cervelet.

VERNAL, ALE, *adj.* Printanier.

VÉROLE, *s. f.* V. *syphilis.* — *petite v.* V. *variole.*

VERRUCIFORME, *adj.* Qui ressemble à une verrue.

VERRUCOSITÉ, *s. f.* Petite tumeur cutanée végétante accompagnée d'hyperkératose.

VERRUE, *s. f.* Tumeur bénigne de la peau, contagieuse et inoculable, résultant d'une hyperplasie papillaire et épidermique, et due à un virus.

VERRUQUEUX, EUSE, *adj.* Qui porte des verrues ou a la forme d'une verrue.

VERSION, *s. f.* (obstétrique). Changement de position que l'on imprime au fœtus pour faciliter sa sortie de l'utérus.

VERTÈBRE, *s. f.* Élément osseux du rachis ou colonne vertébrale. Autour de l'orifice central que traverse la moelle épinière se trouvent en avant le corps, en arrière l'arc vertébral formé de deux lames et deux pédicules, et d'apophyses ou processus : 2 transverses, 2 articulaires et un épineux. Il existe 33 ou 34 *v.* : 7 *v.* cervicales (v. *atlas* et *axis*), 12 *v.* thoraciques, 5 *v.* lombaires, 5 *v.* sacrées soudées en un seul os, le sacrum, et 4 ou 5 *v.* coccygiennes également soudées.

VERTÉBROTHÉRAPIE, *s. f.* Syn. *spondylothérapie.* Traitement de certaines algies d'origine rachidienne par des manipulations de la colonne vertébrale.

VERTEX, *s. m.* Point le plus élevé de la voûte du crâne.

VERTIGE, *s. m.* Erreur de sensation, sous l'influence de laquelle le malade croit que sa propre personne ou les objets environnants sont animés d'un mouvement giratoire ou oscillatoire.

VÉSICAL, ALE, *adj.* Qui se rapporte à la vessie.

VÉSICANT, ANTE, *adj.* Qui détermine des ampoules à la peau.

VÉSICULE, *s. f.* 1° (anatomie) organe en forme de petit sac. P. ex. *v. biliaire.* — *v. séminale.* 2° (dermatologie). Syn. *v. cutanée.* Lésion élémentaire de la peau, consistant en un soulèvement circonscrit de l'épiderme contenant une sérosité transparente.

VÉSICULE EXCLUE. Absence d'opacification radiologique de la vésicule biliaire.

VÉSICULE PORCELAINE. Aspect particulier de la vésicule biliaire dont toute l'épaisseur de la paroi est infiltrée de calcaire.

VÉSICULEUX, EUSE, *adj.* Qui concerne une vésicule cutanée.

VÉSICULODÉFÉRENTOGRAPHIE, *s. f.* Radiographie avec opacification des vésicules séminales et des canaux déférents.

VÉSICULOGRAPHIE, *s. f.* Radiographie des vésicules séminales après leur injection avec un produit opaque aux rayons X.

VÉSICULOPUSTULEUX, EUSE, *adj.* Constitué de vésicules et de pustules.

VÉSICULOTOMIE, *s. f.* Incision des vésicules séminales.

VESPERTILIO, *s. m.* Variété de lupus érythémateux chronique qui se développe symétriquement sur les pommettes et à la face dorsale du nez.

VESSIE, *s. f.* Organe musculo-membraneux servant de réservoir d'urine entre les mictions. Située dans le pelvis, la vessie reçoit les uretères et s'évacue par l'urètre.

VESTIBULE, *s. m.* (anatomie). Espace donnant accès à une cavité. P. ex. *v. du vagin, v. du labyrinthe.* V. *labyrinthe, utricule* et *saccule.*

VESTIBULO-COCHLÉAIRE (nerf). Syn. ancien *nerf auditif.* Huitième paire crânienne, nerf de l'audition et de l'équilibration.

VG. Abréviation de *valeur globulaire* et *ventricule gauche.*

VIABLE, *adj.* Qui est apte à vivre.

VIBICES, *s. f. pl.* 1° Hémorragie cutanée se présentant sous la forme de sillons ou de stries (variété de purpura). — 2° V. *vergetures.*

VIBRION, *s. m.* Bactérie plus ou moins incurvée, ciliée, mobile. — V. *cholérique.*

VIBRISSES, *s. f. pl.* Poils implantés à l'intérieur des narines.

VICARIANT, ANTE, *adj.* Suppléant. — Se dit d'un organe ou d'une fonction qui joue le rôle d'un autre organe ou d'une autre fonction déficients.

VIGIL, *adj. m.* V. *coma vigil.*

VIGILANCE, *s. f.* (neurophysiologie). Fonction qui assure l'éveil du cortex cérébral, de la conscience et des facultés de réaction.

VIH. Virus de l'immunodéficience humaine.

VILLEUX, EUSE, *adj.* Qui présente des villosités. — *tumeur v.*

VILLOSITÉ, *s. f.* Petites saillies filiformes couvrant certaines surfaces auxquelles elles donnent un aspect velu. — *v. choriales.*

VIRAL, ALE, *adj.* Qui se rapporte à un virus.

VIRÉMIE, *s. f.* Présence de virus dans le sang circulant.

VIRILISANT, ANTE, *adj.* Syn. *masculinisant.* Qui provoque l'apparition de caractères sexuels secondaires masculins. — *hormone v.* — *tumeur v.*

VIRILISATION, *s. f.* Syn. *masculinisation.* Apparition chez la femme pubère de certains caractères sexuels secondaires appartenant au sexe masculin. V. *virilisme.*

VIRILISME, *s. m.* Syn. *syndrome androgénique.* Syndrome observé chez la femme, après la puberté, consistant en un développement du système pileux qui prend une distribution masculine, avec aménorrhée, psychisme viril, hypertension et parfois diabète.

VIROLOGIE, *s. f.* Etude des virus.

VIROSE, *s. f.* Nom générique des maladies causées par les virus.

VIRUCIDE, *adj.* V. *virulicide.*

VIRULENCE, *s. f.* Aptitude des microbes à se développer dans le corps des animaux et à y sécréter des toxines.

VIRULICIDE, *adj.* Syn. *virucide.* Qui détruit les virus.

VIRURIE, *s. f.* Présence de virus dans l'urine.

VIRUS, *s. m.* Agent pathogène spécifique non cultivable sur les milieux artificiels, ne pouvant se multiplier qu'au sein des cellules vivantes qu'il parasite et de très faibles dimensions. Chaque particule virale ne contient qu'un type d'acide nucléique (ARN ou ADN) : ce matériel génétique (pathogène) est entouré d'une coque (capside) possédant des fonctions protectrices et antigéniques.

VIRUS à ADN (ou à DNA). Virus dont le matériel génétique est formé d'acide désoxyribonucléique (ADN).

VIRUS à ARN (ou à RNA). Virus dont le matériel génétique est formé d'acide ribonucléique (ARN).

VIRUS AMARIL. V. *fièvre jaune.*

VIRUS APC. (adéno-pharyngo-conjonctivaux). V. *Adénovirus.*

VIRUS ARBOR. V. *Arbovirus.*

VIRUS ORPHELIN. Virus identifié, mais dont on ignore le rôle pathogène.

VISCÉRALGIE, *s. f.* Nom générique donné à tous les troubles de la sensibilité des viscères ayant une origine nerveuse.

VISCÈRE, *s. m.* Organe situé à l'intérieur des cavités du corps (crâne, thorax, abdomen). P. ex. *encéphale, cœur, intestin, prostate.*

VISCOSITÉ, *s. f.* Résistance au frottement qui s'oppose au déplacement des molécules les unes par rapport aux autres.

VISION, *s. f.* Action de voir. — Pris parfois dans le sens d'hallucination de la vue.

VISSAGE, *s. m.* Immobilisation des fragments d'un os fracturé, maintenus en contact par une ou plusieurs vis.

VITAMINE, *s. f.* Substance existant en très petite quantité dans certaines matières nutritives, ne rentrant dans aucune des grandes classes d'aliments et dont les faibles doses, indispensables à la croissance et au maintien de l'équilibre vital, doivent être apportées par l'alimentation, sous peine de voir apparaître une maladie dite par carence. — On distingue les *v. liposolubles : v.* A ou *v. antixérophtalmique* ou *axérophtol, v. D_2* ou *calciférol, v. D_3* ou *v. antirachitique* des huiles de foie de poissons, *v.* E ou *v. de reproduction* ou *tocophérol, v,* F, formée d'un ensemble d'acides gras non saturés et dont la carence provoque des dermatoses, *v.* K ou *v. de coagulation,* dont la carence provoque un syndrome hémorragique par trouble de la formation de la prothrombine ; et les *v. hydrosolubles : v. B_1* ou *v. antinévritique* ou *aneurine, v. B_2* ou G ou *lactoflavine, v. B_4* ou *antiagranulocytaire, v. B_5* ou *acide pantothénique, v. B_6* ou *pyridoxine, v. B_7* ou *méso-inositol, v. B_8* ou *biotine* ou *v. antiséborrhéique, v. B_9* ou *acide folique, v. B_{12}* ou *cyanocobalamine, v. H',* ou *acide para-amino-benzoïque, v. PP* ou *amide nicotinique, v.* C ou *v. antiscorbutique* ou *acide ascorbique, v.* P ou *citrine.*

VITAMINOTHÉRAPIE, *s. f.* Emploi thérapeutique des vitamines.

VITESSE DE SÉDIMENTATION GLOBULAIRE. V. *sédimentation.*

VITILIGO, *s. m.* Affection consistant en l'apparition de plaques cutanées décolorées d'un blanc mat, à contours précis, entourées d'une zone où la peau est plus pigmentée que normalement.

VITRÉ, *s. m.* V. *corps vitré.*

VITRECTOMIE, *s. f.* Ablation chirurgicale du corps vitré.

VITROPRESSION (manœuvre de la). Manœuvre consistant à appuyer une lame de verre sur la peau, pour en chasser le sang. Elle est utilisée en dermatologie pour préciser certains diagnostics.

VIVISECTION, s. f. Opération pratiquée dans un but expérimental sur les animaux vivants.

VLDL. Abréviation du terme anglais *very low density lipoproteins* = lipoprotéines de très basse densité ou pré-bêta lipoprotéines.

VMA. V. *vanylmandélique (acide).*

VOLÉMIE, s. f. Volume sanguin total, plasmatique et globulaire ; il comprend la masse du sang circulant et de celui qui est immobilisé dans les réservoirs sanguins.

VOLET COSTAL. Partie de la paroi thoracique rendue mobile à la suite de multiples fractures costales doubles.

VOLT, s. m. (symbole V) (Alessandro Volta, 1745-1827, physicien italien). Unité du système international pour le *potentiel électrique* : c'est la différence de potentiel existant entre deux points d'un conducteur parcouru par un courant constant de 1 ampère, lorsque la puissance dissipée entre ces points est de 1 watt.

VOLUME COURANT (VC). Volume gazeux mobilisé lors d'une inspiration ou d'une expiration normale ; chez l'adulte normal au repos il varie de 400 à 600 ml.

VOLUME EXPIRATOIRE MAXIMUM SECONDE (VEMS). Volume gazeux rejeté pendant la 1re seconde d'une expiration forcée et mesurée par la spirographie. Il est normalement de 70 à 85 % de la capacité vitale.

VOLUME GLOBULAIRE (VGM). Volume moyen, exprimé en micromètres cubes (μ m³), occupé par une hématie d'un échantillon de sang donné.

VOLUME DE RÉSERVE EXPIRATOIRE (VRE). Quantité de gaz qu'il est encore possible d'expulser par une expiration forte après une expiration normale. Elle est en moyenne de 0,750 l chez la femme et de 1,300 l chez l'homme.

VOLUME DE RÉSERVE INSPIRATOIRE (VRI). Quantité de gaz qu'il est encore possible de faire pénétrer dans les poumons après une inspiration normale ; elle est en moyenne de 1,900 l chez la femme et de 2,400 l chez l'homme.

VOLUME RÉSIDUEL (VR). Quantité de gaz restant dans les poumons à la fin d'une expiration forcée. Elle est en moyenne de 1,350 l chez la femme et de 1,450 l chez l'homme.

VOLVULUS, s. m. Torsion d'un organe autour de son pédicule.

VOMER, s. m. Os médian de la face, mince, impair ; appendu au corps du sphénoïde, il constitue la partie postérieure de la cloison nasale.

VOMIQUE, s. f. Expectoration subite et abondante de sérosité, de pus ou de sang, provenant d'une cavité du thorax qui s'ouvre brusquement dans une grosse bronche où elle vide plus ou moins complètement son contenu.

VOMISSEMENT, s. m. Acte par lequel le contenu de l'estomac est violemment rejeté par la bouche.

VOMITIF, IVE, adj. V. *émétique.*

VOMITO NEGRO, s. m. V. *fièvre jaune.*

VOMITURITION, s. f. Régurgitation. Vomissement incomplet dans lequel les matières s'arrêtent dans l'œsophage, vont quelquefois jusqu'à la bouche, mais ne sont pas rejetées au dehors.

VOUSSURE, s. f. Exagération de la convexité du thorax dans une région limitée. P. ex. : *v. précordiale.*

VULTUEUX, EUSE, adj. Se dit du visage quand il est congestionné et bouffi.

VULVE, s. f. Orifice externe des voies génitales de la femme comprenant les grandes et petites lèvres et le vestibule du vagin.

VULVITE, *s. f.* Inflammation de l'une ou de plusieurs des parties anatomiques qui constituent la vulve.

VULVO-VAGINITE, *s. f.* Inflammation de la vulve et du vagin.

W

W. Symbole de *watt*.

WAALER-ROSE (réaction de) (Erik W. médecin norvégien ; Joseph R. médecin allemand, contemporains). Réaction utilisant l'agglutination des hématies de mouton et destinée à mettre en évidence le facteur rhumatoïde.

WALDENSTRÖM (macroglobulinémie de) (Johann W., chirurgien suédois contemporain). V. *macroglobulinémie*.

WATT, *s. m.* (symbole W) (James W., 1736-1829, physicien écossais). Unité de puissance dans le système international correspondant à un joule par seconde.

Wb. Symbole du *weber*.

WEBER, *s. m.* (symbole Wb) (Wilhelm W., 1804-1891, physicien allemand). Unité de flux d'induction magnétique dans le système international. C'est le flux qui à travers une seule spire y produit une force électromotrice de 1 volt s'il décroît uniformément à zéro en 1 seconde.

WHARTON (canal de) (Thomas W. 1614-1673, anatomiste britannique). Nom ancien du *conduit submandibulaire*.

WHARTONITE, *s. f.* Inflammation du canal de Wharton, conduit excréteur de la glande salivaire sous-maxillaire.

WHEEZING, *s. m.* Sifflement respiratoire.

WINSLOW (hiatus de) (Jacob W., 1669-1760, anatomiste français). Syn. moderne *foramen épiploïque*. Orifice faisant communiquer le vestibule de l'arrière-cavité des épiploons avec la grande cavité péritonéale.

WIRSUNG (canal de) (Johann W., 1600-1643, médecin allemand). Dénomination ancienne du *conduit pancréatique*.

WOLFFIEN, ENNE, *adj.* (Kaspar Wolff, 1733-1794, anatomiste allemand). Qui se rapporte au corps de Wolff ; ébauche de rein chez l'embryon, entre la 4ème et la 8ème semaine, qui donnera, chez l'homme, les conduits génitaux.

WOLFF-PARKINSON-WHITE (syndrome de) (WPW) (Louis W., 1898-1972, cardiologue américain ; Sir John P., né en 1885, cardiologue anglais ; Paul D. W., 1886-1974, cardiologue américain). Syndrome électrocardiographique caractérisé par une *onde delta* qui déforme et élargit le début de l'onde QRS et traduit l'excitation anticipée (pré-excitation) d'une partie du myocarde ventriculaire. Cette pré-excitation est liée à l'existence d'un faisceau anormal de tissu nodal. Les sujets atteints de cette affection présentent souvent des crises de tachycardie paroxystique.

WPW. Abréviation de *Wolff-Parkinson-White (syndrome de)*.

XANTHÉLASMA, *s. m.* Xanthome plan des paupières.

XANTHINE, *s. f.* V. *base purique* et *caféine.*

XANTHO... Préfixe grec signifiant *jaune.*

XANTHOCHROMIE, *s. f.* Coloration jaune.

XANTHOFIBROME, *s. m.* Syn. *fibroxanthome.* Variété de xanthome contenant des éléments fibreux.

XANTHOMATEUSE (maladie) ou **XANTHOMATOSE,** *s. f.* Présence, dans l'épaisseur du derme, de taches ou de nodosités d'un jaune plus ou moins foncé. Il s'agit de lipoïdose par surcharge de cholestérol.

XANTHOME, *s. m.* Petite tumeur bénigne de tissu conjonctif formée de cellules riches en dépôts lipidiques (cholestérol). Ils siègent surtout sur la peau et dans les tendons. On les rencontre le plus souvent chez les hyperlipidémiques atteints ou menacés d'athérome artériel.

XANTHOPSIE, *s. f.* Teinte jaune uniforme qui semble colorer tous les objets ; symptôme peu fréquent de l'ictère.

XÉNOBIOTIQUE, *adj.* et *s. m.* Produit chimique se comportant comme un toxique ou un allergène vis-à-vis de l'organisme.

XÉNOGREFFE, *s. f.* V. *hétérogreffe.*

XÉRO... Préfixe grec indiquant la *sécheresse.*

XÉRODERMIE, *s. f.* Variété d'*ichtyose* dans laquelle la peau est simplement sèche et la desquamation pulvérulente.

XÉROGRAPHIE, *s. f.* V. *xéroradiographie.*

XÉROPHTALMIE, *s. f.* ou **XÉROME,** *s. m.* Etat de sécheresse avec atrophie de la conjonctive bulbaire entraînant l'opacité de la cornée ; c'est un symptôme d'avitaminose A.

XÉROSIS, *s. m.* Kératinisation superficielle de l'épithélium de la conjonctive bulbaire, puis de l'épithélium de la cornée, marquant le début de la xérophtalmie.

XÉROSTOMIE, *s. f.* V. *aptyalisme.*

XIPHODYNIE, *s. f.* V. *xiphoïdalgie.*

XIPHOÏDALGIE, *s. f.* Syn. *xiphodynie.* Douleur au niveau de l'appendice xiphoïde.

XIPHOÏDE, *adj.* En forme d'épée. — *processus* ou *appendice x.* Partie inférieure du sternum.

Y

YERSIN (bacille de) (Alexandre Y., 1863-1943, bactériologiste suisse). Syn. *Yersinia pestis*. Bacille très court (coccobacille) ne prenant pas le Gram. Cette espèce bactérienne est l'agent pathogène de la peste.

YERSINIOSE, *s. f.* Terme générique désignant les maladies dues aux germes du genre *Yersinia*. Ils peuvent provoquer, chez l'homme, des infections soit d'allure septicémique, soit à type d'adénite mésentérique aiguë, soit à forme gastro-entéritique.

YOHIMBINE, *s. f.* Alcaloïde doué de propriétés alphabloquantes et qui a été utilisé comme aphrodisiaque.

Z

ZÉZAIEMENT, *s. m.* Vice de prononciation consistant dans la substitution de la lettre *z* au *j* et au *g* doux ; il est fréquent chez les enfants.

ZINCOSE, *s. f.* Pneumoconiose professionnelle consécutive à l'inhalation de poussières de zinc.

ZONA, *s. m.* Syn. *herpes zoster.* Affection virale caractérisée par une éruption unilatérale de vésicules rappelant celles de l'herpès, disposées par grappes, sur le trajet des nerfs de la sensibilité, accompagnées de douleurs plus ou moins intenses et évoluant rapidement. Le *z.* est une maladie infectieuse due à un virus, de la famille des Herpesviridés, qui est aussi celle du virus de la varicelle.

ZONATEUX, EUSE, *adj.* Terme incorrect. V. *zostérien.*

ZONULE, *s. f.* Ligament suspenseur du cristallin.

ZONULOLYSE, *s. f.* (ophtalmologie). Destruction de la zonule de Zinn par un ferment protéolytique au cours de l'opération de la cataracte.

ZONULOTOMIE, *s. f.* Section chirurgicale de la zonule.

ZOO... Préfixe grec signifiant *animal.*

ZOONOSE, *s. f.* Maladie qui frappe surtout les animaux. On tend à réserver ce terme aux affections naturellement transmissibles des animaux vertébrés à l'homme et inversement (charbon, tuberculose bovine, psittacose, etc.).

ZOOPARASITE, *s. m.* Parasite appartenant au règne animal.

ZOOPATHIE, *s. f.* Maladie des animaux.

ZOOPHILIE, *s. f.* 1° Affection pour les animaux. — 2° Attraction de certaines espèces animales pour d'autres espèces (les anophèles sont attirés par divers animaux domestiques, lapins, porcs, buffles). — *z. érotique.* V. *bestialité.*

ZOOPHOBIE, *s. f.* Crainte morbide de certains animaux.

ZOOPSIE, *s. f.* Hallucination visuelle consistant en vision d'animaux.

ZOSTER (herpès). V. *zona.*

ZOSTÉRIEN, IENNE, *adj.* Qui est causé par le zona, ou qui est en rapport avec le zona. — *paralysie z.*

ZOSTÉRIFORME, *adj.* Qui ressemble au zona.

ZYGO... Préfixe grec signifiant *union, jonction, réunion.*

ZYGOMATIQUE, *adj.* Relatif à la pommette. — *muscle grand et petit z.* Muscles de la face, élévateurs de la lèvre supérieure et donnant l'expression du rire. — *os z.* Os pair de la face constituant la pommette.

ZYGOTE, *s. m.* Œuf fécondé, produit de l'union des gamètes.

ZYMASE, *s. f.* Ferment soluble provenant de la levure et possédant la propriété de dédoubler le glucose en acide carbonique et alcool. — Ce terme est pris aussi dans le sens plus général de ferment soluble.

ZYMO... Préfixe grec signifiant *ferment, diastase.*

ZYMOGÈNE, *s. m.* Syn. *pro-enzyme, proferment.* Substance protéinique spécifique donnant naissance à une enzyme : les *z.* sont les précurseurs des enzymes : p. ex. le *trypsinogène.*

ZYMOLOGIE, *s. f.* V. *enzymologie.*

ZYMOTIQUE, *adj.* Qui a rapport à la fermentation.

Photocomposé et imprimé
par JOUVE, 18, rue St-Denis, 75001 Paris
N° 11968. — Dépôt légal : Avril 1990